रामविलास शर्मा का महत्त्व

रामविलास शर्मा का महत्त्व

रविभूषण

राजकमल प्रकाशन

ISBN : 978-93-87462-42-7

मूल्य : ₹695

पहला संस्करण : 2018

प्रकाशक : राज़कमल प्रकाशन प्रा. लि.
1-बी, नेताजी सुभाष मार्ग, दरियागंज
नयी दिल्ली-110 002

शाखाएँ : अशोक राजपथ, साइंस कॉलेज के सामने, पटना-800 006
पहली मंज़िल, दरबारी बिल्डिंग, महात्मा गांधी मार्ग, इलाहाबाद-211 001
36 ए, शेक्सपियर सरणी, कोलकाता-700 017

वेबसाइट : www.rajkamalprakashan.com
ई-मेल : info@rajkamalprakashan.com

मुद्रक : बी.के. ऑफसेट
नवीन शाहदरा, दिल्ली-110 032

RAMVILAS SHARMA KA MAHATTVA
by Ravibhushan

आदरणीय अग्रज
डॉ. पाण्डेय शशिभूषण 'शीतांशु' जी को
सादर, साभार समर्पित

भूमिका

रामविलास शर्मा ने उन समस्याओं और प्रश्नों को याद करने को कहा था, जिन पर वे सदैव सोचते-विचारते रहे थे। ऐसे प्रश्नों की संख्या बड़ी है। वर्तमान भारत के लगभग सभी प्रश्नों पर उन्होंने विचार किया था और उनके उत्तर दिये थे। थलेस से लेकर बीसवीं सदी के यूरोप और अमेरिका तथा ऋग्वेद से लेकर वर्तमान भारत तक उन्होंने अपनी दृष्टि डाली थी। उनके समय में और बाद में भी उनके विरोधियों की संख्या कम नहीं रही है। 1934 से 2000 तक के उनके 66 वर्ष के लेखन पर समग्र रूप से विचार करने की जरूरत सदैव बनी रहेगी।

अस्सी के दशक से डॉ. शर्मा ने हिन्दी समाज पर अधिक विचार किया। यह समय हिन्दी प्रदेश में जाति और धर्म के नये सिरे से उभार का है। नौवीं लोकसभा (1989) में भाजपा प्रमुख राजनीतिक पार्टी बनी। रामविलास शर्मा की अधिक साहित्येतर पुस्तकें अस्सी के दशक से प्रकाशित हुईं। सोवियत रूस के विघटन के बाद जब कई मार्क्सवादियों ने मार्क्सवाद से मुँह फेर लिया, वे अडिग और अविचल रहे। 'वह एक और मन रहा राम का, जो न थका'।

हिन्दी प्रदेश में जातीय चेतना के अभाव के कारण जातिवाद और सम्प्रदायवाद अधिक सुदृढ़ हुआ है। जातीय चेतना के विकास की बात डॉ. शर्मा ने सदैव की। जिस समय उत्तर भारत में साम्प्रदायिक शक्तियाँ अधिक सक्रिय नहीं थीं, उसी समय 1968 में उन्होंने साम्प्रदायिकता की समस्या को उत्तर भारत की प्रमुख समस्या माना था। मंडल-कमंडल की राजनीति अस्सी के दशक में प्रमुख हुई। जातीय चेतना के अभाव के कारण हिन्दू-मुस्लिम का भेदभाव बढ़ा। जाति बिरादरी और सम्प्रदाय के आधार पर जनता को संगठित करने का जो कार्य राजनीतिक दलों ने किया, उसका डॉ. शर्मा ने सदैव विरोध किया। जातीय एकता उनकी दृष्टि में आर्थिक, राजनीतिक और सांस्कृतिक विकास के लिए आवश्यक थी। जातीयता का अन्तरराष्ट्रीयता और मजदूर-आन्दोलन से कोई विरोध नहीं है। लगभग पचास वर्ष तक हिन्दी जाति की एकता पर उन्होंने विचार किया। आज हिन्दी प्रदेश कट्टरपंथियों, धर्मान्ध शक्तियों और 'हिन्दुत्ववादियों' का गढ़ है। डॉ. शर्मा की आवाज़ अनसुनी रही। उनके निधन-वर्ष में तीन हिन्दी राज्यों से जिन तीन नये राज्यों (छत्तीसगढ़, झारखंड और

उत्तराखंड) का गठन किया गया, वहाँ आज भाजपा की सरकार है। ज़ब हिन्दुत्ववादी शक्तियाँ हिन्दी प्रदेश में गौण थीं, रामविलास जी ने आनेवाले ख़तरों से हमें सावधान किया था।

सम्प्रदायवाद, जातिवाद, विदेशी पूँजी, आर्थिक उदारीकरण, बहुराष्ट्रीय कम्पनियाँ, महाजनी और इजारेदार पूँजी—सब पर वे विस्तार से विचार करते रहे थे और इनके साथ पूँजीवादी नेतृत्व और पूँजीवादी दलों की सरकारों का चित्र–चरित्र भी उन्होंने सामने रखा था। केवल कांग्रेस, भारतीय जनसंघ और भाजपा की ही नहीं, वामदलों के अवसरवादी रवैये की भी उन्होंने आलोचना की। कोई भी राजनीतिक दल उनकी आलोचना से अछूता नहीं रहा। आरक्षण को उन्होंने 'कथरी में लगा पैबन्द' कहा था और यह माना था कि वर्तमान व्यवस्था आरक्षण से समाप्त नहीं हो सकती। उनकी चिन्ता में मजदूर और किसान थे। विदेशी पूँजी से वे राष्ट्रीय स्वाधीनता को ख़तरे में देखते थे। देशी–विदेशी पूँजी के मिश्रण की उन्होंने आलोचना की। भारतीय पूँजीवाद के स्वतंत्र- स्वच्छंद विकास के वे समर्थक थे। महाजनी पूँजी को उन्होंने समाजवाद का शत्रु माना था। आज समाजवाद, किसान–मजदूर और भारतीय पूँजी की बहुत कम चर्चा होती है। चारों ओर जो हवा बह रही है, इसके खिलाफ रहे थे डॉ. शर्मा। निजीकरण, उदारीकरण और भूमंडलीकरण की उन्होंने आलोचना की है। 'निजीकरण' को उन्होंने 'महाजनी पूँजी की गुलामी' कहा है और पूँजीवादी पार्टियों की बार–बार आलोचना की है। पूँजीवादी पार्टियों ने राष्ट्रीय एकता को महत्त्व न देकर सम्प्रदायों की एकता चाही। इससे उनका स्वार्थ सिद्ध होता था। जिन्होंने डॉ. शर्मा का विरोध किया, उन्होंने सामंतवाद, पूँजीवाद और साम्राज्यवाद का विरोध बहुत कम किया। 1977 में ही गुजरात को डॉ. शर्मा ने 'आधुनिक विज्ञान का विरोध करनेवाली विचारधारा का स्रोत' कहा था। पहली बार सौ वर्ष के विज्ञान कांग्रेस के इतिहास में इस वर्ष विज्ञान कांग्रेस को स्थगित कर दिया गया है। नरेन्द्र मोदी ने विज्ञान कांग्रेस में अवैज्ञानिक बातें कही थीं।

रामविलास शर्मा के आलोचकों ने साम्राज्यवाद, वित्तीय और महाजनी पूँजी पर कम विचार किया है। विश्व बैंक को डॉ. शर्मा ने 'महाजनी पूँजी का केन्द्र' कहा है। उनकी चिन्ता में 'पूँजी का केन्द्रीकरण और कम्युनिस्ट आन्दोलन का विकेन्द्रीकरण' था। नौकरशाही की उन्होंने आलोचना की और यह माना कि यह देश को छिन्न-भिन्न कर रही है। एक साथ कई मोर्चों पर उन्होंने लड़ाई लड़ी। साठ वर्ष तक साम्राज्यवाद का निरन्तर विरोध करने वाला उनके समान विश्व में और कौन आलोचक, विचारक और चिन्तक है? उनकी चिन्ता में देश की प्रगति थी और विरोधी, प्रतिगामी ताकतों से उनका संघर्ष सुविदित है। साम्राज्यवाद से 'आर्थिक और राजनीतिक सम्बन्ध–विच्छेद' के बिना देश की प्रगति में उनका विश्वास नहीं था। हिन्दी में पहली बार उन्होंने सबाल्टर्न इतिहास की आलोचना की, उसकी

सीमाएँ बताईं। एजाज अहमद ने पहले 'सबआल्टर्निटी' का इस्तेमाल अवधारणात्मक स्तर पर वर्ग-संरचना की शास्त्रीय मार्क्सवादी श्रेणी के विकल्प के तौर पर, किये जाने की बात कही थी। रामविलास जी के यहाँ 'वर्ग' महत्त्वपूर्ण था और सबाल्टर्न इतिहासकारों के यहाँ 'समुदाय'। सबाल्टर्न इतिहासकार भारत में अंग्रेजों की, अंग्रेजी राज की नकारात्मक भूमिका नहीं देखते थे और रामविलास जी ने भारत में अंग्रेजी राज की कोई सकारात्मक भूमिका नहीं देखी। कुल 127 पृष्ठों में उन्होंने सबाल्टर्न इतिहासकारों पर अपने अन्तिम दिनों में विचार किया। इस इतिहास-लेखन को उन्होंने 'विदेशी पूँजी और अमरीकी साम्राज्यवाद की रक्षा' करनेवाला बताया है।

'आलोचना' पत्रिका के दो अंक (1982 और 2001) रामविलास शर्मा पर केन्द्रित थे। पहली बार विस्तार से इन दोनों अंकों पर मैंने लिखा। पाठक देखेंगे कि 1982 में सम्पादक सहित सभी लेखकों के स्वर प्रशंसात्मक थे, जो उन्नीस वर्ष बाद बदल गए। इसके पीछे अवश्य कुछ ठोस कारण रहे होंगे। इस पर अब भी विचार की ज़रूरत है कि आलोचकों का समूह किस प्रकार एक समय-विशेष के बाद अपनी पूर्व आलोचना से भिन्न हो जाता है! जो एक समय 'केवल जलती मशाल' थे, वे बाद में कैसे 'फंडामेंटलिस्ट' हो गए?

इस पुस्तक में 1994 से 2012 के बीच रामविलास शर्मा पर मैंने जो कई लेख लिखे थे, उनमें से आठ लेख संकलित हैं। रामविलास शर्मा की अस्सीवीं वर्षगाँठ पर प्रणव कुमार बंद्योपाध्याय ने 'पश्यन्ती' का एक अंक उन पर केन्द्रित किया था। उस अंक में मेरे आलेख का शीर्षक बदल कर उन्होंने 'वैकल्पिक भारत का नक्शा' रख दिया था। मेरा शीर्षक था—'रामविलास शर्मा और आज का भारत'। यही शीर्षक मैंने रहने दिया है। 'हिन्दी जाति और रामविलास शर्मा', 'पल-प्रतिपल' (2000) में, 'रामविलास शर्मा का महत्त्व', 'तद्भव-4' (2000) में, 'सबाल्टर्न इतिहास की सीमा', 'वसुधा' के रामविलास शर्मा पर केन्द्रित अंक (2001) में, रामविलास शर्मा पर केन्द्रित 'आलोचना' के दो अंक 'कल के लिए' (2002) में, 'रामविलास शर्मा और इतिहास की शव-साधना', 'साम्य-26' (2011) में और 'साम्राज्यवाद विरोधी आलोचक', 'उद्भावना' के रामविलास शर्मा पर केन्द्रित महाविशेषांक (2012) में प्रकाशित हुए थे। विजयमोहन शर्मा ने रामविलास शर्मा पर किये जानेवाले वार्षिक आयोजन में 2011 में मुझे उन पर बोलने को आमंत्रित किया था। वह व्याख्यान किंचित संशोधित रूप में इस पुस्तक में 'सट्टेबाजी के विरुद्ध' शीर्षक से है। यह अभी तक कहीं प्रकाशित नहीं था। परिशिष्ट के दो लेखों को इस पुस्तक में शामिल करने का औचित्य है। वीरभारत तलवार ने 'रस्साकशी' में हिन्दी नवजागरण को भारतेन्दु-युग पर विचार के क्रम में 'हिन्दू नवजागरण' कहा था और अपने पक्ष में कई तथ्य इकट्ठे किए थे। 'रस्साकशी : हिन्दी नवजागरण पर

एक बहस', 'पहल-73' (2003) में प्रकाशित हुआ था। गिरीश मिश्र ने रामविलास शर्मा के साहित्येतर लेखन को 'कूड़ा-करकट' (रबिश) कहा था और उन्हें 'क्लासिकल अर्थशास्त्र' से अपरिचित और अज्ञानी बताया था। मुझे इसका उत्तर देना जरूरी लगा। मैंने एक लम्बी टिप्पणी 'हाशिया' ब्लॉग के लिए रेयाज-उल-हक को भेजी। उन्होंने यह टिप्पणी अपने ब्लॉग पर 27 जुलाई, 2010 को लगाई।

मैं ज्ञानरंजन, विश्वनाथ त्रिपाठी, अखिलेश, देश निर्मोही, (स्व.) प्रणव कुमार बंद्योपाध्याय, प्रदीप सक्सेना, जयनारायण, विजय गुप्त और रेयाज-उल-हक का आभारी हूँ जिन्होंने ये लेख प्रकाशित किए। विजयमोहन शर्मा के प्रति आभार। कई आत्मीय मित्रों का पुस्तक प्रकाशित कराने के लिए मुझ पर दबाव था। मैनेजर पाण्डेय, भाई ज्ञानरंजन, अरविंदाक्षन, मंगलेश डबराल और अनेक मित्रों, साथियों का आभारी हूँ, जिनेक बार-बार के आत्मीय आग्रह के बाद यह पुस्तक प्रकाशित हो रही है। राजकमल प्रकाशन के प्रबन्ध निदेशक श्री अशोक महेश्वरी का अधिक आभारी हूँ, जिनके कारण इस पुस्तक का प्रकाशन सम्भव हुआ।

26 दिसम्बर, 2017 **—रविभूषण**

राँची

अनुक्रम

रामविलास शर्मा और आज का भारत

आज का भारत एक अभूतपूर्व संकट में फँसकर अपने चौमुखी विकास के लिए कोई सही तथा आवश्यक मार्ग तलाश नहीं रहा है और उसे इस दशा से मुक्त करने के लिए वैचारिक तथा सांगठनिक-राजनीतिक स्तरों पर बहुत कम कार्य हो रहे हैं। वर्तमान व्यवस्था और शासन-तंत्र ने समस्याओं के विकराल रूप खड़े कर दिए हैं।

सम्प्रदायवाद, जातिवाद, अलगाववाद, आतंकवाद, कश्मीर की समस्या, भाषा की समस्या, सांस्कृतिक उपनिवेश बनाने के लिए निरन्तर किए जा रहे प्रयत्न, विदेशी पूँजी का निर्बाध आगमन, भ्रष्टाचार, लूट, रिश्वत और कमीशनखोरी में होनेवाली वृद्धि, चुनावी मखौल तथा 'वोट बैंक' के लिए जनता को विविध धड़ों में बाँटने और आपस में लड़ाते रहने के कुत्सित तथा घिनौने कर्म, जातीय उत्पीड़न, दलित उत्पीड़न, शोषण, जाति-बिरादरी की राजनीति, बेकारी और गरीबी की समस्या, संसाधनों की लगातार हो रही लूट, 'नई' तथा 'राष्ट्रीय' नीतियों के नाम पर पेश की जानेवाली जन-विरोधी और अराष्ट्रीय नीतियाँ, आर्थिक घपले और घोटाले, 'सामाजिक न्याय' के नाम पर किए जानेवाले असामाजिक कार्य, बहुराष्ट्रीय कम्पनियों के साथ किया जा रहा आलिंगन, उनका निर्बाध आगमन, लोकतंत्र को खोखला करते जाने की सुनियोजित चेष्टाएँ, राजनीति का अपराधीकरण और अपराध का राजनीतिकरण, संविधानेतर शक्तियों का दबदबा, सामाजिक तथा राष्ट्रीय चेतना में होता जा रहा ह्रास, भारतीय भाषाओं के स्थान पर अंग्रेजी भाषा का वर्चस्व, उपभोक्तावाद के जबड़े में भारतीय मध्यवर्ग का स्वेच्छया प्रवेश, संचार-माध्यमों के द्वारा जीवन-शैली और चिन्तन-शैली में हो रहे बदलाव, भारतीय पूँजीपतियों की गैर भारतीय भूमिका, आरक्षण की राजनीति, जनजाति, अनुसूचित जाति और पिछड़ी जातियों का अगड़ी जातियों के साथ होनेवाला टकराव, अंग्रेजों की भेद-नीति को और बढ़ावा देनेवाली कुचेष्टाएँ, समाजवाद के नाम पर छाई जा रही चुप्पी, विदेशी हितों की की जानेवाली रक्षा, देशी प्रौद्योगिकी की जगह उन्नत प्रौद्योगिकी पर हमारी पर-निर्भरता, साम्राज्यविरोधी तथा सामन्तविरोधी नीतियों का अभाव आदि अनेक ऐसे ज्वलन्त प्रश्न हैं, जिन पर समग्रता में भारतीय लेखकों, विचारकों तथा बुद्धिजीवियों का ध्यान कम जाता है।

डॉ. रामविलास शर्मा भारतीय लेखकों, विचारकों, आलोचकों, बुद्धिजीवियों और मार्क्सवादी चिन्तकों में प्रमुख हैं, जिन्होंने अपने समय में अपने लेखन के जरिए निरन्तर सार्थक हस्तक्षेप किया है, अपने समय तथा समाज की अनेक समस्याओं पर विचार किया है और उसके निदान के उपाय भी बताए हैं। बीसवीं सदी के आरम्भिक दशकों में और सदी के इस अन्तिम दशक में हिन्दी के लेखकों की भूमिका पर अगर विचार किया जाए, तो काफी अन्तर दिखाई देता है। हिन्दी-लेखकों के संगठन अपनी-अपनी राह पर चल रहे हैं, और निराशा के घने माहौल में उनका उत्साहमय स्वर बहुत कम सुनाई पड़ता है। साहित्य और संस्कृति पर हमले हो रहे हैं, लेकिन साहित्यकार और संस्कृतिकर्मी एकजुट होकर इस हमले का जवाब नहीं दे रहे हैं। उनकी सामाजिक और राष्ट्रीय चिन्ताएँ कम अभिव्यक्त हो रही हैं।

इस वर्ष (1994) रामविलास शर्मा के आलोचनात्मक तथा वैचारिक लेखन के साठ वर्ष पूरे हो रहे हैं। अपने पहले लेख 'निराला जी की कविता' (1934) में उन्होंने लिखा था—"निराला जी की कविता नए युग की आँखों से यौवन को देखती हैं" (विराम चिह्न, 1985, पृ. 44)। रामविलास जी ने सदैव 'नए युग की आँखों' को महत्त्व दिया। आज जब बहुत सारे युवाओं ने भी हथियार डाल दिए हैं और वे निराशा तथा पस्तहिम्मती के दौर से गुजर रहे हैं, रामविलास जी अडिग, अविचल और आश्वस्त हैं। उनकी यह अडिगता तथा अविचलता मार्क्सवादी दर्शन में अटूट आस्था, जन-संगठन तथा जन-संघर्ष में विश्वास व परम्परा तथा इतिहास के गहन गम्भीर अध्ययन-चिन्तन से सम्भव हुई है। परिवर्तनकामी शक्तियों में, किसान-मजदूर की एकता में उनका अगाध विश्वास है। उनका समस्त लेखन साम्राज्यवाद और सामन्तवाद के खिलाफ है। वे भारतेन्दु हरिश्चन्द्र, महावीर प्रसाद द्विवेदी, प्रेमचन्द, आचार्य रामचन्द्र शुक्ल और सूर्यकान्त त्रिपाठी निराला की अगली कड़ी हैं। देश और जनता का हित उनके लिए सर्वोपरि है। "तुलसीदास को जो कुछ राम के नाम पर होता था वही अच्छा लगता था। देश और जनता के हित में जो कुछ होता है, वह मुझे अच्छा लगता है" (साक्षात्कार, डॉ. रामविलास शर्मा से बातचीत, 1986, पृ. 104)। उनके लेखन की मुख्य चिन्ता 'हिन्दी और भारत है' (वही, पृ. 98)। आज हिन्दी के अनेक लेखक और आलोचक उत्तर-आधुनिकतावाद तथा उत्तर संरचनावाद की बौद्धिक बहसों में लिप्त हैं और इससे सर्वथा अलग रामविलास जी की चिन्ता क्रान्तिकारी चेतना को विकसित करने तथा वर्ग-सहयोग की जगह वर्ग-संघर्ष को तीव्र करने की है।

पिछले पाँच वर्षों में इस देश में तथा पूरे विश्व में बहुत से बदलाव आए हैं। सोवियत संघ के टुकड़े हो चुके हैं तथा पूर्वी यूरोप के देशों से समाजवादी व्यवस्था मिट चुकी है। पहले भारत और अमेरिका के बीच सोवियत संघ एक 'कवच' और

'ढाल' की तरह था। अब टूटी हुई ढाल के कारण भारत अमेरिका की गोद में लुढ़क रहा है। आज के भारत के समक्ष समस्याओं के पहाड़ खड़े हो रहे हैं। रामविलास शर्मा इन समस्याओं की जड़ में साम्राज्यवाद के साथ हमारा सम्बन्ध देखते हैं। "भारत की अनेक समस्याएँ जो आज असाध्य जान पड़ती हैं उनकी जड़ में साम्राज्यवाद से हमारे सम्बन्ध हैं। इन्हें बदले बिना ये समस्याएँ हल नहीं हो सकतीं" (भारतीय इतिहास और ऐतिहासिक भौतिकवाद, 1992, पृ.197)।

साम्राज्यवाद से हमारा विरोध 1947 की राजनीतिक आज़ादी के बाद लगभग समाप्त हो गया। भारत-पाक विभाजन साम्राज्यवादी नीति का फल था। आज के भारत की अधिक समस्याओं के पीछे साम्राज्यवाद खड़ा है। रामविलास शर्मा ने 1945 में ही हमें आगाह किया था, "डाल के नीचे बिछा है जाल, यह मत भूल जाओ" (सदियों के सोये जाग उठे, 1987, पृ. 42)। राजनीतिक स्वाधीनता की प्राप्ति के पश्चात् यह आवश्यक था कि साम्राज्यवाद से असहयोग किया जाए, उसके सामाजिक आधार सामन्तवाद को नष्ट किया जाए, लेकिन ऐसा कुछ भी नहीं हुआ। स्वाधीन भारत में ब्रिटिश पूँजी और विदेशी पूँजी लहलहाती रही। 'ब्रिटिश पूँजी को जब्त करके भारतीय अर्थतंत्र पर ब्रिटिश शिकंजे को तोड़ा' जा सकता था, पर उसे तोड़ने के बजाय और मजबूत किया गया। कांग्रेसी नेताओं ने स्वाधीनता-प्राप्ति के बाद 'देश के विकास का नया मार्ग सुनिश्चित' नहीं किया और उन्होंने "साम्राज्यवाद के आर्थिक हितों की रक्षा की" (वही)

रामविलास शर्मा साम्राज्यवाद के साथ भारतीय शासकों की सहयोग-नीति की बार-बार चर्चा करते हैं। वे आज के भारत की सभी समस्याओं का मुख्य कारण साम्राज्यवाद को मानते हैं। साम्राज्यवाद से सहयोग करने से समस्याएँ और विकराल होंगी, राष्ट्रीय एकता नष्ट होगी तथा अलगाववादी शक्तियाँ हावी होंगी। रामविलास जी के लिए 'साम्राज्यवाद हमारा मुख्य शत्रु है' (साक्षात्कार, डॉ. रामविलास शर्मा से बातचीत, पृ. 93)। उनके अनुसार, "मुख्य अन्तर्विरोध साम्राज्यवाद और भारतीय जनता के बीच है" (वही, पृ. 22)। यह साम्राज्यवाद हमारी राजनीतिक, आर्थिक, सामाजिक, सांस्कृतिक सभी स्थितियों को प्रभावित करता है। संस्कृतिकर्मियों का यह दायित्व है कि वे साम्राज्यवाद के विरुद्ध संघर्षरत हों। साम्राज्यवाद जिस-जिस तरीके से हमारी संस्कृति को प्रभावित करता है, उसको आप कभी नजरअन्दाज न करें और उसके विरुद्ध जमकर संघर्ष करें (वही, पृ. 57-58)।

उनके अनुसार भारत का विभाजन साम्राज्यवादी कूटनीति का परिणाम है। 'स्वाधीनता संग्राम : बदलते परिप्रेक्ष्य' (1992) पुस्तक के आठवें अध्याय 'साम्राज्यवादी कूटनीति और भारत का विभाजन' में उन्होंने साम्राज्यवादी कूटनीति पर विस्तारपूर्वक विचार किया है। आज ब्रिटिश साम्राज्यवाद का स्थान अमेरिकी साम्राज्यवाद ने ले लिया है। भारत-पाक विभाजन साम्राज्यवादियों ने किया और

आज भारत में विघटनकारी तत्त्वों और शक्तियों को साम्राज्यवाद बढ़ावा दे रहा है, क्योंकि इसमें उसका हित है। पाकिस्तान खुलेआम आतंकवाद को बढ़ावा दे रहा है, अपने यहाँ आतंकवादियों को प्रशिक्षित कर रहा है, लेकिन अभी तक अमेरिका ने पाकिस्तान को आतंकवादी देश घोषित नहीं किया है। साम्राज्यवाद इजारेदार पूँजीवाद है और डॉ. शर्मा इसे 'संसार की श्रमिक जनता का मुख्य शत्रु' मानते हैं (वही, पृ. 241)। सम्भवतः पूरे भारतवर्ष में रामविलास शर्मा अकेले उदाहरण हैं, जिन्होंने सदैव साम्राज्यवाद के खिलाफ उठ खड़े होने तथा निरन्तर लड़ाई लड़ने की बात कही। उन्होंने अपने लेखन के जरिए इस पर प्रहार किया। यूरोपीय भाषा-वैज्ञानिक ऐतिहासिक भाषा-विज्ञान से जो राजनीतिक लाभ उठाते आ रहे थे, उसे उन्होंने समाप्त किया। जिस समय ऐतिहासिक भाषा-विज्ञान का विकास हुआ, उस समय भारत अंग्रेजों का उपनिवेश था। भाषा-विज्ञान की समस्याएँ राजनीतिक समस्याओं से जुड़ी हुई थीं। दरद भाषाओं की कल्पना से ग्रियर्सन ने सिन्ध, कश्मीर और पश्चिमी पंजाब को 1947 से बहुत पहले ही भारत से अलग कर दिया था। वह पुराना काम 1947 से कुछ पहले और विशेषकर उसके बाद, ब्रिटेन और अमेरिका के अनेक भाषा-वैज्ञानिक करते रहे हैं (भारत के प्राचीन भाषा-परिवार और हिन्दी, खंड-2, 1980, पृ. 367)। भारत के भाषा-परिवारों का नए सिरे से अध्ययन कर उन्होंने साम्राज्यवादी चालों को समझने में मदद की। ऐतिहासिक भाषा-विज्ञान का मुख्य केन्द्र जर्मनी और फ्रांस था। "विश्व-इतिहास से यदि लैटिन और जर्मन शाखाओं के हमलावरों को निकाल दिया जाए, तो विश्व की जातियों और भाषाओं का मानचित्र ही बदल जाए" (भारतीय साहित्य के इतिहास की समस्याएँ, 1986, पृ. 26)।

आज साम्राज्यवाद के विरोध में मुखर आवाज बहुत कम सुनाई पड़ती है। रामविलास शर्मा लगातार साम्राज्यवाद की कलई खोलते हैं और फिलहाल साम्राज्यवाद के नए सिरे से विजय-ध्वज फहराने की चेष्टाओं के बाद भी वे निराश नहीं होते। 'वह एक और मन रहा राम का जो न थका'। साम्राज्यवाद के विरोध में सम्भवतः पूरे भारत में पिछले पचास वर्षों से यह एक अकेली गूँजती आवाज है, जिसे अब अनसुनी करना राष्ट्रद्रोह है।

भारत में सामन्ती अवशेष आज भी कायम हैं। साम्राज्यवादी ताकतें और उनकी सहयोगी शक्तियाँ इन सामन्ती अवशेषों को जिन्दा रखने का कार्य करती हैं। साम्राज्यवाद के खिलाफ इस देश में मुकम्मल लड़ाई नहीं लड़ी गई। 1947 के बाद अगर समस्याएँ और बढ़ीं, पेचीदा हुईं, तो इसका मुख्य कारण यह था कि साम्राज्यवाद तथा उसकी सहयोगी शक्तियों से समझौता किया गया। रामविलास शर्मा ने 1968 में यह लिखा था कि साम्राज्यवादी चाल यह है कि हिन्दुस्तान के केन्द्रीय शासन को, यहाँ की प्रगतिशील शक्तियों को इतना कमजोर कर दिया जाए कि वे इस देश को

आसानी से अपने उपनिवेश की तरह इस्तेमाल कर सकें। साम्राज्यवाद आज संकट में है, इसलिए भारत को उपनिवेश बनाना उसके लिए एशिया में जीवन-मरण का प्रश्न है। वह ऐसे भारत को अपना उपनिवेश नहीं बना सकता, जहाँ का शासन-तंत्र मजबूत हो, जहाँ की प्रगतिशील शक्तियाँ एकताबद्ध हों'' (स्वाधीनता संग्राम : बदलते परिप्रेक्ष्य, पृ. 180)। पिछले पचीस-छब्बीस वर्ष से यह जाहिर है कि साम्राज्यवादी चाल सफल रही है। साम्राज्यवाद के समर्थक यह मानते हैं कि उनके सहयोग से हमारा देश विकास-मार्ग पर बढ़ेगा। यह एक भ्रम है। साम्राज्यवाद की सहायता से पिछड़े देशों का विकास नहीं हो सकता। पिछड़े देश साम्राज्यवाद के कारण ही पिछड़े और अविकसित हैं। रामविलास शर्मा आधुनिक साम्राज्यवाद से सतर्क और सावधान रहने तथा उसके विरुद्ध प्रगतिशील और जनवादी ताकतों के एकजुट होने की बात बार-बार करते हैं। ''आधुनिक साम्राज्यवाद समाज-व्यवस्था के मध्यकालीन रूप कायम रखता है, उससे सहयोग करने का अर्थ है इन रूपों को कायम रखकर मानवता के विकास पर रोक लगाना'' (भारतीय इतिहास और ऐतिहासिक भौतिकवाद, पृ. 172)।

भारत की वर्तमान स्थिति यह है कि वह अमेरिकी साम्राज्यवाद का शिकार हो रहा है, उसके चंगुल में फँसता जा रहा है। आज साम्राज्य-विरोधी कोई बड़ा मंच नहीं है और कम्युनिस्ट पार्टियाँ भी हताशा की शिकार हो रही हैं। पहले की तुलना में आज साम्राज्यवादी ताकतों के पास साधनों का कोई अभाव नहीं है। ''साम्राज्यवाद के पास आज जो साधन हैं, उनका उपयोग वह कम्युनिस्ट पार्टियों को बुर्जुआ मजदूर पार्टी बनाने के लिए न करे तो आश्चर्य की बात होगी'' (आज की दुनिया और लेनिन, 1992, पृ. 25)। लेनिन ने साम्राज्यवाद और अवसरवाद के सम्बन्ध की व्याख्या की है और साम्राज्यवादी शोषण से छुटकारा पाने के लिए अवसरवाद के खिलाफ लड़ाई को जरूरी माना है। साम्राज्यवाद को परास्त करने के लिए जरूरी है अवसरवाद के खिलाफ संघर्ष तेज किए जाएँ। रामविलास शर्मा ने लिखा है, ''लेनिन के सामने यह सम्भावना भी है कि अवसरवाद का फोड़ा बहुत दिन तक बना रहे। उस हालत में अंडे का छिलका सड़ेगा। व्यक्तिगत आर्थिक सम्बन्ध छिलका हैं; समाजगत आर्थिक सम्बन्ध भीतरी तत्त्व हैं। नए सामाजिक सम्बन्ध पैदा न होंगे, पुराने सामाजिक सम्बन्ध सड़ते रहेंगे'' (वही, पृ. 22)।

आज के भारत में अवसरवादियों की कमी नहीं है। चेखव की कहानी 'गिरगिट' में दारोगा रंग बदलता है, पर आज के भारत में बहुत कम लोग हैं, जिनमें अवसरवाद नहीं हो। अवसरवादियों का नीतियों, मूल्यों, सिद्धान्तों और विचारधाराओं से विशेष सरोकार नहीं है। साम्राज्यवादी ताकतें इन अवसरवादियों की जमात खड़ी करके बिना किसी युद्ध और लड़ाई के अपने काम निकालती हैं, नए तरीकों से शोषण करती हैं और एक लम्बे समय तक अपना वर्चस्व बनाए रखती हैं।

भारतीय जातियों के बीच तनाव बढ़ाने और उसे अलगाववाद की हद तक पहुँचाने में साम्राज्यवाद तथा उसकी सहयोगी देशी शक्तियों की बड़ी भूमिका रही है। जातियों के बीच तनाव पैदा करना साम्राज्यवाद का एक बड़ा काम रहा है। स्वतंत्रता के बाद भारत में जातीय समस्या विकट और पेचीदा होती गई है। इन जातीय समस्याओं ने अलगाववाद को जन्म दिया है। जातीय स्वाधीनता के लिए बांग्लादेश के निवासियों का संघर्ष और उसमें भारत द्वारा की गई सहायता साम्राज्यवाद को पच नहीं पाई। इसके लिए साम्राज्यवाद ने न तो शेख मुजीब को क्षमा किया, न इन्दिरा गांधी को। आगे-पीछे दोनों की हत्या कर दी गई (भारतीय इतिहास और ऐतिहासिक भौतिकवाद, पृ. 238)। भारत और पाकिस्तान दोनों ही देशों में 'जाति' का यह अस्वीकार और नकार यों ही नहीं है। इससे यह प्रमाणित होता है कि विविध जातियों के उत्थान और विकास से शासकों के शासन डगमगाते हैं। रामविलास जी ने 1905 के बंगाल विभाजन के उदाहरण से यह स्पष्ट किया है कि अंग्रेज ने सदैव जातियों के बीच तनाव बढ़ाया।

1905 में अंग्रेजों ने बंगाल का विभाजन क्यों किया? उस समय अंग्रेजों के सामने भारत को आज़ादी देने का प्रश्न नहीं था, मुस्लिम लीग से कांग्रेस के समझौता करने का कोई प्रश्न नहीं था। (वही, पृ. 235)। अंग्रेजों ने अलग-अलग भाषाएँ बोलने वाली जातियों को संगठित होने का अवसर नहीं दिया, क्योंकि उनकी एकता से ब्रिटिश हुकूमत लड़खड़ा सकती थी। दूसरे, अंग्रेजी भाषा का वर्चस्व बना रहता था। स्वतंत्रता के पश्चात् शासक वर्ग ने भी प्रदेशगत जातियों को विशेष महत्त्व नहीं दिया। हिन्दी भाषियों में जातीय चेतना का विकास सत्ता वर्ग के लिए लाभकारी नहीं था। पूर्व प्रधानमंत्री मोरारजी देसाई और वर्तमान प्रधानमंत्री नरसिम्हा राव के अलावा भारत के सारे प्रधानमंत्री हिन्दी प्रदेश के थे और उसमें भी उत्तर प्रदेश के, लेकिन हिन्दी भाषियों में जातीय चेतना के विकास के लिए उनका क्या योगदान है? उल्लेखनीय है कि 1936 की लखनऊ कांग्रेस में बालकृष्ण शर्मा नवीन ने हिन्दी भाषियों का एक प्रान्त बनाने की बात कही थी, लेकिन जवाहरलाल नेहरू ने उन्हें डाँटकर चुप कर दिया था (हिन्दी जाति का साहित्य, 1992, पृ. 19)। कांग्रेस के इस अधिवेशन में निराला जी के साथ रामविलास शर्मा भी उपस्थित थे। अंग्रेजों ने जातीय एकता, जातीय संस्कृति और जातीय अस्मिता को नष्ट करने में कोई कसर नहीं रखी। हिन्दी जाति के साथ उनका सलूक और भद्दा रहा। हिन्दीभाषी राज्यों को जान-बूझकर पिछड़ा बनाकर रखा गया।

1857 के प्रथम स्वाधीनता संग्राम से लेकर 1977 में केन्द्र में कांग्रेसी सरकार को अपदस्थ करने में हिन्दी प्रदेश की बड़ी भूमिका रही है। जिस तरह अंग्रेजों ने हिन्दीभाषी प्रदेश से, उसे गरीब तथा अशिक्षित बनाकर बदला लिया, उसका विकास नहीं होने दिया, उसी प्रकार स्वाधीनता के बाद भी इस प्रदेश की स्थिति बदतर

बनी रही। आज हिन्दी प्रदेश की उपेक्षा 'बीमारू राज्य' कहकर की जाती है, लेकिन आशीष बोस के पास इसकी उपेक्षा, अशिक्षा तथा मुफलिसी के वास्तविक कारणों की चिन्तित-सुचिन्तित तलाश नहीं है। कांग्रेस ने तथा कांग्रेसी संस्कृति का अनुकरण करनेवाली अन्य पार्टियों ने जान-बूझकर हिन्दी प्रदेश को पिछड़ा रखा हुआ है। इसे निहित स्वार्थों के कारण औद्योगिक राज्य के बजाय अर्द्ध-खेतिहर राज्य बनाकर रखा गया है और 'काउ बेल्ट' कहकर इसे हिकारत तथा उपहास की दृष्टि से देखा जा रहा है। हिन्दी प्रदेश से जो राजनीतिक पार्टी अधिक संख्या में संसद में पहुँचेगी, वही भारत पर राज करेगी या निश्चित तौर पर भारत की प्रमुख विपक्षी पार्टी होगी। ऐसी दशा में हिन्दी भाषी जनता को निर्धन तथा पिछड़ा बनाए रखने में ही राजनीतिक पार्टियों को लाभ है, जिससे हिन्दीभाषी जनता की चेतना अविकसित बनी रहेगी। हिन्दीभाषी क्षेत्र के किसी भी नेता ने हिन्दी जाति के सम्बन्ध में नहीं सोचा। पिछले कुछ वर्षों से इसे सम्प्रदाय और जातिवाद की अग्नि में और झोंक दिया गया जैसे—गरीबी और अशिक्षा बदतर हालत के लिए काफी न हों। रामविलास जी हिन्दीभाषी जनता की एकता में राष्ट्रीय एकता देखते हैं, "स्वयं संगठित होकर ही वह राष्ट्रीय एकता की अडिग आधारशिला बन सकती है।...स्वयं एकताबद्ध होकर, अपना आर्थिक, सांस्कृतिक विकास करते हुए हिन्दी प्रदेश समस्त भारतीय गणतंत्र की दृढ़ता और विश्वास से आगे बढ़ सकता है। (स्वाधीनता संग्राम : बदलते परिप्रेक्ष्य, पृ. 176)। हिन्दी प्रदेश में अंग्रेजों ने जातीय संस्कृति और जातीय भाषा को जिन दो वर्गों में विभाजित किया, स्वाधीन भारत के नेताओं ने उस पर और सान चढ़ाई।

भारत के जातीय प्रदेश की स्थिति एक समान नहीं है। कुछ विकसित अवस्था में हैं और कुछ अविकसित अवस्था में। इन जातीय प्रदेशों में आर्थिक विकास के विविध स्तर हैं। इसी प्रकार सांस्कृतिक विकास की दृष्टि से भी इन प्रदेशों में समानता और एकरूपता नहीं है। प्रदेशगत जातियों में रह-रहकर पारस्परिक तनाव दिखते रहते हैं। एक जाति दूसरी जाति को बर्दाश्त नहीं कर पाती और उसे अपना शोषक मान बैठती है। रामविलास शर्मा जातीय विद्वेष का मुख्य कारण पूँजीपतियों की होड़ मानते हैं। "यह होड़ कच्चा माल और सस्ते मजदूर पाने के लिए ज्यादा मुनाफे पर तैयार माल बेचने के लिए होती है। ये पूँजीपति राष्ट्रीय दैनिक निकालते हैं, जनमत का निर्माण करते हैं, राजनीतिक दलों को धन देकर उनकी नीति को प्रभावित करते हैं और कुछ राजनीतिज्ञों को सीधे खरीद लेते हैं। ऊपर से देखने में लगता है, राजनीतिक पार्टियाँ लड़ रही हैं, वास्तव में लड़ रहे होते हैं पूँजीपतियों के गुट" (वही, पृ. 248)।

इसी कारण राजनीतिक पार्टियों के बदल जाने से भी जनता का कोई कल्याण नहीं होता। एक पूँजीवादी पार्टी की जगह दूसरी पूँजीवादी पार्टी आ जाती है। ये

पूँजीवादी पार्टियाँ समय-समय पर राष्ट्रीय एकता की बात करती हैं और इनके लिए राष्ट्रीय एकता का अर्थ विविध सम्प्रदायों की एकता है। रामविलास जी राष्ट्रीय एकता को प्रदेशगत जातियों की एकता भी मानते हैं। ''सबसे पहले प्रदेशगत जाति को आन्तरिक रूप से एकताबद्ध होना चाहिए'' (वही, पृ. 248)। जातीय चेतना के अभाव से ही जातिवाद और सम्प्रदायवाद फलते-फूलते हैं। उनका मत है, ''यदि हिन्दी भाषियों में जातीय चेतना का विकास हो तो ब्राह्मणवाद, ठाकुर-बनिया, कायस्थवाद, शूद्रवाद खत्म होगा, हिन्दू-मुस्लिम भेद-भाव समाप्त होगा। लोग अपने साहित्य के विकास में मुसलमानों, शूद्रों आदि के योगदान को नई दृष्टि से देखेंगे'' (वही)। वे भक्ति आन्दोलन की तरह सांस्कृतिक आन्दोलन चलाने की जरूरत समझते हैं। इस सांस्कृतिक आन्दोलन से अगर एक ओर जातीय चेतना का विकास होगा तो दूसरी ओर जातिवाद तथा सम्प्रदायवाद कमजोर होगा।

पिछले कुछ वर्षों से जातिवाद और साम्प्रदायिकता की जहरीली लपटें दूर-दूर तक फैली हैं। 1989 से यह खतरनाक खेल राजनीतिक पार्टियों द्वारा खेला जा रहा है। रामविलास शर्मा ने 1968 में साम्प्रदायिकता की समस्या को विशेषतः उत्तर भारत की समस्या माना था, हिन्दीभाषी प्रदेश और उसके पड़ोसी देशों की समस्या। (वही, पृ. 185)। उस समय विदेशी पूँजी का ऐसा मुक्त प्रवेश नहीं था और न उदारीकरण की आज जैसी नीति थी। अब साम्प्रदायिकता की समस्या हिन्दी प्रदेश से दूर के गैर-हिन्दी प्रदेशों की भी हो गई है। मंडल और कमंडल की राजनीति ने सम्पूर्ण देश में एक विध्वंस और विघटनकारी स्थिति पैदा कर दी है। भारत में अंग्रेजों ने जिस भेद-नीति के सहारे वर्षों तक राज्य किया और भारतीय जनता का शोषण किया, उसी भेद-नीति का स्वतंत्रता के बाद निरन्तर विस्तार और 'परिष्कार' किया गया। 'हिन्दी जाति का साहित्य' के दूसरे संस्करण (1992) की भूमिका में रामविलास जी ने सम्प्रदाय तथा जाति-बिरादरी के आधार पर जनता को संगठित करनेवालों पर प्रहार किया है (पृ. 7)। अंग्रेजों की भेद नीति को कांग्रेस तथा विपक्षी पार्टियों ने बढ़ाया। कांग्रेस पाँच कदम चली, तो ये पार्टियाँ दस कदम चलीं (वही, पृ. 242)।

जातिवाद और साम्प्रदायिकता को अंग्रेजों ने पाला-पोसा था। 1857 के स्वाधीनता संग्राम ने अंग्रेजों को भारतीय जनता की एकजुटता का पाठ पढ़ाया था। इस एकजुटता को नष्ट करने के लिए उन्होंने 'डिवाइड एंड रूल' की नीति अख्तियार की। अंग्रेजों की इस नीति को हमारे देश की राजनीतिक पार्टियों ने जीवित रखा और समय-समय पर जनता को बाँटने और गुमराह करने की अन्य नई नीतियाँ भी बनाईं। सम्प्रदायवाद से सभी राजनीतिक पार्टियों ने समझौता किया। इन्हें राष्ट्र की चिन्ता से अधिक सत्ता प्राप्त करने की चिन्ता रही। जातिवाद और सम्प्रदायवाद राष्ट्रीय एकता के लिए बाधक हैं और जो पार्टियाँ इससे जुड़ी हुई हैं, वे राष्ट्रीय एकता को बाधित कर रही हैं। राष्ट्रीय एकता का प्रश्न भारतीय किसानों और मजदूरों की एकता के साथ नत्थी है। इन किसानों

और मजदूरों की एकता में ही राष्ट्रीय एकता विद्यमान है। सम्प्रदायवाद और जातिवाद किसानों तथा मजदूरों की एकता को तोड़ता है। सम्प्रदायवाद का आधुनिकता से सम्बन्ध नहीं है। मध्यकाल और सामन्ती अन्धविश्वासों से इसका गहरा जुड़ाव है। जातिवाद और सम्प्रदायवाद के आधार पर इस देश में खुलकर चुनाव 1989 में सम्पन्न हुए। जनता दल जातिवाद को 'सामाजिक न्याय' कहता है, भारतीय जनता पार्टी सम्प्रदायवाद को राष्ट्रीयता कहती है (वही, पृ. 249)।

आज के भारत के सामने जातिवाद, सम्प्रदायवाद, विदेशी पूँजी, आर्थिक उदारीकरण, बहुराष्ट्रीय कम्पनियाँ आदि से जुड़े सवाल प्रमुख हैं। इन सारे सवालों को अलग-अलग न देखकर समग्र रूप में देखना आवश्यक है, जिससे वास्तविक तथा मूल समस्या की पहचान हो सके। बिना मूल प्रश्न को जाने किसी प्रकार का हल तथा समाधान खोजना समस्या को और ताकत प्रदान करना है। रामविलास जी का महत्त्व यह है कि वे आज के भारत की विविध समस्याओं को एक-दूसरे से जोड़कर देखते हैं तथा मूल समस्या को सामने रखते हैं। इस समस्या के निदान तथा हल भी उनके सामने हैं। जो विद्वान उनसे असहमत हैं, उन्हें भारत का प्रमुख सवाल सामने रखना चाहिए तथा उसके निराकरण के उपाय बताने चाहिए। जो ऐसा नहीं करते हैं, वे जाहिर है, सत्ता तथा शासन के साथ हैं और उन्हें अपने समय तथा समाज को समझने और बदलने की कोई मानवीय तथा राष्ट्रीय चिन्ता नहीं है।

अंग्रेजों ने अपनी सत्ता बनाए रखने के लिए जातिवाद और सम्प्रदायवाद को समय-समय पर खाद-पानी देने का काम किया। रामविलास शर्मा ने राजनीतिक सौदेबाजी में उनके द्वारा 'दो अटल इकाइयों' पर जोर देने की चर्चा की है। पहली इकाई में द्विज और शूद्र का भेद मुख्य था; दूसरी में हिन्दू और मुसलमान का। अंग्रेजों ने स्वयं को अल्पसंख्यक मुसलमानों और अछूतों के विशेष संरक्षक के रूप में प्रस्तुत किया (भारतीय इतिहास और ऐतिहासिक भौतिकवाद, पृ. 238)। इस राजनीति ने बाद के दिनों में अपना विकास किया। भारतीय जनता पार्टी, विश्व हिन्दू परिषद्, बजरंग दल आदि ने अपने को हिन्दुओं का विशेष संरक्षक माना, जनता दल ने निचली तथा पिछड़ी जातियों के साथ मुसलमानों के संरक्षक के रूप में अपने को प्रस्तुत किया, कतिपय मुस्लिम साम्प्रदायिक संगठनों ने मुसलमानों का एकमात्र संरक्षक अपने को घोषित किया। बच गई ऊँची जातियाँ। बिहार में बिहार पीपुल्स पार्टी के जनक आनन्द मोहन ने उसके संरक्षक के रूप में अपने को प्रस्तुत किया। जहाँ तक राष्ट्र तथा किसानों-मजदूरों के संरक्षण का प्रश्न है, वहाँ न तो कोई राजनीतिक पार्टी है और न कोई राष्ट्रीय मोर्चा तथा संगठन।

बाबरी मस्जिद के ध्वंस के बाद साम्प्रदायिकता का प्रश्न भारतीय समाज का जटिल प्रश्न बन गया है। इस घटना के बाद पूरे राष्ट्र में जो दंगे हुए, वे अभूतपूर्व थे। केन्द्र की कांग्रेस सरकार पूरे घटना-क्रम में मूक-दर्शक बनी रही। रामविलास शर्मा

ने 1968 में यह लिखा था, "जो यह समझता है कि कांग्रेस का पूँजीवादी नेतृत्व या पूँजीवादी दलों की सरकारें साम्प्रदायिकता दूर करके हिन्दू-मुस्लिम दंगों की जड़ काट सकती हैं, वह भारी गलती कर रहा है" (स्वाधीनता संग्राम : बदलते परिप्रेक्ष्य, पृ. 183)। वे मानते हैं कि "अगर किसानों और मजदूरों के जन-संगठन मजबूत होते और वामपन्थी नेतृत्व ने सुसंगत साम्राज्य-विरोधी लड़ाई चलाई होती, तो यह निश्चित है कि साम्प्रदायिकता इस विकराल रूप में आज देश में न होती" (वही)। साम्प्रदायिकता की जड़ काटने के लिए यह जरूरी था कि हम किसानों, मजदूरों और सामान्य जनों के संगठन मजबूत करें, सम्प्रदायवाद—चाहे वह अल्पसंख्यक हो या बहुसंख्यक, उससे समझौता न करें और राजनीतिक समस्याओं पर संकुचित तथा मतलबी नजरिए से विचार न करें। लेकिन हुआ इसके ठीक विपरीत। जाहिर है यह मार्ग क्रान्तिकारी मार्ग था, लम्बा, मुश्किल तथा जटिल मार्ग था। लेकिन दूसरा छोटा और आसान रास्ता मुझे मालूम नहीं है। जिस रास्ते पर वामपन्थी नेता पिछले बीस साल से चलते आए हैं, यदि उसी पर वे चलते रहें, तो अगले बीस साल में परिस्थिति सुधरने के बदले और बिगड़ेगी, इसमें भी सन्देह नहीं है" (वही, पृ. 186)।

बीस वर्ष बाद 1988 में यह चेतावनी सही साबित हुई। पूँजीपतियों और सामन्तों के मायाजाल से भारत की मार्क्सवादी पार्टी ने किसानों और मजदूरों को बाहर नहीं निकाला। समय-समय पर सभी राजनीतिक पार्टियाँ छुआ-छुऔअल का खेल खेलती रहीं और सत्ता-सुख के लिए एक-दूसरे से हाथ मिलाती रहीं। रामविलास शर्मा ने वामपन्थी नेताओं को उनके अवसरवादी रवैये के लिए लताड़ा है। "साम्प्रदायिक दलों तथा कांग्रेस के साथ वामपन्थी नेताओं का रवैया बदलता रहा है। कभी वे साम्प्रदायिक दलों से मिले और कभी कांग्रेस के गले मिले। साम्प्रदायिक दलों के साथ मिलकर उन्होंने कांग्रेस के खिलाफ संयुक्त मोर्चा कायम किया, मिसाल के लिए, संयुक्त महाराष्ट्र आन्दोलन में सभी वामपन्थी दल जनसंघ के साथ एक संयुक्त मोर्चे में शामिल हुए। जब प्रदेशों में गैर-कांग्रेसी सरकार बनाने का सवाल आया तो केरल में मुस्लिम लीग के साथ, पंजाब में अकालियों के साथ और दूसरे कई राज्यों में जनसंघ के साथ उन्होंने सरकारें बनाईं (वही, पृ. 183-84)। आज़ादी के बाद दिक्कत यह हुई है कि राजनीतिक पार्टियों ने राष्ट्र और समाज की जगह सरकार बनाने को विशेष महत्त्व दिया। मुस्लिम लीग, अकाली और जनसंघ जैसी साम्प्रदायिक पार्टियों से सहयोग करना क्या साबित करता है! रामविलास शर्मा इसके पक्ष में दिए जानेवाले तर्कों से सहमत नहीं हैं। 1967 की संविद सरकारों के बारे में उनका विचार यह है कि "संविद सरकारों के गठन के बाद साम्प्रदायिक तनाव कम होने की जगह और बढ़े हैं" (वही, पृ. 184)। वामपन्थी नेताओं की सिद्धान्तहीन समझौतावादी नीति पर उन्होंने विचार किया है और जाहिर है इस नीति से बाद में अवसरवादी तत्त्व और पनपे तथा बढ़े।

साम्प्रदायिक दलों के साथ मिलकर सरकार बनाने से, उनसे किसी भी प्रकार का गठबन्धन करके साम्प्रदायिकता का नाश नहीं किया जा सकता। पिछले कुछ वर्षों में साम्प्रदायिक दल और संगठन विशेष मजबूत हुए हैं। भारतीय पूँजीपतियों का एक हिस्सा अब साम्प्रदायिक दलों का समर्थक है। पहले ऐसा नहीं था। "पूँजीपति वर्ग कांग्रेस का समर्थन करता था और सामन्त वर्ग साम्प्रदायिक दलों का। साम्प्रदायिक दल पूँजीपति वर्ग के समर्थन से और मजबूत बने हैं। आज साम्प्रदायिक तनाव अगर हिन्दी प्रदेशों से निकलकर पूरे भारत में फैल गया है, तो इसके पीछे इन साम्प्रदायिक दलों को पूँजीपतियों का सहयोग है और जैसे-जैसे महाजनी पूँजी तथा वित्तीय पूँजी का प्रवेश बढ़ रहा है, वैसे-वैसे ये साम्प्रदायिक दल और मोटे-तगड़े हो रहे हैं। साम्प्रदायिकता को एक व्यापक आधार मिल गया है, जो 1947 से पहले सुलभ नहीं था" (वही, पृ. 185)।

सम्प्रदायवाद और जातिवाद में एकता है। पिछले दिनों अगर यह एकता ऊपर से कमजोर दिखाई पड़ती है, तो इसका मुख्य कारण स्वयं अपने बूते पर सरकार बनाने तथा राज चलाने के लिए जातिगत आधार पर जनता को एक छतरी के नीचे लाना है। सम्प्रदायवाद और जातिवाद को किसानों तथा मजदूरों से कोई सरोकार नहीं है। उनका स्वार्थ मात्र इसमें है कि जाति और धर्म के आधार पर वे राज करें।

साम्प्रदायिक दलों के साथ मिलकर सरकार बनाने से सम्प्रदायवाद कमजोर नहीं होगा तथा जातियों को आपस में लड़ा-भिड़ाकर जातिवाद भी नष्ट नहीं होगा। दरअसल ये सत्ता में आने के हथकंडे हैं। हिन्दी प्रदेश में, जो औद्योगिक विकास में बहुत पीछे है, खेला जा रहा यह खेल हिन्दी प्रदेश और पूरे भारतवर्ष को कमजोर करता है। समाजवादी दलों का काम जन-संगठनों को मजबूत करना तथा जन-संघर्षों को तीव्र गति प्रदान करना है। अगर समाजवादी दल साम्प्रदायिक दलों की भाँति हिन्दू-मुस्लिम दंगे में पिल पड़े, तो यह उनकी मौत ही होगी। यह अकारण नहीं है कि आज देश की प्राय: सभी राजनीतिक पार्टियाँ अप्रासंगिक हो रही हैं। और जनता वामपन्थी पार्टियों से जो अपेक्षा कर रही है, उसे पूरा करने के लिए पूरे जोश-खरोश के साथ वामपन्थी पार्टियाँ आगे नहीं आ रही हैं। साम्प्रदायिकता को बौद्धिक बहसों से मिटाया नहीं जा सकता। "अखबारों में लेख लिखने, बयान जारी करने या दस-पाँच जगह भाषण देने से उन्हें रोका नहीं जा सकता। इन्हें रोकने का एक ही कारगर उपाय है कि समाजवाद में विश्वास करनेवाले नेता मजबूत जन-संगठन कायम करें और जन-संघर्षों की आँच में दोनों सम्प्रदायों की एकता को इस हद तक मजबूत करें कि साम्प्रदायिक दल उसे तोड़ न सकें" (वही)। ये पंक्तियाँ 1968 में लिखी गई थीं और पिछले पचीस वर्षों में साम्प्रदायिक दल और मजबूत हुए हैं।

मंडल आयोग की रिपोर्ट के बाद जातिवाद में और अधिक मजबूती आई है। अंग्रेजों ने सामन्तवाद को जिलाए रखा था, जिससे स्वाधीन भारत में सामन्त-विरोधी क्रान्ति सम्पन्न न हो पाई। आजाद देश के नेता अंग्रेजों के नक्शे-कदम पर चले और

बाद में यहाँ नव-सामन्त वर्ग पैदा किया गया। अंग्रेजों ने सामतंवाद के सहारे इस देश पर राज्य किया था, जिसे स्वाधीन भारत के शासक-वर्ग ने नष्ट नहीं किया, क्योंकि वे भी देश पर राज ही करना चाहते थे। अंग्रेजों ने अपने शासन-काल में भारत की जाति-प्रथा को और कठोर बनाया। पहले जाति के स्थान पर वर्ग महत्त्वपूर्ण था। अंग्रेजों ने व्यक्ति के नाम के साथ उसकी जाति का नाम जोड़ने पर विशेष ध्यान दिया। "आधुनिक काल में व्यक्ति के नाम के साथ पचासों नए जाति सूचक शब्द जोड़े जाने लगे। अंग्रेज इस बात को प्रोत्साहन देते थे कि लोग अपनी जाति का नाम बराबर लिखें। अंग्रेजी राज में जाति-प्रथा को नया जीवन मिला" (भारतीय इतिहास और ऐतिहासिक भौतिकवाद, पृ. 47-48)। स्वाधीन भारत में इस जाति-प्रथा को नष्ट करने के लिए कोई ठोस कार्यक्रम नहीं लिया गया। अगर यहाँ सामन्त-विरोधी कार्यक्रम चलाए गए होते, भूमि-सुधार पर बल दिया गया होता और किसानों तथा मजदूरों के सम्बन्ध में सोचा गया होता, तो जाति-प्रथा मजबूत नहीं होती। जातिवाद आज पहले की तुलना में अधिक मजबूत है। आज सम्प्रदायवाद ही नहीं, जातिवाद भी विघटनकारी रूप में मौजूद है। 1990 में जिस प्रकार का जातिवादी विस्फोट हुआ, वैसा पहले कभी नहीं हुआ था। यह विस्फोट मंडल आयोग की सिफारिशों को लागू करने के लिए हुआ था। आज उत्तराखंड में आरक्षण-विरोध में होनेवाले आन्दोलन मुलायम सरकार द्वारा की गई घोषणाओं की सहज प्रतिक्रिया है, मंडल आयोग की सिफारिशों ने पूरे देश को बुरी तरह अगड़ी तथा पिछड़ी जातियों में बाँटकर रख दिया। आरक्षण समर्थक और आरक्षण विरोधी में पढ़ा-लिखा वर्ग बँट गया। इसी आरक्षण के साथ सामाजिक न्याय का मुहावरा चला। फिलहाल यह भारतीय समाज का एक अहम प्रश्न है और आज के भारत में यह एक विकट तथा जटिल समस्या है कि आरक्षण कितना प्रतिशत हो और इसका लाभ किन लोगों को मिले? सत्ता की राजनीति का यह परिणाम है कि हम सभी सरकारी नौकरियों को महत्त्वपूर्ण मान बैठे हैं और हमारी निजी चिन्ताएँ प्रमुख हो गई हैं।

रामविलास शर्मा के अनुसार आरक्षण 'कथरी में लगा पैबन्द' है। ऊँच-नीच के भेदभाव से जिन्हें कष्ट होता है, वे इसके विरुद्ध आन्दोलन करते हैं। पूँजीवादी नेता सोचते हैं कि आमूल परिवर्तन न करना पड़े। कथरी में थोड़ा-बहुत पैबन्द लगा दिया, उससे काम चल जाएगा। उन्होंने जो पैबन्द लगाया, वह आरक्षण का पैबन्द है" (वही, पृ. 49)। जिस समाज में वर्ग-संघर्ष के लिए जमीन तैयार होनी चाहिए थी, वहाँ जाति-संघर्ष के अखाड़े कायम हो चुके हैं। इससे राज करनेवालों को सुविधा होती है। देश अगर विभाजित होता है या जाति-युद्ध, गृह-युद्ध की लपेट में आ जाता है तो आ जाए। इससे शासक वर्ग का कोई नुकसान नहीं होगा।

आरक्षण अंग्रेजों की शासन-नीति है। सब मर्जों की यह एक अकेली अचूक दवा है। क्या सचमुच आरक्षण सामाजिक न्याय का एक कारगर अस्त्र है? रामविलास शर्मा

आरक्षण को साम्राज्यवाद की विरासत मानते हैं (स्वाधीनता संग्राम : बदलते परिप्रेक्ष्य, पृ. 242)। साम्राज्यवाद शोषण-व्यवस्था को नए-नए तरीकों से पुष्ट करता रहा है। शोषण-व्यवस्था से लड़ने वालों में उसने सदैव फूट डालने का कार्य किया। ''अंग्रेजों ने मुसलमानों के एक गुट को हिन्दुओं से अलग किया। उसके बाद दक्षिण भारत में उन्होंने ब्राह्मण-अब्राह्मण के दो खेमे बनाए। ब्राह्मण विरोधी दल के नेता रामस्वामी नाइकर ने द्रविण कषगम को जन्म दिया'' (वही)। उत्तर भारत में अंग्रेजों ने हिन्दुओं और मुसलमानों को एक-दूसरे के विरुद्ध खड़ा किया और दक्षिण भारत में ब्राह्मणों के विरुद्ध गैर-ब्राह्मणों को खड़ा किया। अंग्रेजों को इसमें लाभ था। वे सुगमतापूर्वक राज चलाते रहे, लेकिन आजाद भारत में भारतवासियों को आपस में इस तरह लड़वाने का--जाति और सम्प्रदाय के आधार पर क्या तुक है! रामविलास शर्मा ने मशहूर समाजशास्त्री एम.एन. श्रीनिवास के 7 अक्तूबर, 1990 के टाइम्स ऑफ इंडिया में प्रकाशित एक लेख के कतिपय अंशों को पूर्वोक्त पुस्तक के अन्तिम अध्याय 'स्वाधीनता आन्दोलन की गदर परम्परा और स्वदेशी' में उद्धृत किया है। ''इससे दक्षिण भारत में अंग्रेजों की भेदनीति स्पष्ट होती है—पढ़े-लिखे ब्राह्मण तेजी से राष्ट्रवादी हो रहे थे, इसलिए अंग्रेजों ने अब्राह्मण आन्दोलन को प्रोत्साहन दिया। अंग्रेज गाँवों और कस्बों में अब्राह्मण जातियों का समर्थन पाना चाहते थे। उन्होंने सरकारी नौकरियों में तथा प्रारम्भिक दौर की प्रतिनिधि सभाओं में जातियों के लिए एक संख्या (कोटा) निश्चित करके उनके हितों की रक्षा करने की सोची'' (वही)। क्या आरक्षण पिछड़ेपन का स्थायी निदान है? मंडल आयोग की सिफारिशें लागू करने से, आरक्षण का प्रतिशत बढ़ा देने से क्या समस्याएँ सुलझ जाएँगी? सरकारी नौकरियों की संख्या घट रही है। क्या कुछ लाख सरकारी नौकरियाँ पा लेने से पिछड़ी जातियों के करोड़ों लोगों की समस्याओं का समाधान हो जाएगा? दक्षिण भारत के नेता अगर आरक्षण का समर्थन करते हैं, तो इसके पीछे सचमुच पिछड़ी जातियों के प्रति उनके मन में दर्द है, वे उनकी गरीबी और बदहाली से चिन्तित हैं या केन्द्रीय सरकारी सेवाओं में शिक्षित होने के कारण उनके स्वयं लिए जाने की गारंटी अधिक है? आरक्षण के समर्थक और सामाजिक न्याय के सिद्धान्तवेत्ता और प्रवक्ता उन खेतिहर मजदूरों के बारे में क्यों नहीं सोचते, जो नितान्त पिछड़ी जातियों से आते हैं और जिनकी मुख्य चिन्ता पेट भरने की है? शोषण और उत्पीड़न को समाप्त करने के लिए वर्ग-संघर्ष का रास्ता अपनाना होगा और यह रास्ता आरक्षण के समर्थकों तथा सामाजिक न्याय के प्रवक्ताओं को मंजूर नहीं है। आरक्षण का लाभ पिछड़ी जातियों के सम्पन्न तथा प्रभावशाली लोगों को ही मिल पाता है।

आरक्षण से वर्तमान व्यवस्था नष्ट नहीं होती। रामविलास शर्मा के अनुसार ''यह वर्तमान व्यवस्था को बनाए रखने का प्रभावशाली उपाय है। भारत की युवाशक्ति बहुत बड़ी शक्ति है। वह यदि मजदूरों-किसानों के आन्दोलन से मिल जाए, तो

व्यवस्था के लिए बहुत बड़ा संकट पैदा हो सकता है। युवा-शक्ति अगड़ी-पिछड़ी जातियों में बँट जाए, इन जातियों के युवा आपस में लड़ते रहें तो व्यवस्था सुरक्षित रहेगी। यदि इसके साथ हिन्दू धर्म और इस्लाम की रक्षा के लिए दस-पाँच जगह मार-काट का आयोजन हो जाए तो व्यवस्था और भी सुरक्षित रह जाएगी। इस समूचे विघटन से सर्वाधिक लाभ होगा विदेशी पूँजीपतियों को'' (वही, पृ. 244)। नौकरियों को लेकर सवर्ण और अवर्ण आपस में टकराएँ और इस प्रकार सामाजिक हित की जगह निजी हित के बारे में सोचा जाए, इससे बढ़कर शासक-वर्ग को और क्या लाभ हो सकता है। इससे साम्राज्यवाद का विरोध तो दूर रहा, सामन्त-विरोधी आन्दोलन तथा क्रान्ति भी सम्पन्न नहीं हो पाती। इसी प्रकार पृथक निर्वाचन क्षेत्र से भी जनजातियों और अनुसूचित जातियों की समस्याएँ नहीं सुलझी हैं। पृथक निर्वाचन क्षेत्रों की नीति अंग्रेजों ने धर्म को आधार मानकर चलाई, जिसका फल भारत-पाक विभाजन में देखने को मिला।

रामविलास शर्मा आरक्षण और पृथक् निर्वाचन क्षेत्रों के पक्ष में नहीं हैं। संविधान निर्माताओं ने आदिवासियों और जनजातियों के लिए अलग निर्वाचन क्षेत्र कायम किए थे। इन अलग निर्वाचन क्षेत्रों के कायम होने से क्या उनकी हालत में कोई सुधार हुआ ? आरक्षण को चालीस साल बाद समाप्त करने की बात कही गई थी। हिन्दी को 1965 में राजभाषा बनाने की बात कही गई थी। ऐसा कुछ भी नहीं हुआ। रामविलास जी जनजातियों और आदिवासियों का भविष्य भारत के किसानों और मजदूरों के भविष्य के साथ जुड़ा मानते हैं। जनजाति, अनुसूचित जाति तथा पिछड़ी जातियों की समस्याओं तथा उनके विकास को लेकर गोल-मटोल बातें की जाती रही हैं। इनके जीवन में बुनियादी परिवर्तन लाने के लिए कुछ बुनियादी कार्य भी करने होंगे। ''जब हम अलग निर्वाचन क्षेत्रों की व्यवस्था करते हैं, तब हम मान लेते हैं कि हम इन्हें शेष नागरिकों के स्तर तक नहीं ला सकते। इस तरह जनतंत्र भीतर से टूटता है। जब हम नौकरियों में उनके लिए कोई प्रतिशत संख्या आरक्षित करते हैं, तब हम मान लेते हैं कि हम इनका शैक्षिक और सामाजिक स्तर नहीं बदल सकते'' (वही, पृ. 240)।

आरक्षण से भारतीय पूँजीपतियों को लाभ पहुँचता है। इस पूँजीवादी व्यवस्था को समाप्त कर मजदूरों तथा किसानों की सत्ता कायम करने का सवाल बहुत पीछे छूट जाता है। एक पूँजीवादी पार्टी की जगह दूसरी पूँजीवादी पार्टी आ जाती है और देश की राजनीति में पूँजीपति वर्ग का वर्चस्व और दबदबा बना रहता है। इन्दिरा गांधी की सरकार न रही, तो मोरारजी भाई की सरकार रही। टाटा और बिड़ला की जगह अम्बानी तथा दूसरे पूँजीपति ले लेंगे।

रामविलास जी ने अलग निर्वाचन क्षेत्रों और आरक्षण के बिना भी जनसत्ता में भागीदार मुसलमानों और पिछड़ी जाति का उदाहरण दिया है। वे कई कारणों से बार-बार 1857 के स्वाधीनता-संग्राम का स्मरण करते हैं और उससे आज भी बहुत

कुछ सीखने को प्रेरित करते हैं। 1857 के आन्दोलन में कुँवरसिंह के नेतृत्व में शाहाबाद में लड़ाई लड़ी गई थी। उस समय हरेकृष्ण सिंह की देखरेख में जो नई सरकार गठित हुई थी, उसमें मजिस्ट्रेट शेख गुलाम याहिआ थे तथा कई थानों के जमादार और कोतवाल भी मुसलमान थे। क्रान्तिकारी सरकार की अदालत में कौंसिलरों में ऊँची जाति के अगर राजपूत थे, तो पिछड़ी जाति के माली भी थे (वही, पृ. 244)।

सामाजिक न्याय का अर्थ मात्र आरक्षण नहीं है। सत्ता के वर्ग-आधार को बदले बिना सामाजिक न्याय प्राप्त नहीं हो सकता। जिन प्रदेशों में सामाजिक न्याय का डंका पीटा जा रहा है, उन्हीं प्रदेशों में अपहरण, बलात्कार, लूट और हिंसा की घटनाओं में वृद्धि हो रही है। महिलाओं को निर्वस्त्र किया जा रहा है और उन्हें भीड़ में उसी हालत में घुमाया जा रहा है। सामाजिक न्याय के समर्थक वामपन्थी दल भी हैं, जो वर्ग को तिलांजलि देकर सामाजिक न्याय दिलाना चाहते हैं। वर्ग-संगठन और वर्ग-संघर्ष के बिना क्या सामाजिक न्याय का कोई अर्थ है? रामविलास शर्मा सामाजिक न्याय से भारत के सभी मानव-समुदाय को पीड़ित देखते हैं। वे सामाजिक न्याय के नाम पर चलाए गए अलगाववादी आन्दोलन को अनदेखा नहीं करते। बहुसंख्यक हिन्दू अल्पसंख्यक मुसलमानों के साथ अन्याय करते हैं, इस बिना पर मुस्लिम लीग ने मुसलमानों को गोलबन्द किया था। ऊँची जातियों के हिन्दू नीची और पिछड़ी जातियों के हिन्दुओं के साथ अन्याय करते आए हैं, इस बिना पर जनता दल नीची और पिछड़ी जातियों के हिन्दुओं को संगठित करने में प्रयत्नशील है। कांग्रेसी सरकारें अल्पसंख्यक मुसलमानों को खुश करने के लिए बहुसंख्यक हिन्दुओं के साथ अन्याय करती रही हैं, इस बिना पर भारतीय जनता पार्टी हिन्दुओं को संगठित कर रही है (वही, पृ. 250-51)। अब ऐसी स्थिति में वामपन्थ क्या करे? वह किसे संगठित करे? चाहिए तो यह था कि वामपन्थी पार्टियाँ किसानों और मजदूरों को संगठित करतीं और इस राजनीतिक खेल को बन्द करतीं। शोषित वर्गों के प्रति होनेवाले अन्याय का विरोध करतीं और राज्यसत्ता का जन-विरोधी चरित्र उजागर करतीं। इससे सम्प्रदायवाद और जातिवाद दोनों नष्ट होते तथा भारतीय जनता का ध्यान गौण तथा सोद्देश्य खड़े किए सवालों से अलग होकर मूल सवालों की ओर आकृष्ट किया जाता। इसके विपरीत "यदि वह जनता दल की तरह सामाजिक न्याय के लिए लड़ेगा तो जातिवाद और सम्प्रदायवाद दोनों मज़बूत होंगे और देश को तबाही से कोई न बचा सकेगा। अभी बंगाल और बिहार में, पंजाब और असम में, केरल और कश्मीर में थोड़ा फर्क है। कल को यह फर्क भी मिट जाएगा" (वही, पृ. 250)।

शूद्रों पर होनेवाले अत्याचारों के सम्बन्ध में रामविलास जी का मत यह है कि ये अत्याचार अंग्रेजों के समय अधिक हुए और उन्हें बहुत खींचकर पीछे ले जाना

सही नहीं है। भारत के सभी शिल्पी शूद्र थे और उनको पगार देने की व्यवस्था थी। अंग्रेजी राज्य में पगार देने की यह व्यवस्था नष्ट हो गई। कौटिल्य के 'अर्थशास्त्र' से लेकर 'आइने-अकबरी' तक में शिल्पियों को पगार दिए जाने का जिक्र है। अंग्रेजी राज में ये शिल्पी और कारीगर शहर से गाँवों की ओर भाग पड़े। गाँवों में जमींदारों ने इनसे बेगार कराना शुरू किया। पगार देने का नियम समाप्त हो चुका था और जबरन इनसे काम कराया जाने लगा। "पुरोहित, जमींदार, महाजन—ये अंग्रेजी राज के समर्थक थे। शूद्रों पर अत्याचार करके वे अपने विशेषाधिकारों की रक्षा करते थे (वही, पृ. 238)। शूद्रों तथा अन्य पिछड़ी जातियों के विकास का मार्ग तब तक अवरुद्ध रहेगा, जब तक गाँवों में पूँजीवादी प्रक्रिया को नहीं बढ़ाया जाता। गाँवों में पूँजीवादी प्रक्रिया बढ़ाने का क़ाम सामन्तवाद के रक्षक और पोषक नहीं कर सकते। रामविलास जी पगार देने की पूँजीवादी पद्धति को अपनाना आवश्यक मानते हैं। "इसके नहीं होने से जाति-प्रथा कठोर होगी" (भारतीय इतिहास और ऐतिहासिक भौतिकवाद, पृ. 51)।

जातिवाद, सम्प्रदायवाद, आरक्षण तथा पृथक निर्वाचन क्षेत्र को कायम रखने का अर्थ मौजूदा व्यवस्था और तंत्र को कायम रखना है। इससे वोट पाने में राजनीतिक पार्टियों को सहूलियत होती है। अशिक्षित और सरल जनता को अपने पक्ष में इस्तेमाल करना आसान है। उसे टुकड़ों-टुकड़ों में बाँटकर उससे वोट पाना एक प्रकार की ठगी है। क्रान्तिकारी तथा समाजवादी पार्टी ऐसा कुकर्म नहीं करती हैं। जनता को वोट बैंक कहने से राजनीतिक पार्टियों के जनता से सम्बन्ध का पता चलता है। ये वोट बैंक बनते-बिगड़ते रहते हैं। चुनाव को जनतंत्र का पर्याय बना देना जनतंत्र की तौहीन करना है। यह 'चुनाव चुथौअल' लगातार जारी है। रामविलास जी प्रश्न करते हैं, "यदि चुनाव की हर प्रक्रिया जनतंत्र के लिए आवश्यक है, तो कैसा जनतंत्र है यह, जिससे सामन्ती प्रथाएँ और मजबूत होती हैं, जो वर्ग-संगठन मजबूत होने चाहिए, वे कमजोर होते हैं" (वही, पृ. 52)।

रामविलास शर्मा आज के भारत का मुख्य मुद्दा विदेशी पूँजी की आमद मानते हैं। इस विदेशी पूँजी से राष्ट्रीय स्वाधीनता को खतरा है। इसके आगमन से सामन्ती अवशेष बने रहेंगे और घरेलू बाजार का विकास नहीं हो सकेगा। विदेशी पूँजी सभी आफतों की जड़ है। महाजनी पूँजी के सहयोग से भारत का आर्थिक विकास नहीं हो सकता। विदेशी पूँजी राजकीय पूँजी को विकसित होने से रोकती है, उसके क्षेत्र को संकुचित और कमजोर करती है। 1985 में 'मार्क्स और पिछड़े हुए समाज' की भूमिका में रामविलास जी ने देशी-विदेशी पूँजी के मिश्रण को ठीक नहीं माना। आज से लगभग दस वर्ष पहले इस मिश्रण के भयानक परिणामों की ओर उन्होंने संकेत किया था। विदेशी पूँजी की सहज मैत्री उन्होंने निजी पूँजी से मानी थी और यह लिखा था कि "भारतीय पूँजीवाद के स्वच्छन्द विकास की सम्भावना कम होगी; यह

विकास बहुराष्ट्रीय कम्पनियों द्वारा निर्देशित और नियंत्रित होगा'' (मार्क्स और पिछड़े हुए समाज, 1986, पृ. 13)।

नई आर्थिक नीति के बाद पिछले तीन वर्षों में भारत में होनेवाले विविध बदलावों, हलचलों और परिवर्तनों पर गौर किया जाए तो यह स्पष्ट होगा कि सुधार तथा उदारीकरण की नीति किस तरह से समाज को अस्थिर कर रही है। महाजनी पूँजी उपनिवेश के नए रूपों को जन्म देती है। विश्व बाजार में प्रवेश करना और वहाँ अपना सामान बेचना इतना आसान नहीं है। आज भारत स्वयं एक बड़ा बाजार है, जहाँ अपना माल बेचने के लिए बहुराष्ट्रीय कम्पनियाँ प्रवेश कर रही हैं। बहुराष्ट्रीय कम्पनियाँ राष्ट्रीय कम्पनियों को निगलने में ज्यादा समय नहीं लेंगी। बड़ी मछली छोटी मछली को बड़ी आसानी से खा जाती है।

''कांग्रेसी सरकार ने आरम्भ से ही विदेशी पूँजीपतियों के हितों की रक्षा की। 1950, 1960, 1970, 1980 प्रत्येक दशक में भारत सरकार विदेशी पूँजी को अधिकाधिक सुविधाएँ देती चली गई हैं'' (भारतीय इतिहास और ऐतिहासिक भौतिकवाद, पृ. 181)। 1957 से जून 1987 तक विदेशी पूँजी के सहयोग से उद्योग चलाने के कुल 10,973 समझौते हुए, सालाना औसत 365.72 समझौतों का हुआ अर्थात् प्रतिदिन एक समझौता किया गया (वही)। 1987 से अब तक के सात वर्षों में समझौतों की रफ्तार आगे ही बढ़ी है।

आतंकवाद और अलगाववाद विदेशी पूँजी की लाड़ली सन्तानें हैं। भारत में विदेशी पूँजी की रक्षा कौन करेगा? जाहिर है, उनके अपने एजेंट और कारिन्दे हैं। स्वतंत्र भारत में कभी भी विदेशी पूँजी पर रोक नहीं लगी। ''आज़ादी के बाद भी ब्रिटिश पूँजी की रक्षा की गई और विदेशी पूँजी का आगमन होता रहा। दिल्ली सरकार को विदेशी पूँजी के राष्ट्रीयकरण से जितना परहेज है, उतना और किसी बात से नहीं (स्वाधीनता संग्राम : बदलते परिप्रेक्ष्य, पृ. 68)।

इस देश में विदेशी पूँजी से सम्बन्ध-विच्छेद के बारे में कभी नहीं सोचा गया। विदेशी पूँजी किसी भी देश के स्वतंत्र पूँजीवादी विकास को अवरुद्ध करती है। विदेशी पूँजी और महाजनी पूँजी के सहयोग तथा गठबन्धन से देश आत्मनिर्भर नहीं होकर पर-निर्भर बनता है और देशी पूँजीपतियों की तुलना में विदेशी पूँजीपति अधिक लाभ और मुनाफे कमाते हैं। विदेशी पूँजी के तिरस्कार और बहिष्कार से ही सामन्त तथा साम्राज्य-विरोधी आन्दोलन तेज किया जा सकता है और राष्ट्रीय एकता की रक्षा की जा सकती है। रामविलास जी विदेशी पूँजी से लड़ने की बात करते हैं ''विदेशी पूँजी से जो भी जुड़ा हो, चाहे वह बड़ी पूँजीवाला हो या छोटी पूँजीवाला, उससे लड़ना चाहिए'' (साक्षात्कार, रामविलास शर्मा से बातचीत, पृ. 13)।

महाजनी पूँजी समाजवाद का शत्रु है। विदेशी पूँजी और महाजनी पूँजी ने विश्व के अनेक देशों में जाकर वहाँ तोड़-फोड़ की है, उसके विकास को अवरुद्ध किया

है तथा वहाँ के अपने अर्थतंत्र को क्षति पहुँचाई है। जहाँ तक भारत का प्रश्न है, यह देश महाजनी पूँजी की गिरफ्त से, उसके दबाव से कभी बाहर नहीं निकला। यह महाजनी पूँजी का दबाव था, जिससे भारत का राजकीय पूँजीवाद अपना विकास नहीं कर सका।

विश्व बैंक महाजनी पूँजी का केन्द्र है। पिछले तीन-चार वर्षों में नई आर्थिक नीति के बाद भारत पर इसका दबाव पूरी तरह हो गया है और अब यह भारत सरकार को अपने अनुसार नीतियाँ निर्मित करने की सीख दे रहा है। विश्व बैंक और अन्तरराष्ट्रीय मुद्रा कोष से भारत के होनेवाले करारों की अगर एक फेहरिस्त तैयार की जाए, तो यह पता चलेगा कि किस प्रकार यह देश महाजनी पूँजी और बहुराष्ट्रीय कम्पनियों के हाथों बिक रहा है। भारतीय मुद्रा का समय-समय पर होनेवाला अवमूल्यन और महात्मा गांधी तथा राजीव गांधी की हत्या के साथ लाल बहादुर शास्त्री की संदिग्ध और सन्देहास्पद मौत को भी रख लिया जाए, तो बहुत सारे अभी तक के अनसुलझे रहस्य सुलझ जाएँगे। विश्व बैंक और अन्तरराष्ट्रीय मुद्रा कोष जैसी संस्थाओं का द्वितीय विश्वयुद्ध के बाद गठन कुछ निश्चित उद्देश्यों के तहत हुआ था। इनके जन्म के बाद से पूँजी का अभूतपूर्व केन्द्रीकरण हुआ है और जनता पार्टी की सरकार के पतन के बाद 1980 से इसका भारत पर दबाव बढ़ता गया। "महाजनी पूँजीवाद के युग में दुनिया दो जातियों में बँटती है—एक सूद लेनेवाली जातियाँ, दूसरी सूद देनेवाली जातियाँ" (भारतीय इतिहास और ऐतिहासिक भौतिकवाद, पृ. 130)।

भारत लगातार कर्जखोर देश बनता जा रहा है। स्थिति यह है कि अब विश्व बैंक भारतीय बजट बनाने में एक बड़ी भूमिका अदा करता है। भारत अब एक कर्जदार देश है। गोदान में होरी ऋण के कारण ही असमय मर गया। भारत भी अगर ऋण के कारण ही तहस-नहस हो जाए, तो क्या आश्चर्य! विश्व-बाजार में प्रवेश करने से भारत की छवि मनमोहनी हो जाएगी, ऐसा कहनेवाले भारत में निरन्तर हो रहे नीति-सम्बन्धी परिवर्तनों को नहीं देखते। सवाल यह है कि नीति-सम्बन्धी ये परिवर्तन किसके हित में हो रहे हैं—भारतीय जनता के हित में या बहुराष्ट्रीय कम्पनियों के हित में ? रामविलास शर्मा विदेशी पूँजी के प्रवेश से होनेवाले खतरे, विश्व बैंक की भूमिका आदि पर विस्तार से विचार कर आज इससे मुक्त होने की आवश्यकता पर जोर देते हैं, विश्व बैंक, बड़े देशी पूँजीपति, आयात-निर्यात के व्यापारी, भूतपूर्व जमींदार और धनी किसान, घूसखोर राजकर्मचारी तथा ठेकेदार आदि की जमात से सावधान करते हैं और उनके आपसी खतरनाक गठबन्धन की पोल खोलते हैं। विदेशी पूँजी को किसी भी देश की राष्ट्रीय पूँजी का विकास करना नहीं है और न विकासशील देशों को पूँजीवादी मार्ग पर ले जाना है, उसका काम दूसरे देशों के स्वतंत्र आर्थिक विकास को अवरुद्ध करना है। विदेशी पूँजी के जरिए बहुराष्ट्रीय कम्पनियाँ प्रवेश करती हैं और ये बहुराष्ट्रीय कम्पनियाँ साम्राज्यवाद को

नई शक्ल में खड़ा करती हैं। विश्व बाजार पर कब्जा जी-7 के देशों का होता है, न कि ग्रुप ऑफ 24 के देशों का।

आर्थिक उदारीकरण और आर्थिक सुधार से समाज के एक सीमित वर्ग को लाभ पहुँचता है। भारत में 1991 से आर्थिक सुधार के बड़े-बड़े कार्यक्रम हो रहे हैं और महँगाई रुकने का नाम नहीं लेती। जुलाई 1994 में केन्द्रीय सरकार के कर्मचारियों के महँगाई भत्ते में दस प्रतिशत की वृद्धि हुई है। जार्जिया में एक किलोग्राम डबल रोटी की कीमत दो लाख जार्जियाई मुद्रा है और वहाँ थोड़े ही दिनों में मुद्रास्फीति में दो हजार प्रतिशत प्रतिमाह की खौफनाक वृद्धि हो रही है। द वर्ल्ड इकॉनामिक आउटलुक की रिपोर्ट के अनुसार 1990-93 के बीच भारत में विदेशी पूँजी प्रवाह 1983-89 की तुलना में कई गुना अधिक है। (द टाइम्स ऑफ इंडिया, 1 अक्तूबर, 1994 में प्रकाशित संजय बारू की रिपोर्ट फोकस ऑन प्राइवेट कैपिटल फ्लोज ऐट मैड्रिड मीटिंग)। भारत में यह पूँजी अपने साथ नई नीतियाँ भी ला रही है। भारत सरकार पर विश्व बैंक का लगातार दबाव रहता है कि वह अपनी विविध नीतियों में बदलाव लाए। भारत सरकार द्वारा विविध नीतियों में किए जा रहे परिवर्तनों को इसी सन्दर्भ में देखना चाहिए।

विश्व बैंक तथा अन्तरराष्ट्रीय मुद्रा कोष की नीतियों को गले लगाना गले में फाँसी का फन्दा लगाने के समान है। रामविलास शर्मा सोवियत संघ से सीख लेना जरूरी समझते हैं। सोवियत संघ ने कर्ज लेकर आर्थिक सुधार के कार्यक्रम लागू किए और उसका विघटन हुआ। विदेशी पूँजी पर अधिकाधिक निर्भर होते जाने से, कर्ज के संकट में फँसते और घिरते जाने से क्या भारत को विघटन के मार्ग पर जाने से बचाया जा सकता है? पहले पूँजीवादी नेता कम्युनिस्टों पर आरोप लगाते थे, वे रूस की नकल करते हैं। अब वे स्वयं रूस की नकल कर रहे हैं और रूस की ही तरह भारत को विघटन की ओर ले जा रहे हैं। "निजीकरण की हवा का मतलब है महाजनी पूँजी की गुलामी और राष्ट्र की एकता का नाश" (आज की दुनिया और लेनिन, पृ. 42)। भारतीय अर्थतंत्र को क्या महाजनी पूँजी के जरिए सुधारा जा सकता है? विश्व बैंक के अधिकारी बार-बार यह कह रहे हैं कि भारत को अब आयात के रास्ते में आनेवाले सभी बन्धनों और बाधाओं को दूर कर देना चाहिए। विश्व बैंक से विकास के लिए ली जानेवाली राशि का उपयोग हमारी सरकार किस तरह करती है, इसका एक उदाहरण 14 जुलाई, 1991 के 'न्यू एज' में सुव्रत बनर्जी के लेख से रामविलास शर्मा ने दिया है। भारत ने विश्व बैंक द्वारा प्रदत्त दस बिलियन डालर के ऋण का कोई उपयोग नहीं किया था, जिससे विश्व बैंक को तीस मिलियन डालर वार्षिक दंड देना पड़ा। रामविलास शर्मा ने इस प्रसंग पर लिखा है—"सूदखोरों की तिजोरियाँ भरने का इससे अच्छा तरीका और क्या होगा? कोई पूँजीपति यह न चाहेगा, पैसा उधार ले, उसे काम में न लाए, उस पर सूद भरे और दंड भी भरे। यह काम सरकारें करती हैं" (वही, पृ. 46)।

विदेशी पूँजी के इस अप्रतिहत बहाव को रोकने के आज कौन-से उपाय हैं? साम्राज्यवादी चंगुल से छूटने का आज कौन-सा मार्ग है? वे कौन से तरीके हैं, जिनसे देश को टूटने से बचाया जा सकता है, राष्ट्रीय एकता की रक्षा की जा सकती है और राष्ट्र का स्वतंत्र आर्थिक विकास सम्भव हो सकता है? रामविलास शर्मा स्वदेशी आन्दोलन और असहयोग के पक्ष में हैं। ब्रिटिश दासता से मुक्ति और देश के उद्योगीकरण के लिए यह एक आजमाया हुआ हथियार है। महात्मा गांधी की 125वीं जयन्ती मनाने वाली सरकार उनके स्वदेशी आन्दोलन पर विचार नहीं करना चाहेगी क्योंकि गांधी ने इस आन्दोलन के द्वारा साम्राज्यवाद को धक्का भी दिया था। गांधीवाद के दो पक्ष हैं—"साम्राज्यवाद को स्वदेशी-आन्दोलन के जरिए धक्का देना, आन्दोलन रोककर उससे समझौता करना। वर्तमान परिस्थिति में स्वदेशी आन्दोलन द्वारा साम्राज्यवाद को धक्का देने की नीति बहुत कारगर हो सकती है।" (भारतीय इतिहास और ऐतिहासिक भौतिकवाद, पृ. 242)।

रामविलास शर्मा गदर की जनवादी परम्परा से सीखने पर बल देते हैं और मजदूर वर्ग के नेतृत्व में स्वदेशी आन्दोलन चलाने का प्रस्ताव रखते हैं। 'भारतीय इतिहास और ऐतिहासिक भौतिकवाद' पुस्तक के पाँचवें अध्याय 'महाजनी पूँजीवाद : स्वदेशी और असहयोग की उपयोगिता' तथा 'स्वाधीनता संग्राम : बदलते परिप्रेक्ष्य' पुस्तक के अन्तिम अध्याय 'स्वाधीनता आन्दोलन की गदर परम्परा और स्वदेशी' में स्वदेशी पर विस्तारपूर्वक उन्होंने अपने विचार व्यक्त किए हैं। बहुराष्ट्रीय कम्पनियों के माल के बहिष्कार से आज स्वदेशी आन्दोलन आरम्भ किया जा सकता है। भारत में स्वदेशी आन्दोलन का आरम्भ कांग्रेस के जन्म (1885) के पहले हो गया था। रामविलास जी ने 1906 में दादाभाई नौरोजी के कहे गए इस कथन को उद्धृत किया है, "स्वदेशी की बात आज की नहीं है। जहाँ तक मुझे मालूम है, बम्बई में बहुत वर्षों से इसकी चर्चा होती रही है" (स्वाधीनता संग्राम : बदलते परिप्रेक्ष्य, पृ. 219)। इससे पहले 23 मार्च, 1874 की कवि वचन सुधा में भारतेन्दु ने उस दिन से कोई विलायती कपड़ा न पहनने के लिए प्रतिज्ञापत्र प्रकाशित कराया था (वही)।

रामविलास शर्मा ने 1857 पर लिखी गई सुरेन्द्र नाथ सेन की पुस्तक के हवाले आजमगढ़ के विद्रोहियों के उस इश्तहार को रेखांकित किया है, जिसमें विलायती माल की खपत बन्द करने की बात कही गई है। उनका कथन है—"स्वदेशी शब्द का व्यवहार नहीं हुआ, पर उसमें जो मूल धारणा निहित है—विलायती माल की खपत बन्द, देश का स्वाधीन औद्योगिक विकास—वह 1857-58 में मौजूद थी। गदर के बाद वह धारणा देश में दूर-दूर तक फैलती गई" (वही, पृ. 217)। 1905 के बाद स्वदेशी आन्दोलन की लहर जोरों से फैली, लेकिन उसे अन्तिम मुकाम तक पहुँचने नहीं दिया गया। आज भारतीय जनता पार्टी भी स्वदेशी आन्दोलन की बात करती है। स्वदेशी आन्दोलन की बात करना या उसे चलाना महत्त्वपूर्ण नहीं है,

महत्त्वपूर्ण यह है कि यह आन्दोलन किसके नेतृत्व में चलता है—पूँजीपतियों के नेतृत्व में या मजदूरों के नेतृत्व में ? स्वदेशी आन्दोलन के असफल हो जाने तथा बाद के दिनों में फिस्स हो जाने का मुख्य कारण यह है कि वह पूँजीपति वर्ग के नेतृत्व में चलाया गया था। भाजपा का स्वदेशी आन्दोलन पूँजीपति वर्ग के नेतृत्व में चलाया जाएगा—अगर चला तो, पर एक ओर विदेशी पूँजी को न्योता देना और दूसरी ओर स्वदेशी की बात करना छल नहीं तो और क्या है? स्वदेशी आन्दोलन का एक भारतीय उदाहरण-पूँजीपति वर्ग के नेतृत्ववाला हमारे सामने है।

1857-58 में देश के जिस स्वाधीन औद्योगिक विकास की बात कही गई थी, वह पूरी नहीं हुई। भारतीय पूँजीपति वर्ग आज विदेशी पूँजी और बहुराष्ट्रीय कम्पनियों के खिलाफ नहीं है। उसका एक बड़ा छोटा हिस्सा मजदूर वर्ग के नेतृत्व में चलनेवाले स्वदेशी आन्दोलन का समर्थन कर सकेगा। मजदूर वर्ग स्वदेशी आन्दोलन को सुसंगत रूप से चलाकर उसे आखिरी मंजिल तक पहुँचा सकता है। "स्वदेशी आन्दोलन की सफलता से उसकी मुक्ति का प्रश्न जुड़ा हुआ है। जब तक भारत पर विदेशी पूँजी का दबाव है, जब तक यहाँ के औद्योगिक विकास की योजनाएँ विश्व बैंक का रुख देखकर बनाई जाती हैं, तब तक मजदूर वर्ग का भरपूर विकास नहीं हो सकता। उस हद तक उसकी मुक्ति की परिस्थितियाँ तैयार नहीं हो सकतीं" (वही, पृ. 236)। मजदूरों और किसानों के विकास के लिए स्वदेशी आन्दोलन आवश्यक है। स्वदेशी आन्दोलन से देश की विघटनकारी शक्तियाँ दुर्बल होंगी और जातिवाद, साम्राज्यवाद तथा अलगाववाद कमजोर होगा।

भारत के लिए स्वदेशी आन्दोलन कोई बाहरी आन्दोलन नहीं है। स्वाधीनता आन्दोलन के दौर में इसकी एक मुख्य भूमिका रही है। स्वदेशी के मार्ग पर आगे नहीं बढ़ने का मुख्य कारण साम्राज्यवाद से हमारी समझौते की नीति रही है। अगला स्वदेशी आन्दोलन किसानों और मजदूरों के सहयोग से ही सम्भव है। रामविलास शर्मा का मत है कि यह मजदूर वर्ग के नेतृत्व में सफल हो सकता है। स्वदेशी आन्दोलन के साथ भारत की आर्थिक स्वाधीनता का प्रश्न संलग्न है। स्वदेशी को एक लम्बे समय तक खद्दर से जोड़कर देखा गया था, "पर स्वदेशी का मतलब केवल खद्दर पहनना नहीं है। स्वदेशी में हिन्दुस्तानी कारीगरों के माल के साथ कम्पनियों का माल भी शामिल है। लेकिन यह कम्पनियाँ देशी साझेदारों के लाभ के लिए चलनी चाहिए" (भारतीय इतिहास और ऐतिहासिक भौतिकवाद, पृ. 181)।

स्वदेशी और पूँजीवादी विकास को एक-दूसरे के विरोध में रखकर देखना सही नहीं है। " 'स्वदेशी' शब्द में पूँजीपति वर्ग से सहयोग का भाव निहित है। यह सहयोग दो तरह से हो सकता है—मजदूर वर्ग पूँजीपतियों के पीछे चले, पूँजीपति मजदूर वर्ग के पीछे चले। पहला तरीका मजदूर वर्ग के हित में नहीं है, दूसरा तरीका है। मजदूर वर्ग यदि पूँजीपतियों को अपने पीछे चलने पर मजबूर करे, तो इसका

मतलब है, वह उन्हें विदेशी पूँजीपतियों और देशी सामन्तों से समझौता करने से रोकेगा'' (वही, 236)।

भारत में विदेशी पूँजी को रोकने के लिए, बहुराष्ट्रीय कम्पनियों के माल की खपत दूर करने के लिए स्वदेशी आन्दोलन आज जरूरी है। स्वतंत्रता आन्दोलन के दिनों में इस स्वदेशी आन्दोलन का फलदायी मंजिल तक न पहुँचने का एकमात्र कारण पूँजीवादी नेतृत्व में इसका चलाया जाना था। स्वतंत्रता आन्दोलन अगर किसानों और मजदूरों के नेतृत्व में चला होता, तो आज देश इन समस्याओं में घिरा नहीं होता। स्वदेशी आन्दोलन को क्रान्तिकारी मंजिल तक पहुँचाने का काम किसान और मजदूर कर सकते हैं, न कि पूँजीपति। स्वदेशी आन्दोलन के जरिए देश की राजनीति और व्यवस्था बदली जा सकती है। रामविलास शर्मा ने इसे कई बार स्पष्ट किया है कि स्वदेशी आन्दोलन का अर्थ पूँजीपति वर्ग का खात्मा नहीं है। स्वदेशी आन्दोलन को इस सीमित-संकुचित तथा गलत अर्थ से जोड़नेवाले स्वदेशी के सामान्य अर्थ से अपरिचित हैं। स्वदेशी आन्दोलन अपने देश में बने माल का बहिष्कार नहीं होगा, वह विदेशी माल को आने से रोकता है। किसी भी देश के पूँजीवादी विकास के लिए यह आवश्यक है कि वह अपने देश में बने माल को महत्त्व दे। बहुराष्ट्रीय कम्पनियाँ जिस तरह अपने माल हमारे सामने परोस रही हैं, उसमें राष्ट्रीय कम्पनियों की हालत खराब हो रही है। रामविलास शर्मा स्वदेशी आन्दोलन की तर्कसंगत परिणति किसान-मजदूर राज से मानते हैं। ''शुरुआत होनी चाहिए बहुराष्ट्रीय कम्पनियों के माल के बहिष्कार से, समाप्ति होनी चाहिए किसान-मजदूर राज की स्थापना से'' (वही, पृ. 245)।

अमेरिकी साम्राज्यवाद के हमलों तथा विदेशी पूँजी और बहुराष्ट्रीय कम्पनियों के आकर्षक जाल में फँसने से बचने के लिए आज स्वदेशी आन्दोलन की विशेष अहमियत है। इसके साथ भारत की आर्थिक स्वाधीनता का प्रश्न जुड़ा हुआ है। अमेरिका ने स्वयं एक समय ब्रिटेन की अधीनता से अपने को मुक्त करने के लिए ब्रिटिश माल का बहिष्कार किया था। आज अगर हम अपने को आर्थिक परनिर्भरता तथा विविध दबावों से मुक्त करना चाहते हैं, तो बहुराष्ट्रीय कम्पनियों के लुभावने सामान से अपने को दूर ही नहीं करना होगा, उसके खिलाफ आन्दोलन भी चलाना होगा। रामविलास जी ने इतिहासकार फॉकनर की पुस्तक 'अमेरिकन इकॉनॉमिक हिस्ट्री' की चर्चा की है और यह लिखा है कि ''इतिहासकार फॉकनर ने अमरीका के स्वदेशी आन्दोलन के बारे में जो कुछ लिखा है, वह हम भारतवासियों के लिए शिक्षाप्रद है'' (भारतीय इतिहास ऐतिहासिक भौतिकवाद, पृ. 178)।

ब्रिटेन की तुलना में एक समय अमरीका प्रौद्योगिकी में पिछड़ा हुआ देश था, लेकिन उसने स्वदेशी के मार्फत ब्रिटेन को पराजित किया और आज प्रौद्योगिकी में वह शीर्ष पर है। स्वदेशी आन्दोलन का सम्बन्ध देशी प्रौद्योगिकी के विकास से भी जुड़ा हुआ है।

पिछले कुछ वर्षों से भारत में ऊँची टेक्नोलॉजी की बात कही जाती है और इस पर विशेष बल दिया जाता है कि इसके बिना हमारा विकास नहीं हो सकता। देशी टेक्नोलॉजी से मुँह फेरना, उसे दोयम तथा घटिया दर्जे का सिद्ध करना तथा विदेशी टेक्नोलॉजी से प्रभावित होना और यह मानकर चलना कि उसी के जरिए भारत का विकास सम्भव है, सही नहीं है। अमरीका, जापान, जर्मनी आदि देशों से हम जिस टेक्नोलॉजी का आयात कर रहे हैं, वह उनके यहाँ पुरानी हो चुकी है। टेक्नोलॉजी के आयात से भारत कभी भी उन देशों के समकक्ष नहीं हो सकता। पिछड़े देश उन्नत प्रौद्योगिकी के क्षेत्र में उन्नत-समुन्नत देशों की बराबरी नहीं कर सकते। "ऊँची टेक्नोलॉजी की माँग करनेवालों का उद्‌देश्य उपभोक्ताओं की माँग पूरी करना कम होता है, विदेशी कम्पनियों से कमीशन खाना ज्यादा होता है" (वही, पृ. 265-66)।

भारतीय वैज्ञानिकों को अपने देश में जो सुविधाएँ प्राप्त नहीं होती हैं, उसका एक प्रमुख कारण दफ्तरशाही और लालफीताशाही भी है। ऐसे अनेक उदाहरण हैं कि वैज्ञानिक पागल हो गए हैं और उन्हें आत्महत्या करनी पड़ी है। भारतीय वैज्ञानिक गरीबी मिटाने के लिए और सामान्य भारतीय जन की विविध समस्याओं को लेकर चिन्तित हैं, लेकिन हमारे नेता, नौकरशाह और साम्राज्यवाद के दलालों के लिए चिन्ता का यह विषय नहीं है। विकसित देशों की पुरानी पड़ चुकी प्रौद्योगिकी के जरिए हम अपना विकास नहीं कर सकते। भारतीय प्रौद्योगिक संस्थानों में अपने देश की आवश्यकता के अनुरूप देशी प्रौद्योगिकी का विकास नहीं किया जाता।

विकसित देश और विकासशील देश की समस्याएँ अलग हैं और भारत जैसे विकासशील देश की समस्याओं का हल विकसित देशों की पुरानी पड़ चुकी प्रौद्योगिकी से सम्भव नहीं है। वे देश पुरानी पड़ चुकी प्रौद्योगिकी को बेचकर मुनाफा कमाते हैं और उनका उद्‌देश्य हमारा विकास करना नहीं है। प्रौद्योगिकी खरीदकर कोई भी देश आज तक अपनी बुनियादी सामाजिक समस्याएँ हल नहीं कर सका। (आज की दुनिया और लेनिन, पृ. 20)। भारतीय वैज्ञानिकों को नौकरशाहों के अधीन रखकर देश की वैज्ञानिक क्षमता का सही उपयोग करने से रोका गया है। भारतीय वैज्ञानिकों ने समय-समय पर देशी टेक्नोलॉजी को विकसित करने की चिन्ताएँ प्रकट की हैं, वैज्ञानिक संस्थानों में निर्णय सम्बन्धी मूल्य को वैज्ञानिकों के ही अधीन रखने की बात कही है, टेक्नोलॉजी-सम्बन्धी भारत की पर-निर्भरता को दूर करने और मिटाने के उपयोगी तथा बहुमूल्य सुझाव भी दिए हैं और अपने देश के वैज्ञानिक प्रयास को आयातित टेक्नोलॉजी का पूरक बनने तथा कालान्तर में उसे विस्थापित कर देशी टेक्नोलॉजी के आवश्यक विकास पर बल दिया है, पर सदैव उनकी बातों की अनसुनी की गई है। रामविलास शर्मा आयात की जानेवाली टेक्नोलॉजी को भारत जैसे विकासशील देश के लिए अनुपयुक्त मानते हैं। क्योंकि

यहाँ पूँजी की कमी है, श्रम की इफरात है।'' (भारतीय इतिहास और ऐतिहासिक भौतिकवाद, पृ. 179)।

आज के भारत की सारी समस्याओं का मुख्य कारण समझौतावादी नीति और 'सुसंगत' ढंग से साम्राज्य विरोधी तथा सामन्त विरोधी लड़ाई का न लड़ा जाना है। राष्ट्रीय स्वाधीनता आन्दोलन में क्रान्तिकारी धारा तथा समझौतावादी धारा—दोनों ही मौजूद थीं। ब्रिटिश हितों का नाश कांग्रेस पार्टी का लक्ष्य कभी नहीं रहा। महात्मा गांधी और जवाहरलाल नेहरू का लक्ष्य यह नहीं था। इसी समझौते के कारण अवसरवादी तत्त्व पनपे और जमे। ''1857 और 1946 का आन्दोलन क्रान्तिकारी आन्दोलन था और 1921 तथा 1942 का आन्दोलन अंग्रेजों पर दबाव डालने के लिए था। क्रान्ति से बचना है, अंग्रेजों से समझौता करके आज़ादी लेनी है, इस बारे में नेहरू, पटेल, आजाद में कोई फर्क नहीं था'' (स्वाधीनता संग्राम : बदलते परिप्रेक्ष्य, पृ. 231)। 1931 में नौजवान भारत सभा किसी तरह के समझौते और सहयोग के खिलाफ थी। नौजवान भारत सभा के प्रतिनिधियों ने गांधी-इर्विन पैक्ट का डटकर विरोध किया था। इन प्रतिनिधियों ने महात्मा गांधी से कहा था—''वैयक्तिक आतंकवाद हमारा पन्थ नहीं है। हम समझौते के बारे में (गांधी-इर्विन पैक्ट) अपने विरोध पर डटे हुए हैं, क्योंकि हमारा विश्वास है कि यह समझौता हमें भारत में मजदूरों और किसानों के स्वतंत्र गणतंत्र की ओर कभी नहीं ले जाएगा'' (वही, पृ. 222)। नौजवान भारत सभा के प्रतिनिधियों द्वारा की गई भविष्यवाणी सच हुई। समझौते से किसान और मजदूर हाशिए पर चले गए। 1947 में जब 15 अगस्त को यूनियन जैक उतारा गया तब कोई समारोह नहीं हुआ। माउंटबेटन के इस 'आग्रह' को नेहरू ने स्वीकार कर लिया था कि इंग्लैंड का ध्वज उतारे जाने के बाद कोई समारोह नहीं होगा। इस समझौतावादी नीति के कारण ही सत्ता का हस्तान्तरण हुआ और सत्ता पूँजीपतियों के हाथ में आई।

स्वतंत्रता के सोलह वर्ष पूर्व 1931 में भारत के प्रबुद्ध राजनीतिक कार्यकर्ताओं के समक्ष दो रास्ते और दो लक्ष्य स्पष्ट थे। एक रास्ता क्रान्तिकारी रास्ता था और दूसरा रास्ता गैर-क्रान्तिकारी था। क्रान्तिकारी रास्ते में सहयोग और समझौते के लिए कोई स्थान नहीं था। यह रास्ता संघर्ष के जरिए भारत में मजदूर और किसान का राज स्थापित करने का था और दूसरा रास्ता सहयोग और समझौते का था। ये दोनों रास्ते क्रमशः वर्ग-संघर्ष और वर्ग-सहयोग के रास्ते थे। गांधी, नेहरू, पटेल, आजाद आदि नेताओं ने वर्ग-सहयोग की बात की। राष्ट्रीय स्वाधीनता आन्दोलन में स्वराज्य-सम्बन्धी दो दृष्टियाँ और धारणाएँ थीं। 1946-47 में जो स्थिति थी उसमें अंग्रेजों से समझौता करना अनिवार्य नहीं था, लेकिन परिस्थिति का उपयोग नहीं किया गया। रामविलास शर्मा के अनुसार, ''गांधी, नेहरू और उनके उत्तराधिकारियों में चाहे जो मतभेद हों, वे इस बारे में एकमत थे कि विदेशी पूँजी से नाता नहीं तोड़ना, राजाओं

और जमींदारों के विशेषाधिकारों में इस तरह परिवर्तन करना कि उनकी आर्थिक शक्ति का नाश न हो, बड़े देशी उद्योग-धन्धों का राष्ट्रीयकरण हमेशा के लिए उठा रखना और राजसत्ता पर किसानों और मजदूरों का अधिकार न होने देना। 1990 में जो भारत की दशा है, वह इसी नीति का परिणाम है'' (वही, पृ. 224)। 1994 और आनेवाले वर्षों में भी इस नीति के अभी बहुत सारे परिणाम हमें देखने होंगे।

भारतीय संविधान का निर्माण क्रान्तिकारियों ने नहीं किया। आज का भारत भारतीय संविधान के मौजूदा रूप से क्या सुरक्षित रह सकता है? भारतीय संविधान पर पुनर्विचार की क्या आज कोई आवश्यकता नहीं? वर्तमान संविधान में गरीब किसानों, खेतिहर मजदूरों तथा मजदूर वर्ग का कोई उल्लेख नहीं है। वहाँ वर्ग (क्लास) की बात है, लेकिन वह वर्ग किसानों और मजदूरों का न होकर सामाजिक तथा शैक्षिक दृष्टि से पिछड़े हुए का वर्ग है (भारत का संविधान, 1990, पृ. 5)। सामाजिक तथा शैक्षिक रूप से पिछड़े वर्गों की जगह यदि 'शोषित और उत्पीड़ित वर्ग (एक्सप्लायटेड एंड ऑपरेस्ड क्लासेज) लिखा जाता, तो 'वर्ग' शब्द का अर्थ तुरन्त स्पष्ट हो जाता। पर ऐसा करने पर शोषण और उत्पीड़न को खत्म करने का सवाल पैदा हो जाता, वर्ग संघर्ष की समस्या उठ खड़ी होती'' (स्वाधीनता संग्राम : बदलते परिप्रेक्ष्य, पृ. 243)। रामविलास शर्मा भारत के संविधान की 'उद्देशिका' (प्रीऐमवॅल) में भारत को जो सम्पूर्ण प्रभुत्व-सम्पन्न समाजवादी पन्थ निरपेक्ष, लोकतंत्रात्मक गणराज्य (सॉवरिन सोशलिस्ट सेक्यूलर डेमोक्रेटिक रिपब्लिक) कहा गया है, उस सम्बन्ध में लिखते हैं—''वर्ग-संघर्ष के बिना, शोषण-उत्पीड़न को खत्म किए बिना, पिछड़ी हुई जातियों को आरक्षण देने भर से भारत समाजवादी गणतंत्र बन गया।'' (वही)। लेनिन ने सितम्बर 1913 के एक लेख 'मार्क्सवाद तथा सुधारवाद' ('आज की दुनिया और लेनिन' पुस्तक में संकलित) के अन्त में रूस में यूरोपीय संविधान रोपने की वकालत (वही, पृ. 101) करनेवालों के सम्बन्ध में जो लिखा है, उसे रामविलास शर्मा भारत के सन्दर्भ में विशेष रूप से विचारणीय मानते हैं, (वही, पृ. 90)।

यूरोप में संविधानों का निर्माण झटपट और सामान्य पथ पर चलकर नहीं हुआ। इन संविधानों का निर्माण तथा सुदृढ़ीकरण कई पीढ़ियों और शताब्दियों के दौरान हुआ। भारतीय संविधान के निर्माण में यूरोपीय संविधानों से मदद ली गई और मुख्य बात पर ध्यान नहीं दिया गया कि विकसित तथा उद्योग प्रधान देशों के संविधान क्या अविकसित तथा कृषिप्रधान देशों के संविधान-निर्माण में सही तथा उपयोगी भूमिका का निर्वाह कर सकते हैं? अमरीका और ब्रिटेन विकसित उद्योग प्रधान देश हैं, महाजनी पूँजी के गढ़ हैं। ''भारत अर्ध-विकसित कृषि प्रधान देश है, विदेशी पूँजीपतियों की लूट का क्षेत्र है, दिन-पर-दिन कर्ज के बोझ से दबता जा रहा है। इस परिस्थिति को जड़ से बदले बिना पश्चिमी देशों के अनुकरण पर बने संविधान के अन्तर्गत जनता की बुनियादी समस्याएँ कैसे हल हो सकती हैं?'' (वही)।

भारत की बुनियादी समस्याएँ भारत के वर्तमान तंत्र से हल नहीं हो सकतीं। अंग्रेजों ने इस देश पर शासन करने और इसे लूटने के लिए जिस शासन-तंत्र का गठन किया, वह आज भी, अंग्रेजों के चले जाने के बाद भी, कायम है। आजाद भारत का शासन-तंत्र अंग्रेजों द्वारा निर्मित शासन-तंत्र है। न्याय-व्यवस्था, नौकरशाही, पुलिस तथा सैनिक-तंत्र सबकुछ 1947 के पहले का है। इनमें कोई मौलिक सुधार नहीं हुआ है। समय-समय पर कुछ किए गए बदलाव या सुधार विशेष अर्थ नहीं रखते। उन्नीसवीं सदी के कई कानून और नियम बीसवीं-सदी के इस अन्तिम दौर में भी कायम हैं। नौकरशाह जनता के नौकर न बनकर शाह बने बैठे हैं। यह "नौकरशाही अंग्रेजी के सहारे काम कर रही है" और रामविलास शर्मा की स्पष्ट मान्यता है कि "यह नौकरशाही देश को छिन्न-भिन्न कर रही है। भारतीय जनतंत्र के आधार को लगातार संकुचित करती जा रही है" (स्वाधीनता संग्राम : बदलते परिप्रेक्ष्य, पृ. 153)। भारतीय अफसरों और नौकरशाहों का भारतीय जनता से कोई सम्बन्ध नहीं है। देश के शासन-प्रबन्ध में अब इनकी कोई उल्लेखनीय भूमिका नहीं रह गई है। चन्द अपवादों को छोड़ दें, तो यह नौकरशाही एक बँधी लीक पर रुटीनी नियमों से चल रही है। अरुण शौरी जैसे पत्रकारों को भारतीय जनतंत्र के इस धड़े से अभी कुछ आशाएँ हैं, पर महत्त्वपूर्ण प्रश्न यह है कि अंग्रेजी पढ़े-लिखे लोग क्या सचमुच भारतीय जनता से किसी प्रकार का संवाद कर सकते हैं? श्यामाचरण दुबे जिसे 'औपनिवेशिक विचारधाराएँ और कार्यपद्धतियाँ' (शिक्षा, समाज और भविष्य, 1994, पृ. 30) कहते हैं, वे भारत में अभी भी विद्यमान हैं। रामविलास शर्मा इन नौकरशाहों की कोई सार्थक भूमिका नहीं देखते। "वास्तविकता यह है कि डेढ़-फीसदी अंग्रेजी पढ़ों को छानकर जो नौकरशाह शासन की कुर्सी पर बिठाए जाते हैं, वे अब भारत की एकता बनाए रखने में असमर्थ हैं" (स्वाधीनता संग्राम : बदलते परिप्रेक्ष्य, पृ. 173)।

ऐसी विकट और जटिल स्थिति में राजनीतिक पार्टियों की राष्ट्रीय भूमिका महत्त्वपूर्ण होती है। किन्तु इस स्थिति में देश को पहुँचा देने में क्या भारत की राजनीतिक पार्टियाँ जिम्मेदार नहीं हैं? ये उन्हीं के किए कारनामे हैं, जिनसे भारतीय समाज अपने को हतवाक स्थिति में खड़ा पा रहा है। कांग्रेस पार्टी के सौ वर्ष से अधिक के इतिहास में ऐसा समय कम है, जब उसने किसानों और मजदूरों के हितों की बात कही है, उनको ध्यान में रखकर कोई आन्दोलन चलाया है या फिर स्वतंत्र भारत में उनके लिए महत्त्वपूर्ण नीतियों का निर्माण तथा सही समय पर उसके क्रियान्वयन पर बल दिया है। कांग्रेस ने किसानों और मजदूरों की राज्य-सत्ता के बारे में कभी नहीं सोचा। यह काम वामपन्थी पार्टियों को करना था, पर क्या सचमुच उन्होंने यह काम किया, इसके लिए संगठन खड़े किए और संघर्षों को आगे बढ़ाया? जिस तरह कांग्रेस ने समझौते का रास्ता अपनाया, क्या उसी तरह कुछ भिन्न रूप में वामपन्थी दलों ने समझौते का मार्ग अख्तियार नहीं किया? 1947 के पहले वामपन्थी

नेतृत्व ने सुसंगत साम्राज्य-विरोधी लड़ाई नहीं चलाई और न उन्होंने मजदूर-वर्ग की एकता बनाए रखने के लिए लगातार कार्य किया। रामविलास शर्मा ने 1968 के एक निबन्ध में उनके अखिल भारतीय दृष्टिकोण के खो देने और कथनी तथा करनी के घातक अन्तर का उल्लेख किया है (वही, पृ. 179-80)। इसका सबसे बड़ा कारण उनके अनुसार यह है कि भारतीय कम्युनिस्ट आन्दोलन का नेतृत्व मजदूर तथा किसान ने नहीं किया—"जब तक मजदूर वर्ग या गरीब किसानों के बेटे मार्क्सवाद में दीक्षित होकर नेतृत्व की बागडोर नहीं सम्हालते, तब तक नेक इरादों से पास किए प्रस्तावों पर अमल भी न होगा। जाहिर है कि मजदूर और गरीब किसानों के बेटे अपनी एकता, अंग्रेजी के जरिए कायम नहीं कर सकते, न अंग्रेजी के जरिए अपने जन-संगठन को चला सकते हैं" (वही, पृ. 181)।

भारत में ढुलमुल तथा कमाऊ-खाऊ मार्क्सवादियों की संख्या में निरन्तर अभिवृद्धि हुई है। आत्मचिन्तन और आत्ममंथन के लिए आज भी वामपन्थी पार्टियाँ तैयार नहीं हैं। जो भारतीय वामपन्थी लेखक, विचारक और बुद्धिजीवी हैं, वे साम्राज्य-विरोध और विदेशी पूँजी के मामले पर एकजुट नहीं हैं। सोवियत संघ और पूर्वी यूरोप के देशों से साम्राज्यवाद के खात्मे को यह कहकर प्रचारित किया जा रहा है कि अब मार्क्सवाद का अन्त हो गया है। "पूँजी का केन्द्रीकरण और कम्युनिस्ट आन्दोलन का विकेन्द्रीकरण—यह अद्‌भुत स्थिति है" (आज की दुनिया और लेनिन, पृ. 36)। भारतीय बुद्धिजीवियों का एक हिस्सा दलित चेतना का विकास कर रहा है और वर्गीय चेतना की जगह दलित चेतना फिलहाल चिन्ता और बहस के केन्द्र में है।

रामविलास शर्मा आज के भारत को लेकर चिन्तित हैं। उनके यहाँ आशा का प्रबल स्वर है। 'आज की दुनिया और लेनिन' पुस्तक में लेनिन के चुने निबन्धों तथा अपनी भूमिका के द्वारा वे निराशा के इस माहौल को खत्म करते हैं। वे पूँजी के तमाम केन्द्रीकरण के बाद भी साम्राज्यवाद को कमजोर मानते हैं। आर्थिक, राजनीतिक और सैनिक—इन तीनों दृष्टियों से उनके अनुसार साम्राज्यवाद कमजोर है। साम्राज्यवाद को वे आर्थिक रूप से दो कारणों से कमजोर मानते हैं। पिछड़े देश कर्ज के बिना काम चला सकते हैं, लेकिन साम्राज्यवादी देशों के लिए कर्ज देकर ब्याज वसूल करना जीने के लिए जरूरी है। दूसरे, साम्राज्यवादी देशों में आर्थिक रूप से प्रतिद्वन्द्विता है। राजनीतिक रूप से वह इसलिए कमजोर हैं कि राष्ट्रीय आज़ादी की रक्षा करने के लिए उन देशों की जनता तैयार है या राष्ट्रीय आज़ादी को जनता यों ही नहीं गँवा सकती। सैनिक दृष्टि से वह कमजोर इसलिए है कि अगर सारे विकासशील देश एक हो जाएँ, तो साम्राज्यवाद की शक्ति धरी रह जाएगी। "ऐटमी हथियारों के बल पर वह बड़े-बड़े नगरों का नाश कर सकता है, वह जमीन सर नहीं कर सकता। युद्ध के मोर्चे इतनी दूर-दूर तक फैले होंगे। रसद पहुँचाने वाली लाइनें इतनी लम्बी होंगी कि उन्हें सँभालना असम्भव हो जाएगा" (वही, पृ. 35)।

आज आवश्यकता किसानों–मजदूरों के संगठनों को मजबूत करने, जन–चेतना का विकास करने, जन–संघर्षों को गति प्रदान करने, अवसरवादी न होने, सांस्कृतिक आन्दोलन तेज करने, बहुराष्ट्रीय कम्पनियों के माल का बहिष्कार करने, विदेशी पूँजी पर रोक लगाने के लिए आन्दोलन करने तथा अपने बन्द कमरों और घरों से बाहर निकलने की है। रामविलास शर्मा काले धन को जब्त करने, धन के निर्यात को रोकने, निर्यात किए हुए धन को प्राप्त करने, धार्मिक संस्थानों का राष्ट्रीयकरण करने, गाँवों के सम्पत्तिशाली वर्गों पर टैक्स लगाने, सरकारी तंत्र में किए जा रहे खर्च की कटौती करने, मंत्रियों की फिजूल यात्राओं को रोकने, केन्द्र और राज्य में दो सांसदों की जगह एक से काम चलाने, हिन्दी प्रदेश में एक राज्य कायम करने, विदेशी कर्ज नहीं लेने और लिए गए कर्ज को नहीं चुकाने, सांस्कृतिक आन्दोलन चलाने, किसानों और मजदूरों की एकता से सम्बन्धित कार्य करने, इनके संगठन बनाने, समझौते तथा अवसरवदी रुझानों से मुक्त होने, मजदूरों के नेतृत्व में स्वदेशी आन्दोलन चलाने, साम्राज्यवाद का डटकर विरोध करने और उसके खिलाफ चेतना का प्रचार–प्रसार करने, सोवियत संघ से सीख लेने, विसर्जनवाद से लड़ने तथा मार्क्सवादी दर्शन के जरिए दुनिया को बदलने के साथ दुनिया को समझने की बातें लगातार कहते हैं।

सम्भव है, हिन्दी के दूसरे मार्क्सवादी लेखक, विचारक और आलोचक उनके विचारों से असहमत हों। उन बुद्धिजीवियों और मार्क्सवादी आलोचकों को आज के भारत की समस्याओं और उनके समाधान के सम्बन्ध में अपने विचार भी सामने रखने चाहिए।

(1994)

हिन्दी जाति और रामविलास शर्मा

"किसी भी जाति की एकता उसके आर्थिक, राजनीतिक और सांस्कृतिक विकास के लिए जरूरी है। जातीय एकता सामन्ती अलगाव को दूर करके ही कायम होती है, इसलिए वह सामन्त विरोधी प्रक्रिया है। साम्राज्यवाद अपना प्रभुत्व कायम रखने के लिए सामन्ती शक्तियों से सहयोग करता है, वह किसी भी जाति की आन्तरिक एकता को अपने लिए खतरनाक समझता है। इस कारण किसी भी जाति के एकताबद्ध होने की प्रक्रिया साम्राज्य विरोधी प्रक्रिया भी होती है। राष्ट्रीय एकता के लिए आवश्यक है कि राष्ट्र की प्रत्येक जाति स्वयं भी एकताबद्ध हो। भारतीय इतिहास की एक विशेषता यह है कि जिस समय जातीय एकता की यह प्रक्रिया आगे बढ़ रही थी, उस समय अंग्रेजों ने सामन्तों के साथ मिलकर इसे पीछे ठेल दिया।"

(भारत में अंग्रेजी राज और मार्क्सवाद, खंड-2,1982, पृ. 234)

"हिन्दी प्रदेश में क्या होता है, उस पर बहुत कुछ निर्भर है कि सारे देश में क्या होता है। यह 'स्थिति सोलहवीं सदी में थी, 1857 में थी, 1947 में थी, और आज भी है। इसलिए भारतीय इतिहास के सन्दर्भ में हिन्दीभाषी जाति के निर्माण, विकास और उसके साहित्य का विवेचन विशेष महत्त्वपूर्ण है।"

(भारतीय साहित्य के इतिहास की समस्याएँ 1986, पृ. 52)

"यदि हिन्दीभाषी जनता एक राज्य में संगठित हो तो वह अधिक सुगमता से अपना आर्थिक और राजनीतिक विकास कर सकती है। इस बड़े राज्य में जनपदों को प्रशासन की बुनियादी इकाई बनाना चाहिए अधिक से अधिक अधिकार यहाँ की पंचायतों को देना चाहिए। इस तरह केन्द्रीयकरण और विकेन्द्रीयकरण का मेल होगा और शासनतंत्र अधिक लोकतांत्रिक ढंग से चलाया जा सकेगा। विभिन्न राज्यों की विधान सभाओं, राज्यपालों आदि पर जो करोड़ों रुपया प्रतिवर्ष खर्च होता है, उसमें बचत होगी, उसे जनता के आर्थिक-सामाजिक विकास पर खर्च किया जा सकेगा।"

(भारतीय संस्कृति और हिन्दी प्रदेश, खंड-2, 1999, पृ. 430)

"हिन्दी प्रदेश की एकता के बारे में दक्षिण और वाम, साम्प्रदायिक और असाम्प्रदायिक, सभी पार्टियों की नीति एक सी है। मूल कारण पूँजीवादी राष्ट्रवाद है। यदि प्रदेश का बँटवारा करने की बात हो, उत्तराखंड या छत्तीसगढ़ को अलग

करने की बात हो, तो वे सब एक हो जाती हैं। यहाँ भाषा और संस्कृति का प्रश्न नहीं होता। जातीयता की कसौटी अलग रख दी जाती है। अगर छोटा राज्य होगा तो शासनतंत्र अच्छा चलेगा, यह तर्क दिया जाता है। हरियाणा राज्य छोटा है, उसने बड़ी प्रगति की। उड़ीसा छोटा राज्य है, वह बहुत पिछड़ा हुआ है। इस भेद का कारण वह भूल जाते हैं। आगे बढ़ना या पीछे रह जाना यह आर्थिक परिस्थितियों पर निर्भर है, राज्य के छोटे-बड़े होने से कुछ नहीं होता। वास्तव में राज्य जितना ही बड़ा होगा, उतना ही योजनाबद्ध ढंग से आर्थिक विकास करने में सुविधा होगी। यदि बड़ा राज्य शासन के लिए असुविधाजनक है तो मानना चाहिए कि भारत का विभाजन हुआ तो बहुत अच्छा हुआ, पूर्व तथा दक्षिण के प्रदेश भारत से अलग हो जाएँ तो और भी अच्छा होगा!''

(वही, पृ. 648)

''ये सम्प्रदायवादी योजनाबद्ध विकास में विश्वास नहीं करते। बड़े जातीय प्रदेश इनको फूटी आँखों नहीं सुहाते। ये पुराने जागीरदारों और जमींदारों की मनोवृत्ति के अनुरूप छोटे-छोटे राज्य बनाने के पक्ष में हैं। भारत का सबसे बड़ा जातीय प्रदेश हिन्दी प्रदेश है। यहाँ जो बड़े राज्य हैं, उन्हें विघटित करके ये छोटे राज्य बनाना चाहते हैं। मानी बात है, इससे आर्थिक विकास में कठिनाइयाँ उत्पन्न होंगी। समृद्ध सांस्कृतिक परम्परावाला हिन्दी प्रदेश आज निरक्षरता और निर्धनता में भारत के अन्य प्रदेशों से आगे है। इसके लिए दोष मुख्य रूप से सामन्तों और पुरोहितों के अनुयायियों को देना चाहिए।''

(वही, पृ. 685)

यह मात्र संयोग है कि रामविलास शर्मा के निधन के बाद हिन्दी प्रदेश का विभाजन हुआ। जिन चार बड़े हिन्दी प्रदेशों (बिहार, मध्यप्रदेश, राजस्थान और उत्तर प्रदेश) को आशीष बोस ने 1988 में अंग्रेजी के इनके प्रथमाक्षरों को जोड़कर 'बीमारू' जैसा नया शब्द गढ़ा था, उनमें से राजस्थान को छोड़कर शेष तीन राज्यों का राष्ट्रीय जनतांत्रिक गठबन्धन की सरकार ने विभाजन किया और तीन नए राज्यों—उत्तराखंड, झारखंड और छत्तीसगढ़ का गठन किया। कांग्रेस के समर्थन के बिना ये तीन नए राज्य अस्तित्व में नहीं आ सकते थे, इसलिए इनके गठन का 'श्रेय' कांग्रेस को भी है। हिन्दी प्रदेश के बँटवारे के लिए भाजपा और कांग्रेस दोनों जिम्मेदार हैं। तेरहवीं लोकसभा में भाजपा और कांग्रेस के कुल सांसदों की संख्या आधे से अधिक है। उत्तरांचल और छत्तीसगढ़ की तुलना में झारखंड का आन्दोलन अधिक पुराना था। पहली जनवरी 1949 को झारखंड पार्टी की स्थापना हुई थी। इन तीन नए राज्यों का गठन गैर-भाषायी आधार पर हुआ है। भाजपा ने अपने लखनऊ अधिवेशन में छोटे राज्यों के गठन पर विचार किया था और उसका प्रस्ताव भी रखा था। इन तीन नए राज्यों का गठन सामान्य जनता के हित के लिए किया गया है या

दुष्टत्रयी—विश्वबैंक, अन्तरराष्ट्रीय मुद्रा कोष और विश्व व्यापार संगठन के हित के लिए अमरीकी साम्राज्यवाद के पक्ष में—यह आगामी वर्षों में पता चलेगा। विपुल खनिज और प्राकृतिक संसाधनों के बाद भी हिन्दीभाषी क्षेत्र के ये तीन क्षेत्र अगर पिछड़े रहे हैं, तो इसकी जिम्मेदारी किस पर है? इन संसाधनों का दोहन और इस्तेमाल किन शक्तियों ने किया? कांग्रेस ने नई अर्थनीति लागू की और निजीकरण, उदारीकरण तथा खगोलीकरण का रास्ता चुना। भाजपा इसी मार्ग पर राष्ट्रीय हितों को ऐसी-तैसी करते हुए आँख मूँद कर दौड़ रही है।

हिन्दी प्रदेश के विभाजन से हिन्दी जातीयता क्षत-विक्षत हुई है और उसे इस दशा में पहुँचाने का कार्य मुख्यत: कांग्रेस और अन्य राजनीतिक दलों का है। कांग्रेस और भाजपा एक ही सिक्के के दो पहलू हैं। 1905 से 1946 तक राज्य निर्माण के सम्बन्ध में कांग्रेस की जो दृष्टि रही, वह स्वतंत्र भारत में बदल गई। कांग्रेस 1905 से ही भाषावार राज्य बनाने की नीति का समर्थक थी। 1917 में कांग्रेस ने अपने वार्षिक अधिवेशन में इस नीति को स्वीकारने की बात की थी, जिसका उस समय विरोध एनी बेसेन्ट तथा अन्य लोगों ने किया था। इसके "तीन वर्ष बाद 1920 में नागपुर अधिवेशन में कांग्रेस ने भाषावार प्रान्त-निर्माण को अपना लक्ष्य मान लिया।"

(रामकृपाल पांडेय : राज्यों का पुनर्गठन और हिन्दी राज्य, 'साम्य' 22, अग. 1995)

1927 में 'इंडियन स्टेच्युटरी कमीशन' की नियुक्ति हुई थी और तीन वर्ष बाद 1930 में इस आयोग की रिपोर्ट में यह स्वीकारा गया था कि 'दमन अथवा शासन की सुविधाओं के कारण' ब्रिटिश प्रान्त बने हैं। ब्रिटिश शासन ने अपने हितों को ध्यान में रखकर भारत में अनेक प्रान्तों का गठन किया। ब्रिटिश काल में भारत में कुल प्रान्तों की संख्या दस थी—मद्रास प्रेजिडेंसी, बम्बई प्रेजिडेंसी, बंगाल प्रेजिडेंसी, नार्थ-वेस्ट प्रॉविंसेज (1836), पंजाब (1849), सेंट्रल प्रॉविंसेज (1861), असम (1874), उत्तरी-पश्चिमी सीमा प्रदेश (नार्थ-वेस्ट फ्रंटियर्स रीजन्स, 1901), बिहार और उड़ीसा (1912) तथा उड़ीसा (1938)।

फिलहाल भारत में 26 राज्य और छह केन्द्रशासित प्रदेश हैं, जिसमें दिल्ली राज्य के अतिरिक्त राष्ट्र की राजधानी भी है। तीन नए राज्यों के गठन के बाद कुल राज्यों की संख्या 29 होगी। इन 26 राज्यों में बिहार, उत्तर प्रदेश, मध्यप्रदेश, राजस्थान, हिमाचल प्रदेश, हरियाणा और दिल्ली हिन्दी प्रदेश हैं। केन्द्र शासित राज्यों में चंडीगढ़ भी हिन्दी प्रदेश के अन्तर्गत है।

रामविलास शर्मा ने पहली बार सुचिन्तित रूप में 'हिन्दी जाति' की अवधारणा प्रस्तुत की। हिन्दी तथा हिन्दीतर भाषाओं में 'जाति' शब्द का प्रयोग कई अर्थों में होता है। मुख्यत: तीन अर्थों—बिरादरी पेशेवर ('कास्ट'), नस्ल ('रेस') तथा कौम ('नैशनैलिटी') में यह शब्द प्रयुक्त होता है। कौम ('नैशनैलिटी') के लिए 'जाति' का प्रयोग नया है। अंग्रेजी के दो शब्दों—'नेशन' और 'नैशनैलिटी' के लिए

हिन्दी में 'राष्ट्र' और 'राष्ट्रीयता' शब्द का प्रयोग होता है। 'नेशन' के लिए हिन्दी में 'राष्ट्र' का प्रयोग गलत है। "'राष्ट्र' के लिए रूसी और अंग्रेजी में कोई उपयुक्त शब्द नहीं है। लैटिन में एक शब्द है 'पात्रिआ'। इससे अंग्रेजी के पेट्रियट, पेट्रियौटिज्म, पेट्रिऔटिक आदि शब्द बनते हैं। उसी से रूसी भाषा में 'पात्रिओतिचेस्किइ' शब्द बनता है जो अंग्रेजी के पेट्रिओटिक का प्रतिरूप है।"

(भारतीय साहित्य के इतिहास की समस्याएँ 1986, पृ. 15)

'नेशन' का हिन्दी पर्याय 'राष्ट्र' मानने से एक कठिनाई यह होती है कि पूँजीवादी युग में 'नेशन' का निर्माण होता है, यह जानकर हम पूँजीवादी युग से पहले 'राष्ट्र' का अस्तित्व स्वीकार नहीं कर पाते। रामविलास शर्मा का इसलिए सुझाव है कि "अनावश्यक भ्रम से बचने के लिए 'नेशन' का पर्याय 'जाति' मान लेना चाहिए; 'राष्ट्र' का अर्थ एक सीमा तक लैटिन शब्द 'पात्रिआ' में ध्वनित है यद्यपि 'पात्रिआ' से मानव समुदाय का बोध 'राष्ट्र' की तरह नहीं होता। फिर भी हिन्दी में जिसे 'बहुजातीय राष्ट्रीयता' कहेंगे, उसके अनुरूप अंग्रेजी में 'मल्टीनेशनल पेट्रिऔटिज्म' का व्यवहार सम्भव है।"

(वही, पृ. 34)

संस्कृत में 'राष्ट्र' तथा लैटिन में 'पात्रिआ' शब्द का चलन पूँजीवाद के जन्म के पहले से होता रहा है। जहाँ तक 'जाति' का प्रश्न है, इसका सम्बन्ध पूँजीवाद से है। "जातियाँ आधुनिक पूँजीवादी विकास की देन हैं। पूँजीवाद के अभ्युदय से पहले जातियों की कल्पना नहीं की जा सकती।"

(वही, पृ. 15)

पूँजीवाद के जन्म के पहले 'जाति' का कोई अस्तित्व नहीं है, जबकि 'राष्ट्र' का प्रयोग गण-समाज से लेकर पूँजीवाद समाज तक होता रहा है। वैदिक काल में, महाभारत काल में और उसके बाद भी। 'राष्ट्र' शब्द का प्रयोग हमारे यहाँ होता आया है और इसमें दो अर्थ गर्भित रहे हैं : वह भूमि जिस पर कोई मानव समुदाय रहता है, और स्वयं वह मानव-समुदाय।" (वही, पृ. 28)

'जाति' शब्द हिन्दी और बंगला में प्रयुक्त पुराना शब्द है और रामविलास शर्मा के अनुसार इसका प्रयोग उस अर्थ में उचित है, जिस अर्थ में "मार्क्सवादी साहित्य में 'नेशन' शब्द प्रयुक्त होता है।"

(वही, पृ0 14)

'भारत की भाषा समस्या' (1949) लेख से लेकर दो खंडों में प्रकाशित पुस्तक 'भारतीय संस्कृति और हिन्दी प्रदेश' (1999) तक रामविलास शर्मा ने जाति पर विस्तारपूर्वक विचार किया है। हिन्दी जाति पर 1949 से लेकर 1999 तक के पचास वर्ष तक उनके द्वारा किया गया कार्य विस्तृत विवेचन और विश्लेषण की माँग करता है, जो एक लेख में सम्भव नहीं है।

हिन्दी जाति-सम्बन्धी रामविलास जी की अवधारणा हिन्दी—भाषी समाज तथा भारतीय समाज के क्रमिक विकास के अध्ययन और गम्भीर विश्लेषण से जुड़ी हुई है। सामाजिक विकास की विभिन्न मंजिलें होती हैं। कबीलाई समाज से लेकर आधुनिक जातियों तक सामाजिक गठन के विविध रूप रहे हैं। सामाजिक गठन के बदलते रूपों पर विचार किए बगैर भारतीय समाज के विकास पर कोई भी चर्चा सही और समुचित नहीं होगी। आदिम साम्यवादी व्यवस्था से लेकर पूँजीवाद तक सामाजिक विकास की अनेक मंजिलें हैं। रामविलास शर्मा ऋग्वेद के समाज को आदिम साम्यवादी समाज नहीं मानते। ''ऋग्वेद का समाज आदिम साम्यवादी समाज नहीं है, वह इस व्यवस्था से बाहर निकल आया है। व्यक्तिगत सम्पत्ति यहाँ दृढ़ता से स्थापित है। समाज में सम्पत्तिभेद पैदा हो गया है। वर्ण निर्मित हो रहे हैं, पर वे अभी पूरी तरह स्थापित नहीं हुए।''

(भारतीय संस्कृति और हिन्दी प्रदेश, खंड-1,1191, भूमिका पृ. 11)

गण समाज के बाद, बौद्धकालीन महाजनपद, भक्तिकालीन कवियों के समय के जनपद तथा बाद की हिन्दीभाषी जाति की एक 'अविच्छिन्न शृंखला' है। रामविलास जी वैदिक काल ही नहीं, सिन्धु घाटी की सभ्यता को भी, चाहे उसका कोई भी समय निर्धारित हो, 'गण-व्यवस्था वाले प्राचीन युग का अवसान काल' मानते हैं। (भारतीय साहित्य के इतिहास की समस्याएँ वही, पृ. 43-44) गण-व्यवस्था के युग में बोली जानेवाली भाषा और उस भाषा में रचित साहित्य की कोई सामग्री उपलब्ध नहीं है।

'भाषा और समाज' (1961, 1977), 'महावीर प्रसाद द्विवेदी और हिन्दी नवजागरण' (1977), 'भारतीय साहित्य इतिहास की समस्याएँ' (1986), 'हिन्दी जाति का साहित्य' (1986, 1992), 'भारत में अंग्रेजी राज और मार्क्सवाद' खंड-1 (1982), 'भारतीय इतिहास और ऐतिहासिक भौतिकवाद (1992) तथा 'भारतीय संस्कृति और हिन्दी प्रदेश, 'खंड-1 और 2 (1999) उनके प्रमुख ग्रन्थ हैं, जिनमें जाति और हिन्दी जाति पर उनके महत्त्वपूर्ण विचार हैं। मार्क्स, एंगेल्स, लेनिन तथा स्तालिन ने जाति पर विचार किया है और रामविलास जी ने उनके विचारों को आगे बढ़ाकर जाति तथा हिन्दी जाति सम्बन्धी नई स्थापनाएँ दी हैं।

मार्क्स और एंगेल्स ने 'कम्युनिस्ट घोषणापत्र' में अन्तरराष्ट्रीयता पर अधिक जोर दिया था। जिससे यह समझा जाता रहा कि जातीयता का अन्तरराष्ट्रीयता से विरोध है और जातीयता का मजदूर तथा मजदूर आन्दोलन से सम्बन्ध नहीं है। 'भारत में अंग्रेजी राज और मार्क्सवाद' के दूसरे खंड के दूसरे अध्याय 'मार्क्स और सामाजिक विकास' के तीसरे अनुभाग का शीर्षक है—'मजदूर-वर्ग और जातीयता।' रामविलास शर्मा के अनुसार ''कम्युनिस्ट घोषणापत्र में ऐसी काफी सामग्री है जो यह साबित करती है कि अन्तरराष्ट्रीयता का अर्थ जातीयता अथवा राष्ट्रीयता का लोप नहीं है, उसका विनाश तो और भी नहीं है।'' (पृ. 123) इतना ही नहीं,

"आधुनिक जातियाँ पूँजीवादी युग की देन हैं, यह धारणा कम्युनिस्ट घोषणापत्र में विद्यमान है।" (वही, पृ. 125) उन्होंने कम्युनिस्ट घोषणापत्र के इटालियन संस्करण में एंगेल्स की भूमिका (1893) का उल्लेख किया है। एंगेल्स ने इस भूमिका में इटली को 'पहली पूँजीवादी जाति' कहा था। इस भूमिका में एंगेल्स ने मध्यकाल के अन्तिम और आधुनिक काल के प्रथम कवि इटली के विराट पुरुष दान्ते की चर्चा की। रामविलास शर्मा जाति का निर्माण औद्योगिक पूँजीवाद के दौर में न देखकर व्यापारिक पूँजीवाद के दौर में देखते हैं। दान्ते के समय में इटली में सामन्ती मध्यकाल की समाप्ति और आधुनिक पूँजीवादी युग की शुरुआत हो रही थी। "यह पूँजीवाद मशीनों से कारखानों में माल तैयार करनेवाला पूँजीवाद नहीं है। औद्योगिक क्रान्ति अभी बहुत दूर है लेकिन इससे सदियों पहले इटली में जाति निर्माण हो चुका है।" (भारतीय संस्कृति और हिन्दी प्रदेश, खंड-2,1999, पृ. 283)

जातीय-निर्माण की प्रक्रिया के सम्बन्ध में रामविलास जी के अनुसार 'एक पेचीदा प्रश्न' यह है कि सामन्ती युग में जाति का गठन होता है या नहीं और होता है तो उसका आधार क्या है? ('भाषा और समाज' 1977, पृ. 240) उन्होंने सोवियत अकादमिक कोस्मिन्स्की के अंग्रेज जाति के निर्माण पर लिखे गए लेख 'दि फोर्मेशन आव दि इंग्लिश नेशन' (1952) में इस समस्या के उल्लेख की चर्चा की है। कोस्मिन्स्की ने मध्यकाल के विशेषज्ञों के लिए सर्वाधिक महत्त्वपूर्ण समस्या यह मानी है कि "पूँजीवाद से पहले के युग में जाति (नेशन) के विभिन्न तत्त्व कैसे धीरे-धीरे विकसित हुए। मध्यकाल के विशेषज्ञ को उस जन-समाज (कम्युनिटी ऑव पीपल) से खास दिलचस्पी है जो जाति (नेशन) के निर्माण से पहले था और जिसे लघु जाति (नैशनैलिटी नरोदनोस्त) कहना चाहिए।" (वही, पृ. 240 पर उद्धृत) कोस्मिन्स्की ने सामन्ती युग में लघु जातियों का अस्तित्व माना, पर उसकी उन्होंने व्याख्या नहीं की। स्तालिन ने स्पष्ट तौर पर लघुजाति (नैशनैलिटी) और महाजाति (नेशन) में अन्तर किया था। उन्होंने 'मार्क्सिज्म एंड दि नैशनल एंड कोलोनियल क्वेश्चन' में लघु जातियों पर विचार किया था। रामविलास शर्मा ने यह लिखा है कि "स्पष्ट ही कबीलों के समाज के बाद और पूँजीवाद के अभ्युदय से पहले वह मानव-समाज को लघुजातियों के रूप में गढ़ा हुआ मानते थे किन्तु इन लघुजातियों की निर्माण-प्रक्रिया, उनके आर्थिक आधार आदि की व्याख्या उनकी रचनाओं में नहीं है।" (वही, पृ. 241) एंगेल्स ने 'परिवार, व्यक्तिगत सम्पत्ति और राज्यसत्ता की उत्पत्ति' में अनुत्पादक चार सौ वर्ष का जिक्र करते हुए इसके द्वारा तैयार की गई 'महान वस्तु' 'आधुनिक जातियाँ' (नैशनैलिटी) को रेखांकित किया था। "इससे मालूम होता है कि एंगेल्स सामन्ती युग में लघु जातियों का उद्‌भव और अस्तित्व स्वीकार करते थे।" (वही) लघु जातियों का निर्माण सामन्ती समाज में होता है और पूँजीवादी समाज में महाजाति का निर्माण होता है।

जन, सामन्तयुगीन लघु जाति और पूँजीवादी महान जाति का निर्माण रामविलास जी समान तत्त्वों से मानते हैं। अन्तर केवल इन तत्त्वों के गुण और परिमाण में है। जन, लघुजाति और महाजाति के सम्बन्ध में 'भाषा और समाज' (1961) में सर्वप्रथम रामविलास जी ने नई स्थापनाएँ दीं। प्रथम संस्करण की भूमिका में उन्होंने यह लिखा कि मार्क्सवादी दृष्टिकोण से उनके द्वारा की गई व्याख्या के लिए वे स्वयं उत्तरदायी हैं और अन्य किसी व्यक्ति या दल की मान्यताओं से इस व्याख्या का सम्बन्ध नहीं है। (भाषा और समाज, 1977, पृ. 13) डॉ. शर्मा ने सत्तर के दशक में मुख्य रूप से गण-समाज और आधुनिक जातियों के बीच के सामाजिक गठन के रूप पर विचार किया। मार्क्सवादी समाजशास्त्र में उनके पहले इस समस्या पर यह विचार हुआ था। सामन्ती व्यवस्था वाले सामाजिक गठन के रूप को बिना समझे जाति पर किया गया विवेचन अधूरा होगा। "इस विवेचन के अभाव में इस बात की व्याख्या नहीं की जा सकती कि आधुनिक जातियों का निर्माण किन तत्त्वों से होता है।" (वही, दूसरे संस्करण की भूमिका, पृ. 32) इसे न समझने के कारण ही बांगला जातीय भाषा के निर्माण के सम्बन्ध में सुनीति कुमार चाटुर्ज्या ने अपनी ख्यात पुस्तक 'ओरीजिन एंड डेवलेपमेंट ऑफ द बेंगाली लैंग्वेज' में जनपदों के एकीकरण में राजनीतिक एवं सामाजिक कारणों को महत्त्व देने के बाद भी बंगाल के जनपदों को संयुक्त करने का श्रेय 'बंगाल के बौद्धिक अभिजात वर्ग ब्राह्मण तथा जमींदार-कायस्थों' को दिया। (वही)

रामविलास जी के अनुसार—यह चाटुर्ज्या की 'सामन्ती अभिजात वर्गीय दृष्टि है जो नए पूँजीवादी विकास को समझने में असमर्थ सिद्ध होती है।' (वही) जातीय गठन की प्रक्रिया में रामविलास जी मुख्य भूमिका व्यापारियों की मानते हैं। व्यापारिक पूँजीवाद की उनकी अवधारणा विनिमय से जुड़ी हुई है। 'भारत में अंग्रेजी राज और मार्क्सवाद' के दूसरे खंड के दूसरे अध्याय के प्रथम अनुभाग के अन्तर्गत उन्होंने 'विनिमय की भूमिका' पर विचार किया है। डी.डी. कोसम्बी ने 'ऐन इंट्रोडक्शन टू दि स्टडी आफ इंडियन हिस्ट्री' (1956) में व्यापार और बाजार के विकास की बात 12वीं सदी से ही मानी है और इसी समय से जातीय भाषाओं और जातीय साहित्य की बात भी उन्होंने कही है, पर व्यापारिक पूँजीवाद पर विस्तार से विचार रामविलास शर्मा ने ही किया है। उनके पहले अर्थशास्त्र में उत्पादन पर ही विशेष जोर था, विनिमय पर नहीं। मार्क्सवाद की यह सुदृढ़ और सुस्थापित मान्यता थी कि सामाजिक विकास का सम्बन्ध उत्पादन-पद्धति से है। उत्पादन-पद्धति के बदलने से सामाजिक विकास एक मंजिल से दूसरी मंजिल में प्रवेश करता है। रामविलास शर्मा ने इस मान्यता का खंडन किया है और सामाजिक विकास में विनिमय की भूमिका को उत्पादन की भूमिका से कम महत्त्व नहीं दिया है। व्यापारिक पूँजीवाद की उनकी अवधारणा विनिमय के महत्त्व और सिद्धान्त पर टिकी हुई है। "सामाजिक विकास का अध्ययन करते समय

अनेक विद्वान उत्पादन को विकास की हर मंजिल में निर्णायक मानकर विनिमय की उपेक्षा करते हैं। औद्योगिक पूँजीवाद से पहले वह बाजार बनता है जिसमें माल की खपत के लिए औद्योगिक क्रान्ति जरूरी हो जाती है। यह कार्य विनिमय द्वारा सम्पन्न होता है।'' (भारत में अंग्रेजी राज और मार्क्सवाद खंड-2, 1982, पृ. 96)

अपने कथन की पुष्टि के लिए उन्होंने एंगेल्स की पुस्तक 'ऐंटी ड्यूरिंग' में एंगेल्स द्वारा अर्थशास्त्र की की गई व्याख्या प्रस्तुत की है। एंगेल्स ने उत्पादन और विनिमय को 'बाहरी प्रभावों के अधीन' माना है। उत्पादन और विनिमय के सम्बन्ध में एंगेल्स का यह कथन है कि ''वे निरन्तर एक-दूसरे को प्रभावित और नियमित करते हैं और इस हद तक करते हैं कि हम उन्हें अर्थवक्र की कोटि और भुजा कह सकते हैं।'' (वही, पृ. 96 पर उद्धृत)

पूँजीवाद के कई दौर हैं। व्यापारिक पूँजीवाद, पूँजीवाद का आरम्भिक दौर है। इस आरम्भिक दौर में विनिमय की भूमिका सर्वोपरि है। विनिमय के बिना बाजारों का कोई अस्तित्व नहीं होता। इस विनिमय ने ही बाजारों का विस्तार किया और 'नई माँगों की पूर्ति के लिए कारखानों वाले उद्योग को आवश्यक बनाया।' ''बेशक, विनिमय उत्पादित वस्तुओं का ही होता था, किन्तु ये वस्तुएँ प्राप्त होती थीं उत्पादन की पुरानी पद्धति से। कारीगरों ने जो संघ बनाये थे, वे किसी कारखाने में मिलकर काम करने के लिए न बनाये थे; उन्होंने वे संघ बाहर के लोगों को माल तैयार करने से रोकने के लिए बनाये थे।'' (वही, पृ. 97)

व्यापारी आर्थिक विकास की तब तक मुख्य शक्ति है, जब तक औद्योगिक क्रान्ति नहीं होती। जब भाप से चलने वाली मशीनों से काम लिया जाने लगता है, व्यापारी मुख्य शक्ति नहीं रहते। औद्योगिक क्रान्ति से पहले का पूँजीवाद व्यापारिक पूँजीवाद है। यह मानना सही नहीं है कि पूँजीवाद का आरम्भ भाप से चलने वाली मशीनों से होता है। रामविलास शर्मा इस मत के विरोधी हैं। इस मत को स्वीकारने के बाद जातियों का इतिहास सिमट जाता है और उसका सारा श्रेय गलत ढंग से इंग्लैंड को प्राप्त होता है।

''इस हिसाब से 18वीं सदी की फ्रांसीसी क्रान्ति भी पूँजीवादी क्रान्ति न थी क्योंकि उस समय फ्रांस में मशीनों से उत्पादन शुरू न हुआ था। मार्क्स ने 22 जनवरी 1858 में भारत सम्बन्धी लेख में 'इंडियन कैपिटलिस्ट्स' और 'इंडियन कैपिटल' शब्दों का प्रयोग किया था। यह प्रयोग गलत होना चाहिए क्योंकि भारत में मशीनों वाले कारखाने लगाये न गए थे। व्यापारिक पूँजीवाद को 'वास्तविक' पूँजीवाद की परिधि से बाहर रखने का परिणाम यह होता है कि अंग्रेजी राज की वास्तविक विध्वंसकारी भूमिका छिपी रहती है।'' (वही, भूमिका, पृ. 12)

जहाँ तक हिन्दी जाति तथा भारत की अन्य जातियों (बांग्ला, तमिल आदि) के गठन का प्रश्न है, यह अंग्रेजों के आगमन के पूर्व हुआ। भाषा जातीयता का प्रमुख

चिह्न है। लिपि को उसका आधार इसलिए नहीं माना जा सकता कि लिपियों के विकास तथा प्रसार के केन्द्रों की तुलना में मौखिक भाषाओं के विकास और प्रसार के कई गुना केन्द्र रहे हैं। साहित्य में भाषा के व्यवहार के पहले भाषा का अस्तित्व, जातीय-निर्माण प्रक्रिया के दौरान होता है। जातीय-निर्माण की यह प्रक्रिया लम्बी होती है। जातीय निर्माण की प्रक्रिया में अड़ंगा लगाने वाली शक्तियाँ भी होती हैं। इन शक्तियों को परास्त और पराजित करने के बाद ही जातीय निर्माण की प्रक्रिया पूरी होती है।

भारत बहुजातीय राष्ट्र है। अनेक इतिहासकारों का यह मत है कि आधुनिक साहित्य का निर्माण और भारत में जातियों का निर्माण अंग्रेजी राज की देन है। इससे यह निष्कर्ष निकलता है कि भारत में अंग्रेजी राज की प्रगतिशील और निर्माणकारी भूमिका रही है। रामविलास शर्मा ने तथ्यों, उदाहरणों और तर्कों से यह प्रमाणित किया है कि भारत में अंग्रेजों की भूमिका सदैव विध्वंसकारी और विघटनकारी थी। सबाल्टर्न इतिहासकारों की उन्होंने इसलिए आलोचना की है कि वे 'जाति' और 'राष्ट्र' के निर्माण में अंग्रेजों की भूमिका सुस्थिर करने का प्रयत्न करते हैं (भारतीय संस्कृति और हिन्दी प्रदेश, खंड-2) अगर अंग्रेज ही जाति-निर्माता है, तो रामविलास जी का सीधा प्रश्न है, "चीन जैसे देशों में अंग्रेजों या उनके गोरे भाई-बन्दों का सीधा प्रभुत्व कायम नहीं हुआ, तो वहाँ जातियों का निर्माण हुआ या नहीं और हुआ तो कब हुआ?" (भारतीय साहित्य के इतिहास की समस्याएँ 1986, पृ. 6)

रामविलास शर्मा ने सर्वप्रथम 1949 में 'हिन्दी जाति' की चर्चा की। इस चर्चा के सात वर्ष बाद 'मानव सभ्यता का विकास' (1956) पुस्तक का प्रकाशन हुआ। कम्युनिस्ट पार्टी की दूसरी कांग्रेस फरवरी 1948 में कलकत्ता में हुई थी। रामविलास शर्मा वहाँ उपस्थित थे। इस कांग्रेस में उनके कई साथियों ने उन्हें भारत की भाषा समस्या पर बोलने को कहा था। "लेकिन मुझे वहाँ दस मिनट से अधिक समय न मिलनेवाला था, इसलिए मैंने वहाँ चुप रहना ठीक समझा। बाद में पार्टी साथियों ने कहा कि तुम अपने विचार लिख डालो और लेख बंबई भेज दो। मैंने ऐसा ही किया। अंग्रेजी में एक लम्बा लेख लिखा और वह बंबई भेज दिया गया। वह लेख मई 1949 में पार्टी के मुखपत्र 'कम्युनिस्ट' में प्रकाशित हुआ।" (अपनी धरती अपने लोग, खंड-2, 1996, पृ. 19) रामविलास जी ने इस लेख के प्रकाशन के लिए रणदिवे को 'जिम्मेदार' माना है। लेख बहस के लिए था, पर उस पर कोई बहस नहीं हुई। "वह अनेक भाषाओं में अनुवादित होकर प्रकाशित हुआ और पोलित ब्यूरो ने उससे सहमति प्रकट की थी।" (वही) यह लेख 'राष्ट्रभाषा की समस्या' (1956) पुस्तक में 'भारत की भाषा-समस्या' शीर्षक से संकलित है। रामविलास शर्मा ने लेख में 'दो बातें मुख्य' मानी हैं। सत्रह पृष्ठों के इस लेख में पहली मुख्य बात यह थी कि अंग्रेजी के हटने पर उसका स्थान हिन्दी न लेकर भारत की सभी भाषाएँ लें और दूसरी बात जो रामविलास जी ने 'अधिक महत्त्वपूर्ण' मानी है, वह 'हिन्दुस्तानी जाति' की थी।

इस लेख में उन्होंने राहुल सांकृत्यायन और शिवदानसिंह चौहान का नाम लेकर उनकी आलोचना की। यह लेख कई शीर्षकों में विभाजित है। अन्तिम शीर्षक है—'हर बोली या भाषा के लिए एक प्रजातंत्र का सवाल।' उन्होंने लिखा, "प्रश्न यह है कि अवधी, ब्रजभाषा, बुन्देलखंडी आदि बोलियाँ हैं या भाषाएँ; उनके बोलनेवाले हिन्दुस्तानी जाति के अन्तर्गत हैं या भिन्न-भिन्न स्वतंत्र जातियों के रूप में विकसित होंगे।" (राष्ट्रभाषा की समस्या, 1995, पृ. 74) इस लेख में रामविलास जी ने 'हिन्दुस्तानी जाति' की बात कही, जनपदों के आधार पर इस जाति के विभाजन को गलत माना और हिन्दी उर्दू को एक भाषा माना। यह सब उन्होंने 1949 में लिखा था, यह हमें सदैव याद रखना चाहिए। 'हिन्दुस्तानी प्रदेश' में भाषा और बोली का प्रश्न बने रहने के पीछे उन्होंने इसी लेख में इसका प्रमुख कारण पूँजीवादी विकास का पूरा न होना और सामन्ती सम्बन्धों का बने रहना माना। उन्होंने हर बोली के लिए प्रजातंत्र बनाने की माँग को 'विशेष रूप से हास्यास्पद' कहा और स्पष्ट शब्दों में यह लिखा, "श्री राहुल सांकृत्यायन तथा अन्य लोगों की यह माँग कि अवधी, ब्रज, बुन्देलखंडी आदि को विभिन्न जातियों की टकसाली भाषा माना जाए प्रतिक्रियावादी माँग है। यह माँग केवल सामन्ती वर्गों के हित में है जो इस तरह एक पतनशील व्यवस्था की रक्षा करना चाहते हैं।" (वही, पृ. 76)

इस लेख के प्रकाशन के चार वर्ष बाद 1953 में 'इंडियन लिटरेचर' में रामविलास शर्मा का हिन्दुस्तानी जाति के निर्माण पर एक लेख प्रकाशित हुआ। 'राष्ट्र भाषा की समस्या' पुस्तक में इस लेख का शीर्षक है 'जातीय भाषा के रूप में हिन्दी का प्रसार।' हिन्दी जाति के सम्बन्ध में रामविलास शर्मा के अधिसंख्य विचार इस लेख में व्यक्त हुए हैं। वे इस लेख में 'तेरहवीं-चौदहवीं सदी में सामन्ती समाज का ढाँचा' ढीला होते हुए देखते हैं, भाषा और साहित्य के क्षेत्र में जनपदों के अलगाव का उल्लेख करते हैं और उदाहरण के लिए अवधी में रचित रामचरित मानस को रखते हैं, ब्रज और अवधी दोनों में तुलसी द्वारा रचित कविताओं का जिक्र करते हैं, ब्रजभाषा की कविताओं का दूर देहात तक फैलना देखते हैं, दक्खिन में खड़ी बोली का अलग विकास देखते हैं और हिन्दुस्तान में आए तुर्क, पठान, ईरानी आदि जातियों के बारे में लिखते हैं कि "वे यहाँ किसी नई भाषा को जन्म न दे सके।" (वही, पृ. 79) इस लेख में रामविलास जी संघर्षों के द्वारा हिन्दुस्तानी जाति के चरित्र को 'पक्का हुआ' कहते हैं। उनके अनुसार इन संघर्षों के दो पहलू 'जातीय और जनवादी' हैं। हिन्दुस्तानी जाति में भेद उत्पन्न करनेवालों में उन्होंने गिलक्राइस्ट, रिजले, ग्रियर्सन और सर सैयद तथा इकबाल को माना है और यह लिखा है—"ये सब साम्राज्यवादी विषवृक्ष के फल थे।" (वही, पृ. 81)

अंग्रेजों ने हिन्दीभाषी इलाके को अनेक सूबों में बाँटा। "अंग्रेजों ने 1857 से सबक लेकर हमारे इलाके को सबसे ज्यादा टुकड़ों में बाँटा है। सदियों से एक साथ

रहनेवाले आगरा और दिल्ली भी अलग हो गए।'' (वही, पृ. 83) बड़े प्रान्तों को छोटे प्रान्तों में विभाजित करने का उसी समय रामविलास जी ने विरोध किया। ये पंक्तियाँ उन्होंने 1953 में लिखी थीं—''हिन्दीभाषी इलाका एक होना चाहिए। इसके बारे में यह बहाना भी नहीं चल सकता कि बड़े सूबे को छोटे सूबों में हम बाँटना चाहते हैं। यहाँ सवाल छोटे टुकड़ों को मिलाकर बड़ा सूबा बनाने का है। अलग-अलग प्रान्तीय सभाएँ और हुकूमतें चलाने का खर्च बचेगा, व्यापार और उद्योग-धंधों की तरक्की में मदद मिलेगी। हमारा सांस्कृतिक आन्दोलन पूरे प्रदेश में जातीय पैमाने पर चलेगा और भाषा भी अपना जातीय रूप निखार सकेगी।'' (वही)

पहली बार 1953 में रामविलास जी ने बल देकर हिन्दीभाषी इलाके के एक होने की बात कही थी। सम्भवतः इस समय तक उन्होंने धीरेन्द्र वर्मा की पुस्तक 'हिन्दी राष्ट्र या सूबा हिन्दुस्तान' (1930) नहीं पढ़ी थी। बाद के वर्षों में उन्होंने धीरेन्द्र वर्मा की इस पुस्तक का सदैव उल्लेख किया और धीरेन्द्र वर्मा को 'सम्भवतः भारत का पहला विद्वान' कहा, ''जिन्होंने स्पष्ट शब्दों में भाषाओं के आधार पर प्रान्तों के पुनर्गठन की बात कही थी।'' (हिन्दी जाति का साहित्य, दूसरे संस्करण (1992) की भूमिका, पृ. 18)

1 अक्टूबर, 1953 को तेलुगु भाषी जनता के आन्दोलन के परिणामस्वरूप भाषा के आधार पर आंध्रप्रदेश नामक प्रथम राज्य का गठन हुआ और इसी वर्ष रामविलास शर्मा ने उपर्युक्त लेख लिखा। इस लेख का इसलिए विशेष महत्त्व है कि पहली बार स्वतंत्र भारत में किसी हिन्दी लेखक ने हिन्दीभाषी क्षेत्र को एक करने की बात कही और हिन्दी लेखकों को भाषावार प्रान्त-निर्माण के आन्दोलन का समर्थन करने को कहा, उर्दू को दबाने का विरोध किया और अंग्रेजों द्वारा इस इलाके में सामन्ती अवशेष को कायम रखकर 'सामाजिक और सांस्कृतिक विकास को भारी नुकसान' पहुँचाने की बात कही। स्वतंत्र भारत की राजसत्ता ने सामाजिक और सांस्कृतिक नुकसान के अतिरिक्त इस प्रदेश (हिन्दीभाषी प्रदेश) को आर्थिक नुकसान पहुँचाया है, जिससे अब 'काउ बेल्ट' तथा 'बीमारू राज्य' कहकर इसका मखौल उड़ाया जाता है। स्वतंत्र भारत में हिन्दी प्रदेश को 'काउ बेल्ट' तथा 'बीमारू राज्य' बनाने का मुख्य श्रेय कांग्रेस को है।

हिन्दी लेखकों में महावीर प्रसाद द्विवेदी तथा निराला 'जाति' के महत्त्व से सुपरिचित थे। महावीर प्रसाद द्विवेदी ने 1923 में साहित्य सम्मेलन के कानपुर अधिवेशन में अपने स्वागत-भाषण में यह कहा था, ''जिस जाति की सामाजिक अवस्था जैसी होती है, उसका साहित्य भी ठीक वैसा ही होता है। जातियों की क्षमता और सजीवता यदि कहीं प्रत्यक्ष देखने को मिल सकती है तो उनके साहित्य रूपी आईने में ही मिल सकती है।'' (भारतीय संस्कृति और हिन्दी प्रदेश, खंड 2, पृ. 550 पर उद्धृत) रामविलास शर्मा ने इसी पुस्तक में 'निराला के साहित्य में

जातीय चेतना' पर प्रकाश डाला है। तीस के दशक में निराला जातीय भाषा और संस्कृति पर लिख रहे थे। जबलपुर से प्रकाशित होनेवाली पत्रिका 'श्री शारदा' में 1922 में ही धीरेन्द्र वर्मा के चार लेख 'हिन्दी राष्ट्र' और 'सूबा हिन्दुस्तान' राष्ट्र के लक्षणों का विवेचन करते हुए प्रकाशित हुए थे, जिनका पुस्तक रूप में प्रकाशन 1930 में हुआ और इसके बाद बालकृष्ण शर्मा नवीन ने 1936 की लखनऊ कांग्रेस में हिन्दी भाषियों का एक अलग राज्य बनाने की बात कही थी। रामविलास शर्मा उन दिनों लखनऊ में रहते थे और कांग्रेस के इस अधिवेशन में वे निराला के साथ उपस्थित थे। उन्होंने लिखा, "जवाहरलाल नेहरू ने उन्हें (बालकृष्ण शर्मा 'नवीन' को) डाँटकर चुप करा दिया था।" (हिन्दी जाति का साहित्य, दूसरा संस्करण 1992 की भूमिका पृ. 19)

राहुल सांकृत्यायन ने 'तुम्हारी क्षय' (1937) में हिन्दू महासभा और मुस्लिम लीग की आलोचना की थी, 'हिन्दुस्तानियों की एकता' की बात कही थी और दिसम्बर 1938 में रांची में बिहार प्रान्तीय साहित्य सम्मेलन के सभापति पद से उन्होंने हिन्दीभाषी प्रान्तों को एक करने का सुझाव दिया था—"यह आवश्यक है कि सभी हिन्दी भाषा-भाषी प्रान्तों और रियासतों को मिलाकर एक हिन्दी प्रान्त बना दिया जावे। यदि भाषा ने हमें एकता प्रदान की है, तो हम क्यों अपने प्रान्त के इस विच्छेद को स्वीकार करें। इसे तो अंग्रेजों ने अपने सुभीते के लिए बनाया था।" (साहित्य निबन्धावली, पृ. 67) राहुल सांकृत्यायन ने इसी भाषण में यह भी कहा था कि एक प्रान्त होने से प्रबंध करने में दिक्कत की बात करना कोई दलील नहीं है। उन्होंने साफ शब्दों में एक हिन्दी प्रान्त के निर्माण की बात कही। उस समय वे हिन्दी जाति को मात्र शासन के सुभीते के लिए खंड-खंड-करने के पक्ष में नहीं थे। उनका मत था—"शासन जाति की भलाई के लिए है, जाति शासन के सुभीते के लिए नहीं।" रामविलास शर्मा से पहले हिन्दी जाति की एकता की बात राहुल सांकृत्यायन और धीरेन्द्र वर्मा ने की थी। सम्भव है, उस समय (1938 में) राहुल जी के समक्ष बालकृष्ण शर्मा 'नवीन' और धीरेन्द्र वर्मा भी रहे हों। 1938 में ही भाषा के आधार पर उड़ीसा को अंग्रेजों ने एक अलग प्रान्त बनाया था। इसी वर्ष कांग्रेस ने भाषावार राज्यों के पुनर्गठन का प्रस्ताव भी पारित किया था। मात्र पाँच वर्ष बाद 1943 के अपने एक लेख 'मातृभाषाओं का प्रश्न' में हिन्दीभाषी राज्य को विभाजित करने की रूपरेखा राहुल सांकृत्यायन ने प्रस्तुत की। इसके बाद भी उन्होंने मातृ भाषाओं के आधार पर प्रान्तों के विभाजन को आवश्यक माना।

बीसवीं सदी के आरम्भ में बंगाल का विभाजन (1905) हुआ था। इस विभाजन के बाद बंगाल के बुद्धिजीवियों ने जाति और जातीय प्रदेशों के पुनर्गठन पर ध्यान देना आरम्भ किया। हिन्दी जाति या हिन्दुस्तानी जाति को केवल हिन्दीभाषी लेखक ही नहीं समझते थे, बंगलाभाषी और अंग्रेज भी इस जाति का उल्लेख करते थे। नवम्बर

1911 के 'मॉडर्न रिव्यू' में श्री श्यामाचरण गांगुली ने भारत की सभी जातियों की एकता को आवश्यक माना था। उन्होंने हिन्दुस्तानी जाति की एकता की बात कही थी। रामविलास शर्मा ने बताया है कि धीरेन्द्र वर्मा से पहले श्यामाचरण गांगुली के मन में भारतीय जातियों की एकता का प्रश्न उठा था। बंगाल विभाजन के कारण श्यामाचरण गांगुली इस प्रश्न को प्रमुख मान रहे थे। उन्होंने बंग-भंग के प्रश्न को और ऊँचे धरातल पर ले जाने तथा एक 'बंगाली प्रश्न को भारतीय प्रश्न' बना देने की बात कही थी। उस समय बंगलाभाषी लोगों में जातीय चेतना प्रबल थी। 1880 में बंकिमचन्द्र ने लिखा था—''बंगालियों में बंगाली जाति की एकता का बोध नहीं है।'' (भारतीय संस्कृति और हिन्दी प्रदेश, खंड-2, 1999, पृ. 336) बंग-भंग के बाद बंगालियों की जातीय चेतना और विकसित हुई। श्यामाचरण गांगुली एक जाति विशेष के प्रश्न को सम्पूर्ण राष्ट्र का प्रश्न बनाने को बेचैन थे, जिससे यह स्पष्ट होता है कि जातीयता और राष्ट्रीयता में किसी प्रकार का कोई विरोध नहीं है। श्यामाचरण गांगुली ने लिखा—''यदि विच्छिन्न होकर विभिन्न प्रशासकीय विभागों के अन्तर्गत रहना बंगालियों के लिए बुरा है तो इसी तरह हिन्दुस्तानियों, मराठों और उड़िया लोगों के लिए भी विच्छिन्न होकर विभिन्न प्रशासकीय विभागों के अन्तर्गत रहना बुरा होगा। संयुक्त प्रदेश के हिन्दुस्तानी पंजाब के दिल्ली विभाग के हिन्दुस्तानियों से, बिहार, छोटा नागपुर के एक हिस्से और मध्यप्रदेश के हिन्दुस्तानियों से अलग रखे गए हैं; बंबई प्रेजिडेंसी के मराठे मध्य प्रदेश के मराठों से अलग रखे गए हैं। बंगाल प्रान्त के उड़िया मद्रास के गंजम जिले के उड़िया लोगों से दूर रखे गए हैं।'' (भाषा और समाज में उद्धृत, 1977, पृ. 280)

बीसवीं सदी के आरम्भ में जातीय प्रश्न राष्ट्रीय प्रश्न से जुड़ा था। उस समय भारत की अनेक जातियों का संयुक्त होना जितना आवश्यक था, उससे कम आवश्यक आज इसलिए नहीं है कि शासक विदेशी नहीं हैं। उस समय स्वाधीनता का प्रश्न मुख्य था और जातीय समस्या के बारे में रामविलास जी ने स्तालिन की 'बुनियादी सीख' की चर्चा की है कि ''इस समस्या को हमेशा मूल सामाजिक समस्या के अन्तर्गत देखना चाहिए।'' (वही, पृ. 281) क्या आज भारत की मूल समस्या साम्राज्यवादी शिकंजे तथा सामन्ती शक्तियों से मुक्ति की नहीं है? 1950 के बाद कांग्रेस, कम्युनिस्ट पार्टी और हिन्दी के लेखकों ने हिन्दी जाति की चिन्ता छोड़ दी। उनके समक्ष यह सवाल गौण हो गया और दूसरे सवाल प्रमुख हो गए।

ब्रिटिश भारत में 1938 में पहली बार भाषा को ध्यान में रखकर उड़ीसा प्रान्त बना। 1927 में 'इंडियन स्टेच्युटरी कमीशन' का गठन किया गया था और 1930 में इस कमीशन की रिपोर्ट में 'प्रान्तों के विवेकपूर्ण पुनर्गठन' की जरूरत महसूस की गई थी क्योंकि ''ब्रिटिश राजनीतिज्ञों ने स्वयं स्वीकार किया था कि ब्रिटिश प्रान्त बिना किसी व्यवस्था के मात्र 'दमन अथवा शासन की सुविधाओं के कारण' ही बन

गए हैं।'' (साम्य, वही, पृ. 16) इस कमीशन की सिफारिश पर ही उड़ीसा राज्य का निर्माण हुआ। ''इसमें बिहार, उड़ीसा, सेंट्रल प्रॉविंसेज और मद्रास के उड़िया भाषी क्षेत्रों को मिलाया गया था।'' (वही)

कांग्रेस ने 1905 में बंग-विरोधी आन्दोलन का समर्थन किया था क्योंकि बंगाल के विभाजन के बाद बंगला जाति दो भागों में बँट गई थी। 1912 में बिहार और उड़ीसा नामक राज्य के निर्माण के पूर्व 1908 में उसने भाषा के आधार पर बिहार को बंगाल से भिन्न मानकर अपने संगठन के लिए उसे एक अलग प्रान्त का दर्जा दिया था। सिन्ध और आन्ध्र कांग्रेस संगठन के लिए अलग प्रान्त 1917 में भाषा के आधार पर ही बने थे। 1920 के नागपुर अधिवेशन में कांग्रेस ने भाषा के आधार पर प्रान्त निर्माण को अपना लक्ष्य माना। 1928 में प्रान्तों के पुनर्गठन के प्रश्न पर विचार हेतु सर्वदल सम्मेलन द्वारा बनी नेहरू समिति ने भाषा के आधार पर राज्यों के पुनर्गठन के सिद्धान्त का जोरदार समर्थन किया। (वही, पृ. 17-18) ''1937 में कांग्रेस ने अपने अधिवेशन में भाषावार प्रान्त निर्माण की अपनी नीति की दुबारा घोषणा की।'' (वही, पृ. 18) और पुन: 1938 में कांग्रेस कार्य समिति ने यह प्रस्ताव पास किया कि सत्ता हासिल करने के बाद कांग्रेस राज्यों का पुनर्गठन भाषा के आधार पर करेगी। कांग्रेस ने 1945-46 के अपने चुनाव घोषणा पत्र में भाषा और संस्कृति के आधार पर शासन की इकाइयों के गठन की बात की। (वही, पृ. 19) सत्ता पा लाने के बाद कांग्रेस ने लगभग चालीस वर्ष पहले की बातों को ताक पर रख दिया। नेहरू ने संविधान सभा के समक्ष 27 नवम्बर, 1947 को विलम्ब की कार्यनीति अपनायी और दर आयोग ने दिसम्बर 1948 में जो रिपोर्ट प्रस्तुत की, उसमें भाषा के आधार पर प्रान्त बनाने को ठीक नहीं माना। (वही)

रामविलास शर्मा ने दर आयोग द्वारा प्रस्तुत रिपोर्ट के बाद हिन्दी जाति की एकता पर विचार करना आरम्भ किया। इस समय से आगामी पचास वर्ष तक मृत्यु के समय तक वे हिन्दी जाति के लिए समर्पित रहे। कभी टस से मस नहीं हुए। कम्युनिस्ट पार्टी ने अपना रुख बदल दिया, पर रामविलास शर्मा पर्वत की तरह अडिग और अविचल रहे।

कम्युनिस्ट पार्टी के डॉ. गंगाधर अधिकारी भारत की जातीय समस्या पर दूसरे महायुद्ध के समय लेख लिखते रहे थे। सम्भवत: भारतीय कम्युनिस्टों के बीच वे पहले व्यक्ति थे, जो भारतीय जातियों के प्रश्न से टकरा रहे थे। सिखों की माँग उनके लिए पंजाबी जाति की माँग थी और मुसलमानों के आत्म-निर्णय की माँग को वे बंगाली, पंजाबी, पठान और सिंधी जातियों की माँग मान रहे थे। ''देश के अन्दर और देश के बाहर बहुत से लोग उनकी इन स्थापनाओं से असहमत थे, लेकिन उस समय तो पार्टी का नेतृत्व इन्हें मानकर आगे चल रहा था।'' (अपनी धरती अपने लोग, खंड-2, 1996, पृ. 22)

1949 में रामविलास शर्मा ने हिन्दुस्तानी जाति की जो स्थापना रखी थी, वह पूरनचन्द जोशी की स्थापना से मिलती थी। इसी समय गुजरात और महाराष्ट्र के बीच के डांग क्षेत्र, महाराष्ट्र में कोंकणी-मराठी के विवाद तथा अन्य प्रदेशों में भाषा को लेकर होनेवाले विवादों तथा उनसे जुड़ी समस्याओं का वे अध्ययन कर रहे थे। भाषा तथा जातीय समस्या से जुड़े उनके अध्ययन का पता गंगाधर अधिकारी को था जो "कभी चिटों के द्वारा और कभी मिलने पर वह इस कार्य में आगे बढ़ने के लिए मुझे उत्साहित करते थे।" (वही, पृ. 23) यह वह समय था, जब कम्युनिस्ट पार्टी के पूरनचन्द जोशी, रणदिवे, अधिकारी, भवानी सेन हिन्दी जाति का अस्तित्व मानते थे। हिन्दी-उर्दू की बुनियादी एकता में इन लोगों का विश्वास था और भारत की किसी भी भाषा पर हिन्दी तथा अंग्रेजी के वर्चस्व तथा उसे लादे जाने के वे खिलाफ थे। रामविलास शर्मा का भी उस समय यही मत था और वे अन्तिम समय तक अपनी इन स्थापनाओं को सुदृढ़ और तार्किक रूप से व्यक्त करते रहे। उस समय रामविलास जी की हिन्दी जाति की अवधारणा से कम्युनिस्ट पार्टी के एक प्रमुख नेता कुँवर मुहम्मद अशरफ असहमत थे।

स्वतंत्र भारत में 'जाति' का प्रश्न क्रमशः गौण होता गया और रामविलास शर्मा हिन्दी जाति के प्रश्न को और अधिक तीव्रता के साथ सामने रखते रहे। यह वह अकेली आवाज थी जो हमेशा गूँजती रही और इस पर अलग से विचार किया जाना चाहिए कि हिन्दी प्रदेश जैसे-जैसे पिछड़ता गया, उनकी आवाज और बुलंद होती गई। अवसरवादी और समझौतावादी रुझानों के कारण कम्युनिस्ट पार्टियाँ अपना जनाधार खोती गईं और रामविलास जी निरन्तर हिन्दी जाति की एकता के प्रश्न को बृहत् प्रश्न बनाते रहे। 'भाषा और समाज' पुस्तक के द्वितीय संस्करण की भूमिका (1977) में उन्होंने लिखा—"यह बात अब बहुत साफ है कि जो लोग हिन्दी जाति का अस्तित्व अस्वीकार करते हैं और हिन्दी भाषा की एकता खंडित करना चाहते हैं, वे कहीं-न-कहीं भारत की राष्ट्रीय एकता का विरोध करते हैं। कारण यह है कि इस राष्ट्रीय एकता को सुदृढ़ करने का माध्यम हिन्दी है। जब तमिलनाडु में हिन्दी विरोधी और अलगाववादी आन्दोलन चला तब उसे प्रत्यक्ष और अप्रत्यक्ष रूप से बढ़ावा देने में अमरीकी साम्राज्यवादी सबसे आगे थे।" (पृ. 51)

अपने शासनकाल में अंग्रेज हिन्दी प्रदेश की शक्ति से भली-भाँति अवगत थे। 1857 में ही उन्होंने हिन्दुस्तानियों को पंजाबियों से भिन्न माना था। हिन्दीभाषी क्षेत्र के लिए अंग्रेज 'हिन्दुस्तान' शब्द का प्रयोग करते थे और लम्बे समय तक भारतवासियों तथा हिन्दीभाषी लेखकों-विचारकों ने भी इसका प्रयोग किया। 1930 में प्रकाशित धीरेन्द्र वर्मा की पुस्तक है 'हिन्दी राष्ट्र या सूबा हिन्दुस्तान'। रामविलास शर्मा ने भी 1949 वाले निबन्ध में 'हिन्दुस्तानी जाति' का ही प्रयोग किया है। भारतीय कम्युनिस्ट पार्टी ने संविधान सभा के लिए 1946 में जिस मसौदे को तैयार किया था, उसमें

भाषा के आधार पर बननेवाले राज्यों में से एक राज्य का नाम 'हिन्दुस्तान' था। 'हिन्दुस्तान' और 'हिन्दुस्तानी' शब्द का व्यवहार हिन्दीभाषी क्षेत्र और हिन्दीभाषी जनता के लिए बहुत पहले से होता रहा है। इससे यह भी स्पष्ट होता है कि अंग्रेजों के आगमन के पूर्व इस जाति का गठन हो चुका था। रामविलास शर्मा ने 'भाषा और समाज' में सुनीति कुमार चाटुर्ज्या द्वारा 'भारतीय आर्यसमाज और हिन्दी' पुस्तक में 'हिन्दुस्तानी' शब्द के प्रयोग के इतिहास को उद्धृत किया है। 'हिन्दुस्तानी' शब्द का अर्थ होता है 'हिन्दुस्तान' की भाषा और 'हिन्दुस्तान' शब्द मुस्लिम काल में अपने सीमित अर्थ में पंजाब तथा बंगाल के बीच उत्तर भारतीय मैदान के लिए प्रयुक्त होता था। पूर्वी हिन्दी तथा बिहारी बोलनेवाला पूर्वी उत्तर प्रदेश तथा बिहार का भाग, जो पूरब कहलाता है, भी इसी हिन्दुस्तान या हिन्दुस्थान का ही एक हिस्सा है। बंगाल में बंगला न बोलनेवाले तथा बिहार या उत्तर प्रदेश के लोगों को 'हिन्दुस्तानी' अथवा 'पश्चिमी' कहा जाता है। परन्तु 'पंजाबी' या राजस्थान के निवासी--मारवाड़ी इन हिन्दुस्तानियों (या हिन्दुस्तानियों) से भिन्न गिने जाते हैं।'' (पृ. 279 पर उद्धृत) स्वतंत्र भारत के आरम्भिक वर्षों तक ये दो शब्द प्रयुक्त होते रहे हैं।

1857 के संघर्ष में हिन्दीभाषी जनता ने सबसे अधिक बढ़-चढ़कर हिस्सा लिया था। आन्दोलन का मुख्य केन्द्र हिन्दीभाषी क्षेत्र था। उस समय अंग्रेजों ने इस प्रदेश की जनता की एकता को छिन्न-भिन्न करने का निश्चय कर लिया। इस एकता को खंडित करने का कार्य इसके पहले से ही आरम्भ हो चुका था, पर इस आन्दोलन के कारण उनका यह कार्य और तीव्रता से आगे बढ़ा। उन्होंने इस आन्दोलन को झेला था। रामविलास शर्मा ने 'भाषा और समाज' के ग्यारहवें अध्याय 'जातीय भाषा का गठन और प्रसार' के अन्तर्गत इस सम्बन्ध में दो उदाहरण प्रस्तुत किए हैं—''20 अगस्त, 1857 के 'फ्रेंड ऑव इंडिया' ने यह समाचार प्रकाशित किया था कि पंजाब के जुडीशल मजिस्ट्रेट ने यह घोषणा करा दी है कि आम तौर से 'हिन्दुस्तानियों' को किसी सरकारी नौकरी में न लिया जाएगा। (पृ. 278) इसके अतिरिक्त उन्होंने इतिहासकार टी. राइस होल्म्स की पुस्तक 'ए हिस्ट्री ऑव दि इंडियन कम्युनिटी, 1898' से एक उद्धरण दिया है। पंजाब सरकार के समक्ष यह एक समस्या थी कि ''पंजाबी पलटनों में करीब एक-चौथाई हिन्दुस्तानी थे; कहीं लघुसंख्यक बहुसंख्यकों को गुमराह न कर दें।'' (पृ. 278 पर उद्धृत)

ब्रिटिश साम्राज्यवाद ने हिन्दी प्रदेश की जनता को कभी एक इसलिए नहीं होने दिया क्योंकि यह जनता उनके लिए बहुत बड़ी चुनौती थी। भारतीय जनता को कई धड़ों और समूहों में विभाजित करने के बाद ही उन्होंने इस देश पर शासन किया। स्वतंत्र भारत में कांग्रेस ने और उसके बाद अन्य राजनीतिक दलों ने इससे 'प्रेरणा' ग्रहण कर यही तरीका अपनाया। स्वतंत्रता साम्राज्यवाद से मुकम्मल लड़ाई के बाद हासिल नहीं हुई थी। कांग्रेस ने समझौता करके यह स्वतंत्रता पाई, जिसे बाद में

'सत्ता का हस्तान्तरण' (ट्रांसफर ऑफ पावर) कहा गया। स्वाभाविक था कि कांग्रेस और अन्य राजनीतिक दल इस जातीय एकता को नए सिरे से कमजोर करते।

कांग्रेस ने स्वतंत्र भारत में राज्य के निर्माण को लेकर जिन दो आयोगों का गठन किया, उनमें पहला आयोग 'भाषावार प्रान्त कमीशन' या इसके अध्यक्ष के नाम पर 'दर आयोग' था, जिसने भाषा के आधार पर प्रान्त निर्माण का समर्थन नहीं किया। कांग्रेस ने इसके पहले 1945-46 के चुनाव घोषणा-पत्र में भाषा और संस्कृति के आधार पर प्रान्तों के गठन की बात कही थी। सत्ता पाने के बाद कांग्रेस किस प्रकार अपने वायदों से मुकरती और उसके विरुद्ध चलती रही है, यह समझने के लिए दर-आयोग की रिपोर्ट रेखांकित किए जाने योग्य है। चुनाव घोषणा पत्र में राजनीतिक पार्टियों द्वारा की जानेवाली प्रतिज्ञाएँ और सत्ता-प्राप्ति के तुरन्त बाद इन प्रतिज्ञाओं के विपरीत उनके द्वारा लिए जानेवाले निर्णय यह साबित करते हैं कि ये राजनीतिक पार्टियाँ अपनी कथनी और करनी में दो विपरीत ध्रुवों पर हैं। वर्षों बाद हरिशंकर परसाई ने अपने एक व्यंग्य-लेख में 'कथनी और करनी की विपरीतता' की बात कही थी। यह सिद्धान्त और आचरण की वह विपरीतता है, जिससे इन राजनीतिक पार्टियों ने शब्दों की महिमा-गरिमा नष्ट की, जनता को धोखा दिया, अपने को अविश्वसनीय बनाकर अपना जनाधार खोया, जिसके कारण गठबन्धन की सरकारों का जन्म हुआ। दर आयोग ने ब्रिटिश सिद्धान्त स्वीकारा। राज्य-निर्माण के सम्बन्ध में ब्रिटिश सिद्धान्त यह था कि राज्यों का गठन शासन की सुविधा के लिए किया जाना चाहिए। भारतीय राष्ट्रीय कांग्रेस दो वर्ष पहले के अपने वायदे के विरुद्ध स्वयं खड़ी हो गई। दिसम्बर 1948 के जयपुर अधिवेशन में कांग्रेस ने भाषा के आधार पर गठन को लेकर तीन सदस्यों—नेहरू, पटेल और पट्टाभि सीतारमैया की एक समिति बनाई, जिसने भाषावार प्रान्तों के गठन के विरुद्ध यह कहा कि भाषा में जोड़ने के अलावा तोड़ने की भी शक्ति होती है। इसके बाद भी कांग्रेस में भाषावार प्रान्तों के गठन को पूरी तरह से अस्वीकार करने का साहस नहीं था। भाषा के आधार पर राज्यों के गठन का सीधा प्रभाव अंग्रेजी पर पड़ता था क्योंकि अंग्रेजी इस देश के किसी भी हिस्से की भाषा नहीं थी। नेहरू ने स्वतंत्र भारत में राजभाषा के प्रश्न को लेकर जो भी कहा है, उसे सामने रखने से भाषावार प्रान्तों के गठन के विरुद्ध कांग्रेस के रवैये के कारणों का खुलासा होता है।

आंध्रप्रदेश के अस्तित्व में आने के बाद 22 दिसम्बर, 1953 को संसद में तत्कालीन प्रधानमंत्री जवाहरलाल नेहरू ने राज्य निर्माण को लेकर एक नए आयोग के गठन की घोषणा की और 29 दिसम्बर, 1953 को 'राज्य पुनर्गठन आयोग' अस्तित्व में आया। आंध्रप्रदेश में अगर तेलुगु का आन्दोलन न चला होता और आंध्रप्रदेश भाषा के आधार पर स्वतंत्र भारत में प्रथम राज्य न बना होता, तो 'राज्य पुनर्गठन आयोग' गठन का नहीं होता।

'राज्य पुनर्गठन आयोग', 'दर आयोग' के बाद कांग्रेस के द्वारा प्रान्त निर्माण को लेकर गठित दूसरा आयोग था। इसने भाषा-सिद्धान्त को अस्वीकार किया—"एकमात्र भाषा या संस्कृति की कसौटी पर राज्यों का पुनर्गठन करना न तो सम्भव ही है और न वांछनीय ही।" (राज्य पुनर्गठन आयोग की रिपोर्ट, 1956, पृ. 241)

आंध्रप्रदेश को छोड़कर दक्षिण के अन्य तीन प्रदेश पचास के दशक में भाषा के आधार पर गठित हुए—केरल (1956), मैसूर (1956,1973 में मैसूर का नाम बदलकर कर्नाटक हुआ) और तमिलनाडु (1956)। राज्य पुनर्गठन दक्षिण, पश्चिम, उत्तर पश्चिम और पूर्वोत्तर क्षेत्रों में हुआ। हिन्दी प्रदेशों में यह विभाजन अभी हाल की घटना है। अंग्रेजों ने हिन्दी जाति को जान-बूझकर अनेक टुकड़ों में बाँटा। उनके सामने 1857 के स्वाधीनता आन्दोलन में इस प्रदेश की महान भूमिका थी। राष्ट्रीय एकता को कमजोर करने के लिए यह आवश्यक था कि जातीय एकता को कमजोर किया जाए। हिन्दी प्रदेश की एकता के अभाव में राष्ट्रीय एकता की बात करना धोखा है। कांग्रेस ने स्वतंत्र भारत में हिन्दी जाति को कभी एक नहीं होने दिया। भारत के बारह प्रधानमंत्रियों (कार्यकारी प्रधानमंत्री गुलजारी लाल नन्दा को छोड़कर) में से आठ प्रधानमंत्री—जवाहरलाल नेहरू, लाल बहादुर शास्त्री, इन्दिरा गांधी, चरण सिंह, राजीव गांधी, विश्वनाथ प्रताप सिंह, चन्द्रशेखर और अटल बिहारी वाजपेयी हिन्दी प्रदेश के रहे हैं। इनमें से किसी ने हिन्दी प्रदेश की एकता ही नहीं, उसके विकास के सम्बन्ध में कुछ भी नहीं सोचा। आज अगर हिन्दी प्रदेश अपमान, उपेक्षा, तिरस्कार, व्यंग्य और अवहेलना का पात्र है, तो इसका बड़ा श्रेय कांग्रेस सहित भारत के समस्त राजनीतिक दलों को है और हिन्दी क्षेत्र के प्रधानमंत्रियों को भी है। राष्ट्रीय एकता की बात करना और राष्ट्रीय एकता में दरारें पैदा करने में कांग्रेस अव्वल रही है। जिन चार प्रधानमंत्रियों—जवाहरलाल नेहरू, लाल बहादुर शास्त्री, इन्दिरा गांधी, राजीव गांधी को 'भारत रत्न' की सर्वोच्च उपाधि से सम्मानित किया गया वे सचमुच क्या भारत के रत्न थे? वास्तविक अर्थों में रामविलास शर्मा ही हिन्दी रत्न और भारत रत्न हैं।

ब्रिटिश शासन ने भारतीय जनता को कई धड़ों में इसलिए बाँटा था कि उसे भारत पर राज्य करना था। स्वाधीन भारत में भारतीय जनता को एक करने के लिए जिन योजनाओं और कार्यक्रमों की आवश्यकता थी, उन पर कभी विचार नहीं किया गया। वामपन्थी दलों ने भी जातीय एकता को अपने कार्यक्रम में नहीं रखा। अंग्रेजों का उद्देश्य विभिन्न जातियों को एकताबद्ध होने से रोकना था, उन्हें आपस में लड़ाना था, जिससे वे भारतीय जनता का शोषण कर सकें। भारत के राजनीतिक दलों ने इसी मार्ग का अनुसरण किया, जिसका यह परिणाम है कि आज जनता की किसी भी राजनीतिक दल में आस्था नहीं है। जातीय चिन्ता भारत के किसी भी राजनीतिक दल को नहीं रही है।

अलगाववादी आन्दोलन के स्वतंत्र भारत में अनेक रूप हैं। भाषा, क्षेत्र, सम्प्रदाय, धर्म, जाति–बिरादरी जैसे रूप प्रमुख हैं। फिलहाल धर्म और जाति–बिरादरीवाला रूप विशेष प्रमुख है। इन अलगाववादी आन्दोलनों को अशक्त और समाप्त करने के लिए जातीय चेतना का विकास आवश्यक है। स्वतंत्र भारत में केवल कांग्रेस ने ही नहीं, कम्युनिस्ट पार्टियों ने भी जातीय चेतना के विकास में अपनी भूमिका का निर्वाह नहीं किया। रामविलास शर्मा ने 1961 में ही यह लिखा था––''अंग्रेजों ने यहाँ की जातियों के विकास को हर तरह से रोका, साम्प्रदायिकता के आधार पर उन्हें विभाजित करने की नीति अपनायी, इसका यह अर्थ नहीं कि स्वाधीन भारत के विचारक भी जातियों का विकास रोकें और उनके अस्तित्व से ही इनकार कर दें।'' ('भाषा और समाज' वही, पृ. 280)

मार्क्स ने 'नोट्स ऑन इंडियन हिस्ट्री' (664–1858) में 1669 में 'मराठा राज्य की प्रभुसत्ता के अन्त' की बात कही थी। इसके अतिरिक्त उन्होंने भारत की जिन 'भौगोलिक इकाइयों' का उल्लेख किया था, वे जातीय क्षेत्र हैं, इसका प्रमाण यह है कि मार्क्स अनेक बार इन क्षेत्रों की भाषाओं का उल्लेख करते हैं। मुख्य बात यह है कि मार्क्स के लिए भारत में केवल हिन्दू–मुसलमान नहीं हैं, विभिन्न जातियाँ हैं और इनकी अलग–अलग भाषाएँ हैं। भारत के इस पक्ष पर देश या विदेश में अभी बहुत कम लोग ध्यान दे रहे थे।'' (भारत में अंग्रेजी राज और मार्क्सवाद खंड–2, वही, पृ. 232) रामविलास जी ने अनेक उदाहरणों से यह प्रमाणित किया है कि मार्क्स 'हिन्दुस्तान' प्रदेश को सारे देश के पर्याय के रूप में न देखकर जातीय इकाई के रूप में देख रहे थे। (वही, पृ. 233) भारतीय मार्क्सवादियों में सर्वप्रथम सम्भवत: एम.एन. राय ने भारत में अनेक जातियों के गठन की बात कही थी। बाद में कम्युनिस्ट पार्टी के अनेक नेताओं ने जातीय समस्या के सम्बन्ध में महत्त्वपूर्ण बातें कही थीं, पर रामविलास शर्मा के अनुसार ''किन्तु ऐसी बातें उस समय निरर्थक इसलिए सिद्ध हुईं कि पार्टी नेता जनवादी क्रान्ति के परिप्रेक्ष्य से अलग हटकर उस समस्या को संविधानवादी चौखटे के भीतर हल करने का प्रयास कर रहे थे। इसलिए इस चौखटे को तोड़ने के बदले वे स्वयं उसके भीतर फँस गए।'' (वही, पृ. 450)

यद्यपि पी.सी. जोशी और डॉ. गंगाधर अधिकारी ने रजनीपाम दत्त की तरह जातीयता की व्याख्या नहीं की, फिर भी भारतीय कम्युनिस्ट पार्टी ने 1946 में 'सत्रह कथित जातियों के आधार पर सत्रह संविधान सभाएँ बुलाने की बात' कही थी। भारतीय कम्युनिस्ट पार्टी की दृष्टि में उस समय भारत के अन्य जातीय प्रदेशों के साथ विशाल हिन्दी–प्रदेश 'हिन्दुस्तान' भी था। पर महज कुछ वर्ष बाद हिन्दी जाति सम्बन्धी उसकी चिन्ता समाप्त हो गई। ''सन् 1950 के दशक में जब अन्य पार्टियों के साथ कम्युनिस्ट पार्टी ने सारे देश में भाषावार राज्यों के पुनर्गठन की धूम मचा दी,

तब उसने हिन्दुस्तान को बिल्कुल भुला दिया।" (हिन्दी जाति का साहित्य, दूसरे संस्करण की भूमिका, वही, पृ. 19)

पचास के दशक में रामविलास जी ने जो कई लेख लिखे, उनमें 'जातीय भाषा के रूप में हिन्दी का प्रसार' (1953), 'हिन्दी-उर्दू समस्या' (1953), 'अनिवार्य राजभाषा का सवाल' (1954-55), 'बहुजातीय राष्ट्रीयता और राष्ट्रभाषा हिन्दी' (1958) तथा 'जातीय प्रतिद्वन्द्विता और हिन्दी' (1959) विशेष महत्त्वपूर्ण हैं क्योंकि इनमें उन्होंने हिन्दी जाति की चर्चा की, उस पर विचार किया। 'भाषा और समाज' (1961) पुस्तक से पहले रामविलास जी ने अनेक लेखों में हिन्दी जाति की अवधारणा प्रस्तुत की। हिन्दी जाति के एकताबद्ध होने से ही अमरीकी साम्राज्यवाद और उसके देशी अनुचर पूँजीवाद और सामन्तवाद परास्त हो सकते हैं। स्वतंत्र भारत में कांग्रेस, कम्युनिस्ट पार्टी तथा हिन्दी के लेखकों ने हिन्दी जाति की चिन्ता नहीं की। यह चिन्ता अकेले रामविलास जी करते रहे और लगातार सबका ध्यान आकर्षित करते रहे। यहाँ इस पर भी विचार आवश्यक है कि अमरीकी साम्राज्यवाद के विरुद्ध भी भारत की कोई राजनीतिक पार्टी क्यों नहीं आन्दोलन चला सकी और बीसवीं सदी के अन्तिम दशक में दुष्टत्रयी के समक्ष सबने घुटने क्यों टेक दिए? यह संयोग नहीं है कि बारहवीं लोकसभा में हिन्दी प्रदेश का एक भी कम्युनिस्ट सांसद नहीं था और तेरहवीं लोकसभा में उसकी संख्या मात्र एक है। हिन्दी जाति की एकता का विरोध करनेवाले हिन्दीभाषी प्रदेश में भाजपा के व्यापक प्रसार को नहीं देख पाते। साहित्यकार से लेकर पत्रकार तक हिन्दी जाति की एकता पर मौन रहे या इसके विरोधी रहे। हिन्दी जाति की चिन्ता से बेखबर होकर हिन्दी साहित्य ने पहले के हिन्दी साहित्य की तुलना में कितना विकास किया है, यह अलग से अध्ययन का विषय है।

जाति के सम्बन्ध में स्तालिन की सुप्रसिद्ध परिभाषा यह है कि वहाँ सबकी आवास भूमि, संस्कृति, भाषा तथा ऐतिहासिक परम्परा सामान्य होती है और जातियाँ 'आधुनिक पूँजीवादी विकास की देन' हैं। भारत के मार्क्सवादी इतिहासकारों ने हिन्दीतर जातियों के इतिहास पर ध्यान दिया है। पर जिन परिस्थितियों में भारत में विविध जातियों का विकास हुआ, इसकी चर्चा उन्होंने विस्तारपूर्वक नहीं की है। भारत में जातियों का विकास अंग्रेजी राज कायम होने के पहले हुआ या बाद में, इस सम्बन्ध में भी उन्होंने विस्तारपूर्वक विचार नहीं किया है। मानवेन्द्र नाथ राय के लेखों, मेरठ मुकदमे के दौरान कम्युनिस्ट बन्दियों के बयानों, रजनी पाम दत्त की पुस्तक 'आज का भारत' तथा पूरन चन्द्र जोशी के लेखों का रामविलास जी ने उल्लेख किया है कि इन सबमें यह स्वीकार किया गया था कि भारत में पूँजीवाद का विकास अंग्रेजी राज कायम होने से पहले हो गया था। पर "राय, दत्त और जोशी पूँजीवादी विकास के साथ अपरिवर्तनशील ग्राम-समाजों की पटरी बिठाने की

कोशिश करते थे। इस कोशिश से उनके चिन्तन में अन्तर्विरोध पैदा हुए हैं। इन अन्तर्विरोधों से मेरठवाला बयान अपेक्षाकृत मुक्त है।'' (भारत में अंग्रेजी राज और मार्क्सवाद, खंड-2, पृ. 13)

भारतीय मार्क्सवादियों में से जिन्होंने अंग्रेजी राज कायम होने के पहले पूँजीवाद के विकास को देखा था, उन्होंने अन्तर्विरोधों के कारण 1857 के संघर्ष को 'सामन्तों का प्रतिक्रियावादी संघर्ष' माना और भारत के औद्योगिक विकास का श्रेय अंग्रेजों को दिया। रामविलास जी का मत इसके विपरीत है। उन्होंने भारत के अपरिवर्तनशील ग्राम-समाजों की धारणा को निरस्त किया, 1857 को केवल प्रथम राष्ट्रीय स्वाधीनता संग्राम ही नहीं माना, अपितु वहाँ से हिन्दी नवजागरण का आरम्भ माना और अंग्रेजों की विध्वंसकारी भूमिका को विस्तारपूर्वक सामने रखा। ''हिन्दुस्तानी जाति का अस्तित्व स्वीकार किए बिना यहाँ के इतिहास के बारे में, यहाँ की संस्कृति के बारे में, मार्क्सवादी लेखक जो कुछ लिखते हैं, वह बहुत कुछ हिन्दू इतिहास, मुस्लिम इतिहास बनकर रह जाता है। जहाँ तक हिन्दुस्तानी जाति के इतिहास का सवाल है, इसके बारे में वे चुप रहते हैं। जो उदार होते हैं, वे हिन्दू-मुस्लिम संस्कृतियों को मिलाने की बात करते हैं; जो अनुदार हैं, वे इनको अलग रखने की बात करते हैं। उनके वामपक्ष के महासम्मेलनों के दस्तावेजों और चुनाव घोषणा-पत्रों को पढ़ा जाए तो मालूम होगा कि वह आम तौर पर जातीय समस्या और संस्कृति तथा इतिहास की समस्याओं की अनदेखी करता है। अंग्रेजी के विरुद्ध वह विभिन्न प्रदेशों की जनता को अपनी भाषाओं और संस्कृतियों की प्रगति के लिए एकताबद्ध करके आन्दोलन चलाने में पूर्णतः असफल रहा है। उसने इस आन्दोलन की कल्पना भी नहीं की।'' (भारतीय संस्कृति और हिन्दी प्रदेश, खंड-2, पृ. 649)

भारत बहुजातीय राष्ट्र है जहाँ विविध जातियों की विकास-प्रक्रिया न तो एक समय आरम्भ हुई है और न एक समय सम्पन्न हुई है। ऋग्वेद की सभ्यता ही नहीं, सिन्धु घाटी की सभ्यता को भी रामविलास जी आदिम गण समाजों की सभ्यता नहीं मानते। 'गण' ही 'कबीला' या 'ट्राइब' है। व्यापार और विनिमय के बगैर नगरों का निर्माण नहीं हो सकता और नगर सिन्धु घाटी की सभ्यता के मुख्य केन्द्र हैं। ऋग्वेद का समाज रामविलास जी के अनुसार 'गण व्यवस्था' के विघटन और सामन्ती व्यवस्था के अभ्युदय काल का समाज है। उनके अनुसार भाषा जातीयता की सबसे बड़ी पहचान है और ''भाषा का अध्ययन उस समाज के गठन से अलग करके नहीं हो सकता, जिसमें वह बोली जाती है। यहाँ तात्पर्य समाज-व्यवस्था से नहीं, वरन इस व्यवस्था से सम्बद्ध सामाजिक गठन से है।'' (भारत के प्राचीन भाषा-परिवार और हिन्दी, खंड-2, 1980, पृ. 365)

गण व्यवस्था के युग में बोली जानेवाली भाषाएँ और उन भाषाओं में रचित साहित्य की अब तक कोई जानकारी नहीं है। सिन्धु घाटी की लिपि के पढ़ लेने

के बाद भी यह समस्या कायम रहेगी। डॉ. फतह सिंह ने "सिन्धु लिपि के 45 अक्षरों की खोज करके लगभग 1500 सिन्धु मुद्राओं को पढ़ा। उन्होंने निष्कर्ष प्रस्तुत किया कि सिन्धु मुद्राओं की लिपि पूर्व ब्राह्मी है और भाषा वैदिक संस्कृत। वे सिन्धु लिपि के ओम, उमा, इन्द्र, मित्र, वरुण आदि वैदिक शब्दों को पढ़ सके। उनका यह भी कहना था कि उपनिषदों के अनेक विचारों को सिन्धु मुद्राओं में चिह्नित किया गया है।" (सुधीर विद्यार्थी, 'पहचान बीसलपुर' पुस्तक में डॉ. फतह सिंह, 2000, पृ. 263)

रामविलास जी के अनुसार वैदिक काल से लेकर ग्यारहवीं सदी तक का समय सामन्ती व्यवस्था का समय है और यह सब मध्यकालीन साहित्य के अन्तर्गत है। जिसे हम प्राचीन साहित्य कहते हैं, वह सामाजिक गठन के अनुसार नहीं है। सामाजिक गठन के विविध रूपों में जाति सर्वाधिक विशिष्ट है, क्योंकि अन्य सामाजिक गठन जहाँ एक युग के बीतने के बाद दूसरे युग में अन्तर्धान हो जाते हैं, वहाँ "जाति ऐसा सामाजिक गठन है जो पूँजीवादी युग के बाद समाजवादी युग में भी कायम रहता है।" (भारत में अंग्रेजी राज और मार्क्सवाद खंड-2, पृ. 133) सामन्ती व्यवस्था में लघु जातियाँ कायम होती हैं और सामन्ती व्यवस्था के ह्रासकाल में बड़ी जातियों का निर्माण होता है।

रामविलास शर्मा बारहवीं सदी को नई जातियों के निर्माण का प्रारम्भिक काल मानते हैं। उनके अनुसार, "समाज और साहित्य का आधुनिक काल 12वीं सदी से आरम्भ होता है। सामाजिक स्तर पर इसका लक्षण है सामन्ती व्यवस्था का विघटन, व्यापारिक पूँजीवाद का विकास, नए सामाजिक सम्बन्धों का प्रसार, साहित्यिक स्तर पर इसका लक्षण है सामन्त-विरोधी प्रवृत्तियों का उद्‌भव और प्रसार, नए मानवतावाद की प्रतिष्ठा। 12वीं सदी में शुरू होनेवाली यह सामन्त विरोधी क्रान्ति कई मंजिलें पार कर चुकी है, पर वह अभी पूर्णतः सम्पन्न नहीं हुई। अंग्रेजी राज कायम होने के बाद सामन्त-विरोधी विकास निरन्तर अवरुद्ध होता रहा है। भारत में जातियों का पूर्ण गठन और देश को आधुनिक राष्ट्र बनाने की समस्या अब भी बनी हुई है।" (भारतीय साहित्य के इतिहास की समस्याएँ, पृ. 143)

लघु जातियों के विलयन से आधुनिक जातियाँ निर्मित होती हैं। जनपद के निवासी सामाजिक गठन के कारण लघु जाति कहलाते हैं। पूँजीवादी व्यवस्था में लघु जातियाँ विघटित होती हैं और आधुनिक जातियों का निर्माण होता है। विविध जनपदों के निवासी व्यापारिक पूँजीवाद के दौर में एक-दूसरे के नजदीक आते हैं और इस प्रक्रिया से आधुनिक जाति का निर्माण होता है। हिन्दी जाति का निर्माण अवध, बुंदेलखंड, भोजपुरी आदि जनपद के निवासियों से मिलकर हुआ है। सामन्ती व्यवस्था के अन्तर्गत व्यापारिक पूँजीवाद के विकास से जाति का निर्माण होता है और इसमें मुख्य भूमिका व्यापारियों की होती है। ये व्यापारी किसी एक धर्म और

बिरादरी के नहीं होते। जातीय निर्माण की प्रक्रिया में केवल व्यापारी ही नहीं होते, उसमें कारीगर और कृषक समुदाय की भी भूमिका होती है। जातीय निर्माण की प्रक्रिया को रोकने में जमींदार और पुरोहित मुख्य होते हैं। क्योंकि व्यापार का प्रसार उनके वर्चस्व और प्रभुत्व को कमजोर करने के साथ ही उन्हें समाप्त भी कर सकता है। भारत पर अरबों, तुर्कों और पठानों ने हमले किए थे। अरबों ने आठवीं सदी में और महमूद गजनवी ने ग्यारहवीं सदी में आक्रमण किया था। इन तीनों जातियों की भाषाएँ भिन्न थीं। अरबों की भाषा अरबी थी, तुर्कों की तुर्की और पठानों की पश्तो। भारत में इन तीनों भाषाओं में से कोई भी भाषा राजभाषा नहीं बनी। सारी दुनिया के मुसलमानों ने भारत पर हमले नहीं किए थे। जिन तीन जातियों ने आक्रमण किए थे, उनकी भाषाएँ एक नहीं थीं। ''भारत के मुसलमान चाहे अरबों, तुर्कों, पठानों अथवा अन्य जातियों के वंशज हों, चाहे इनमें से अधिकांश बौद्ध या हिन्दू रहे हों और उनका धर्म परिवर्तन हुआ हो, हर प्रदेश में उनकी जातीयता वही है जो शेष जनता की है... सारे मुसलमानों की एक भाषा न तो कभी थी और न आज है। इससे सिद्ध हुआ कि एक ही धर्म मानने से लोग एक ही जाति के नहीं हो जाते, न उनकी जातीय भाषाएँ नष्ट हो जाती हैं।'' (भारतीय-साहित्य के इतिहास की समस्याएँ, पृ. 58)

हिन्दी जाति के विरोधी और आलोचक हिन्दी की विविध बोलियों और उर्दू भाषा का प्रश्न उपस्थित करते हैं। भाषा वैज्ञानिकों के अनुसार पूर्वी और पश्चिमी हिन्दी दोनों को मिलाकर हिन्दी की सत्रह बोलियाँ हैं। हिन्दी की ये बोलियाँ या जनपदीय भाषाएँ अलग-अलग जनपदों में बोली जाती हैं। जनपदीय भाषाओं को हिन्दी भाषा से स्वतंत्र मानने का तर्क और यह आरोप कि इन पर हिन्दी लादी गई है, पुराना है। जनपदीय भाषा जनपद-विशेष में ही बोली जाती है। एक जनपद के निवासी की दूसरे व्यापारी वर्ग से सम्बद्ध भाषा खड़ी बोली थी और इस व्यापारी वर्ग में हिन्दू और मुसलमान दोनों थे। जनपदीय भाषाओं का व्यवहार गाँवों में होता है और जातीय भाषा का व्यवहार सभी जनपदों में होता है। जनपदीय भाषाओं के व्यवहार से किसानों और मजदूरों की एकता सम्भव नहीं है।

हिन्दी जाति की एकता के विरुद्ध जनपदीय भाषाओं तथा उर्दू भाषा की तर्क-प्रस्तुति गलत है। व्यापार के कारण जातीय भाषा का निर्माण होता है और यह किसी बोली के आधार पर निर्मित होती है। भोजपुरी या अवधी का जातीय भाषा के रूप में विकसित न होना और खड़ी बोली का जातीय भाषा बनने का मुख्य कारण दिल्ली थी, जो तुर्कों और मुगलों के शासन-काल में राज्य-सत्ता का केन्द्र थी। ''हिन्दीभाषी प्रदेश में दिल्ली व्यापार और राजनीतिक जीवन का केन्द्र रहा। वह खड़ी बोली बोलनेवाले प्रदेश का केन्द्रीय नगर था। दिल्ली की बोली के आधार पर हिन्दी-उर्दू का विकास हुआ।'' (भाषा और समाज, पृ. 272) जब तक कोई बोली अन्तर्जनपदीय व्यवहार का माध्यम नहीं बनती है, जाति का निर्माण नहीं होता है। व्यापार के कारण

ही कोई एक बोली अन्तर्जनपदीय व्यवहार का माध्यम बनती है और शेष बोलियों की भूमिका उसके समक्ष गौण हो जाती है। ''गण समाजों के विघटन से जनपद बने अनेक जनभाषाओं के बीच एक भाषा, अन्य गणभाषाओं के तत्त्व आत्मसात् करते हुए जनपदीय भाषा बनी। अन्य गणभाषाओं का स्थान गौण हो गया। अनेक जनपदीय भाषाओं के बीच एक भाषा उभरी, अन्य जनपदीय भाषाओं के तत्त्व आत्मसात् करते हुए जातीय भाषा बनी।'' (हिन्दी जाति का साहित्य, पृ. 19)

12वीं सदी से हिन्दी जातीय भाषा बनी। इसी समय से जातियों, जातीय भाषाओं और जातीय साहित्य का विकास शुरू हुआ। यह समय व्यापार और बाजार के विकास का था। रामविलास जी के अनुसार भारत में यह समय व्यापारिक पूँजीवाद का समय था। हिन्दी प्रदेश की जनपदीय भाषाएँ एक-दूसरे को प्रभावित कर रही थीं और यह प्रभाव इतना अधिक था कि ''किसी भी जनपद में भाषा का विशुद्ध रूप, ऐसा रूप, जो पास की बोलियों से प्रभावित न हुआ हो, खोज लेना असम्भव है। रामचरित की भाषा शुद्ध अवधी नहीं है। सूरसागर की भाषा शुद्ध ब्रज नहीं है। कहीं-कहीं तो भाषा आधुनिक साँचे में ढली-सी दिखाई पड़ती है, शुक्ल जी का यह सबसे महत्त्वपूर्ण सूत्र है।'' (भारतीय संस्कृति और हिन्दी प्रदेश, खंड-दो, पृ. 70) विद्यापति के पद केवल मिथिला में नहीं गूँजते थे और सूर के पद ब्रज की सीमा लाँघ चुके थे। इसी प्रकार अवधी में रचित तुलसी का रामचरित मानस सम्पूर्ण हिन्दी क्षेत्र में पढ़ा और सुना जा रहा था। व्यापारिक पूँजीवाद के कारण हिन्दी जातीय भाषा के रूप में प्रतिष्ठित हुई। जातीय भाषा का विकास जनपदीय भाषा के विकास की तरह नहीं होता। अपने मूल रूप में कोई भी जनपदीय भाषा जातीय भाषा नहीं बनती। जातीय भाषा किसी जनपदीय भाषा को मुख्य आधार बनाकर विकसित होती है और उसमें अन्य जनपदों के भाषा-तत्त्व घुल-मिल जाते हैं। इससे आधार भाषा का रूप बदल जाता है। कुरु जनपद की बांगरू भाषा से मानक हिन्दी का विकास हुआ है, पर बांगरू भाषा और मानक हिन्दी में अन्तर है। ''इस अन्तर के कारण लोगों का यह कल्पना करना अस्वाभाविक नहीं है कि हिन्दी का आधार बांगरू के अलावा और कोई बोली रही होगी।'' (भारत के प्राचीन भाषा परिवार और हिन्दी, खंड-1, पृ. 238)

जब किसी एक जनपद की भाषा दूसरे जनपदों में व्यवहार में आती है, जातीय निर्माण की प्रक्रिया उसी समय से आरम्भ होने लगती है। ऐसी स्थिति में विभिन्न जनपदों के निवासी उस भाषा के माध्यम से एकताबद्ध होते हैं। ''यह अनुमान किया जा सकता है कि पंद्रहवीं सदी के आसपास ब्रज के प्रभाव से हिन्दी ऐसा रूप धारण कर रही थी जो गाँवों की बांगरू बोली से काफी भिन्न था और मानक हिन्दी के निकट था। आगरा और दिल्ली का ब्रज प्रभावित बांगरू के दो केन्द्र थे, पर यह प्रभाव शहरों तक सीमित नहीं था।'' (वही, 239) पुरानी हिन्दी के एक रूप दक्खिनी हिन्दी पर ब्रजभाषा के प्रभाव के पुराने नमूने बारहवीं सदी से प्राप्त होते देखकर रामविलास जी यह प्रमाणित

करते हैं कि "बारहवीं सदी में ब्रजभाषा खड़ी बोली को प्रभावित कर रही थी और इससे पहले भी प्रभावित करते आई है।" (वही, पृ. 251)

रामविलास शर्मा ने 'भाषा और समाज' के चौदहवें अध्याय 'बोली और भाषा' में भोजपुरी को हिन्दी से स्वतंत्र माननेवाले डॉ. उदयनारायण तिवारी और मैथिली को अलग भाषा स्वीकारनेवाले डॉ. जयकांत मिश्र के तर्कों के उत्तर दिए। उनके अनुसार "भाषा और बोली का अन्तर सामाजिक विकास क्रम में उत्पन्न होता है। खड़ी बोली के आधार पर हिन्दी विकसित हुई; लन्दन (या मिडलैंड) की बोली के आधार पर अंग्रेजी और मॉस्को की बोली के आधार पर रूसी विकसित हुई। भाषा और बोली का यह अन्तर सामन्ती व्यवस्था में बराबर बना रहता है। पूँजीवादी व्यवस्था में महाजातियों का गठन होता है; किसी एक बोली के आधार पर जातीय भाषा का विकास होता है। अन्य लघु जातियों की भाषाएँ बोली मात्र रह जाती हैं।" (पृ. 335-36)

हिन्दी की बोलियों और उर्दू को स्वतंत्र जाति मानना गलत है। ये सभी हिन्दी जाति के अन्तर्गत हैं। जनपद और धर्म के आधार पर हिन्दी जाति को विभाजित करने का प्रयत्न पुराना है। समय-समय पर ऐसी आवाजें उठती रही हैं। इससे साम्राज्यवादी और सामन्तवादी शक्तियों को लाभ पहुँचता है। हिन्दी प्रदेश में समय-समय पर ऐसी माँगों के उठते रहने के कारण भी हिन्दी प्रदेश का समुचित विकास नहीं हो सका है। इससे हिन्दी जाति की एकता खंडित होती है और उसकी अस्मिता भी नष्ट होती है। साम्राज्यवादी प्रभुत्व और सामन्तवादी अवशेष इसके मुख्य कारण हैं। जातीय-निर्माण की प्रक्रिया को ये अवरुद्ध करते हैं। हिन्दी भाषा की बोलियों को स्वतंत्र जाति की भाषा माननेवाले भी कम नहीं हैं। ऐसे विद्वान और भाषाविद् सामाजिक गठन पर विचार नहीं करते। "सामन्ती व्यवस्था में लघु जातियों के निर्माण और पूँजीवादी व्यवस्था में उनके विघटन की प्रक्रिया समझे बिना इस प्रश्न का उत्तर नहीं दिया जा सकता कि 'ब्रज या बुन्देलखंड की भाषा किसी स्वतंत्र जाति की भाषा है या हिन्दी भाषा की बोली है।" (वही, भूमिका, पृ. 50)

हिन्दी प्रदेश में रचित साहित्य कभी एक जनपद तक सीमित नहीं रहा है। हिन्दी भाषा से हिन्दी की बोलियों या जनपदीय भाषाओं को स्वतंत्र माननेवाले हिन्दी की समस्त साहित्यिक सम्पदा से हिन्दीभाषी जनता को वंचित करना चाहते हैं। यह इतिहास के रथ को पीछे ले जाना है। कबीर अब तक हिन्दी के कवि थे। अब उन्हें भोजपुरी का कवि कहा जा रहा है। इसी प्रकार तुलसी, सूर और विद्यापति को हिन्दी का कवि न कहकर अवधी, ब्रजभाषा और मैथिली का कवि ही कहना हिन्दी एकता को नष्ट करना है।

हिन्दी प्रदेश में सामन्ती सम्बन्ध पूरी तरह नष्ट नहीं हुए हैं। स्वतंत्र भारत में कांग्रेस तथा अन्य राजनीतिक दलों ने अपने हित में इसे बनाये रखा। भाषा और बोली का

प्रश्न इसी कारण उभरता रहता है और समय-समय पर जनपदीय आन्दोलन अलग राज्य बनाने के लिए चलते रहते हैं। हिन्दी प्रदेश आज सांप्रदायिक शक्तियों का गढ़ है। वर्ण धर्मवाला सामन्ती समाज यहाँ जीवित है। यह समाज हिन्दी जाति और उसकी एकता के विरुद्ध है। रामविलास शर्मा का महत्त्व इस अर्थ में सर्वाधिक है कि उन्होंने ऐसे विकट और विपरीत माहौल में निरन्तर हिन्दी जाति की एकता पर बल दिया, उसकी आवश्यकता को रेखांकित किया और इस जातीय एकता से जनवादी क्रान्ति को जोड़ा। यद्यपि ग्यारहवीं सदी की काव्य-रचना 'राउलवेल' में माता प्रसाद गुप्त ने 'ब्रज, खड़ी बोली, पश्चिमी राजस्थानी और मालवी के प्राचीनतम प्रामाणिक रूप' देखे हैं, डॉ. सुनीति कुमार चाटुर्ज्या ने 1000 ई. के आसपास से आधुनिक आर्यभाषाओं का उद्‌भव माना है, 12वीं सदी के अन्तिम दशकों में सन्त कवि नामदेव ने हिन्दी में अनेक पदों की रचना की है, 14वीं सदी के प्रारम्भिक दशकों में अमीर खुसरो ने 'नह सिपेहर' ग्रन्थ में हिन्दुस्तान में प्राचीनकाल से 'हिन्दवी' भाषा बोली जाने का उल्लेख किया है और बाबर ने 'बाबरनामा' में काबुल में ग्यारह-बारह बोली जानेवाली भाषाओं में हिन्दी का नाम लिया है, पर हिन्दी इस दौर में जातीय भाषा नहीं बनी थी। खड़ी बोली नाम कुरु जनपद की ग्रामीण बोली को नहीं दिया गया था। ''यह नाम इस बोली के आधार पर विकसित उस जातीय भाषा को दिया गया, जो अठारहवीं सदी में उत्तर भारत के अनेक नगरों की शिष्ट जनभाषा बन चुकी थी। कुरु जनपद की बोली का नाम बांगरू था और है। खड़ी बोली बांगरू से भिन्न, ब्रजभाषा से प्रभावित होकर विकसित होनेवाली जातीय भाषा थी। इस जातीय भाषा को फोर्ट विलियम कॉलेज की स्थापना के बाद उर्दू नाम देकर हिन्दी से जुदा किया गया पर वह जुदा हो चाहे संयुक्त हो, उसका जन्म किसी फौजी छावनी में न हुआ था।'' (भारत के प्राचीन भाषा परिवार और हिन्दी, खंड-3,1981, पृ. 115)

हिन्दी जाति की एकता में हिन्दी की विविध बोलियों की तरह हिन्दी-उर्दू का भेद भी हिन्दी जाति के विरोधियों के लिए एक बड़ा अस्त्र है। रामविलास जी ने पचास के दशक से ही इस पर विचार किया है। हिन्दू-उर्दू समस्या' (1953), उर्दू की समस्या' (1958) तथा 'हिन्दी-उर्दू की बुनियादी एकता' (1961) जैसे लेखों के बाद 'भाषा और समाज' के बारहवें अध्याय 'जातीय भाषाओं का विकास और उर्दू' तथा तेरहवें अध्याय 'साम्राज्यवादी भेदनीति और हिन्दी-उर्दू की एकता' में उन्होंने हिन्दी और उर्दू से जुड़े विविध प्रश्नों पर विस्तार से विचार किया।

हिन्दी जाति हिन्दू जाति नहीं है। हिन्दी जाति में हिन्दू और मुसलमान दोनों हैं। अंग्रेजों ने फोर्ट विलियम कॉलेज की स्थापना (1800 ई.) के बाद हिन्दी जबान के दो टुकड़े कर दिए। ''फोर्ट विलियम कॉलेज की स्थापना के पहले जातीय भाषा के रूप में हिन्दी का यथेष्ट प्रसार हो चुका था। अंग्रेजों ने यहाँ आकर हिन्दुओं की भाषा हिन्दी हो, मुसलमानों की भाषा उर्दू हो, इसके लिए बड़ा प्रयत्न किया। सामान्य जनता

की भाषा एक ही थी, जिसे हम हिन्दी कहते हैं। हिन्दी प्रदेश में अंग्रेजों ने भाषागत विभाजन नीति का जो भगीरथ प्रयत्न किया, उसका कारण यह ज्ञान था कि यदि हिन्दी प्रदेश में वे अपनी विभाजक नीति लागू कर सकेंगे तो राष्ट्रीय पैमाने पर भी उसे लागू करने में वे सफल होंगे। हिन्दी प्रदेश में पहले भाषा, फिर संस्कृति और राजनीति में वे दरार डालने में सफल हुए। धर्म के आधार पर हिन्दी प्रदेश का विभाजन तो न हुआ पर भारत का विभाजन हो गया, और भारत के साथ बंगाल का विभाजन भी हुआ।'' (भारतीय साहित्य के इतिहास की समस्याएँ, पृ. 51-52) हिन्दी और उर्दू को दो अलग-अलग भाषाओं के रूप में अंग्रेजों ने विभाजित किया और स्वतंत्र भारत में इसे कायम रखा गया। संविधान में उर्दू को स्वतंत्र भाषा के रूप में दर्जा देकर इसे हिन्दी से अलग भाषा माना गया। जहाँ तक 'उर्दू' शब्द के प्रयोग का प्रश्न है, प्रोफेसर सैयद एहतिशाम हुसैन के अनुसार ''18वीं सदी के अन्त तक उर्दू शब्द का प्रयोग भाषा के अर्थ में नहीं मिलता।'' (उर्दू साहित्य का इतिहास, पृ. 46)

हिन्दुओं और मुसलमानों के मिलन से उर्दू भाषा का जन्म नहीं हुआ। कोई भी नई भाषा दो या उससे अधिक जातियों के मिलने से उत्पन्न नहीं होती। उर्दू के विकास के सम्बन्ध में रामविलास जी ने 'दो बुनियादी बातें' याद रखने को कही हैं। बाहर से इस देश में जो मुसलमान आए, वे तुर्क, पठान, और मुगल थे। ''वे अपने को तुर्क, पठान और मुगल कहते थे, लेकिन यह पुरानी जातीयता की यादगार भर थी। जातीयता का मुख्य चिह्न भाषा उनसे बहुत जल्दी छूट जाती थी। कश्मीर, बंगाल, पंजाब, सिन्ध, गुजरात, हिन्दुस्तान—सभी प्रदेशों में उन्होंने वहीं की भाषा अपनायी। दूसरी बुनियादी बात यह है कि यहाँ लगभग छह सौ वर्ष तक फारसी राजभाषा रही। जहाँ तक हिन्दी क्षेत्र का सम्बन्ध है, यहाँ राजभाषा फारसी का शासन बना रहा। इसे मेलजोल का चिह्न नहीं कहा जा सकता। इसे स्पष्ट रूप से सामन्ती व्यवस्था के अन्तर्गत सांस्कृतिक उत्पीड़न का चिह्न मानना चाहिए।'' (भाषा और समाज, पृ. 284)

बाबर तुर्क था और शेरशाह पठान। उर्दू में तुर्की और पश्तो के शब्द अधिक नहीं हैं। सैयद एहतिशाम हुसैन के अनुसार ''जो मुसलमान यहाँ आए वे तुर्की, अरबी, फारसी और दूसरी मध्य एशियाई भाषाएँ बोलते थे, किन्तु उनके साहित्यिक और सांस्कृतिक व्यवहार का माध्यम फारसी थी।'' (उर्दू साहित्य का इतिहास, पृ. 20) स्पष्ट है कि फारसी का प्रयोग करनेवालों की संख्या कम थी।

तुर्कों के शासनकाल में फारसी राजभाषा थी और पठानों के समय भी फारसी ही राजभाषा थी। फारसी, तुर्कों और पठानों में से किसी की अपनी जातीय भाषा नहीं थी। भारत में तुर्कों और पठानों ने अपनी भाषा खो दी थी और वे यहीं की भाषा बोलने लगे। उन्होंने हिन्दी जाति के विनाश का कोई प्रयत्न नहीं किया। यह प्रयत्न पहली बार अंग्रेजों ने किया और वे इसमें कामयाब भी हुए। भारत में फारसी लगभग छह सौ वर्ष तक राजभाषा रही। आक्रमणकारी मुसलमान जातियों के रूप में गठित नहीं थे। ''उनके

उच्च वर्गों, शिक्षित जनों और सामन्तों ने फारसी भाषा अपनाकर खुद को आधा ईरानी बना लिया था। इसके सिवा मुगलकाल में यहाँ काफी ईरानी आए और राजदरबार में ईरानी सरदारों का काफी प्रभाव रहा। इसी कारण फारसी को राजभाषा बनाना एक तरह का सांस्कृतिक उत्पीड़न कहा जाएगा।'' (वही, पृ. 286)

उस समय राज्य-सत्ता का सामाजिक आधार सीमित और संकुचित था, जिससे फारसी राजभाषा बनी। फारसी अपने आरम्भिक दौर में यहाँ सबकी समझ से परे थी। मुट्ठीभर पढ़े-लिखे लोग उसे समझते थे। बाद में उसे लिखने-पढ़नेवालों की संख्या बढ़ी। हिन्दी और उर्दू दो सौ वर्ष से पहले अलग-अलग भाषा नहीं थी। ''जो युग सामन्तवाद के पतन और अंग्रेजी राज की स्थापना का युग है, उसी में यह अलगाव बढ़ा और मजबूत हुआ।'' (वही) रामविलास शर्मा ने 'तुजके जहाँगीरी' तथा अन्य ग्रन्थों से अनेक उदाहरण प्रस्तुत कर यह प्रमाणित किया है कि मुगल बादशाहों की भाषा हिन्दी थी। दिल्ली के आम मुसलमान भी हिन्दी बोलते थे। फारसी हिन्दुओं और मुसलमानों में से किसी की भी बोलचाल की भाषा नहीं थी, पर इसे सीखने वालों में हिन्दू और मुसलमान दोनों ही थे। ईरान से आए मुसलमानों की यह अपनी भाषा थी, पर इन मुसलमानों की संख्या बहुत अधिक नहीं थी। दिल्ली की राज्यसत्ता की भाषा-सम्बन्धी नीति भेदपरक थी। फारसी को राजभाषा बनाने के दो परिणाम हुए। ''एक ओर तो व्यवस्थित राज्य संचालन से व्यापार की उन्नति हुई, ब्रज, अवध आदि जनपद एक-दूसरे के निकट आए, अप्रत्यक्ष रूप से खड़ी बोली दिल्ली व आगरे के अलावा दूसरे शहरों में फैली और हिन्दुस्तानी जाति का गठन हुआ। दूसरी ओर फारसी के राजभाषा होने से खड़ी बोली को जातीय भाषा के रूप में उभरने का अवसर न मिला, दिल्ली से दूर बीजापुर और गोलकुंडा में वह साहित्य का माध्यम बनी। दक्खिन के राजाओं ने उसे राजभाषा बनाया लेकिन अपने इस अधिकार से वह अपने जन्मस्थान दिल्ली में ही वंचित रही।'' (वही, पृ. 300-301)

चौदहवीं सदी में दक्षिण में जो बहमनी राज्य स्थापित हुआ था, वहाँ के मुसलमानों की भाषा हिन्दी थी। अगर प्रारम्भिक दकनी को उर्दू कहा जाए जैसा कि अनेक उर्दू लेखक कहते हैं, तो भी इस उर्दू से बाद की उर्दू भिन्न है। दकनी और उर्दू दिल्ली-लखनऊ की उर्दू का सबसे बड़ा अन्तर यह है कि जहाँ पहले की उर्दू में ईरानी प्रभाव कम है, वहाँ बाद की उर्दू फारसी से भरी पड़ी है। ''दकनी में फारसीयत कम से कम है। गेसूदराज (1942 ई. के आसपास गोलकुंडा में आकर वहीं रह जानेवाले विद्वान) के तीन सौ साल बाद की उर्दू में यह फारसीयत कसरत से है।'' (वही, पृ. 291) गेसूदराज अपने अनुयायियों को हिन्दी में उपदेश देते थे। ''यदि मुसलमानों की सामान्य भाषा फारसी होती तो गेसूदराज और मीरान जी (सूफी मत के प्रचारक) के लिए यह जरूरी न होता कि वे अपने अनुयायियों को हिन्दी में उपदेश दें। न यह हिन्दी 'मेल-जोल' के फलस्वरूप बनी हुई भाषा थी जिसमें फारसी अरबी शब्दावली

की बहुतायत हो।'' (वही) दिल्ली और उत्तर भारत के हिन्दीभाषी क्षेत्रों में और दक्षिण में जो हिन्दी बोली जाती थी, उसमें फारसी शब्दावली की बहुलता नहीं थी। शब्द भंडार की दृष्टि से दकनी हिन्दी ब्रज और अवधी के समीप थी। पहले के उर्दू शायर फारसी के रंग में उतने नहीं रंगे थे, जितने बाद के उर्दू शायर। उर्दू हिन्दी का ही एक रूप है, जो 18वीं सदी के पहले दिल्ली में विकसित नहीं हुई थी।

रामविलास शर्मा ने दो प्रकार की उर्दू की चर्चा की है। अठारहवीं सदी से पहले की उर्दू और अठारहवीं सदी तथा उसके बाद की उर्दू। पहले की उर्दू हिन्दी शब्दों से परहेज नहीं रखती थी। ''यह पहले की उर्दू ब्रज, अवधी आदि से उस तरह दूर न थी जिस तरह 18वीं सदी और आज की उर्दू दूर है। इसलिए स्पष्टता के लिए इस पहले की उर्दू को उर्दू न कहकर हिन्दी ही कहना चाहिए जैसे कि उसके लेखक भी उसे कहते थे। हिन्दी से भिन्न खड़ी बोली, अवधी और ब्रज के सामान्य शब्द-भंडार को छोड़ने वाली-उर्दू की विशेषता है—मतरूकात।'' (वही, पृ. 294)

'मतरूकात' का सिद्धान्त हिन्दी उर्दू के अलगाव का प्रमुख कारण बना। यह सिद्धान्त भाषा में हिन्दीपन के बदले फारसीपन को ज्यादा अहमियत देता था। हिन्दी जाति का गठन इसके बहुत पहले हो चुका था और यह गठन हिन्दी जाति के द्वारा हुआ। हिन्दी भाषा को साहित्यिक रूप हिन्दुओं और मुसलमानों दोनों ने ही प्रदान किया। अंग्रेज व्यापारियों ने अपनी सुविधा के लिए खड़ी बोली सीखी थी। रामविलास शर्मा ने कई उदाहरणों से यह सिद्ध किया है कि हिन्दी भाषा के द्वारा हिन्दी जाति का गठन अठारहवीं सदी के बहुत पहले हो चुका था। हिन्दी भाषा अस्तित्व में आ चुकी थी और बारहवीं-तेरहवीं सदी से ही उसका व्यवहार होने लगा था। उर्दू का जन्म हिन्दी से हुआ। हिन्दी और उर्दू अठारहवीं सदी के बाद दो भाषाएँ मानी गईं। बोलचाल की हिन्दी के आधार पर ही भारतेन्दु हरिश्चन्द्र और बालकृष्ण भट्ट ने हिन्दी गद्य का विकास किया। आज का हिन्दी गद्य बोलचाल की हिन्दी से कोसों दूर है। हिन्दी के अनेक लेखकों ने जिस गद्य की सृष्टि की है वह अपनी जड़ों से विच्छिन्न है। हिन्दीभाषी जनता अगर ऐसे हिन्दी लेखकों और कवियों से अलग है, तो इसके कसूरवार हिन्दी लेखक हैं, न कि हिन्दीभाषी जनता।

हिन्दी-उर्दू के अलगाव का मुख्य कारण 'मतरूकात' है। जिन उर्दू कवियों ने अपने शब्द-भंडार को जनपदों की बोलियों से समृद्ध किया, उसे जनता ने सर-आँखों लिया। नजीर अकबराबादी उर्दू कवियों में इसके सबसे बेहतरीन उदाहरण हैं।

हिन्दी और उर्दू के अलगाव का एक अन्य मुख्य कारण इन दोनों की दो लिपियाँ हैं। ईरानी संस्कृति के प्रभाव के कारण हिन्दी प्रदेश में एक अन्य लिपि का व्यवहार हुआ। फारसी भाषा की तरह फारसी लिपि को भी मुगल सामन्तों ने महत्त्व दिया। यह आवश्यक नहीं है कि लिपि के साथ भाषा के भी दो साहित्यिक रूप हों। रामविलास शर्मा ने अली सरदार जाफरी के इस मत का खंडन किया है कि दो

लिपियों का चलन उत्तर भारत में इसलिए अनिवार्य था कि यहाँ दो क्रान्तिकारी सांस्कृतिक आन्दोलन हुए थे—हिन्दुओं में भक्ति आन्दोलन और मुसलमानों में सूफी आन्दोलन। अली सरदार जाफरी ने अपने ये विचार 1953 के 'इंडियन लिटरेचर' (संख्या 1) में प्रकट किए थे। रामविलास शर्मा ने इस धारणा का खंडन यह कहकर किया कि ऐसी स्थिति में "बंगाल में दो तरह की बंगला और दो तरह की लिपियाँ, महाराष्ट्र में दो प्रकार की लिपियाँ और दो तरह की साहित्यिक भाषाएँ प्रचलित होनी चाहिए थीं।" (वही, पृ. 303) हिन्दी जाति में हिन्दू और मुसलमान दोनों हैं। हिन्दी और उर्दू अंग्रेजों के आगमन के पूर्व भिन्न भाषाएँ नहीं थीं। हिन्दू और मुसलमान दो धर्मों को मानते हैं, पर उनकी एक ही जाति है हिन्दी जाति। अंग्रेजों के आगमन के पहले दोनों हिन्दी जाति के अंग थे और दोनों की भाषा एक ही थी। गिल क्राइस्ट ने 1798 में अपनी पुस्तक 'दि ओरियंटल लिंग्विस्ट, एन ईजी एंड फैमीलियर इंट्रोडक्शन टु द पॉपुलर लैंग्वेज ऑव हिन्दुस्तान' में धर्म के आधार पर भाषा का विभाजन किया। "जो एक सांस्कृतिक भेदभाव की बात थी, उसे गिल क्राइस्ट ने बढ़ा-चढ़ाकर धार्मिक भेदभाव की बात बना दिया। अवध, ब्रज, बुंदेलखंड, भोजपुरी जनपदों आदि के गाँवों में हिन्दू और मुसलमान अपने-अपने यहाँ की भाषाएँ बोलते हैं, धर्म के कारण उनमें कहीं भी अलगाव नहीं है, इस बात को उन्होंने बिल्कुल भुला दिया।" (वही, पृ. 317) इसके बाद का इतिहास अंग्रेजों द्वारा हिन्दी-उर्दू समस्या को और अधिक उभारने का इतिहास है। भारतेन्दु हरिश्चन्द्र, बालकृष्ण भट्ट, प्रेमचन्द आदि लेखक हिन्दी-उर्दू को सदैव एक ही भाषा के दो रूप मानते रहे।

हिन्दी और उर्दू के बीच केवल दो भेद हैं—लिपि-भेद और शब्द-भंडार का भेद। रामविलास जी लिपि-भेद को 'बुनियादी भेद' नहीं मानते क्योंकि लिपि का सम्बन्ध बोलने से न होकर लिखने से है। लिखित रूप की तुलना में बोलचाल का रूप अधिक महत्त्वपूर्ण है। जहाँ तक शब्द-भंडार के भेद का प्रश्न है—"यह भेद साधारण लोगों की बोलचाल में बिल्कुल नहीं है, पढ़े-लिखे लोगों में बहुत थोड़ा है और भाषा के लिखित रूपों में बहुत ज्यादा है।" (वही, पृ. 331)

जिस प्रकार हिन्दी से उसकी बोलियों का अलगाव जातीय एकता और विकास में बाधक है, उसी प्रकार हिन्दी जाति की एकता और उसके विकास में हिन्दी-उर्दू का अलगाव भी बहुत अधिक नुकसानदेह है। इसका फल हिन्दी जाति को भोगना पड़ा है। इस अलगाव के कारण हिन्दी जाति की शक्ति बिखर गई है। इसे बिखराने में और हिन्दी जाति को शक्तिहीन करने में राजनीतिक दलों का कम 'योगदान' नहीं है। हिन्दी प्रदेश के हिन्दू और मुसलमान हिन्दी जाति के हैं। धर्म के आधार पर भाषा-भेद उत्पन्न करके हिन्दी जाति की एकता को खंडित करनेवाले केवल अंग्रेज ही नहीं थे। उनके पद-चिह्नों पर चलनेवाले हिन्दी जाति की एकता के विरोधी हैं। हिन्दी जाति की एकता से किसानों और मजदूरों के बीच एकता कायम होगी और

साम्राज्यवादी तथा सामन्ती शक्तियाँ कमजोर होंगी। साधारण जनता की भाषा एक है। भारत के प्रत्येक जातीय प्रदेश की भाषा और लिपि एक है, पर हिन्दी प्रदेश में दो लिपियाँ और दो भाषाएँ हैं। हिन्दी और उर्दू लेखकों के बीच आज पहले जैसी एकता नहीं है। हिन्दी के लेखकों की चिन्ताएँ सिमट गई हैं। उनकी चिन्ताओं में हिन्दी जाति नहीं है। स्वाभाविक है कि उनका लेखन मध्यवर्गीय दायरे में सिमटता चला जाए। हिन्दी प्रदेश में वामपन्थी शक्तियाँ कमजोर हुई हैं और दक्षिणपन्थी हावी हुए हैं। केवल एक-डेढ़ दशक में भाजपा ने हिन्दी प्रदेश को अपना गढ़ बना लिया और उसी के शासनकाल में हिन्दी प्रदेश का विभाजन हुआ है।

हिन्दी के लेखक और विचारक हिन्दी प्रदेश के इस विभाजन को लेकर बहुत चिन्तित नहीं हैं। वे अपने-अपने इलाकों में प्रसन्न हैं। उन्हें पुरस्कृत और सम्मानित होने की चिन्ता है। हिन्दी लेखकों की सीमित चिन्ता स्वयं उनके लिए भी घातक है। उन्होंने हिन्दीभाषी जनता से, उसकी समस्याओं और आपदाओं से मुँह फेर लिया है। हिन्दी जाति की इन्हें नहीं के बराबर चिन्ता रही है।

हिन्दी जाति में प्रतिरोधात्मक शक्ति थी और है। इस प्रतिरोधात्मक शक्ति को बढ़ाना लेखकीय दायित्व भी है। असहमति, विरोध-प्रतिरोध, संघर्ष और क्रान्ति के विविध चरणों में आज असहमत होना भी कठिन है। क्रान्ति की बातें करनेवाले आज डटकर विरोध भी नहीं कर रहे हैं। राज्य की सारी कोशिशें प्रतिरोधी केन्द्रों को समाप्त करने और उसे कमजोर करने की हैं। हिन्दी लेखकों में बहुत कम को हिन्दी प्रदेश के टूटने का दर्द और क्रोध है। शम्भुनाथ ने 'अन्ततः टूट गए हिन्दी प्रदेश' (जनसत्ता, 17 अगस्त, 2000) में लिखा है—"हिन्दी जातीयता सैकड़ों वर्षों से एक मिश्रणशील और उदार जातीयता है। लेकिन अब अनुदारवाद ही विकास का चिह्न है। इस नए परिदृश्य में मनुष्य की अवधारणा का अन्त हो जाता है और अन्ध-धार्मिक/जातीय/नस्लवादी अवधारणा का पुनरारम्भ होता है।"

पूरे विश्व में हिन्दी जाति सबसे बड़ी जाति है। हिन्दी प्रदेश को अनेक टुकड़ों में विभाजित करना राष्ट्रीय एकता को कमजोर करना है। भारत का कुल क्षेत्रफल 32,87,263 वर्ग किलो मीटर है। हिन्दी प्रदेश का क्षेत्रफल 13,55,401 वर्ग किलोमीटर (चंडीगढ़ को छोड़कर) है जो भारत के कुल क्षेत्रफल का 41. 23 प्रतिशत है। भारत की कुल जनसंख्या की 44 प्रतिशत जनता हिन्दी-भाषी है। हिन्दी जाति की एकता बहुत बड़ी शक्ति है। इस शक्ति से साम्राज्यवादी शक्तियों को, सामन्तों को और राष्ट्रद्रोहियों को भय है। छोटे राज्यों को विकास के लिए उत्प्रेरक माननेवाले भ्रष्टाचार पर अंकुश लगाने की बात नहीं करते हैं, राजनेताओं और अपराधियों के गठजोड़ को समाप्त करने की चिन्ता नहीं करते हैं और स्वतंत्र भारत में जिन लुटेरों ने विदेशी बैंकों में रुपए जमा कर रखे हैं, उन्हें देश में लाने और लुटेरों को सजा देने में चुप रहते हैं। छोटे राज्यों के गठन से देश की तरक्की नहीं हो सकती है। वह भ्रष्टाचारियों,

लुटेरों, अपराधियों और माफियाओं को सजा देकर हो सकती है, विदेशी पूँजी को रोककर तथा स्वदेशी आन्दोलन खड़ा करके हो सकती है।

हार्वर्ड विश्वविद्यालय के शासन-विभाग के सहायक प्रोफेसर देवेश कपूर (डज इंडिया नीड मोर स्टेट्स, हिन्दू 21 अगस्त, 2000) से लेकर चौधरी चरणसिंह के सुपुत्र अजित सिंह (राष्ट्रीय लोकदल के अध्यक्ष) तथा अन्य भारतीय राजनेता, छोटे राज्यों के पक्ष में हैं। अजित सिंह पश्चिमी उत्तर प्रदेश के तेईस जिलों को मिला कर हरित प्रदेश बनाने की माँग कर रहे हैं। उत्तर प्रदेश में पूर्वांचल और बुन्देलखंड राज्य की माँग उठ रही है। बिहार में मिथिलांचल की माँग की जा रही है। हिन्दी प्रदेश के विभाजन से किसका हित होगा? जिस समय अमरीकी साम्राज्यवाद इस देश को अपनी गिरफ्त में कस रहा है, उसी समय हिन्दी प्रदेश को विभाजित किया जा रहा है। अमरीकी साम्राज्यवाद और उसके भारतीय अनुचर हिन्दी प्रदेश की एकता से भय खाते हैं। रामविलास शर्मा ने हिन्दी जाति की एकता की बात बार-बार इसलिए की कि हिन्दी जाति का अपना गौरवशाली इतिहास है। यही जाति एक होकर साम्राज्यवाद से मुकाबला कर सकती है। जनवादी क्रान्ति की दिशा में आगे बढ़ सकती है। उन्होंने प्रत्येक कला के जातीय स्वरूप की चर्चा कर हिन्दुस्तानी संगीत और हिन्दुस्तानी स्थापत्य के महत्त्व पर भी विस्तार के साथ विचार किया। हिन्दी जाति के अस्तित्व, उसके ऐतिहासिक विकास और उसकी एकता की अनिवार्यता की बात उन्होंने सदैव कही और इसके लिए अनेक उदाहरण और अकाट्य तर्क प्रस्तुत किए। 1949 से 1999 तक के पचास वर्ष में भारत के सभी राजनैतिक दलों ने अपना चरित्र बदला, हिन्दी के लेखकों और बौद्धिकों ने हिन्दी जाति की चिन्ता नहीं की, कई संस्थान जन्मे और मिट गए, स्वतंत्र भारत उदारीकरण की नीति के कारण गुलामी के नए दौर में बिना किसी प्रतिरोध के फँसता चला जा रहा है, पर अन्तिम समय तक रामविलास शर्मा ने हिन्दी जाति की एकता की बात कही है। "संख्या में हिन्दी जाति भारत की सबसे बड़ी जाति है। निर्धनता और निरक्षरता के कारण वह इस समय अत्यन्त निर्बल और पिछड़ी हुई है। इस स्थिति को बदलने के लिए सबसे पहले देशी-विदेशी पूँजी के गठबन्धन को तोड़ना आवश्यक है। इस गठबन्धन के समर्थक जिन राजनीतिज्ञों के हाथ में देश की बागडोर है, उनके हाथों से यह बागडोर छीन लेनी है। जाति-बिरादरी के भेदभाव हिन्दू-मुसलमान के साम्प्रदायिक भेदभाव दूर करके हिन्दी जाति को आन्तरिक रूप से एकताबद्ध करके ही हम अपनी भाषा और साहित्य का विकास कर सकते हैं।" (भारतीय संस्कृति और हिन्दी प्रदेश, खंड-2, पृ. 607)

(2000)

रामविलास शर्मा का महत्त्व

रामविलास शर्मा (10.10.1912–30.05.2000) बीसवीं सदी के महान मार्क्सवादी आलोचक और विचारक, संस्कृति समीक्षक, हिन्दी आलोचना के शिखर पुरुष और हिन्दी जाति के रत्न हैं। वे एक साथ साहित्य समीक्षक, सभ्यता समीक्षक और संस्कृति समीक्षक हैं। सम्भवत: विश्व की किसी भी भाषा में बीसवीं सदी में कोई ऐसा दूसरा आलोचक और विचारक नहीं है, जिसने अपने जातीय समाज, जातीय भाषा और जातीय साहित्य के सम्बन्ध में एक साथ क्रान्तिकारी स्थापनाएँ प्रस्तुत की हों।

ऋग्वेद सम्बन्धी उनके विचार और विश्लेषण का विशेष महत्त्व है क्योंकि आज का समय भारतीय राजनीति में दक्षिणपन्थी पार्टी भाजपा के प्रसार और विस्तार का है। भारतीय संस्कृति की इस पार्टी द्वारा की जानेवाली व्याख्या विकृत और गलत है। भारतीय परम्परा को हिन्दू परम्परा सिद्ध करने के लिए राष्ट्रीय स्वयंसेवक संघ ने कोई कसर नहीं छोड़ी है। यह ध्यान देना चाहिए कि नौवीं लोकसभा (1989) के चुनाव में भाजपा एक प्रमुख राजनीतिक पार्टी बनी और ऋग्वेद सम्बन्धी रामविलास जी की पुस्तकें उसके बाद की हैं। 'पश्चिमी एशिया और ऋग्वेद' (1994) के बाद 'भारतीय नवजागरण और यूरोप' (1996) और 'भारतीय संस्कृति और हिन्दी प्रदेश खंड-1' (1999) में उन्होंने ऋग्वेद तथा वैदिक समाज पर विस्तृत रूप से मौलिक विचार किया है। उनके जीवन काल में प्रकाशित अन्तिम लेख 'वैदिक कवियों का सौन्दर्य बोध' (कला प्रयोजन 16–17) है।

राष्ट्रीय स्वयंसेवक संघ तथा विश्व हिन्दू परिषद् द्वारा भारतीय संस्कृति की की गई व्याख्या और रामविलास शर्मा द्वारा की जानेवाली व्याख्या क्या एक है? ऋग्वेद संसार का प्राचीनतम ग्रन्थ है और "भारत के रूढ़िवादी और पश्चिमी देशों के वैज्ञानिक विचारक, दोनों ही यह मानते हैं कि ऋग्वेद ब्राह्मण पुरोहितों की रचना है। वह कर्मकांड का ग्रन्थ है।" (भारतीय संस्कृति और हिन्दी प्रदेश; 1999, खंड-1 की भूमिका, पृ. 5) रामविलास शर्मा ने इस धारणा का खंडन किया है और उसे 'पहले से चली आती एक दीर्घकालीन भाषिक, दार्शनिक साहित्यिक परम्परा की कड़ी' (भारतीय नवजागरण और यूरोप, 1996 की प्रस्तावना, पृ. 20) माना है।

ऋग्वेद और उपनिषद् दार्शनिक काव्य हैं, पर भारतीय पुरोहितों ने इन्हें धर्मशास्त्र बना दिया है। पाश्चात्य विद्वानों में भी इन दार्शनिक काव्यों को धर्मशास्त्र माननेवालों की संख्या अधिक है। 'दुर्भाग्य से भारत के अनेक मार्क्सवादी विवेचक ऋग्वेद को तो अपनी विचार परिधि के बाहर रखते ही हैं, उपनिषदों में भी वे भाववाद के अतिरिक्त और कुछ नहीं देखते।' (वही, पृ. 21)

रामविलास जी ने उदाहरणों से यह सिद्ध किया है कि ऋग्वेद में इहलोकवाद की प्रतिष्ठा है, वह 'देवकथाओं के विकास के बाद की रचना' (वही, पृ. 26) है और 'एकं सद्विप्रा बहुधा वदंति' उक्ति बहुदेवोपासना का प्रबल खंडन है।' (वही) 'ऋग्वेद के कवि भारतीय दर्शन के आदि संस्थापक हैं। उनका चिन्तन द्वंद्ववादी है।' (वही, पृ. 29) ऋग्वेद के कवियों में जिज्ञासा है। जिज्ञासा का यह भाव रामविलास जी केवल दसवें मंडल के एक सौ उनतीसवें सूक्त में नहीं देखते। ऋग्वेद के अनेक सूक्तों में यह जिज्ञासा भाव व्यक्त है। ''प्रश्न करना मानो ऋग्वेद के कवियों का स्वभाव है। वे संसार में जो कुछ देखते सुनते हैं; जो कुछ मन में सोचते हैं, सबके बारे में कहीं न कहीं प्रश्न करते हैं।'' (वही, पृ. 31) धर्मशास्त्रियों के लिए विश्वास और अलौकिक ज्ञान प्रमुख है। चिन्तन के विकास के साथ सामाजिक विकास में भी यह बाधक है। धर्मशास्त्रियों द्वारा ज्ञान की प्रस्तुत की गई व्याख्या पूर्ण होती है और वैज्ञानिक दृष्टिकोण के अनुसार ज्ञान निरन्तर विकसित होता है। वह एक 'विकासमान प्रक्रिया' है। 'ऋग्वेद की यह अद्वितीय विशेषता है कि मानव चिन्तन की प्राचीनतम अवस्था में हम वहाँ दर्शन और विज्ञान का जन्म होते और उन्हें विकसित होते देख सकते हैं।' (वही, पृ. 30)

ऋग्वेद के कवियों के प्रश्नों का सम्बन्ध खगोल और भौतिकी से भी है। वहाँ प्रश्न और सन्देह हैं, जिनके बिना ज्ञान का विकास नहीं होता। ऋग्वेद के कवि भविष्यवक्ता नहीं हैं। वे प्रश्नकर्ता हैं, जिज्ञासु और शंकालु हैं। सांख्य में जो आकाश आदि तत्त्व है, उसके मूल तत्त्व ऋग्वेद में विद्यमान हैं और आइंस्टाइन का कथन है कि ''सामान्य सापेक्षता के अनुसार आकाश स्पेस (Space) की ऐसी धारणा का कोई अस्तित्व नहीं है, जो किसी भौतिक विषयवस्तु से पृथक् हो।'' (वही, पृ. 43 पर उद्धृत)।

रामविलास जी ने ऋग्वेद के वस्तुपरक और वैज्ञानिक अध्ययन से यह प्रमाणित किया है कि वह कर्मकांड का ग्रन्थ नहीं है। ऋग्वेद के अध्ययन पर प्रश्न और आपत्ति खड़ी करनेवाले विद्वान इस ग्रन्थ को सदैव के लिए कर्मकांडियों के हवाले कर देना चाहते हैं। रामविलास शर्मा ऋग्वेद के गम्भीर अध्ययन के बाद ही इस निष्कर्ष पर पहुँचते हैं—''ऋग्वेद का समाज आदिम साम्यवादी समाज नहीं है, वह इस व्यवस्था से बाहर निकल आया है। व्यक्तिगत सम्पत्ति यहाँ दृढ़ता से स्थापित है। समाज में सम्पत्ति भेद पैदा हो गया है। वर्ग निर्मित हो रहे हैं पर वे अभी पूरी तरह

स्थापित नहीं हुए। यह किसानों और कारीगरों का तंत्र है, न तो बड़े पैमाने पर भूमि का केन्द्रीकरण हुआ है, न बड़े पैमाने पर व्यापारियों के यहाँ वित्त का केन्द्रीकरण हुआ है, इसलिए किसान और कारीगर कुल मिला कर अपने श्रम फल के स्वामी हैं। ऋग्वेद में जो जीवन्त आशावाद दिखाई देता है, उसका आर्थिक आधार यही है।'' (भारतीय संस्कृति और हिन्दी प्रदेश, खंड 1 की भूमिका, पृ. 10)

ऋग्वैदिक समाज कबीलाई समाज नहीं है। आदिम साम्यवाद में व्यक्तिगत सम्पत्ति नहीं होती, पर ऋग्वेद में व्यक्तिगत सम्पत्ति या कुटुम्ब सम्पत्ति है। व्यक्तिगत या कुटुम्ब सम्पत्ति विकसित सामाजिक अवस्था में होती है। ऋग्वैदिक समाज गण सम्पत्ति वाले समाज के बाद का विकसित समाज है। ''गण सम्पत्ति वाले समाज की विशेषता है सामूहिक श्रम, व्यक्तिगत सम्पत्ति वाले समाज की विशेषता है कुटुम्बगत श्रम।'' (भारतीय नवजागरण और यूरोप, पृ. 95) ऋग्वैदिक समाज में श्रम का विशेषीकरण है। खेती का काम जो लोग करते हैं, वे कारीगरी का काम नहीं करते। 'भारतीय संस्कृति और हिन्दी प्रदेश खंड-1' का पहला अध्याय 'ऋग्वेद : श्रम और संस्कृति' है। ऋग्वेद में 'इन्द्र' और 'अग्नि' दो महत्त्वपूर्ण देव हैं, जिनका उल्लेख सर्वाधिक है। रामविलास जी के अनुसार, ''इन्द्र का सम्बन्ध यदि कृषि से है तो अग्नि का सम्बन्ध उद्योग-धंधों के विकास से है।'' (भारतीय संस्कृति और हिन्दी प्रदेश, खंड-1, पृ. 30) ऋग्वेद में जिन कारीगरों का उल्लेख है, वे कुशल हैं। वे सुई से लेकर कुल्हाड़ी और फरसा बनानेवाले हैं। 'ऋग्वेद के रचनाकाल में उद्योग-धंधों का विकास कृषि तंत्र की आवश्यकताएँ पूरी करने के लिए हुआ और स्वतंत्र रूप से भी हुआ।' (वही)

अस्त्र-शस्त्रों का निर्माण धातु उद्योग के विकास के बिना असम्भव है। केवल अस्त्र ही नहीं, शिरस्त्राण और कवचादि का उस समय निर्माण शरीर की रक्षा के लिए होता था। रामविलास जी ने विश्पला नामक महिला का उल्लेख किया है, जिनका एक पैर युद्ध करते हुए कट गया था। अश्विनी देवों ने उनके कटे हुए पैरों के स्थान पर लोहे की जाँघ लगा दी—''इससे धातु उद्योग कितना विकास कर चुका था, इसका अनुमान होता है। सम्भवतः संसार में पहली बार किसी अंग की जगह धातु का बना हुआ कृत्रिम अंग वैदिक काल में लगाया गया था।'' (वही, पृ. 33)

ऋग्वेद के वस्तुपरक और वैज्ञानिक अध्ययन से जो निष्कर्ष निकलते हैं, वे हमारे लिए सहज ग्राह्य इसलिए नहीं हो पाते कि हमारे मानस में वैदिक युग और समाज के प्रति पुरोहितों तथा रूढ़िवादियों द्वारा स्थिर कर दिए गए विचार हैं। इन्हें वस्तुपरक दृष्टि और वैज्ञानिक सोच से ही समाप्त किया जा सकता है।

रामविलास शर्मा का समस्त लेखन साम्राज्यवाद के खिलाफ है। उन्होंने ब्रिटिश साम्राज्यवाद और अमरीकी साम्राज्यवाद का सदैव विरोध किया। स्वतंत्र भारत में वे

निरन्तर अमरीकी साम्राज्यवाद के कारनामों और षड्यंत्रों से सावधान करते रहे तथा ब्रिटिश साम्राज्यवाद ने भारतीय इतिहास, पुरातत्त्व और भारतीय आर्य भाषाओं के सम्बन्ध में जिन मान्यताओं को जन्म दिया और उसका प्रसार किया, उसे उन्होंने ध्वस्त किया। भारत पर आर्यों के आक्रमण के सिद्धान्त पर इतिहासकारों में लम्बे समय से बहस छिड़ी हुई है। आज भी ऐसे इतिहासकार कम नहीं हैं, जो आर्यों के आक्रमण सिद्धान्त में विश्वास रखते हैं। प्राचीन भारत के इतिहास का यह सिद्धान्त गहरे रूप से जड़ जमाए हुए हैं। "भारत पर आर्यों का 'आक्रमण'—इस मान्यता का जन्म और प्रचार एशिया में साम्राज्यवाद के विस्तार से जुड़ा हुआ है। विस्तार के समय इस मान्यता का लक्ष्य आर्यों को द्रविड़ों से अलग करना है, ह्रास के समय उत्तर पश्चिमी भारत को शेष भारत से अलग करना है।" (पश्चिमी एशिया और ऋग्वेद, प्रस्तावना, पृ. 16)

'पश्चिमी एशिया और ऋग्वेद' (1994) से बहुत पहले 'भाषा और समाज' (1991) तथा 'भारत के प्राचीन भाषा परिवार और हिन्दी' (1979, 80, 81) में उन्होंने सघोष महाप्राण ध्वनियों का अस्तित्व इंडोयूरोपियन परिवार की शाखाओं में मात्र भारतीय शाखाओं में माना था। 'भाषा और समाज' (1961) के दूसरे अध्याय 'भाषा की ध्वनि प्रकृति' में यूरोप और उत्तर भारत की भाषाओं में सघोष महाप्राण ध्वनियों के भेद को एक महत्त्वपूर्ण भेद माना गया था। (पृ. 94) 'भारत के प्राचीन भाषा परिवार और हिन्दी खंड-1' (1974) में 'सघोष महाप्राण ध्वनियों के केन्द्र' पर, इस पुस्तक के दूसरे खंड में 'इंडोयूरोपियन भाषा परिवार में महाप्राणता और सघोषता' तथा तीसरे खंड में 'सघोष महाप्राण स्पर्श ध्वनियों के मूल केन्द्र' पर विचार किया गया है। "भारत से बाहर इस परिवार (इंडोयूरोपियन भाषा परिवार) की प्राचीन या नवीन किसी भी भाषा में सघोष महाप्राण ध्वनियों का व्यवहार नहीं होता।" (भारत के प्राचीन भाषा परिवार और हिन्दी, खंड-2, पृ. 28)

रामविलास जी ने आर्यों के आक्रमण सिद्धान्त को भाषाशास्त्रीय दृष्टि और पुरातात्विक आधार पर समाप्त किया। इतिहास की पुरानी समस्याएँ वर्तमान युग में भारत जैसे देश में कभी असम्बद्ध नहीं रही हैं। इसलिए ऋग्वेद, उपनिषद् तथा हड़प्पा सभ्यता पर उन्होंने विचार जरूरी समझा। तब और भी, जब भारतीय इतिहास को विकृत और विरूपित करने का एक लम्बा इतिहास है। आज के दौर में यह नए सिरे से जारी है।

इतिहासकारों और पुरातत्त्वज्ञों ने ऋग्वेद का समय सिन्धु सभ्यता और आर्यों के आक्रमण के बाद का माना। भारत के प्राचीन इतिहास के सम्बन्ध में यह मत बहुप्रचारित है कि आर्यों ने सिन्धु सभ्यता को नष्ट किया और वैदिक युग उसके बाद का युग है। सिन्धु सभ्यता को सुमेरी और बैबिलोनी सभ्यताओं की तुलना में कम विकसित माना जाता रहा है और इसका समय दो हजार ईसा पूर्व से पहले नहीं माना गया।

रामविलास शर्मा ने इन सारी मान्यताओं को निरस्त कर दिया है। उन्होंने ऐतिहासिक भाषा विज्ञान, पुरातत्त्व, पुराण कथाओं और काव्य-ग्रन्थों को आधार बना कर यह स्थापना रखी है कि ''मिस्र से लेकर भारत तक चौथी-तीसरी शताब्दियों ई.पू. में सारा भूखंड एक सांस्कृतिक इकाई है।'' (पश्चिम एशिया और ऋग्वेद, पृ. 18) रामविलास शर्मा भारत के प्राचीन इतिहास की काल विभाजन रेखा सरस्वती को मानते हैं। ''आर्य आक्रमण सिद्धान्तवादियों के लिए उसे लाँघ पाना सम्भव नहीं है।'' (वही) वी.एन. मिश्र ने सर्वप्रथम ''सरस्वती की जलहीनता, हड़प्पा सभ्यता का ह्रास और ऋग्वेद की रचना—इन तीन मुद्दों को एक साथ जोड़ा था।'' (वही, पृ. 141) पर उन्होंने ऋग्वेद से पहले हड़प्पा सभ्यता का अस्तित्व स्वीकारा है। रामविलास जी ने सरस्वती से ऋग्वेद और हड़प्पा सभ्यता को जोड़ने का यह कार्य मुख्य माना है और 'काल सम्बन्धी असंगति के दोष' को गौण कहा है। (वही, पृ. 142)

ऋग्वेद में सरस्वती नदी जल से भरी हुई है। इसकी जलहीनता के कारण हड़प्पा सभ्यता नष्ट हुई। हड़प्पा सभ्यता को रामविलास जी ने 'मूलतः सारस्वत सभ्यता' कहा है। ऋग्वेद के बहुत बाद रचित यजुर्वेद में भी सरस्वती जल से भरी है। इससे यह सिद्ध होता है कि ऋग्वेद (1750 ईसापूर्व) इससे बहुत पहले का है। इसका महत्त्व प्रत्येक दृष्टि से महत्त्वपूर्ण है। ''ऐतिहासिक भाषा विज्ञान, पुरातत्त्व, देवतंत्र, काव्य साहित्य—विद्वान किसी भी क्षेत्र में काम करें उन्हें अन्ततः ऋग्वेद की ओर लौटना पड़ेगा।'' (वही, पृ. 18)

रामविलास शर्मा ने ज्ञान, दर्शन, भारत, यूरोप, मार्क्सवाद, जाति, राष्ट्र, भाषा, कला, साहित्य, संस्कृति से जुड़े अनेक प्रश्नों पर पूरे ब्यौरों के साथ विचार किया है। अगर इन विषयों की सूची बनाई जाए, तो उनकी संख्या विस्मय में डालने वाली होगी। उन्होंने जीवन और समाज से जुड़े सम्भवतः किसी भी प्रश्न को नहीं छोड़ा।

इतिहास सम्बन्धी उनकी पहली पुस्तक 'मानव सभ्यता का विकास' (1956) मार्क्सवाद पर है। इतिहास के सम्बन्ध में मार्क्स और एंगेल्स के विचारों को इस पुस्तक में प्रस्तुत किया गया है। मार्क्स और एंगेल्स के विचारों को रामविलास जी ने यथावत् स्वीकार नहीं कर लिया है। इस पुस्तक में उन्होंने दो बातें मुख्य रूप से कही हैं। अर्थशास्त्र में उत्पादन के साथ विनिमय और वितरण के अध्ययन को पहली बार उन्होंने इसी पुस्तक में आवश्यक माना, जिसका विकास उन्होंने बाद की कृतियों में किया। उनकी प्रायः सभी स्थापनाओं के विचारणीय बिन्दु उनकी आरम्भिक कृतियों में मौजूद हैं। नई सामग्रियों और नए तथ्यों से वे निष्कर्षों को सबल रूप में पुष्ट करते हैं। वे समग्रता में देखने-परखने के बाद निष्कर्ष प्रस्तुत करते हैं। उनकी अध्ययन-पद्धति से उनकी विवेचन-पद्धति जुड़ी हुई है।

एंगेल्स ने विशद अर्थ में (उत्पादन, विनिमय और वितरण) अर्थशास्त्र के निर्माण की बात कही थी। मार्क्स ने इसी विशद अर्थ में अर्थशास्त्र का निर्माण किया

और रामविलास जी ने सामाजिक विकास में उत्पादन से कम महत्त्व विनिमय को नहीं दिया। 'मानव सभ्यता का विकास' की भूमिका में उन्होंने अंग्रेजी राज के पूर्व के सामाजिक विकास के अध्ययन के लिए एंगेल्स द्वारा अर्थशास्त्र के विशद अर्थ में निर्माण की कही गई बात को याद रखना आवश्यक माना। 'भारत में अंग्रेजी राज और मार्क्सवाद' (1982) में सामाजिक विकास के अध्ययन में विनिमय की भूमिका को स्थापित कर भारत में बारहवीं सदी से वे पूँजीवाद का उदय मानते हैं। भारतीय मार्क्सवादी विचारकों और अर्थशास्त्रियों में सम्भवत: वे अकेले व्यक्ति हैं, जिन्होंने व्यापारिक पूँजीवाद को विशेष महत्त्व दिया। व्यापारिक पूँजीवाद सम्बन्धी उनकी स्थापना कई दृष्टियों से महत्त्वपूर्ण है। पुराने सामाजिक ढाँचे को बदलने में तथा पूँजीवादी सम्बन्ध विकसित करने में व्यापारिक पूँजीवाद की मुख्य भूमिका है। इसी प्रकार पहली बार पूर्वोक्त पुस्तक में उन्होंने सामन्तवाद के पहले दास-प्रथा की स्थिति सही नहीं मानी। मार्क्सवाद के अध्ययन से सम्बन्धित विविध समस्याओं पर विचार किया और मार्क्सवाद का विकास किया।

'अर्थशास्त्र की आलोचना' और 'पूँजी' के प्रथम खंड में मार्क्स ने 'एशियाई उत्पादन पद्धति' की बात कही थी। इस प्रथा का सम्बन्ध एशिया से न होकर सम्पूर्ण विश्व से था। 'मार्क्स ने इस प्रथा को एशियाई इसलिए कहा था कि उनके विचार से जर्मन, स्लाव, केल्त आदि कबीले एशिया से यूरोप पहुँचे थे और अपने साथ यह सामूहिक श्रम वाली प्रथा ले आए थे।' (मार्क्स और पिछड़े हुए समाज) रामविलास जी के अनुसार एंगेल्स की 'आदिम साम्यवादी समाज' की धारणा (1888) के बाद उत्पादन की एशियाई पद्धति का कोई अर्थ नहीं बचता था। उत्पादन की एशियाई पद्धति को 'आदिम साम्यवाद' से अलग करके देखना संगत नहीं है। रामविलास जी 'एशियाई पद्धति' की धारणा को 'त्रोत्स्कीवादियों का खास अस्त्र' मानते हैं, जिसका उपयोग वे भारत पर साम्राज्यवादी प्रभुत्व को जायज ठहराने के लिए करते हैं। (वही, पृ. 467)

रामविलास शर्मा ने यांत्रिक भौतिकवाद का सर्वत्र खंडन किया है। यांत्रिक भौतिकवादी अधिरचना को आर्थिक बुनियाद का प्रतिबिम्ब मात्र मानते हैं। उनके अनुसार आर्थिक बुनियाद अधिरचना से प्रभावित नहीं होती है। यूरोकम्युनिज्म के सिद्धान्तकारों से पहले उन्होंने 'सर्वहारा के अधिनायकत्व' का खंडन किया। हेगल का भाववाद उनकी दृष्टि में 'यांत्रिक भौतिकवाद का दोस्त' (वही, पृ. 250) है। 'मार्क्स और पिछड़े हुए समाज' के पाँचवें अध्याय में हेगल के इतिहास सम्बन्धी विवेचन पर विचार किया गया है। मार्क्स के इतिहास-विवेचन और हेगल के इतिहास-विवेचन में अन्तर है। ''मार्क्स का इतिहास-विवेचन यदि ऐतिहासिक भौतिकवाद है तो हेगल का इतिहास-विवेचन ऐतिहासिक भाववाद है; मार्क्स का विवेचन यदि अनेकान्तवादी (अथवा द्वंद्ववादी) है तो हेगल का विवेचन एकांतवादी

(अथवा मेटाफिजिकल) है। कुछ स्थापनाओं में समानता के बावजूद दोनों के विवेचन में जमीन-आसमान का अन्तर है।'' (वही, पृ. 249)

रामविलास शर्मा का इतिहास-विवेचन ऐतिहासिक भौतिकवाद और द्वंद्ववाद से जुड़ा है। जब तक समग्रता में उनका अध्ययन नहीं होता, उनके वास्तविक महत्त्व को समझा नहीं जा सकता। ज्ञान-विज्ञान के नए अनुसन्धानों का सार्थक और समुचित उपयोग कर उन्होंने मार्क्सवाद का विकास किया है। रामविलास जी ने अनेक स्थलों पर मार्क्स की आलोचना की है। मार्क्स के अन्धभक्तों ने इसके लिए रामविलास जी की कम आलोचना नहीं की।'' 'भारत में अंग्रेजी राज और मार्क्सवाद' के प्रकाशित होने के बाद बहुत से लोग कहने लगे, मैं मार्क्सवाद का विरोधी हो गया हूँ। सी.पी.आई. के अन्दर उससे भी ज्यादा सी.पी.एम. के अन्दर बहुत से लोग मुझसे नाराज थे, लेकिन रणदिवे की प्रतिक्रिया इससे बिलकुल भिन्न थी।'' (अपनी धरती अपने लोग, खंड-2, 1996, पृ. 21) इसके पहले 'मानव सभ्यता का विकास' के पाँचवें अध्याय 'सामन्ती व्यवस्था' में उन्होंने मार्क्स की स्थापना से अधिक मार्क्स की विश्लेषण-पद्धति पर ध्यान देने की बात कही थी, ''मार्क्स की विश्लेषण-पद्धति पर ध्यान देना ज्यादा जरूरी है, उनकी हर स्थापना को अपरिवर्तनशील मान कर चलना जरूरी नहीं है।'' (तृतीय संस्करण, पृ. 91) इसके आगे उन्होंने यह लिखा—'यदि मार्क्स की पद्धति को न समझ कर उनके शब्दों को मंत्र की तरह जपा जाए तो परिवार और सम्पत्ति के उद्‌भव के सम्बन्ध में एंगेल्स की पुस्तक को गलत मानना चाहिए और 'पूँजी' में दी हुई मार्क्स की स्थापना को सही मानना चाहिए। या यह सिद्ध करना चाहिए कि दोनों ही सही हैं।'' 'पूँजी' के पहले खंड में मार्क्स ने परिवार से कबीले का विकास माना था। यह धारणा गलत थी। एंगेल्स ने 'पूँजी' के तीसरे संस्करण में पाद टिप्पणी जोड़कर यह बताया कि कबीला परिवार की विकसित अवस्था नहीं है। (वही, पृ. 92) मार्क्स के शब्दों का मंत्र-जाप करनेवाले मार्क्सवादियों ने रामविलास जी को संशोधनवादी इसलिए भी कहा कि उन्होंने मार्क्सवाद की अनेक सैद्धान्तिक स्थापनाओं और मान्यताओं का खंडन किया था। रामविलास जी ने स्थापनाओं से अधिक महत्त्व विश्लेषण-पद्धति को दिया। वैज्ञानिक विश्लेषण-पद्धति से हम मत स्थिर करते हैं। स्थापनाएँ नए तथ्यों, अनुभवों और विचारों से परिवर्तित होती रहती हैं, पर वैज्ञानिक विश्लेषण-पद्धति का कभी परित्याग नहीं किया जा सकता। मार्क्स और एंगेल्स के अनेक विचार बाद में बदले, लेकिन उनकी वैज्ञानिक विश्लेषण-पद्धति कायम रही। रामविलास जी ने वैज्ञानिक विश्लेषण-पद्धति से ही कई स्थापनाएँ रखीं। आरम्भ से अन्त तक उनकी विश्लेषण-पद्धति विकसित होती रही है।

रामविलास शर्मा ने समय-समय पर मार्क्स से असहमतियाँ प्रकट की हैं। यह असहमति पहले 'मानव सभ्यता का विकास' में प्रकट हुई। मार्क्स और एंगेल्स ने भारत में भूमि

पर व्यक्तिगत स्वामित्व के न होने की बात कही थी। मार्क्स और एंगेल्स की इस स्थापना को आँख मूँदकर स्वीकार लेने का क्या परिणाम निकलता। जाहिर है वह परिणाम नहीं निकलता, जो रामविलास जी ने बाद के वर्षों में गहरे ऐतिहासिक अध्ययन और चिन्तन-मनन से निकाला। "इस प्रश्न पर कि भारत में भू-सम्पत्ति थी या नहीं मार्क्स या एंगेल्स की किसी स्थापना को आँख मूँद कर दोहराने के पहले इस सम्बन्ध में जो सामग्री सामने आए, उस पर ध्यान देना मार्क्सवादी पद्धति के ज्यादा अनुकूल होगा।" (वही) इन पंक्तियों के लिखने के बाद रामविलास जी ने काणे की पुस्तक 'धर्मशास्त्र का इतिहास', आर.एन. सालातोर की पुस्तक 'लाइफ इन दि गुप्ता एज' और के.पी. जायसवाल की पुस्तक 'हिन्दू राज्यतंत्र' से उदाहरण देकर यह सिद्ध किया कि 'व्यक्तिगत भू-सम्पत्ति भारत में भी थी।' (वही, पृ. 93)

आदिम साम्यवादी व्यवस्था से लेकर पूँजीवादी व्यवस्था तक सामाजिक गठन के अनेक रूप हैं। भारतीय समाज में सामन्तवाद और पूँजीवाद के दो दौर देखने को मिलते हैं। सामन्ती युग में जाति का गठन और उसके आधार का प्रश्न लम्बे समय तक 'समाजशास्त्र का पेचीदा प्रश्न' रहा है। रामविलास जी ने 'भाषा और समाज' (1961) के दसवें अध्याय में 'जातीय निर्माण के उपकरण' पर प्रकाश डाला है। कबीलों के विघटन और पूँजीवादी विकास के 'बीच' की मंजिल में सामाजिक गठन के जातीय रूप पर कई विद्वानों ने विचार किया है। स्तालिन ने 'मार्क्सिज्म ऐंड दि नेशनल कोलोनियल क्वेश्चन' में लघु जातियों पर विचार किया था। लघु जाति (नैशनैलिटी) और महाजाति (नेशन) में उन्होंने अन्तर भी किया था, पर 'लघु जातियों की निर्माण प्रक्रिया' और उनके आर्थिक आधारादि की व्याख्या नहीं की थी। रामविलास जी ने लघु जातियों की निर्माण प्रक्रिया और उसके आर्थिक आधार पर विचार किया है। 'भारतीय साहित्य के इतिहास की समस्याएँ' (1986) के पहले निबन्ध 'बहुजातीय राष्ट्रीयता और साहित्य' में उन्होंने लिखा, "किन ऐतिहासिक कारणों से एकजातीय, द्विजातीय, बहुजातीय राष्ट्रों का निर्माण होता है, इसका विवेचन मार्क्सवादी साहित्य में नहीं है।" (पृ.15)

भारत बहुजातीय राष्ट्र है। समाजवाद से भिन्न व्यवस्था वाले बहुजातीय राष्ट्र के बारे में "मार्क्सवाद या तो कुछ नहीं बताता या यह कहता है कि ये सामन्तों, पूँजीपतियों के कायम किए हुए राज्य हैं, जिनमें एक शक्तिशाली जाति निर्बल जातियों का उत्पीड़न करती है, इसलिए आत्मनिर्णय का अधिकार देकर पीड़ित जातियों को अलग राज्य बनाने की छूट होनी चाहिए।" (वही) भारत में किसी जाति ने दूसरी जाति का उत्पीड़न नहीं किया। यह उत्पीड़न ब्रिटिश राज्य ने किया था। रामविलास शर्मा ने भारत की बहुजातीयता पर विस्तार से विचार किया है। उनके अनुसार जातियों की निर्माण प्रक्रिया व्यापारिक पूँजीवाद के युग में होती है। "भारत की पुरानी सिन्धु घाटी की सभ्यता, भारत के पड़ोस में सुमेर और बाबुल की सभ्यता, उत्तरी अफ्रीका में मिस्र की सभ्यता,

उसके बाद भारत में मौर्य काल की सभ्यता, गुप्त काल की सभ्यता, आगे चल कर अकबर के समय की सभ्यता, इन सबको हम व्यापारिक पूँजीवाद की देन मानते हैं।'' (भारतीय इतिहास और ऐतिहासिक भौतिकवाद, पृ. 65)

व्यापार के कारण ही कोई बोली जातीय भाषा बनती है। हिन्दीभाषी प्रदेश में व्यापार का मुख्य केन्द्र दिल्ली था। हिन्दी और उर्दू का विकास दिल्ली की बोली के आधार पर हुआ। किसी भी जाति के निर्माण में व्यापारियों की भूमिका प्रमुख होती है। व्यापारिक पूँजीवाद के युग में विविध जनपदों के निवासी एक-दूसरे के समीप आते हैं और इस प्रक्रिया से जाति का निर्माण होता है। एक-दूसरे के करीब आने में कोई एक बोली प्रमुख होती है, जनपद को लाँघ कर उसका व्यवहार अन्तर्जनपदीय हो जाता है, व्यापार के कारण उसका प्रसार होता है और वह जातीय भाषा बनती है। व्यापार के केन्द्र हिन्दीभाषी प्रदेश में दिल्ली और आगरा के अलावा और भी कई थे, पर वे शक्तिशाली केन्द्र नहीं थे। खड़ी बोली के जातीय भाषा बनने का प्रमुख कारण यही है।

रामविलास शर्मा ने हिन्दी भाषा के जन्म और विकास के सम्बन्ध में पहले से चली आती हुई मान्यताओं से भिन्न मान्यताएँ प्रस्तुत कीं।

1949 के एक निबन्ध 'भारत की भाषा समस्या' में उन्होंने सर्वप्रथम हिन्दी जाति की चर्चा की। उसके पहले श्यामाचरण गांगुली, धीरेन्द्र वर्मा और राहुल सांकृत्यायन ने मुख्य रूप से हिन्दी जाति की एकता की बात कही थी। राहुल सांकृत्यायन बाद में जनपदीय भाषाओं को महत्त्व देने लगे, पर रामविलास जी 1949 से लेकर लगातार हिन्दी जाति की एकता के आवश्यक प्रश्न को सामने रखते रहे। उन्होंने भारतीय संस्कृति के केन्द्र में हिन्दी प्रदेश को रख कर 'भारतीय संस्कृति और हिन्दी प्रदेश' जैसे महत्त्वपूर्ण ग्रंथ की अन्तिम वर्षों में रचना की। अमरीकी साम्राज्यवाद और भारतीय सामन्तवाद इस एकता को कभी कामयाब नहीं होने देंगे, इसलिए हिन्दी जाति की एकता का प्रश्न साम्राज्यविरोधी प्रश्न से स्वत: जुड़ जाता है। हिन्दी प्रदेश की एकता का महत्त्व केवल हिन्दी प्रदेश और भारत के लिए न होकर पूरे विश्व के लिए भी है। हिन्दी जाति की एकता ही हिन्दू जाति का उत्तर है।

रामविलास शर्मा ने 1949 के भाषापरक निबन्ध के बाद हिन्दी भाषा पर सदैव विचार किया और नई सामग्रियों के आलोक में अपनी मान्यताएँ रखीं। 'भाषा और समाज' के प्रकाशन के पूर्व पचास के दशक में हिन्दी भाषा सम्बन्धी उन्होंने जो लेख लिखे, वे 'राष्ट्रभाषा की समस्या' पुस्तक में संकलित हैं। 'भाषा और समाज' में उन्होंने जिन सिद्धान्तों का प्रतिपादन किया था, 'भारत के प्राचीन भाषा परिवार और हिन्दी' में उसी का 'संवर्धन और विस्तार' किया। सत्तर के दशक में उन्होंने भाषा विज्ञान के क्षेत्र में क्रान्तिकारी कार्य किया और ऐतिहासिक भाषा विज्ञान की स्थापनाओं को सदैव के लिए खारिज कर दिया। सत्तर के दशक के आरम्भ में—1973 में, जब

'भाषा और समाज', का दूसरा संस्करण प्रकाशित नहीं हुआ था वे ऐतिहासिक भाषा विज्ञान के क्षेत्र में कार्यरत थे। उन्होंने आर्य द्रविड़ भाषा परिवारों के सम्बन्धों पर हिन्दुस्तानी एकेडमी इलाहाबाद में पठित निबन्ध में यूरोप की भाषाओं के भारतीय आर्य द्रविड़ परिवारों द्वारा प्रभावित होने के कई प्रमाण दिए थे। यह एक मौलिक और क्रान्तिकारी स्थापना थी। 'निराला की साहित्य साधना' की तरह हिन्दी की अमूल्य कृति 'भारत के प्राचीन भाषा परिवार और हिन्दी' है। ये दोनों कृतियाँ तीन खंडों में प्रकाशित हैं। 'भारतेन्दु युग' पुस्तक के 1975 वाले संस्करण में उन्होंने एक लम्बा लेख जोड़ा—'भारतेन्दु युग और हिन्दी भाषा की विकास-परम्परा।'

सामाजिक भाषा विज्ञान के क्षेत्र में रामविलास जी का कार्य बहुमूल्य है। हिन्दी के ही नहीं सम्भवत: भारत के किसी भाषा वैज्ञानिक ने भाषा को समाज से जोड़कर ऐसा व्यापक अध्ययन उस समय तक प्रस्तुत नहीं किया था। भाषा और समाज के प्रथम संस्करण की भूमिका में भाषा तत्त्व को समाज निरपेक्ष बतानेवाले वर्णनात्मक भाषा विज्ञान के विदेशी आचार्यों और उनके भारतीय शिष्यों की उन्होंने आलोचना की। "सामाजिक विकास के सन्दर्भ में भी भाषा का अध्ययन किया जा सकता है, यह बात सुनते ही वे ऐसे चौंक उठते हैं, जैसे विप्रवर के चौके में शूद्र घुस आया हो।" (वही, पृ. 16) रामविलास जी ने बल देकर यह कहा, "समाज का अध्ययन किए बिना सामाजिक सम्पर्क स्थापित करने के साधन का अध्ययन भी नहीं हो सकता।" (वही, पृ. 15) ऐतिहासिक भाषा विज्ञान का यह निष्कर्ष था कि "सभी भारतीय भाषा परिवारों के स्रोत भारत से बाहर के हैं, और भारत की अपनी कोई भी प्राचीन भाषा-सम्पदा नहीं है।" (वही, दूसरा संस्करण, पृ. 22) रामविलास जी ने इस निष्कर्ष को खारिज किया। उनका भाषा वैज्ञानिक कार्य ब्लूमफील्ड और चॉम्स्की से बढ़कर है। ब्लूमफील्ड पर यांत्रिक भौतिकवाद का प्रभाव था और चॉम्स्की पर भाववाद का प्रभाव है। रामविलास जी का भाषा वैज्ञानिक अध्ययन ऐतिहासिक भौतिकवाद से जुड़ा हुआ है। उन्होंने विवरणात्मक भाषा विज्ञान और परिणामी व्याकरण पद्धति की आलोचना की। परिणामी व्याकरणों के विश्लेषण कौशल की विशेषता 'नियमों के लिए गणित के से फार्मूले' बनाना है और रामविलास जी ने इस पद्धति का विरोध किया—"वास्तव में गणित का सामाजिक विज्ञानों में प्रसार पुराने तर्कशास्त्र का ही आविर्भाव है। और यह तर्कशास्त्र द्वंद्ववादी तर्क पद्धति का विरोधी है।" (वही, पृ. 28)

यह आश्चर्य की बात है कि रामविलास शर्मा के साहित्यालोचक रूप पर ही हिन्दी के विद्वान अधिक ध्यान केन्द्रित करते हैं और उनके इतिहासकार तथा भाषा वैज्ञानिक वाले पक्ष पर नहीं के बराबर चर्चा करते हैं। हिन्दी के आचार्यों और विद्वानों के लिए आज भी हिन्दी के भाषा वैज्ञानिकों में धीरेन्द्र वर्मा, बाबूराम सक्सेना, उदयनारायण तिवारी आदि प्रमुख हैं। रामविलास शर्मा का जो क्रान्तिकारी

अवदान है, उधर उनका ध्यान नहीं जाता। इस निबन्ध का आरम्भ इसी कारण रामविलास शर्मा के इतिहासकार तथा भाषा वैज्ञानिक वाले पक्ष को ध्यान में रखकर किया गया है।

"बोआस से लेकर फिशमैन तक—ब्लूमफील्ड और चॉम्स्की समेत—किसी भाषा विज्ञानी ने अभी सामाजिक सन्दर्भ में भाषा के प्रत्येक स्तर, भाषा विज्ञान के प्रत्येक विभाग का विवेचन प्रस्तुत नहीं किया।" (वही, पृ. 50)

रामविलास शर्मा ने 'भाषा की निसर्ग सिद्ध द्वंद्वात्मक प्रकृति' को हमेशा ध्यान में रखा। उनके अनुसार, "भारत के वर्तमान सामाजिक सन्दर्भ में भाषा वैज्ञानिक कार्य एक राजनीतिक कर्तव्य की पूर्ति भी है।" (वही, पृ. 59)

वैयाकरणों और भाषाविदों का एक दल संस्कृत से आधुनिक आर्य भाषाओं का सम्बन्ध स्थापित करता रहा है। सर्वप्रथम किशोरीदास वाजपेयी ने वैदिक भाषा से पहले भाषाई विकास की सुदीर्घ परम्परा की ओर ध्यान आकृष्ट किया था। 'भारतीय भाषा विज्ञान' में किशोरीदास वाजपेयी की स्थापना थी कि "आर्यों का द्रविड़ों के साथ संग्राम संघर्ष एक कल्पित बात है।" (तीन महारथियों के पत्र, 1997, पृ. 170) अपने एक पत्र (9.10.1961 का पत्र) में किशोरीदास वाजपेयी ने रामविलास जी को लिखा था, "स्वास्थ ठीक होने पर 'भारतीय भाषा विज्ञान' देखिएगा जरूर। आपके देखने लायक है। एकदम नई चीज है। सम्भव है, कहीं मतभेद भी हो।" (वही, पृ. 152) रामविलास शर्मा ने 'भाषा और समाज' में किशोरीदास वाजपेयी द्वारा 'हिन्दी शब्दानुशासन' में संस्कृत प्राकृत अपभ्रंश वाली मंजिल को अस्वीकार करने की चर्चा की थी। बाद में 'भारत के प्राचीन भाषा परिवार और हिन्दी' के तीसरे खंड के पाँचवें अध्याय 'भारतीय व्याकरण परम्परा और ऐतिहासिक भाषा विज्ञान' में इस पर विस्तारपूर्वक उन्होंने विचार किया।

आधुनिक आर्य भाषाओं और हिन्दी के विकास के बारे में भाषा वैज्ञानिकों के मत एक नहीं रहे हैं। एक ओर ज्युल ब्लौख और सुनीति कुमार चाटुर्ज्या जैसे भाषा वैज्ञानिक हैं, जो संस्कृत प्राकृत अपभ्रंश मार्ग के अनुसरणकर्ता हैं, तो दूसरी ओर किशोरीदास वाजपेयी जैसे वैयाकरण और डॉ. विश्वनाथ प्रसाद जैसे भाषा वैज्ञानिक हैं, जो इस मत के विरोधी हैं। ज्युल ब्लौख ने मराठी भाषा पर लिखे अपने सुप्रसिद्ध ग्रन्थ 'ला फार्मासिओं द ला लांग मराठ' तथा सुनीति कुमार चाटुर्ज्या ने 'ओरिजिन एंड डेवेलपमेंट ऑफ बेंगाली लैंग्वेज' में आधुनिक भारतीय आर्य भाषाओं के आपसी सम्बन्धों तथा मराठी और बंगला भाषा के साथ हिन्दी की जनपदीय भाषाओं के सम्बन्ध का विवेचन नहीं किया है और दोनों ही भाषा वैज्ञानिकों ने इन ग्रन्थों में 'संस्कृत-प्राकृत-अपभ्रंश मार्ग का अनुसरण' किया है। किशोरी दास वाजपेयी ने 'मूलभाषा' की जो चर्चा की थी, रामविलास जी ने उस सूत्र का विस्तार किया। किशोरीदास वाजपेयी ने हिन्दी भाषा के जन्म को लेकर सर्वप्रथम प्रचलित मान्यताओं

से भिन्न नई मान्यता प्रस्तुत की। उन्होंने संस्कृत प्राकृत अपभ्रंश वाली मंजिल को अस्वीकार किया। भाषा का आरम्भ ऋग्वेद से नहीं माना। उनके अनुसार वेद की भाषा किसी मूल भाषा का विकास है और इस मूल भाषा के भी प्रदेश भेद थे। किशोरीदास वाजपेयी ने हिन्दी का विकास संस्कृत से नहीं माना था।

रामविलास जी ने 'पूँजीवादी भाषा विज्ञान और सामन्ती रूढ़िग्रस्त भाषा शास्त्र के प्रभाव से आधुनिक भाषा चिन्तन' को मुक्त किया है। हिन्दी और आधुनिक आर्य भाषाओं के विकास के स्थापित और मान्य सम्बन्ध को उन्होंने निरस्त किया। इसकी प्रेरणा उन्हें किशोरीदास वाजपेयी के 'हिन्दी शब्दानुशासन' और 'भारतीय भाषा विज्ञान' से मिली। रामविलास जी ने किशोरीदास वाजपेयी के विचार का विकास और विस्तार किया। उन्होंने सामाजिक गठन के साथ भाषा के जन्म और विकास को जोड़ा।

भाषा वैज्ञानिकों ने भाषाई विवेचन में गण समाजों के जीवन तथा उनके आपसी सम्पर्कादि पर ध्यान नहीं दिया था, जबकि रामविलास जी के अनुसार, "भाषा परिवार के मूल तत्त्वों का निर्माण गण व्यवस्था की पहली मंजिल में होता है।" (भारत के प्राचीन भाषा परिवार और हिन्दी, खंड-1, पृ. 11) यह पहली मंजिल कौन सी है? 'जब कबीले अधिकतर घुमंतू जीवन बिताते हैं।" (वही) ऐसी दशा में मूल तत्त्व किसी एक कबीले के न होकर कई कबीलों के होते हैं। रामविलास शर्मा की विशेषता यह है कि वे 'गण समाजों के सुदीर्घ भाषाई विकास' पर बल देते हैं। हिन्दी में और सम्भवत: हिन्दी के बाहर भी यह एक नितांत नई धारणा थी। इस धारणा से आधुनिक भारतीय आर्य भाषाओं के जन्म और विकास की सुप्रचलित धारणा निरस्त होती है और स्रोत रूप में वैदिक भाषा के पश्चात् संस्कृत पालि प्राकृत अपभ्रंश वाली परम्परा खंडित होती है। यहाँ परम्परा को लेकर रामविलास जी की दृष्टि का भी पता चलता है कि वे किसी भी स्थापना को वैज्ञानिक तथा वस्तुनिष्ठ आधार पर परखते हैं, तब मत स्थिर करते हैं।

रामविलास शर्मा प्राचीन गण भाषाओं से हिन्दी प्रदेश की जनपदीय भाषाओं का सम्बन्ध स्वीकारते हैं। उनके अनुसार अपने समय में गण भाषाएँ भी बोलियों का समूह थीं। यह दूसरी बात है कि उनमें आज की बोलियों की तरह की विविधता नहीं थी। गण व्यवस्था के युग में बोली जानेवाली भाषा और उनमें रचित साहित्य उपलब्ध नहीं है।

जनपदीय भाषाओं को वासुदेव शरण अग्रवाल ने 'खुल्लक भाषाएँ' कहा है और रामसिंह तोमर के अनुसार सर्वप्रथम भरत ने विभिन्न प्रदेशों की बोलियों के लिए 'देश भाषा' का प्रयोग किया है। रामविलास शर्मा इसके लिए 'देशी भाषाओं का प्रयोग करते हैं। उनके लेख का शीर्षक है 'साहित्य में देशी भाषाओं' की प्रतिष्ठा'। प्राचीन काल में इन देशी भाषाओं का वे अस्तित्व देखते हैं। उनका कहना

है—'प्राचीन काल में जब देशी भाषाओं के अस्तित्व की बात कही जाती है, तब उसका आशय यह नहीं है कि ये भाषाएँ हू ब हू आधुनिक भाषाओं जैसी शब्द भंडार और व्याकरण की विशेषताओं से लैस, उस समय विद्यमान थीं। आशय यह है कि मराठी, बंगला, हिन्दी आदि भाषाओं के मूल तत्त्व इनके व्याकरण की मूल विशेषताएँ, इनके मूल शब्द भंडार की सम्पदा उस समय भी विद्यमान थी।'' (भारतीय साहित्य के इतिहास की समस्याएँ, पृ. 90)

आधुनिक भारतीय भाषाओं के विकास का एक मानचित्र संस्कृत प्राकृत अपभ्रंश का था। रामविलास शर्मा ने आधुनिक भारतीय भाषाओं का दूसरा मानचित्र प्रस्तुत किया। ''यदि प्राकृत अपभ्रंश के जाल से निकलकर जनपदीय भाषाओं की वास्तविकता पहचानी जाए, तो आधुनिक भाषाओं के विकास का दूसरा मानचित्र आँखों के सामने आए। तब भारतीय भाषाओं में रचे हुए साहित्य का इतिहास लिखने में अधिक सुविधा हो।'' (वही, पृ. 123)

रामविलास शर्मा ने मध्य देश को विवेचन की केन्द्र भूमि बनाकर आर्य भाषा की विकास परम्परा पर विचार किया है। उनके पूर्व धीरेन्द्र वर्मा ने मध्य देश का महत्त्व स्वीकारा था, पर उन्होंने मध्य देश को केन्द्र में रखकर भारतीय आर्य भाषाओं पर विचार नहीं किया। डॉ. सुनीति कुमार चाटुर्ज्या ने 'भारतीय आर्य भाषा और हिन्दी' में मध्य देश को 'भारत का हृदय एवं जीवन संचालन का केन्द्र' कहा था तथा मध्यदेशीय भाषा के प्रभुत्व को ईसा की प्रथम सहस्राब्दी तथा उससे पहले भी स्वीकारा था। मध्य देश की भाषाई भूमिका के महत्त्व को सुनीति कुमार चाटुर्ज्या ने सर्वप्रथम रेखांकित किया था, पर इसके महत्त्व को लेकर चाटुर्ज्या और रामविलास जी के विचार भिन्न हैं। रामविलास जी ने लिखा है कि चाटुर्ज्या के ढंग से 'मेरा ढंग बिलकुल अलग है, उसका उल्टा है।' (भारत के प्राचीन भाषा परिवार और हिन्दी, खंड 3, पृ. 256)

चाटुर्ज्या ने मध्य देश को 'ब्राह्मण संस्कृति के सूत्र' से बाँधा है। रामविलास जी ने इसके विपरीत संस्कृत के विकास में तथा ''आधुनिक आर्य भाषाओं के निर्माण में मध्य देश की भूमिका प्रतिपादित की है।''

हिन्दी भाषा हिन्दी जाति की भाषा है। व्यापारिक पूँजीवाद से हिन्दी जाति और हिन्दी भाषा का सम्बन्ध है। अंग्रेजों के आगमन से हिन्दी भाषा और हिन्दी जाति का जन्म नहीं हुआ। सबाल्टर्न इतिहासकारों का रामविलास जी ने 'भारतीय संस्कृति और हिन्दी प्रदेश' के दूसरे खंड में इसलिए विरोध किया है कि वे भारत में जाति और आधुनिक भारतीय आर्य भाषाओं का जन्म अंग्रेजों के आगमन के बाद से मानते हैं। अनेक उदाहरणों और तर्कों के आधार पर रामविलास जी ने उनकी स्थापनाओं का खंडन किया है। अंग्रेजों की देन यह है कि उन्होंने हिन्दी और उर्दू को दो अलग-अलग भाषा माना और हिन्दी जाति के विकास में बाधा पहुँचाई।

रामविलास जी तेरहवीं और चौदहवीं शताब्दी में ही हिन्दी भाषा और हिन्दी जाति का अस्तित्व देखते हैं। जातीय भाषा के प्रसार के साथ विविध जनपदीय भाषाओं का व्यवहार होता रहता है। जातीय निर्माण की प्रक्रिया में जनपदों के आपसी अलगाव समाप्त होते हैं। तुलसीदास का अवधी और ब्रजभाषा दोनों में ही काव्य-रचना करना इस बात का प्रमाण है कि उस समय जनपद एक-दूसरे के करीब हो रहे थे। व्यापार के प्रसार के कारण खड़ी बोली विभिन्न नगरों में लोक-व्यवहार की भाषा बनी। यह मुख्यत: दिल्ली और हरियाणा की बोली थी, जिसने आगरा में ब्रजभाषा से प्रभावित होकर अपना आधुनिक रूप ग्रहण किया। इसे हिन्दी, हिन्दुई और रेख्ता भी कहा जाता था।

जातीय भाषा के रूप में हिन्दी का प्रचार-प्रसार फोर्ट विलियम कॉलेज की स्थापना से पहले हो चुका था। रामविलास शर्मा ने 'भाषा और समाज' के ग्यारहवें अध्याय 'जातीय भाषा का गठन और प्रसार' में हिन्दी (खड़ी बोली) को 'व्यापारियों की सामान्य भाषा' (पृ. 274) कहा है। उन्होंने 'बाबरनामा' और 'तुजुक-ए-जहाँगीर' से हिन्दी भाषा के प्रयोग और व्यवहार के अनेक उदाहरण दिए हैं। "बाबर ने 'हिन्दी' शब्द उस भाषा या बोलियों के लिए ठीक इस्तेमाल किया है, जिसमें 'सवा लाख' और 'पर्वत' जैसे शब्दों का चलन था।" (पृ. 276) जहाँगीर भाषा-भेद से परिचित था। "उसने जिन शब्दों को हिन्दी भाषा के शब्द कहकर लिखा है, वे हिन्दी भाषा के शब्द ही हैं।" (पृ. 266) 1673 में फोयर ने बोलचाल की 'आम जबान' को 'इंदोस्तान' कहा था। रामविलास जी ने अनेक उदाहरणों से यह बताया है कि सत्रहवीं और अठारहवीं शताब्दी में फारसी के राजभाषा बने रहने के समय नागरी लिपि व्यवहृत होती थी। इससे यह सिद्ध होता है कि "19वीं सदी के उत्तरार्द्ध में कुछ साम्प्रदायिक लोगों ने उर्दू लिपि का बहिष्कार करके नागरी लिपि का चलन न कर दिया था।" (पृ. 278)

विश्वविद्यालयों के अधिकांश हिन्दी आचार्य रामविलास जी के हिन्दी-भाषा सम्बन्धी विचारों पर ध्यान देना अधिक आवश्यक नहीं समझते। अपनी एकांगी और खंडित दृष्टि के कारण वे हिन्दी समाज और हिन्दी भाषा से अलग करके हिन्दी साहित्य का अध्ययन-अध्यापन करते हैं।

रामविलास शर्मा ने अपनी कृतियों में भारत में अंग्रेजी राज का सदैव विरोध किया। अनेक इतिहासकारों ने भारत को पिछड़ा देश मानकर इसके विकास का सारा श्रेय अंग्रेजों को दिया है। पर कई ऐसे इतिहासकार भी थे, जिन्होंने अंग्रेजी राज की जमकर आलोचना की। रामविलास शर्मा के छात्र जीवन में अंग्रेजी राज के प्रशंसक और आलोचक अध्यापक थे। छठी से दसवीं तक की रामविलास जी की शिक्षा झाँसी के मैकडनल हाईस्कूल में हुई थी। उस समय उस स्कूल में इतिहास के कुछ

अध्यापक जहाँ अंग्रेजी राज की प्रगतिशील भूमिका स्वीकारते थे, वहीं दूसरी ओर अंग्रेजी के अध्यापक प्रफुल्ल कुमार चटर्जी ''अंग्रेजी राज के खरे आलोचक थे। वामनदास बसु के ग्रन्थ के आधार पर एन. कस्तूरी बी.ए. ने एक संक्षिप्त इतिहास लिखा था। वह इतिहास उन्होंने मुझे पढ़ने को दिया था। उसके आधार पर हम अंग्रेजी राज के समर्थक अध्यापक से बहस करते थे और इस बहस में मेरे सहपाठी रुस्तम सैटिन मेरा साथ देते थे।'' (अपनी धरती अपने लोग, खंड-1, 1996 की भूमिका, पृ. 7)

'भारत में अंग्रेजी राज और मार्क्सवाद' तथा 'मार्क्स और पिछड़े हुए समाज' जैसे ग्रन्थों की रचना के बीज रामविलास शर्मा के छात्र जीवन में ही पड़ चुके थे। दसवें दर्जे के दो सेक्शन में इतिहास पढ़ानेवाले दो अध्यापक थे—चक्रवर्ती मास्टर साहब और चटर्जी मास्टर साहब। रामविलास शर्मा और रुस्तम सैटिन चक्रवर्ती मास्टर साहब के सेक्शन में थे। रामविलास जी की इच्छा चटर्जी मास्टर साहब के सेक्शन में पढ़ने की थी। चक्रवर्ती मास्टर साहब नए अध्यापक थे और चटर्जी मास्टर साहब के समझाने से 'मन मार कर मैं उन्हीं के (चक्रवर्ती मास्टर साहब) सेक्शन में बैठता था।' दोनों के पढ़ाने में अन्तर था ही, इतिहास के प्रति दोनों के दृष्टिकोण एक-दूसरे से उलटे थे। चक्रवर्ती मास्टर साहब समझते थे कि अंग्रेजों ने आकर भारत में राष्ट्रीय एकता स्थापित की, देश के आगे बढ़ने के लिए जमीन तैयार की। चटर्जी मास्टर साहब कहते थे, अंग्रेजों ने बेईमानी से यहाँ अपना राज कायम किया।

भारत में अंग्रेजों ने आकर यहाँ विकास किया, उनकी भूमिका प्रगतिशील थी इस मत के समर्थक आज भी कम नहीं हैं। रामविलास जी ने 'सन् सत्तावन की राज्यक्रान्ति' (1957) के प्रथम भाग 'अंग्रेजी राज की प्रगतिशील भूमिका' में यह लिखा, ''न भारत में न अन्य किसी उपनिवेश में अंग्रेजों ने कोई सामाजिक क्रान्ति की। उनके क्रान्तिविरोधी अभियान से लड़ना ही सबसे बड़ी क्रान्ति थी।'' (सन् सत्तावन की राज्य क्रान्ति और मार्क्सवाद, द्वितीय संस्करण 1990, पृ. 56)

अंग्रेजों के आगमन के बाद भारत में सामाजिक परिवर्तन हुआ और अंग्रेजी राज के विरोधी प्रतिक्रियावादी थे, इसका जवाब रामविलास जी ने 'सन सत्तावन की राज्य क्रान्ति' में दे दिया था। 'भारत में अंग्रेजी राज और मार्क्सवाद' में उन्होंने यह प्रमाणित किया कि अंग्रेजी राज की स्थापना के पूर्व भारत में जातियों का गठन हो चुका था और जहाँ तक पूँजीवाद के उदय का प्रश्न है वह भी अंग्रेजी राज की स्थापना के पूर्व हो चुका था। अंग्रेजी राज को भारत में आधुनिकता लाने का कोई श्रेय नहीं है। भारत में आधुनिकता की शुरुआत अंग्रेजों ने नहीं की। ऐडम स्मिथ, एडमंड बर्क और विलियम डिग्बी जैसे विद्वानों की पुस्तकों से उदाहरण प्रस्तुत कर रामविलास जी ने यह प्रमाणित किया कि अंग्रेजी राज में भारतीय जनता का विनाश

हुआ, भारतीय बाजार का नाश हुआ और किसानों का जमकर शोषण हुआ। उन्होंने भारतीय इतिहासकारों के समक्ष भारत सम्बन्धी उपर्युक्त तीनों विद्वानों के मत प्रस्तुत किए। "अठारहवीं सदी के अन्तिम चरण से लेकर बीसवीं सदी के प्रथम चरण तक तीन ब्रिटिश विद्वानों ने भारत में अंग्रेजी राज की भूमिका का विश्लेषण करके एक से परिणाम निकाले।" (भारत में अंग्रेजी राज और मार्क्सवाद, खंड-1 की भूमिका, 1982, पृ. 6) इन तीनों विद्वानों का एक क्षेत्र नहीं था। ऐडम स्मिथ अर्थशास्त्री थे, एडमंड बर्क राजनीतिज्ञ और लेखक थे तथा विलियम डिग्बी उदारपन्थी लेखक चिन्तक थे। तीनों अंग्रेज थे। रामविलास जी ने अंग्रेज विद्वानों के उदाहरणों से ही अंग्रेजी राज की प्रगतिशील भूमिका की धारणा को ध्वस्त किया।

'भारत में अंग्रेजी राज और मार्क्सवाद' का प्रकाशन 1982 में हुआ। बीसवीं सदी के अन्तिम दो दशकों में जो परिवर्तन दिखाई देते हैं, वे एक बार फिर यूरोपीय और अमरीकी वर्चस्व की ओर ध्यान आकृष्ट कराते हैं। विकसित देशों के हाथों में आज विकासशील देशों का भविष्य है। अंग्रेजी राज की सकारात्मक और प्रगतिशील भूमिका का बखान करनेवाले आज के भारत के विकास के लिए अमरीका और यूरोपीय देशों की ओर टकटकी लगाए रहते हैं। ऐसे समय में यह बताना आवश्यक था कि भारत का सामाजिक, सांस्कृतिक, आर्थिक और औद्योगिक विकास अंग्रेजों ने नहीं किया।

'नई कविता तथा अस्तित्ववाद' (1978) के बाद कुछ बड़े निबन्धों को छोड़ कर रामविलास जी ने आलोचनात्मक पुस्तकें नहीं लिखीं। हिन्दी लेखकों को यह शिकायत रही है कि रामविलास जी ने समकालीन हिन्दी साहित्य से अपना सम्बन्ध नहीं रखा है। रामविलास जी ने हिन्दी जाति और हिन्दी समाज पर अपना ध्यान केन्द्रित किया। इसी दौर में हिन्दी प्रदेश और अधिक पिछड़ता गया है। इसी दौर में यह प्रदेश दक्षिणपन्थी शक्तियों का गढ़ बना। इसी दौर में हिन्दी प्रदेश में मार्क्सवादी पार्टियों की भूमिका कमतर होगी गई। इसी दौर में जाति-बिरादरी तथा साम्प्रदायिक शक्तियाँ इस क्षेत्र में प्रबल हुईं। यह समय इतिहास, राजनीति और समाज विज्ञान से जुड़े प्रश्नों का था। साहित्यिक आलोचना से कहीं अधिक महत्त्वपूर्ण कार्य समाज इतिहास और संस्कृति की आलोचना का था, जिसे अकेले व्यापक रूप में रामविलास जी ने सम्पन्न किया। "आज देश-विदेश में ऐसे काफी लोग हैं, जो कहते हैं, भारत का औद्योगिक विकास ब्रिटेन, अमरीका जैसे देशों की सहायता से ही हो सकता है। ऐसे लोगों को इस प्रचार से लाभ होता है कि भारत में पहले भी जो प्रगति हुई, वह अंग्रेजी राज के कारण हुई।" (भारतीय इतिहास और ऐतिहासिक भौतिकवाद, 1992)

विश्व बाजार में भारत की स्थिति अंग्रेजी राज के पूर्व निर्यातक देश की थी। ईस्ट इंडिया कम्पनी भारत से व्यापार करने के लिए 1600 ईसवी में इंग्लैंड के व्यापारियों ने बनाई थी। भारत का माल बाहर के देशों में जाता था और वहाँ की

दौलत भारत आती थी। औद्योगिक क्रान्ति (18वीं सदी का उत्तरार्द्ध) से पहले इंग्लैंड विकसित देश नहीं था। इंग्लैंड में 16वीं सदी में घरेलू बाजार का गठन हुआ और अंग्रेज जाति अस्तित्व में आई। भारत में बारहवीं-तेरहवीं सदी में व्यापारिक पूँजीवाद विकसित हो चुका था। इंग्लैंड और यूरोप से पूर्व भारत में पूँजीवादी विकास की यह पहली मंजिल विकसित हो चुकी थी। व्यापारिक पूँजीवाद की प्रधानता के दौर में भारत और इंग्लैंड के बीच आर्थिक और राजनीतिक सम्बन्ध आरम्भ हुए थे। भारत में बना हुआ माल इंग्लैंड और यूरोप के व्यापारी खरीदते थे। जाहिर है कि विश्व बाजार में तब भारत की भूमिका इंग्लैंड और यूरोप की तुलना में प्रमुख थी। भारत निर्यातक देश था और इंग्लैंड आयातक देश था। उन्नीसवीं सदी के दूसरे दशक में आयात-निर्यात का यह सम्बन्ध बदल जाता है। जिन समाजों को आज हम पिछड़ा और अविकसित कहते हैं, उन्होंने इंग्लैंड को विकसित देश बनाया। फ्रांसीसी यात्री बर्नियर के अनुसार सारी दुनिया का सोना-चाँदी भारत की ओर खिंचा चला आता था। बर्नियर ने जिस समय की चर्चा की है, वह प्लासी की लड़ाई से सौ वर्ष पहले का समय है।

प्लासी की लड़ाई के बाद स्थिति बदल गई। विलियम डिग्बी की पुस्तक 'प्रौसपेरस ब्रिटिश इंडिया' का प्रकाशन 1901 ईसवी में हुआ था। इस पुस्तक में डिग्बी ने ब्रम्स ऐडम्स की पुस्तक, जो इंग्लैंड और भारत के आर्थिक विकास पर थी, से उद्धरण दिया है—"प्लासी की लड़ाई 1757 में हुई, और इसके बाद जिस तेजी से परिवर्तन हुआ उस तेजी से परिवर्तन और जगह शायद कभी हुआ ही नहीं।" (भारत में अंग्रेजी राज और मार्क्सवाद, खंड 2, पृ. 56 पर उद्धृत)

रामविलास शर्मा ने 'मार्क्स और पिछड़े हुए समाज' में यह बताया है कि आज जो पिछड़े हुए समाज हैं, वे औद्योगिक क्रान्ति से पहले विकसित समाज थे। प्लासी की लड़ाई के अठारह वर्ष पहले (1739) नादिरशाह ने दिल्ली पर हमला किया था। पुराने हमलावरों और नए हमलावरों में एक अन्तर था। पुराने हमलावर दौलत लूट कर चले जाते थे या जीत कर इसी देश के निवासी बन जाते थे। अंग्रेज इनसे एकदम भिन्न थे। दादाभाई नौरोजी ने सभी विदेशी हमलावरों की तुलना में इंग्लैंड को 'सबसे निकृष्ट' (दि वर्स्ट फारेन इनवेडर) की संज्ञा दी थी। (वही, पृ. 362)

पूँजीवाद के तीनों दौर—व्यापारिक, औद्योगिक और महाजनी—में इंग्लैंड ने भारत को तबाह किया। मुगल शासकों की तुलना में अंग्रेज कहीं अधिक खूनी, क्रूर और बदमाश थे। दादाभाई नौरोजी ने 1871 में वित्त सम्बन्धी जाँच कमेटी के समक्ष दिए गए अपने वक्तव्य में यह कहा था कि "उस समय (मुगल शासकों के समय) इस देश से भौतिक या नैतिक सम्पदा के ढो ले जाने का सवाल न था। देश में जो कुछ पैदा होता था, वह देश में रहता था, उसकी सेवाओं में जो ज्ञान अनुभव प्राप्त किया जाता था, वह उसके अपने लोगों में ही रहता था।" (वही, पृ. 342 पर उद्धृत)

अंग्रेजों की तुलना में मुगल शासक ही नहीं, देशी राजा भी सम्पत्ति लूटने में उनसे पीछे थे।

रामविलास शर्मा ने अंग्रेजों की विनाशकारी भूमिका पर अनेक उदाहरणों के साथ जो प्रकाश डाला है, उससे असहमति व्यक्त करनेवाले इंग्लैंड के गुलाम और साम्राज्यवाद के चाकर ही होंगे।

अंग्रेजी राज में भारतीय उद्योग-धंधों का नाश हुआ, देहातों की आबादी बढ़ी, अकाल पड़े, भुखमरी फैली और भारत में गरीबी बढ़ी। भारत की लूट से इंग्लैंड का औद्योगिक विकास हुआ। और इंग्लैंड की औद्योगिक तथा महाजनी पूँजी ने लूट की प्रक्रिया कायम रखी। भारत प्राकृतिक अर्थतंत्र से आगे बढ़ा हुआ देश था। अंग्रेजी राज ने उसे 'प्राकृतिक अर्थतंत्र' की ओर ठेल दिया।'

अंग्रेजों ने भारत में रेलमार्गों का निर्माण अपनी सुविधा के लिए किया था। भारत में अंग्रेजी राज और मार्क्सवाद खंड-1 के पहले अध्याय का नवाँ अनुभाग है—'भारत में रेल मार्गों का निर्माण'। रामविलास जी ने नलिनाक्ष सान्याल की पुस्तक 'डेवलपमेंट ऑफ इंडियन रेलवेज' (1930) के आधार पर रेल मार्ग के निर्माण के पीछे अंग्रेजी राज के हितों के उदाहरण प्रस्तुत किए हैं और लेलैंड हैमिल्टन जेम्स की पुस्तक 'दि माइग्रेशन ऑफ ब्रिटिश कैपटिल टु 1875' (1927) से अंग्रेजी राज द्वारा की गई रेल व्यवस्था के कारणों का उल्लेख किया है। अंग्रेजों द्वारा किया गया प्रचार झूठा था कि वे रेल मार्ग का निर्माण कर भारतीय बाजार कायम कर रहे हैं। अंग्रेज इसके ठीक विपरीत पहले से बने हुए बाजार को नष्ट कर रहे थे। नलिनाक्ष सान्याल और जेम्स के सम्बन्ध में रामविलास जी का यह कथन है—"विदेशी और भारतीय विचारकों में कुछ लोग अवश्य ऐसे थे, जो यह देख रहे थे कि रेलों के सम्बन्ध में अंग्रेज शासकों ने जो प्रचार किया है, वह झूठ है। भारत का आर्थिक विकास करने के पहले रेलों के द्वारा उसका शोषण करने में अंग्रेजों को सुविधा हुई है।" (वही, पृ. 376)

अंग्रेजी राज में पुराने शहरों का ह्रास हुआ और जिन आधुनिक शहरों का निर्माण हुआ, वह आयात-निर्यात व्यापार के कारण समुद्र तट पर। भारत में जितनी भी औद्योगिक प्रगति हुई, वह भारतीय जनता के संघर्ष का ही परिणाम थी। स्वदेशी आन्दोलन के कारण भी औद्योगिक प्रगति हुई। आरम्भ में जो ब्रिटिश पूँजी लगी, वह ब्रिटिश पूँजी न होकर भारत की मालगुजारी या लूट से प्राप्त धन था।

वर्तमान भारत के विकास के लिए भारतीय इतिहास का वस्तुपरक अध्ययन आवश्यक है। रामविलास जी ने अंग्रेजी राज का वस्तुपरक और वैज्ञानिक अध्ययन प्रस्तुत किया जिससे ब्रिटिश राज की ध्वंसकारी और विनाशकारी भूमिका का पता चलता है। 'भारत में अंग्रेजी राज और मार्क्सवाद' के अध्ययन के बाद भी अगर कोई अंग्रेजी राज की प्रगतिशील भूमिका स्वीकारता है तो उसकी बुद्धि पर सन्देह करना चाहिए।

1857 रामविलास शर्मा के चिन्तन का मुख्य विषय है। 1857 के प्रति अपनी भावना का आरम्भ रामविलास जी ने 1929-30 में लिखित अपनी तीन आरम्भिक कविताओं—'हम गोरे हैं', 'मेरा झाँसी देएँगा नहीं' तथा 'विप्लव रागिनियाँ'—से माना है। ('अपनी धरती अपने लोग', खंड-2, पृ. 105)—इनमें से 'हम गोरे हैं'—कविता 1929 की है और 'मेरा झाँसी देएँगा नहीं'—का रचना काल 1930 है। ये दोनों कविताएँ 'बुद्ध वैराग्य तथा प्रारम्भिक कविताएँ' (1997) संकलन में संकलित हैं। "सम्भवत: मेरा कोई ऐसा मित्र नहीं है, जिससे मैंने सन् सत्तावन के बारे में बातें न की हों।" ('सन् सत्तावन की राज्यक्रान्ति और मार्क्सवाद, 1990, पृ. 10) 1857 पर पुस्तक लिखने के लिए कलकत्ता की नैशनल लाइब्रेरी तथा लखनऊ की अमीरुद्दौला पब्लिक लाइब्रेरी में रामविलास जी ने काम किया तथा अनेक लोगों से इस विषय पर उन्होंने बातचीत की। 31 दिसम्बर, 1957 की रात में यह पुस्तक छप गई। 1757 की प्लासी की लड़ाई के सौ वर्ष बाद यह लड़ाई आरम्भ हुई और 1957 में इसकी शतवार्षिकी मनाई गई। मार्क्स, एंगेल्स, लेनिन सबने भारत के इस राष्ट्रीय स्वाधीनता आन्दोलन पर विचार किया था। उन्होंने 'इसे एशिया की साम्राज्यविरोधी लड़ाई का एक अंग' माना था। 1857 का युद्ध जनता के सभी तबकों ने मिलकर लड़ा था। मार्क्स और एंगेल्स ने इस 'राष्ट्रीय विद्रोह' पर एक 'धारावाहिक लेखमाला' प्रकाशित की थी। रामविलास जी ने दूसरे संस्करण में एक नया अध्याय जोड़ा—'सन सत्तावन की राज्यक्रान्ति और मार्क्सवाद'। मार्क्स और एंगेल्स की पुस्तक है 'दि फर्स्ट इंडियन वार ऑफ इंडिपेन्डेन्स' (1857-1859)। 1957 में पूँजीवादी लेखक इस संग्राम को क्रान्तिविरोधी कहते थे और ऐसे कई मार्क्सवादी लेखक भी थे, जो मार्क्स को उद्धृत कर कि 'भारत ग्राम समाजों का देश है' अंग्रेजों की प्रगतिशील भूमिका में विश्वास करते थे। रामविलास जी ने पूँजीवादी लेखकों के साथ मार्क्सवादी लेखकों को भी जवाब दिया।

उन्होंने हिन्दीभाषी प्रदेश से 1857 की क्रान्ति का सीधा सम्बन्ध माना। इस क्रान्ति में नवाब, बादशाह, सामन्त, जमींदार, किसान, बुद्धिजीवी, सैनिक सभी शामिल थे, यह लड़ाई मुख्य रूप से किसानों ने लड़ी। "इस संग्राम की सबसे बड़ी विशेषता यह है कि इसका नेतृत्व पूँजीपतियों और पूँजीवादी पार्टियों के हाथ में नहीं था। इसके नेता फौजी वर्दी पहने हुए किसान थे और वे सामन्तों को अपने साथ लेकर चले थे, उनके पीछे न चले थे।" (स्वाधीनता संग्राम : बदलते परिप्रेक्ष्य, 1992, पृ. 9) 1857 की क्रान्ति का आज भी महत्त्व है। 1757 से 1857 के बीच अंग्रेजों ने भारत में अपना राज्य विस्तार कर अपने प्रतिद्वंद्वियों को हटा दिया था। उन्होंने विश्व साम्राज्यवाद की व्यवस्था सुदृढ़ कर ली थी। भारत के घोर प्रतिक्रियावादी सामन्त अंग्रेजों के सहयोगी थे। अंग्रेजों ने इन पुराने सामन्तों के अतिरिक्त सामन्तों का एक नया वर्ग भी पैदा किया था, जिसमें नए जमींदार और सूदखोर महाजन थे।

1857 की क्रान्ति रामविलास जी के अनुसार, 'संसार की पहली क्रान्ति है, जो साम्राज्यविरोधी होने के साथ सामन्तविरोधी भी है।' (सन् सत्तावन की राज्यक्रान्ति और मार्क्सवाद, पृ. 531) यह केवल 'साम्राज्य विरोधी क्रान्तियों की पहली महत्त्वपूर्ण कड़ी' ही नहीं है, अपितु 'उसमें किसानों की कार्यवाही और नई राज्यसत्ता के स्वरूप का विश्लेषण करें तो यह समझना कठिन न होगा कि बीसवीं सदी की नई जनवादी क्रान्तियों की लम्बी अपूर्ण श्रृंखला की पहली महत्त्वपूर्ण कड़ी है—सन् सत्तावन की राज्य क्रान्ति।' (वही) रामविलास जी की यह पंक्ति पुस्तक की अन्तिम पंक्ति है।

1857 की क्रान्ति को अब तक प्रथम राष्ट्रीय स्वाधीनता आन्दोलन माना जाता रहा है और मोटे तौर पर इसकी पुष्टि की जाती रही है कि वह आन्दोलन अंग्रेजों के खिलाफ था। रामविलास शर्मा अकेले इतिहासकार हैं, जिन्होंने एक साथ इस क्रान्ति को साम्राज्यविरोधी, सामन्तविरोधी और 'नई जनवादी क्रान्तियों की लम्बी अपूर्ण श्रृंखला की पहली महत्त्वपूर्ण कड़ी' माना है।

1857 के साथ फ्रांस की राज्यक्रान्ति को रामविलास जी ने 'सन् सत्तावन की राज्यक्रान्ति और मार्क्सवाद' निबन्ध में भी जोड़ा था। रामविलास जी की विशेषता सदैव विषय के विस्तार और तुलनात्मक अध्ययन की रही है। इसी कारण वे अपनी पुस्तकों में नए निबन्ध जोड़ते हैं, नए साक्ष्य प्रस्तुत करते हैं, जिससे उनकी मान्यताएँ और सुदृढ़ तथा पुष्ट होती हैं। यह समर्पित कर्म है। अनवरत एकाग्र भाव से की गई साधना है। यह साधना अपने समाज और राष्ट्र के विकास कल्याण के लिए है। क्या भाषा, क्या साहित्य, क्या संस्कृति, क्या राजनीति—किसी भी क्षेत्र में इतना बड़ा साधक और कोई नहीं है।

'संघर्ष के प्रसार और उसकी गहराई के विचार से सन् सत्तावन की राज्यक्रान्ति फ्रांस की राज्यक्रान्ति से घट कर नहीं है। दिल्ली और लखनऊ में सैनिकों ने अपनी प्रतिनिधि समितियों को राज्य सत्ता की कार्यकारी संस्थाएँ बनाया, यह विशेषता उसे नवम्बर 1917 की रूसी क्रान्ति से जोड़ती है।' (सन् सत्तावन की राज्य क्रान्ति और मार्क्सवाद, पृ. 529)

1857 की लड़ाई में ब्रिटिश फौज के सिपाहियों ने बगावत की थी, पर मद्रास और बम्बई प्रेजिडेंसियों की फौजों ने इस लड़ाई में हिस्सा नहीं लिया था। लड़ाई में मुख्य रूप से हिस्सा लेनेवाली फौज बंगाल प्रेजिडेंसी की थी। ''लड़ाई पठानों के इलाकों से लेकर कर्नाटक तक, महाराष्ट्र से लेकर बंगाल तक हुई, लेकिन निर्णायक संघर्ष जमकर हिन्दीभाषी प्रदेश में हुआ। इस संघर्ष में हिन्दुस्तानी सिपाहियों ने जिस संगठन क्षमता, अनुशासनप्रियता, युद्ध कौशल, गहरी राजनीतिक सूझ-बूझ, त्याग और वीरता का परिचय दिया, वह इस देश का ऐसा सजीव इतिहास है कि उसका महत्त्व जितना पराधीन भारत के लिए था, उतना या उससे अधिक स्वाधीन भारत के लिए है।' रामविलास जी ने ये पंक्तियाँ 1970 में लिखी थीं। 10 और 17 मई 1970

के 'धर्मयुग' में दो भागों में प्रकाशित उनका लेख 'सामान्य भारतीय सिपाही : गदर की बुनियादी इकाई' शीर्षक से प्रकाशित हुआ था। 'स्वाधीनता संग्राम : बदलते परिप्रेक्ष्य' पुस्तक में अब यह 'सन् सत्तावन के स्वाधीनता संग्राम में सिपाहियों की भूमिका' शीर्षक से संकलित है।

हिन्दू-मुस्लिम की एकता इस लड़ाई की सबसे बड़ी विशेषता थी। ''बरेली के हिन्दुओं को मुसलमान बागियों के खिलाफ भड़काने के लिए जो पचास हजार रुपए की रकम निर्धारित थी, वह खर्च नहीं हुई, क्योंकि भड़काने की कोशिश बिलकुल बेकार साबित हुई।'' (फ्रीडम स्ट्रगल इन उत्तर प्रदेश, खंड-1, पृ. 472-73 से उद्धृत, वही, पृ. 7) रामविलास जी ने इसी पुस्तक के हवाले यह लिखा है कि ''सिपाहियों ने दिल्ली में 'कोर्ट' के सदस्यों का चुनाव धर्म के आधार पर नहीं करके योग्यता और अनुभव के आधार पर किया था।'' (वही) 1857 के सिपाहियों में जितनी समझ थी, उतनी स्वतंत्र भारत के कम नेताओं में दिखाई देती है। हिन्दू-मुस्लिम एकता 'राष्ट्रीय एकता, स्वाधीनता और नई लोकसत्ता' के लिए उस समय आवश्यक थी और आज यह एकता उससे कहीं अधिक आवश्यक है। ''1857 में हिन्दू और मुसलमान मिलकर अंग्रेजों से लड़े, 1947 में वे एक-दूसरे से लड़े। मानवता का सांस्कृतिक विकास इनमें किससे अधिक हुआ या हो सकता था, आप सोच लें।'' (आस्था और सौन्दर्य, पृ. 253)

1857 से रामविलास शर्मा हिन्दी प्रदेश में नवजागरण का आरम्भ मानते हैं। 'महावीर प्रसाद द्विवेदी और हिन्दी नवजागरण' (1977) की भूमिका की पहली पंक्ति है—''हिन्दी प्रदेश में नवजागरण 1857 ई. के स्वाधीनता संग्राम से शुरू होता है।'' इस पुस्तक के प्रकाशन के पूर्व बंगाल नवजागरण और भारतीय नवजागरण पर ही विचार होता था। हिन्दी नवजागरण की अवधारणा मौलिक और क्रान्तिकारी थी। रामविलास जी ने 'निराला की साहित्य साधना' का दूसरा खंड (1972) लिखने के बाद यह पुस्तक लिखी। उनकी इस मौलिक स्थापना ने हिन्दी संसार में बहस पैदा की, जो अब भी नहीं थमी है। हिन्दी जाति और हिन्दी नवजागरण की अवधारणा बहुत विद्वानों को परेशान करती है। उनका मत है कि रामविलास जी की स्थापनाएँ दक्षिणपन्थी पार्टियों के पक्ष में हैं। कई ऐसे भी महानुभाव हैं, जिन्हें यह लगता है कि रामविलास जी की स्थापनाओं से भाजपा लाभान्वित होती है। वे शायद यह भी कहें कि 1980 में जन्मी भाजपा रामविलास जी की मान्यताओं के कारण ही दिल्ली के सिंहासन पर बैठ गई है।

रामविलास जी हिन्दी नवजागरण को बंगाल और गुजरात के नवजागरण से भिन्न मानते हैं। उन्होंने हिन्दी नवजागरण की कई मंजिलें मानी हैं। ''गदर, सन् 57 का स्वाधीनता संग्राम, हिन्दी प्रदेश के नवजागरण की पहली मंजिल है। दूसरी मंजिल भारतेन्दु हरिश्चन्द्र का युग है। ××× हिन्दी नवजागरण का तीसरा चरण महावीर प्रसाद द्विवेदी

और उनके सहयोगियों का कार्यकाल है। ××× हिन्दी नवजागरण के सन्दर्भ में निराला का यह (विचारधारा सम्बन्धी) लेखन महावीर प्रसाद द्विवेदी के ही कार्य की अगली कड़ी है।'' (महावीर प्रसाद द्विवेदी और हिन्दी नवजागरण, 1977, पृ. 12, 15, 18) इस प्रकार हिन्दी नवजागरण के चार चरण हैं, जिनमें तीन चरण—भारतेन्दु युग, द्विवेदी युग और छायावाद—आधुनिक हिन्दी साहित्य के भी तीन चरण हैं।

रामविलास शर्मा के पूर्व भारतीय नवजागरण का सम्बन्ध राजा राममोहन राय से जुड़ा हुआ था। 'राजा राममोहन राय और बंगाल का नवजागरण' पर उन्होंने 'भारतीय साहित्य की भूमिका' (1996) के आठवें अध्याय में विचार किया है। उन्होंने आरम्भ में यह लिखा है—''राजा राममोहन राय बंगाल के और एक हद तक सारे भारत के नवजागरण के अग्रदूत हैं।'' सती प्रथा से लेकर ईसाई धर्म की कट्टरता तक, उन्होंने जितने मुद्दों पर विचार किया है, वे सब कहीं न कहीं भारत में अंग्रेजी राज की भूमिका से जुड़े हुए हैं।' (भारतीय साहित्य की भूमिका, पृ. 282) रामविलास जी की हिन्दी नवजागरण सम्बन्धी अवधारणा से जिन्हें चिढ़ और परहेज है, जो भारतीय नवजागरण के विशेष हिमायती हैं, उन्हें यह पता है कि भारत एक बहुजातीय राष्ट्र है और इसमें सर्वप्रथम जातीय जागरण ही होगा, जो फैलकर, व्यापक रूप धारण कर राष्ट्रीय जागरण हो सकेगा। ''जातीय संस्कृति, जातीय नवजागरण के बिना भारतीय संस्कृति, भारतीय नवजागरण की बातें निराधार कल्पनाएँ हैं, अथवा हिन्दू संस्कृति, हिन्दू जागरण की पर्याय हैं।'' (वही, भूमिका, पृ. 10)

हिन्दी नवजागरण की सबसे बड़ी विशेषता सामन्त विरोधी और साम्राज्यवाद विरोधी चेतना है। 1857 से इसी कारण रामविलास जी ने हिन्दी नवजागरण की शुरुआत मानी है। अन्य विशेषताएँ इसी से जुड़ी हुई हैं। हिन्दी नवजागरण रूढ़िवाद का विरोधी, उद्योग-धंधों का पक्षपाती, वैज्ञानिक दृष्टिकोण का समर्थक तथा रहस्यवाद विरोधी है। 'महावीर प्रसाद द्विवेदी और हिन्दी नवजागरण में' रामविलास जी ने बंगाल को 'नए रहस्यवाद का मूल स्रोत' और गुजरात को 'उद्योगीकरण और आधुनिक विज्ञान का विरोध करनेवाली विचारधारा का स्रोत' (पृ. 179) माना। उन्होंने हिन्दी नवजागरण के सम्बन्ध में यह लिखा—'हिन्दी नवजागरण मूलत: बुद्धिजीवी और रहस्यवाद विरोधी है। कुछ समय के लिए रहस्यवादी धारणाएँ उस पर हावी होती दिखाई देती हैं, पर पूरी तरह नहीं।' (महावीर प्रसाद द्विवेदी और हिन्दी नवजागरण, पृ. 179)

हिन्दी नवजागरण सम्बन्धी अवधारणा लगातार बहस में है। कई मार्क्सवादी बहुत मेहनत से यह ढूँढ़ रहे हैं कि भारतेन्दु युग में और भारतेन्दु हरिश्चन्द्र में नवजागरण ही नहीं पुनरुत्थानवाद के भी चिह्न हैं। वे हिन्दी नवजागरण सम्बन्धी अनेक प्रश्न खड़े कर रहे हैं। इन प्रश्नों से हिन्दी नवजागरण की अवधारणा समाप्त नहीं होती है।

रामविलास जी ने हिन्दी नवजागरण की जिन विशेषताओं को चिह्नित किया था, वे पूरे भारत के लिए महत्त्वपूर्ण है। "हिन्दी नवजागरण का महत्त्व केवल हिन्दी प्रदेश के लिए नहीं है। ××× वर्तमान बुद्धिजीवी वर्ग जितना ही किसान जनता से अलग-थलग रहता है, शहर में रहते हुए मजदूर वर्ग से कटा रहता है, उतना ही वह हिन्दी नवजागरण का महत्त्व समझने में असमर्थ दिखाई देता है।" (वही, पृ. 180)

रामविलास शर्मा ने हिन्दी नवजागरण के प्रगतिशील और क्रान्तिकारी पक्षों को प्रस्तुत किया है। हिन्दी नवजागरण पूर्णत: निर्दोष भले न हो पर उसके जो वैशिष्ट्य हैं, उस पर चर्चा करना और बाद में उसके ठहराव वाली स्थिति पर विचार करना जरूरी है क्योंकि हिन्दी प्रदेश आज भी सामन्तवादी और साम्राज्यवादी शक्तियों के प्रभाव में है। हिन्दी प्रदेश का विभाजन और तीन नए राज्यों—उत्तरांचल, छत्तीसगढ़ तथा झारखंड का गठन साम्राज्यवाद के हित में है। रामविलास जी ने अनेक उदाहरणों से यह प्रमाणित किया है कि केन्द्रीय राज्य सत्ता के कमजोर होने के बाद यह देश खंडित और पराधीन हुआ। आज के भारत की स्थिति लगभग ऐसी ही है।

हिन्दी नवजागरण पर कार्य करनेवाले कुछ लोगों का यह विचार है कि हिन्दी नवजागरण के बजाय हमें भारतीय नवजागरण पर बात करनी चाहिए। अच्छी बात है, इससे किसी को आपत्ति क्यों होगी। पर भारतीय जागरण जातीय जागरण के बिना सम्भव नहीं है। "वास्तव में जातीय जागरण के बिना अखिल भारतीय जागरण सम्भव ही नहीं है। नवजागरण का माध्यम कोई भाषा अवश्य होगी। भारतीय भाषा नाम से कोई अलग एक भाषा नहीं है। मराठी, बांग्ला, हिन्दी आदि सब भारतीय भाषाएँ हैं, लेकिन इनमें किसी एक को एकमात्र भारतीय भाषा नहीं कहा जा सकता। हिन्दी के माध्यम से बंगाल में नवजागरण सम्भव नहीं था, इसी तरह हिन्दी प्रदेश में अंग्रेजी या बांग्ला के माध्यम से नवजागरण सम्भव नहीं था। जातीय चेतना सबसे पहले भाषा-प्रेम द्वारा ही व्यक्त होती है।' (भारतीय संस्कृति और हिन्दी प्रदेश, खंड-2, पृ. 316)

'भारतीय साहित्य की भूमिका' के चौथे अध्याय में तमिलनाडु में नवजागरण पर विचार किया गया और 'भारतीय संस्कृति और हिन्दी प्रदेश' के दूसरे खंड के दसवें अध्याय में सुब्रह्मण्य भारती के साहित्य में जातीय चेतना पर प्रकाश डाला गया है। रामविलास जी के अनुसार तमिलनाडु के सांस्कृतिक नवजागरण की विशेषता साहित्य के अतिरिक्त ललित कलाओं का विकास भी है। इन ललित कलाओं में वास्तुकला प्रमुख है। तमिलनाडु के प्राचीनतम महाकाव्यों—'शिलप्पदिकारम्' और 'मणिमेखलइ' में नायिका प्रमुख हैं। शिलप्पदिकारम का नायक वैश्य है। यूरोप के साहित्य में वैश्य का नायक बनना बहुत बाद की घटना है। यूरोप के नवजागरण से प्रभावित हिन्दी के विद्वान यह देखना अधिक पसन्द नहीं करते कि किन कारणों से भारतीय नवजागरण ने अपने कार्य पूरे नहीं किए।

रामविलास शर्मा यूरोप के पुनर्जागरण काल से तमिलनाडु के नवजागरण की तुलना करते हैं। "कहा जा सकता है, यूरोप के पुनर्जागरण काल में जोर इहलोकवाद, सांसारिकता और मनुष्य के ऐन्द्रिय जीवन पर है, यहाँ उससे उल्टी स्थिति है। इटली में दांते पुनर्जागरण काल के प्रथम कवि हैं, मणिमेखलइ की अपेक्षा उनके यहाँ परलोकवाद कुछ अधिक ही है। इसके सिवा जिओत्तो उस युग के प्रारम्भिक चित्रकारों में हैं। कैथलिक धर्म के प्रति आग्रह उनके चित्रों में है। इटली के पुनर्जागरण को देखते तमिलनाडु के नवजागरण में इहलोकवाद कम नहीं है।" (भारतीय साहित्य की भूमिका, पृ. 150)

रामविलास जी के अनुसार, "भारत में नवजागरण की समस्याएँ साहित्य तक सीमित नहीं हैं; उनकी परिधि में दर्शन, विज्ञान, प्रौद्योगिकी तथा स्थापत्य, शिल्प चित्र, नृत्य, संगीत आदि ललित कलाएँ भी आती हैं।" (वही, पृ. 163) प्रत्येक कला का अपना जातीय स्वरूप होता है। हिन्दी में और भारत की अन्य भाषाओं में भी कलाओं के जातीय स्वरूप की कम चर्चा हुई है। अकबर के काल में स्थापत्य कला और चित्रकला का यह जातीय स्वरूप देखा जा सकता है। फतेहपुर-सीकरी के निर्माण में ईरानी प्रभाव बहुत कम है। उन्होंने 'हिन्दुस्तान (हिन्दी प्रदेश) के जातीय स्थापत्य' और जातीय चित्रकला पर विचार इतिहासकार स्मिथ के हवाले से 'भारतीय संस्कृति और हिन्दी प्रदेश' के दूसरे खंड में किया है। संगीत के क्षेत्र में वे आचार्य बृहस्पति के दृष्टिकोण को रामचन्द्र शुक्ल के दृष्टिकोण से मेल खाते देखते हैं।

वे संगीत के क्षेत्र में अंग्रेजी राज के कायम होने के बाद कई करिश्मों को प्रचारित होते देखते हैं। आचार्य बृहस्पति के हवाले संगीत के क्षेत्र में होनेवाले परिवर्तनों पर वे विचार करते हैं। उनके अनुसार 'ध्रुवपद', 'नवजागरण का मुख्य गीत प्रकार' था, जिसका चलन खुसरो से लेकर तानसेन के बाद तक रहा। "ध्रुवपद का स्थान बाद में ख्याल और ठुमरी ने लिया।" उन्होंने मध्यदेश की संस्कृति से ध्रुवपद का 'घनिष्ठ सम्बन्ध' देखा है। ध्रुवपद की जगह खयाल, वीणा और मृदंग की जगह सितार और तबले का चलन बाद का है। "जिसे लोग शास्त्रीय संगीत या क्लासिकल संगीत कहते हैं, वह वास्तव में दरबारी संगीत है और वह मानसिंह तोमर और अकबर जैसे स्वाधीन नरेशों के दरबारों की उपज नहीं, वह अंग्रेजों के अधीन देशी नरेशों के दरबारों की उपज है।" (वही, पृ. 173) 1896 में प्रकाशित राजा सर सौरीन्द्र मोहन टैगोर की पुस्तक 'यूनिवर्सल हिस्ट्री ऑफ म्यूजिक' के सम्बन्ध में यह लिखा है कि "साम्प्रदायिक आधार पर संगीत का विभाजन भारत को छोड़कर और कहीं नहीं किया गया।" (वही, पृ. 174) अनेक उदाहरणों से वे यह प्रमाणित करते हैं कि "ब्रिटिश शासनकाल भारतीय संगीत के लिए अन्धकार युग है। ××× भातखंडे उन थोड़े से लोगों में हैं, जिन्होंने इस अन्धकार युग में संगीत की दीपशिखा को जलाए रखने का प्रयत्न किया।" (वही, पृ. 214)

रामविलास जी ने आज के भारत में नए सिरे से स्वदेशी आन्दोलन की आवश्यकता बताई है। आज भारत अमरीका तथा अन्य यूरोपीय देशों का बाजार बन रहा है। बहुराष्ट्रीय कम्पनियाँ अपने उत्पादों को यहाँ खपा रही हैं और कांग्रेस से लेकर राजग की सरकार तक विदेशी पूँजी और विदेशी उत्पाद को आमंत्रित कर रही हैं। विदेशी पूँजी के साथ विदेशी सामान आता है, विदेशी संस्कृति आती है। भारत को नए सिरे से गुलाम बनाने की सारी कोशिशें चल रही हैं। पूर्वी यूरोप तथा सोवियत संघ में समाजवाद के विघटन के बाद सारा परिदृश्य बदल चुका है। अवसरवादियों और समझौतावादियों के तबकों ने मार्क्सवाद से मुँह फेर लिया है। रामविलास शर्मा साम्राज्यवाद की पराजय में विश्वास करते हैं। 'आज की दुनिया और लेनिन' (1992) में, 'पूर्वी यूरोप तथा सोवियत संघ में समाजवाद का विघटन और तीसरी दुनिया' ('भारतीय इतिहास और ऐतिहासिक भौतिकवाद' पुस्तक का सातवाँ अध्याय) में और 'आज का भारत और कल का इतिहास' (भारतीय संस्कृति और हिन्दी प्रदेश के दूसरे खंड का बारहवाँ अध्याय) में कहीं भी उनका स्वर निराशा का नहीं है। भारत में समस्याएँ विकराल होती गई हैं। हिन्दी प्रदेश सम्प्रदायवाद और जातिवाद दोनों का गढ़ बन गया है। वह पहले की तुलना में बहुत पिछड़ गया है, पर उनका स्वर आशा और उत्साह का है। इसका मुख्य कारण यह है कि श्रमजीवी जनता में उनकी अटूट आस्था है।

शेली की द्विजन्मशती हो या नाविक विद्रोह के पचास वर्ष, साम्राज्यवादी कूटनीति के तहत भारत का विभाजन हो या सामाजिक न्याय, आरक्षण का प्रश्न हो या विदेशी पूँजी का प्रवाह और उसके साथ चलनेवाले साम्प्रदायिक उभार हों, कांग्रेस सहित वामपन्थी पार्टियों का अवसरवाद या भारतीय पूँजीवाद का संकट हो—समाज, भाषा, साहित्य, संस्कृति, राजनीति, पूँजीवाद, मार्क्सवाद से जुड़े तमाम प्रश्नों के उन्होंने उत्तर दिए हैं और मार्क्सवाद को प्रासंगिक माना है। उन्होंने सम्प्रदायवाद और जाति-प्रथा दोनों को सामन्ती अवशेष माना है और भारत के अर्द्धपूँजीवादी, अर्द्धसामन्ती, साम्राज्यवाद से दबे हुए आर्थिक ढाँचे को तोड़ने की बात कही है। अपने जीवन काल में प्रकाशित अन्तिम पुस्तक, 'भारतीय संस्कृति और हिन्दी प्रदेश' के दूसरे खंड में उन्होंने 'अमरीकी समाज और हिंसा पर चॉम्स्की के विचार' उद्धृत किए हैं। यह पुस्तक का अन्तिम परिशिष्ट है। उन्होंने अमरीकी पूँजी और अमरीकी संस्कृति का विरोध किया है।

वे हिन्दी आलोचना के गौरव और शिखर पुरुष हैं। अपनी आलोचनाओं से उन्होंने हिन्दी साहित्य के इतिहास-लेखन की एक नई जमीन तैयार की। भारतेन्दु हरिश्चन्द्र, महावीर प्रसाद द्विवेदी, रामचन्द्र शुक्ल, प्रेमचन्द और निराला का उनके द्वारा किया गया मूल्यांकन मील का पत्थर है। 'नई कविता और अस्तित्ववाद' आलोचना

सम्बन्धी उनकी अन्तिम पुस्तक है। अपने अन्तिम समय में वे तुलसीदास पर कार्य कर रहे थे। उनकी साहित्य-समीक्षा ने अपने समय में कम हलचल नहीं मचाई। उनके उल्लेख के बगैर, उनकी मान्यताओं की चर्चा किए बिना नई कविता की कोई चर्चा नहीं की जा सकती। हिन्दी के मार्क्सवादी आलोचना को उन्होंने गति और दिशा दोनों दी और हिन्दी साहित्य की यथार्थवादी, जातीय, प्रगतिशील और क्रान्तिकारी प्रवृत्तियों को महत्त्व दिया। स्वाभाविक था कि उनकी आलोचना व्यक्तिवादी, रीतिवादी, भाववादी और प्रतिक्रियावादी प्रवृत्तियों पर प्रहार करती। इस प्रकार आलोचना का क्षेत्र उनके लिए युद्ध का मैदान बन गया। अपनी वस्तुपरक, वैज्ञानिक और मार्क्सवादी दृष्टि से उन्होंने यह लड़ाई लड़ी। हिन्दी साहित्य हिन्दी जाति का साहित्य है और साहित्य के इतिहास का अध्ययन सामाजिक इतिहास के अध्ययन से असम्बद्ध नहीं होता। रामविलास जी की साहित्यिक आलोचना सामाजिक-सांस्कृतिक दृष्टि से महत्त्वूपर्ण है।

1934 में कांग्रेस सोशलिस्ट पार्टी का जन्म हुआ था और इसी वर्ष महात्मा गांधी ने पहली बार कांग्रेस से सम्बन्ध तोड़ा था क्योंकि उनके और कांग्रेस के बौद्धिकों के बीच सैद्धान्तिक मतभेद था। यही वह वर्ष है, जब रामविलास शर्मा ने 23 जुलाई, 1934 के 'अभ्युदय' में ज्योति प्रसाद मिश्र 'निर्मल' का निराला पर लिखे गए लेख के विरोध में 'निराला जी की कविता' शीर्षक लेख से हिन्दी आलोचना में अपने आगमन की सूचना दी। 'निराला जी की कविता' हिन्दी में रामविलास जी का पहला प्रकाशित आलोचनात्मक लेख है। उन्होंने इस लेख में लिखा—'निराला जी की कविता नए युग की आँखों से यौवन को देखती है। नायक-नायिकाओं की रस रीति के बहुत से वर्णन हुए, पर यहाँ एक नवीन सौन्दर्य है।' (विराम चिह्न, 1985, पृ. 44) इस पहले लेख में ही उन्होंने रीतिवाद का विरोध कर दिया था और 'नए युग की आँखों' की बात कही थी। उस समय अनेक क्षेत्रों में 'नया युग' जन्म ले रहा था। रामविलास शर्मा ने बाद के अपने लेखों में इस समय के नए यथार्थवाद की चर्चा की है।

उनकी पहली प्रकाशित पुस्तक प्रेमचन्द पर है, जो उन्होंने 1939-40 में लिखी थी। यह पुस्तक 1941 में प्रकाशित हुई। प्रेमचन्द पर होनेवाले आक्रमण थमे नहीं थे। उन्हें 'घृणा का प्रचारक' और 'ब्राह्मणों का विरोधी' कहा जाता था। भूमिका में रामविलास जी ने लिखा—"प्रेमचन्द के युग को देखते हुए हम कह सकते हैं कि क्या राजनीति में, क्या साहित्य में, उस समय उन्हीं का व्यक्तित्व सबसे अधिक क्रान्तिकारी था।" (प्रेमचन्द, 1994, पृ. 9) इस भूमिका में प्रेमचन्द की तुलना शरतचन्द्र से किए जाने पर उन्होंने आपत्ति प्रकट की। इस पुस्तक में प्रेमचन्द की कृतियों पर स्वतंत्र रूप से चर्चा नहीं की गई थी, साम्राज्यवाद और महाजनी सभ्यता को प्रमुख शत्रु माना गया था। मार्क्सवादी ढंग से प्रेमचन्द का विश्लेषण करने की कोशिश की गई थी। इसके पहले 1933 में जनार्दन प्रसाद झा 'द्विज' की पुस्तक 'प्रेमचन्द की उपन्यास कला'

का प्रकाशन हो चुका था। दूसरे संस्करण (1994) की भूमिका में रामविलास जी ने इस पुस्तक को 'प्रेमचन्द पर पहली प्रगतिशील आलोचना पुस्तक' कहा।

रामविलास शर्मा ने आरम्भिक वर्षों में आक्रमणों का उत्तर आक्रमणों से नहीं दिया। भारतेन्दु युग (1943) के प्रकाशन के पूर्व तक रामविलास जी की दृष्टि साहित्यिक आन्दोलन तक ही सीमित थी। भारतेन्दु युग के समय यह बात नहीं रही। उस समय हिन्दी में ऐसे प्रगतिशील लेखक थे, जिनके लिए उस समय से पहले का साहित्य गौण था। "किताब लिखने से पहले ही इस पर बहस शुरू हो गई थी कि यह हमारे काम की चीज है या नहीं।" (मार्क्सवाद और प्रगतिशील साहित्य, पृ. 324)

रामविलास जी के समक्ष सदैव वर्तमान प्रमुख रहा। उन्होंने वर्तमान से कभी अपने को विमुख नहीं किया। उनके विवेचन और मूल्यांकन में समय की टकराहट मौजूद है। "यह स्वाभाविक है कि किसी बीते युग के बारे में लिखते हुए हमारा ध्यान अपने युग और उसकी समस्याओं की ओर भी जाए। यदि मुझे भारतेन्दु युग से आज के युग का एक घनिष्ठ सम्बन्ध न दिखाई देता तो मैं यह पुस्तक अभी न लिखता।" (भारतेन्दु युग और हिन्दी भाषा की विकास परम्परा', प्रथम संस्करण की भूमिका, पृ. 1) 'घनिष्ठ सम्बन्ध' का मुख्य कारण यह था कि हिन्दी समाज बदलाव और परिवर्तन के दौर से नहीं गुजरा। 1943 में जो स्थिति थी, उससे बुरी स्थिति 2000 में है। इसलिए भारतेन्दु युग हमारे लिए भी प्रेरक और महत्त्वपूर्ण है। ब्रिटिश काल में जैसी भारत की दुर्दशा थी और अन्धेर नगरी थी, आज की स्थिति उससे बहुत भिन्न नहीं है। रामविलास शर्मा ने अपनी आलोचना में आलोच्य कवि, लेखक और उनके युग को अपने युग से भी जोड़कर देखा। यह कृति, कृतिकार और उसके युग का एकांत विवेचन नहीं था। यह समय समाज सापेक्ष अध्ययन था।

उनकी अधिकांश आलोचना पुस्तकों का सम्बन्ध हिन्दी साहित्य और प्रगतिशील साहित्य के अन्तर्विरोधों से है। भारतेन्दु युग में मुख्य अन्तर्विरोध साम्राज्यवाद के अतिरिक्त सामन्तवाद का था। सामन्तवाद का साहित्यिक प्रतिनिधि रीतिवाद है और उससे मुक्त होकर ही हम आधुनिक साहित्य का विकास कर सकते हैं। रामविलास जी ने अपनी आलोचनाओं के द्वारा साहित्यिक प्रवृत्तियों के साथ सामाजिक प्रवृत्तियों से भी लड़ाई लड़ी। हम जिसे उनका विरोध और आक्रमण कहते हैं, वह वस्तुतः प्रवृत्तियों और शक्तियों का विरोध तथा उन पर किया जानेवाला आक्रमण है। इस प्रकार उनका आलोचनात्मक साहित्य साम्राज्यवाद और सामन्तवाद के विरुद्ध एक युद्ध है। आधुनिक युग में हिन्दी के पाँच लेखकों (भारतेन्दु, महावीर प्रसाद द्विवेदी, रामचन्द्र शुक्ल, प्रेमचन्द और निराला) के यहाँ वे साम्राज्यवाद और सामन्तवाद का यह विरोध देखते हैं। इन लेखकों पर आक्रमण करनेवाले लोग कहीं न कहीं किसी विचारधारा के—प्रतिगामी विचारधारा के पोषक थे। रामविलास शर्मा ने कृति विशेष पर कोई आलोचनात्मक पुस्तक नहीं लिखी। कृतियों पर उन्होंने समय-समय पर

लेख लिखे, पर उनकी संख्या अत्यल्प है। उनके अधिसंख्य निबन्ध विचारपरक हैं। उनका आलोचनात्मक लेखन विचारधारात्मक संघर्ष है। रीतिवादियों और प्रगतिविरोधियों के अतिरिक्त यह संघर्ष प्रगतिशीलों और मार्क्सवादी लेखकों, आलोचकों से भी है। निराला ने 'मास्को डायलाग्ज' कविता लिख कर और डी.डी. कोशाम्बी ने सरकारी या आफिशियल मार्क्सवादी की कोटि निर्धारित कर यह बता दिया था कि सभी भारतीय मार्क्सवादी प्रगतिशील और क्रान्तिकारी नहीं हैं। भारत में मार्क्सवाद की आज जो स्थिति है, उसे बनाने में केवल सोवियत विघटन की विशेष भूमिका नहीं है। हिन्दी के जो आलोचक एक साथ विश्वनाथ प्रताप सिंह (पूर्व प्रधानमंत्री) और केदारनाथ सिंह को हिन्दी का कवि मानते हैं, उनके बारे में क्या कहा जाए? विश्वनाथ प्रताप सिंह तथा अटल बिहारी वाजपेयी को कवि मानने से अपना भला हो सकता है, पर कविता का अकल्याण ही होगा। रामविलास शर्मा ने अगर अपने समय के प्रगतिशील लेखकों और समीक्षकों पर प्रहार किया, तो इस पर विचार अवश्य होना चाहिए कि उसके पीछे कारण क्या थे?

उनके आलोचनात्मक लेखन में एक तारतम्यता है। वहाँ एक भी ऐसा उदाहरण नहीं है, जहाँ उन्होंने विचारधारा की बलि दे दी हो। स्वहित के लिए विचारधारा और मार्क्सवाद की बलि देनेवाले मार्क्सवादियों की कमी नहीं है।

भारतेन्दु युगीन साहित्य की मूल प्रेरणा अंग्रेजों से प्राप्त हुई या वह साहित्य अपने युग के सामाजिक सांस्कृतिक जागरण का परिणाम है, इसकी विवेचना करनी होगी। रामविलास जी ने नई कविता का विरोध इन्हीं कारणों से किया कि ये कवि अस्तित्ववादी दर्शन से प्रभावित और चालित थे। हिन्दी में आज भी ऐसे कई समकालीन कवि हैं, जिनकी चिन्ताएँ दूसरी हैं। रामविलास जी ने कृतिकार और युग के एकांतिक रूप से किए गए विवेचन-विश्लेषण का विरोध किया है।

उनकी आलोचना की मुख्य विशेषता समग्रता में किया जानेवाला विश्लेषण है। भारतेन्दु युग के साहित्य में राजभक्ति का पुट भी है तथा हिन्दुओं के पक्ष और मुसलमानों के विपक्ष में कही गई बातें भी हैं। उन्होंने स्पष्ट लिखा है—"जो अनुचित लगती हैं, अनेक रचनाओं में रीतिकालीन काव्य परम्परा का भी प्रभाव है, फिर भी उसकी मूल धारा राष्ट्रीय और जनवादी है।' (वही, तीसरे संस्करण की भूमिका, पृ. 3) मूल धारा को गौण और गौण धारा को मूल बनानेवाले चतुर सुजान हिन्दी में कम नहीं हैं। वे विदेश के विश्वविद्यालयों से लेकर भारतीय विश्वविद्यालयों में भरे पड़े हैं। पिछले कुछ समय से भारतेन्दु और भारतेन्दु युग का मूल्यांकन गौण धारा को मूल बनाकर किया जा रहा है। यह अचानक नहीं हुआ है कि एक साथ भारतेन्दु से लेकर प्रेमचन्द और निराला तक के विरोध में हल्ला बोला जा रहा है। रामविलास शर्मा के विरोधी उनकी कृतियों को समग्रता में नहीं देखते। वे मूल विचारों और मतों की समीक्षा टिप्पणियों से करते हैं। भारतेन्दु युग के साहित्य को रामविलास जी ने 'राष्ट्रीय' इसलिए

कहा कि वहाँ 'अंग्रेजी साम्राज्यवाद की नीति का खंडन' है और वह साहित्य 'जनवादी' इसलिए है कि भारतीय समाज के पुराने ढाँचे से असन्तुष्ट है और नए सुधारों का इच्छुक है। भारतीय समाज का पुराना ढाँचा अगर आज भी कायम है और अमरीकी साम्राज्यवाद की नीतियाँ हमारी सरकार लागू कर रही है, तो आज हमारे लिए भारतेन्दु युग का साहित्य कहीं अधिक प्रेरणादायी है। जो प्रेरणादायी है, उस पर आक्रमण किया जाए, यह एक साम्राज्यवादी चाल है।

रामविलास शर्मा का आलोचनात्मक लेखन पहले की तुलना में आज कहीं अधिक महत्त्वपूर्ण है। एक लेख में इस पर विस्तार से विचार सम्भव नहीं है। 'भारतेन्दु हरिश्चन्द्र' पर 1953 में रामविलास जी की पुस्तक प्रकाशित हुई। इस पुस्तक में उन्होंने भारतेन्दु को समकालीन समस्याओं से जोड़ा। ये समस्याएँ स्वतंत्र भारत की थीं और स्वतंत्र भारत की समस्या ब्रिटिश राज की समस्या से अधिक भिन्न नहीं है। वह उन्हीं समस्याओं का विस्तार है। रामविलास जी ने गद्य को ध्यान में रखकर भी समस्याओं का विवेचन किया। 'भाषा को सामाजिक सन्दर्भ से अलग करके देखने की प्रवृत्ति रूपवादी प्रवृत्ति है।' (भाषा युगबोध और कविता, 1981 की भूमिका, पृ. 5)

रामविलास शर्मा ने जिन लेखकों पर आलोचनात्मक पुस्तकें लिखी हैं; उसके बाद भी समय-समय पर उन पर उन्होंने निबन्ध लिखे और पुस्तक के नए संस्करणों में नई सामग्रियाँ ही नहीं जोड़ीं, भूमिकाएँ भी लिखीं। इससे यह पता चलता है कि उनका आलोचनात्मक कार्य एक 'मिशन' की तरह रहा है। उन्होंने जन्म-दिवस, पुण्य तिथि, अर्द्धवार्षिकी, शतवार्षिकी आदि अवसरों पर लेख लिखकर महान लेखकों को याद करते रहने और हिन्दी भाषा तथा साहित्य के विकास में उनसे प्रेरणा ग्रहण करने को सदैव प्रेरित किया है। 1950 ई. में भारतेन्दु की जन्मशती के अवसर पर निराला ने अपने को 'उनके दरबार का दरबान मात्र' कहा था। उस अवसर के लिए रामविलास जी ने निबन्ध लिखा—'प्यारे हरिश्चन्द्र की कहानी रह जाएगी'। भारतेन्दु ने 'नई चाल में हिन्दी के ढलने का समय' 1873 ई. माना था। इसकी एक शताब्दी पूरी होने पर 1973 में रामविलास जी ने 'हिन्दी भाषा की विकास परम्परा' पर एक लेख लिखा। लेखक विशेष के प्रति इस आस्था और समर्पण भाव का मुख्य कारण यह है कि ये लेखक हिन्दी जाति के लेखक थे और इन्होंने हिन्दी भाषा तथा साहित्य के विकास के लिए अपना जीवन समर्पित कर दिया। रामविलास जी ने लेखकों का मूल्यांकन केवल उसकी विचार दृष्टि और विचारधारा के आधार पर नहीं किया। उन्होंने समग्रता में उन पर विचार किया। "भारतेन्दु युग की जिन्दादिली, उसके व्यंग्य और हास्य, उसके सरल सरस गद्य और लोक संस्कृति से उसकी निकटता से सभी परिचित हैं, ये उसकी जातीय विशेषताएँ हैं।" (भारतेन्दु युग और हिन्दी भाषा की विकास परम्परा, पृ. 6) हिन्दी की ये सभी जातीय विशेषताएँ रामविलास शर्मा में भी हैं। रामविलास शर्मा ने अपने गद्य को छात्र जीवन से ही जातीय गद्य बनाने की कोशिश की। झाँसी की सरस्वती

पाठशाला में वे पाँचवीं कक्षा तक पढ़े। उस समय उनकी उम्र आठ से बारह वर्ष की थी। ''इन्हीं दिनों (सरस्वती स्कूल में पढ़ते समय) भारतेन्दु हरिश्चन्द्र का नाटक 'सत्य हरिश्चन्द्र' पढ़ने को मिला। हिन्दी गद्य में कितनी मिठास है, यह पहली बार नाटक पढ़कर समझ में आया। भैया के साथ मैंने यह नाटक कई बार पढ़ा, कहाँ कविता अच्छी है, कहाँ गद्य अच्छा है, हम एक-दूसरे से उसकी तारीफ करते थे।'' (अपनी धरती अपने लोग, खंड-1, पृ. 37)

बालकृष्ण भट्ट को रामविलास शर्मा ने 'आधुनिक हिन्दी आलोचना का जन्मदाता' कहा है। भारतीय आलोचना के लिए भट्ट जी ने जितनी बातें कही थीं, वे 'एकदम नई और क्रान्तिकारी थीं।' रामविलास जी की आलोचना में बीच-बीच में व्यंग्य के जो तीर छूटते हैं, वे भारतेन्दु युग के लेखकों की देन हैं। उन्होंने भारतेन्दु युग के लेखकों की निजी विशेषताएँ उद्घाटित कीं। निजी विशेषताएँ और युगीन विशेषताएँ दोनों को वे उद्घाटित करते थे।

'प्रेमचन्द' पुस्तक में उन्होंने प्रेमचन्द की कृतियों पर विचार नहीं किया था, पर 'प्रेमचन्द और उनका युग' में वर्गीय विश्लेषण के बदले कृतियों का विश्लेषण किया। इसके पहले 1946 में उन्होंने एक लेख लिखा—'प्रेमचन्द की दसवीं वर्षी'। इस समय उन्होंने अन्तरिम सरकार के नेताओं को देखा। ये जनता से दूर हो चुके नेता थे। अब राजा, महाराजा, महामंत्री, लाट के साथ उन नेताओं का 'बराबरी का व्यवहार' था। ''प्रेमचन्द की कल्पना यहाँ तक न पहुँची थी; उन्होंने न सोचा था कि 'समर यात्रा' का यहाँ अन्त होगा। दिल्ली के राजभवन के आगे उनका साहित्य अभ्यास देहाती जैसा बिलकुल मामूली और बेढंगा मालूम होता है।'' (विराम चिह्न, पृ. 23)

रामविलास जी ने कृति और कृतिकार को युग से जोड़कर देखा। 'भारतेन्दु युग' और 'प्रेमचन्द युग' पुस्तकों के शीर्षकों में 'युग' शामिल है। 'प्रेमचन्द और उनका युग' (1952) में उन्होंने प्रेमचन्द के उपन्यासों का विस्तृत विश्लेषण किया। हिन्दी जाति के शीर्ष लेखकों पर, हिन्दी जाति, हिन्दी भाषा और हिन्दी साहित्य के प्रगतिशील पक्ष पर जिस किसी ने आक्रमण किया, उन्होंने उसे नहीं छोड़ा। उनकी इस आक्रामक और प्रहारात्मक आलोचना के साहित्यिक सांस्कृतिक कारण थे। इससे उनकी आलोचना निखरी और चमकी। प्रेमचन्द, निराला और रामचन्द्र शुक्ल के विरोधी आज कहाँ हैं? फिराक साहब ने हिन्दी कथा साहित्य, आलोचना और कविता में कोई विश्वस्तरीय रचना नहीं देखी थी। रामविलास जी ने 'हिन्दी भाषा साहित्य और फिराक' लेख में उनकी समझ पर प्रश्नचिह्न खड़े किए।

रामविलास शर्मा की कई आलोचनात्मक पुस्तकें अपने समय के तीखे विवादों से भी जुड़ी हुई हैं। 'प्रेमचन्द और उनका युग' ''प्रगतिशील आन्दोलन के भीतर चल रहे तत्कालीन विवादों में बहुत सीधे रूप में सम्बद्ध है।'' (मार्क्सवाद और प्रगतिशील साहित्य, पृ. 323) 'प्रेमचन्द और उनका युग' के चौथे संस्करण (1987) में उन्होंने

एक नया अध्याय जोड़ा—‘प्रेमाश्रम और गोदान : कुछ अन्य समस्याएँ’। इस अध्याय में उन्होंने कमल किशोर गोयनका और शैलेश जैदी जैसे प्रेमचन्द के विरोधियों को सामने रखा। हिन्दी के ये दो अध्यापक और प्रेमचन्द के शोधार्थी पहले से ही प्रेमचन्द पर आक्रमण कर रहे थे। इन पर ध्यान देना जरूरी था। रामविलास शर्मा ने हिन्दी भाषा और साहित्य सम्बन्धी सभी बहसों में भाग नहीं लिया, उन्होंने बहसों को आमंत्रित किया। उनकी आलोचना ने हिन्दी की प्रगतिशील और मार्क्सवादी आलोचना का निरन्तर विकास किया। पुरानी पीढ़ी और नई पीढ़ी के प्रगतिशील आलोचकों से कई बिन्दुओं पर उनके मतभेद रहे और तर्कों तथा तथ्यों के सहारे वे सदैव अडिग, अविचल रहे। उन्होंने न तो पाश्चात्य आलोचकों के उद्धरण दिए और न भारतीय काव्यशास्त्र से मानक ग्रहण किए। उनके समक्ष मार्क्सवादी सिद्धान्त और दर्शन था, पर साहित्यिक आलोचना में उन्होंने सदैव इसे कसौटी नहीं बनाया। उन्होंने सदैव लेखक को उसके समय और समाज से जोड़कर देखा। उनकी आलोचनात्मक कृतियों में विवेचन और विश्लेषण की जो पद्धति है वह पाठकों की जातीय और राष्ट्रीय चेतना का विकास करती है।

हिन्दी आलोचना को रामविलास जी ने रसवाद, रीतिवाद, रूढ़िवाद, पाश्चात्योन्मुखता, विचारहीनता, व्यक्तिवादिता और भावोच्छ्वास से मुक्त कर वैज्ञानिक तथा जातीय दृष्टि प्रदान की है। उनके समय में कई ऐसे मार्क्सवादी थे, जिनके लिए परम्परा का कोई महत्त्व नहीं था। रामविलास जी ने ‘परम्परा के मूल्यांकन’ की आवश्यकता पर बल दिया। “जो लोग साहित्य में युग परिवर्तन करना चाहते हैं, जो लकीर के फकीर नहीं हैं, जो रूढ़ियाँ तोड़कर क्रान्तिकारी साहित्य रचना चाहते हैं, उनके लिए साहित्य की परम्परा का ज्ञान सबसे ज्यादा आवश्यक है।” (परम्परा का मूल्यांकन, पृ. 9)

वाल्मीकि, भवभूति, तुलसीदास, सन्त साहित्य, रीतिकालीन काव्य परम्परा आदि का उन्होंने नए सिरे से मूल्यांकन किया। 1948 के एक निबन्ध ‘हिन्दी समालोचना का उत्तरदायित्व’ में उन्होंने पुरानी साहित्यिक कृतियों की ही नहीं मान्यताओं के मूल्यांकन की भी बात कही थी—“यह भी आवश्यक है कि हिन्दी के समालोचक पुरानी मान्यताओं का मूल्यांकन करें।” (स्वाधीनता और राष्ट्रीय साहित्य, 1956, पृ. 85) उन्होंने इस निबन्ध में पुराने साहित्य के अन्तर्विरोधों को समझ कर उसके रचनात्मक तत्त्वों को नए साहित्य में विकसित करने की बात कही है।

निराला रामविलास शर्मा के समकालीन साहित्यकार थे और उस समय ‘समकालीन साहित्यकार पर पुस्तक लिखने का चलन कम ही था।’ ‘निराला’ के प्रथम संस्करण की भूमिका में रामविलास जी ने निराला पर पुस्तक लिखने के कारणों की चर्चा की है। छायावादी काव्य के विरोध में निराला को केन्द्र बनाया गया था। नए साहित्यिक आन्दोलन की सही प्रगति के लिए उन्होंने परम्परा की कड़ियों को जोड़ना जरूरी समझा।

निराला पर आक्रमण करनेवाले वही थे, जो प्रेमचन्द पर आक्रमण करते थे। इस पुस्तक के लिखने के छह वर्ष पहले, 1943 में रामविलास जी ने 'कवि' शीर्षक से निराला पर कविता लिखी थी, जो निराला पर लिखी गई सभी कविताओं में सर्वोत्तम है। 'वह सहज विलम्बित मंथर गति जिसको निहार/गजराज लाज से राह छोड़ दे एक बार।' निराला पर एक अन्य कविता 'अर्चना' शीर्षक से 1952 में लिखी—''यह कवि अपराजेय निराला/जिसको मिला गरल का प्याला/ढहा और तन टूट चुका है/पर जिसका माथा न झुका है।'' इसी कविता में रामविलास जी ने लिखा—'यह कवि है अपनी जनता का।' स्वाभाविक था कि रामविलास जी निराला के व्यक्तित्व, उनके कृतित्व तथा उनके युग पर प्रकाश डालते। निराला का संघर्षमय जीवन उनके लिए चिरन्तन प्रेरणादायी रहा। ''सन् 1934 से अब तक उनके जीवन प्रवाह और साहित्य सर्जन को मैं यथेष्ट मनोयोग से देखता रहा हूँ।' (निराला, 1947 प्रथम संस्करण की भूमिका) निराला के साथ निजी और गहरे आत्मीय सम्बन्धों के बाद भी उनको यह चिन्ता रही कि निराला के साहित्य की कमजोरियों पर पर्दा न डाला जाए और न उनकी अनुचित प्रशंसा हो। इससे 'नई साहित्यिक प्रवृत्तियों के अनहित' होने की बात थी। उन्होंने इस पुस्तक के बाद निराला की जीवनी लिखी जो हिन्दी के जीवनी साहित्य में ऊँचा स्थान रखती है। इस पुस्तक में रामविलास जी का मुख्य उद्देश्य ''निराला के पारिवारिक, सामाजिक परिवेश से, उस युग की सांस्कृतिक परिस्थितियों से उनके जीवन के बाह्य रूपों के साथ उनके अन्तर्जगत से पाठकों को परिचित कराना'' था। निराला की साहित्य साधना के दूसरे खंड में उनके कृतित्व का विवेचन है। पाँच अध्यायों—विचारधारा, भावबोध, कला, गद्य साहित्य और परम्परा में विभाजित इस खंड में निराला के कृतित्व का समग्र दृष्टियों से विवेचन है। पहली बार निराला की सामाजिक राजनीतिक टिप्पणियों के आधार पर उनकी राजनीतिक विचारधारा को प्रकाश में लाया गया। महावीर प्रसाद द्विवेदी की पुस्तक 'सम्पत्तिशास्त्र' और रामचन्द्र शुक्ल द्वारा हैकल की पुस्तक 'रिडल आफ दि यूनिवर्स' (जर्मन 1899, अंग्रेजी में अनूदित 1901) के किए गए अनुवाद 'विश्व प्रपंच' तथा 155 पृष्ठों की लम्बी भूमिका से उन्होंने पहली बार पाठकों को परिचित कराया। साहित्येतर रचनाओं को साहित्यिक कृतियों के समक्ष विशेष महत्त्व आलोचना में प्राप्त नहीं था। रामविलास जी ने समग्र अध्ययन के द्वारा नए क्षितिज खोले। निराला के विचार विविध विषयों में एक-दूसरे से अलग नहीं थे। दर्शन, साहित्य, राजनीति और समाज—इन सभी क्षेत्रों में उनके विचार एक-दूसरे से सम्बद्ध थे। इस पारस्परिक सम्बद्धता को नजरअन्दाज कर जिस प्रकार निराला का सम्यक् विवेचन और मूल्यांकन असम्भव था, उसी प्रकार रामविलास शर्मा का मूल्यांकन विविध विषयों की पारस्परिक सम्बद्धता के बगैर एकांगी और अधूरा है। रामविलास जी ने इसी कारण निराला के पत्रों को महत्त्व दिया। हिन्दी आलोचना में पत्र को अभी तक महत्त्व नहीं दिया गया था। साहित्य की दुनिया में भी पत्र-लेखन

गम्भीरता से शामिल नहीं था। निराला की साहित्य साधना का तीसरा खंड पत्र-संग्रह है। इन पत्रों को, जो निराला के लिखे हुए तथा उन्हें लिखे गए हैं, रामविलास जी ने जीवन चरित लिखने के लिए स्रोत सामग्री माना है। "स्रोत सामग्री कच्चे माल की तरह है जिससे पक्का माल तैयार होता है।" अनेक पत्रों को उन्होंने 'श्रेष्ठ साहित्य की कोटि' में रखा है और यह लिखा है कि "निराला के युग और परिवेश की गम्भीर, आन्तरिक और मार्मिक जानकारी के लिए इनका ऐतिहासिक महत्त्व निर्विवाद है।" (निराला की साहित्य साधना, तृतीय खंड, 1976, भूमिका, पृ. 1)

उन्होंने पत्र साहित्य को साहित्य की कोटि में शामिल कर आलोचना का विस्तार किया। 'मित्र संवाद' उनके और केदारनाथ अग्रवाल के पत्रों का संकलन है और 'तीन महारथियों के पत्र' में बनारसी दास चतुर्वेदी, वृंदावनलाल वर्मा और किशोरीदास वाजपेयी द्वारा रामविलास जी को लिखे गए पत्र हैं।

1934 से 1999 तक रामविलास जी निराला पर लिखते रहे। 'भारतीय संस्कृति और हिन्दी प्रदेश' के दूसरे खंड में 'निराला के साहित्य में जातीय चेतना' पर उन्होंने प्रकाश डाला। वे हिन्दी के अकेले आलोचक हैं और शायद भारतीय साहित्य के भी, जो कवि विशेष या लेखक विशेष पर बार-बार विचार करते हैं। समय और समाज का दबाव उन्हें इस प्रकार के अध्ययन और विवेचन को प्रेरित करता है। इससे उनकी स्थापनाएँ और सुदृढ़ होती हैं तथा नवीन पक्षों से वे मूल्यांकन करते हैं। उन्होंने अपनी आलोचना का इस प्रकार स्वयं विकास किया है। निराला की साहित्य साधना से कम रामविलास शर्मा की साहित्यालोचन साधना नहीं है। इससे यह स्पष्ट होता है कि उनके लिए आलोचना कर्म सांस्कृतिक कर्म है। आलोचना कर्म को सांस्कृतिक कर्म बनानेवाले उदाहरण अधिक नहीं हैं। यह कार्य मार्क्सवादी आलोचना से ही सम्भव है। रामविलास शर्मा की आलोचना ने इस दृष्टि से जातीय संस्कृति और राष्ट्रीय संस्कृति की पहचान की है और उसका विकास भी किया है। आलोचना की संस्कृति रामविलास जी ने विकसित की है। उनके सामने रामचन्द्र शुक्ल सदैव एक उदाहरण रहे हैं। वे हिन्दी के अकेले आलोचक हैं, जिन्होंने रामचन्द्र शुक्ल से हाथ मिलाया था। रामचन्द्र शुक्ल ने हिन्दी आलोचना को जहाँ तक विकसित किया, रामविलास जी ने उसे और आगे बढ़ाया है। हिन्दी आलोचना का शिखर पुरुष उन्हें ठीक ही कहा जाता है। विविध ज्ञानानुशासनों और अन्तरानुशासनिक विवेचन से उन्होंने हिन्दी आलोचना को विकसित किया है।

'आचार्य रामचन्द्र शुक्ल और हिन्दी आलोचना' (1955) की भूमिका का आरम्भ इन पंक्तियों से होता है—"हिन्दी साहित्य में शुक्ल जी का वही महत्त्व है जो उपन्यासकार प्रेमचन्द या कवि निराला का। उन्होंने आलोचना के माध्यम से उसी सामन्ती संस्कृति का विरोध किया जिसका उपन्यास और कविता के माध्यम से प्रेमचन्द और निराला ने। शुक्ल जी ने न तो भारत के रूढ़िवाद को स्वीकार किया, न पश्चिम

के व्यक्तिवाद को। उन्होंने बाह्य जगत और मानव जीवन की वास्तविकता के आधार पर नए साहित्य सिद्धान्तों की स्थापना की और उनके आधार पर सामन्ती साहित्य का विरोध किया और देशभक्ति और जनतंत्र की साहित्यिक परम्परा का समर्थन किया।" (पृ. 7)

प्रगतिशील लेखक संघ से अलग होने के बाद रामविलास शर्मा ने यह पुस्तक लिखी। रामचन्द्र शुक्ल पर आक्रमण करनेवाले रीतिवाद और मार्क्सवाद के समर्थक दोनों थे। आचार्य शुक्ल को उस समय भी ब्राह्मणवादी कहा जाता था और 2000 में भी अनेक ऐसे महानुभाव हैं, जो उन्हें ब्राह्मणवादी कहते हैं। दोनों तरफ से किए गए आक्रमणों का जवाब है रामविलास जी की पुस्तक। उस समय शुक्ल जी पर जो आक्षेप हो रहे थे उसके जवाब में नवम्बर 1954 के 'नया पथ' में उन्होंने एक लेख लिखा—'साहित्य और लोकजीवन'। इस लेख में रामविलास जी ने शुक्ल जी पर लगाए गए इस आरोप का खंडन किया था कि 'शुक्ल जी का दृष्टिकोण एकांगी समाजशास्त्रीय है।'

'आलोचना' के चौथे अंक अक्तूबर 1952 में शिवदान सिंह चौहान, नामवर सिंह और रांगेय राघव ने शुक्ल जी की असंगत आलोचना की थी। रामविलास जी ने उदाहरणों से अपने निबन्ध में यह सिद्ध किया कि शुक्ल जी न तो रूढ़िवादी हैं, न भाववादी। वे रीति ग्रन्थों का विरोध करनेवाले हिन्दी के पहले आलोचक हैं। आलोचना के क्षेत्र में वे 'भवभूति के समानधर्मा' हैं और वाल्मीकि, भवभूति की परम्परा जगानेवाले हैं। इस निबन्ध में रामविलास जी ने शुक्ल जी को सामन्ती और साम्राज्यवादी दोनों संस्कृतियों का विरोधी माना। उनके अनुसार शुक्ल जी ने 'भारतीय पूँजीवाद की मूल सांस्कृतिक स्थापना—निष्क्रिय प्रतिरोध—का भी खंडन किया है।' (आचार्य रामचन्द्र शुक्ल और हिन्दी आलोचना, 1973, पृ. 42) इस लेख में उन्होंने शुक्ल जी को 'सुसंगत रूप से भौतिकवादी नहीं' माना।

शुक्ल जी के अधिकांश पाठक 'विश्व प्रपंच' वाले निबन्ध से अपरिचित थे। रामविलास जी ने उन्हें शुक्ल जी के इस पक्ष से परिचित कराया। विचारधारा के क्षेत्र में रामविलास जी तटस्थता के विरोधी हैं। उनके अनुसार विरोधी विचारों की टक्कर से समाज लाभान्वित होता है। रामविलास शर्मा के यहाँ वैचारिक संघर्ष सदैव तीव्र रहा है। उनके विरोध और आक्रमण के पीछे मुख्य कारण यही है। शुक्ल जी जिस प्रकार अध्यात्मवाद के विरुद्ध अपने समय में अकेले थे उसी प्रकार रामविलास शर्मा साम्राज्यवाद के विरुद्ध अपने समय में अकेले रहे। उनके समय में प्रगतिशील सांस्कृतिक परम्परा के विरोधियों की संख्या कम नहीं रही। दिल्ली, अलीगढ़ और लखनऊ से लेकर अनेक स्थलों में ऐसे विद्वान हैं, जिन्होंने रामविलास शर्मा का विरोध किया। रीतिवादियों और तथाकथित मार्क्सवादियों के पुराने गठबन्धन की बात उन्होंने कई स्थलों पर कही है। पूँजीवादी सामन्ती राजनीतिज्ञों और उनके सांस्कृतिक प्रतिनिधियों की संख्या में वृद्धि हुई है। उन्होंने अपनी आलोचना से हिन्दी की प्रगतिशील परम्परा की व्याख्या की, उसे समृद्ध और प्रतिष्ठित किया। उनके

सामने पद, धन और सम्मान का कोई अर्थ नहीं था। प्रोफेसर सिद्धान्त ने उन्हें बलवंत राव राजपूत कॉलेज, आगरा भेजा था और वे वहीं से सेवानिवृत्त हुए। उन्होंने अपने कॅरिअर की कभी परवाह नहीं की। नौकरी के लिए विश्वविद्यालय नहीं बदले, धन प्राप्ति के लिए कहीं नहीं दौड़े और पुरस्कार तथा सम्मान पाने और दिलाने की कभी कोई कोशिश नहीं की। उनके कृतित्व से ही नहीं, उनके व्यक्तित्व से भी बहुत कुछ सीखा जा सकता है। वे सत्ता से नहीं, भारतीय जनता से जुड़े थे। उनके व्यक्तित्व और कृतित्व में कहीं कोई छद्म और झोल नहीं है।

छायावादी कविता के बाद रामविलास जी ने प्रगतिशील कवियों—केदारनाथ अग्रवाल, नागार्जुन, शमशेर त्रिलोचन और मुक्तिबोध पर लिखा है। इसके बाद उन्होंने साहित्यिक आलोचना नहीं लिखी। 'नई कविता और अस्तित्ववाद' साहित्यालोचन की उनकी अन्तिम पुस्तक है। नामवर सिंह से उनकी मुठभेड़ 1952-53 से लेकर अन्तिम समय तक रही है। यह दो प्रवृत्तियों की मुठभेड़ थी। यह अलग से एक दिलचस्प अध्ययन का विषय है कि किन-किन प्रश्नों पर ये दो आलोचक एक-दूसरे से टकराते रहे है। इस सम्बन्ध में फिलहाल इतना ही कहा जा सकता है कि जहाँ नामवर सिंह ने अपना 'स्टैंड' अनेक बार बदला, रामविलास शर्मा ने कभी नहीं बदला। यह वैचारिक विरोध हिन्दी भाषा, रामचन्द्र शुक्ल, छायावाद, नई कविता, मुक्तिबोध, हजारी प्रसाद द्विवेदी, कबीर और हिन्दी जाति को लेकर मुख्य रूप से रहा है।

नामवर सिंह ने कविता के नए प्रतिमानों की तलाश की। रामविलास जी ने उदाहरण सहित यह बताया कि "इनमें किस प्रतिमान का मूल्य कहाँ बढ़ जाएगा या गिर जाएगा, आप कुछ कह नहीं सकते।" (नई कविता और अस्तित्ववाद, 1987, पृ. 64) 'नई कविता', 'मुक्तिबोध' और 'अन्धेरे में' कविता को लेकर दोनों आलोचकों में मतभेद रहा। नामवर सिंह ने 'अन्धेरे में' कविता की अन्तिम पंक्तियों को 'अस्मिता की खोज' कहा था 'जो आधुनिक मानव की सबसे ज्वलंत समस्या' है। रामविलास जी ने लिखा—'मुक्तिबोध की कविताओं के सन्दर्भ में अस्मिता की खोज को आधुनिक मानव की सबसे ज्वलंत समस्या बनाने का मतलब है निम्न-मध्य वर्ग की समस्या को समाज की सबसे ज्वलंत समस्या मानना।' (वही, पृ. 226) रामविलास जी मुक्तिबोध की कविताओं में अस्तित्ववाद, रहस्यवाद और मनोविश्लेषणशास्त्र का प्रभाव देखते थे। नामवर जी की दृष्टि में उनकी कविताओं में ऐसा कोई प्रभाव नहीं था। 'अन्धेरे में' कविता के सम्बन्ध में उनके और नामवर जी के विचार एक-दूसरे से भिन्न हैं। इन दोनों आलोचकों में इस कविता के अतिरिक्त अन्य किसी कविता को लेकर अधिक टकराहट नहीं हुई। नामवर जी ने 'कविता के नए प्रतिमान' में छायावादी और नई कविता की रचना प्रक्रिया का अन्तर बताया था। उन्होंने छायावादी काव्य-रचना की प्रक्रिया को भीतर से बाहर की ओर माना था और नई कविता की रचना प्रक्रिया को बाहर से भीतर की ओर। रामविलास जी ने

इसका खंडन किया। 'कविता के नए प्रतिमान' के बाद 'दूसरी परम्परा की खोज' में स्थापित विचारों का भी उन्होंने खंडन किया। इस पुस्तक में भी 'कविता के नए प्रतिमान' की तरह नामवर जी ने शुक्ल जी की आलोचना की थी। रामविलास जी ने 'कविता के नए प्रतिमान' को 'राजनीति और साहित्य में साम्राज्यविरोधी, सामन्त विरोधी परम्परा के तिरस्कार का नाम' कहा (लोक जागरण और हिन्दी साहित्य, 1985, भूमिका, पृ. 65) और 'दूसरी परम्परा की खोज' को शुक्ल जी पर 'आक्रमण की नई मंजिल' माना।

'दूसरी परम्परा की खोज' में नामवर सिंह ने "हजारी प्रसाद द्विवेदी का पक्ष लेकर शुक्ल जी को खारिज किया है, कबीर का पक्ष लेकर तुलसीदास को खारिज किया है।" (वही, पृ. 66) रामविलास जी ने इसका जवाब डट कर दिया और उदाहरणों से यह सिद्ध किया कि "हजारीप्रसाद द्विवेदी का साहित्य-चिन्तन हिन्दू पुनरुत्थानवाद से गम्भीर रूप से सम्बद्ध है।" (वही, पृ. 90) रामविलास जी ने आक्रमण का जवाब सदैव आक्रमण से दिया। 'लोक जागरण और साहित्य', रामचन्द्र शुक्ल की जन्मशती पर रामविलास शर्मा द्वारा सम्पादित पुस्तक है जिसकी 94 पृष्ठों की भूमिका में उन्होंने शुक्ल जी पर नामवर सिंह ने जो आक्रमण किए थे, उनका उत्तर दिया और इस 'युद्ध' में हजारीप्रसाद द्विवेदी पर जमकर प्रहार किए। निबन्ध के अन्त में रामविलास शर्मा ने साहित्य में अवसरवादी सम्मानों को 'हिन्दी आलोचना के विकास में बाधा' माना और 'अपने समकालीन आलोचकों' से यह 'निवेदन' किया कि 'वे इन रुकावटों को दूर करके हिन्दी की गौरवशाली परम्परा को समृद्ध करने के लिए आगे बढ़ें।' (वही, पृ. 94)

निराला के बाद केदारनाथ अग्रवाल रामविलास शर्मा के प्रिय हिन्दी कवि हैं। रामविलास जी ने पुस्तक रूप में केवल इन्हीं दो कवियों की कविताएँ संकलित-सम्पादित कीं। 'राग विराग' और 'प्रगतिशील काव्य धारा और केदारनाथ अग्रवाल'। उन्होंने निराला और केदार दोनों को 'हिन्दी में क्रान्तिकारी यथार्थवाद का संस्थापक' कहा है। जिस समय हिन्दी के अन्य कवियों ने प्रगतिशील साहित्य की धारा से अपने को अलग कर लिया था (1945 के बाद) उस समय 'केदार, लगभग अकेले, क्रान्तिकारी यथार्थवाद के मार्ग पर साहसपूर्वक आगे बढ़े थे। पर उन्हें शीघ्र ही एक नया साथी मिल गया। इस साथी का नाम है नागार्जुन।' (नई कविता और अस्तित्ववाद, 1987, पृ. 279-80)

रामविलास जी 'प्रखर सामाजिक चेतना वाले कवि के रूप में नागार्जुन का आविर्भाव' कम्युनिस्ट पार्टी की दूसरी कांग्रेस (1948) के बाद मानते हैं। उपर्युक्त पुस्तक के दूसरे संस्करण की भूमिका में उन्होंने यह लिखा, 'केदारनाथ अग्रवाल और नागार्जुन को पीछे ठेल कर उनकी जगह मुक्तिबोध को प्रतिष्ठित करने का जो संगठित प्रयास सन् 64 से आरम्भ हुआ, उससे हिन्दी कविता की यथार्थवादी धारा को भारी

क्षति पहुँची।'' हिन्दी कविता की यह यथार्थवादी धारा क्रान्तिकारी थी। आज समकालीन हिन्दी कविता केदारनाथ अग्रवाल और नागार्जुन ही नहीं, मुक्तिबोध से भी अपना सम्बन्ध-विच्छेद कर जिस पथ पर चल रही है, वह यथार्थवाद और प्रगतिशीलता का कौन-सा पथ है, यह हिन्दी काव्यालोचकों के लिए अध्ययन और मूल्यांकन का जरूरी विषय है। रामविलास जी ने नई कविता के आन्दोलन चलाने के पीछे प्रगतिशील साहित्य का विरोध देखा था। अब साहित्यालोचन से अधिक बड़ा कार्य उन्हें इतिहास, समाजशास्त्र और दर्शन का दिखाई पड़ा और उन्होंने साहित्यालोचन सम्बन्धी अपने लेखन को विराम दिया। समय-समय पर वे आलोचनात्मक लेख लिखते रहे। बेनीपुरी की जन्मशती के अवसर पर 'स्वाधीनता आन्दोलन और क्रान्तिकारी पत्रकारिता, लेख लिखकर माखनलाल चतुर्वेदी, गणेशशंकर विद्यार्थी और बेनीपुरी को क्रान्तिकारी पत्रकार माना। उन्होंने बेनीपुरी के निबन्धों का संकलन किया और 'स्वाधीनता और समाजवाद' (प्रकाश्य पुस्तक) की भूमिका लिखी।

रामविलास शर्मा का आलोचनात्मक लेखन विचारधारात्मक संघर्ष है। 1949-50 से लेकर अब तक उनके विरोधियों की संख्या कम नहीं रही है। मुख्यत: इसके दो दौर हैं। एक पुराना दौर है और दूसरा नया दौर है। नए दौर में हिन्दी जाति और हिन्दी नवजागरण के आलोचक हैं तथा भारतेन्दु और उनके युग का नए सिरे से मूल्यांकन करनेवाले हैं। यह मूल्यांकन खंडित और एकांगी है। बहस जारी है।

रामविलास जी का कोई भी मूल्यांकन एकांगी नहीं है। वे हिन्दी के गौरव हैं। गम्भीर विषयों की उनकी प्रतिपादन शैली सहज और सुबोध है। उन्होंने नाटक, उपन्यास, ललित निबन्ध, संस्मरण, पत्र, डायरी, रेखाचित्र और भूमिकाएँ भी लिखी हैं। उन्होंने सम्पादन और अनुवाद का कार्य किया है। उनके इंटरव्यू बहुत महत्त्वपूर्ण हैं। कवि के रूप में उनका अलग महत्त्व है, जो गम्भीर मूल्यांकन की माँग करता है। वाल्मीकि, कालिदास और भवभूति से लेकर शमशेर, त्रिलोचन, गिरिजाकुमार माथुर और रवीन्द्र नाथ ठाकुर और नजरुल इस्लाम से लेकर सुब्रह्मण्य भारती के साहित्य पर उन्होंने विचार किया है। 'एस्सेज आन शेक्सपीरियन ट्रैजेडी' के दूसरे संस्करण (1998) की 39 पृष्ठों की भूमिका उन्होंने हिन्दी में लिखी है। हिन्दी भाषा के प्रति ऐसा गहरा समर्पण अब किसी हिन्दी लेखक और आलोचक में नहीं है। वे बीसवीं सदी में एक आश्चर्य की तरह हैं।

रामविलास शर्मा का समस्त साहित्य साम्राज्यवाद और उसके सहायक पूँजीवादी तथा सामन्ती अवशेषों के विरुद्ध है। बिना इसे नष्ट किए समाज, साहित्य, भाषा और संस्कृति का विकास असम्भव है। उनका व्यक्तित्व और कृतित्व रेनेसां के महामानवों का स्मरण कराता है। **मार्क्सवादी आलोचना में उनका नाम सदैव पूरे आदर और सम्मान के साथ लिया जाता रहेगा।**

(2000)

सबाल्टर्न इतिहास की सीमा

''समकालीन यथार्थ को छोड़कर इतिहास का वैज्ञानिक विवेचन असम्भव है। इस समय सबसे बड़ा यथार्थ इजारेदार पूँजीवाद का विश्वव्यापी प्रभाव है। यह पूँजीवाद ज्ञान-विज्ञान की अन्य शाखाओं की तरह इतिहास-लेखन को भी प्रभावित करता है। इसके विरुद्ध देशव्यापी आन्दोलन चलाना आवश्यक है।'' (डॉ. रामविलास शर्मा : भारतीय संस्कृति और हिन्दी प्रदेश, खंड-2, 1999, पृ. 291)

'भारतीय संस्कृति और हिन्दी प्रदेश' रामविलास शर्मा के जीवन-काल में दो खंडों में प्रकाशित चौदह सौ सतासी पृष्ठों की उनकी अन्तिम पुस्तक है, जो बीस अध्यायों के कुल एक सौ अट्ठावन अनुभागों में विभाजित है। इस पुस्तक में ऋग्वेद से लेकर बीसवीं सदी के अन्त तक के व्यापक काल-खंड की भारतीय संस्कृति और उसमें हिन्दी प्रदेश की भूमिका पर विचार किया गया है।

पहले खंड की 'भूमिका' की पहली पंक्ति है, ''भारत की प्राचीन संस्कृति का अध्ययन वर्तमान सामाजिक परिस्थितियों में अत्यन्त प्रासंगिक है।'' (1/5) और दूसरे खंड का अन्त भूमंडलीकरण और उदारीकरण के विरोध से है।

इस पुस्तक का प्रकाशन बीसवीं सदी के अन्त में हुआ है, जब भारत में विदेशी संस्कृति का अभूतपूर्व प्रचार-प्रसार हो रहा है। हिन्दी-प्रदेश के बौद्धिक अन्य प्रदेश के बौद्धिकों की तुलना में इस दृष्टि से किंचित् भिन्न है कि वे जातीय चेतना के अभाव में विदेशी संस्कृति को गले लगा रहे हैं। यह विदेशी संस्कृति विदेशी पूँजी से जुड़ी हुई है और भारत में इन दोनों का युगल नग्न नृत्य पिछले कुछ समय से लगातार जारी है। दोनों का भारत में अबाध प्रवेश है। राजनीतिज्ञ विदेशी पूँजी की ओर ललचाई दृष्टि से देख रहे हैं और संस्कृतिकर्मियों में उन लोगों की संख्या अच्छी-खासी है, जो अपने देश की संस्कृति के मूल्यवान पक्ष को अक्षुण्ण रखने, उसे विकसित और समृद्ध करने की सदिच्छा से कोसों दूर हैं। इतिहास के क्षेत्र में जिस धारा ने लगभग दो दशकों से अपना दबदबा कायम कर रखा है, उसका प्रभाव कला, साहित्य, संस्कृति, मानविकी तथा समाज-विज्ञान के विविध क्षेत्रों में मौजूद है। इतिहास की यह धारा सबाल्टर्न है।

1980 के आस-पास इतिहास-अध्ययन के क्षेत्र में इस नई शाखा—सबाल्टर्न का उदय अब भी गम्भीरता और विस्तार के साथ विवेचन-विश्लेषण की माँग करता है क्योंकि यह वह समय है, जिसमें विश्व-स्तर पर बदलाव के नए-नए चिह्न हमें दिखाई पड़ते हैं और इतिहास-शास्त्र का यह प्रभावशाली स्कूल एक साथ कई ज्ञानानुशासनों में अपनी उपस्थिति दर्ज कराता है। एजाज अहमद के अनुसार, "कम-से-कम इतिहास शास्त्र के एक बहुत प्रभावशाली स्कूल में कई मकसद पूरे करनेवाले एक शब्द 'सबआल्टर्निटी' का इस्तेमाल अवधारणात्मक स्तर पर वर्ग-संरचना की शास्त्रीय मार्क्सवादी श्रेणी के विकल्प के तौर पर किया जाता है और राजनीतिक स्तर पर संगठित वाम पर हमले के हथियार के रूप में; कई मोर्चों पर 'सबआल्टर्निटी' शब्द इतना गतिशील और अनिश्चित हो जाता है कि लगभग हर कोई, एक या दूसरी परिस्थिति में सबआल्टर्न हो जाता है।" ('आलोचना' सहस्राब्दी अंक 1 अप्रैल-जून 2000)।

सबाल्टर्न इतिहासकारों ने 'ग्राम्शी के क्रान्तिकारी विचारों के नख-दन्त तोड़ने के तरह-तरह के रास्तों' (वही) के अलावा बहुत-से ऐसे प्रश्नों पर मौन धारण कर लिया है, जो उनके पक्ष और फायदे में नहीं हैं। 1982 से अब तक 'सबाल्टर्न स्टडीज' की दस संख्याएँ प्रकाशित हो चुकी हैं। यह अध्ययन दक्षिण एशिया के इतिहास और समाज पर केन्द्रित है। आरम्भ में तीन खंडों की शृंखला की प्रकाशन-योजना थी, पर भारत तथा दक्षिण एशिया से जुड़े इतिहासकारों की अभिरुचियों को देखते हुए इसके प्रकाशन को निरन्तर जारी रखा गया। रणजीत गुहा इसके छह खंडों के सम्पादक थे और सातवें खंड से पार्थ चटर्जी और ज्ञानेन्द्र पांडे इसके सम्पादक बने।

रणजीत गुहा ने 'सबाल्टर्न स्टडी' की पहली संख्या में इस अध्ययन के उद्देश्यों पर प्रकाश डाला। उनका उद्देश्य इतिहास के अभिजनवादी या विशिष्ट वर्गीय अध्ययन को न केवल चुनौती देना था, अपितु उसे खारिज कर इतिहास का निम्नवर्गीय अध्ययन-विवेचन प्रस्तुत करना था। इतिहास के इस अध्ययन में समाज के वंचित-अभिवंचित समूह केन्द्र में थे। जो अब तक हाशिए पर थे, उन्हें केन्द्र में रखा गया और जो केन्द्र में थे, उन्हें हाशिए पर डाल देने की सामूहिक कोशिशें हुईं। दक्षिण एशियाई अध्ययन में इसके पहले अभिजनों और उच्चवर्गीयों का प्रभुत्व रहा। रणजीत गुहा ने इसके विरोध को, इससे लड़ाई को आवश्यक माना। (द नीड टू कॉमबैट इट,' सबाल्टर्न स्टडीज, 1982, viii) गुहा का 'एलीट' से आशय प्रभुत्वकारी समूह से है, जो विदेशी और देशज दोनों है। सबाल्टर्न स्टडीज की पहली संख्या का पहला लेख रणजीत गुहा का है—'औपनिवेशिक भारत के इतिहास-लेखन के कुछ पक्ष' (ऑन सम आस्पेक्ट्स ऑफ द हिस्टारिओग्राफी ऑफ कॉलोनियन इंडिया) इस लेख का आरम्भ ही इस पंक्ति से होता है कि भारतीय राष्ट्रवाद का इतिहास-लेखन एक लम्बे समय से औपनिवेशिक अभिजनवाद और मध्यवर्गीय राष्ट्रवादी

अभिजनवाद या विशिष्ट वर्ग के प्रभुत्व में रहा है। इस इतिहास-लेखन ने ब्रिटिश औपनिवेशिक शासक, प्रशासक, नीतियाँ, संस्थान तथा संस्कृति को महत्त्व दिया। उन्होंने भारतीय राष्ट्रवाद के इतिहास को 'भारतीय कुलीनों/उच्चवर्गीय समूहों की आध्यात्मिक जीवनी' कहा। इस विशिष्ट इतिहास-लेखन से गुहा की मुख्य आपत्ति यह थी कि यह लेखन भारतीय राष्ट्रवाद को विश्लेषित-व्याख्यायित नहीं कर पाता है। उन्होंने 1919 में रॉलट ऐक्ट के खिलाफ और 1942 में भारत छोड़ो आन्दोलन के समय की प्रबल जन-भागीदारी के विवेचन में इस इतिहास-लेखन को समर्थ और सक्षम नहीं माना। उनके अनुसार यह इतिहास-लेखन इसे स्पष्ट नहीं कर पाता कि क्यों ये आन्दोलन कुलीन जनों और उच्चवर्गीय समूहों के नियंत्रण में नहीं रहे। इस इतिहास-लेखन के 'संकीर्ण' और 'एकांगी' बने रहने का मुख्य कारण गुहा के अनुसार, 'वर्गीय दृष्टिकोण' है। (वही, पृ. 3)।

रामविलास शर्मा ने अपनी इस पुस्तक में सबाल्टर्न इतिहास-लेखन का सुतार्किक रूप से खंडन और विरोध किया है, जिस पर विचार करने के पूर्व सबाल्टर्न इतिहासकारों के कतिपय विचार-पक्षों का उल्लेख आवश्यक है।

सबाल्टर्न इतिहास-धारा वर्गीय विवेचन की मार्क्सीय पद्धति से सर्वथा अलग उच्चवर्गीय एवं निम्नवर्गीय द्विविभाजन पर बल देती है और निम्नवर्गीय धारा के पक्ष में उच्चवर्गीय और कुलीनवादी इतिहास-धारा को खारिज करती है। यह इतिहास-लेखन केवल 'सबाल्टर्न' पर बल देता है। निम्नवर्गीय अभिगम पर यह बल स्थानीय आन्दोलनों और इन आन्दोलनों की स्वत:स्फूर्तता के कारण है। गुहा के अनुसार, 1947 के सत्ता के हस्तान्तरण के तीन दशक बाद तक इतिहास-लेखन में औपनिवेशिक कुलीनवाद और राष्ट्रवादी कुलीनवाद का प्रभुत्व रहा है। सबाल्टर्न इतिहासकारों ने राष्ट्रवादी और मार्क्सवादी इतिहासकारों का एक साथ उल्लेख कर उसे खारिज करने की कोशिशें कीं। सबाल्टर्न इतिहासकारों ने अपने ऐतिहासिक विवेचन में 'चेतना' को केन्द्रीय स्थान प्रदान किया, 'किसान-चेतना' की धारणा प्रस्तुत की और 'सबाल्टर्न' को 'इतिहास का निर्माता' कहा। इसने 'आधार-अधिरचना वाले रूपक' तथा भारतीय इतिहास-लेखन में इसके विनियोग पर असहमति के साथ ही आपत्तियाँ खड़ी कीं। समाज में 'अभिजन और निम्न वर्ग के दोहरे विभाजन' को सर्वस्व माना और इस विभाजन में 'अर्थ' ('मनी') की भूमिका को महत्त्वपूर्ण नहीं माना। इन्होंने ग्राम्शी को अपना आधार बनाया, जिन्होंने 'प्रिजन नोटबुक्स' में 'एलीट क्लासेज' और 'सबाल्टर्न क्लासेज' पर विचार किया था और जैसाकि एजाज अहमद ने बताया है, ''इतिहास-शास्त्र के इसी स्कूल में ग्राम्शी का उल्लेख पुनर्जागरण, तर्कवाद और इतिहासवाद की सर्वाधिक अतिवादी आलोचनाओं के साथ जोड़ दिया जाता है, जबकि यही वे स्थितियाँ हैं, जिन्हें ग्राम्शी अपने विचारों को सम्भव कर सकने वाली स्थितियों के रूप में देखता है।'' ('आलोचना' वही, पृ. 89-90)।

'सबाल्टर्न स्टडीज 1 और 2' के प्रकाशन के बाद इस इतिहास-लेखन पर मार्क्सवादी इतिहासकारों और लेखकों-विचारकों ने आलोचनाएँ कीं और 'सबाल्टर्न स्टडीज 3' की भूमिका में रणजीत गुहा ने इन समीक्षाओं की चर्चा करते हुए अपनी स्थापनाओं पर पुन: बल दिया और 'सबाल्टर्न स्टडीज 4' की भूमिका में इन प्रतिक्रियाओं को उन्होंने 'उन्मत्त और सनकी प्रतिक्रियाएँ' ('मैनिक रिएक्शन') कहा। उन्होंने टैगोर की कहानी के पगले पहरेदार ('मैड वाचमैन') को उद्धृत किया, जो 'सब झूठा है! सब झूठा है।' का शोर मचाता था।

रामविलास शर्मा ने 'भारतीय संस्कृति और हिन्दी-प्रदेश' के दूसरे खंड के छठे और सातवें अध्याय ('भारतीय नवजागरण और अंग्रेजी राज' तथा 'सबाल्टर्न इतिहास और उसका विकल्प') के चौदह अनुभागों में सबाल्टर्न इतिहास-शास्त्र की प्रमुख स्थापनाओं पर विचार कर उसका खंडन किया है और दूसरे खंड के परिशिष्ट 2 में 'जाति और राष्ट्र से सम्बन्धित ऐंडरसन, पार्थ चटर्जी और हॉब्सबॉम की मान्यताओं' का खंडन किया है। कुल 127 पृष्ठों में सबाल्टर्न इतिहास का उनके द्वारा किया गया यह खंडन हमारे समय में कई कारणों से—विशेषत: इजारेदार पूँजीवाद के दौर में, अधिक महत्त्वपूर्ण है। सबाल्टर्न इतिहास-शास्त्र की जो आलोचना पिछले कुछ समय से मन्द पड़ गई थी, रामविलास शर्मा के इस विवेचन के बाद, सम्भव है, पुन: जीवन्त हो उठे। रामविलास शर्मा ने 'सबाल्टर्न स्टडीज' की कई संख्याओं मे प्रकाशित लेखों और इन इतिहासकारों की पुस्तकों के आधार पर इनकी जमकर आलोचना की है। उन्होंने बेनेडिक्ट ऐंडरसन की पुस्तक 'इमैजिन्ड कम्युनिटीज' (1983), सुशोभन सरकार की पुस्तक 'बंगाल रिनैसांस एंड अदर एसेज' (1982), अरविन्द पोद्दार की पुस्तक 'रिनैसेंस इन बेंगाल', रणजीत गुहा की पुस्तक 'एन इंडियन हिस्टारिओग्राफी इन इंडिया' (1988) तथा 'एलेमेंट्री ऑस्पेक्ट्स ऑफ पेजेंट इनसर्जेन्सी इन कॉलोनियल इंडिया' (1982), धनगरे की पुस्तक 'पेजेंट मूवमेंट्स इन इंडिया, 1920-1950 (1981), डेविड हार्डीमैन की पुस्तक 'पेजेंट रेजिस्टेंस इन इंडिया', 1858-1914, (1992), हॉब्सबॉम की पुस्तक 'नेशन एंड नैशनलिज्म सिन्स 1780 (1990), पार्थ चटर्जी की पुस्तक 'द नेशन एंड इट्स फ्रैगमेंट्स' (1994), सबाल्टर्न स्टडीज 1 में प्रकाशित पार्थ चटर्जी का लेख 'एग्रेरियन रिलेशंस एंड कम्युनिलिज्म इन बंगाल, 1926-1935' तथा शाहिद अमीन का लेख 'स्मॉल पीजेंट कमोडिटी प्रोडक्शन एंड रूरल इनडेवटेडनेस : द कल्चर ऑफ सुगर केन इन ईस्टर्न यूपी, (1880-1920)', सबाल्टर्न स्टडीज 2 में प्रकाशित गौतम भद्र का लेख 'टू फ्रंटियर्स अपराइजिंग्स इन मुगल इंडिया' और स्टीफन हैनिंघम का लेख 'क्विट इंडिया इन बिहार एंड द ईस्टर्न युनाइटेड प्रोविंसेज' : द ड्यूअल रिवोल्ट' और सबाल्टर्न स्टडीज 7 में सुदीप्त कविराज के लेख 'दि इमैजिनरी इंस्टीट्यूशन ऑफ इंडिया' तथा अभिताभ घोष के लेख 'दि स्लेव ऑफ एमएसएच 6' को केन्द्र

में रखकर सबाल्टर्न इतिहासकारों को न केवल गम्भीर चुनौतियाँ दी हैं, अपितु पुष्ट तथ्यों और प्रमाणों के आधार पर उनकी स्थापनाओं को खारिज भी किया है। उन्होंने तथ्यों और तर्कों को प्रस्तुत कर सबाल्टर्न इतिहास से प्रभावित लेखकों और बुद्धिजीवियों के अतिरिक्त स्वयं सबाल्टर्न इतिहासकारों को भी पुनः नए सिरे से सोचने के लिए प्रेरित भी किया है।

भारत बहुजातीय राष्ट्र है और सबाल्टर्न इतिहासकार 'राष्ट्र' और 'जाति' को नहीं मानते हैं। 'भारतीय संस्कृति और हिन्दी प्रदेश' में 'भारत एक राष्ट्र' है और हिन्दी 'जाति' है। स्वाभाविक था कि वे इस पुस्तक में सबाल्टर्न इतिहासकारों पर प्रहार करते। सबाल्टर्न इतिहासकार भारत को 'राष्ट्र' नहीं मानते हैं और उनके अनुसार बंगालियों आदि की कोई 'जाति' नहीं है।

'जाति' की धारणा को चुनौती देने का इतिहास, उसके अस्तित्व से इनकार करने का चलन बहुत पुराना नहीं है। "अब से दस-पन्द्रह साल पहले तक कोई जाति के अस्तित्व से इनकार न करता था। इधर एक विचारधारा यह फैली है कि जाति की धारणा कल्पित है। वास्तव में जाति का अस्तित्व नहीं होता। वह मन की कल्पना है, जो मानव-समुदायों पर आरोपित कर दी जाती है।" (भारतीय संस्कृति और हिन्दी-प्रदेश, खंड-2, पृ. 281)

सबाल्टर्न इतिहासकार 'राष्ट्र' और 'जाति' को 'कल्पित समुदाय' मानते हैं। बेनेडिक्ट एंडरसन की पुस्तक 'इमैजिन्ड कम्युनिटीज' के प्रकाशन के बाद यह अवधारणा सामने आई। पार्थ चटर्जी भी एंडरसन की तरह ही राष्ट्र और जाति को 'कल्पित मानव समुदाय' के रूप में देखते हैं। यह अवधारणा सबाल्टर्न इतिहासकार अपने लेखों में बार-बार दोहराते और प्रस्तुत करते हैं। सबाल्टर्न स्टडीज 7 में सुदीप्त कविराज का लेख है—'दि इमैजिनरी इंस्टीट्यूशन ऑफ इंडिया' (1992)।

अस्सी के दशक से 'राष्ट्र' और 'राष्ट्रवाद' पर किताबें अधिक प्रकाशित होने लगीं। रणजीत गुहा के सम्पादन में 'सबाल्टर्न स्टडीज' का प्रकाशन 1982 से आरम्भ हुआ। 'सोशल साइंटिस्ट' पत्रिका की संख्या 12, अंक 10, अक्टूबर 1984 में सबाल्टर्न स्टडीज संख्या 1 और 2 की समीक्षा प्रकाशित हुई थी। इस 'समीक्षा की समीक्षा' दीपेश चक्रवर्ती ने सबाल्टर्न स्टडीज संख्या 4 में की और 'राष्ट्र' को 'दक्षिण एशिया के अर्वाचीन इतिहास-लेखन में अधिक प्रमुख सैद्धान्तिक और वैचारिक कोटियों में से एक' माना। (सबाल्टर्न स्टडीज 4,1985 पृष्ठ संख्या 373) दीपेश चक्रवर्ती ने यह लिखा कि सबाल्टर्न स्टडीज 'राष्ट्र' के संवर्ग (कैटेगरी) पर प्रश्न खड़ा करता है, इसी प्रश्न से आरम्भ करता है और आधुनिक भारतीय इतिहास की मूलभूत समस्याओं में 'राष्ट्र' की विफलता या ह्रास को सामने रखता है।

'राष्ट्र' और 'जाति' को 'कल्पित समुदाय' मान लेने के बाद जातीय संस्कृति, जातीय इतिहास और सारे राष्ट्रीय स्वाधीनता आन्दोलनों का अस्तित्व समाप्त हो

जाता है। 'राष्ट्र' को कल्पना-मात्र मान लेने के बाद राष्ट्रीय स्वाधीनता आन्दोलन का कोई महत्त्व नहीं रह जाता। रामविलास शर्मा के अनुसार, "भूमंडलीकरण की नीति से यह धारणा मेल खाती है।" (2/281)।

ऐंडरसन 'कल्पित समुदाय' की धारणा का जन्म अठारहवीं सदी के अन्त से मानते हैं। इस मान्यता से जाति-सम्बन्धी अवधारणा का विकास औद्योगिक पूँजीवाद से जुड़ जाता है। हॉब्सबॉम भी 'नेशन' शब्द का आधुनिक अर्थ अठारहवीं सदी से पहले का नहीं मानते। "रणजीत गुहा 'नेशन' शब्द का प्रयोग भारत के लिए करते हैं और बंगाल के लिए भी। वे दोनों में 'स्पष्ट अन्तर' नहीं देखते। भारत में 'राष्ट्रवाद' का उदय ऐंडरसन और रणजीत गुहा दोनों के लिए 'उपनिवेशवादियों की प्रशासनिक सत्ता का परिणाम' (2/284) है।

रामविलास शर्मा के अनुसार रणजीत गुहा और अन्य सबाल्टर्न इतिहासकारों की इतिहास-दृष्टि न तो यथार्थवादी है और न वैज्ञानिक। सबाल्टर्न इतिहासकारों ने जिस 'नए वैज्ञानिक विवेचन का दावा' किया है, क्या वह सचमुच वैज्ञानिक है?

रामविलास शर्मा जातीय क्षेत्र का निर्माण व्यापारिक पूँजीवाद के दौर में देखते हैं। शेक्सपियर के नाटक 'किंग हेनरी द फोर्थ—पार्ट 2' के प्रसिद्ध पात्र फालस्टाफ के कथन से वे यह प्रमाणित करते हैं कि "औद्योगिक क्रान्ति की शुरुआत से बहुत पहले सोलहवीं सदी में अंग्रेजी जाति की धारणा विद्यमान थी।" (2/282) वे अंग्रेजी जाति के साथ अंग्रेजी भाषा का सम्बन्ध स्थापित करते हैं और इसके लिए उसी नाट्य कृति से उन्होंने ठोस उदाहरण दिए हैं। औद्योगिक क्रान्ति से सदियों पूर्व इटली में जाति-निर्माण से यह सिद्ध होता है कि व्यापारिक पूँजीवाद के दौर में ही जाति का निर्माण सम्भव हो पाता है। एंगेल्स ने 1893 में कम्युनिस्ट घोषणा-पत्र के इटालियन संस्करण की भूमिका में इटली को 'पहली पूँजीवादी जाति' कहा था। एंगेल्स ने इटली के दान्ते को 'मध्यकाल का अन्तिम कवि और आधुनिक काल का प्रथम कवि' कहा था। इटली में इस समय के पूँजीवाद के सम्बन्ध में रामविलास जी का यह कथन है कि "यह पूँजीवाद मशीनों से कारखानों में माल तैयार करनेवाला पूँजीवाद नहीं है। औद्योगिक क्रान्ति अभी बहुत दूर है, लेकिन इससे सदियों पहले इटली में जाति का निर्माण हो चुका है।" (2/283) सबाल्टर्न इतिहासकारों के अनुसार भारत में जाति, राष्ट्र, राष्ट्रवाद—इन सबका जन्म ब्रिटिश शासन काल में हुआ। इस प्रकार बंगालियों में 'जातीयता का भाव' अंग्रेजों ने पैदा किया, जिसमें मुख्य भूमिका अंग्रेजी भाषा की रही। इसके विपरीत राजा राममोहन राय और देउस्कर के विचार हैं।

सबाल्टर्न इतिहासकारों ने इतिहास में वर्ग और सामाजिक गठन की भूमिका पर ध्यान नहीं दिया है। वे इसकी आवश्यकता नहीं स्वीकारते। रामविलास जी के

अनुसार, "गण समाज, उत्पादन और वितरण में विकास के साथ जन बनते हैं। फिर अनेक जन मिलकर जाति का निर्माण करते हैं।...जैसे अनेक जनों से मिलकर जाति बनती है, वैसे ही अनेक जनों और जातियों से मिलकर राष्ट्र बनता है।" (2/305) भारत की प्राचीनता इन इतिहासकारों के लिए 'एक मनगढ़ंत चीज' है। सुदीप्त कविराज जैसे इतिहासकार भारत का अस्तित्व नहीं स्वीकारते, लेकिन उनके लिए सिन्धु घाटी की सभ्यता का अस्तित्व है। सबाल्टर्न इतिहासकारों ने जब "जाति के विकास का ही अध्ययन नहीं किया, तब वे बहुजातीय राष्ट्र के विकास का अध्ययन क्या करेंगे ?" (2/305)

जाति की धारणा 'घरेलू बाजार के निर्माण से जुड़ी हुई है' और सबाल्टर्न इतिहासकारों के गुरु ऐंडरसन घरेलू बाजार की चर्चा नहीं करते। वे 'प्रिंट कैपिटलिज्म' की चर्चा करते हैं। ऐंडरसन ने 'निरंकुश बादशाही, चर्च-संघबद्ध धर्म की भूमिका और लोक भाषाओं के प्रसार' को 'जाति-सम्बन्धी कल्पना के अभ्युदय और प्रसार' का मुख्य कारण माना है। रामविलास जी ने ऐंडरसन की इस सम्बन्ध में आलोचना इसलिए की है कि 'जातियों के एकीकरण और विकास में निरंकुश बादशाही की उचित भूमिका' उन्होंने नहीं देखी है। उन्होंने बादशाही की भूमिका और चर्च की भूमिका में भी भेद नहीं किया है। "बादशाही की भूमिका जहाँ प्रगतिशील थी, वहाँ चर्च की भूमिका प्रतिक्रियावादी थी।" (2/702)

इसी प्रकार लोकभाषाओं की सामन्त विरोधी भूमिका को भी ऐंडरसन ने नहीं देखा है। रामविलास जी की मुख्य आपत्ति यह है कि ऐंडरसन पूर्व प्रचलित अन्धविश्वासों और उनके आधार पर स्थापित धर्म संघों और साम्राज्यों की आलोचना नहीं करते और इनके विरोध में विकसित होनेवाली चेतना को, जिसका 'जातीय निर्माण प्रक्रिया' से सम्बन्ध है, कल्पनाजन्य मानते हैं। इस प्रकार ऐंडरसन "प्रगतिशील सामाजिक विकास को कल्पनाजन्य बताकर अप्रत्यक्ष रूप से पुरानी रूढ़ियों का ही समर्थन करते हैं।" (2/703) पुरानी रूढ़ियों का यह समर्थन किन शक्तियों के पक्ष में है? रामविलास शर्मा के अनुसार ऐंडरसन द्वारा "जाति को 'कल्पित मानव समुदाय' मानने के पीछे .का राजनीतिक उद्‌देश्य राष्ट्रीय आन्दोलनों से अमरीकी साम्राज्यवाद की रक्षा करना है।" (2/715) इसके अतिरिक्त इसके पीछे एक दर्शन भी है और यह शून्यवाद का दर्शन है। किसी भी जाति के सभी सदस्य एक-दूसरे को नहीं जान पाने के कारण उसकी कल्पना करते हैं जिससे प्रत्येक के मन में आपसी सम्पर्क का बिम्ब बना रहता है। भारतीय प्राचीन धारा शून्यवाद के लिए संसार का अस्तित्व केवल मनुष्य की कल्पना में था। रामविलास शर्मा ने लिखा है—"साम्राज्यवाद के समर्थक इस दयनीय स्थिति में हैं कि स्वाधीनता-आन्दोलनों का विरोध करने के लिए ऐसे दर्शन का सहारा ले रहे हैं जो संसार के अस्तित्व को ही नकारता है।" (2/ 716)

सबाल्टर्न इतिहासकारों के यहाँ अन्तर्विरोधों की कमी नहीं है। ऐंडरसन और पार्थ चटर्जी प्रिंट कैपिटलिज्म की बात करते नहीं थकते। पार्थ चटर्जी ऐंडरसन के इस सुझाव का समर्थन करते हैं कि "प्रिंट कैपिटलिज्म से ही अत्याधुनिक जातीय भाषा के विकास के लिए नई संस्थागत भूमि प्राप्त होती है।" (2/309)।

सबाल्टर्न इतिहासकारों ने 'प्रिंट कैपिटलिज्म' की अवधारणा सोच-समझकर प्रस्तुत की है। उनका सारा बल औद्योगिक विकास पर है और यह औद्योगिक विकास इंग्लैंड में हुआ। इससे यह सहज निष्कर्ष निकलता है कि अंग्रेजों ने ही इस देश का 'कायाकल्प' किया। ऐंडरसन की स्थापना के अनुसार अठारहवीं सदी के अन्त में प्रिंट कैपिटलिज्म के प्रसार ने 'जन-समुदायों को जाति के रूप में कल्पित किया'। रामविलास जी ने ऐंडरसन की पुस्तक में विद्यमान अनेक सूत्रों की चर्चा की है, जिनसे ऐंडरसन की स्थापनाएँ खंडित होती हैं। ऐंडरसन ने अपनी पुस्तक में फेबव्रे और मार्टिन की एक पुस्तक का हवाला देते हुए यह लिखा है कि "एक स्पष्ट पूँजीपति वर्ग यूरोप में 13वीं सदी के अन्तिम चरण में विद्यमान था।' इस पर रामविलास जी की टिप्पणी है, "जो पूँजीपति वर्ग विद्यमान था, वह स्पष्ट आकारवाला था, कल्पित नहीं था।" (2/708)

प्रमुख सबाल्टर्न इतिहासकार पार्थ चटर्जी 18वीं सदी के अन्त में बंगाल में 'छापे की पुस्तकें' देखते हैं। पार्थ चटर्जी के अनुसार अंग्रेजी और बांग्ला भाषा जाननेवाले भद्र लोगों ने एक सांस्कृतिक योजना बनाकर अपनी मातृभाषा को 'आधुनिक संस्कृति के लिए उपयुक्त भाषा' बनाया। इससे पार्थ चटर्जी यह सिद्ध करना चाहते हैं कि बंगाली जाति के विकास में प्रिंट कैपिटलिज्म का बहुत बड़ा योगदान है और बांग्ला भाषा का विकास इससे जुड़ा हुआ है। वे बांग्ला भाषा के जिन दो भेदों—'देहाती और शहरी औपचारिक भाषा' का उल्लेख करते हैं, वे भाषा-भेद न होकर शैली भेद हैं। एक शैली जहाँ प्रिंट कैपिटलिज्म से प्रभावित है, वहाँ दूसरी शैली जनता के भीतर से उभरी है। रामविलास शर्मा इन दोनों शैलियों को 'रामकृष्ण कथामृत' में देखते हैं। पार्थ चटर्जी ने रामकृष्ण परमहंस की भाषा की जिस 'वैचारिक समृद्धि, उपमान-शक्ति और तर्क सम्बन्धी कौशल' की चर्चा की है उसके सम्बन्ध में रामविलास जी ने लिखा है कि यह सब "रामकृष्ण परमहंस ने ईस्ट इंडिया कम्पनी और अंग्रेजी राज से न सीखा था। उनकी भाषा से गद्य और संस्कृति का वह सहज विकास प्रकट होता है, जो अंग्रेजी राज के बिना हो रहा था और जिसमें एक हद तक अंग्रेजी राज ने बाधा डाली।" (2/309)।

सबाल्टर्न इतिहासकारों के लिए भारत में अंग्रेजी राज की भूमिका नकारात्मक नहीं रही है। रामविलास शर्मा ने "भारत में अंग्रेजी राज और मार्क्सवाद' से लेकर अब तक निरन्तर अंग्रेजी राज की भारत में नकारात्मक और ध्वंसात्मक भूमिका का सोदाहरण उल्लेख किया है। अंग्रेजों के आगमन के पूर्व भारत में जिस व्यापारिक

पूँजीवाद का विकास हो रहा था, उसे अंग्रेजों ने रोका। "1853 की जिन स्थापनाओं को मार्क्स ने स्वयं आगे चलकर छोड़ दिया था, उन्हीं को परोक्ष रूप से, मार्क्स का नाम लिए बिना, पार्थ चटर्जी इस पुस्तक ('द नेशन एंड इट्स फ्रैगमेंट्स) में प्रस्तुत करते हैं।" (2/294)

रणजीत गुहा के अनुसार अंग्रेज शासक वर्ग पूँजीपति था। रामविलास शर्मा पूछते हैं, "बताना चाहिए था ये किस तरह के पूँजीपति थे। ये उद्योगपति निश्चित नहीं थे। ये उद्योगपतियों के दलाल भी नहीं थे। ये व्यापारी थे, जो भारत का माल खरीद कर सबसे पहले इंग्लैंड में बेचना चाहते थे। भारत का माल खरीदने के लिए इनके पास काफी पूँजी नहीं थी। अक्सर यहाँ के महाजनों से कर्ज लेकर, यहाँ का माल खरीदकर बाहर बेचते थे, फिर कर्ज पटाते थे। यहाँ के सामन्तों की कमजोरी से लाभ उठाकर, उनसे सहयोग करके, उन्होंने भारत पर अधिकार किया और तब वे शासक बने। भारत में अंग्रेजी राज कायम करनेवालों और भारत पर शासन करनेवालों में व्यापारी प्रमुख नहीं थे। प्रमुख थे—भू-स्वामी अभिजात वर्ग के लोग।" (2/285)

क्या भाषा-साहित्य की उन्नति, जाति, राष्ट्र, राष्ट्रवाद—सब कुछ उपनिवेशवादियों के कारण भारत में सम्भव हुआ ? सबाल्टर्न इतिहासकार भारतीय एकता को अंग्रेजी राज की देन मानते हैं। ऐंडरसन भारत को राष्ट्र नहीं मानते हैं और पार्थ चटर्जी 'बहुजातीय राष्ट्र की व्याख्या' नहीं करते हैं। रणजीत गुहा जिन वर्गों की चर्चा करते हैं, उनके निर्माण पर प्रकाश नहीं डालते और उन वस्तुगत परिस्थितियों का अध्ययन नहीं करते, जिनसे भारत में जाति का निर्माण हुआ। भारत के बारे में रणजीत गुहा की मुख्य स्थापना यह भी है कि "यह ऐसा देश है, जहाँ शताब्दियों से भू-सम्पत्ति, प्रतिष्ठा और सम्पत्ति दोनों का मूलाधार रही है, जहाँ संस्कृति के सभी पक्ष, जिसमें धर्म भी शामिल है, इसी के आधार पर टिके हुए हैं।" (2/285) पर उद्धृत) इस कथन से रणजीत गुहा ने यह सिद्ध करना चाहा है कि भारतीय समाज सामन्ती समाज था। उन्होंने भारत में विनिमय और व्यापार की चर्चा न कर केवल 'भू-सम्पत्ति' की बात कही है और इसे 'सम्पत्ति का मूलाधार' माना है। भारत में नगर-सभ्यता के विकास का प्राचीन इतिहास है और इस नगर-सभ्यता का जन्म 'भू-सम्पत्ति' से नहीं होता। "भू-सम्पत्ति के आधार पर विनिमय-केन्द्रों का निर्माण नहीं होता और भारत में विनिमय केन्द्र बहुत पहले से थे।" रणजीत गुहा के पास क्या रामविलास शर्मा के इस प्रश्न का कोई उत्तर है—"भारत कपड़े का बहुत बड़ा निर्यातक देश था। यहाँ विनिमय केन्द्र भू-सम्पत्ति के आधार पर कैसे निर्मित हुए ?" (2/285)

सबाल्टर्न इतिहासकारों की सभी प्रमुख स्थापनाओं और मान्यताओं का रामविलास शर्मा ने खंडन किया है। सम्भवत: किसी अन्य इतिहासकार ने इतने विस्तार के साथ इन इतिहासकारों के अन्तर्विरोधों, उनकी स्थापनाओं को सोदाहरण खंडित करने तथा उनके समक्ष अनेक प्रश्न खड़े करने की आवश्यकता महसूस नहीं की थी।

रामविलास शर्मा अकेले भारतीय हैं, जिनकी चिन्ता 'जाति' और 'राष्ट्र' से जुड़ी है। अमरीकी साम्राज्यवाद का मुकाबला करने के लिए, विदेशी पूँजी को इस देश से हटाने और देशी पूँजी के साथ स्वदेशी-आन्दोलन खड़ा करने के लिए आज जातीय एकता की सबसे अधिक जरूरत है। हिन्दी जाति की एकता पर लगातार बल देने का मुख्य कारण यही है।

सबाल्टर्न इतिहासकारों ने मार्क्सवाद का खुलकर विरोध नहीं किया है। उन्होंने मार्क्सवाद के विकल्प के रूप में अपनी विचारधारा प्रस्तुत की है। यह विचारधारा जनता को एक होने से, उसकी सामूहिकता से उसको अलग करती है। अमरीकी साम्राज्यवाद के पक्ष में, उसके प्रचार-प्रसार में इस प्रकार सबाल्टर्न इतिहास-धारा की भूमिका परोक्ष रूप से दिखाई देती है।

रामविलास शर्मा ने 'बंकिमचन्द्र या भारतेन्दु के इतिहास-चिन्तन' को 'सबाल्टर्न इतिहासकारों के इतिहास-बोध से' 'अधिक तथ्यपरक और वैज्ञानिक' माना है। दूसरे खंड के छठे अध्याय के आठवें अनुभाग का शीर्षक है, 'अंग्रेजी राज में बंगाल और बंकिमचन्द्र' तथा आठवें अध्याय का शीर्षक है, 'भारतेन्दु हरिश्चन्द्र और हिन्दी-प्रदेश'।

बंकिमचन्द्र को वर्ग-सम्बन्धों की अच्छी पहचान थी। रामविलास शर्मा के अनुसार, ''रणजीत गुहा ने बंकिमचन्द्र के इतिहास-बोध का जो स्वरूप प्रस्तुत किया है, बंगाल की जनता ने, खास तौर से नौजवानों ने उससे भिन्न रूप में उसे ग्रहण किया था।'' (2/329) इतना ही नहीं, बंकिमचन्द्र ने अपने समय में 'बंगालियों में बंगाली जाति की एकता का बोध' न होने की बात कही थी। 'जाति' को कल्पित समुदाय मानने वालों को यह प्रश्न कभी नहीं मथ सकता क्योंकि उनके उद्देश्य दूसरे होते हैं। रामविलास शर्मा ने लिखा है—''बंकिमचन्द्र ने 1880 में कहा था—'बंगालियों में बंगाली जाति की एकता का बोध नहीं है।' हम 1996 में कह सकते हैं, हिन्दियों में हिन्दी जाति की एकता का बोध नहीं है। हम बंगालियों की अपेक्षा सामाजिक चेतना के विकास में 100 साल पीछे चल रहे हैं।'' (2/336)

बंकिमचन्द्र ने अपने कई निबन्धों में सामाजिक आधार की बात कही है, पर सबाल्टर्न इतिहासकार सामाजिक आधार पर बहुत ध्यान नहीं देते। 'विचारों के विश्लेषण' तथा 'विचारधारा की छानबीन' में वे निपुण हैं, पर 'सामाजिक गठन के निरन्तर विकास और विस्तार का अध्ययन' वे नहीं करते। इस अध्ययन की बात तो दूर, वे यह भी नहीं देखते कि सभी अंग्रेज एक समान नहीं थे। उनमें उपनिवेशवादियों के साथ ही उपनिवेशवाद के विरोधी भी थे। रणजीत गुहा उपनिवेशवादी अंग्रेजों और उपनिवेशवाद का विरोध करनेवाले अंग्रेजों में भेद नहीं करते। इसीलिए पुनर्जागरण काल से लेकर 19वीं सदी तक जो भी अंग्रेजों की प्रगतिशील विरासत है, उसे वे उपनिवेशवादी अंग्रेजों की विरासत बना देते हैं।'' (2/287)

सबाल्टर्न इतिहासकारों की इतिहास-दृष्टि न तो तथ्यपरक है और न वैज्ञानिक। रणजीत गुहा जिन वर्गों की चर्चा करते हैं, उनके सम्बन्ध में यह नहीं बताते कि वे वर्ग कब, कैसे और किन कारणों से निर्मित हुए। उनके इतिहास-लेखन की तुलना में देउस्कर का इतिहास-लेखन उपयोगी और महत्त्वपूर्ण है। रामविलास जी ने सातवें अध्याय ('सबाल्टर्न इतिहास और उसका विकल्प') के अन्तिम तीन भागों (देश की बात : अंग्रेजी राज और मुगल राज्य सत्ता, देश की सुरक्षा और जनता तथा बंगाल का विभाजन और स्वदेशी) में देउस्कर पर विस्तारपूर्वक विचार किया है। देउस्कर की इतिहास-दृष्टि और सबाल्टर्न इतिहासकारों की इतिहास-दृष्टि पर अलग से विचार करने की इसलिए आवश्यकता है कि रणजीत गुहा ने देउस्कर वाली भाषण माला में इतिहास-लेखन के सम्बन्ध में 'देशेर कथा' का उल्लेख किया था। देउस्कर ने 'जाति' को 'कल्पित मानव-समुदाय' न मानकर 'वास्तविक सामाजिक इकाई' माना था और इसका जिक्र किया था कि अंग्रेजों को 'बंगाली जाति की एकता आँखों में गड़ रही थी' (2/233), 'बंगालियों को अलग-अलग कर उनकी शक्ति घटा देना ही कर्तारों को अभीष्ट है' (2/376), 'बंगाल प्रेजिडेन्सी को बाँटने के बदले बंगाली जाति को ही बाँटना कर्तारों की व्यवस्था का पुराना लक्ष्य जान पड़ता है।' (2/377) तथा 'शासन-कार्य के सुभीते के लिए बंगाल का बँटवारा नहीं हुआ है, बंगाली जाति में भेद डालना ही इसका अभिप्राय है।' (2/377 पर उद्धृत)

सखाराम गणेश देउस्कर बीसवीं सदी के आरम्भ में जाति की एकता को लेकर चिन्तित थे और सदी के अन्त में रणजीत गुहा और उनके सहयोगी सबाल्टर्न इतिहासकार जाति को 'कल्पित समुदाय' मानकर उसकी सम्भावित एकता की चिन्ता नहीं करते। देउस्कर को जातीय एकता की चिन्ता इसलिए थी कि वे ब्रिटिश साम्राज्यवाद से लड़ने और उसे पराजित करने के लिए इसे आवश्यक मानते थे और सखाराम गणेश देउस्कर व्याख्यानमाला के अन्तर्गत व्याख्यान देनेवाले रणजीत गुहा को जातीय एकता की चिन्ता इसलिए नहीं है कि यह अमरीकी साम्राज्यवाद के हित में है। सदी के आरम्भ में जिन इतिहासकारों ने ब्रिटिश साम्राज्यवाद का विरोध किया, उनके सामने अमरीकी साम्राज्यवाद का समर्थन करनेवाले इतिहासकारों को आज समझना बेहद जरूरी है। रामविलास शर्मा का सबाल्टर्न इतिहास से विरोध हमारे समय का एक बड़ा कार्य है। सबाल्टर्न इतिहासकार किसानों के आन्दोलन को जनता के अन्य आन्दोलनों से नहीं जोड़ते हैं, देउस्कर जोड़ते हैं। सबाल्टर्न इतिहासकारों के सामने 'जाति' एक 'कल्पित समुदाय' है, देउस्कर उसे 'एक वस्तुगत इकाई' के रूप में देखते हैं। देउस्कर के समक्ष 'राष्ट्र' नामक इकाई भी स्पष्ट थी, सबाल्टर्न इतिहासकार 'राष्ट्र' का अस्तित्व नहीं मानते। देउस्कर के लिए भारत का इतिहास भारत की जनता का इतिहास है, उसे हिन्दू इतिहास या मुस्लिम इतिहास कहना गलत है और सबाल्टर्न इतिहासकारों के लिए जनता को जोड़ने में धर्म की मुख्य भूमिका

है। देउस्कर के यहाँ 'समकालीन परिस्थितियों के प्रति जागरूकता का भाव' है और 'अंग्रेजों के विरुद्ध लड़ने वालों के प्रति आदर-भाव' है, सबाल्टर्न इतिहासकार समकालीन परिस्थितियों का सम्यक् विश्लेषण नहीं करते और अमरीकी साम्राज्यवाद से लड़ने वालों को अपने विवेचन-चिन्तन के तहत परोक्ष रूप से रोकते हैं। देउस्कर का 'इतिहास के प्रति रुख मूलतः अंग्रेज-विरोधी' था, सबाल्टर्न इतिहासकारों का 'इतिहास के प्रति रुख' अमरीकी साम्राज्यवाद के समर्थन में है। ''जो कुछ रणजीत गुहा और पार्थ चटर्जी की पुस्तकों में नहीं है, वह देउस्कर की पुस्तकों में विद्यमान है और उसकी प्रासंगिकता आज भी बनी हुई है।'' 2/361)

सबाल्टर्न इतिहासकारों में अनेक ऐसे इतिहासकार हैं, जो प्राचीन भारत में कुछ भी नहीं देखते। सुदीप्त कविराज को न तो भारत की प्राचीनता स्वीकार्य है और न राष्ट्रीयता। प्राचीन भारत का अध्ययन करनेवाले पाश्चात्य विद्वान उनकी तरह समझदार नहीं थे अन्यथा वे वर्षों अपना मूल्यवान समय प्राचीन भारत के अध्ययन और अनुसन्धान में क्यों नष्ट करते? रामविलास शर्मा लिखते हैं—''भारत की राष्ट्रीयता और उसकी प्राचीनता अस्वीकार करते हुए सुदीप्त कविराज जैसे लेखक भारतीय इतिहासकारों के ही नहीं, यूरोप के इतिहासकारों के भी 200 साल के काम पर पानी फेर देते हैं।'' (2/304)

रणजीत गुहा 'भारत में तथ्यपरक इतिहास-लेखन' नहीं देखते। उनके अनुसार, ''10वीं सदी के उत्तरार्द्ध में कल्हण के 700 साल बाद, और अबुल फजल के 300 साल बाद, अतीत चिन्तन की मुख्य धारा पुराण की जगह इतिहास बना।''(2/289 पर उद्धृत) रामविलास शर्मा ने कल्हण के बाद कश्मीर के अन्य इतिहासकार तथा अबुल फजल के पहले फारसी में लिखित इतिहास-ग्रन्थों की चर्चा की है। ''जैसे यूरोप और ब्रिटेन का बहुत-सा पुराना साहित्य लैटिन में है, वैसे ही भारत का बहुत-सा पुराना साहित्य संस्कृत और फारसी में है। आधुनिक इतिहासकारों ने 14वीं, 15वीं, 16वीं सदियों के इतिहास पर जो कुछ लिखा है, वह बहुत कुछ पुराने फारसी इतिहासों का अनुवाद-सा है। हाशिए पर जहाँ-तहाँ वे अपनी सम्मति जोड़ देते हैं। लेकिन तथ्य ही नहीं, अक्सर तथ्यों के प्रति दृष्टिकोण भी वे पुराने इतिहासकारों का अपनाते हैं।'' (2/289)

रामविलास शर्मा ने सबाल्टर्न इतिहासकारों के प्रायः सभी प्रश्नों के उत्तर दिए हैं और उनके समक्ष नए प्रश्न खड़े किए हैं। अपनी वैज्ञानिक और द्वन्द्वात्मक भौतिकवादी दृष्टि से उन्होंने भारतीय समाज और उसकी संस्कृति को जाँच-परखकर अपनी मान्यताएँ रखी हैं और हिन्दी की जातीय एकता और नवजागरण के लिए ठोस जमीन तैयार कर दी है।

रणजीत गुहा पुराणों में 'समकालीनता और प्राचीनता का बोध' नहीं देखते और रामविलास शर्मा के अनुसार, ''भारतीय पुराणकार जब कलियुग की बात करते हैं तब वे समकालीन समाज का वर्णन करते हैं।'' (2/290) वे पुराणों की कपोल-

कल्पनाओं को स्वीकारते हैं, पर पुराण को कपोल-कल्पना मात्र नहीं मानते। रणजीत गुहा ने पुराणकारों के काल के निरपेक्ष होने की बात कही है और रामविलास शर्मा का काल या इतिहास-गति के सम्बन्ध में यह कथन रेखांकित किया जाना चाहिए— "रेखावाली गति इसी वृत्ताकार गति के अन्तर्गत है। संसार का उद्भव, उसका अवसान, इस क्रम की आवृत्ति, यह धारणा केवल भारत में नहीं है, बाहर भी है और मार्क्स के सहयोगी एंगेल्स ज़ैसे भौतिकवादी विद्वान के यहाँ भी है।" (2/241)

डॉ. शर्मा ने 'सबाल्टर्न इतिहास के पूर्व रूप' पर विचार किया है। दूसरे खंड के छठे अध्याय के सातवें अनुभाग का यही शीर्षक है। इस पूर्व रूप में उन्होंने सुशोभन सरकार की पुस्तक 'बंगाल का नवजागरण तथा अन्य निबन्ध' ('बेंगाल रिनेसाँ एंड अदर एसेज') को मुख्य माना है। इस पुस्तक के पहले निबन्ध, 'बंगाल के नवजागरण पर टिप्पणियाँ' नोट्स ऑव द बेंगाल रिनेसाँ;' 1946) से यह निष्कर्ष निकलता है कि "अंग्रेजी राज के बिना बंगाल में नवजागरण न हो सकता था और बंगाल के बिना शेष भारत में नवजागरण न हो सकता था।" (2/316) सुशोभन सरकार ने भारतीय समाज के 'गतिरुद्ध पतित और भ्रष्ट अवस्था' की बात कही है। इससे यह सिद्ध होता है कि इस अवस्था से भारतीय समाज को निकालने और उबारने का कार्य ब्रिटिश राज ने किया। इतना ही नहीं, जो लेखक और सुधारक समाज को इस अवस्था से बाहर निकालने का कार्य कर रहे थे, वे भी ब्रिटिश राज से प्रभावित और प्रेरित थे। पार्थ चटर्जी ने भारत में 'औपनिवेशिक शासन-व्यवस्था के अन्तर्गत नए इतिहास-बोध के विकास' की बात कही है। उन्होंने इस इतिहास-बोध के विकास के साथ 'बांग्ला गद्य के नए रूप की बात' भी कही है। रामविलास शर्मा इस सबको सुशोभन सरकार द्वारा प्रस्तुत 'सूत्र के अन्तर्गत' देखते हैं। 'अंग्रेजी राज के कायम होने के बाद बांग्ला गद्य-भाषा के नियमित स्वरूप के स्थिर' होने की बात पार्थ चटर्जी से पहले सुशोभन सरकार ने कही थी। सुशोभन सरकार ने अंग्रेजी से प्रभावित और चालित होने की बात कही है और रामविलास शर्मा ने सोदाहरण यह सिद्ध किया है कि विवेकानन्द, रवीन्द्रनाथ ठाकुर, ईश्वरचन्द्र विद्यासागर तथा भारतेन्दु हरिश्चन्द्र के पिता गोपाल दास में से कोई भी अंग्रेजी से न तो प्रभावित था और न आतंकित। रामविलास शर्मा 'बंगाल के नवजागरण में देशी विधा की भूमिका भी महत्त्वपूर्ण' मानते हैं। उनके अनुसार, "बंगाल के दो वर्गों में से—जमींदार वर्ग पुराने जमींदारों से भिन्न था। यह पक्के बन्दोबस्त की उपज था और यह बन्दोबस्त अंग्रेजों ने किया था। यह जमींदार वर्ग अंग्रेजों का प्रबल समर्थक था। जो लोग बंगाल के नवजागरण को अंग्रेजी राज की देन मानते हैं, वे इसी वर्ग की विचारधारा का प्रतिनिधित्व करते हैं।" (2/319)

पार्थ चटर्जी यूरोपियन इतिहास-लेखन के प्रशंसक हैं और उनके अनुसार बंगाल का इतिहास-लेखन यूरोपियन इतिहास-लेखन से प्रभावित है। पार्थ चटर्जी

को इस इतिहास-लेखन पर गर्व है। रामविलास शर्मा पूछते हैं, ''यूरोप के कितने इतिहासकारों ने वर्ग-भेद के आधार पर इतिहास का विश्लेषण किया है?'' (2/329) इसके अतिरिक्त एक मुख्य प्रश्न यह भी है कि ''यूरोप के इतिहासकार और विशेष रूप से ब्रिटिश इतिहासकार भारतीय जनता के प्रतिरोध के बारे में चुप क्यों रहते हैं?'' (2/330) बंकिमचन्द्र ने इसके विपरीत वर्ग-भेद की बात कही है और प्रतिरोध को भी महत्त्व दिया है। उन्होंने 'प्राचीन भारत के वर्णगत पार्थक्य' से लेकर 'समकालीन समाज के वर्ग-भेद' तक की बात कही है और यह बताया है कि 'शिक्षा और सम्पत्ति के भेद से अनेक प्रकार के पार्थक्य' उत्पन्न होते हैं। (2/330)

रामविलास जी लिखते हैं, ''शिक्षा के भेद की बात तो बहुत लोग जानते हैं, लेकिन सम्पत्ति के भेद की बात कितने लोग कहते हैं? सम्पत्ति के भेद को ध्यान में रखते हुए इतिहास का विश्लेषण किया जाए तो उससे कुछ क्रान्तिकारी परिणाम निकलेंगे, जो शासक वर्ग को पसन्द न होंगे। सम्पत्ति भेद की बात से पुनरुत्थानवाद खंडित होता है और इतिहास के प्रति एक वैज्ञानिक दृष्टिकोण का विकास होता है।'' (2/330) बंकिमचन्द्र ने 'बंगालियों का बाहुबल' लेख में ग्रीकों द्वारा भारतीय वीरों की प्रशंसा की बात कही है। बंकिमचन्द्र ने 'दीर्घकालीन जन-प्रतिरोध की बात कही है। रामविलास शर्मा का यह वाक्य विशेष ध्यान दिए जाने योग्य है, ''विदेशी आक्रमणकारियों के प्रति इस दीर्घकालीन जन-प्रतिरोध पर इतना जोर देनेवाले मेरी जानकारी में बंकिमचन्द्र चट्टोपाध्याय पहले लेखक हैं।'' (2/332) बंगाल या भारत के किसी अन्य प्रदेश में नवजागरण का श्रेय अंग्रेजी राज को देना रामविलास जी के अनुसार 'किसी-न-किसी रूप में सम्प्रदायवाद का समर्थन' करना है। ''उनकी मूल धारणा यह होती है कि यहाँ हिन्दुओं पर मुसलमान अत्याचार कर रहे थे। उस अत्याचार से अंग्रेजों ने उनको मुक्त किया। उसके बाद यह मुक्त हुई जनता अंग्रेजी पढ़कर, नई विधा सीखकर समाज में नया प्रकाश फैलाती है।'' (2/308)

सबाल्टर्न इतिहासकार 'जाति' और 'वर्ग' की धारणाओं को स्वीकार नहीं करते। उनके अनुसार धर्म जनता को जोड़ता है। सबाल्टर्न इतिहासकार के लिए 'समुदाय' (कम्युनिटी) महत्त्वपूर्ण है। वे 'वर्ग' के स्थान पर 'समुदाय' को रखते हैं। इन इतिहासकारों के अनुसार, 'धर्म और बिरादरी समुदाय का आधार' है। भारतीय समाज में आज धर्म और बिरादरी का विशेष बोलबाला है। भारतीय जनता को या तो धर्मान्ध बनाया जा रहा है या उसे बिरादरियों में बँटकर रहने को प्रेरित किया जा रहा है। यहाँ 'वर्ग' गायब है और यह अमरीकी साम्राज्यवाद के हित में है, जिससे भारत की या दक्षिण एशिया के अन्य देशों की जनता एकजुट होकर इस साम्राज्यवाद का मुकाबला नहीं कर सके। ''ग्राम समाज में अनेक बिरादरियों के, अनेक धर्मों के लोग रहते हैं।'' उन्हें धर्मों और विरादरियों के आधार पर विभाजित करना बहुत आसान है। ऐंडरसन धर्म को विशेष महत्त्व देते हैं। उनका मत है कि धर्म के आधार

पर ही कल्पित समाज अधिक स्थायी होते हैं। ऐंडरसन के अनुसार, ''धर्मनिरपेक्ष राज्य सत्ता जो मानचित्र बनाती है, उसकी सीमाएँ ये समाज लाँघ जाते हैं।'' (2/718 पर उद्धृत)

यूरोप में ईसाइयत के आधार पर निर्मित साम्राज्य के टूट जाने और अरबों द्वारा इस्लाम के आधार पर बनाए गए साम्राज्य के टूटने के उदाहरण देकर रामविलास शर्मा इस निष्कर्ष पर आते हैं, ''धर्म उतना स्थायी आधार नहीं होता, जितना एंडरसन समझते हैं।'' (2/718) पार्थ चटर्जी के लिए 'जाति' और 'राष्ट्र' काल्पनिक है और हिन्दू धर्म, हिन्दू संस्कृति, इस्लाम धर्म और मुस्लिम संस्कृति वास्तविक है। पार्थ चटर्जी के अनुसार राष्ट्रीय इतिहास हिन्दू और मुस्लिम दोनों का न होकर किसी एक का ही होगा—हिन्दू का या मुसलमान का। स्वाभाविक है कि वे 'प्राचीन हिन्दू सभ्यता' को भारतीय परंपरा का एकमात्र स्रोत मानें। रामविलास शर्मा की आपत्ति यह है कि पार्थ चटर्जी संस्कृति के विशद क्षेत्र को धर्म तक सीमित कर देते हैं। (2/297) पार्थ चटर्जी के विचारों से असली बंगाल हिन्दू बंगाल हो जाता है। ''जातीयता का खंडन करनेवाले ये लेखक कैसे अंग्रेजी राज का समर्थन करने के साथ सम्प्रदायवाद का भी समर्थन करते हैं, यह यहाँ देखा जा सकता है।'' (2/297)

बंगाल में हिन्दू और मुसलमान को एक ही बंगाली जाति का अंग माननेवाले लेखकों की कमी नहीं रही है। पार्थ चटर्जी उधर ध्यान नहीं देते। रामविलास शर्मा ने पार्थ चटर्जी की पुस्तक से ही कृष्णचन्द्र राय, राजकृष्ण मुखोपाध्याय और बंकिमचन्द्र को उद्धृत करते हुए यह बताया है कि ''ये सब लेखक मुसलमानों को बंगाली जाति का अंग मानते हैं।'' (वही) पार्थ चटर्जी ने 'बंगाल की धर्मनिरपेक्ष जातीय संस्कृति की उपलब्धियों' को हाशिए पर रखकर हिन्दू-मुसलमान के भेद को बढ़ा-चढ़ाकर दिखाया है। सुदीप्त कविराज और डेविड हार्डीमैन समुदाय को धर्म से जोड़ते हैं।

सबाल्टर्न इतिहासकारों ने 1857 के विद्रोह को किसान-विद्रोह माना है। उनके अनुसार यह विद्रोह स्वाधीनता-संग्राम नहीं था। किसान-विद्रोहों का वे राष्ट्रीय भावना से सम्बन्ध स्थापित नहीं करते। इससे राष्ट्रीयता सम्बन्धी उनके दृष्टिकोण का पता चलता है, ''मानो राष्ट्रीयता पर पूँजीपतियों और मध्य वर्ग का इजारा हो और किसानों को राष्ट्रीयता से कुछ लेना-देना न हो।'' (2/350) उनके विवेचन में किसान का फौज से कोई सम्बन्ध नहीं है, जबकि फौज में किसानों की ही संख्या अधिक थी। वे गाँवों के विद्रोहों को शहर से अलग रखते हैं। दोनों में किसी प्रकार का सम्बन्ध नहीं देखते। किसान विद्रोह को अपने में सिमटाकर देखने का यह प्रयत्न साम्राज्यवाद के हित में जाता है।

सबाल्टर्न इतिहास में 'समुदाय' (कम्युनिटी') की धारणा का सर्वाधिक महत्त्व है। इन इतिहासकारों ने 'वर्ग' के स्थान पर 'समुदाय' की बात कही है। रामविलास शर्मा के अनुसार, ''यह समुदाय मार्क्स के ग्राम समाजों की धारणा से काफी मिलता

है। मार्क्स ने अपनी इस धारणा को बाद में बदल दिया, लेकिन सबाल्टर्न इतिहासकार इसे कसकर पकड़े हुए हैं।'' पार्थ चटर्जी के अनुसार, ''पूँजी के विकास में समुदाय आसानी से विलीन नहीं होता'' और डेविड हार्डीमैन के अनुसार, ''सामुदायिक चेतना पूँजीवादी चेतना से बहुत अलग है।'' पार्थ चटर्जी 'समुदाय' को 'प्राकृतिक और आदिम' मानते हैं। इन समुदायों में कृषक-समुदाय का महत्त्व सर्वविदित है। सबाल्टर्न इतिहासकारों ने कृषक-समुदाय पर अधिक विचार किया है। रणजीत गुहा ने अपनी पुस्तक 'औपनिवेशिक भारत में किसान-विद्रोह : मूल विशेषताएँ' (एसेमेण्ट्री ऑस्पेक्ट्स ऑफ पेजेंट इनसर्जेन्सी इन कॉलोनियन इंडिया, 1982) में 'स्वायत्त किसान समुदाय की धारणा' स्पष्ट की है। पार्थ चटर्जी रणजीत गुहा की इस धारणा की चर्चा करते हैं। रणजीत गुहा के अनुसार 19वीं सदी में कई प्रकार के किसान-विद्रोह हुए। राष्ट्रवादी इतिहासकारों ने किसान-विद्रोहों को 'राष्ट्रीय आन्दोलन का पूर्व रूप' माना है, पर रणजीत गुहा राष्ट्रीय आन्दोलन से अलग किसान-चेतना की बात करते हैं। उनके अनुसार, ''जैसे भूचाल आने पर धरती हिलने लगती है, किसी का उसपर नियंत्रण नहीं होता, ये उसी तरह के विद्रोह थे।'' (वही, पृ. 2) इन विद्रोहों को 'उपनिवेशवाद का प्रतिषेध' (एंटी थीसिस) कहा गया। रणजीत गुहा को जैसे राष्ट्रवादी इतिहासकारों से आपत्ति है, उसी प्रकार मार्क्सवादी इतिहासकारों से भी। ''जो मार्क्सवादी इतिहास लेखक हैं, वे भी इन किसान-विद्रोहों को मार्क्सवादियों द्वारा संचालित आन्दोलनों का पूर्व रूप बना देते हैं।'' (वही, पृ. 4, 2/342 पर उद्धृत)

सबाल्टर्न इतिहासकार शुद्ध किसान-चेतना की बात करते हैं। उनके अनुसार किसान-विद्रोह की राजनीति बहुत 'परिपक्व' नहीं है और 'उसका मूल्यांकन बहुत बढ़ा-चढ़ाकर न करना चाहिए।' रणजीत गुहा और रामविलास शर्मा इन विद्रोहों को भिन्न दृष्टियों से देखते हैं। गुहा की इतिहास-दृष्टि खंडित और इकहरी है, रामविलास जी की समग्र और मार्क्सीय है। गुहा लिखते हैं, ''आगे चलकर जो वर्ग-संघर्ष ज्यादा सघन हुआ, जो बड़े पैमाने पर साम्राज्य-विरोधी संघर्ष फैला और सामान्यतः आम जनता में जुझारूपन का एक ऊँचा स्तर देखा गया, वह सब इन किसान-विद्रोहों में न देखना चाहिए।'' (वही, पृ. 10-11, 2/34 पर उद्धृत) क्यों नहीं देखना चाहिए? रामविलास जी स्थानीय विद्रोह में व्यापक विद्रोह की विशेषताएँ देखते हैं—''जो विद्रोह जनपदीय है, उसमें जातीय विद्रोह की विशेषताएँ मिलती हैं, जो विद्रोह जातीय है, उसमें राष्ट्रीय विद्रोह की विशेषताएँ मिलती हैं। इससे यह नतीजा निकलता है कि स्थानीय विद्रोहों को जितना ही जातीय स्वरूप दिया जाएगा और जातीय विद्रोहों को जितना राष्ट्रीय स्वरूप दिया जाएगा, उतना ही किसान आन्दोलन क्रान्तिकारी होंगे और उन्हें सफलता मिलेगी।'' (2/344)

रणजीत गुहा ऐसा नहीं चाहते। अकेले लड़ने से किसान मारा जाए, इसकी कोई चिन्ता गुहा को नहीं है क्योंकि दूसरे वर्ग से जुड़ने पर किसान-चेतना अशुद्ध हो

जाएगी। रामविलास शर्मा का यह निष्कर्ष है—"सबाल्टर्न लेखक किसान-विद्रोह को जितना उछालें, नीति यह है कि किसानों को उनके सहयोगियों से अलग-थलग रखा जाए। यह किसानों से शत्रुता निबाहना है, उनकी सहायता करना नहीं।" (वही)

मार्क्स और एंगेल्स की धारणाएँ किसानों और मजदूरों के सम्बन्ध में सदैव एक-सी नहीं रहीं। उनकी धारणाएँ बाद में बदलीं। 1848 में मार्क्स और एंगेल्स की धारणा यह थी कि "केवल मजदूर क्रान्ति कर सकते हैं, किसान प्रतिक्रियावादी होते हैं" पर बाद में मार्क्स ने किसान, मजदूर और अन्य कई मुद्दों पर अपनी धारणाएँ बदलीं।" मार्क्स और एंगेल्स की विचारधारा विकासमान थी, पर सबाल्टर्न इतिहासकार उनकी विचारधारा को उसके 'विकासमान रूप' में नहीं देखते। रामविलास शर्मा ने इसी कारण 'सबाल्टर्न इतिहासकार' को 'त्रात्स्कीवाद का एक नया रूप' कहा है—"त्रात्स्की के लिए मजदूर ही सबकुछ थे, उसी तरह इन सबाल्टर्न इतिहासकारों के लिए किसान ही सब कुछ हैं।" (2/347)

रामविलास शर्मा धनगरे की इस मान्यता से सहमत नहीं हैं कि मार्क्सवाद में किसानों का महत्त्व लेनिन के समय स्थापित हुआ। उनके अनुसार 16वीं सदी में 'जर्मन किसान-क्रान्ति' के 'मार्क्स और एंगेल्स दोनों प्रशंसक थे।' मार्क्स मानते थे कि जर्मनी में मजदूर अकेले क्रान्ति नहीं कर सकते। मार्क्स ने 'पुरानी किसान-क्रान्ति के नए संस्करण' की बात कही थी। रामविलास जी के अनुसार, "मजदूरों से किसानों के सहयोग की धारणा उतनी ही पुरानी है, जितना मार्क्सवाद है।" (2/ 345) सबाल्टर्न इतिहासकार किसानों को दूसरे वर्गों से अलग रखना चाहते हैं, जबकि मार्क्स और लेनिन ने किसानों और मजदूरों के सहयोग पर बल दिया था।

धनगरे ने 1949 की चीनी क्रान्ति में किसानों की निर्णायक भूमिका का जिक्र किया है। रामविलास जी चीन की राज्य क्रान्ति को किसान-क्रान्ति मात्र नहीं मानते। वह उनके अनुसार चीन का राष्ट्रीय स्वाधीनता-संग्राम भी है, जिसमें किसानों के अलावा माओ-त्से-तुंग ने साम्राज्यवाद के सभी विरोधियों को शामिल किया था। यह सच है कि मैक्सिको, क्यूबा, अल्जीरिया और वियतनाम में जो क्रान्तियाँ हुईं, वे रामविलास शर्मा के अनुसार सामन्त-विरोधी क्रान्तियों के साथ ही राष्ट्रीय क्रान्तियाँ भी थीं। सबाल्टर्न इतिहासकार किसान को सब कुछ मानकार भी उसे अन्य वर्गों से अलग-थलग रखते हैं। ऊपर से यह इतिहास-धारा किसी को क्रान्तिकारी लग सकती है, पर मुख्यत: यह क्रान्ति-विरोधी इतिहास-धारा है।

भारत में एक समय नक्सलबाड़ी आन्दोलन में किसानों की ही सर्वोपरि भूमिका स्वीकारी गई थी, पर आज बहुत कम ऐसे नक्सलवादी धड़े हैं, जो किसानों को क्रान्ति की एकमात्र शक्ति मानते हों। रामविलास शर्मा ने व्यापक फलक पर सबाल्टर्न इतिहास की आलोचना की है और यह सिद्ध किया है कि यह अमरीकी साम्राज्यवाद के पक्ष और हित में है। हार्डीमैन ने किसानों के प्रति इस नए दृष्टिकोण का आरम्भ

साठ के दशक से माना है। नक्सलबाड़ी आन्दोलन के बाद कृषक-संघर्षों को देखने के ढंग में परिवर्तन हुआ। नक्सलबाड़ी आन्दोलन ने किसान-प्रतिरोध के बारे में उस समय इतिहासकारों को सोचने को बाध्य किया। इस सम्बन्ध में रामविलास शर्मा का यह कथन ध्यान देने योग्य है—"भारत में मुख्य अन्तर्विरोध अभी जनता और साम्राज्यवाद, उसके सहायक सामन्तों और पूँजीपतियों में है। इनके विरुद्ध जितना भी बड़ा मोर्चा बनाया जाए, उतना ही किसानों को जल्द सफलता मिलेगी। हम अभी समाजवादी क्रान्ति की मंजिल में नहीं हैं।...चाहे जनवादी क्रान्ति हो, चाहे समाजवादी क्रान्ति हो, शहर के मजदूरों से एकता कायम किए बिना गाँव का सर्वहारा वर्ग मुक्ति-लाभ नहीं कर सकता। वर्ग-चेतना से अलग किसान-चेतना की बात करना वास्तव में किसानों को धोखा देना है।" (2/358) सबाल्टर्न इतिहासकार को रामविलास जी ने नया त्रात्स्कीवाद कहा है। "पुराने त्रात्स्सकीवाद की तरह यह उसका नया संस्करण भी वस्तुगत रूप से उन लोगों की सहायता करता है, जिनके हाथ में वास्तविक सत्ता है अर्थात् साम्राज्यवाद और उसके पूँजीवादी सामन्तों-सहायकों की शक्ति को सुदृढ़ करता है।" (वही)

सबाल्टर्न इतिहासकारों ने जहाँ भी किसान-संघर्षों का विवेचन किया है, वहाँ उनकी 'समुदाय' वाली धारणा खंडित हुई है क्योंकि गाँवों में ही स्पष्ट रूप से कई स्तर और वर्ग-भेद दिखाई देते हैं। गौतम भद्र के लेख 'मुगल भारत के दो सीमांत विद्रोह', शाहिद अमीन के लेख 'छोटे किसान और बिकाऊ माल का उत्पादन', ज्ञान पांडे के 'अवध में किसान आन्दोलन' वाले लेख और स्टीफन हैमिंघम के 'बिहार और पूर्वी संयुक्त प्रान्त में भारत छोड़ो आन्दोलन' वाले लेख में कई स्तरों और वर्गों की रामविलास जी ने चर्चा की है और यह निष्कर्ष दिया है, "इस तरह वर्गहीन, स्तरहीन, आन्तरिक रूप से सुसम्बद्ध समुदाय की धारणा सबाल्टर्न इतिहासकारों के विवेचन में बार-बार खंडित होती है।" (2/361)

रामविलास शर्मा सबाल्टर्न इतिहास के विरुद्ध हैं क्योंकि यह अमरीकी साम्राज्यवाद के हितों की रक्षा करता है, 'जाति और राष्ट्र' को कल्पित मानता है, 'वर्ग' को महत्त्व नहीं देता और शुद्ध किसान-चेतना की बात कर किसान तथा भारतीय जनता को संघर्ष-विमुख करता है। इन इतिहासकारों के लिए उन्होंने 'गिरोह' शब्द का प्रयोग किया है—"एक पूरा गिरोह है, जो भारतीय इतिहास के नए वैज्ञानिक विवेचन का दावा करता है।" (2/284) उन्होंने इस 'गिरोह' के 'लम्बे-चौड़े ताने-बाने' का जिक्र किया है और तर्कों से यह प्रमाणित किया है कि यह इतिहास-लेखन विदेशी पूँजी और अमरीकी साम्राज्यवाद की रक्षा करता है।

(2001)

रामविलास शर्मा पर केन्द्रित 'आलोचना' के दो अंक

नामवर सिंह के सम्पादन में प्रकाशित त्रैमासिक पत्रिका 'आलोचना' के दो अंक रामविलास शर्मा पर केन्द्रित हैं। 'आलोचना' का साठवाँ-इकसठवाँ (60-61) अंक (जनवरी-मार्च/अप्रैल-जून, 1982) 'डॉ. रामविलास शर्मा के सत्तरवें जन्म दिन के उपलक्ष्य में' प्रकाशित हुआ था। 159 पृष्ठों के इस अंक में रचनात्मक सामग्री 157 पृष्ठों की थी। नामवर सिंह का रामविलास शर्मा पर छह पृष्ठों का सम्पादकीय था—'केवल जलती मशाल'। इस अंक के लिए रामविलास जी ने अपनी प्रकाश्य पुस्तक 'घर की बात' के कुछ अंश दिए थे। ये अंश पत्रिका के लगभग आधे हिस्से में प्रकाशित हुए थे—पृ. 5 से 83 तक। पत्रिका के सह-सम्पादक डॉ. नन्दकिशोर नवल ने 'हर सिंगार की छाया में' शीर्षक से 1979 के अक्तूबर महीने के आठ दिनों (5, 6, 7, 8, 9, 10, 11 और 12 अक्तूबर) की डायरी, जो रामविलास शर्मा से सम्बन्धित थी, प्रकाशित की थी। इस अंक में केदारनाथ अग्रवाल का लेख था 'मेरे प्रिय डॉक्टर'। 'रामविलास शर्मा की कविताएँ' केदारनाथ सिंह का लेख था। शिवकुमार मिश्र और गोपाल ने रामविलास शर्मा की पुस्तकों की समीक्षाएँ की थीं। 1981 में प्रकाशित रामविलास शर्मा की दो पुस्तकों 'परम्परा का मूल्यांकन' और 'भाषा, युगबोध और कविता' की समीक्षा शिवकुमार मिश्र ने 'मार्क्सवादी आलोचना के बुनियादी सरोकार और डॉ. रामविलास शर्मा' शीर्षक से की थी। 1982 में प्रकाशित पुस्तक 'कथा, विवेचना और गद्य-शिल्प' की समीक्षा गोपाल ने 'डॉ. रामविलास शर्मा की कथा—समीक्षा' शीर्षक से की थी।

'आलोचना' का रामविलास शर्मा पर केन्द्रित दूसरा अंक (सहस्राब्दी अंक-पाँच, अप्रैल-जून 2001) 'रामविलास शर्मा की बरसी पर' प्रकाशित हुआ। लगभग बीस वर्ष का अन्तराल। 'आलोचना' के पुनर्प्रकाशन के तुरन्त बाद रामविलास शर्मा का निधन हो गया। 1982 से 2000 के बीच में उनकी बीस से अधिक पुस्तकें आईं। पूर्व प्रकाशित पुस्तकों के नए संस्करणों में भी उन्होंने नया जोड़ा। स्वाभाविक था कि मरणोपरान्त उनके अवदानों पर चर्चा हो, उनकी स्थापनाओं और अवधारणाओं पर विचार हो। यह कम पृष्ठों में सम्भव नहीं था। 250 पृष्ठों के इस अंक में रामविलास शर्मा का 'मूल्यांकन' हुआ। इस अंक के द्वारा 'आलोचना' ने उन्हें अपनी 'श्रद्धांजलि'

दी। सम्पादकीय (यह विशेषांक) में रामविलास जी को 'प्रखर चिन्तक और विचारक' माना गया। यह बताया गया कि उन्हें 'पन्थ का मसीहा' बनाने की कोशिशें जारी हैं।' रामविलास शर्मा ने 1934 से लेकर जीवन के अन्तिम दिनों तक आलोचनात्मक कार्य किया। 65-66 वर्ष बहुत लोग जी भी नहीं पाते। जो जीते हैं, उनमें साहित्य को अपना सम्पूर्ण जीवन समर्पित कर देने की इच्छा भी नहीं होती। बरसी का समय था, सम्भवतः इसलिए 'पन्थ का मसीहा' बनानेवालों की चर्चा नहीं की गई।

उनकी बरसी पर प्रकाशित 'आलोचना' के 'एक अन्तर्निहित तर्क से ही पाँच खंड हैं।' इन पाँच खंडों में बीस लेख हैं, इतिहासकार रामशरण शर्मा से एक बातचीत है 'और अन्त में' नामवर सिंह का लेख है—'इतिहास की शव-साधना'।

'रामविलास शर्मा की बरसी पर' आलोचना का अंक पूरी तैयारी और मेहनत से प्रकाशित किया गया है। इरादा है रामविलास शर्मा के 'मूल्यांकन' का। रामविलास शर्मा की यह पंक्ति ''वह श्रद्धा जो किसी भी नेता को आलोचना से परे समझती है, अन्ध व्यक्ति-पूजा के अलावा और कुछ नहीं है;'' उनकी कृतियों और स्थापनाओं को लेकर किए जानेवाले मूल्यांकन का मुख्य आधार है। पूरा अंक एक योजनाबद्ध रूप में प्रकाशित है और यह योजना वास्तविक मूल्यांकन से कम सम्बद्ध है। राजेन्द्र कुमार, वागीश शुक्ल, नन्दकिशोर नवल, परमानन्द श्रीवास्तव, वीरेन्द्र यादव, शम्भुनाथ, रामचन्द्र तिवारी, पी.एन. सिंह, प्रदीप सक्सेना, पुरुषोत्तम अग्रवाल, अजय तिवारी, शम्सुर्रहमान फारुकी, पूरनचन्द्र जोशी, गिरीश मिश्र, तुलसीराम, लाल बहादुर वर्मा, वीरभारत तलवार, कात्यायनी, खगेन्द्र ठाकुर और भगवान सिंह के लेखों ने मिलकर भी वह असर नहीं छोड़ा है, जो असर नामवर सिंह के लेख का है। दोनों अंकों में नामवर के लेख-सम्पादकीय विशेष प्रमुख हैं।

रामविलास शर्मा पर चन्द्रबली सिंह, विश्वम्भरनाथ उपाध्याय, शिवकुमार मिश्र, रमेशकुंतल मेघ, मैनेजर पांडेय, मुरली मनोहर प्रसाद सिंह, विश्वनाथ त्रिपाठी और नित्यानन्द तिवारी के लेख नहीं हैं। यह महज एक संयोग नहीं है। नामवर सिंह के रामविलास-सम्बन्धी मत और विचार पहले अंक की तुलना में अब भिन्न हैं। पहले उनके लिए रामविलास शर्मा शिखर थे, 'केवल जलती मशाल' थे और अब 'फंडामेंटलिस्ट' हैं। 'आलोचना' के 1982 वाले अंक में जब नामवर सिंह का ही स्वर विरोधी नहीं था, तो अन्य लोगों के स्वरों के विरोधी होने की बात ही नहीं थी। नए अंक में नामवर अकेले नहीं हैं। उनके साथ और कई हैं। उनकी टीम है। वागीश शुक्ल का सात पृष्ठों का लेख है 'रामविलास शर्मा का काव्य-विचार'। इसमें रामविलास जी के काव्य-विचार को बड़े भद्दे और चलताऊ ढंग से देखा गया है। रामविलास जी के 'नाटककार भवभूति' वाले लेख के सम्बन्ध में वागीश शुक्ल का कथन है कि उन्होंने इस लेख में जो जानकारियाँ दी हैं, वे ''पाठ्य-पुस्तकीय हैं और रामविलास शर्मा को अंग्रेजी पढ़ाते समय छात्र को बतानी पड़ती होंगी?'' वागीश

वागीश हैं, अतएव उनके अनुमान को उनकी आलोचना का एक अंश मान लेना चाहिए। वागीश शुक्ल ने लिखा है—''मेरे सामने वाल्मीकि, कालिदास और भवभूति पर रामविलास शर्मा द्वारा लिखे गए तीन निबन्ध हैं। सब इसी तरह लिखे गए हैं, कुछ कह दिया, फिर कोई भी उद्धरण चिपका दिया, जो दरअसल उद्धरण भी नहीं है, और यह मानकर आगे बढ़ गए कि जो कह दिया, वह प्रमाणित हो गया। उनके युवतर प्रशंसकों ने सोल्लास इस आलोचना-पद्धति का विकास किया है और एक विशाल ढेरी तैयार की है, जो हिन्दी में आलोचना-साहित्य के नाम से जानी जाती है।'' 'रामविलास शर्मा के काव्य-विचार' पर लिखते समय दृष्टि 'युवतर प्रशंसकों' की ओर क्यों जाती है? विषय से हटकर आलोचना-कर्म यही है।

कौन हैं 'युवतर प्रशंसक'? 'विशाल ढेरी' जो 'तैयार' की गई है, उससे वागीश शुक्ल परिचित हैं। उन्होंने वह 'ढेरी' देखी है, पढ़ी है। 'रामविलास शर्मा का काव्य-विचार' भी 'विशाल ढेरियों' में है। वागीश शुक्ल के कथन से ध्वनि यह निकलती है कि रामविलास शर्मा छात्रों को ध्यान में रखकर लिखते हैं। उन्होंने वाल्मीकि, कालिदास और भवभूति पर जो लिखा है, उस पर राधावल्लभ त्रिपाठी विचार कर सकते हैं। वागीश शुक्ल ने रामविलास शर्मा के 'युवतर प्रशंसकों' की चर्चा की है। नामवर सिंह ने 'केवल जलती मशाल' में लिखा था—'उनके लेखों में 'आदि काव्य' शीर्षक निबन्ध आरम्भिक दिनों का होते हुए भी मौलिक दृष्टि में अन्यतम है।' जो नामवर के लिए 'मौलिक दृष्टि में अन्यतम' है, वह वागीश शुक्ल के लिए अर्थहीन है। अभी हिन्दी संसार वागीश शुक्ल को नामवर से बड़ा आलोचक और काव्य-पारखी नहीं मानता है। नामवर सिंह ने अपने उसी सम्पादकीय में 'नाटककार भवभूति' शीर्षक निबन्ध को 'ट्रैजेडी' और 'ट्रैजिक' कवि की अवधारणाओं के विवेचन की अभावपूर्ति के लिए लिखा हुआ 'पुनश्च' माना था।

वागीश शुक्ल को अपने 'आलेख' में कई मुद्दों पर 'विचार करने का अवकाश नहीं है।' उनके लिए वे मुद्दे गौण हैं। बड़े मुद्दे अवकाश निकाल लेते हैं विचार करने के लिए। वागीश शुक्ल ने अपनी समझ से 'रामविलास शर्मा की समझ' पर प्रश्न खड़े किए हैं। उनका कथन है कि 'गुजर-बसर' के सवाल से बिलकुल अलग, उन्होंने (रामविलास शर्मा ने) एक सवाल तो यह उठाया ही है—'जनता की अदालत' में स्त्री कैसे जाए, जहाँ सिर्फ फैसला होता है, सुनवाई नहीं होती।' वागीश शुक्ल का प्रश्न है—''क्या हम इसे स्त्री का व्यापक प्रश्न मान सकते हैं?'' व्यापक हो या संक्षिप्त हो, प्रश्न तो है। प्रश्न को उसकी व्यापकता से नहीं मापा जाना चाहिए। यहाँ स्त्री का प्रश्न स्वतंत्र प्रश्न नहीं है। वह अदालत के फैसले से भी जुड़ा है। वागीश शुक्ल ने इस संक्षिप्त लेख में रामविलास शर्मा के काव्य-विचार पर कम और भवभूति तथा वाल्मीकि की काव्य-कथा पर अधिक विचार किया है। इसी लेख के बारे में सम्पादकीय में यह कहा गया है कि 'वाल्मीकि, भवभूति और कालिदास सरीखे

कालजयी संस्कृत कवियों के उनके मूल्यांकन पर यह 'एक तरह का पुनर्विचार' है। वागीश शुक्ल के अनुसार रामविलास शर्मा ने 'नाटककार भवभूति' शीर्षक लेख में 'स्कूली परीक्षा-निबन्धों की उद्धरण-शैली' चुनी है। उद्धरण परीक्षा-निबन्धों में ही नहीं दिए जाते और न यह शैली केवल स्कूली परीक्षा-निबन्धों की है।

नन्दकिशोर नवल का लेख है—'निराला की कविता और रामविलास शर्मा : कसौटी पर।' 'कसौटी' पत्रिका निकालने के पूर्व नवल ने रामविलास शर्मा द्वारा निराला-काव्य के मूल्यांकन को कसौटी पर नहीं कसा था। निराला-काव्य पर रामविलास शर्मा के मतों और विचारों को उनके आरम्भिक लेख से (1934 में प्रकाशित) लेकर बाद तक के लेखों से जाना जा सकता है। नवल का लेख 'निराला-काव्य की आलोचना' का 'जायजा लेने का प्रयास' भर है। जायज आलोचना जायजा लेने से परहेज रखती है। नवल का मत है कि निराला की छायावादी कविता का वस्तुपरक विश्लेषण करने की क्षमता तथा यथार्थवादी कविता के वस्तुपरक विश्लेषण में रामविलास शर्मा से चूक हुई।

रामविलास शर्मा कविता और साहित्य के शुद्ध समीक्षक नहीं थे। उनके लिए 'साहित्य की सौन्दर्यात्मक संवेदना' सबकुछ नहीं थी। उनकी काव्य-दृष्टि और नवल की काव्य-दृष्टि एक नहीं है। यह अकारण नहीं है कि नवल और नामवर सिंह दोनों थियोडोर अडोर्नो का उल्लेख करते हैं। रामविलास शर्मा पर नवल की यह टिप्पणी है कि उन्होंने थियोडोर अडोर्नो की दृष्टि से (गीत इतिहास की दार्शनिक धूपघड़ी है) निराला के परवर्ती 'गीत-संसार को विवृत नहीं किया।' क्या यह जरूरी है कि रामविलास शर्मा अडोर्नो की दृष्टि से चालित हों ? नामवर सिंह रामविलास शर्मा के परम्परा-प्रेम पर अडोर्नो के कथन से प्रहार करते हैं। उन्होंने लिखा है कि 'अडोर्नो ने परम्परा को एक सामन्ती अवधारणा' कहा था। रामविलास जी की आलोचना के लिए नामवर सिंह और नन्दकिशोर नवल अडोर्नो का सहारा लेते हैं।

परमानन्द श्रीवास्तव ने अपने लेख 'काव्याभिरुचि का संकट और काव्य-बोध की सीमाएँ' में रामविलास जी की 'इतिहास-धारा के इच्छित स्वरूप-निर्धारण' की ओर जानेवाली दृष्टि की बात कही है। वस्तुतः रामविलास शर्मा के लिए 'काव्य मर्म' ही सबकुछ नहीं था। उनके यहाँ जीवन धर्म का भी महत्त्व था। रामविलास जी का काव्य-बोध जीवन-बोध से और काव्य-दृष्टि जीवन-दृष्टि से पूर्णतः विच्छिन्न नहीं थी। रामविलास जी की दृष्टि काव्य-शिल्प से अधिक काव्य-वस्तु पर थी और निराला, केदारनाथ अग्रवाल तथा नागार्जुन में समानता के कई बिन्दु थे। परमानन्द श्रीवास्तव रामविलास शर्मा में 'काव्याभिरुचि और काव्य बोध के उनके अपने संकट' मानते हैं।

रामविलास शर्मा का लेखन साम्राज्यवाद विरोधी है। इस प्रश्न को ओझल कर रामविलास शर्मा का मूल्यांकन सही नहीं हो सकता। साम्राज्यवाद का प्रश्न धीरे-

धीरे घटता गया है। जैसे-जैसे साम्राज्यवादी दबाव बढ़ते जा रहे हैं, पढ़े-लिखे लोगों में उसके प्रति विरोध घटता गया है। नामवर सिंह ने अपने लेख में साम्राज्यवाद की कहीं कोई चर्चा नहीं की है। यह इधर की बात है। पहले नामवर साम्राज्यवाद विरोध की बात करते थे। 'आलोचना' पत्रिका का सम्पादन जब उन्होंने आरम्भ किया तब 'सम्पादकीय' में लक्ष्मीकान्त वर्मा की आलोचना 'कल्पना' (जनवरी-फरवरी 1967) में प्रकाशित उनके लेख 'हिन्दी साहित्य के पिछले बीस वर्ष' को लेकर इसलिए की थी कि "उसमें साम्राज्यवाद-विरोध एवं देशी सेठों और राजाओं-महाराजाओं के विरोध का उल्लेख तक नहीं है।" 1967 और 2001 में चौंतीस वर्ष का अन्तर है। 1967 में भारत अमेरिका के अधीन नहीं था। आज भारत अमेरिका के अधीन है। आज एक ध्रुवीय विश्व में साम्राज्यवाद का उल्लेख अधिक जरूरी है, पर नामवर उधर कम ध्यान देते हैं। रामविलास शर्मा के समस्त लेखन में यह विरोध न कहीं थमता है, न घटता है।

1982 की 'आलोचना' में नामवर जिन कृतियों की प्रशंसा कर रहे थे, 2001 में उनका स्वर क्यों बदला? रामविलास शर्मा सम्बन्धी नामवर के मत परिवर्तन का एकमात्र कारण 1985 में रामचन्द्र शुक्ल जन्मशती के अवसर पर प्रकाशित 'लोकजागरण और हिन्दी साहित्य' नहीं है। नामवर सिंह की पुस्तक 'दूसरी परम्परा की खोज' का प्रकाशन 1982 में हुआ था। इस पुस्तक में नामवर सिंह ने रामचन्द्र शुक्ल को हजारी प्रसाद द्विवेदी के समानान्तर खड़ा करके उनका कद छोटा करने की कोशिश की थी। रामविलास शर्मा ने 'लोक जागरण और हिन्दी साहित्य' की लम्बी भूमिका में उसका मुँह तोड़ उत्तर दिया था। नामवर इस उत्तर को कभी नहीं भूले। कई पंक्तियाँ उद्धृत करके रामविलास जी ने यह बता दिया था कि हजारी प्रसाद द्विवेदी ने शुक्ल जी के विचार और शब्द किस प्रकार ग्रहण किए हैं।

यह अकारण नहीं है कि रामविलास शर्मा पर केन्द्रित 'आलोचना' के नए अंक में कई लेखक विषय-विवेचन से दूर सतही कथन और ओछे शब्दों से अपने लेख का आरम्भ करते हैं। वागीश शुक्ल के बाद गिरीश मिश्र इसी प्रकार के लेखक हैं। उन्होंने 'रामविलास शर्मा की वृहत्त्रयी का लोहिया कांड' में शुरुआत ही प्रसिद्ध अर्थशास्त्री जोसेफ ए. शुम्पीटर के उस कथन से की है कि मार्क्स को रूस पर लिखने के लिए रूसी भाषा में प्रकाशित एक रिपोर्ट का अध्ययन करना अनिवार्य था और 'मार्क्स ने छह महीने लगाकर रूसी सीखी और रिपोर्ट पढ़कर अपना अध्ययन सम्पन्न किया।' संकेत यह है कि रामविलास शर्मा विभिन्न विषयों में मात्र रुचि रखते हैं, उस पर अधिकारपूर्वक लिखने के योग्य वे नहीं हैं। नामवर सिंह ने ऐसे ही अधिकारी और गम्भीर 'विद्वानों' से रामविलास शर्मा पर निबन्ध लिखाए हैं। गिरीश मिश्र लिखते हैं—"मुझे मालूम नहीं कि रामविलास जी को जर्मन भाषा की कितनी जानकारी थी, लेकिन अनुवाद से स्पष्ट है कि क्लासिकी राजनीतिक अर्थशास्त्र में

उनकी गति नगण्य सी थी। ऐसी हालत में उन्होंने अनुवाद कर ('दास कैपिटल' के दूसरे भाग का अनुवाद) अपनी प्रतिष्ठा में बट्टा ही लगाया।' यह आलोचना है, जिसमें विषय की कोई बात नहीं कही जा रही है और फब्तियाँ कसी जा रही हैं। किसी एक लेख में यह कला होती तो माना जा सकता था कि लिखनेवाला कलाकार है, पर यहाँ तो कई लेखकों के यहाँ ऐसी ही शुरुआत है। क्या यह नामवर सिंह को प्रसन्न करने के लिए है ? क्या 'आलोचना' का यह अंक रामविलास शर्मा के विरुद्ध सोची-समझी संयुक्त नीति के तहत है ? आलोचना के इस अंक में कई लेखक इतने महान हैं कि वे रामविलास जी को पाठ पढ़ाते हैं। 'आलोचना' के इस अंक से यह ध्वनित होता है कि रामविलास जी को किसी चीज की गहरी और सही समझ नहीं थी। यह गहरी और सही समझ इस अंक के कुछ लेखकों को है। यह अच्छी बात है कि हिन्दी आलोचना में ऐसे गम्भीर और सही समझ रखनेवालों का एक जगह स्थान है। गिरीश मिश्र का लहजा देखिए—'भाकपा नियंत्रित, पीपुल्स पब्लिशिंग हाउस और प्रगति प्रकाशन मास्को वालों ने तो अपनी सुविधा देखकर उनसे अनुवाद करवा लिया। परन्तु उन्हें जिम्मेदारी से सोचना और अपनी क्षमता को आँकते हुए इससे गुरेज करना चाहिए था। मैं नहीं जानता कि ऐसा न करने के पीछे क्या कारण था।'

रामविलास शर्मा के जीवन-काल में गिरीश मिश्र ने उनसे पूछ लिया होता, तो उन्हें उत्तर प्राप्त हो गया होता। 1974 में 'पूँजी' के दूसरे खंड का रामविलास जी ने अनुवाद किया था। गिरीश मिश्र बताते हैं कि रामविलास शर्मा को राजनीतिक अर्थशास्त्र की समझ नहीं थी और उन्होंने अपनी प्रतिष्ठा में बट्टा लगाया। बहुत लोग दूसरों की प्रतिष्ठा में बट्टा लगाते हैं। रामविलास शर्मा की प्रतिष्ठा में बट्टा लगानेवाले, उन्हें कोसनेवाले, उन्हें नासमझ और भाजपाई समझनेवाले अचानक 'आलोचना' में एक साथ कैसे जुट गए ? यह अलौकिक चमत्कार तो नहीं हो सकता था, जरूर कोई राज होगा। गिरीश मिश्र ने यह भी बताया है कि वे 'भारत में अंग्रेजी राज तथा मार्क्सवाद लिखने के काबिल नहीं थे'। यह गिरीश मिश्र के लेख का आरम्भिक अंश है। वागीश शुक्ल के लेख के आरम्भिक अंशों से इसकी तुलना कीजिए। नतीजा एक होगा। गिरीश मिश्र के अनुसार, "ऐसे ग्रन्थ के लिए भारतीय इतिहास, विशेषकर आर्थिक इतिहास का वांछित स्तरीय ज्ञान अपेक्षित है।" रामविलास शर्मा को यह 'स्तरीय ज्ञान' प्राप्त नहीं था, इसलिए 'भारत में अंग्रेजी राज तथा मार्क्सवाद', 'स्तरीय रचना' नहीं है।

गिरीश मिश्र को कोसना चाहिए नामवर सिंह को, जिन्होंने 1982 की 'आलोचना' के सम्पादकीय 'केवल जलती मशाल' में इस ग्रन्थ के बारे में लिखा था—"इस ग्रन्थ के अन्तर्गत भारत के इतिहास के विषय में ऐसी क्रान्तिकारी मान्यताएँ प्रस्तुत की गई हैं जो इतिहास का परिचित नक्शा ही बदल देंगी।' इतिहास का परिचित नक्शा बदले या नहीं, आलोचना के नए अंक में यह पूरी कोशिश की गई है कि

रामविलास जी का जो नक्शा लोगों के दिमाग में बना हुआ है, उसे बदल दिया जाए। यह कोशिश इसलिए असफल रही है कि फतवों से नक्शे नहीं बदले जाते। नक्शों को नक्शे ही बदल सकते हैं। हिन्दी आलोचना के लिए सचमुच वह गौरव का दिन होगा, जब ऐसे लेखक—वागीश शुक्ल, गिरीश मिश्र, तुलसीराम नक्शा बदल देंगे।

गिरीश मिश्र ने अपने निबन्ध के अन्त में बहुत लोगों से मिलती-जुलती बात कही है कि रामविलास शर्मा के विवेचन से "संघ परिवार की हिन्दुत्ववादी शक्तियों को समर्थन प्राप्त होता है।" इस कोरस में शामिल गायकों की कमी नहीं है। इस संयुक्त राग से कहीं भी यह पता नहीं चल पाता है कि हिन्दुत्ववादी शक्तियाँ रामविलास शर्मा के विचारों से कैसे प्रोत्साहित होती हैं?

तुलसीराम के लेख का शीर्षक ही है—'रामविलास शर्मा का प्रच्छन्न हिन्दुत्व'। प्रच्छन्न बातों, चीजों और रहस्यों को समझना थोड़ा कठिन है। राष्ट्रीय स्वयं सेवक संघ के देवेन्द्र स्वरूप का रामविलास शर्मा के सम्बन्ध में कथन क्या प्रमाणित करता है! तुलसीराम ने रामविलास शर्मा को संघ से जोड़ दिया है। रामविलास शर्मा संघ से जुड़ने के बाद मार्क्सवादी नहीं रह जाते। रामविलास शर्मा को राष्ट्रीय स्वयं सेवक संघ में ठेलकर हिन्दी के एकमात्र महान मार्क्सवादी आलोचक बच जाते हैं—नामवर सिंह। रामविलास शर्मा के विचलन से नामवर शीर्ष पर पहुँच जाते हैं।

रामविलास शर्मा के निधन के बाद 'पांचजन्य' अखबार ने उन पर लिखा। इस साप्ताहिक पत्र में उनका एक साक्षात्कार तोड़-मरोड़ कर प्रकाशित भी हुआ था। तुलसीराम के लेख की पहली पंक्ति है—"अपने वैदिक मोह के कारण—'हिन्दी प्रदेश' के धनुर्धर साहित्यकार रामविलास शर्मा संघ परिवार में 'आधुनिक ऋषि' के नाम से जाने जाते हैं। रामविलास शर्मा को सबसे पहले प्रभाष जोशी ने 'ऋषि' कहा था। आज प्रभाष जोशी 'नामवर के निमित्त' के संयोजक हैं। तुलसीराम ने एक वाक्य में यह निष्कर्ष दिया है "जिस तरह उपनिषद-काल में अनेक ऋषि अनीश्वरवादी होते हुए भी वेदों को ही प्रमाण मानते थे, ठीक उसी तरह रामविलास का चिन्तन विकसित हुआ है, जिसे मार्क्सवादी प्रगतिशील परम्परा से जोड़ना सर्वथा दोहराई जानेवाली भूल कहा जाएगा, जैसा कि जनवादी चिन्तक करते आ रहे हैं।" तुलसीराम 'जनवादी चिन्तक' हैं। उनका 'मार्क्सवादी प्रगतिशील परम्परा' से अधिक सम्बन्ध है।

वागीश शुक्ल, गिरीश मिश्र और तुलसीराम को 'मार्क्सवाद की प्रगतिशील परम्परा' की चिन्ता है। उनकी वाणी में जो हल्कापन और धौंस है, वह सम्भवत: इसी कारण है। रामविलास शर्मा की बरसी पर प्रकाशित 'आलोचना' के अंक में निहायत हल्के और आपत्तिजनक ढंग से रामविलास शर्मा पर बातें की गई हैं। उन पर आक्रमण करनेवालों में मार्क्सवादी और गैरमार्क्सवादी दोनों हैं। आठ पृष्ठ में पुरुषोत्तम अग्रवाल रामविलास शर्मा के भारतेन्दु-सम्बन्धी मूल्यांकन पर विचार करते हैं। उनके लेख का शीर्षक है 'भारतेन्दु और रामविलास शर्मा के भारतेन्दु'।

पुरुषोत्तम अग्रवाल की आपत्ति 'प्रतीकवादी विमर्श' पर है। उनके अनुसार 'किसी भी बड़े लेखक के लिए इससे भयानक और दयनीय स्थिति शायद दूसरी नहीं हो सकती कि उसे उसकी 'मानवीय समग्रता और रचनात्मक जीवन-ऊर्जा से वंचित कर किसी सांस्कृतिक अस्मिता या किसी राजनीतिक अभियान के निर्जीव, इकहरे प्रतीक मात्र में बदल दिया जाए।' क्या रामविलास शर्मा ने भारतेन्दु को 'मानवीय समग्रता और रचनात्मक जीवन-ऊर्जा से वंचित' कर दिया है? उन्होंने भारतेन्दु को 'निर्जीव और इकहरे प्रतीक' में नहीं बदला है। रामविलास शर्मा ने भारतेन्दु का जो मूल्यांकन किया है, वह समग्र रूप में है। 'सांस्कृतिक वर्चस्व और प्रतिरोध' की बात ही नहीं, उस पर पुस्तक लिखनेवाले पुरुषोत्तम अग्रवाल सांस्कृतिक पक्ष को जीवन-ऊर्जा से वंचित मानते हैं। वे 'प्रतीकवादी विमर्श' की एक विशेषता यह मानते हैं कि 'एक ही प्रतीक को बदलती जरूरतों के अनुरूप बदला जा सकता है। रामविलास जी के विमर्श में भारतेन्दु साम्राज्यवाद-विरोध के प्रतीक' हैं, तो शम्भुनाथ के लेख 'भारतेन्दु : डेढ़ सौ साल बाद' (आलोचना, जनवरी-मार्च 2001) में वे खगोलीकरण-उपभोक्तावाद के विरोध के प्रतीक बन जाते हैं।'' बड़े रचनाकार अपने समय को लाँघते हैं। भारतेन्दु का मूल्यांकन सीमित और इकहरे अर्थ में नहीं हो सकता। 'भारत-दुर्दशा' और 'अन्धेर नगरी' का आज जब हम मूल्यांकन करेंगे, भारतेन्दु पुरुषोत्तम अग्रवाल से ज्यादा समकालीन सिद्ध होंगे। गलती रामविलास शर्मा और शम्भुनाथ की नहीं है। भारतेन्दु ने जिस 'अन्धेर नगरी' का चित्र प्रस्तुत किया है, वह हमारे समय का भी चित्र है। भारतेन्दु के युग और हमारे युग में समय पूरी तरह नहीं बदला है। भारतीय समाज अपने दुर्गुणों के साथ आज भी जीवित है। मात्र कुछ उद्धरणों से सामान्य निष्कर्ष प्रस्तुत किए जा सकते हैं, कृति और कृतिकार का सर्वांगीण विवेचन नहीं हो सकता। क्या रामविलास शर्मा ने 'भारतेन्दु को अपनी राजनैतिक समझ का प्रतीक' बनाया है?

शम्सुर्रहमान फारुकी ने चार पृष्ठों में 'हिन्दी जाति और उर्दू' पर विचार किया है। उन्हें रामविलास शर्मा द्वारा 'हिन्दी जाति' जैसे पद के 'इस्तेमाल' की 'कोई खास सार्थकता नजर नहीं आती।' 'खास' न सही, मामूली सार्थकता तो है। हिन्दी जाति की मामूली सार्थकता का नजर आना भी यह सिद्ध करता है कि हिन्दी जाति की अवधारणा सही है और इसका 'खास' लोगों से सम्बन्ध नहीं है। फारुकी साहब को एतराज है कि 'जाति' शब्द से जाति-बिरादरीवाला अर्थ निकलता है। फारुकी साहब से बातचीत के आधार पर राजेन्द्र कुमार ने इसे प्रस्तुत किया है और मदन कश्यप ने रामशरण शर्मा से बातचीत की है। रामशरण शर्मा ने रामविलास शर्मा का कुछ खास पढ़ा नहीं है। ''शुरू के दिनों में साहित्यालोचना की एक-दो किताबें उनकी पढ़ी होंगी।'' वे रामविलास शर्मा को 'महान आदमी' मानते हैं। रामशरण शर्मा तमाम नई खोजों के बाद 'अब तक के उत्खननों और पुरातात्विक साक्ष्यों' के बाद यही मानते

हैं कि "आर्य लोग मूलत: उत्तरी अफगानिस्तान और उससे सटे मध्य एशिया के दक्षिणी क्षेत्र के रहनेवाले थे।" मदन कश्यप ने इस उत्तर के बाद लिखा है— "रामविलास जी उनका (आर्यों का) प्रारम्भिक निवास-स्थल दक्षिण अफगानिस्तान और उससे लगे उपमहाद्वीप के उत्तरी क्षेत्र को मानते हैं, तो फर्क बहुत कम रह गया है।"

कात्यायनी रामविलास शर्मा के 'मार्क्सवाद' को 'एक किस्म का 'परिघटनावादी', 'लक्षणवादी', 'प्रतीतिवादी' पल्लव ग्राही 'मार्क्सवाद' मानती हैं। रामविलास शर्मा के मार्क्सवाद पर विचार भारतीय सन्दर्भ में किए जाने की आवश्यकता है।

नामवर सिंह के मत रामविलास शर्मा के सम्बन्ध में स्थिर क्यों नहीं हैं? 1982 में जमकर की जानेवाली प्रशंसा और 2001 में दिल खोलकर की जानेवाली निन्दा-आलोचना के वास्तविक कारण क्या हैं? 1982 में नामवर जिसकी तारीफ करते हैं 2001 में उसी का विरोध क्यों करते हैं? नामवर में वैचारिक स्थिरता क्यों नहीं है? एक ही कृति एक समय उनके लिए महान क्यों बन जाती है और दूसरे समय वह विचारणीय भी क्यों नहीं रहती? यह कृति-समीक्षा के कारण, वैचारिक मूल्यांकन के कारण सम्भव होता है या इसके पीछे कुछ इतर कारण होते हैं?

1982 में नामवर सिंह का सम्पादकीय 'केवल जलती मशाल' रामविलास शर्मा की प्रशंसा में था। 'आलोचना' के उस अंक में कोई भी आलेख रामविलास शर्मा के विरुद्ध नहीं था। 'रामविलास शर्मा की बरसी पर' प्रकाशित आलोचना में नामवर सिंह का लेख 'इतिहास की शव-साधना' एक आक्रामक लेख है, जिसमें रामविलास शर्मा के किसी भी महत्त्वपूर्ण और उल्लेखनीय योगदान की चर्चा नहीं है। उन पर टीका-टिप्पणी है, व्यंग्य-फतवे हैं, कटूक्तियाँ एवं उपहास है। रामविलास शर्मा की खिल्ली उड़ानेवाले भी इस अंक में मौजूद हैं। पूरा अंक एक योजना के तहत तैयार किया गया है। 1982 की प्रशंसा और 2001 की निन्दा में नामवर के साथ कई लोग शामिल हैं। क्या यही सही आलोचना-कर्म है?

1982 में नामवर सिंह ने रामविलास शर्मा को 'अपनी साहित्य साधना का सर्वोच्च शिखर' पर देखा था। अब उनकी कोशिश रामविलास जी को मजा चखाने की है। क्यों? क्या इसलिए कि रामविलास शर्मा ने साहित्य, संस्कृति, भाषा, समाज, राजनीति आदि से सम्बन्धित जितने प्रश्न पिछले दो दशक में उठाए हैं, वे परेशान करने-वाले हैं। प्रत्येक बौद्धिक को इन प्रश्नों से टकराना ही होगा। 1982 और 2000-01 के बीच रामविलास शर्मा की प्रकाशित मुख्य पुस्तकें हैं—'मार्क्सवाद और प्रगतिशील साहित्य' (1984), 'लोक जागरण और हिन्दी साहित्य' (1985), 'मार्क्स त्रोत्स्की और एशियाई समाज' (1986), 'भारतीय समाज के इतिहास की समस्याएँ' (1986), 'हिन्दी जाति का साहित्य' (1986), 'डॉ. रामविलास शर्मा से बातचीत' (1986), 'प्रगतिशील काव्यधारा और केदारनाथ अग्रवाल' (1986), 'मार्क्स और पिछड़े हुए

समाज' (1986), 'मित्र संवाद' (1992), 'स्वाधीनता संग्राम और बदलते परिप्रेक्ष्य' (1992), 'भारतीय इतिहास और ऐतिहासिक भौतिकवाद' (1992), 'शेली और मार्क्सवाद' (1992), 'आज की दुनिया और लेनिन' (1992), 'मेरे साक्षात्कार' (1994), 'पश्चिम एशिया और ऋग्वेद' (1994), 'इतिहास-दर्शन' (1995), 'भारतीय साहित्य की भूमिका' (1996), 'भारतीय नवजागरण और यूरोप' (1996), 'भारतीय संस्कृति और हिन्दी प्रदेश खंड-1 और 2 (1999), 'गांधी, अम्बेडकर, लोहिया और भारतीय इतिहास की समस्याएँ' (2000), 'आज के सवाल और मार्क्सवाद' (2001) और 'भारतीय सौन्दर्य-बोध और तुलसीदास' (2001)।

नामवर सिंह रामविलास शर्मा के परम्परा-बोध और इतिहास-बोध से सहमत नहीं हैं। उन्होंने अपने लेख का आरम्भ इन पंक्तियों से किया है—'और अन्त में रामविलास शर्मा भी पहुँचे ऋग्वेद पर। अपने 'अन्तिम अरण्य' में। प्रगति के पथ पर चलते-चलते। शताब्दी का अन्त होते-होते।' ऋग्वेद-सम्बन्धी रामविलास जी की इस स्थापना से भी क्या नामवर सिंह को असहमति है कि वह कर्मकांड का ग्रन्थ न होकर दार्शनिक काव्य-ग्रन्थ है। 1982 के बाद रामविलास शर्मा ने जो स्थापनाएँ दीं, उन पर अन्यत्र बाद में। फिलहाल यह देखना चाहिए कि एक ही पुस्तक और दृष्टि के सम्बन्ध में नामवर के विचार 1982 और 2001 में क्या हैं?

रामविलास शर्मा ने 1982 के पहले 'हिन्दी में आधुनिक नवजागरण के चार चरणों पर विचार किया था। नामवर सिंह ने 'केवल 'जलती मशाल' में लिखा था—'हिन्दी के जो विद्वान अभी तक राजा राममोहन राय और बंगाल पुनर्जागरण के विचारों से आधुनिक साहित्य के इतिहास के पन्ने रँगते आ रहे थे उनकी आँखों में अँगुली डालकर पहली बार बताया गया कि स्वयं अपने ही यहाँ वैज्ञानिक दृष्टि से सम्पन्न नवजागरण की एक महान् परम्परा है जिससे हिन्दी के सर्जनात्मक साहित्य का सीधा सम्बन्ध है। क्या यह कार्य साहित्येतर है? और क्या यह प्रतिभा का अपव्यय है?'

पुस्तक वही है 'महावीर प्रसाद द्विवेदी और हिन्दी नवजागरण' (1977)। उसमें कुछ बदला भी नहीं है। पर अब नामवर सिंह के विचार पूर्ववत् नहीं हैं। अब वे व्यंग्यपूर्वक लिखते हैं, ''ऐसी छिपी हुई सम्पदा का (और इस 'सम्पदा' में आधुनिक नवजागरण के चार चरण भी हैं) बोध कराने का श्रेय रामविलास जी को है और इसके लिए हम सबको उनके प्रति कृतज्ञ होना ही चाहिए।''

रामविलास शर्मा की सत्तरवीं वर्षगाँठ पर 1982 में 'आलोचना' का अंक उन पर केन्द्रित था। उस समय 'परम्परा का मूल्यांकन' पुस्तक प्रकाशित हो चुकी थी। नामवर सिंह को उस समय भी यह पता था कि पुस्तक के शीर्षक में 'प्रगति' नहीं है। उस समय वे चुप रहे। अब वे लिखते हैं, ''इस सन्दर्भ में उल्लेखनीय है कि 1948 में उनके निबन्धों का जो संकलन प्रकाशित हुआ था उसका शीर्षक था : प्रगति और

परम्परा। प्रगति पहले, परम्परा पीछे। यह उस समय तक प्रकाशित निबन्धों का दूसरा ही संकलन था। इसके बाद परम्परा फिर परम्परा के मूल्यांकन (1981) में ही दिखाई पड़ी—एकदम अकेली। 'प्रगति' कहीं पीछे छूट गई।" नामवर सिंह को यह 1982 में भी मालूम था, पर उन्होंने इसे लिखा 2001 में। उस समय 'प्रगति' के पीछे छूटने की या मात्र शब्द पकड़ने की उतनी चिन्ता नहीं थी, जितनी आज है। उस समय नामवर सिंह को 'परम्परा' से आज जितनी चिढ़ नहीं थी। 1982 में भाजपा की हैसियत भी क्या थी? विश्व हिन्दू परिषद् आज की तरह थी भी नहीं।

आज नामवर सिंह लिखते हैं कि "वैदिक आर्यभाषा को ही आदि भारोपीय भाषा साबित करने के लिए रामविलास जी ने भारत के प्राचीन भाषा, परिवार और हिन्दी नामक तीन जिल्दों के डेढ़ हजार पृष्ठ और अपने जीवन के अमूल्य डेढ़ दशक सर्फ कर दिए।"

'भारत के प्राचीन-भाषा परिवार और हिन्दी' का प्रकाशन तीन खंडों में 1979, 1980 और 1981 में हुआ था। 2001 में यह ग्रन्थ नामवर सिंह के लिए 'डेढ़ हजार पृष्ठ' का है। 1982 में यह 'लगभग तेरह सौ पृष्ठों का ग्रन्थ था।' 1982 से 2001 के बीच 200 पृष्ठ कैसे बढ़ गए? समय के बढ़ने से ग्रन्थों की पृष्ठ-संख्या तो नहीं बढ़ती। इस ग्रन्थ के बारे में तब (1982 में) नामवर सिंह ने लिखा था, 'भाषा विज्ञान को इतना समय—लगभग दस वर्ष—देने की जरूरत इसलिए पड़ी कि "परम्परागत ऐतिहासिक भाषा-विज्ञान मगध, कौशल, कुरु आदि इतिहास प्रसिद्ध गण समाजों की भाषाई विशेषताएँ पहचानने नहीं देता, वह द्रविड़ भाषाओं से आर्य भाषाओं के बहुमुखी सम्बन्धों को विजित और विजेता के एकमुखी सम्बन्ध बना देता है, वह पड़ोसी क्षेत्रों से हमारे भाषाई सम्बन्ध विकृत रूप में प्रस्तुत करता है, आधुनिक भाषाओं के समस्त विकास को ह्रास का इतिहास बना देता है।" रामविलास शर्मा के मत से तब नामवर सहमत थे, इसी कारण उन्होंने रामविलास शर्मा के कथन उद्धृत किए। उस समय वे मानते थे कि इस ग्रन्थ की रचना में रामविलास शर्मा के 'लगभग दस वर्ष' लगे। अब इसमें पाँच वर्ष वे और जोड़ते हैं और उन्हें इसका दुःख है कि रामविलास जी ने अपने जीवन के 'अमूल्य डेढ़ दशक सर्फ कर दिए।'

यह दुःख नामवर सिंह को 1982 में क्यों नहीं था? वे यह क्यों लिख रहे थे कि "और नहीं तो सिर्फ भाषिक तथ्यों की दृष्टि से यह ग्रन्थ भारत के समस्त भाषा-परिवारों का अभूतपूर्व विश्वकोश है—ऐसा भाषा-कोश हिन्दी में तो है ही नहीं, किसी अन्य देशी या विदेशी भाषा में भी होगा या नहीं, हमें नहीं मालूम। महत्त्वपूर्ण बात तो यह है कि जो कार्य भारत के इतने सारे सुविधा सम्पन्न भाषा विज्ञान विभाग मिलकर भी न कर पाए, डॉ. शर्मा ने अकेले अपने बूते उसे सम्पन्न कर दिखाया।" अब नामवर सिंह बताएँ कि रामविलास जी ने अपने जीवन के 'अमूल्य डेढ़ दशक' कैसे 'सर्फ' कर दिए? कहाँ तो 1982 में यह कार्य भारत के सभी-सुविधा सम्पन्न

भाषा-विज्ञान विभाग' की तुलना में बड़ा था और कहाँ अब 2001 में रामविलास जी ने जीवन के इतने वर्ष बेकार बर्बाद किए।

नामवर सिंह के लिए अब 'साधना' का विशेष महत्त्व नहीं है। 1982 और 2001 के भारत में फर्क भी है। उस समय तक 'साधना' की पूछ और प्रतिष्ठा थी। अब वित्तीय पूँजी के दौर में, हेराफेरी वाले पूँजीवाद के दौर में साधना के लिए कोई जगह नहीं है। नामवर सिंह समय के साथ हैं। उस समय भी वे समय के साथ थे। आज भी समय के साथ हैं। विश्वनाथ त्रिपाठी ने 'वसुधा' 51 (रामविलास शर्मा पर केन्द्रित) के सम्पादकीय में लिखा है, "आदरणीय डॉ. नामवर सिंह के तीन लेख/वक्तव्य दिए जा रहे हैं। ये तीनों लेख/वक्तव्य एक ही डॉ. नामवर सिंह के हैं।" समय के साथ विचारों को बदलते चलने से कष्ट उठाना नहीं पड़ता। यह समय के अनुकूल बने रहना है, न कि समय को बदलने के लिए प्रयत्नरत रहना। इसी को दूसरे लोग अवसरवाद कहते हैं। यह अवसरवाद हो या नहीं हो, व्यावहारिक निपुणता तो अवश्य ही है। आलोचना का इस व्यावहारिक निपुणता या कौशल से क्या सम्बन्ध है! क्या इससे आलोचना प्रभावशाली बन पाती है, अनुकरणीय हो पाती है और रचनात्मक कृतियों के साथ न्याय कर पाती है?

नामवर सिंह को 1982 में 'अंग्रेजी राज और मार्क्सवाद का प्रकाशन एक ऐतिहासिक घटना' लगा था। अब उनके विचार इस ग्रन्थ के सम्बन्ध में दूसरे हैं। रामविलास शर्मा ने 'लोक जागरण और हिन्दी साहित्य' की भूमिका में लिखा था कि 'कविता—उसके साथ—आलोचना के प्रतिमान कितनी जल्दी बदलते हैं।' (पृ. 85) आलोचना के प्रतिमान इतनी जल्द क्यों बदलते हैं? नामवर सिंह के विचारों में इतना अधिक अन्तर क्यों है—इस पर गम्भीरतापूर्वक विचार करने की आवश्यकता है।

नामवर सिंह को दु:ख है कि रामविलास शर्मा ने 'हजारी प्रसाद द्विवेदी को मरणोपरान्त पुनरुत्थानवादी घोषित किया।' नामवर सिंह ने जहाँ हजारी प्रसाद द्विवेदी के साहित्य-चिन्तन को 'हिन्दू पुनरुत्थानवाद से गम्भीर रूप से सम्बद्ध' माना है, वहाँ उन्होंने कई उदाहरण भी दिए हैं। 'हिन्दी साहित्य की भूमिका' में हजारी प्रसाद द्विवेदी ने गुप्त कालीन क्रान्ति के बारे में लिखा था, "असल में बौद्ध धर्म के उच्छेद और ब्राह्मण धर्म की पुन: स्थापना से भारत की धार्मिक तथा राजनीतिक परिस्थितियों में अभूतपूर्व क्रान्ति उत्पन्न हो गई।" (3/57) रामविलास शर्मा केवल एक उदाहरण नहीं देते। उन्होंने अन्य कई उदाहरण दिए हैं (10/19, 10/196 तथा 4/332)

क्या नामवर सिंह ने 'रामविलास शर्मा की बरसी' पर 'इतिहास की शव-साधना' किसी विशेष उद्देश्य के तहत लिखा है। फिलहाल उनके लेख पर विस्तार से विचार करने की यह जगह नहीं है। क्या उन्होंने रामविलास शर्मा पर यह लेख इसलिए लिखा है कि रामविलास जी ने 'हजारी प्रसाद द्विवेदी को मरणोपरान्त पुनरुत्थानवादी घोषित किया।' अगर रामविलास जी मरणोपरान्त द्विवेदीजी को

'पुनरुत्थानवादी' घोषित कर सकते हैं, तो नामवर सिंह रामविलास शर्मा को मरणोपरान्त 'फंडामेंटलिस्ट' घोषित क्यों नहीं कर सकते ?

मुख्य प्रश्न रामविलास शर्मा पर केन्द्रित 'आलोचना' के दो अंकों और उन दो अंकों में व्यक्त नामवर सिंह के विचारों से सम्बन्धित है। 1982 तक भारत में आज की तरह अशान्ति नहीं थी। विश्व बैंक और अन्तरराष्ट्रीय मुद्रा कोष का दबाव भी तब नहीं था। निजीकरण, उदारीकरण और खगोलीकरण की धूम नहीं थी। बाजारवाद और उपभोक्तावाद का आज की तरह प्रचार-प्रसार नहीं था। अमेरिकी साम्राज्यवाद दुनिया में आज की तरह प्रभावशाली नहीं था। सोवियत रूस का विघटन नहीं हुआ था। एकध्रुवीय विश्व नहीं बना था। संघर्ष और विरोध कायम थे। आतंकवादी ताकतें इस देश में प्रभावशाली नहीं थीं। भारत कर्ज और भ्रष्टाचार में डूबा और लिथड़ा हुआ नहीं था। राजनीतिक दलों में कुछ अच्छाइयाँ बची हुई थीं। जाति और धर्म की राजनीति रंग नहीं ला पाई थी। कवि, लेखक और बौद्धिक जनता से आज की तरह कटे-हटे हुए नहीं थे। उस समय स्टैंड लेना आसान था। साम्राज्यवाद और उसके देशी पिट्ठुओं की हालत आज जैसी नहीं थी। मंडल-कमंडल की राजनीति नहीं थी। अवसरवाद और समझौतावाद आज की तरह नहीं था। विचार जीवित थे, संवाद कायम था। हल्की-फुल्की टिप्पणियाँ कम होती थीं। 'साधना' का महत्त्व था।

पिछले एक दशक में यह सब बदल गया। यह अकारण नहीं है कि 'रामविलास शर्मा की बरसी' पर केन्द्रित 'आलोचना' के अंक में रामविलास शर्मा के साम्राज्यवाद-विरोध, विदेशी पूँजी के विरोध की कहीं कोई चर्चा नहीं है। ऐसी चर्चा करना हमारे बुद्धिजीवी बहुत उचित नहीं मानते। संघ परिवार अगर परम्परा, संस्कृति, धर्म, राष्ट्रीयता की बात करता है तो प्रगतिशील और मार्क्सवादियों को इस पर बात नहीं करनी चाहिए। यह समस्या से मुँह चुराना है, संवाद से मुँह फेरना है।

रामविलास शर्मा पर केन्द्रित 'आलोचना' के दो अंक पिछले दो दशकों में होनेवाले विकास की कथा भी प्रस्तुत करते हैं। सभी प्रश्नों में से यह बड़ा प्रश्न अपनी जगह मौजूद है कि नामवर के विचारों में होनेवाले परिवर्तनों का क्या रहस्य है ? हिन्दी आलोचना को देर-सवेर इसका उत्तर देना होगा, क्योंकि नामवर हमारे समय के महत्त्वपूर्ण आलोचक हैं।

(2002)

'इतिहास की शव-साधना'

''मनुष्य को अपने व्यक्तित्व का बोध स्मृति के सहारे होता है। यदि वह मानव-जीवन की मुख्य घटनाएँ भूल जाए, अपने महत्त्वपूर्ण अनुभव भूल जाए, परिवार और समाज के लोगों से अपने सम्बन्ध भूल जाए, तो उसका व्यक्तित्व नष्ट हो जाएगा। वह परिवार और समाज के प्रति अपना दायित्व निबाहने योग्य न रह जाएगा। यही स्थिति जाति और राष्ट्र की है। अस्मिता-बोध की पहली शर्त है इतिहास-बोध। हिन्दीभाषी जनता अपना इतिहास पहचाने बिना न स्वयं को पहचान सकती है, न राष्ट्र को। इस इतिहास में बहुत से उतार-चढ़ाव हैं, बहुत-सी सांस्कृतिक समृद्धि गर्व करने की वस्तु है, बहुत से रुझान सामाजिक विघटन की ओर ले जानेवाले हैं। इनमें सबसे प्रबल है दर्शन के स्थान पर धार्मिक अन्धविश्वासों को स्थापित करनेवाला रुझान। हिन्दी प्रदेश पहले मुस्लिम सम्प्रदायवाद के प्रसार का मुख्य केन्द्र था, इस समय वह हिन्दू सम्प्रदायवाद के प्रसार का मुख्य केन्द्र है। हिन्दी प्रदेश प्रतिक्रियावाद का गढ़ है, यह हमारे लिए गर्व की बात नहीं है।''

(भारतीय नवजागरण और यूरोप, 1996, पृ. 328-29)

''हमारे प्राचीन ज्ञान का लक्ष्य क्या सभी साधकों को मालूम है ? प्राचीन युग मर चुका है, वह जी नहीं सकता, फिर भी उसकी अच्छी जानकारी हुए बिना हमें सिद्धि नहीं मिल सकती। ××× परन्तु वह समूचा युग एक साधन है। यदि इस युग का लक्ष्य वह युग ही है, तो साधना अधूरी है। × × × शास्त्र ज्ञान का लक्ष्य शास्त्र-ज्ञान नहीं है। इस प्राचीन युग के आचार-विचार के अध्ययन का लक्ष्य वह आचार-विचार नहीं है, लक्ष्य है भविष्य का युग। हमारे समूचे प्राक्तन तत्त्वों का ज्ञान हमारे भविष्य के निर्माण में सहायक नहीं होता तो वह बेकार है। × × × शव-देह की अच्छी जानकारी हर हालत में अपेक्षित है। इसी प्रकार प्राचीन शास्त्रों, रीतियों, क्रियाओं, आचारों के अध्ययन का लक्ष्य भविष्य होना चाहिए। यदि कोई पंडित समझता है कि पुराना जमाना जी जाएगा, पुराने आचार फिर से प्रचलित हो जाएँगे, पुराना गौरव फिर पनप उठेगा, तो उसने अपनी साधना का रहस्य नहीं समझा है। इन सबका लक्ष्य है इस युग के कोटि-कोटि मनुष्यों को परमुखापेक्षिता, दरिद्रता, अज्ञान और शोषण से मुक्त करना।''

(हजारी प्रसाद द्विवेदी ग्रन्थावली-9, 1981, पृ. 351-52)

'शव की साधना तभी पूर्ण होती है, जब उसका मुख साधक के सामने होता है, वह उससे जीवित मनुष्य की भाँति बात करता है। प्राचीन ज्ञान-विज्ञान के साधक को यह बात याद रखनी होती है। हम ऐसे साधकों को जानते हैं, जिन्होंने अपने गम्भीर अध्यवसाय से प्राचीन युग का मुख अपनी ओर फेर लिया है। तुलसीदास ऐसे ही साधक थे। उन्होंने जो कुछ पढ़ा-गुना, उसे निःशेष भाव से भविष्य के निर्माण में लगा दिया। केवल ज्ञान भार है, यदि वह मुक्ति की ओर नहीं ले जाता। × × × मुक्ति किससे? जड़ता से, अज्ञान से, परमुखापेक्षिता से, दम्भ से, अहंकार से, दासत्व से। ज्ञान का लक्ष्य यही है। हमारा यह देश नौसिखुआ नहीं है। उसके ज्ञान-विज्ञान का इतिहास विशाल है। उसके खोहों और भग्नावशेषों में प्रेरणा का समुद्र लहरा है। × × × अन्य किसी भी देश को शायद ही इतनी परिपूर्ण साधन-सामग्री प्राप्त हो। हम यदि निष्ठा और प्रेम के साथ इस सम्पूर्ण सामग्री का उपयोग भविष्य-निर्माण के लिए करें, तभी कल्याण है। प्राचीनता का अध्ययन उत्तम शव-साधना है। उसमें पद-पद पर सावधानी की आवश्यकता है, प्रतिक्षण अपने लक्ष्य को याद रखने की आवश्यकता है और सदा-सर्वदा कठोर संयम और अपार साहस का होना जरूरी है।' (वही, पृ. 352)

रामविलास शर्मा (10 अक्तूबर, 1912—30 मई, 2000) की बरसी पर प्रकाशित 'आलोचना' (अप्रैल-जून 2001) पत्रिका के अन्त में पत्रिका के प्रधान सम्पादक नामवर सिंह के दस पृष्ठों के लेख 'इतिहास की शव-साधना' पर काफी हंगामा हुआ था और कुछ गिने-चुने अपवादों को छोड़कर इस सम्पादकीय लेख की किसी ने सराहना नहीं की थी। कमलेश्वर ने इसे 'बौद्धिक तालिबानीकरण' (दैनिक हिन्दुस्तान, 14 अक्टूबर, 2001) कहा था और 'दस्तावेज' के सम्पादक विश्वनाथ प्रसाद तिवारी ने इसे 'आलोचना का कट्टरतावाद' (दस्तावेज-91, अप्रैल-जून 2001) माना था। इस लेख में नामवर सिंह ने रामविलास जी के गिन-गिन कर दोष बताए थे और असहमति के किसी भी बिन्दु पर तफसील के साथ उन्होंने विचार नहीं किया था। लगभग बीस वर्ष पूर्व रामविलास जी की षष्ठि पूर्ति पर 'आलोचना' के केन्द्रित अंक (आलोचना 60-61, 1982) में नामवर सिंह ने 'केवल जलती मशाल' शीर्षक लेख में रामविलास जी की केवल प्रशंसा की थी और उनकी उपलब्धियों का उल्लेख किया था। 1982 में केवल गुण और 2001 में केवल अवगुण को चिह्नित-रेखांकित करने के पीछे के कारणों पर सुविचारित रूप से विचार नहीं किया गया। दो सम्पादकीय लेखों ('केवल जलती मशाल' और 'इतिहास की शव-साधना') में नामवर सिंह के दो ध्रुवीय विचारों के कारणों की तलाश के जरिए हिन्दी आलोचना पर भी विचार की गुंजाइश बनती थी। मुरली मनोहर सिंह ने 'चलइ जोंक जल, वक्र गति' लेख (वसुधा 51, रामविलास शर्मा के कृतित्व पर केन्द्रित अंक) में 'मार्क्सवाद'

को 'मात्र शास्त्र' न मानकर 'संघर्ष का पथ प्रदर्शक' बताया था और नामवर सिंह को 'अमरीकी बुद्धिजीवी अचेसन' के साथ खड़ा किया था। विश्वनाथ त्रिपाठी ने 'वसुधा' के इसी अंक में नामवर सिंह के तीन लेखों को पुनर्प्रकाशित करते हुए यह लिखा था कि 'ये तीनों लेख एक ही नामवर सिंह के हैं।'

'इतिहास की शव-साधना' लेख के बाद 'आलोचना' के अगले अंक (जुलाई-सितम्बर 2001) में 'वाद-विवाद संवाद' के अन्तर्गत पुरुषोत्तम अग्रवाल के लेख 'परम्परा और प्रबोधन' सम्पादकीय के अनुसार 'नामवर सिंह के लेख 'इतिहास की शव-साधना' के साथ एक सार्थक संवाद' था। ''इस लेख का महत्त्व इस बात में है कि यह सिर्फ प्रतिपक्ष से नहीं, लेखक की अपने आप से जिरह का प्रमाण देता है और इस तरह परम्परा के विषय में दशकों से चली आ रही कशमकश का एक 'सब-टेक्स्ट' भी रचता है।' (वही, पृ. 142)। इस लेख के प्रकाशन के कुछ समय बाद प्रफुल्ल कोलख्यान ने अपने लेख 'बकलम खुद कुमारिल, खुद प्रभाकर—हिन्दी के नामवर' (नामवर सिंह पर केन्द्रित 'वसुधा' 54, अप्रैल-जून 2002) में 'इतिहास की शव-साधना' शीर्षक लेख के सम्बन्ध में यह जानकारी दी, 'खुद नामवर सिंह ने भी व्यथित होकर ही वह लेख लिखा है, ध्यान रहे, यह साधारण लेख नहीं है : आत्म-समीक्षा भी है और आत्म-संघर्ष भी। उस पूरे लेख में नामवर सिंह जिन मुद्दों को बार-बार उठाने की कोशिश करते हैं, उसके कॉन्टेक्स्ट को समझे बिना उस पर बात नहीं की जा सकती है। × × × इस लेख का महत्त्व गर्दो-गुबार के थमने पर समझ में आएगा।' (वही, पृ. 202-3)। इसी समय ('पल-प्रतिपल, अप्रैल-जून, 2002') नामवर सिंह ने एक इंटरव्यू में बताया, 'उस लेख (इतिहास की शव-साधना) के क्रम में मुझे दो-तीन लेख और लिखने हैं। × × × उस लेख से कहीं यह प्रकट नहीं होता कि रामविलास जी के नए भक्तों और प्रशंसकों की तुलना में, उनके प्रति मेरी श्रद्धा में कुछ कमी है। × × × रामविलास जी के प्रति श्रद्धा रखते हुए भी उनसे मतभेद का मेरा एक लम्बा इतिहास है।'' प्रश्न भक्ति, प्रशंसा और श्रद्धा का न होकर रामविलास जी के विचार और उनकी स्थापनाओं का है, जिससे हम या तो सहमत हो सकते हैं या असहमत। नामवर सिंह ने राजकुमार राकेश को दिए अपने इस इंटरव्यू में 'शव-परीक्षा' वाले लेख के 'मुख्य कारण' की चर्चा की है। ''एक दशक से रामविलास जी के लेखन में जो परिवर्तन आया है, उसका मुख्य कारण लगा, जब 'पांचजन्य' के लोगों ने और राष्ट्रीय स्वयं सेवक संघ के लोगों ने रामविलास जी को अपनी विचारधारा के समर्थन में सबसे बड़ा स्तम्भ माना। × × × मुझे लगा कि कुछ बातें हैं भी जो रामविलास जी में, तभी तो हिन्दुत्ववादी लोग उन्हें अपना सिद्धान्तकार मान रहे हैं। वे जड़ें कहाँ हैं? × × × इस दृष्टि से जब मैंने उनके लेखन की जाँच शुरू की...तो उस क्रम में मैंने केवल एक बिन्दु लिया है, कि वेदों की ओर रामविलास जी का जाना और वेद को प्रमाण मान करके पुनः

प्रतिष्ठित करना...एक ओर उनका और दूसरी ओर हमारे मानव संसाधन विकास मंत्री, जो हिन्दुत्व के सिद्धान्तकार हैं...मुरली मनोहर जोशी...वे वैदिक ज्योतिष, वैदिक गणित की बात...विज्ञान तक को कहना चाहते हैं कि वेद से इसका सम्बन्ध है।'' (वही, पृ. 217-18)

'गर्दो-गुबार' थम चुका है और नामवर सिंह ने अभी तक 'इतिहास की शव-साधना' लेख के क्रम में एक भी लेख नहीं लिखा है, इसलिए इस लेख पर नए सिरे से विचार करने की आवश्यकता है। जिस समय यह लेख लिखा गया था और इस पर बहसें हुई थीं, उस समय केन्द्र में राजग की सरकार थी। अब केन्द्र में सम्प्रग की सरकार है और राष्ट्रीय स्वयं सेवक संघ 'हिन्दुत्व' वाले एजेंडे पर अब भी कायम है। नामवर सिंह की मुख्य आपत्ति रामविलास शर्मा के ऋग्वेद-सम्बन्धी अध्ययन, विवेचन और लेखन से है। ''और अन्त में रामविलास शर्मा भी पहुँचे ऋग्वेद पर। अपने 'अन्तिम अरण्य' में। प्रगति के पथ पर चलते-चलते शताब्दी का अन्त होते-होते अन्तिम दशक की प्रायः सभी पुस्तकें ऋग्वेद से ही शुरू होती हैं। पहले पुस्तकों के शीर्षक में मार्क्सवाद होता था या मार्क्स। कभी आगे, कभी पीछे। अब उस जगह ऋग्वेद है या वैदिक।'' ('इतिहास की शव-साधना' आलोचना, अप्रैल-जून 2001, पृ. 241)

रामविलास शर्मा मार्क्स और मार्क्सवाद को भूलकर ऋग्वेद में नहीं गए थे। केवल पुस्तकों के शीर्षक ही देखने हों, तो बाद की पुस्तक के शीर्षक में भी 'मार्क्सवाद' है—'आज के सवाल और मार्क्सवाद' (स्वराज प्रकाशन, दिल्ली, 2001) शीर्षक पुस्तक के सम्पादक अजय तिवारी का दिया हुआ नहीं है। 'यह नाम रामविलास जी ने ही सुझाया था।' (वही, पृ. 11) रामविलास जी के लिए वैदिक युग के नहीं, 'आज के सवाल' अधिक महत्त्वपूर्ण थे और 'ऋग्वेद' से अधिक महत्त्वपूर्ण 'मार्क्सवाद' था। रामवृक्ष बेनीपुरी के निबन्धों का चयन और सम्पादन रामविलास शर्मा ने 'स्वाधीनता और समाजवाद' शीर्षक से किया। इसी शीर्षक से माखनलाल चतुर्वेदी के लेखों का संकलन (स्वराज प्रकाशन, दिल्ली 2001) भी है। अन्तिम समय तक रामविलास शर्मा स्वाधीनता, समाजवाद, आज के सवाल और मार्क्सवाद के प्रति समर्पित थे। उनकी चिन्ता में आज का भारत था। बेनीपुरी के निबन्ध संकलन 'स्वाधीनता और समाजवाद' (2001) की भूमिका में रामविलास जी ने लिखा, ''भारत के स्वाधीन होने के बाद समाजवाद की चर्चा कम हो गई। सोवियत संघ के विघटन के बाद यह चर्चा और भी कम हो गई। बहुत से लोग वर्तमान व्यवस्था के बारे में बातें करते हुए 'पूँजीवाद' शब्द के व्यवहार से कतराते हैं। उसी तरह नए भारत का निर्माण समाजवाद के आधार पर होना चाहिए, यह कहनेवाले भी बहुत थोड़े लोग रह गए हैं।'' (वही, पृ. 7) इस भूमिका में 'मार्क्स' और 'मार्क्सवाद' की कई स्थलों पर चर्चा है। 'इस संकलन का पहला अध्याय

समाजवादी क्रान्ति के मार्गदर्शक मार्क्स पर है।" (पृ. 8) आखिरी अध्याय है—'भारत और समाजवाद'। रामविलास शर्मा ने यह भूमिका मई दिवस 1999 को लिखी थी। इस भूमिका में उन्होंने वर्ग शोषण से मुक्ति की बात कही है—"जैसे काँटे से काँटा निकालते हैं वैसे ही जनता को वर्ग आधार पर संगठित करके ही वर्ग-शोषण से मुक्ति पाई जा सकती है," (पृ. 14) और "मुख्य बात यह है कि उत्पादन के साधनों पर जनता का अधिकार होना चाहिए और पूँजीवादी व्यवस्था को खत्म किए बिना समाजवाद का निर्माण नहीं हो सकता।" (वही) वे 'गांधी, अम्बेडकर, लोहिया और इतिहास की समस्याएँ' (2000) पर विचार कर रहे थे 'अपने अन्तिम अरण्य में' और उनकी योजना 'शूद्र, मुसलमान और भारत की जातीय समस्या' पर कार्य करने की थी।

नामवर सिंह ने हिन्दी-जगत को रामविलास जी की बाद की पुस्तकों के शीर्षकों में 'ऋग्वेद या वैदिक' होने की जो सूचना 2001 में दी है, उसके लगभग दो वर्ष पहले स्वयं रामविलास शर्मा ने प्रकाश मनु से बातचीत में यह सूचना दे दी थी। 25 सितम्बर, 1999 को प्रकाश मनु ने उनसे एक लम्बी बातचीत की थी जो संक्षिप्त रूप में 'आजकल' पत्रिका के अप्रैल 2000 के अंक में प्रकाशित हुई थी। रामविलास जी ने इस बातचीत में यह कहा था, "इधर की मेरी पाँच-छह पुस्तकों में ऋग्वेद का एक अध्याय जरूर रहता है। उसका इतिहास पक्ष 'पश्चिम एशिया और ऋग्वेद' पुस्तक में है, काव्य पक्ष 'भारतीय साहित्य की भूमिका' में है। दार्शनिक पक्ष 'भारतीय संस्कृति और हिन्दी प्रदेश' पुस्तक में है। इसी तरह 'भारतीय सौन्दर्य-बोध और तुलसीदास' में ऋग्वेद से शुरू करके मैं तुलसीदास तक पहुँचा हूँ। तो मेरा वर्तमान चरण है, वह दर्शन, संस्कृति और इतिहास का है और इससे मैं अभी तक निकल नहीं पाया।" (आज के सवाल और मार्क्सवाद, 2001, पृ. 49)

'और अन्त में' रामविलास शर्मा ऋग्वेद पर क्यों पहुँचे? क्या मार्क्सवादियों द्वारा ऋग्वेद का अध्ययन और मूल्यांकन करना गुनाह है? हजारी प्रसाद द्विवेदी 'प्राचीनता का अध्ययन' 'उत्तम शव-साधना' मानते थे। 26 जून, 1944 के साप्ताहिक 'आज' में हजारी प्रसाद द्विवेदी का निबन्ध 'शव-साधना' प्रकाशित हुआ था, जो बाद में उनके निबन्ध संकलन 'विचार और वितर्क' में संकलित हुआ। इतिहास-शव के साधकों पर हजारी प्रसाद द्विवेदी ने बाद में भी विचार किया। द्विवेदी जी की षष्ठिपूर्ति के अवसर पर मनोहर श्याम जोशी ने 'आलोचना' पत्रिका के लिए उनसे एक साक्षात्कार लिया था। 'आलोचना' वर्ष 17, अंक 2 (जुलाई-सितम्बर 1967) में मनोहर श्याम जोशी का यह साक्षात्कार 'आचार्य हजारी प्रसाद द्विवेदी से एक भेंट' शीर्षक से प्रकाशित हुआ। द्विवेदी जी ने मनोहर श्याम जोशी को बताया, "मझोले दर्जे के साधक' का मन छोटी-मोटी सिद्धियों के प्रलोभन में डोल जाता है और गम्भीर

साधक डटा रहता है, प्रलोभनों को ठुकराता जाता है और स्वयं शिवरूप बन जाता है। सफलता, चरितार्थता, 'फुलफिलमेंट' का अधिकारी वही होता है। × × × बिरले ही ऐसे होते हैं, जो प्रलोभनों से विमुख होकर उस शक्ति से साक्षात् कर पाते हैं, जो वर्तमान को अधिक सुघर बनाने में और भविष्य के लिए सही मार्ग सुझाने में सहायक होती है। मैं अपनी गणना इतिहास-शव के उन अधूरे साधकों में करता हूँ, जिन्हें प्रलोभनों ने पथभ्रष्ट कर दिया।'' (आलोचना, जुलाई-सितम्बर 1967, पृ. 46)। रामविलास शर्मा 'गम्भीर साधक' थे और उन्हें कभी 'प्रलोभनों ने पथभ्रष्ट' नहीं किया।

रामविलास शर्मा के लिए 'ऋग्वेद का अध्ययन वैज्ञानिक प्रगति में बाधक नहीं, सहायक है।' (भारतीय नवजागरण और यूरोप, 1996, पृ. 19) वे ऋग्वेद में दर्शन और विज्ञान का जन्म और विकास देखते हैं। नामवर सिंह का कथन है ''दरअसल बीसवीं सदी में रामविलास जी ने ऋग्वेद के साथ लगभग वैसा ही सलूक किया, जैसा उन्नीसवीं सदी में दयानन्द ने किया। उद्देश्य भी एक ही था। भारतीय नवजागरण।'' (आलोचना, अप्रैल-जून 2001, पृ. 244)। ऋग्वेद का अध्ययन दयानन्द सरस्वती और रामविलास शर्मा ने एक ही उद्देश्य से नहीं किया। दोनों के उद्देश्य भिन्न थे। रामविलास शर्मा ने 'मार्क्सवाद के दार्शनिक स्रोतों के अध्ययन' की दृष्टि से ऋग्वेद का अध्ययन किया। ऋग्वेद को पुरोहितों ने धर्मशास्त्र बना दिया है। रामविलास शर्मा ने उस समय ऋग्वेद को दार्शनिक काव्य के रूप में प्रतिष्ठित किया, जब भाजपा धर्म की राजनीति कर रही थी और परम्परा को हिन्दूवादी ढंग से व्याख्यायित कर रही थी। मुरली मनोहर जोशी ने 'फिजिक्स' से 'मेटाफिजिक्स' की यात्रा की, और रामविलास शर्मा ने भौतिकवाद के विकास से ऋग्वेद को जोड़ा। मुरली मनोहर जोशी ने भारतीय विश्वविद्यालयों में ज्योतिष के अध्ययन की शुरुआत की। 'ऋग्वेद में एक भी मंत्र ऐसा नहीं है जिसमें बताया गया हो कि भविष्य में ये घटनाएँ होंगी।' (भारतीय नवजागरण और यूरोप, पृ. 66)।

ऋग्वेद सम्बन्धी रामविलास शर्मा का विवेचन अनेक भारतीय और पाश्चात्य विवेचकों से भिन्न है। वे ऋग्वेद के कवियों को 'भारतीय दर्शन के आदि संस्थापक' मानते हैं। भारतीय दर्शन का गम्भीरतापूर्वक विवेचन कितने मार्क्सवादी विचारकों ने किया है? रामविलास शर्मा ने 'मार्क्सवाद के दार्शनिक स्रोतों' पर विशेष ध्यान दिया। ''कोई मार्क्सवाद के दार्शनिक स्रोतों का अध्ययन करना चाहे, तो वह फ्रांस और इंग्लैंड के भौतिकवाद, फिर प्राचीन यूनानी दर्शन, उससे पहले उपनिषद, उनसे बहुत पहले ऋग्वेद—इस तरह अपनी यात्रा की मंजिलें पार करेगा।'' (भारतीय नवजागरण और यूरोप, पृ. 20) उन्होंने ऋग्वेद का विवेचन ''मार्क्स और एंगेल्स के भौतिकवाद की...बुनियादों को सही ऐतिहासिक परिप्रेक्ष्य में देखने के लिए'' किया है। दर्शन, संस्कृति और इतिहास से चिन्ता-मुक्त होकर मार्क्सवादी बने

रहना अधिक आसान है। इनका गम्भीर अध्ययन मार्क्सवाद के विकास के लिए आवश्यक है।

रामविलास शर्मा ने ऋग्वेद का शौकिया अध्ययन नहीं किया था। इस अध्ययन के पीछे उनका एक उद्‌देश्य था। "यूरोप के दर्शन का अध्ययन करते हुए मुझे लगा सुकरात और उससे भी पहले के यूनानी दार्शनिकों का परिचय उपनिषदों के रचनाकारों से था। यानी उपनिषदों की चिन्तन धाराएँ यहाँ मिलती हैं। × × × मुझे लगा भारतीय और यूरोपीय दर्शन का अध्ययन ऋग्वेद के बिना सम्भव नहीं है। तब ऋग्वेद पर मैंने बकायदा काम करना शुरू किया।' (आज के सवाल और मार्क्सवाद, पृ. 49) मार्क्स ने अपना शोध-प्रबन्ध 'देमोक्रितुस और एपिकुरुस के प्रकृति-दर्शन का तुलनात्मक अध्ययन' शीर्षक विषय पर प्रस्तुत किया था। इसमें उन्होंने 'देमोक्रितुस की मिस्त्र और ईरान की यात्राओं की चर्चा' की है। मार्क्स ने कुछ लोगों के हवाले से यह बताया है कि भारतीय विद्वानों से देमोक्रितुस की भेंट हुई थी। मार्क्स द्वारा देमोक्रितुस और एपिकुरुस के तुलनात्मक अध्ययन के सम्बन्ध में रामविलास शर्मा ने यह लिखा है, "उससे यह संकेत मिलता है कि दोनों विद्वान भारतीय दर्शन से परिचित थे।" (भारतीय नवजागरण और यूरोप, पृ. 160) मार्क्स भौतिकवादी थे और रोमा रोलाँ अध्यात्मवादी। दोनों ने 'यूरोप के सांस्कृतिक विकास में भारत के महत्त्व' को स्वीकारा है। रामविलास शर्मा 'यूरोप के सांस्कृतिक विकास का अध्ययन' स्वतंत्र रूप से नहीं करते। वह भारत को अलग रख कर इस अध्ययन के पक्ष में नहीं हैं। उनके अनुसार, "यूनान की प्राचीन संस्कृति यूरोप की आधुनिक संस्कृति का मूलाधार है। इस प्राचीन संस्कृति की अतिशय महत्त्वपूर्ण धारा है दार्शनिक यथार्थवाद। यूरोप के विचारकों ने दर्शन और विज्ञान के क्षेत्र में जब भी प्रगति की है, उन्होंने इस दार्शनिक यथार्थवाद से अपना सम्बन्ध जोड़ा है और वह उनकी प्रेरणा का स्रोत बना है। सत्रहवीं सदी के इंग्लैंड से होते हुए यह धारा अठारहवीं सदी के फ्रांस में पहुँची, फिर उन्नीसवीं सदी में जर्मनी के मार्क्स और एंगेल्स ने उसका विकास किया।" (वही, पृ. 19-20)

अनेक विद्वानों ने प्राचीन यूनानी दर्शन और उपनिषदों के दर्शन में अनेक समानताएँ देखी हैं, जिसे रामविलास शर्मा 'आकस्मिक' नहीं मानते। ऋग्वेद में उपनिषदों की अनेक मूल स्थापनाएँ हैं। वे भौतिकवाद के विकास में प्राचीन भारतीय दर्शन को सहायक मानते हैं। संघ-सम्प्रदाय और भाजपा को भौतिकवाद से कोई मतलब नहीं है। परम्परा और भारतीय संस्कृति का उसका विवेचन भिन्न है। आज दर्शन सम्बन्धी चिन्तन-विवेचन पर हमारा ध्यान कम है। भारतीय विश्वविद्यालयों में दर्शनशास्त्र का अधिक महत्त्व नहीं है। हमारे समय के अनेक मार्क्सवादी विचारक भी अब भौतिकवाद के विकास की बात नहीं करते। भौतिकवाद के विकास पर ध्यान देना 'मार्क्सवाद को सही परिप्रेक्ष्य में' देखने-समझने के लिए आवश्यक है।

मार्क्स और एंगेल्स ने भौतिकवाद के विकास पर गम्भीर चिन्तन किया था। क्या वह चिन्तन अपने में इतना पूर्ण है कि अब उस पर विचार करने की कोई आवश्यकता नहीं? मार्क्स और एंगेल्स के समय तक पुरातत्त्व के क्षेत्र में भारत और पश्चिम एशिया में तथा सैद्धान्तिक भौतिकी और आनुवंशिकी के क्षेत्र में कार्य नहीं हुए थे। क्या भौतिकवाद के विकास में पुरातत्त्व, सैद्धान्तिक भौतिकी और आनुवंशिकी के क्षेत्र में हुए कार्य सहायक नहीं हैं? क्या ऋग्वेद को भौतिकवाद के विकास से एकदम अलग रखकर देखना चाहिए? क्या भौतिकी के अध्यापक मुरली मनोहर जोशी को भौतिकवाद के विकास के अध्ययन से कोई मतलब है?

रामविलास शर्मा ने हिन्दी क्षेत्र में भाजपा के प्रभावशाली और शक्तिशाली बनने के समय ही विशेष रूप से ऋग्वेद पर अपना ध्यान केन्द्रित किया। उन्होंने भारतीय दर्शन, संस्कृति और इतिहास को मार्क्सवादी नजरिए से देखा। संघ-सम्प्रदाय और भाजपा जिस प्रकार भारतीय इतिहास और संस्कृति को 'हिन्दुत्व' में 'रिड्यूस' कर रही है, क्या उसी प्रकार रामविलास शर्मा ने भारतीय दर्शन, संस्कृति और इतिहास की व्याख्या की है? उन्होंने कहीं भी 'हिन्दू' और 'हिन्दुत्व' की सराहना नहीं की है। इसके ठीक विपरीत उन्होंने इस पर सदैव प्रहार किया है। उन्होंने एक साथ सम्प्रदायवादी और अवसरवादी मार्क्सवादियों की आलोचना की है। पुनरुत्थानवादी और साम्प्रदायिक शक्तियों के इस जबर्दस्त उभार के दौर में एक सही और समर्पित मार्क्सवादी विचारक का यह दायित्व है कि वह सभी प्रकार के छल-प्रपंचों को जनता के समक्ष रखे और अपनी मूल्यवान विरासत को फासिस्टों के हाथ में न जाने दे। "हिटलर के अभ्युदय के समय जो स्थिति जर्मनी के वामपक्ष की थी, उससे मिलती-जुलती स्थिति बीसवीं सदी के अन्त में भारत के, और विशेष रूप से हिन्दी प्रदेश के वामपक्ष की है। प्राचीन संस्कृति पर गर्व करना तो बहुत दूर की बात है, उसका नाम लेने से भी कुछ लोगों को उबकाई आने लगती है। ऋग्वेद का नाम लिया और उन्होंने कहा कि यह आदमी संघ परिवार का है। अंग्रेजी राज कायम होने से पहले ज्ञान-विज्ञान के क्षेत्र में भारत की कोई भी उपलब्धि हो, उसका जिक्र करते ही मार्क्सवादी मित्र कहते हैं कि यह पुनरुथानवादी है।" (भारतीय साहित्य की भूमिका, 1996, पृ. 340) जो मार्क्सवादी ऋग्वेद के अध्ययन को वैज्ञानिक प्रगति में बाधक मानते हैं, वे उन पुरोहितों के साथ हैं, जिनके लिए ऋग्वेद धर्मशास्त्र है। रामविलास शर्मा ने सदैव और सर्वत्र ऋग्वेद को धर्मशास्त्र मानने का खंडन किया है। उनके अनुसार ऋग्वेद दार्शनिक काव्य है। भारतीय पुरोहितों ने ऋग्वेद और उपनिषद को धर्मशास्त्र बना डाला। "कुछ अपवादों को छोड़कर अधिकांश पाश्चात्य विद्वान उन्हीं का अनुसरण करते हैं, दुर्भाग्य से भारत के अनेक मार्क्सवादी विवेचक ऋग्वेद को तो अपनी विचार-परिधि से बाहर रखते ही हैं, उपनिषदों में भी वे भाववाद के अतिरिक्त कुछ नहीं देखते।" (भारतीय नवजागरण और यूरोप, 1996, पृ. 21)

रामविलास शर्मा भारतीय और पाश्चात्य विवेचकों द्वारा ऋग्वेद को धर्मशास्त्रीय ग्रन्थ मानने का खंडन करते हैं। उनके अनुसार ऋग्वेद का चिन्तन द्वन्द्ववादी है और वे 'भारतीय दर्शन के आदि संस्थापक हैं।' वे दर्शन और विज्ञान को ऋग्वेद में जन्म लेते और विकसित होते हुए देखते हैं। वैज्ञानिक आविष्कार और वैज्ञानिक दृष्टिकोण का एक ही समय नहीं है। वैज्ञानिक आविष्कार के बहुत पहले वैज्ञानिक दृष्टिकोण हमें दिखता है। अल्बर्ट आइन्स्टाइन के 'आइडियाज एंड ओपीनियंस' का यह अंश रामविलास जी ने उद्धृत किया है, 'जिसने भी उन औजारों और तरीकों का व्यवहार करना सीख लिया हो, जो प्रत्यक्ष या परोक्ष रूप से 'वैज्ञानिक' प्रतीत होते हैं, बेशक मैं उसे वैज्ञानिक न मान लूँगा। मैं केवल उनकी बात कर रहा हूँ, जिनमें वैज्ञानिक मानसिकता 'साइंटिफिक मेंटिलिटी' (Scientific mentality) सचमुच जीवन्त है।'' (वही, पृ. 36) इतना ही नहीं उन्होंने जॉन डेस्मोंड बरनाल की पुस्तक 'साइंस इन हिस्ट्री' में व्यक्त उनके उन विचारों को भी सामने रखा है, जिनमें बरनाल 'वैज्ञानिक पद्धति' को परिभाषित करते हैं। वैज्ञानिक आविष्कारों से पूर्व 'वैज्ञानिक पद्धति' विद्यमान थी। जे.डी. बरनाल ने लिखा है, ''जो सामान्य प्रश्न पूछे जाने के योग्य हैं और सामाजिक विकास की किसी मंजिल में जिनका उत्तर देना सम्भव हो, उनके उत्तरों का प्रस्तुतीकरण, अनुसन्धान, परीक्षण और उपयोग अतीतकाल में किन्हीं अंशत: मानसिक, अंशत:, शारीरिक, कार्यों से सम्पन्न हुआ है। इन्हीं कार्यों का समवाय वैज्ञानिक पद्धति है।'' (वही, पृ. 36-37)

सुदूर अतीत में जिन प्रश्नों के उपयोगी उत्तर दिए जा सकते थे, वे अधिकतर गणित विज्ञानों यथा भूगोल और भौतिकी के क्षेत्रों के थे।' (वही, पृ. 36-37 पर उद्धृत)। रामविलास शर्मा के अनुसार ऋग्वेद के कवि प्रश्नकर्ता हैं और उनका चिन्तन द्वन्द्ववादी है। वे पाठकों से प्रश्न करते हैं, ''पाठक देखें, ऋग्वेद के कवियों ने जो प्रश्न किए हैं, वे पूछे जाने योग्य हैं या नहीं, उनका सम्बन्ध खगोल तथा भौतिकी से है या नहीं।'' ऋग्वेद के एक सूक्त (1.105-7) में 'एक ही शब्द-बन्ध'—'वित्तं में अस्य रोदसी' की आवृत्ति क्यों है? क्यों कवि पृथ्वी और आकाश को अपनी व्यथा बताना चाहता है? कवि की यह व्यथा उसकी निजी है या सांसारिक? पिंड और ब्रह्मांड की रचना जिन पंच तत्त्वों से स्वीकारी जाती है, वे दर्शन के तत्त्व बाद में बने। दर्शन से पूर्व वे काव्य के विषय थे। 'ऋग्वेद में काव्य है, उसके साथ दर्शन है। इस काव्य-दर्शन की विशेषता है विश्व-प्रपंच की गतिशीलता और भौतिकता का चित्रण और विवेचन। प्रकृति की गतिशीलता और भौतिकता के लिए ऐसा आग्रह अन्यत्र नहीं है। देवतंत्र की तरह दर्शन में भी चिन्तन के उद्भव और विकास की मंजिलें ऋग्वेद में, और केवल ऋग्वेद में पहचानी जा सकती हैं।' (पश्चिमी एशिया और ऋग्वेद, 2001, पृ. 19) वे ''ऋग्वेद

के अध्ययन के बिना भारतीय और यूरोपीय दर्शन का अध्ययन सम्भव नहीं'' (आज के सवाल और मार्क्सवाद, 2001, पृ. 81) मानते थे।

नामवर सिंह की मुख्य चिन्ता यह है कि बाबरी मस्जिद विध्वंस (6 दिसम्बर, 1992) के बाद ऋग्वेद का 'मूल्योद्धार' हुआ है। उन्होंने दयाकृष्ण की एक पुस्तक के हवाले से यह बताया है कि 'वेदों की चर्चा एक हजार साल तक इस देश में नहीं हुई...कि गौतम बुद्ध से लेकर...600 ई.पूर्व से लेकर के लगभग सायण की टीका तक वेदों की चर्चा नहीं हुई भारत में...एक हजार साल तक नहीं हुई और उस समय भारतीय संस्कृति और दर्शन में सबसे ज्यादा चिन्तक, बौद्ध दार्शनिक हुए। बौद्ध न्यैयायिक हुए...वेदों की चर्चा मैक्समूलर से शुरू हुई और दयानन्द उसके बाद आए। तो बीच में वेद लुप्त होते रहे हैं और अब फिर वेदों का मूल्योद्धार 1992 के बाद बाबरी मस्जिद गिरने के बाद फिर हुआ है।' (पल प्रतिपल, अप्रैल-जून, 2002) चर्चा-चर्चा में अन्तर है। एक ही कृति का मूल्यांकन विविध दृष्टियों से किया जाता है। विवेकानन्द और भगतसिंह पर लम्बे समय तक संघ-सम्प्रदाय के लोगों ने न केवल विचार किया था, अपितु अपने नजरिए से उन्हें एक विशेष रंग में रँगने की कोशिशें भी की थीं। मार्क्सवादियों ने अगर इसी कारण भगतसिंह पर विचार करना छोड़ दिया होता तो आज भगतसिंह संघियों और भाजपाइयों के हाथ होते। नामवर सिंह ने ही अपने एक भाषण (21 नवम्बर, 1983 को आर.बी.एस. कॉलेज की संस्था 'सहचिन्तन' द्वारा आयोजित परिसंवाद 'परम्परा का मूल्यांकन', जिसकी अध्यक्षता रामविलास शर्मा ने की थी) में जर्मन विचारक वाल्टर बेंजामिन की पुस्तक 'थीसिस ऑन द फिलॉसफी ऑफ हिस्ट्री' से एक अंश उद्धृत करते हुए कहा था कि हिटलर के समय में, ''समूची जर्मन संस्कृति, सभ्यता और कला के लिए यह खतरा पैदा हो गया था कि सारे अतीत के साहित्यकारों की इस तरह व्याख्या की जा रही थी कि जो नात्सी दर्शन में फिट बैठते हों। उस समय बाल्टर बेंजामिन ने कहा था कि अब दुश्मनों के हाथों जो मृत लोग हैं, वे भी सुरक्षित नहीं हैं और इसलिए हमें केवल जीवित लोगों के लिए ही नहीं लड़ना है, बल्कि उनके लिए भी लड़ना है, जो मर चुके हैं, अतीत के अंग बन चुके हैं। उनकी रक्षा का दायित्व भी हमारे ऊपर है।'' ('गोदारण' पत्रिका, डॉ. रामविलास शर्मा : स्मृति और विचार, जुलाई 2005, पृ. 260)।

नामवर जी की चिन्ता बाबरी मस्जिद ध्वंस की है और रामविलास शर्मा की चिन्ता 1984-85 से 'इजारेदार पूँजीवाद के अभूतपूर्व प्रसार' और इसके साथ 'साम्प्रदायिक शक्तियों के अभूतपूर्व उभार' की है। बाबरी मस्जिद का ध्वंस इसी के बाद हुआ। वे बुनियादपरस्ती से साम्राज्यवाद का गहरा सम्बन्ध देखते हैं। 'भारतीय साहित्य की भूमिका' (1996) का नौवाँ अध्याय 'जातीय संस्कृति और साम्राज्यवाद' है, जिसमें उन्होंने इजारेदार पूँजीवाद और साम्प्रदायिक शक्तियों के आपसी सम्बन्ध

को स्पष्ट किया है। नामवर ऐसा नहीं करते। रामविलास शर्मा प्रत्येक जगह बुनियादीपरस्ती (फंडाममेंटलिज्म) के पीछे अमरीकी हाथ देखते हैं। दूसरे विश्वयुद्ध के बाद विश्व के विविध हिस्सों में बुनियादपरस्ती को बढ़ाने में संयुक्त राज्य अमरीका की प्रमुख भूमिका रही है। आज दुनिया के 132 देशों में 702 अमरीकी सैनिक प्रतिष्ठान क्यों हैं? संयुक्त राज्य अमरीका क्या इजारेदार पूँजीवादी देश नहीं है? प्रसिद्ध ब्रिटिश नाटककार हैरॉल्ड पिंटर ने 8 दिसम्बर, 2005 को वीडियो-माध्यम से दिए अपने नोबेल भाषण में संयुक्त राज्य अमरीका की आलोचना की है और अभी अरुंधती राय ने 'द अलजेब्रा ऑफ इनफाइनाइट जस्टिस' को दिया गया साहित्य अकादमी पुरस्कार ठुकरा दिया है। अरुंधती राय ने यह पुरस्कार इसलिए ठुकराया है कि भारत की वर्तमान सरकार अमरीकी नीतियों को हिंसात्मक तरीके से भी देश पर लादने के लिए आमादा है। बाबरी मस्जिद-ध्वंस 'नई आर्थिक नीति' को लागू करने के बाद हुआ था। मनमोहन सिंह, चिदम्बरम और यशवन्त सिन्हा की अर्थ-नीतियाँ सामने रही हैं। भारत में साम्राज्यवाद का नए सिरे से उभार निजीकरण, उदारीकरण और खगोलीकरण के दौर में सम्भव हुआ है। भाजपा बीसवीं सदी के अन्तिम दशक में ही शक्तिशाली हुई और सदी के अन्त में ही उसकी (राजग की) सरकार बनी। स्वाभाविक था कि इस दौर में वह और 'हिन्दुत्ववादी' शक्तियाँ संस्कृति और परम्परा की मनोनुकूल व्याख्याएँ करतीं। नामवर सिंह ने 'आलोचना' के पुनर्प्रकाशन के समय फासीवादी शक्तियों को समझने और उसकी काट की चिन्ता प्रकट की थी।

हिन्दू सम्प्रदायवादियों का धर्म के मूल सिद्धान्तों से कोई सम्बन्ध नहीं है। 'हिन्दू सम्प्रदायवादी संस्कृति का सम्बन्ध धर्म से जोड़ते हैं और कहते हैं कि भारत की संस्कृति हिन्दू धर्म में निहित है। उस धर्म की रक्षा नहीं की गई। × × × इसलिए धर्म की रक्षा के लिए हिन्दुओं को संगठित होना चाहिए। धर्म, जाति, संस्कृति इनके मसले बराबर हमारे सामने आते हैं। ये मसले ऐसे समय आ रहे हैं, जब विश्व पैमाने पर इजारेदार पूँजी का अभूतपूर्व प्रसार हो रहा है।' (भारतीय साहित्य की भूमिका, पृ. 336)। रामविलास शर्मा ने हिन्दू सम्प्रदायवादियों पर कम नहीं लिखा है। जिस समय भारतीय संस्कृति की मनमानी व्याख्या की जा रही हो, उस समय हमारा यह कर्तव्य होता है कि हम हिन्दू सम्प्रदायवादियों के हाथों से भारतीय संस्कृति की रक्षा करें, उसे बचाएँ। रामविलास शर्मा 'राष्ट्रीय स्वाधीनता की रक्षा के लिए अपनी संस्कृति को बचाने और उसका विकास करने के लिए संघर्ष करना बहुत जरूरी' (वही, पृ. 337) समझते हैं। रामविलास शर्मा ने यह संघर्ष अन्त-अन्त तक किया। उन्होंने बल्गारिया के कम्युनिस्ट नेता दिमित्रोव का यह कथन उद्धृत किया है, "जो कम्युनिस्ट अतीत के प्रति आम जनता को सचेत नहीं करते और समझते हैं कि उससे हमें कुछ लेना-देना नहीं है, वे जाति के ऐतिहासिक अतीत में जो भी मूल्यवान है,

वह सब अपने हाथों फासिस्ट मिथ्यावादियों को सौंप देते हैं, जिससे वे उसका उपयोग करके जनता की आँखों में धूल झोंक सकें।'' (वही, पृ. 339 पर उद्धृत)

अगर 'पांचजन्य' और राष्ट्रीय स्वयं सेवक संघ के लोग अपनी विचारधारा के समर्थन में रामविलास शर्मा के लेखन को अपना 'स्तम्भ' मानते हैं तो मार्क्सवादियों का यह दायित्व बनता है कि वे दोनों में अन्तर कर सच्चाई प्रस्तुत करें और छद्म तथा झूठ को समाप्त करें। 'पांचजन्य' में रामविलास शर्मा का साक्षात्कार 13 फरवरी, 2000 को प्रकाशित हुआ था। अजय तिवारी ने लिखा है कि रामविलास जी ने विनीता गुप्ता से लिखित प्रश्न लिए थे और उन प्रश्नों के उत्तर उन्होंने लिखित दिए थे। 'पांचजन्य' ने इस साक्षात्कार में अपनी ओर से भी जोड़ा था। ''यों तो कुल 9 जगहों पर कई अंश निकाल कर साक्षात्कार प्रकाशित किया गया है, लेकिन सबसे आपत्तिजनक है ऐसी बात जोड़ देना, जो मूल में है ही नहीं।'' (आज के सवाल और मार्क्सवाद, 2001, पृ. 14) 'पांचजन्य' को दिए गए साक्षात्कार की मूल हस्तलिखित प्रति 'आज के सवाल और मार्क्सवाद' पुस्तक में प्रकाशित है। इसका शीर्षक है, 'स्वदेशी की उपेक्षा से खतरा वर्तमान काल में है।' अजय तिवारी ने इस धोखाधड़ी पर 'आज के सवाल और मार्क्सवाद' पुस्तक की भूमिका में प्रकाश डाला है।

क्या आर्यों के सम्बन्ध में रामविलास शर्मा का मत फासिस्टों और साम्राज्यवादियों के मतों की तरह है? संघ-सम्प्रदाय और आडवाणी-जोशी से लेकर सिंघल-तोगड़िया तक भारतीय संस्कृति की व्याख्या जिस प्रकार से करते हैं, क्या रामविलास जी ने भारतीय संस्कृति की व्याख्या उसी रूप में की है? क्या भारतीय संस्कृति, वैदिक संस्कृति, वैदिक समाज और ऋग्वेदादि पर विचार करने का दायित्व एकमात्र सम्प्रदायवादियों को ही है? सम्प्रदायवादियों का नजरिया साम्प्रदायिक है। क्या रामविलास शर्मा का भी नजरिया 'शताब्दी के अन्त में' इसी प्रकार का हो गया था? रामविलास शर्मा जिन कारणों से हिन्दी प्रदेश में 'सांस्कृतिक जागरण का महत्त्व' देखते थे, क्या उन्हीं कारणों से संघ-सम्प्रदायवादी भी हिन्दी प्रदेश में 'हिन्दू जागरण' का महत्त्व देखते हैं?

आर्यों के सम्बन्ध में रामविलास शर्मा के विचार फासिस्टों और साम्राज्यवादियों से भिन्न हैं। ये दोनों नस्लवादी हैं। रामविलास शर्मा ने 'आर्य' को अलग से कोई नस्ल नहीं माना है। उनके अनुसार आर्य 'भरत जन से पृथक् कोई जन-समुदाय नहीं है।' उनके अनुसार 'जातीयता' 'राष्ट्रीयता की धुरी' है और 'जब तक हम यह न समझेंगे कि भारत बहुजातीय राष्ट्र है, तब तक हमारा राष्ट्र-प्रेम हिन्दू राष्ट्रवाद से ज्यादा दूर न होगा। यदि भारत में जातियाँ नहीं रहतीं तो यहाँ केवल सम्प्रदाय रहेंगे, यह निश्चित बात है।' (भारतीय साहित्य की भूमिका, पृ. 373) वे 'हिन्दू जाति' और 'हिन्दू संस्कृति' के स्थान पर 'हिन्दी जाति' और 'हिन्दी संस्कृति' पर बल देते रहे।

भारतीय संस्कृति और परम्परा के क्षेत्र में संघ-सम्प्रदाय और भाजपाइयों को रामविलास शर्मा ने सदैव चुनौती दी। हिन्दी में वे सदैव ऐसी शक्तियों से टकराते रहे। जिस समय (1984) भाजपा मात्र दो सांसदों पर सिमटी हुई थी, उसी समय उन्होंने साम्राज्यवाद द्वारा सम्प्रदायवाद को समर्थन देने की बात कही थी। रमेश उपाध्याय और कर्णसिंह चौहान से बातचीत (10 जनवरी, 1987 की शाम) में उन्होंने कहा था, "सम्प्रदायवाद वास्तव में काउंटर-रिवोल्यूशन है, क्रान्ति विरोध है। साम्राज्यवाद आज सीधे इसको समर्थन दे रहा है। ××× क्रान्तिकारी तरीके से आप जब तक जनता को गोलबन्द नहीं करेंगे, तब तक भारत का आर्थिक संकट दूर नहीं हो सकता, भारत का सांस्कृतिक संकट भी दूर नहीं हो सकता।" (आज के सवाल और मार्क्सवाद, पृ. 161) संघ-सम्प्रदाय ने भाजपा के शक्तिशाली होने के बाद बहुत तेजी से सांस्कृतिक संकट खड़ा किया। 'सांस्कृतिक राष्ट्रवाद' की चर्चा जोर-शोर से की जाने लगी।

रामविलास शर्मा से अगस्त 1999 में 'स्वाधीनता' पत्र के शारदीय विशेषांक के लिए जिन पाँच लोगों (चन्द्रबली सिंह, नामवर सिंह, विश्वनाथ त्रिपाठी, मुरली मनोहर सिंह और अजय तिवारी) ने बातचीत की थी, उसमें स्पष्ट शब्दों में नामवर सिंह ने यह कहा था कि फासिस्ट लोग अपने ढंग से पूरी परम्परा को व्याख्यायित कर रहे हैं, "अपनी पूरी विरासत और परम्परा की अपनी व्याख्या फासिस्ट लोग पेश कर रहे हैं और लगभग हुआ है कि इस बीच जितनी विभूतियाँ थीं किसी की भी, जन्मशती मनाई गई, यही नहीं विवेकानन्द और गांधी को उन्होंने अपना लिया, अम्बेडकर को भी अपना लिया, उसकी व्याख्या कर दी, गालिब पर हुआ तो गालिब को भी अपना लिया। यानी कोई बचा नहीं है प्राचीन ऋग्वेद से लेकर अब तक।" (वही, पृ. 154)। ऐसा सम्भव क्या इसलिए नहीं हुआ कि मार्क्सवादियों ने अपनी परम्परा और संस्कृति पर व्यापक रूप से विचार न कर यह क्षेत्र उन्हें सौंप दिया था? रामविलास शर्मा ने ऐसा कभी नहीं किया। रामविलास शर्मा ने नामवर जी को सुनकर उन्हें अच्छे ढंग से यह समझाया था—मार्क्स का यह कथन प्रस्तुत करते हुए कि "पूँजीपति वर्ग विज्ञान का सृजन न कर उसे अटैच करता है, उसी तरह ये फासिस्ट संस्कृति को अटैच करते हैं। 'तुम ये बताओ कि तुम भारतीय संस्कृति और उसकी परम्परा के प्रतिनिधि हो, लेकिन तुम तो उस पर ध्यान ही नहीं देते।" (वही) रामविलास शर्मा फासिस्टों को विचार के क्षेत्र में और संस्कृति के क्षेत्र में चुनौती देने के पक्ष में थे। "वे संस्कृति का जब नाम लें तब उनको चुनौती दो और कहो कि ये बात गलत है। इसकी व्याख्या इस तरह से होगी।" (वही, पृ. 155) नामवर सिंह ने रामविलास जी को उस समय साफ शब्दों में यह कहा था, "आपने वेद के बारे में लिखा और लिख रहे हैं, लेकिन स्वयं उस वेद को, हमने उनके हवाले कर दिया है कि वे लोग वेद-अध्ययन-मंडल, उसकी चीजें कायम करेंगे, लेकिन हम मान बैठे हैं कि वेद का नाम

लेना एक तरह से...'' (वही) इसका उत्तर रामविलास जी ने यह कहकर दिया था, ''तुम एक अध्ययन मंडल कायम करो वेद का, और मैं उसका पहला सदस्य बनूँगा।'' (वही)।

रामविलास शर्मा की आलोचना बाद में नामवर सिंह ने इसलिए की कि वे वेद पर लिख रहे हैं। ऋग्वेद पर रामविलास जी ने जो भी लिखा है, उसका व्यापक, तार्किक और प्रामाणिक उत्तर पेश नहीं किया गया। यह मान कर चला गया कि वेद-चर्चा लोकविरुद्ध है। नामवर सिंह वेदों से शुरू करने में लोक के छूट जाने का खतरा देखते हैं। इसके लिए वे फिराक गोरखपुरी को पकड़ते हैं। फिराक गोरखपुरी ने 1952 में इलाहाबाद में प्रगतिशील लेखक संघ के सम्मेलन में उदयनारायण तिवारी को कहा था, ''शुरुआत वेद से करोगे, तो लोक तक कभी नहीं पहुँचोगे।'' अब पचास वर्ष बाद 2001 में नामवर सिंह रामविलास शर्मा के बारे में यह कह रहे हैं कि वे लोक-विमुख होकर ऋग्वेद की ओर मुड़े। जहाँ तक रघुपति सहाय फिराक की बात है, 1943 में ही रामविलास शर्मा ने उन पर छत्तीस पृष्ठों का एक लेख 'हिन्दी भाषा, साहित्य और फिराक' ('परम्परा का मूल्यांकन' में संकलित) लिखा था। उस लेख को एक बार ही पढ़ लेने के बाद हिन्दी भाषा और साहित्य के सम्बन्ध में फिराक की 'गहरी' और 'पैनी' समझ का पता चल जाता है। रामविलास शर्मा वेदों में केवल वर्ण-व्यवस्था नहीं देखते थे। प्राचीन साहित्य का एकांगी और खंडित दृष्टि से वे मूल्यांकन नहीं करते थे। 'मार्क्सवाद और प्राचीन साहित्य का मूल्यांकन' ('साहित्य : स्थायी मूल्य और मूल्यांकन' में संकलित) लेख में उन्होंने राहुल सांकृत्यायन की आलोचना इसलिए की थी कि वे वेदों की 'मूल्यवान सामग्री' का विश्लेषण आवश्यक नहीं समझते थे।

रामविलास शर्मा ने भारतीय चिन्तन-परम्परा को भली-भाँति समझने के लिए ऋग्वेद का अध्ययन किया। भारतीय दर्शन की अनेक धाराएँ-उपधाराएँ ऋग्वेद से ही निकली हैं। उनके पूर्व गम्भीर रूप से विविध विषयों पर विद्वानों ने कार्य किया था, पर अनेक ज्ञानानुशासनों को एक-दूसरे से जोड़ते हुए, विविध दृष्टिकोणों को साथ लेकर समग्रता में सुव्यवस्थित चिन्तन कम हुआ था। जिस समय भारत में मार्क्सवाद के गम्भीर और शास्त्रीय अध्ययन में कमी थी, उस समय रामविलास शर्मा ने मार्क्सवाद का अध्ययन भारतीय दर्शन की पृष्ठभूमि में किया। यहाँ यह सवाल उठ सकता है कि भारतीय दर्शन की पृष्ठभूमि में मार्क्सवाद का अध्ययन आवश्यक है या नहीं? रामविलास जी का यह कार्य सामान्य कोटि का कार्य नहीं है और यह स्वाभाविक है कि इस प्रकार के कार्य के 'पापुलर' न होने के कारण उन पर सुव्यवस्थित ढंग से विचार न हो।

नामवर सिंह के विचारों से यह ज्ञात होता है कि ऋग्वेद की ओर जाना या आज के समय में उसका अध्ययन-विवेचन करना गलत है। वे एक प्रकार से ऋग्वेद को

खारिज करते हैं। "1952 तक रामविलास के सिर पर ऋग्वेद के सवार होने के लक्षण न दिखाई पड़ते थे। ××× तुलसीदास से लगाव तब भी था। खासतौर से निराला के 'तुलसीदास' के कारण ××× फिर इस ओर उनका ध्यान क्यों नहीं गया कि वे (तुलसीदास) लोक-वेद के जोड़े में वेद का नाम पहले नहीं लेते, बल्कि लोक को पहले याद करते हैं। ××× वे अपने तुलसीदास को पीछे रख (लोक को पीछे रख) ऋग्वेद की ओर क्यों भागे?" ('इतिहास की शव-साधना' : आलोचना, अप्रैल-जून 2001) रामविलास शर्मा लोक को पीछे रखकर ऋग्वेद की ओर नहीं मुड़े ('भागे') थे। वे 'प्राचीन संस्कृति के अध्ययन की उपेक्षा और वर्तमान सांस्कृतिक समस्याओं की उपेक्षा' को 'वास्तव में लोक-मानस की उपेक्षा' (भारतीय संस्कृति और हिन्दी प्रदेश, खंड-1, 1999, पृ. 5) मानते थे। वे भारतीय समाज का 'पुनर्गठन' चाहते थे और अतीत के वैज्ञानिक-वस्तुपरक विवेचन को वर्तमान समाज के पुनर्गठन के प्रश्न से जोड़कर देखते थे। जहाँ तक तुलसीदास से उनके लगाव का प्रश्न है, वह केवल निराला के कारण नहीं था, उनके पिताजी ने रामलीला के लिए एक नाटक तैयार किया था और 'उन्होंने अंगद का पार्ट भी किया था।' "मैंने उन्हीं से पाँचवीं-छठी कक्षा से तुलसीदास को पढ़ना शुरू किया था। वह खाना बनाते रहते थे और मुझे तुलसीदास की चौपाई सुनाते जाते और समझाते जाते थे। एक तरह से रामचरित मानस पूरी की पूरी उनको याद थी।" (आज के सवाल और मार्क्सवाद, पृ. 39-40) रामविलास शर्मा का तुलसीदास से लगाव बचपन में ही हो गया था।

नामवर सिंह को ऋग्वेद में रामविलास शर्मा के जाने का कारण मालूम है। "दरअसल 'नवजागरण' का वह स्वर्णमृग है, जो रामविलास जी को वैदिक अरण्य में खींच ले गया। और लोक की सीता का अपहरण हो गया। विधि की विडम्बना! अनहोनी हो गई। दुष्यन्त तो वे थे नहीं, जो कोई अन्य आकर्षण होता। यहाँ तो बस हरण ही हरण है और निश्चय ही वह हिरण भी! अब इसे मृगया की माया कहिए या शिकार का शौक! जहाँ न ले जाए।" (आलोचना, अप्रैल-जून, 2001) यह है मार्क्सवादी आलोचना का विकास और 'वाद-विवाद-संवाद'।

रामविलास शर्मा भारतीय नवजागरण को 'ऋग्वैदिक नवजागरण' क्यों मानते हैं? 'भारतीय नवजागरण और यूरोप' पुस्तक का पहला अध्याय है, 'भारतीय नवजागरण और ऋग्वेद'। ऋग्वेद को ब्राह्मण-पुरोहितों की रचना और कर्मकांड का ग्रन्थ माना जाता है, जो गलत है। भारतीय रूढ़िवादी और पश्चिमी विचारक—दोनों का इस सम्बन्ध में एक समान मत है। आर्य भाषाओं को भी इसी वैदिक भाषा से उत्पन्न माना जाता है। रामविलास शर्मा इसका खंडन करते हैं। वे ऋग्वेद में दो धाराएँ देखते हैं—मुख्य धारा और गौण धारा। ऋग्वेद में दान-दक्षिणा देनेवाले सूक्त हैं, जिनकी रचना रामविलास जी के अनुसार उत्तर वैदिक काल में हुई। उत्तर वैदिक काल में 'सम्पत्ति का केन्द्रीकरण' होने लगा था। कर्मकांड देवता के पृथक् अस्तित्व

से जुड़ा है और ऋग्वेद में बहुदेवोपासना का खंडन है। "जो भौतिकवाद अलग-अलग वस्तुओं के प्रत्यक्ष बोध तक सीमित रहता है, वह ऋग्वेद में नहीं है। जो भौतिकवाद मंत्रों को परम सत्ता मानता है, उपयुक्त कर्मकांड के साथ मंत्रपाठ की सिद्धि प्राप्त करना चाहता है, वह भी ऋग्वेद में नहीं है। प्रत्यक्ष जगत से विमुख, आँखें बन्द करके संसार के सारे रहस्य जान लेना, ज्ञान की यह पद्धति भी ऋग्वेद में नहीं है।" (भारतीय नवजागरण और यूरोप, पृ. 27-28) कर्मकांड का सम्बन्ध देवता के पृथक् अस्तित्व से है और ऋग्वेद के कवि परम्परा से प्राप्त देवों के पृथक् स्वतंत्र अस्तित्व की धारणा को मिटाते हैं। ऋग्वेद के कवियों ने जिस प्रकृति-प्रपंच में व्यापक एकता की बात कही है, वह कर्मकांड का खंडन है। रामविलास जी ऋग्वेद को नए सिरे से व्याख्यायित करते हैं।

नामवर जी की मुख्य चिन्ता यह है कि ऋग्वेद में पुरुष सूक्त (चातुर्वर्ण व्यवस्था) के द्वारा वैदिक कवि ने "मानव शरीर की उपमा देकर कहा (चातुर्वर्ण व्यवस्था) यह तो प्रकृति में 'हायर आर्की' है तो समाज में भी उसके अनुसार 'हायर आर्की' होगी। यह प्राकृतिक नियम है तो यह मानवीय नियम भी होगा।" (पल-प्रतिपल, वही, पृ. 218) उनके अनुसार बुद्ध ने वेदों का इसी कारण निषेध किया था। "आज के सन्दर्भ में यह चीज उठाने का मतलब यह है कि फिर से किसी न किसी रूप में, जब दलितों का आन्दोलन शुरू हुआ है, पिछड़े वर्गों का मंडल आन्दोलन शुरू हुआ है...तो अब फिर ब्राह्मणवाद अपने वेद का सहारा लेकर पुनः आ जाना चाहता है। इस बारे में रामविलास जी साफ-साफ दो टूक नहीं कहते और आज की लड़ाई..." (वही, पृ. 219)।

रामविलास जी ने कहीं भी वर्ण-व्यवस्था के लिए वेद को प्रतिष्ठित नहीं किया है। राहुल सांकृत्यायन जब वर्णाश्रम 'धर्म की प्रतिष्ठा' वेद में देखते थे, तब रामविलास शर्मा ने 1968 में ही यह लिखा था कि "(राहुल सांकृत्यायन को) वेदों में ओजपूर्ण काव्य नहीं मिलता, उन्हें वहाँ वर्णाश्रम धर्म की प्रतिष्ठा, आर्य-अनार्य रक्त का सम्मिश्रण और समाज की सम्पदा उड़ानेवाले ऋषि मिलते हैं। राहुल जी वैदिक ऋषियों का उल्लेख सम्मान के साथ तभी करते हैं, जब उन्हें निषिद्ध मांस-भक्षण का समर्थन करना होता है।" (मार्क्सवाद और प्राचीन साहित्य का मूल्यांकन, 1968, पृ. 23-24) रामविलास शर्मा ब्राह्मणवादी और पुनरुत्थानवादी दृष्टि से ऋग्वेद में प्रवेश नहीं करते। वे ऐतिहासिक भाषाविज्ञान, पुरातत्त्व, देवतंत्र और काव्य साहित्य—किसी भी क्षेत्र में गम्भीर कार्य करनेवाले व्यक्ति के लिए ऋग्वेद की ओर लौटना आवश्यक मानते हैं। आज पश्चिमी एशियाई देशों के सम्बन्ध में जो अमरीकी नीति है, वह किसी से छुपी हुई नहीं है। पश्चिमी एशिया की प्राचीन संस्कृति को आज समझना और समझाना आवश्यक है, जिससे ये देश एक-दूसरे से जुड़कर अमरीकी हस्तक्षेप से मुक्त हो सकें। 'पश्चिम एशिया और ऋग्वेद' (1994) में रामविलास शर्मा पश्चिम एशिया के साथ ऋग्वेद

को जोड़ते हैं। पूँजीवादी इतिहासकार 'यह प्रयास भी करते हैं कि पश्चिमी एशिया के वर्तमान निवासियों की आँखों से उनकी प्राचीन संस्कृति का वह पक्ष ओझल रहे, जिसका सम्बन्ध भारत से है। सबसे पहले स्वयं भारतवासियों को यह सम्बन्ध समझना है, फिर उसे अपने पड़ोसियों को समझाना है। भुखमरी, अशिक्षा, अन्धविश्वास और नए-नए रोग फैलाने वाली वर्तमान समाज-व्यवस्था को बदलना है। इसके लिए भारत और उसके पड़ोसियों का सम्मिलित प्रयास आवश्यक है।'' (पश्चिम एशिया और ऋग्वेद, 1994, पृ. 20)

ऋग्वेद पर लिखते समय रामविलास शर्मा को पश्चिम एशिया के देशों की चिन्ता क्यों हुई? ऋग्वेद पर विचार करते हुए वे 'भुखमरी, अशिक्षा और अन्धविश्वास' को लेकर क्यों चिन्तित हैं? वर्तमान की चिन्ताओं ने उन्हें अतीत में जाने को विवश किया। ''अतीत का वैज्ञानिक, वस्तुपरक विवेचन वर्तमान समाज के पुनर्गठन के प्रश्न से जुड़ा हुआ है। समाज के पुनर्गठन से जुड़े अतीत के उसी वस्तुपरक विवेचन की दिशा में इस पुस्तक का लेखन एक विनम्र प्रयास है।'' (वही) क्या रामविलास शर्मा 'वर्तमान समाज का पुनर्गठन' उसी प्रकार चाहते हैं, जिस प्रकार संघ-सम्प्रदाय चाहता है? उनके अनुसार ऋग्वेद की एक बड़ी विशेषता यह है कि उसमें शारीरिक और मानसिक श्रम विभाजित नहीं है। आज शारीरिक श्रम करनेवाले किसानों और मजदूरों की क्या दशा है? ऋग्वेद में देवता परिश्रम करनेवालों के मित्र हैं—'न ऋते श्रान्तस्य देवाः' (4:33:11)। रामविलास शर्मा अतीत के किस पक्ष को ग्रहण करते हैं? वे किस अतीत को भविष्य बनाने में सहायक मानते हैं? वे भविष्य में भी शारीरिक श्रम और मानसिक श्रम में विभाजन नहीं देखना चाहते। ''यह हमारा अतीत था और यह हमारा भविष्य भी होना चाहिए। जब तक शारीरिक श्रम और मानसिक श्रम का भेद बना रहेगा तब तक समाज में वर्ग-उत्पीड़न भी रहेगा और संस्कृति वर्गों और वर्णों में विभाजित रहेगी, वह वास्तव में पूरी तरह लोक-संस्कृति न बनेगी।'' (भारतीय संस्कृति और हिन्दी प्रदेश, खंड-1, 1999, पृ. 11) वर्ण-व्यवस्था में शारीरिक श्रम और मानसिक श्रम करनेवाले अलग-अलग वर्ण के हैं। वहाँ शूद्र के जिम्मे शारीरिक श्रम है और ब्राह्मण मानसिक श्रम करता है। क्या रामविलास शर्मा ब्राह्मणवादी और वर्णवादी व्यवस्था के समर्थक हैं? वे जिस 'नई संस्कृति का निर्माण' चाहते हैं, क्या उसका सम्बन्ध हिन्दू संस्कृति से है? अपने लेखन के आरम्भ से लेकर अन्त तक रामविलास शर्मा साम्राज्यवाद के विरुद्ध रहे हैं। साम्राज्यवाद और सम्प्रदायवाद के सम्बन्ध पर उन्होंने सदैव ध्यान दिलाया। उनकी चिन्ता में 'लोक' है और उनका आलोचनात्मक लेखन समाज को वर्ग और वर्णविहीन बनाने की दिशा में है। नामवर सिंह का कथन है, ''साहित्य-संस्कृति के...उनके विचारों के सामने प्रश्नचिह्न लगाना बहुत जरूरी है कि आखिर उनकी जड़ें कहाँ है?''(पल-प्रतिपल, वही, पृ. 220) जाहिर है जड़ें परम्परा में होंगी, अतीत में

होंगी। नामवर जी जड़ों की ओर लौटने को सदैव गलत नहीं ठहराते। "नेरुदा ने कुछ ऐसे सीधे-सादे 'लिरिक' या प्रगीत भी रचे, जो अपनी सादगी और लघुता में आदिम कविता की सरलता को छू लेते हैं। ये कविताएँ हमें कभी-कभी कुछ वैदिक ऋचाओं और निराला के अणिमा-अर्चना-आराधना के गीतों की याद दिलाती हैं। यह भी एक प्रकार से अपनी जड़ों की ओर लौटना ही है।" (रुको, ओ पृथ्वी—पाब्लो नेरुदा : भूमिका, साहित्य अकादेमी, नई दिल्ली, 2000, पृ. 24)। इतना ही नहीं, "मुक्ति का यह मार्ग नेरुदा को अपनी धरती की जड़ों से मिला था। हमें भी आशा करनी चाहिए कि यह काव्यानुवाद हमारे साथी कवियों को आज की स्थिति में एक बार फिर अपनी जड़ों की ओर लौटने को प्रेरित करेगा।" (वही, पृ. 26)

भारतीय संस्कृति और परम्परा के क्षेत्र में संघियों, भाजपाइयों और हिन्दू सम्प्रदायवादियों को रामविलास शर्मा ने चुनौती दी। यह चुनौती अन्य किसी मार्क्सवादी आलोचक ने नहीं दी। भाजपा के सम्बन्ध में रामविलास जी ने नामवर सिंह के एक प्रश्न के उत्तर में यह कहा था—"जितने राज्यों में इनकी सरकारें बनी हैं, वे सब फासिस्ट सरकारें हैं। ऊपर से जितनी उदारता दिखाती हैं, वह सब नीचे बजरंग दल और विश्व हिन्दू परिषद् और शिवसेना को संरक्षण देने के लिए ही है। इसलिए इनकी उदारता से भ्रम में नहीं पड़ना चाहिए।" (आज के सवाल और मार्क्सवाद, 2001, पृ. 147) रामविलास जी ने उसी समय 'अमरीकी पूँजीवाद और बीजेपी के सम्बन्धों' पर पुस्तिका निकालने का परामर्श दिया था।

नवजागरण के सम्बन्ध में रामविलास शर्मा की एक स्पष्ट दृष्टि है। "समाज जब एक व्यवस्था से दूसरी व्यवस्था में पहुँचता है, उस संक्रमण को हम नवजागरण की संज्ञा दे सकते हैं। समाज जब गणव्यवस्था से जनव्यवस्था में पहुँचता है, तब वह एक प्रकार का जागरण हुआ। जब वह जनव्यवस्था से जाति (कौम, नैशनलिटी) व्यवस्था में पहुँचता है, तब वह दूसरी तरह का नवजागरण हुआ। ऋग्वेद के रचनाकाल में जो नवजागरण हुआ, वह पहली तरह का था, कबीर और तुलसीदास के समय जो नवजागरण हुआ, वह दूसरी तरह का था। समाज आगे बढ़ने के साथ पीछे भी हटता है, इसलिए यह बिलकुल सम्भव है कि किसी समाज में एक ही कोटि के नवजागरण की आवृत्ति हो। ऋग्वेद के बाद ब्राह्मण ग्रन्थों के रचनाकाल में समाज पीछे हटा, दार्शनिक चिन्तन का स्थान कर्मकांड ने लिया। तब उपनिषदों के समय में, ऋग्वेद की विरासत के आधार पर, दूसरा नवजागरण आरम्भ हुआ। वह वैदिक नवजागरण से मिलता-जुलता था, पर उसकी आवृत्ति मात्र नहीं था।' (भारतीय नवजागरण और यूरोप, पृ. 327)

रामविलास शर्मा 'हिन्दी प्रदेश में शक्तिशाली नवजागरण की आवश्यकता' समझते थे। 1993 के उत्तरार्द्ध में उन्होंने इस आवश्यकता पर विशेष बल दिया। लगभग आठ वर्ष बाद इस नवजागरण की आवश्यकता 'नामवर के निमित्त' कार्यक्रम

में प्रभाष जोशी ने भी महसूस की। 'नामवर के निमित्त' का आरम्भ 28 जुलाई, 2001 को दिल्ली में हुआ। भोपाल, पटना, कोलकाता, इलाहाबाद सहित एक वर्ष के भीतर एक दर्जन से अधिक जगहों पर हिन्दी समाज के वर्तमान और भविष्य से जुड़े अनेक विषयों पर विचार हुआ। रामविलास शर्मा ने जब इसकी आवश्यकता पर विचार किया था, केन्द्र में कांग्रेस की सरकार थी। आठ-नौ वर्ष बाद जब केन्द्र में राजग की सरकार थी, हिन्दी लेखक-पत्रकार सब मिलकर 'हिन्दी क्षेत्र में पुनर्जागरण का आह्वान' करने लगे। प्रभाष जोशी ने नामवर सिंह को हिन्दी इलाके का 'प्रज्ञा पुरुष' कहा, "हिन्दी इलाके का यदि कोई प्रज्ञा पुरुष हो सकता है तो वह नामवर सिंह हैं। ××× नामवर सिंह को हिन्दी क्षेत्र के नए पुनर्जागरण का निमित्त होना चाहिए क्योंकि यह हर हिन्दीभाषी के अस्तित्व का सवाल है।" (हंस, सितम्बर 2002, पृ. 84) प्रभाष जोशी जहाँ हिन्दी क्षेत्र में पुनर्जागरण की जरूरत समझ रहे थे, वहाँ नामवर सिंह को थोड़ी शंका थी। "यदि सचमुच हिन्दी क्षेत्र में नए पुनर्जागरण की जरूरत है, तो मैं बलि के लिए भी तैयार हूँ।" (वही) बनारस में 28 जुलाई, 2002 को 'नामवर के निमित्त' राष्ट्रीय विमर्श का समापन समारोह हिन्दी क्षेत्र में पुनर्जागरण के आह्वान के साथ सम्पन्न हो गया।" (वही) नामवर सिंह ने इसी समय यह कहा, "आज हमारा विशाल मध्यवर्ग जिस नए नवजागरण की प्रतीक्षा कर रहा है, वह बंगाल, केरल या महाराष्ट्र से नहीं, हिन्दी इलाके से शुरू होगा।" (वही, पृ. 85)

रामविलास शर्मा ने भारत में चार नवजागरणों की चर्चा की है। ऋग्वेद से पहले नवजागरण का, उपनिषदों से दूसरे नवजागरण का, भक्ति-आन्दोलन से तीसरे नवजागरण का और चौथे नवजागरण का 19वीं सदी से सम्बन्ध है। उन्होंने उन्नीसवीं सदी या आधुनिक नवजागरण के चार चरण--57 का स्वाधीनता-संग्राम, भारतेन्दु युग, द्विवेदी युग और निराला के लेखन पर विचार किया है। नामवर जी की इस पर व्यंग्यात्मक टिप्पणी है, "जिस देश और प्रदेश के पास इतने नवजागरण की पूँजी हो, उससे कोई भी ईर्ष्या कर सकता है—खासतौर से यूरोप और अमरीका। ऐसी छिपी सम्पदा का बोध कराने का श्रेय रामविलास शर्मा जी को है और इसके लिए हम सबको उनके प्रति कृतज्ञ होना ही चाहिए।" (आलोचना, अप्रैल-जून, 2001, पृ. 242) भारत के सभी नवजागरण अधूरे हैं। इसी कारण भारत में और विशेषत: हिन्दी प्रदेश में आज भी समय-समय पर नवजागरण की आवश्यकता पर विचार किया जाता है। जहाँ तक आधुनिक नवजागरण का प्रश्न है, नामवर जी को इससे आपत्ति नहीं है। वे नेशनल बुक ट्रस्ट इंडिया की 'हिन्दी नवजागरण के अग्रदूत' पुस्तक माला के प्रधान सम्पादक हैं। इस पुस्तक माला के सम्पादकीय वक्तव्य में वे लिखते हैं, "विडम्बना तो यह है कि स्वयं हिन्दी जाननेवाले आधुनिक बौद्धिक भी, अपनी इस समृद्ध विरासत से भली-भाँति परिचित नहीं हैं।' (रामावतार शर्मा, प्रतिनिधि संकलन, 1999, पृ. 7) इस 'सम्पादकीय वक्तव्य' में नामवर सिंह 1857, भारतेन्दु हरिश्चन्द्र,

महावीर प्रसाद द्विवेदी—सबका उल्लेख करते हैं। वे इस पुस्तक माला में 'कहीं-न-कहीं आज के लिए प्रासंगिक विचार-स्फुलिंगों के मिल जाने की सम्भावना'' (वही, पृ. 9) देखते हैं। नामवर सिंह को भक्तिकालीन नवजागरण और लोकजागरण से भी कोई असहमति नहीं है।

रामविलास शर्मा चार नवजागरणों में दूसरे, तीसरे और चौथे नवजागरण को पहले नवजागरण की आवृत्ति नहीं मानते। नामवर सिंह की मुख्य आपत्ति ऋग्वेद से भारतीय नवजागरण को जोड़ने की है। हजारी प्रसाद द्विवेदी ने 'हिन्दी साहित्य की भूमिका' के परिशिष्ट में 'संस्कृत साहित्य का संक्षिप्त परिचय' देते हुए 'वैदिक साहित्य' पर दो पृष्ठों में विचार किया है। उनके अनुसार 'ऋग्वेद और अथर्ववेद नाना दृष्टियों से बहुत महत्त्वपूर्ण हैं।' (हजारी प्रसाद द्विवेदी ग्रन्थावली, खंड-3, 1981, पृ. 161) नामवर ऋग्वेद को 'नाना दृष्टियों से बहुत महत्त्वपूर्ण' नहीं मानते। ऋग्वेद को 'भारतीय नवजागरण का मूल स्रोत' माने जाने के वे खिलाफ हैं—''जिस 'एक' से नवजागरण 'अनेक' हुआ है, वह है ऋग्वेद। भारतीय नवजागरण का मूलाधार भी कह लें। कहना न होगा कि नवजागरण की इस परिकल्पना में एक प्रकार की बुनियादपरस्ती है, जिसका प्रचलित नाम 'फंडामेंटलिज्म' है। रामविलास जी के इस परिकल्पना के प्रेरणा स्रोत हैं दयानन्द सरस्वती।'' (आलोचना, अप्रैल-जून 2001) दयानन्द सरस्वती रामविलास शर्मा के प्रेरणास्रोत हैं या नहीं, इस पर विचार बाद में। हजारी प्रसाद द्विवेदी वैदिक साहित्य में 'कवि' शब्द का 'ऋषि' शब्द की तरह गौरव और आदर सहित प्रयोग का उल्लेख करते हैं। 'ऋग्वेद से ही ऐसे बीसियों मंत्र उद्धृत कर दिए जा सकते हैं, जहाँ सूक्त-रचयिताओं को ऋषि और कवि कहा गया है।' (हजारी प्रसाद द्विवेदी ग्रन्थावली, खंड-3, पृ. 136)

भारतीय मार्क्सवादी विचारकों ने भारतीय दर्शन की उपेक्षा की है। उनका सारा ध्यान पश्चिम पर केन्द्रित रहा है। रामविलास शर्मा ने भारतीय दर्शन में अपने स्रोत ढूँढ़े। यह प्रयत्न कहीं से भी गलत नहीं था। 'आलोचना' में प्रकाशित अपने ध्वंसात्मक लेख के कुछ ही महीने बाद 10 अक्तूबर को रामविलास शर्मा के जन्मदिन पर राजकमल प्रकाशन से प्रकाशित उनकी दो पुस्तकों—'ऐतिहासिक भाषा-विज्ञान और हिन्दी भाषा' एवं 'पाश्चात्य दर्शन और सामाजिक अन्तर्विरोध : थलेस से मार्क्स तक' का लोकार्पण कर अध्यक्षीय भाषण में नामवर सिंह ने रामविलास शर्मा को भारतीय सन्दर्भ में मार्क्स के समकक्ष निरूपित किया और यह कहा कि 'जिस प्रकार मार्क्स प्राचीन ग्रीक दर्शन से प्रेरणा लेते हैं, उसी प्रकार रामविलास शर्मा भारतीय दर्शन में गहरी पैठ रखते हुए अपने स्रोत स्थापित करते हैं। यह विचारणीय है कि भारत में मार्क्सवाद के समुचित विकास के लिए प्राचीन भारतीय दर्शन का अध्ययन, विवेचन-विश्लेषण और मूल्यांकन किया जाए या नहीं? अपनी जड़ों-परम्पराओं की उपेक्षा क्या की जाए?''

नामवर सिंह ने स्वयं दो भारतीय नवजागरण की चर्चा की है। 'आलोचना 79' में उन्होंने उन्नीसवीं सदी के नवजागरण के साथ भक्तिकालीन लोकजागरण का उल्लेख करते हुए दोनों को एक-दूसरे से भिन्न माना है। पहला उपनिवेशवादी दौर की उपज होने के कारण दूसरे से भिन्न है। भारतीय नवजागरण को यूरोपीय नवजागरण की तुलना में देखने से कई दिक्कतें खड़ी होती हैं। इटली में मध्ययुग का अन्त और आधुनिक युग का आरम्भ 13वीं शताब्दी में हुआ। भारत में आधुनिक युग के आरम्भ के सम्बन्ध में बहुमान्य दृष्टि यह है कि अंग्रेजों के कारण यहाँ 'आधुनिकता' का श्रीगणेश हुआ। रामविलास शर्मा ने इस दृष्टि का सदैव दृढ़तापूर्वक विरोध किया है। वे नवजागरण-सम्बन्धी अब तक की मान्य स्थापनाओं को चुनौती देते हैं। ऋग्वेद में वे उपनिषदों की अधिकांश मूल स्थापनाएँ देखते हैं। भारतीय नवजागरण पर विचार करनेवाले विद्वान ऋग्वैदिक काल और उपनिषद काल पर ध्यान नहीं देते। रामविलास शर्मा की मुख्य चिन्ता 'भारतीय समाज-व्यवस्था के पुनर्गठन' की है। भारत की वर्तमान समाज-व्यवस्था के शुभैषी, हितैषी और पक्षधर की चिन्ता में यह नहीं है। क्या भारतीय समाज-व्यवस्था के पुनर्गठन पर विचार करते समय ऋग्वेद और उपनिषदों की चर्चा गुनाह है?

रामविलास शर्मा ऋग्वैदिक काल को भारत का प्रथम नवजागरण और उपनिषद् काल को दूसरा नवजागरण घोषित करते हैं। इन दोनों के बीच 'ब्राह्मणकाल' है, जिसमें "भूस्वामी वर्ग सुदृढ़ हुआ। उसे सुदृढ़ करने में पुरोहित वर्ग ने कर्मकांड का विस्तार किया।" (भारतीय नवजागरण और यूरोप, पृ. 115) ऋग्वैदिक समाज आदिम साम्यवाद के बाद का समाज है। इस समाज में अवकाश-भोगी वर्ग नहीं है और न स्त्री पुरुष की दासी है। श्रम का सम्मान है और व्यक्तिगत सम्पत्ति का महत्त्व है। ऋग्वेद के कवि ऋणमुक्त होने के लिए देवताओं से प्रार्थना करते हैं। रामविलास शर्मा भारत में विदेशी पूँजी-प्रवाह के खिलाफ थे। भारत को कांग्रेस और भाजपा दोनों ऋणग्रस्त कर रही हैं। इनकी नीतियों के समर्थक ऋग्वेद को क्यों महत्त्व देंगे? इस विदेशी पूँजी से सम्प्रदायवाद का भी सम्बन्ध है। ऋग्वेद में भोग करने के लिए नहीं, कर्म करने के लिए सौ वर्ष जीने की कामना है। रामविलास शर्मा ने ऋग्वेद में मुक्त श्रम के आधार पर निर्मित मानव-मूल्यों पर विचार किया है। "संसार और जीवन में आस्था रखनेवाले इन मूल्यों का महत्त्व भारत के लोग तब पहचानेंगे, जब एक बार फिर वे अपने श्रमफल के स्वामी होंगे और अपनी समाज-व्यवस्था का पुनर्गठन करेंगे।" (वही, पृ. 112)

ऋग्वेद के बाद के ब्राह्मणकाल में पुरोहित वर्ग प्रमुख हुआ। इसने ऋग्वेद के मंत्रों को कर्मकांड के जाल में बाँध दिया। आज भी भारत में कर्मकांड की जबर्दस्त प्रतिष्ठा है। भाजपा का इससे सीधा सम्बन्ध है। जिस प्रकार ब्राह्मणकाल में पुरोहितों ने ऋग्वेद को अपने अनुकूल किया, उसी प्रकार भाजपा भी उसे अपने अनुकूल करने

में लगी हुई है। उसे चुनौती देकर ही कर्मकांड के आज के व्यापक प्रचार-प्रसार को कम किया जा सकता है। उपनिषद को दर्शन के इतिहास में महत्त्व प्राप्त है। विश्व-दर्शन के इतिहास में उपनिषद् काल को रामविलास शर्मा क्रान्तिकारी युग कहते हैं। ''भारत में जब भी सामाजिक व्यवस्था को सुधारने के लिए आन्दोलन हुए हैं, उनके सूत्रधारों ने उपनिषदों के चिन्तन को अपना आधार बनाया है।'' (वही, पृ. 116)

थलेस 'यूनानी दर्शन के पितामह' हैं, जिन्होंने जल को आदि तत्त्व माना है। सृष्टि के आदि तत्त्व के रूप में जल की परिकल्पना ऋग्वेद से वृहदारण्यक तक है। इसी प्रकार मूल तत्त्व के रूप में वायु-सम्बन्धी परिकल्पना ऋग्वेद से छांदोग्य उपनिषद् तक है। उपनिषदों पर ग्रीक प्रभाव नहीं माना गया है। यथार्थवाद से उपनिषदों के दार्शनिक प्रभावित थे। रामविलास शर्मा उपनिषदों के दार्शनिक यथार्थवाद का विरोध विज्ञान से नहीं, कर्मकांड से मानते थे। उनके अनुसार, ''उपनिषदों में जो दर्शन बीज रूप में है, उन्हीं से आगे लोकायत, सांख्य, योग, वैशेषिक आदि का विकास हुआ और इन्हीं की आधारभूत दृष्टि अपनाकर चरक ने शरीर विज्ञान, कौटिल्य ने समाज विज्ञान और पाणिनि ने भाषा विज्ञान के ग्रन्थ रचे।' (वही, पृ. 172) अब या तो उपनिषदों में व्यक्त दर्शन और उसके भौतिकवादी दृष्टिकोण का साधार, सप्रमाण खंडन करें या उसे भारतीय नवजागरण का दूसरा दौर मानें। आर्नल्ड टायन्बी रिनेसांसओं की बात करते हैं। भारत जैसे प्राचीन देश और समाज में केवल आधुनिक नवजागरण और भक्तिकालीन लोकजागरण ही सब कुछ नहीं हैं। इसके पूर्व केवल अन्धकार नहीं था।

दयानन्द सरस्वती और रामविलास शर्मा की नवजागरण-सम्बन्धी दृष्टि और धारणा में नामवर साम्य देखते हैं। उनका आरोप है कि दोनों नवजागरण में अंग्रेजों की भूमिका नहीं स्वीकारते और ऋग्वेद को महत्त्व देते हैं। आर्यों के सम्बन्ध में भी नामवर दोनों को एक ही भूमि पर खड़ा देखते हैं। ''रामविलास जी की दृष्टि में दयानन्द 'देशज प्रतिभा के धनी' हैं, और प्रतिभा 'देशज' हो तो रामविलास जी क्यों न उसके मुरीद हों? वे भी तो 'भदेस' की वकालत करने में गर्व का अनुभव करते हैं और अकसर किसान चेतना का दावा भी करते रहते हैं।'' (आलोचना, अप्रैल-जून, 2001, पृ. 243) नामवर सिंह ने अपने लेख में दयानन्द सरस्वती पर जो भी लिखा है, उसका आधार वीरभारत तलवार की पुस्तक 'हिन्दू नवजागरण की विचारधारा सत्यार्थ प्रकाश : समालोचना का एक प्रयास' (भारतीय उच्च अध्ययन संस्थान, राष्ट्रपति निवास, शिमला, 2001) है। नामवर जी के लेख लिखने के पहले यह पुस्तक प्रकाशित हो चुकी थी और जवाहरलाल नेहरू विश्वविद्यालय में इस पुस्तक पर हुई विचार-चर्चा में नामवर ने इसकी प्रशंसा की थी। वीरभारत तलवार ने मुझे दिसम्बर 2001 के दूसरे सप्ताह के किसी दिन रांची में यह बताया था कि नामवर ने बिना उनका नामोल्लेख किए उनकी पुस्तक के कई अंश अपने विवादास्पद लेख में

शामिल कर लिए हैं। नामवर ने स्रोत पुस्तक का कहीं उल्लेख नहीं किया है। वे दयानन्द सरस्वती और रामविलास शर्मा में 'बुनियादपरस्ती' (फंडामेंटलिज्म) देखते हैं।

वीरभारत तलवार की इस पुस्तक के पाँचवें अध्याय का शीर्षक है 'फंडामेंटलिज्म'। यह पुस्तक का सबसे बड़ा अध्याय है। 39 पृष्ठों का यह अध्याय तलवार ने 1993 में जे.ई. लेवेलिन की प्रकाशित पुस्तक 'दि आर्य समाज ऐज ए फंडामेंटलिस्ट मूवमेंट : ए स्टडी इन कम्पैरेटिव फंडामेंटलिज्म' के आधार पर लिखा है। लेवेलिन ने फंडामेंटलिज्म से जुड़े तीन आन्दोलनों—उत्तरी अमेरिका की बॉब जोन्स यूनिवर्सिटी, जमायते इस्लाम तथा आर्य समाज का तुलनात्मक अध्ययन प्रस्तुत किया है। वीरभारत तलवार ने लिखा, "दयानन्द ने आर्य समाज में तानाशाह बनना तो दूर रहा, कभी कोई पद नहीं लिया। ××× आर्य समाज में तानाशाही कभी नहीं रही। ××× आर्य समाज का जन्म रूढ़िवाद के खिलाफ, बुद्धि-विवेकशीलता का समर्थन करते हुए और आधुनिकता से तालमेल बैठाते हुए हुआ। ××× उसकी पहली लड़ाई मूलतः हिन्दू धर्म के अन्दर के रूढ़िवाद, पिछड़ेपन और तर्कहीनता से थी। ××× अगर आर्य समाज सिर्फ एक फंडामेंटलिस्ट संगठन होता तो वह इतना महत्त्वपूर्ण समाज-सुधार नहीं कर पाता। ××× कुल मिलाकर आर्य समाज और 'सत्यार्थ प्रकाश' एक ज्यादा जटिल चीज है, जो पूरी तरह फंडामेंटलिस्ट नहीं है, हालाँकि उसमें फंडामेंटलिज्म की कुछ बुनियादी विशेषताएँ प्रबल रूप से मौजूद हैं। उसमें सुधार भी है और फंडामेंटलिज्म भी।" (पृ. 58-59) नामवर सिंह आर्य समाज और सत्यार्थप्रकाश की जटिलता पर विचार न कर जो टिप्पणी करते हैं, उससे आर्य समाज और दयानन्द सरस्वती का उज्ज्वल पक्ष नष्ट हो जाता है।

नामवर सिंह ने अपने लेख में 'दयानन्द सरस्वती के देश-प्रेम' से रामविलास शर्मा के 'अभिभूत' होने की बात कही है। उन्होंने श्रद्धानन्द का कथन उद्धृत किया है कि दयानन्द ब्रिटिश सरकार के समर्थक थे। नामवर सिंह ने 1911 में प्रकाशित श्रद्धानन्द की पुस्तक 'आर्य समाज एंड इट्स डिट्रैक्टर्स' के जरिए दयानन्द सरस्वती द्वारा ब्रिटिश सरकार के जिस समर्थन की बात लिखी है, उसका उल्लेख वीरभारत तलवार ने अपनी पुस्तक के पाँचवें अध्याय के 87वें पृष्ठ पर किया है। नामवर ने अपने लेख में कुछ पुस्तकों की पृष्ठ संख्या भी दी है। नामवर ने श्रद्धानन्द का कथन उनकी अपनी पुस्तक से न लेकर वीरभारत तलवार की पुस्तक से लिया है। वीरभारत तलवार ने यह उद्धरण डॉ. सत्यकेतु विद्यालंकार और प्रोफेसर हरिदत्त वेदालंकार की पुस्तक 'आर्य समाज का इतिहास', खंड-4, पृ. 425 से लिया है।

रामविलास शर्मा ने 'स्वाधीनता संग्राम : बदलते परिप्रेक्ष्य' पुस्तक के नौवें अध्याय 'नवजागरण की परम्पराएँ और क्रान्तिकारी आन्दोलन (!)' में 'स्वामी दयानन्द के गुरु स्वामी बिरजानन्द', 'वाघेर जनजाति और स्वामी दयानन्द' तथा

'नवजागरण और स्वामी बिरजानन्द' उपशीर्षकों में दयानन्द पर विचार किया है। उन्होंने वासुदेव शर्मा की पुस्तक 'अठारह सौ सत्तावन और स्वामी दयानन्द' के आधार पर यह लिखा है कि "स्वामी दयानन्द समाज सुधारक के साथ राष्ट्रीय स्वाधीनता के प्रबल पक्षपाती थे, इस बारे में सन्देह नहीं। सन् 1857 के स्वाधीनता-संग्राम में उनकी सहानुभूति भारतीय पक्ष के साथ थी और वह अंग्रेजी राज का विनाश चाहते थे, यह भी निर्विवाद प्रमाणित हो जाता है।" (स्वाधीनता संग्राम : बदलते परिप्रेक्ष्य, पृ. 75)।

'सत्यार्थ प्रकाश' का पहला संस्करण 1874 में प्रकाशित हुआ और दूसरा संस्करण 1884 में। वीरभारत तलवार ने 'सत्यार्थ प्रकाश' के पहले संस्करण में दयानन्द द्वारा अंग्रेजी राज की की गई तारीफ का जिक्र उनके जीवनीकार जे.टी. जोर्डन की पुस्तक 'दयानन्द सरस्वती : हिज लाइफ एंड आइडियाज' (1978) के आधार पर किया है। दयानन्द सरस्वती ने पहले संस्करण में अंग्रेजी राज की केवल तारीफ ही नहीं, शिकायतें भी की थीं। दूसरे संस्करण में उन्होंने तारीफ और शिकायतें दोनों हटाकर 'स्वदेशीय राज्य' के 'सर्वोपरि उत्तम' होने की बात कही। नामवर ने दयानन्द सरस्वती के ब्रिटिश सरकार के समर्थक होने का जो उद्धरण दिया है, उसके बाद वीरभारत तलवार ने अगली पंक्ति में यह लिखा है, "असल में दयानन्द का यह विश्वास था कि अगर भारत में अंग्रेजी राज न कायम होता तो रूढ़िवादी सनातनी हिन्दू या कट्टर मुसलमान उन्हें वैदिक धर्म का प्रचार कभी न करने देते।" (हिन्दू नवजागरण विचारधारा 'सत्यार्थ प्रकाश' : समालोचना का एक प्रयास, पृ. 87) रामविलास शर्मा ने 'सन् सत्तावन के स्वाधीनता संग्राम के प्रति स्वामी दयानन्द के दृष्टिकोण' पर विचार किया है। दयानन्द का यह दृष्टिकोण अंग्रेजों के पक्ष में नहीं था। वीरता के लिए उन्होंने बाघेरों (एक जनजाति) को याद किया।

नामवर सिंह ने बेवजह अपने लेख में कई स्थलों पर खीझ प्रकट की है। दयानन्द सरस्वती ने ब्रह्म समाज की 'न्यून देशभक्ति' की चर्चा 'सत्यार्थ प्रकाश' के ग्यारहवें समुल्लास में की। उन्हें ब्रह्म समाज के इस मत से एतराज था कि "बिना अंग्रेजों के सृष्टि में आज पर्यन्त कोई भी विद्वान नहीं हुआ।" नामवर की टिप्पणी है कि 'शायद इसीलिए रामविलास जी 'राममोहन राय के प्रति ठंडे रहे।" (आलोचना, अप्रैल-जून 2001, पृ. 243) रामविलास जी 'राममोहन राय के प्रति ठंडे' नहीं थे। नामवर जी के कथन के पाँच वर्ष पूर्व प्रकाशित 'भारतीय साहित्य की भूमिका' (1996) का आठवाँ अध्याय 'राजा राममोहन राय और बंगाल नवजागरण' है। यह अध्याय 52 पृष्ठों (282 से 333 पृष्ठ) का है। वे राममोहन राय के चिन्तन की अनेक सीमाओं का बुनियादी कारण 'बंगाल के जमींदार वर्ग के हितों से' उनका जुड़ाव समझते थे। पुस्तक की 'भूमिका' में उन्होंने राजा राममोहन राय को 'बंगाल के और एक हद तक सारे भारत के नवजागरण का अग्रदूत' कहा है। 'अंग्रेजों की

लूट-खसोट और उनकी न्याय-व्यवस्था के खोखलेपन को वह खूब पहचानते थे।' (पृ. 9)

रामविलास शर्मा दयानन्द की 'देशज' प्रतिभा की भले दाद दें, नामवर सिंह 'ऋग्वेद में दयानन्द की दिलचस्पी का श्रेय एक तरह से पाश्चात्य प्राच्यविदों' को देते हैं। यह एक नई खोज है, जिससे दयानन्द की 'देशज' प्रतिभा धुँधलाती है। नामवर को पता है कि 'दयानन्द को अंग्रेजी शिक्षा नहीं मिली थी', पर वे यह नहीं बताते कि उनकी अंग्रेजी शिक्षा के बिना पाश्चात्य प्राच्यविदों ने किस तरह से ऋग्वेद में उनकी दिलचस्पी पैदा की। क्या दयानन्द सरस्वती के जीवनीकारों ने यह श्रेय 'पाश्चात्य प्राच्यविदों' को दिया है? वासुदेव वर्मा की पुस्तक 'अठारह सौ सत्तावन और स्वामी दयानन्द', आदित्यपाल सिंह और वेदव्रत 'आलोक' द्वारा सम्पादित पुस्तक 'महर्षि दयानन्द सरस्वती द्वारा तीन बार में कहा और लिखाया गया अपना जन्म चरित्र', बाबा छज्जू सिंह की पुस्तक 'लाइफ एंड टीचिंग्स ऑफ स्वामी दयानन्द', विष्णु प्रभाकर की पुस्तक 'स्वामी दयानन्द,' जे.टी.एफ. जोर्डन की पुस्तक 'दयानन्द सरस्वती : हिज लाइफ एंड आइडियाज' में क्या इसकी चर्चा है? क्या इसकी चर्चा आर्य समाज तथा उस दौर पर लिखे गए किसी प्रामाणिक इतिहास-ग्रन्थ में है? नामवर सिंह अनुमान करते हैं कि दयानन्द को मैक्समूलर के 'वेद-सम्बन्धी प्रयास की सूचना' अवश्य रही होगी। 'दयानन्द इस सूचना से एकदम अनजान रहे होंगे, यह मानना कठिन है।' मैक्समूलर और दयानन्द सरस्वती की पुस्तक के प्रकाशन-वर्ष के आधार पर वे अपना मत स्थिर करते हैं। मैक्समूलर ने इंग्लैंड में ऋग्वेद का प्रथम संस्करण 1849 मे प्रकाशित किया था और 'सत्यार्थ प्रकाश' का प्रकाशन 1874 में हुआ। दयानन्द बचपन से ही संस्कृत बोलते, पढ़ते और लिखते थे। 'सत्यार्थ प्रकाश' के प्रकाशन के ग्यारह वर्ष पूर्व उन्होंने गुरु विरजानन्द से दीक्षा ली थी और भारत में वैदिक धर्म कायम करने की प्रतिज्ञा की थी। नामवर सिंह दयानन्द के गुरु विरजानन्द पर ध्यान नहीं देते। रामविलास शर्मा देते हैं। 'पौराणिक मत के खंडन, वैदिक मत के प्रवर्तन और इससे देशभक्ति को जोड़ने का श्रेय स्वामी विरजानन्द को है।' (स्वाधीनता संग्राम : बदलते परिप्रेक्ष्य, पृ. 87)

स्वामी दयानन्द पर बाबा छज्जू सिंह ने अपनी पुस्तक 'लाइफ एंड टीचिंग्स ऑफ स्वामी दयानन्द' में एक विशेष घटना का उल्लेख किया है। यह घटना स्वामी दयानन्द द्वारा गंगा में प्रवाहित शव को बाहर लाकर, उसे छुरी से चीरकर शरीर-संरचना (हृदय और मस्तिष्क) की परीक्षा की है। रामविलास शर्मा एवं वीरभारत तलवार ने इसकी चर्चा की है। इस पर नामवर के विचार हैं, ''और शव परीक्षा के नुस्खे भी उन्होंने स्वामी दयानन्द से सीखे। खासतौर से शास्त्रार्थ के लिए। स्वामी जी ने गढ़ मुक्तेश्वर में गंगा से बहता शव निकाला, छुरी से चीरा; हृदय और मस्तिष्क की संरचना की परीक्षा की; शरीर-विज्ञान पर लिखी किताबों से भिन्न निष्कर्ष पाया;

किताबें फाड़ डालीं और उन्हें भी शव के साथ बहा दिया। रामविलास जी ने इस शव-परीक्षा की दाद दी और ऐलान किया : यह है यथार्थवाद! यथार्थवाद ही नहीं दार्शनिक यथार्थवाद! गनीमत है भौतिकवाद नहीं कहा! वैसे भी भौतिकवाद का नाम अब कम ही लेते हैं।'' (आलोचना, अप्रैल-जून 2001, पृ. 249) क्या सचमुच रामविलास शर्मा ने ऐसा ही 'ऐलान' किया? रामविलास शर्मा ने दयानन्द द्वारा पुस्तकें फाड़कर उन्हें शव के साथ गंगा में प्रवाहित करने के बाद का उल्लेख कर बाबा छज्जू सिंह का कथन उद्धृत किया है, ''दयानन्द ने जान-बूझकर अपनी इच्छा से शव को हाथ लगाया और इस तरह उन्होंने सिद्ध किया कि वास्तविक ज्ञान भावुकता मात्र से अधिक मूल्यवान है और वैज्ञानिक जन 'मेन ऑफ साइंस' भावुकता के बावजूद उसे प्राप्त करेंगे।' (लाइफ एंड टीचिंग्स ऑफ स्वामी दयानन्द, नई दिल्ली, 1971, पृ. 21) रामविलास शर्मा निरामिष भोजी संन्यासी के लिए 'जुगुप्सा के भाव को दबाकर शव की चीर-फाड़ करना साहस का काम' मानते हैं। उनकी दृष्टि में 'यह कार्य वैज्ञानिक दृष्टि का परिचायक' है क्योंकि पुस्तक जो संस्कृत में थी, उसे सत्य न मानकर यथार्थ वस्तु की परीक्षा को महत्त्व दिया गया। ''यथार्थ संसार को परखने की यह दृष्टि स्वामी दयानन्द को उन अध्यात्मवादियों से अलग करती है जो प्रकृति को मिथ्या मानकर ब्रह्म के चिन्तन से परम ज्ञान प्राप्त कर लेते हैं।'' (स्वाधीनता संग्राम : बदलते परिप्रेक्ष्य, 1992, पृ. 87)

नामवर सिंह ने यह लिखा है कि रामविलास जी दयानन्द सरस्वती के साथ बहुत दूर तक नहीं गए, पर उन्होंने दयानन्द से रामविलास जी के 'चिपकने' की बात भी कही है। चिपकनेवाला व्यक्ति उस व्यक्ति का साथ नहीं छोड़ता, जिससे वह चिपका है। नामवर सिंह को बीसवीं सदी के आरम्भ में आर्य समाज से 'सहानुभूति' रखने और उधर 'आकृष्ट' होने की बात समझ में आती है, पर सदी के अन्तिम दशक में दयानन्द सरस्वती और 'आर्य समाज' की चर्चा नागवार लगती है। 'विडम्बना यह है कि जिस आर्य समाज को राहुल जी 1920 के आसपास छोड़ चुके थे, उसी आर्य समाज की ओर रामविलास जी 70 साल बाद लौट रहे हैं—वह भी ऐसे समय जब आर्य समाज से जुड़े बहुत से लोग राष्ट्रीय स्वयं सेवक संघ, विश्व हिन्दू परिषद्, बजरंग दल, भारतीय जनता पार्टी आदि में से किसी न किसी संगठन के साथ हो चले हैं।' (आलोचना, अप्रैन-जून, 2001, पृ. 246) संकेत साफ है कि रामविलास जी दक्षिणपन्थियों के साथ हैं और वे उन्हें मदद कर रहे हैं। जीवन के अन्तिम प्रहर में उनका मार्क्सवाद से नाता टूट चुका है। वे ब्राह्मणवादी, रूढ़िवादी, दक्षिणपन्थी, प्रतिक्रियावादी, अन्धराष्ट्रवादी और फंडामेंटलिस्ट हैं। इसके बाद हिन्दी की मार्क्सवादी आलोचना में 'शिखर पुरुष' कौन बचता है? निःसन्देह डॉ. नामवर सिंह।

'स्वाधीनता संग्राम : बदलते परिप्रेक्ष्य' का प्रकाशन वर्ष और बाबरी मस्जिद के विध्वंस का वर्ष 1992 है। अस्सी के दशक के अन्त से देश में हिन्दुत्ववादी साम्प्रदायिक

शक्तियाँ प्रबल रूप से प्रभावशाली होने लगी थीं। लालकृष्ण आडवाणी की रथ-यात्रा आरम्भ हो चुकी थी। दो सीटें प्राप्त करनेवाली भाजपा 89-90 से प्रमुख हो गई। जो राजनीतिक दल एक तरह से हाशिये पर पड़ा था, अब वह केन्द्र में आ गया। विदेशी पूँजी का निर्बाध प्रवाह आरम्भ हुआ। सोवियत संघ के विघटन के बाद पूरे विश्व में अमरीका का प्रभुत्व और आतंक कायम होने लगा। भारत में रामविलास शर्मा अकेले ऐसे व्यक्ति हैं, जिन्होंने सदैव साम्राज्यवाद का विरोध किया। उन्होंने आर्य समाज और दयानन्द सरस्वती को साम्प्रदायिक शक्तियों के हाथों में न जाने दिया। वेद ले लो, उपनिषद ले लो, दयानन्द सरस्वती ले लो, विवेकानन्द ले लो, भगतसिंह ले लो, स्वाधीनता आन्दोलन के क्रान्तिकारी ले लो, सब ले लो—ऐसे महादानी वे नहीं थे। नामवर रामविलास जी के नवजागरण-सम्बन्धी अवधारणा को 'एक खास काट' और 'निश्चित साँचे' की अर्थात् 'विशिष्ट' मानते हैं। अपनी इस धारणा को सिद्ध करने के लिए कि रामविलास जी का नवजागरण 'बुद्धिजीवी अथवा विवेकवादी चिन्तन पद्धति से परे है, नामवर प्रगतिशील लेखक संघ के घोषणापत्र को आधार बनाते हैं क्योंकि रामविलास शर्मा ने बुद्धिवाद (रैशनलिज्म) की बुनियादी शर्त हटाने का प्रस्ताव किया था। नामवर सिंह के अनुसार इस तथ्य का जिक्र 'मार्क्सवाद और प्रगतिशील साहित्य' (1984, पृ. 379) में रामविलास शर्मा ने स्वयं किया है। सच्चाई यह है कि रामविलास शर्मा ने यह नहीं लिखा है कि उन्होंने 'बुद्धिवाद की बुनियादी शर्त हटा देने का प्रस्ताव' किया।

रामविलास शर्मा की पुस्तक 'मार्क्सवाद और प्रगतिशील साहित्य' (1984) का इकतीसवाँ निबन्ध 'मार्क्सवाद और प्रगतिशील साहित्य' है। इस निबन्ध में अक्तूबर 1946 में कम्युनिस्ट पार्टी के केन्द्रीय नेतृत्व के कहने पर 'हिन्दी के पार्टी लेखकों की बैठक' का जिक्र है। अक्तूबर 1946 में लखनऊ में पार्टी लेखकों की बैठक हुई थी। इस बैठक में "मुख्य रिपोर्ट रमेश सिन्हा ने प्रस्तुत की। इसमें 1936 से 1946 तक पूरे दशक के प्रगतिशील लेखक आन्दोलन (हिन्दी) पर विचार किया गया।" (मार्क्सवाद और प्रगतिशील साहित्य, 1984, पृ. 358) कर्णसिंह चौहान ने प्रगतिशील लेखक संघ से सम्बन्धित इकट्ठी की गई सामग्री उस समय रामविलास शर्मा को देखने के लिए दी थी। रामविलास शर्मा ने हमेशा साम्राज्यवाद का विरोध किया। साम्राज्यवाद के बारे में अखिल भारतीय प्रगतिशील लेखक संघ की चुप्पी की ओर उन्होंने ध्यान दिलाया। पार्टी नेतृत्व के लिए 1950 में उन्होंने 'प्रगतिशील लेखक संघ सम्बन्धी दो भटकाव' शीर्षक से एक लेख तैयार किया था। "इसमें मैंने उस घोषणापत्र के बारे में लिखा था कि लेखकों को साम्राज्यविरोधी और साम्राज्य समर्थक शिविरों में बाँटने के बदले उन्हें बुद्धिवादी और अबुद्धिवादी, प्रगतिवादी और प्रतिक्रियावादी दो शिविरों में बाँटा गया था।" (वही, पृ. 378) रामविलास शर्मा प्रगतिशील लेखक संघ में 'प्रगतिशील' शब्द को 'अनेक गलत धारणाओं और

भ्रांतियों का स्रोत' समझते थे। ''घोषणापत्र के अनुसार जो लेखक प्रगतिशील लेखक संघ में शामिल होना चाहें, उनके लिए बुनियादी शर्त बुद्धिवाद (रेशनलिज़्म) की है। उसके मत से क्लासिकी साहित्य के 'विघटन' के बाद प्रगतिशील लेखक संघ से पहले का मध्यकालीन साहित्य, आधुनिक साहित्य भी बंजर, निर्जीव और अबुद्धिवादी हो गया था। इसलिए उसके उद्धार के लिए उसने लेखकों का आह्वान किया। अतः उसमें लेखकों के दो शिविरों की धारणा निहित है; दो शिविर साम्राज्यविरोधी और साम्राज्यसमर्थक लेखकों के नहीं हैं, वरन् बुद्धिजीवी और अबुद्धिवादी, प्रगतिवादी और प्रतिक्रियावादी लेखकों के हैं।'' (वही, पृ. 379)

रामविलास शर्मा के लिए वर्गीय आधार महत्त्वपूर्ण था। प्रत्येक विचारधारा का सामाजिक-वर्गीय आधार है। इसे भुलाकर या इसके स्थान पर विवेक, न्याय, समानता को बहस के केन्द्र में रखना संगत नहीं है। वे 'अस्पष्ट अर्थों वाली शब्दावली' के प्रयोग और व्यवहार के पक्ष में नहीं थे। ''महावीर प्रसाद द्विवेदी और हिन्दी नवजागरण' में रामविलास शर्मा द्वारा 'सरस्वती' को हिन्दी का ज्ञानकांड' और पुस्तक के एक अध्याय 'भारतीय विवेक-परम्परा और विज्ञान' का उल्लेख कर नामवर सिंह ने ज्ञान और विवेक-सम्बन्धी रामविलास शर्मा की दृष्टि और धारणा पर व्यंग्य किया है। रामविलास जी को 'विवेक' और 'ज्ञान' से परहेज नहीं था। वे प्रगतिशील लेखक संघ में साम्राज्यवाद विरोध को प्रमुख स्थान दे रहे थे, न कि 'विवेक' का विरोध कर रहे थे। 'महावीर प्रसाद द्विवेदी और हिन्दी नवजागरण' का दूसरा अध्याय है 'भारतीय विवेक-परम्परा और आधुनिक विज्ञान'। इस अध्याय का पहला उपशीर्षक है 'भारत की अजेय विवेक-परम्परा'। पुस्तक के पाँचवें अध्याय 'महावीर प्रसाद द्विवेदी और सरस्वती' में उन्होंने 'सरस्वती' को 'सबसे पहले ज्ञान की पत्रिका' (पृ. 360) कहा। 'सरस्वती' को 'ज्ञान पत्रिका' कहने का श्रेय स्वामी सत्यदेव को है। रामविलास शर्मा ने इसे लक्षित किया। 'ज्ञान' और 'ज्ञानकांड' के सम्बन्ध में रामविलास जी के विचार ज्ञान की एकांत-साधना करनेवालों की तरह नहीं थे। वे 'साहित्य के ज्ञानकांड के सामाजिक और राजनीतिक विभाग' पर विचार करते हैं। 'महावीर प्रसाद द्विवेदी और हिन्दी नवजागरण' पुस्तक के पाँचवें अध्याय का पाँचवाँ उपशीर्षक है 'साहित्य के ज्ञानकांड की उपेक्षा'। महावीर प्रसाद द्विवेदी के पास एक ठोस कार्यक्रम था। प्रगतिशील लेखक संघ का ठोस कार्यक्रम साम्राज्य विरोध का नहीं था। 'द्विवेदी जी ने एक निश्चित मत और निश्चित कार्यक्रम के अनुसार हिन्दी के ज्ञानकांड को समृद्ध करने का बीड़ा उठाया था।'' (पृ. 383) 'महावीर प्रसाद द्विवेदी और हिन्दी नवजागरण' में रामविलास जी द्वारा 'ज्ञान' और 'विवेक' सम्बन्धी व्यक्त मत और विचार पर नामवर व्यंग्य करते हैं, 'सम्भव है यह 'ज्ञान' और 'विवेक' बौद्ध दर्शन और मार्क्सवाद के बुद्धिवाद से अलग किसी और कोटि का हो। कहीं ऐसा तो नहीं कि भारतेन्दु की 'वैदिकी हिंसा की तरह यह भी

कोई ऐसा वैदिक ज्ञान' है, जहाँ अवैदिक ज्ञान के लिए कोई गुंजाइश नहीं है।' (आलोचना, अप्रैल-जून, 2001, पृ. 242-43) रामविलास शर्मा और नामवर सिंह की ज्ञान-विवेक सम्बन्धी दृष्टि में अन्तर है। रामविलास जी पूर्णरूपेण स्वीकृति और अस्वीकृति के पक्ष में नहीं रहे और यह बिना 'विवेक' के सम्भव भी नहीं है। नामवर सिंह जिस तरह 'परम्परा' को खारिज कर 'आधुनिकता' की वकालत करते हैं, रामविलास जी ने वैसा कभी नहीं किया।

रामविलास शर्मा के परम्परा-प्रेम को 'परम्परा-मोह' कहकर नामवर उनकी खिल्ली उड़ाते हैं। उन्होंने 'परम्परा की रक्षा' पर प्रश्न खड़ा किया है। 'रक्षा क्यों और किससे?' नामवर के इस निबन्ध की एक मुख्य विशेषता यह है कि रामविलास शर्मा पर लिखते हुए वे पतंजलि से बेंजामिन और अडोर्नो तक ही नहीं, समकालीन हिन्दी कवि हरिश्चन्द्र पांडे तक को याद करते हैं। उन्हें 'आलोचना-कर्म' 'धर्म-युद्ध' लगता है। पतंजलि ने 'व्याकरण महाभाष्य' में वेदों की रक्षा के लिए व्याकरण का अध्ययन आवश्यक माना था। "इधर हिन्दी में रामविलास जी के भी कुछ अपने वेद थे, और उनके लिए यही परम्परा थी। इसकी तनिक सी भी आलोचना उनकी दृष्टि में परम्परा पर हमला था। कहना न होगा कि यह 'रक्षा' शब्द ही आलोचना-कर्म को धर्म-युद्ध में बदल देता है।" (वही, पृ. 247) निश्चित ही 'रक्षा' के अतिरिक्त अनेक ऐसे शब्द होंगे, जो आलोचना-कर्म को कई धर्म-युद्ध में बदल दें। रामविलास शर्मा ने ऋग्वेद और उपनिषद में जाने के बाद भी कभी आलोचना को 'धर्म-युद्ध' में नहीं बदला। यह कार्य नामवर ने किया। 'धर्म-योद्धा' के रूप में। रामविलास शर्मा 'परम्परा का मूल्यांकन' करते हैं, अन्ध समर्थन नहीं। 'परम्परा का मूल्यांकन' पुस्तक 1981 में भले प्रकाशित हुई हो, पर इस शीर्षक का निबन्ध 1975 का है। रामविलास शर्मा परम्परा पर आरम्भ से ही विचार कर रहे थे। भारतीय मार्क्सवादियों में परम्परा को खारिज करनेवाले भी हैं। 1969 के एक निबन्ध 'मार्क्सवाद और परम्परा का महत्त्व' में रामविलास जी ने लिखा कि अध्यात्मवादी विचारकों के लिए "परम्परा एक जड़ इकाई है, जिसमें न जाति है, न विकास। यांत्रिक भौतिकवादी के लिए भी परम्परा जड़ है, समाज-व्यवस्था बदलने से उसका महत्त्व खत्म हो गया।" (परम्परा और प्रगतिशील साहित्य, पृ. 251) वे परम्परा का न अनुकरण चाहते थे और न परम्परा से विच्छिन्नता। "परम्परा में क्या मूल्यवान है, क्या ह्रासमान, यह समझ कर विवेक से काम लेते हुए उससे सम्बन्ध जोड़ना चाहिए।" (वही, पृ. 252) नामवर के अनुसार रामविलास शर्मा परम्परा की 'रक्षा' करते हैं, उसके 'विकास' की बात करते हैं और 'यहाँ भी विकास का तात्पर्य 'निर्वाह' ही है, उसमें अपनी ओर से कुछ नया जोड़ने की कोई गुंजाइश यहाँ नहीं है।" (आलोचना, अप्रैल-जून 2001, पृ. 247)। रामविलास शर्मा को नामवर 'परम्परा का सजग प्रहरी' घोषित करते हैं, जो "परम्परा को प्रमाण मानने के लिए अभिशप्त है। परम्परा

को चुनौती देने की बात वह कभी सोच भी नहीं सकता।'' (वही) नामवर रामविलास शर्मा को 'ईसाई धर्मराज' की तरह देखते हैं। आलोचना जब धर्मयुद्ध हो, तो आलोचक 'धर्मराज' की भूमिका में ही उपस्थित होगा। अब हिन्दी आलोचना में सक्रिय आलोचकों को अन्य धर्मों के 'धर्मराज' ढूँढ़ने चाहिए। ''और रामविलास जी अन्ततः विकास, प्रगति आदि शब्दों का प्रयोग करने के बावजूद 'पवित्र वन' के उस ईसाई धर्मराज की तरह हैं, जो अपने वन की रक्षा के लिए हाथ में नंगी तलवार लिए चौकन्ना घूमता रहता है और इस चिन्ता में उससे पलकें एक पल भी नहीं झपकतीं।'' (वही)

सचमुच परम्परा की चिन्ता रामविलास जी में आरम्भ से ही है। नामवर जी के अनुसार किसी व्यक्ति या जाति में 'भूलने का माद्दा' होना जरूरी है, नहीं तो 'यादों के दबाव से माथा फट जाए।' (वही) नामवर के लिए 'ऐतिहासिक स्मृति' से अधिक परम्परा का कोई अर्थ नहीं है और विस्मृति भी इस स्मृति का ही एक अभिन्न अंग है।' (वही) बड़ी बात है 'क्या भूलूँ क्या याद करूँ?' नामवर वाल्टर बेंजामिन का स्मरण करते हैं, क्योंकि बेंजामिन ने परम्परा की निरन्तरता को कभी-कभी पलीता लगाकर बीच से उड़ा देने की बात कही है। परम्परा इतिहास की हो, संस्कृति की हो या साहित्य की, वह 'विच्छिन्न प्रवाह' है। परम्परा की विच्छिन्नता और अविच्छिन्नता पर विचार किया जाता रहा है। नामवर रामविलास जी के परम्परा-प्रेम में पलीता लगाने के लिए केवल बेंजामिन को ही याद नहीं करते। साथ में अडोर्नो भी हैं। 'सम्भवतः इन्हीं सब बातों को ध्यान में रखकर अडोर्नो ने 'परम्परा' को एक 'सामन्ती' अवधारणा कहा था।'' (वही, पृ. 246) किन बातों को ध्यान में रखकर? नामवर पन्थ, स्कूल, सम्प्रदाय, घराना के उदाहरण पेश करते हैं। क्या रामविलास जी ने हिन्दी कवियों-लेखकों की परम्परा का उल्लेख कर हिन्दी आलोचना में 'सम्प्रदाय निर्माण' किया? नामवर के अनुसार 'परम्परा' के ये प्रयोग सम्प्रदाय-निर्माण का अर्थ व्यंजित करते हैं। मध्यकालीन सन्त मत में कबीर पन्थ, दादू पन्थ, निरंजन पन्थ का प्रचलन तो रहा है, किन्तु साहित्य में किसी कवि या लेखक के नाम पर परम्परा कायम करने की कोशिश नहीं हुई। इस नई परम्परा का श्रेय निश्चय ही रामविलास जी को है। कहानी के क्षेत्र में अवश्य कुछ लोगों ने 'प्रसाद स्कूल' और 'प्रेमचन्द स्कूल' चलानें की कोशिश की, किन्तु इसे स्वयं प्रेमचन्द ने खारिज कर दिया।'' (वही) क्लासिकी कलाओं के अन्तर्गत गुरु-शिष्य परम्परा की चर्चा के क्रम में नामवर ने 'घराना' शब्द पर भी विचार किया है, जिसका प्रयोग राजघरानों के लिए होता है और ''वहाँ वंशावली और कुर्सीनामा को लेकर बहस होती है।'' (वही) अडोर्नो ने इसे ध्यान में रखा था। 'सम्भवतः' रामविलास जी ने अगर बेंजामिन और अडोर्नो को पढ़ा होता, तो ऐसी गलती नहीं करते, जो वे 1943 से करते आ रहे थे। नामवर सिंह के परम्परा-सम्बन्धी ऐसे

विवेचन-मूल्यांकन के बाद रामविलास शर्मा मध्ययुगीन ठहरते हैं। 'ईसाई धर्मराज' मध्ययुगीन ही तो होगा।

रामविलास शर्मा पहली, दूसरी और तीसरी परम्परा-कोटि का निर्धारण न कर 'सजीव' और 'निर्जीव' (जड़, मृत) परम्परा पर विचार करते हैं। 'शुक्ल जी और हिन्दी परम्परा' के कई नामी-गिरामी आलोचक आलोचना की जिम्मेदारी की बात भी नहीं करते। 'हिन्दी समालोचना का उत्तरदायित्व' (1948) निबन्ध में रामविलास जी ने आलोचक का उत्तरदायित्व "अपने साहित्य और संस्कृति की उदार और जन-हितैषी परम्पराओं की रक्षा" माना था। उनके सामने परम्परा के दो रूप थे—स्वस्थ और अस्वस्थ। वे परम्परा का सम्बन्ध प्रगति से जोड़ते रहे। अपनी पुस्तक 'निराला' (1946) के एक अध्याय 'रीतिकालीन परम्परा और छायावाद' में उन्होंने रीतिकाल और छायावाद दोनों का परस्पर विरोध दिखाया है। उन्होंने रीतिवादियों और 'सर्वहारा संस्कृति के नाम पर अपनी प्रगतिशील सांस्कृतिक परम्परा का विरोध' करनेवाले तथाकथित मार्क्सवादियों के बीच बहुत पुराने 'गठबंधन' की चर्चा की है। पचास के दशक के आरम्भ में भारतीय साहित्य की समूची परम्परा पर आक्रमण करनेवाले कम नहीं थे। नेहरू के समय में 'आधुनिकता' की एक लहर थी। स्वतंत्र भारत के आरम्भिक वर्षों में परम्परा-चर्चा कम थी। रामविलास जी आरम्भ से अन्त तक परम्परा के स्वस्थ पक्ष पर बल देते रहे। साहित्य में 'आधुनिकता' प्रेमियों ने परम्परा की चर्चा फिजूल समझी और बाद में—पिछली सदी के अन्तिम दो दशकों में 'हिन्दुत्व' को राजनीति में स्थापित करनेवाली साम्प्रदायिक शक्तियों ने अपने पक्ष में परम्परा को अपने ढंग से प्रस्तुत किया। रामविलास शर्मा ने इन दोनों से डटकर मुकाबला किया। स्वतंत्र भारत के आरम्भिक वर्षों में परम्परा पर आक्रमण करनेवालों को उन्होंने कहा—"लोग मार्क्सवाद पर, हिन्दी और भारतीय साहित्य की समूची परम्परा पर आक्रमण कर रहे हैं। आप समझते हैं कि हम चुपचाप बैठे रहें, तो हम यह बर्दाश्त करनेवाले नहीं हैं। मेरी इस किताब ('प्रगतिशील साहित्य की समस्याएँ' 1954) का प्रगतिशील साहित्य में चल रहे विवादों से नाता है।" (मार्क्सवाद और प्रगतिशी साहित्य, 1948, पृ. 328)। नामवर सिंह भी परम्परा में ग्राह्य और त्याज्य देखते हैं।

रामविलास शर्मा की चिन्ता में 'नवजागरण' और 'परम्परा' दोनों हैं। 'मार्क्सवाद और प्रगतिशील साहित्य' (1984) पुस्तक के लिए उन्होंने विशेष रूप से एक लेख लिखा 'प्रगतिशील साहित्यिक आन्दोलन, मार्क्सवाद और मेरी किताबें'। इस लेख में उन्होंने स्पष्ट लिखा है, "मेरे लेखों में परम्परा की रक्षा और उसके विकास पर काफी जोर है।" मार्क्सवाद के विरोधी और दुश्मन यह कहते रहे हैं कि मार्क्सवादियों का परम्परा और संस्कृति से लगाव नहीं है। राष्ट्रीय स्वयं सेवक संघ का यह मुख्य आरोप रहा है। इस प्रकार वह भारतीय परम्परा और संस्कृति को हिन्दू परम्परा और संस्कृति

में सीमित कर परम्परा तथा संस्कृति-प्रेमी बनने का गलत दावा पेश करता है। रामविलास शर्मा ने संस्कृति और परम्परा के सम्बन्ध पर विस्तारपूर्वक विचार किया है। उनके अनुसार हवा में नई संस्कृति नहीं बनती। वे 'मार्क्सवाद' को 'सांस्कृतिक परम्परा का पोषक' मानते हैं। नामवर उनकी जिस पुस्तक 'प्रगति और परम्परा' की चर्चा करते हैं, उसका शीर्षक ही प्रगति और परम्परा के सम्बन्ध से जुड़ा है। रामविलास शर्मा परम्परा और प्रगति को एक-दूसरे से जोड़ते हैं। उनकी दृष्टि में परम्परा रूढ़िवाद नहीं है। वे रूढ़ियों का त्याग जरूरी समझते हैं और अनुकरण पर जोर नहीं देते। "जोर सीखने पर है, प्रेमचन्द, शुक्ल जी, भारतेन्दु से सीखकर आगे बढ़ना चाहिए। यदि हम इनसे नहीं सीखते, तो फिर इंग्लैंड, फ्रांस या अमेरिका के पूँजीवादी साहित्य से प्रभावित होंगे। अक्सर होता यही है, इसे हम आधुनिकताबोध मान लेते हैं।" (मार्क्सवाद और प्रगतिशील साहित्य, 1984, पृ. 333)। सम्प्रदायवादी शक्तियाँ परम्परा के नाम पर रूढ़ियों का प्रचार-प्रसार करती हैं।

हजारी प्रसाद द्विवेदी ने 'परम्परा और आधुनिकता' शीर्षक निबन्ध में 'परम्परा' को 'एक गतिशील प्रक्रिया की देन' कहा है। " 'परम्परा' का शब्दार्थ है एक का दूसरे को, दूसरे का तीसरे को दिया जानेवाला क्रम। वह अतीत का समानार्थक नहीं है। 'परम्परा' जीवन्त प्रक्रिया है, जो अपने परिवेश के संग्रह-त्याग की आवश्यकताओं के अनुरूप निरन्तर क्रियाशील रहती है।" (हजारीप्रसाद द्विवेदी ग्रन्थावली, 9 अगस्त, 1981, पृ. 358)। नामवर सिंह की 'दूसरी परम्परा की खोज' (1982) की 'भूमिका' का पहला शब्द ही 'परम्परा' है—"परम्परा के समान ही खोज एक गतिशील प्रक्रिया है।" स्पष्ट है नामवर परम्परा-सम्बन्धी हजारीप्रसाद द्विवेदी के मत से सहमत हैं। द्विवेदी जी और नामवर सिंह दोनों 'परम्परा' को 'गतिशील प्रक्रिया' मानते हैं। रामविलास जी परम्परा की रक्षा करते हैं और नामवर उसकी (दूसरी ही क्यों न हो?) 'खोज' करते हैं। रामविलास शर्मा और हजारीप्रसाद द्विवेदी—दोनों परम्परा को अतीत नहीं मानते। दोनों परम्परा में कुछ 'स्थायी तत्त्व' देखते हैं। हजारीप्रसाद द्विवेदी परम्परा और आधुनिकता को 'परस्पर-विरोधी' न मानकर 'परस्पर-पूरक' मानते हैं।

रामविलास शर्मा के परम्परा-प्रेम पर बात करते हुए नामवर सिंह ने कहीं भी हजारीप्रसाद द्विवेदी का स्मरण नहीं किया है। द्विवेदी जी और नामवर जी के परम्परा-सम्बन्धी विचारों में फर्क है। 'लोकजागरण और हिन्दी साहित्य' (1985) की भूमिका में रामविलास जी ने लिखा था, "हिन्दी की 'महान् परम्परा' का निर्माण अनेक व्यक्तियों और संस्थाओं के श्रम और सहयोग से हुआ। उससे अपरिचित होना नामवर सिंह गर्व की बात समझते हैं, पर द्विवेदी जी उससे अपरिचित न थे।" (वही, पृ. 58)। रामविलास शर्मा ने हिन्दी की सामन्तवाद विरोधी और साम्राज्यवादी विरोधी परम्परा की रक्षा की बात कही है। स्वाधीन भारत में यह विरोध पहले की

तुलना में शिथिल है, इससे इनकार नहीं किया जा सकता। रामविलास जी की चिन्ता में भारत का अतीत नहीं वर्तमान है। इस वर्तमान के कारण ही उनका परम्परा से सम्बन्ध है। अजय तिवारी ने उनसे जो एक बातचीत की, उसका शीर्षक है— 'परम्परा अतीत का पुनर्जागरण नहीं, अतीत से प्रगति है।' (आज के सवाल और मार्क्सवाद, 2001, पृ. 97–103)। जिस प्रकार नामवर सिंह 'परम्परा' को खारिज करते हैं, उस प्रकार कोई समाजशास्त्री भी खारिज नहीं करता। द्विवेदी जी ने तो नहीं ही किया है। श्यामाचरण दुबे 'आज के वैचारिक पर्यावरण में पर्यावरण की अवज्ञा' सम्भव नहीं मानते। ''समसामयिक संवाद में परम्परा की केन्द्रीयता असंदिग्ध है ××× संस्कृति और जातीय अस्मिता एक तरह से परम्परा के पर्यायवाची बन गए हैं।' (समय और संस्कृति, 1996, पृ. 11)

रामविलास शर्मा परम्परा के तटस्थ अध्येता नहीं हैं। श्यामाचरण दुबे ने 'सामाजिक क्रियाओं की गति और दिशा निर्धारित करने के लिए' परम्परा की व्याख्या की जो बात कही है, वह रामविलास जी के यहाँ है। भारतीय समाज और उसमें हिन्दी समाज भी पुराना समाज है। उसकी अपनी एक परम्परा है, जिसके कुछ सार्थक पक्ष भी हैं। यह आन्तरिक रूप से गतिशील रहा है। परम्परा के स्वरूप और उसकी भूमिका को समझने के लिए इस आन्तरिक गतिशीलता को स्वीकारना आवश्यक है। श्यामाचरण दुबे 'परम्परा' को 'सामाजिक ऊर्जा के एक सशक्त स्रोत' के रूप में देखते हैं और रामविलास शर्मा भी उसे इसी रूप में स्वीकारते हैं। परम्परा से कटना धुरीहीन भी होना है। भारत में विकास का जो दर्शन व्याप्त हो चुका है, वह यूरो-अमरीकी है। विकास की पश्चिमी अवधारणा में परम्परा गौण, निरर्थक और महत्त्वहीन है। यह अवधारणा परम्परा को विकास-मार्ग में अवरोधक समझती है। 'सांस्थानिक ढाँचे और जीवन-मूल्य' इसी विकास-दृष्टि के कारण बदल गए। स्वतंत्र भारत में 'आधुनिकता' का हमने कोई भारतीय मॉडल नहीं बनाया। आधुनिकता आयात की गई और इस आयातित आधुनिकता ने भारतीय आधुनिकता की सम्भावनाओं को नष्ट किया।

नामवर सिंह की रामविलास शर्मा से एक शिकायत यह भी है कि ''परम्परा और आधुनिकता की जो बहस 1948 के बाद शुरू हुई, उसमें रामविलास जी ने कभी भाग लिया हो, याद नहीं आता।'' (आलोचना, अप्रैल-जून, 2001, पृ. 246) इस कथन से यह निष्कर्ष निकलता है कि रामविलास शर्मा बहस से भागते थे, परम्परा प्रेमी थे और आधुनिकता पर सोच-विचार करना आवश्यक नहीं समझते थे। स्वतंत्र भारत में 'आधुनिकता' के हिमायतियों ने उसे परम्परा से अलग करके देखा। रामविलास जी ने 'आधुनिकता' के प्रचलित, मान्य अर्थ को स्वीकार नहीं किया था। यह यूरोपीय अर्थ था। वे 'आधुनिकता' के उस अर्थ को अस्वीकार करते थे, जहाँ परम्परा का पूर्णतः निषेध था। आधुनिकता उनकी दृष्टि में अंग्रेजी राज की देन नहीं थी। भारत में 'आधुनिकता' का सम्बन्ध उन्होंने कभी अंग्रेजों से नहीं जोड़ा।

1948 के बाद से ही प्रबल रूप में परम्परा पर प्रहार किया जाने लगा था। नेहरू जिस 'आधुनिक भारत' का निर्माण कर रहे थे, उसका सारा ढाँचा, प्रारूप और मॉडल विदेशी था। रामविलास शर्मा के अनुसार हिन्दी का 'आधुनिक' साहित्य अंग्रेजी राज का विरोध करता है।

नामवर सिंह को दुःख है कि रामविलास शर्मा अंग्रेजी राज को क्यों महत्त्व नहीं देते। परतंत्र भारत में आधुनिकता के हमारे भीतर से जन्म लेने की जो कुछ सम्भावनाएँ थीं, वे स्वतंत्र भारत में नष्ट होती गई हैं। आधुनिकता नकल, फैशन और अनुकरण नहीं है। स्वतंत्र भारत में विचारशील आधुनिकों की संख्या के समक्ष प्रगतिशील आधुनिकों की संख्या कम रही है। रामविलास शर्मा ने 'आधुनिक' आलोचकों और बुद्धिजीवियों से अपने को अलग रखा। आधुनिकता जहाँ परम्परा के विरोध में खड़ी हो, वहाँ रामविलास शर्मा कैसे उपस्थित रहते! 'पश्चिम की अस्वीकृति और भारतीय आधुनिकता' (1981) लेख में उन्होंने लिखा, "आधुनिकता के दो मार्ग हैं, एक, पूँजीवादी, दूसरा, समाजवादी। पहले रास्ते पर भारत पिछले 23 वर्षों से चल रहा है। परिणाम सामने है। दूसरा रास्ता दूर है और इस दूरी के लिए पूँजीवादियों से ज्यादा समाजवादी जिम्मेदार हैं।" (विराम चिह्न, 1985, पृ. 324)

परम्परा और आधुनिकता सम्बन्धी साहित्यिक बहस भारतीय समाज के विकास के वास्तविक प्रश्नों से कम जुड़ी थी। रामविलास शर्मा परम्परा की 'रक्षा' में लगे थे। आधुनिकता का मुख्य विरोध सामन्ती व्यवस्था से है और रामविलास जी ने यह कार्य अपने आलोचनात्मक विवेक के साथ सदैव किया। वे 'धरती में नींव डाले बिना हवा में आधुनिकता का महल' खड़ा करनेवालों में नहीं थे। रामविलास जी ने रूढ़िवादी और 'तथाकथित आधुनिकतावादी' दोनों की आलोचना की है। एक समय था जब इलियट के प्रशंसकों की हिन्दी में कमी नहीं थी। रामविलास शर्मा परिवर्तन और बदलाव के लिए सदैव संघर्षरत रहे। उनकी आलोचना को पूँजीवाद, सामन्तवाद और साम्राज्यवाद की विरोध-दृष्टि के बगैर समझना कठिन है। पचास के दशक में लिखित अपने एक लेख 'अनास्थावादी प्रतिमानों की परम्परा' में उन्होंने इलियट पर विचार किया है। इलियट 'नई कविता के पितामह' थे। वे भी परम्परा की कसौटी मानते थे। अजय तिवारी ने रामविलास शर्मा से प्रश्न किया था कि इलियट की 'परम्परा' से उनकी 'परम्परा' कहाँ अलग है?

रामविलास शर्मा के लिए परम्परा का एक जातीय और वर्गीय आधार है। इलियट के यहाँ परम्परा का यह अर्थ नहीं है। रामविलास शर्मा धर्म और परम्परा को 'दो चीज' मानते थे, जबकि उनकी दृष्टि में इलियट के यहाँ परम्परा धर्म का पर्याय थी। इलियट कैथोलिक धर्म के अनुयायी थे। रामविलास जी किसी धार्मिक मत से नहीं जुड़े थे। रामविलास जी ने इलियट की आलोचना इसलिए की, क्योंकि उन्होंने, 'इंग्लैंड और अमरीका की स्वस्थ और प्रगतिशील काव्य-परम्परा से नाता जोड़ा।

××× इलियट ने किसी तरह मेटाफिजिकल कवियों का नाम लेकर और यूरोप के कवियों में दान्ते का नाम स्मरण करके अपने को ईसाई कवियों की परम्परा का अनुयायी घोषित कर दिया।' (मार्क्सवाद और प्रगतिशील साहित्य, 1984, पृ. 282-83) हिन्दी में आधुनिकता-बोधवाले कई कवियों पर इलियट का प्रभाव था। इलियट ने एंटी रोमांटिक-छायावाद विरोधी प्रवृत्ति को एक सिद्धान्त का रूप दे दिया था। उनसे प्रभावित कवियों ने छायावाद को अस्वीकार किया था। रामविलास जी ने 'आधुनिकता-बोध और छायावाद' (1967) लेख में इस पर विचार किया (भाषा, युगबोध और कविता, 1981 में संकलित) और इलियट की आलोचना की।

रामविलास शर्मा की बरसी पर प्रस्तुत 'आलोचना' के सहस्त्राब्दी अंक 5 में नामवर सिंह ने रामविलास शर्मा पर जिस तरह प्रहार किए हैं, वह 'हिन्दी आलोचना' का अकेला उदाहरण है। रामविलास शर्मा के जीवन काल में ऐसा लेख लिखना उनके लिए सम्भव नहीं था। 'दूसरी परम्परा की खोज' (1981) के बाद रामविलास जी ने 'लोकजागरण और हिन्दी साहित्य' (1985) की छियासी पृष्ठों की 'भूमिका' में उन्हें अच्छा जवाब दिया था। नामवर ने सोलह वर्ष बाद 'शव-परीक्षा' के बहाने जो भी लिखा, वह अधिकांश में अगम्भीर और सतही है। आपत्तिजनक भी। वहाँ व्यंग्य और कटूक्तियों की भरमार है। नामवर के अनुसार रामविलास जी ने जीवन के कीमती दशक भाषा पर कार्य करने में 'सर्फ' किए और अंग्रेजी राज की आलोचना में 'पन्ने जाया किए हैं।' यह आलोचना है या चलताऊ 'रिमार्क'—'भारत के प्राचीन भाषा-परिवार और हिन्दी' (तीन खंड) और दो खंडों के 'अंग्रेजी राज और मार्क्सवाद' और 'मार्क्स और पिछड़े हुए समाज' पर ? क्या प्रगतिशील और मार्क्सवादी आलोचना इसी 'पद्धति' को अपनाकर विकसित होगी ? नामवर 'योग' और 'साधना' के सहारे भी रामविलास जी पर आक्रमण करते हैं। 'योग' में उनकी आस्था तथा 'साधना' का वे मजाक उड़ाते हैं। नामवर 'साधना' को 'योग' और 'तंत्र' का 'अपना पारिभाषिक शब्द' मानते हैं। 'साधना' शब्द योग और तंत्र का भले हो, पर नामवर रामविलास शर्मा, हजारी प्रसाद द्विवेदी और राहुल सांकृत्यायन को 'योगी' और 'तांत्रिक' नहीं कहते। उनके अनुसार ये तीनों 'साधक' हैं।

रामविलास शर्मा की दृष्टि में ऋग्वेद के अधिकांश कवि योगी हैं। वे ऋग्वेद में योग और वेदान्त देखते हैं। वे कवि न तो चमत्कारी हैं, न करामाती। "उनका योग उत्तरकालीन योग से कुछ बातों में भिन्न है। उनका योग प्रत्यक्ष जगत से नाता तोड़ने के लिए नहीं, नाता जोड़ने, उसे और गहराई में समझने के लिए है। वे चित्तवृत्तियों को साधते हैं, उनके निरोध के लिए नहीं, उन्हें अधिक समर्थ, परिष्कृत और क्रियाशील बनाने के लिए।" (भारतीय नवजागरण और यूरोप, 1996, पृ. 67) 'योग' और 'योगी' का जो सामान्य अर्थ प्रचलित है, उसे मानकर रामविलास शर्मा द्वारा व्यक्त किए गए इसके महत्त्व को नहीं समझा जा सकता। रामविलास जी वैदिक कवियों

के सौन्दर्यबोध और उनकी रचनाशीलता का 'योग' से सम्बन्ध स्थापित करते हैं। नामवर और रामविलास शर्मा के 'योग' की समझ में अन्तर है। 'भारतीय सौन्दर्यबोध और तुलसीदास' (2001) पुस्तक के दूसरे अध्याय 'भारतीय दर्शन और सौन्दर्यबोध' के अन्तर्गत रामविलास जी ने 'योग, आत्मा और जीव विज्ञान' पर विचार किया है। वे 'मानव शरीर की आन्तरिक संचार-व्यवस्था' पर विस्तारपूर्वक प्रकाश डालते हैं। ''त्वचा में तीस-चालीस लाख ऐसी संरचनाएँ हैं, जो पीड़ा-बोध कराती हैं, पाँच लाख ऐसी हैं, जो स्पर्श-बोध कराती हैं और दो लाख से अधिक ऐसी हैं, जो गर्मी-सर्दी का एहसास कराती हैं। ये सूक्ष्म इन्द्रियाँ और इनके साथ कान, आँखें, नाक और जीभ को जोड़ लें, तो ये ऐसी खिड़कियाँ या द्वार हैं, जिनसे बाहरी संसार का बोध हमें होता है।' (भारतीय सौन्दर्यबोध और तुलसीदास, 2001, पृ. 191)

रामविलास शर्मा शरीर विज्ञान, जीव विज्ञान, डी.एन.ए. आदि पर गम्भीरतापूर्वक विचार करते हैं। वे योग, ध्यान, साधना—सबको रचनाशीलता से जोड़ते हुए एक नया संसार उद्घाटित करते हैं। नामवर इस पर हँसते हैं, खिल्ली उड़ाते हैं। यह नया क्षेत्र है, जिस पर ध्यान देना चाहिए। रामविलास जी योग-साधना का रहस्य 'आत्मा से उपचेतन का सम्बन्ध जोड़ना' मानते हैं और उनके अनुसार, 'इस उपचेतन का एक भौतिक आधार है।' मनुष्य की लाखों कोशिकाओं का 'निरन्तर नवीकरण' होता है। हमें दुखात्मक, सुखात्मक अनुभव इन कोशिकाओं के द्वारा ही प्राप्त होते हैं। स्नायु कोशिकाओं के द्वारा ही मानव-शरीर में संचार-व्यवस्था सम्पन्न होती है। स्नायु कोशिकाओं का अध्ययन करते हुए रामविलास जी श्रम-विभाजन को याद रखते हैं। ''जैसे समाज में श्रम-विभाजन होता है, वैसे ही कोशिकाओं में श्रम-विभाजन होता है।'' (वही, पृ. 190) कोशिकाओं में खास तरह के होनेवाले रेशे बाहर से सूचनाएँ प्राप्त करनेवाले होते हैं। ये रेशे ''अधिकतर बहुत छोटे सूक्ष्म और बहुत-सी शाखाओं में विभाजित होते हैं। जो सुकुमार रेशे होते हैं, उनका व्यास 1/25000 इंच होता है। मोटे रेश स्नायु तंत्र के दूरस्थ भागों को आपस में जोड़ते हैं पतले और सुकुमार रेशे पड़ोसी क्षेत्रों को जोड़ते हैं। मस्तिष्क, कोशिकाओं और रेशों के इस नेटवर्क—जाल का उपयोग बाहरी दुनिया से अपना समीकरण दुरुस्त रखने के लिए करता है।'' (वही)। मनुष्य के समस्त कार्य लाखों स्नायु कोशिकाओं की कार्यवाही का परिणाम है। रामविलास शर्मा ने कीट्स के एक पत्र के हवाले यह बताया है कि वे कविताओं को वृक्ष में पत्तियों के आने की तरह देखना चाहते थे—सहज अनायास रूप से। श्रेष्ठ कविताएँ मनुष्य के चित्त से स्वतः निकलनी चाहिए। कविता के जन्म में वे उपचेतन का महत्त्व देखते हैं। ''यह उपचेतन अचेत नहीं है। वह अपनी कार्यवाही में लगा रहता है, केवल हमारी अहम चेतना उस कार्यवाही को नहीं देख पाती।'' (वही, पृ. 188)

कौटिल्य के 'अर्थशास्त्र' में जिन चार विद्याओं—आन्वीक्षकी, त्रयी, वार्ता और दंडनीति की चर्चा है उनमें आन्वीक्षकी विद्या के अन्तर्गत योग है, सांख्य और लोकायत

भी इसी के अन्तर्गत हैं। "यह आन्वीक्षकी कौटिल्य के अनुसार सुख-दुःख में मनुष्य की बुद्धि को स्थिर करती है अर्थात् उसका सम्बन्ध योग से है और सोचने, विचारने, बोलने तथा कार्य करने में सक्षम बनाती है।" (वही, पृ. 158) मानव शरीर अनुभव करने और भावों की अभिव्यक्ति का माध्यम है। "भाव अशरीरी हों, उनका अशरीरी मन से ही सम्बन्ध हो, ऐसा नहीं होता।" (वही, पृ. 134) योग-दर्शन शरीर-साधना का दर्शन है। कला की साधना में शरीर की भूमिका है। नृत्यकला और संगीत कला का शरीर से सम्बन्ध है। "जो लोग कलाओं का विवेचन करते हैं, उनके पास यदि शरीर और इन्द्रियों से सम्बन्धित पुष्ट दार्शनिक आधार हो, तो वे विवेचन को वैज्ञानिक और तर्कसंगत बना सकते हैं। ××× साहित्य सृजन में भी शरीर का योगदान महत्त्वपूर्ण है। शरीर के भीतर जो इन्द्रियाँ हैं, मनुष्य में जो बुद्धि है, उसका मन और चेतना के अनेक स्तर—सब शरीर से जुड़े हुए हैं।" (वही, पृ. 120)

हजारी प्रसाद द्विवेदी ने 'योग' को नामवर सिंह की तरह नहीं देखा था। 'योग साधना की परम्परा' में उन्होंने पतंजलि द्वारा योगमत और साधना को 'क्रमबद्ध रूप' देने का उल्लेख किया है। नामवर 'योग' और 'साधना' दोनों का उपहास करते हैं। "जो योग को काव्य का शत्रु समझते हैं, उनका मुँह अब यह जानकर बन्द हो जाएगा कि वैदिक ऋषियों की वाणी से काव्य योग के कारण ही फूटा था।" (आलोचना, सहस्राब्दी अंक 5, पृ. 249) वे रामविलास शर्मा की 'इतिहास-दृष्टि को भी योग से प्रस्फुटित' समझने की सलाह देते हैं। चूँकि साधना 'योग और तंत्र का अपना पारिभाषिक शब्द है', इसलिए यह कैसे बचता? नामवर सिंह को दर्शन से परहेज है। ऐसा द्विवेदी जी को नहीं था। "पतंजलि ने योग-शास्त्र को बहुत ही युक्ति-संगत और क्रमबद्ध दर्शन का रूप दिया है।" (हजारी प्रसाद द्विवेदी ग्रन्थावली, खंड-5, पृ. 247) द्विवेदी जी के अनुसार योग-दर्शन के दो रूप हैं—'बौद्धिक तत्त्ववाद का रूप' और 'प्रक्रिया प्रधान रूप।' नामवर 'प्रक्रिया प्रधान रूप' पर बल देते हैं। "कम बुद्धि वृत्ति के लोगों में योग-मत का प्रक्रिया प्रधान रूप बराबर बना रहा।" (वही, पृ. 249) रामविलास शर्मा ने कहीं भी योग के चमत्कार-पक्ष की प्रशंसा नहीं की है। वे उसकी आलोचना करते हैं। रामविलास शर्मा को जीवन के अन्तिम दौर में हुए 'योग की शक्ति में विश्वास' को नामवर 1933 में प्रकाशित उनकी पुस्तकों—'भक्ति और वेदान्त', 'राजयोग' और 'कर्मयोग' से जोड़ते हैं। "कोई भी इसे एकदम आकस्मिक परिवर्तन न समझ ले, इसलिए रामविलास जी ने 1995 में अपने तीन अनुवादों का पुनर्मुद्रण करवाया। ××× गरज कि योग में उनकी दिलचस्पी पहले भी थी। वैसे योग में आस्था प्रगट हुई है ढलती उम्र और ढलती सदी के वर्षों में।" (आलोचना, सहस्राब्दी अंक 5, पृ. 249) 1933 में रामविलास जी को 'योग' में दिलचस्पी थी, आस्था प्रगट हुई साठ वर्ष बाद। नामवर की विशेषता यह है कि उन्हें न कभी 'योग' में दिलचस्पी थी और न आस्था।

रामविलास शर्मा ने 'तांत्रिक साधना' पर कटाक्ष किया था। नामवर 'साधना' पर ही कटाक्ष करते हैं क्योंकि इसका सम्बन्ध 'योग' से है। उनके लिए 'साधना' भले ही गौण और निरर्थक हो, पर हजारी प्रसाद द्विवेदी जी को 'साधना' अधिक प्रिय है। रामविलास शर्मा ने अपने को साधक नहीं कहा है, पर द्विवेदी जी अपने को 'अधूरा साधक' अवश्य कहते हैं। 'दूसरी परम्परा की खोज' में कबीर हैं और कबीर के यहाँ 'साधना' की चर्चा है—'साधो सबद साधना कीजे'। जिस वैदिक साहित्य में रामविलास शर्मा के लगाव-जुड़ाव की नामवर आलोचना करते हैं, उसके सम्बन्ध में हजारी प्रसाद द्विवेदी ने लिखा है—"वैदिक साहित्य में इसका (शब्द तत्त्व) सर्वाधिक निखरा हुआ और साधनात्मक रूप प्राप्त होता है।" (हजारी प्रसाद द्विवेदी ग्रन्थावली, खंड-5, पृ. 141) द्विवेदी जी के लिए 'योगमार्ग' का महत्त्व था। वे परम्परा से भली-भाँति अवगत थे। वैदिक देववाद और योग मार्ग को उन्होंने दो विपरीत परिस्थितियों में विकसित माना था, जिन्होंने बाद में एक-दूसरे को प्रभावित किया। "योग मार्ग प्रधान रूप से गणतांत्रिक व्यवस्था, वैराग्यवादी तत्त्व ज्ञान और व्यक्तित्वप्रधान दृष्टि की उपज है।" (वही, पृ. 246) निर्गुण भक्ति काव्य का इससे सीधा सम्बन्ध है। "इसी ज्ञान-प्रवण नैतिकता प्रधान योग-मार्ग के खेत में भक्ति का बीज पड़ने पर जो मनोहर लता उत्पन्न हुई, उसी का नाम निर्गुण भक्ति मार्ग है।" (वही, पृ. 253) योग का चिन्तन और तप से ही नहीं, सदाचार से भी सम्बन्ध रहा है। इसकी हँसी उड़ाना चिन्तन, तप और सदाचार की भी हँसी उड़ाना है। 'साधना' का महत्त्व रामविलास शर्मा और हजारी प्रसाद द्विवेदी के यहाँ कभी कम नहीं हुआ। हजारी प्रसाद द्विवेदी ने मनोहर श्याम जोशी को इंटरव्यू में कई प्रकार के साधकों की बात कही है। 'भीरु किस्म का साधक', 'उससे ऊँचे दर्जे का साधक', 'मँझोले दर्जे का साधक' और 'गम्भीर साधक'। मँझोले दर्जे के साधक और गम्भीर साधक में अन्तर है।

साधक बनने के लिए साधना आवश्यक है। साधक और पूजक में अन्तर है। 1982 में नामवर सिंह रामविलास शर्मा की 'एकान्त साहित्य-साधना' की प्रशंसा करते थे। उनके निधन के एक वर्ष बाद नामवर को यह शब्द 'साधना' 'योग और तंत्र का अपना पारिभाषित शब्द' लगा। 1982 में उन्होंने रामविलास शर्मा की साधना को मार्क्स के समान ही 'संघर्ष से सन्नद्ध' देखा था। भूमंडलीकरण के दूसरे दौर (2001) में साधना में कमी आई और संघर्ष भी घटा। जहाँ संघर्ष और साधना नहीं है, वहाँ या तो तटस्थता है या समझौता और इन दोनों का सम्बन्ध अवसरवाद से है।

नामवर रामविलास जी के 'जीवन-दर्शन की पारिभाषिक शब्दावली में काफी उलट-फेर' देखते हैं। उनकी आपत्ति है कि "रामविलास 'डायलेक्टिस' को 'द्वन्द्ववाद' नहीं, बल्कि 'अनेकान्तवाद' कहते हैं और तर्क गढ़कर इसके औचित्य को समझाते भी हैं। अब उन्हें 'सर्वात्मवाद' इतना भा गया है कि किसी-न-किसी बहाने 'सर्व खलु इदं ब्रह्म' को मंत्र की तरह जपते रहते हैं।" (इतिहास की शव साधना, वसुधा-51,

पृ. 110) रामविलास जी ने 'द्वन्द्ववाद' के स्थान पर 'अनेकान्तवाद' को क्यों तरजीह दी ? उन्होंने जो तर्क दिए या 'गढ़े' हैं, उनकी कहीं से भी नामवर ने काट नहीं की है। नामवर 1982 में भी रामविलास शर्मा के 'अनेकान्तवाद' से परिचित थे। 'आलोचना' (1982) के सम्पादकीय 'केवल जलती मशाल' में 'निराला की साहित्य-साधना' के द्वितीय खंड के एक अध्याय 'हिन्दी साहित्य : आन्तरिक संघर्ष' का उल्लेख कर उन्होंने लिखा था, "स्पष्ट ही यह द्वन्द्ववादी पद्धति के विकास की दिशा है, जिसे अब डॉ. शर्मा 'अनेकान्तवाद' कहना पसन्द करते हैं।" (वही, पृ. 5) 'अनेकान्तवाद' के पक्ष में रामविलास जी 'तर्क गढ़कर औचित्य' समझाते हैं, यह अठारह-उन्नीस वर्ष बाद नामवर जी को पता चला।

रामविलास शर्मा ने 'अनेकान्तवाद' पर अनेक पुस्तकों में विस्तारपूर्वक विचार किया है। 'भारतीय नवजागरण और यूरोप' (1996) के दूसरे खंड 'उपनिषदों में दार्शनिक यथार्थवाद' के अन्तर्गत वे सर्वप्रथम 'प्रकृति और सर्वात्मवाद' पर, पाँचवें खंड 'भारत और यूरोप का नवजागरण : द्वितीय उत्थान (शैली और मार्क्स के अन्तर्गत)' में 'प्रकृति-काव्य और सर्वात्मवाद', 'मार्क्स, एंगेल्स और सर्वात्मवाद', तथा 'सर्वात्मवाद और भौतिकवाद' पर और 'भारतीय सौन्दर्यबोध और तुलसीदास' (2001) के दूसरे खंड 'भारतीय दर्शन और सौन्दर्यबोध' में 'अनेकान्तवाद और नाट्य प्रयोग' पर विचार किया है। इसके अतिरिक्त अनेकान्तवाद-सम्बन्धी उनके विचार उनकी कई कृतियों में हैं।

रामविलास शर्मा के समस्त वैचारिक और मार्क्सवादी चिन्तन के पीछे आज का भारत है। मार्क्सवाद को देखने-समझने की उनकी दृष्टि से कुछ मार्क्सवादियों को एतराज होना स्वाभाविक है, क्योंकि रामविलास जी ने उसे जड़ और स्थिर अर्थ में ग्रहण नहीं किया। रामविलास शर्मा ने रूसी क्रान्ति को 'कई क्रान्तियों का समुच्चय' माना है। लेनिन के कथन को उद्धृत कर अल्थ्यूसर ने भी कई अन्तर्विरोधों की एकत्र उपस्थिति देखी थी। एक बातचीत में अजय तिवारी द्वारा इसका उल्लेख किए जाने और 'सारे अन्तर्विरोधों के बीच एक सामान्य सूत्र निकलने' से क्रान्ति होने और उसमें अनेक स्तर की बात करने पर रामविलास जी ने कहा था, "इसीलिए हम द्वन्द्ववाद की जगह अनेकान्तवाद शब्द को अच्छा समझते हैं। द्वन्द्ववाद में केवल दो भाव रहता है। इस दो भाव को हटाकर देखो तो बात अलग है। आमतौर पर ऐसा बहुत कम होता है जब अन्तर्विरोध एक साथ न जुड़ जाएँ।" (आज के सवाल और मार्क्सवाद, 2001, पृ. 372)

'अनेकान्तवाद' विश्व को 'जड़ पदार्थों का समवाय' न मानकर 'गतिशील पदार्थों का विकासमान प्रपंच' मानता है। रामविलास शर्मा इसे केवल दर्शन ही नहीं, 'तर्क पद्धति' भी मानते हैं। फ्रोलोव सम्पादित दर्शनशास्त्र के कोश में इसे (पैनथिज़्म) 'एक दार्शनिक शिक्षा' कहा गया है। इसके अनुसार अनेक भिन्न प्रकृति के पदार्थों के एकत्र होने पर नए पदार्थों का जन्म होता है। संसार में यह प्रक्रिया सदैव जारी

रहती है। धार्मिक और भाववादी सिद्धान्त के अनुसार संसार ईश्वर में व्याप्त है। फ्रोलोव के अनुसार इस 'दार्शनिक शिक्षा' के अन्तर्गत ईश्वर प्रकृति से बाहर न होकर उससे एकात्म है। फ्रोलोव ब्रिटिश भौतिकवादी दार्शनिक टोलैंड को इस शब्द (पैनथिज़्म) का प्रथम प्रयोक्ता मानते हैं। जैन धर्म के 'अनेकान्तवाद' का गांधी ने सभी धर्मों को एक साथ लाने में इस्तेमाल किया। रामविलास शर्मा 'सर्वात्मवाद' को 'दर्शनशास्त्र का यथार्थवाद' कहते हैं, जो 'प्राचीन मानववाद का सुदृढ़ आधार' है। यथार्थ जगत से इसका सम्बन्ध कायम रहता है। यह 'विशुद्ध भौतिकवाद' नहीं है। "कहीं वह विशुद्ध भौतिकवाद है, कहीं वह भाववाद के आवरण में है।" (भारतीय नवजागरण और यूरोप, पृ. 143)

बीसवीं सदी के अन्त में भी 'सामन्ती विचारधारा के अवशेष' मौजूद थे। रामविलास शर्मा 'अन्धविश्वासों के नए उठते तूफानों' को देख रहे थे। इसका मुकाबला वैचारिक और दार्शनिक क्षेत्र में कैसे किया जाए—यह उनके समय ही नहीं, आज भी एक बड़ा सवाल है। उन्होंने सर्वात्मवाद को 'सामन्ती कर्मकांड का विरोधी' बताया। अगर ऐसा न होता, तो विभिन्न समाज् सुधारक उसे क्यों अपनाते। यह अलग से विचारणीय है कि राष्ट्रीय स्वाधीनता आन्दोलन में इसकी कोई भूमिका थी या नहीं? नामवर जिसे 'तर्क गढ़ना' कहते हैं, क्या वह सही है? रामविलास जी ने किसी हठ या जिद में आकर 'द्वंद्ववाद' के स्थान पर 'सर्वात्मवाद' की बात नहीं की। इसका मुख्य कारण उनका वर्तमान था। मार्क्सवादी विचारों में भी टकराहट जरूरी है, बहस जरूरी है। आज यह बहस कितनी जीवन्त और गतिशील है, सभी जानते हैं।

रामविलास शर्मा साहित्य-समीक्षक से कहीं अधिक 'सभ्यता-समीक्षक' हैं। किसी भी भारतीय समीक्षक ने इतने अधिक विस्तार में जाकर विविध विषयों एवं अनुशासनों पर विचार नहीं किया है। इस स्थिति में हमारी मान्य धारणाओं-मान्यताओं का पूर्ववत् बने रहना सम्भव नहीं है। सर्वात्मवाद पर विचार के क्रम में फ्रोलोव ने इटालियन दार्शनिक ब्रूनो और डच दार्शनिक स्पिनोजा का उल्लेख किया है, जो 'मूलतः भौतिकवादी' थे। रामविलास शर्मा के अनुसार "सर्वात्मवाद दो तरह का है; एक, भौतिकवाद के निकट है, दूसरा, भाववाद के निकट है। ऐतिहासिक विवेचन के लिए यह भेद महत्त्वपूर्ण है। एक में ईश्वर प्रकृति में विलीन होता है, दूसरे में प्रकृति ईश्वर में विलीन होती है।" (वही, पृ. 236) पहली तरह के सर्वात्मवाद को छोड़ने से दूसरी तरह का सर्वात्मवाद प्रमुख और प्रभावशाली हो जाता है। पहली तरह के सर्वात्मवाद में प्रकृति प्रमुख है और दूसरी तरह के सर्वात्मवाद में ईश्वर। मार्क्स ने दूसरी तरह का सर्वात्मवाद छोड़ा। पहली तरह का सर्वात्मवाद धार्मिक अन्धविश्वासों से मुक्त करता है और दूसरी तरह का सर्वात्मवाद धार्मिक अन्धविश्वासों को बढ़ाता है। हमारे देश में जिस प्रकार से धार्मिक अन्धविश्वास बढ़ाए जा रहे हैं, उसे रोकने में पहली तरह के सर्वात्मवाद की निश्चित रूप से एक बड़ी भूमिका है। नामवर इस ओर ध्यान नहीं देते।

नामवर सिंह अपने लेख में सर्वात्मवाद को 'शेली जैसे कवियों का प्रिय दर्शन' कहते हैं। "मार्क्स को शेली में समाजवादी होने की सम्भावना दिखी थी। रामविलास जी के लिए ये सूत्र पर्याप्त थे। उन्होंने सर्वात्मवाद में द्वन्द्वात्मक भौतिकवाद यानी मार्क्सवाद देख लिया।" (आलोचना, सहस्राब्दी अंक 5, पृ. 249) 'शेली जैसे कवि' का क्या अर्थ है? छायावादी कवियों पर रवीन्द्रनाथ ठाकुर के प्रभाव की बात कही जाती रही है। बाद में न सही पर 'छायावाद' में नामवर ने रवीन्द्रनाथ ठाकुर को किसी न किसी रूप में अवश्य ही याद किया था। रवीन्द्रनाथ ठाकुर को 'बंगाल का शेली' कहा जाता था। रामविलास शर्मा ने 'कीट्स एंड दि प्रि-रफेलाइट्स' पर पी-एच.डी. की उपाधि प्राप्त की थी और अंग्रेजी में उन्होंने रोमैंटिक कवियों पर कई पुस्तकें लिखी थीं—'एन इंट्रोडक्शन टू दि इंग्लिश रोमांटिक मूवमेंट' (1946), 'स्टडीज इन नाइन्टींथ सेंचुरी इंग्लिश पोएट्री' (1960-61) और 'नाइन्टींथ सेंचुरी इंग्लिश पोएट्स' (1967)। रामविलास जी ने मार्क्स से 'सूत्र' लेकर शेली को 'समाजवादी' अगर माना, तो मार्क्स के यहाँ सैकड़ों सूत्र भरे पड़े हैं, जिन्हें लेकर हिन्दी के मार्क्सवादी आलोचकों को आगे बढ़ना चाहिए। रामविलास जी शेली को भारत के कारण भी देख रहे थे। शेली की द्विजन्मशती पर रामविलास शर्मा की एक पुस्तिका 'शेली और मार्क्स : क्रान्तिकारी जनवाद का दर्शन और भारत' (1992) 'साम्य' पत्रिका ने प्रकाशित की थी। मार्क्सवाद से सर्वात्मवाद को जोड़ने का सूत्र रामविलास जी को कहाँ से मिला—नामवर नहीं बताते। वे यह भी नहीं बताते कि 'सर्वात्मवाद' रामविलास जी को क्यों 'इतना भा गया है?'

रामविलास शर्मा के अनुसार सर्वात्मवाद की क्रान्तिकारी भूमिका भी है। इस नतीजे पर वे जर्मनी के सर्वात्मवादी ऑकहार्ट के विचार और उन विचारों पर व्यक्त बिल ड्यूरैंट के मत से पहुँचते हैं। अकहार्ट ईश्वर को सब चीजें और सब चीजों का ईश्वर कहते थे। वे ईश्वर की आँख और अपनी आँख को 'एक ही आँख' मानते थे। सर्वात्मवादी विचारकों का विश्वव्यापी चेतना में विश्वास था। दैवी हस्तियों पर उनका विश्वास नहीं था। अकहार्ट के विचारों में चर्च के कर्मकांड और धर्मग्रन्थ बाइबिल को जगह नहीं थी। वे विश्वव्यापी चेतना के द्वारा आत्मा को ईश्वर तक पहुँचने की सम्भावना देखते थे, जिसे रामविलास शर्मा ने सर्वात्मवाद की क्रान्तिकारी भूमिका कहा है। 'चर्च का कर्मकांड और धर्मग्रन्थ बाइबिल सब अनावश्यक हो जाते हैं। सामान्य अर्थ में धर्म निरस्त हो जाता है।" (भारतीय नवजागरण और यूरोप, पृ. 209)। बीसवीं सदी के अन्त में भारत में धर्म नए सिरे से उठ खड़ा हुआ। उसे 'निरस्त' करने के लिए 'सर्वात्मवाद' पर भी विचार करना आवश्यक था। रामविलास शर्मा उपनिषदों में "सर्वात्मवाद का सबसे प्राचीन, सबसे प्रभावशाली और सबसे युक्तिसंगत रूप देखते हैं।" (वही)। शेली, मार्क्स और एंगेल्स ने चर्च तथा धार्मिक अन्धविश्वासों के विरुद्ध, सर्वात्मवाद और भौतिकवाद के सहारे आन्दोलन किया

था। आज भारत में धार्मिक अन्धविश्वासों के विरुद्ध कहाँ आन्दोलन हो रहा है? उसकी आवश्यकता है या नहीं? उस आन्दोलन में सर्वात्मवाद की भूमिका होगी या नहीं?

रामविलास शर्मा उपनिषदों में दो मूल विचारधाराएँ देखते हैं—भौतिकवादी और सर्वात्मवादी। उपनिषद-काल को वे विश्व-दर्शन के इतिहास में 'क्रान्तिकारी युग' मानते हैं क्योंकि वहाँ जादू-मंतर का कर्मकांड नहीं है। सामाजिक व्यवस्था बदलने वालों ने, सुधारकों ने उपनिषदों के चिन्तन को आधार बनाया था। सामाजिक व्यवस्था को बदलने की गहरी बेचैनी और तड़प के साथ रामविलास शर्मा उपनिषदों पर चर्चा करते हैं। भारत में अब पहले की तरह उपनिषदों पर विचार नहीं होता। क्या भारत की सामाजिक व्यवस्था को बदलने की दिशा में कुछ 'सूत्र' लेने के लिए उपनिषदों में जाना गलत है? 'बीसवीं सदी के अन्तिम दशक में अन्धविश्वासों का नया तूफान उठा है। भारत ही नहीं, एशिया के अन्य देश भी उसकी लपेट में हैं। ऐसी स्थिति में उपनिषदों की राष्ट्रीय और अन्तरराष्ट्रीय भूमिका महत्त्वपूर्ण हो सकती है। यदि आज के समाज सुधारक अधिक सक्रिय हों और अपनी प्रगतिशील विचारधारा से उपनिषदों का सम्बन्ध पहचानें।' (वही, पृ. 143)

रामविलास शर्मा सर्वात्मवाद पर स्वयं प्रश्न करते हैं—"क्या यूनान का धर्म अथवा दर्शन सर्वात्मवादी था? क्या हेगल सर्वात्मवादी थे? भौतिकवादी होने के पहले क्या मार्क्स और एंगेल्स सर्वात्मवादी थे?" (वही, पृ. 235) रामविलास जी इस सबका उत्तर देते हैं। कुँवरनारायण की एक कविता के आधार पर नामवर ने लिखा भी है—'आदमी अध्यवसायी था'। रामविलास शर्मा का उत्तर देने के लिए भी स्वाभाविक है अध्यवसायी होना। नामवर भी कम अध्यवसायी नहीं हैं। उनकी आँखें 'पुस्तक पगी' हैं। मार्क्स ने 1843 में हेगल के 'दार्शनिक सर्वात्मवाद' की चर्चा की थी। हेगल के सर्वात्मवाद में अविवेक के सभी रूप विवेक के रूप बन गए थे। उनके वामपन्थी अनुयायियों ने उनके सर्वात्मवाद का नया रूप प्रदान किया। रामविलास जी हेगल ही नहीं, मार्क्स और एंगेल्स की भी चर्चा करते हैं और इन दोनों के विकास में 'सर्वात्मवाद की सकारात्मक भूमिका' देखते हैं।

'इतिहास की शव-साधना' लेख में रामविलास शर्मा पर केवल प्रहार-ही-प्रहार है। रामविलास शर्मा के अन्तर्विरोधों पर प्रकाश डालना चाहिए, उनकी स्थापनाओं-मान्यताओं को आँख मूँद कर नहीं स्वीकारना चाहिए, पर इसके लिए तथ्यपरक और तार्किक होने के साथ ही भारत की वर्तमान स्थिति को सदैव ध्यान में रखना आवश्यक है। नामवर सिंह के लेख के प्रकाशन के बाद प्रतिक्रियाओं की कमी नहीं रही, पर किसी भी लेख, टिप्पणी आदि में रामविलास शर्मा के मतों, विचारों को प्रस्तुत नहीं किया गया था। किसी ने यह जानने का प्रयत्न भी नहीं किया कि नामवर सिंह ने 1982 और 1983 में ('केवल जलती मशाल' और भोपाल में

आयोजित 'महत्त्व : डॉ. रामविलास शर्मा') रामविलास शर्मा के सम्बन्ध में जो विचार और उद्‌गार व्यक्त किए थे, वे 2001 ('इतिहास की शव-साधना') में कैसे बदल गए? विश्वनाथ त्रिपाठी ने भी मात्र इतना ही लिखा, 'ये तीनों लेख/वक्तव्य एक ही डॉ. नामवर सिंह के हैं।' (वसुधा 51) नामवर सिंह के प्रशंसकों, आलोचकों ने अभी तक इस वैचारिक बदलाव या विचलन पर विचार नहीं किया है। क्या यह चुप्पी उचित है? इस बदलाव का कारण केवल यह नहीं है कि रामविलास जी 1982-83 के बाद वेदों की ओर मुड़े। रामविलास शर्मा ने 'लोक जागरण और हिन्दी साहित्य' (1985) में नामवर सिंह को कड़े उत्तर दिए थे। 'दूसरी परम्परा की खोज' (1982) में नामवर सिंह ने रामचन्द्र शुक्ल पर प्रहार किए थे। रामविलास शर्मा ने हजारी प्रसाद द्विवेदी के साहित्य-चिन्तन को 'हिन्दू पुनरुत्थानवाद से गम्भीर रूप से सम्बद्ध' माना था। उन्होंने कई उदाहरण प्रस्तुत किए थे। हजारी प्रसाद द्विवेदी को 'मरणोपरान्त पुनरुत्थानवादी घोषित करना' नामवर सिंह को अनुचित लगा। क्या 'इतिहास की शव-परीक्षा' इसी का उत्तर है? नामवर सिंह ने रामविलास शर्मा को मरणोपरान्त वह सब कुछ कह दिया, जो वे नहीं थे। अगर हजारी प्रसाद द्विवेदी 'पुनरुत्थानवादी' हो सकते हैं, तो रामविलास शर्मा क्यों नहीं हो सकते? ऊपर से देखने पर ऐसा ही प्रतीत होता है, पर इसके अतिरिक्त भी कुछ सम्भावनाएँ हो सकती हैं। नामवर सिंह के वैचारिक बदलाव पर विस्तारपूर्वक विचार की आवश्यकता है।

अस्सी के दशक के मध्य से भारत ने एक नए मार्ग पर कदम रखना आरम्भ किया। सोवियत रूस के विघटन, आडवाणी की रथयात्रा, नई आर्थिक नीति, बाबरी मस्जिद ध्वंस, आवारा पूँजी के साथ साम्प्रदायिकता का सम्बन्ध, विश्वबैंक की नीतियाँ, भाजपा का विकास, भूमंडलीकरण, उपभोक्तावाद, बाजार का प्रभुत्व आदि ने भारतीय मार्क्सवादियों को भी प्रभावित किया। यह महज एक संयोग है कि 'इतिहास की शव-परीक्षा' (2001) का लेखन उसी समय हुआ, जब केन्द्र में राजग की सरकार थी।

रामविलास शर्मा ने सदैव सामन्तवाद, पूँजीवाद और साम्राज्यवाद का विरोध किया। वे वर्तमान भारत को बदलना चाहते थे। जो इलाके हिन्दुत्ववादियों ने एक प्रकार से दखल किए थे, रामविलास शर्मा ने उन इलाकों में जाकर उन्हें यह बताया कि यह तुम्हारा इलाका नहीं है। सम्भव है, उनके अपने अन्तर्विरोध हों, पर चलताऊ टिप्पणियों से वे भली-भाँति उजागर नहीं हो सकते। प्रश्न किसी भी व्यक्ति की छवि का नहीं, उसकी स्थापनाओं का है। रामविलास जी जिन तथ्यों-साक्ष्यों की बिना पर अपनी स्थापनाएँ प्रस्तुत करते हैं, उन्हें चुटकी बजाकर समाप्त नहीं किया जा सकता। नामवर अब स्वयं दूसरे ही दिन अपनी बातों को झुठलाने के लिए प्रसिद्ध हैं। हिन्दी में बहस का अभाव है। हिन्दी के लेखकों-आलोचकों में फिसलन-विचलन भी है। रामविलास शर्मा में यह सब नहीं था। वे सुविधावादी, सम्बन्धवादी और अवसरवादी नहीं थे।

(2011)

सट्टेबाजी के विरुद्ध

रामविलास शर्मा प्रचलित अर्थों में न तो इतिहासकार थे और न अर्थशास्त्री पर उनकी चिन्ताएँ किसी भी इतिहासकार और अर्थशास्त्री की तुलना में कम गम्भीर और व्यापक नहीं थीं। एक साक्षात्कार में उन्होंने यह कहा है कि "लेखन में एकात्मकता, अन्त:सम्बद्धता और अन्तस्सूत्रता होती है। दर्शन, साहित्य, संस्कृति, इतिहास, राजनीति, अर्थशास्त्र ये सभी तो जीवन सापेक्ष हैं। सभी प्रकार के शास्त्र, साहित्य और दर्शन जो भी सैद्धान्तिक मान्यताएँ विकसित करते हैं, उनका उद्‌गम भी जीवन यथार्थ ही है। इसलिए ज्ञान की ये स्थितियाँ एक-दूसरे के भीतर और बाहर दोनों तरह संचरण करती हैं।" वे अपने समय और समाज के विविध प्रश्नों से सदैव टकराते रहे और उन प्रश्नों का हल भी उन्होंने निकाला। हम उन समाधानों से सहमत भले न हों, पर उन प्रश्नों की अनदेखी और उपेक्षा करना अपने समय और समाज से अलग होना है, जो किसी भी मनुष्य के लिए सम्भव नहीं है। महत्त्व व्यक्ति का नहीं, उसके विचार और चिन्तन का है, उसकी दिशा और दृष्टि का है। प्रकाश मनु को एक बातचीत में उन्होंने कहा था, "मैं चाहूँगा कि मुझे बिलकुल याद न किया जाए। इसके बजाय मैं जिन समस्याओं को हल करने में लगा रहा या जिन प्रश्नों पर सोचता-विचारता रहा, उन्हें याद किया जाए।" ('आज के सवाल और मार्क्सवाद' 2001, पृ. 69)

रामविलास शर्मा 'जुआरी पूँजी' को हेराफेरी वाली पूँजी और सट्टेबाजी कहते हैं। उनके अर्थशास्त्रीय चिन्तन पर समग्रता में सम्भवत: अभी तक गम्भीर विचार नहीं हुआ है।

जुआरी पूँजी के लिए अन्य कई नामों का प्रयोग भी किया जा सकता है। 'आवारा पूँजी' का प्रयोग-व्यवहार अधिक चलन में है। इसे अनियंत्रित, अश्लील, अनैतिक, लुच्ची-लफंगी, अप्सरा, आकर्षक, वेश्या, छिनाल, आक्रामक, अनुत्पादक, चंचल, अस्थिर, असहिष्णु, मनचली, हड़बड़िया, वहशी, बेशर्म, घुमक्कड़ी, लुटेरी, अविश्वसनीय, श्रमविमुख पूँजी भी कहा जाना चाहिए। छलिया और बदमाश पूँजी भी। इस पूँजी का रूप-स्वरूप, प्रभाव-क्षेत्र आदि पहले की पूँजी से सर्वथा भिन्न है। यह पूँजी जीवन के सभी क्षेत्रों में प्रवेश कर रही है। अंग्रेजी में उग्र मुद्रा (Hot Money) और दुष्ट, बदमाश पूँजी (Rogue Capital) की चर्चा की जाती

है। जुआरी पूँजी की गति सर्वाधिक तीव्र है। इस अस्थिर और सर्वाधिक सक्रिय-गतिशील पूँजी के दौर में ही सब कुछ अस्थिर, चंचल और गतिशील हो रहा है। फास्ट फूड, फास्ट लाइफ, फास्ट कल्चर सब इस पूँजी से जुड़े हुए हैं। आज इसकी घुसपैठ सभी क्षेत्रों में है। पहले की तरह आज का सम्बन्ध स्थिर नहीं है। इसने जीवन को अस्थिर बना डाला है। राजनीतिक दलों के आपसी सम्बन्ध आज कम टिकाऊ हैं। गठबन्धन की राजनीति इसी पूँजी के दौर में विकसित हुई है। इसके समक्ष विवेक, विचार, विचारधारा की कोई अहमियत नहीं है। यह इसका वर्चस्व और प्रभुत्व है कि अब 'राज्य' से लेकर 'इतिहास' के अन्त तक की बात की जाती है। इसी दौर में आलोचक अपनी बात पर स्थिर नहीं है। वह मुँहदेखी बात कर रहा है। अविश्वसनीय पूँजी के दौर में ही कई आलोचक अविश्वसनीय हुए हैं। यह वित्तीय और बाजार ('फाइनेंस' और 'मार्केट') पूँजी है। हिन्दी में जिसे 'बाजारवाद' कहते हैं, उसका इस पूँजी से नाभिनाल सम्बन्ध है। इस पूँजी का संस्था से सम्बन्ध कम है, पर यह संस्थाओं को सर्वाधिक प्रभावित कर रही है। उत्पादन विमुख-पूँजी का सृजन से कोई सम्बन्ध नहीं है। यह ध्वंसात्मक पूँजी है और आज हम सबको इस पूँजी की चाल को ही नहीं, इसके चरित्र को भी इसलिए समझना चाहिए कि यह हमारी जड़ों को खोखला कर रही है। उड़न-छू पूँजी ने भाषा, कला, साहित्य, संस्कृति, परिवार, रिश्ते, संस्थाएँ, विचार—सबको प्रभावित कर डाला है। यह अब केवल अर्थशास्त्र का विषय नहीं रहा। हम सबको इसकी बदचलनी समझनी चाहिए। यह हमें लालची-लोभी बना रही है।

आज पन्चानबे प्रतिशत पूँजी जुए, सट्टेबाजी में है। यह वित्तीय पूँजी की विजय है। बैंकों, सटोरियों और व्यापारियों से एक वित्तीय सुपर स्ट्रक्चर निर्मित हुआ है, जिसमें वस्तुओं का व्यापार नहीं होता, जुआरियों, सटोरियों और इनकी सेवाओं का व्यापार होता है। आज पैसा से पैसा कमाने की तरकीब प्रमुख है। पैंतीस से अधिक अमरीकी बैंक दिवालिया हो चुके हैं। आज वित्तीय परिसम्पत्ति (डेरिवेटिव्स) का अपना मूल्य नहीं है। उत्पादन में पूँजी-निवेश कम है। उससे कई गुना अधिक निवेश सट्टे में है और डेरिवेटिव्स में लगी पूँजी उससे दस गुना अधिक है। जुए या सट्टे में नब्बे से पन्चानबे प्रतिशत के बीच पूँजी लगी हुई है। हत्या, आत्महत्या, बलात्कार, राहजनी, डकैती, भ्रष्टाचार—सब चरम पर है। समाज को नुकसान हो रहा है और कुछ गिने-चुने लोग मालामाल हो रहे हैं। भारत में एक ओर तेजी से अरबपतियों की संख्या बढ़ रही है और दूसरी ओर गरीबी भी बढ़ रही है। यह समय जुआरियों, सट्टेबाजों का है—आनन-फानन बिना किसी मेहनत के रुपए हासिल करनेवालों का। दो लाख किसानों ने इसी समय आत्महत्या की है। मजदूरों और श्रमिकों की हालत इसी समय दयनीय हुई है। 'सादा जीवन, उच्च विचार' के स्थान पर 'महँगा जीवन, तुच्छ विचार' प्रमुख हो रहा है।

रामविलास शर्मा के अर्थशास्त्रीय लेखन और पक्ष पर कम विचार हुआ है। उन्होंने मार्क्स की 'पूँजी' के दूसरे खंड का अनुवाद किया था। 'भारत में अंग्रेजी राज और मार्क्सवाद' के दो खंड, 'भारतीय संस्कृति और हिन्दी प्रदेश' के दो खंड, 'मार्क्स और पिछड़े हुए समाज' तथा 'भारतीय इतिहास और ऐतिहासिक भौतिकवाद' पुस्तकों में उनका अर्थशास्त्रीय चिन्तन-पक्ष मौजूद है। महावीर प्रसाद द्विवेदी के 'सम्पत्तिशास्त्र' की ओर पहली बार प्रमुख रूप से उन्होंने ध्यान दिलाया था। कौटिल्य के अर्थशास्त्र पर विस्तार से उन्होंने विचार किया है। व्यापारिक पूँजीवाद, औद्योगिक पूँजीवाद और महाजनी पूँजीवाद पर उन्होंने बार-बार ध्यान दिया। वे पूँजी के संचयन के विरुद्ध थे। औद्योगिक, महाजनी, इजारेदार और बहुराष्ट्रीय पूँजी के विरुद्ध थे क्योंकि यह चन्द लोगों के हाथों में सिमटकर सबको तबाह करती है। औद्योगिक पूँजीवाद के युग में तैयार माल की ब्रिकी से मुनाफा कमाया जाता था। महाजनी पूँजीवाद के युग में विशेषतः दूसरे विश्वयुद्ध के बाद वाले समय में मुनाफा उधार दी हुई रकम पर सूद के रूप में प्राप्त होता है। जुआरी पूँजी का महाजनी पूँजी से रिश्ता बनता है। वह इसके गर्भ से उत्पन्न है। रामविलास शर्मा के अनुसार महाजनी पूँजीवाद के युग में दुनिया दो भागों में बँट जाती है—सूद लेनेवाली और सूद देनेवाली जातियाँ।

महाजनी पूँजी उद्योग-धन्धों को स्वतंत्र नहीं रहने देतीं। उसे अपने अधीन कर लेती हैं। बड़े-बड़े पूँजीवादी संघ बनते हैं, जो उत्पादन और वितरण पर इजारा कायम करते हैं। इजारेदार पूँजी अस्तित्व में आती है और इसी से हेराफेरी वाली पूँजी जुड़ी हुई है, जो जुआरी और आवारा है। इजारेदार पूँजी कच्चे माल के स्रोतों पर कब्जा करती है। तैयार माल की ब्रिकी पर भी उनका कब्जा होता है। पूँजी के केन्द्रीकरण के साथ उसका अन्तरराष्ट्रीय स्वरूप जुड़ा है। औद्योगिक पूँजी जहाँ उत्पादन से जुड़ी होती है, वहाँ महाजनी पूँजी का उत्पादन से कोई सम्बन्ध नहीं रहता। इसी को ध्यान में रखकर रामविलास जी ने पूँजी के दो रूपों—उत्पादक और अनुत्पादक, पर विचार किया है। वे मार्क्स, एंगेल्स और लेनिन को उद्धृत करते हैं। मार्क्स ने अपने समय में सट्टेबाजों (Speculator) और 'एक नए वित्तीय अभिजात वर्ग' की चर्चा की थी। एंगेल्स ने 'पूँजी' के तीसरे खंड की भूमिका 1894 में लिखी थी। वहाँ से लेनिन ने सूत्र उठाया और 1913 में यह लिखा, "पूँजीवादी विकास का शान्तिपूर्ण दौर समाप्त हो गया है।" रामविलास शर्मा ने सट्टेबाजी के क्षेत्र-विस्तार की बात कही है। पहले सट्टेबाजी जहाँ सट्टा बाजार तक सीमित थी वह महाजनी पूँजी के विकास के साथ फैल गई। प्रत्येक बैंक सट्टा बाजार बना और बड़े बैंक सट्टा बाजार पर हावी हुए। मार्क्स और लेनिन के समय तक सट्टेबाज कम ताकतवर थे। आज उनकी शक्ति-सामर्थ्य का अनुमान कठिन है। रामविलास शर्मा सट्टा को एक प्रकार का जुआ कहते हैं और इस जुए की छाप समस्त महाजनी संस्कृति पर देखते हैं।

रामविलास शर्मा के सम्बन्ध में कुछ विद्वानों का कथन है कि वे इतिहासकार नहीं थे। उन्होंने स्वयं कहा है कि "मैं प्रचलित अर्थों में इतिहासकार नहीं हूँ।" इसी प्रकार अर्थशास्त्र के एकाध अध्यापक भी, यह कहते-लिखते हैं कि रामविलास जी को अर्थशास्त्र की गहरी समझ नहीं थी। एकेडमिक इलाकों से अक्सर ऐसी बातें सुनाई पड़ती हैं। क्या अर्थशास्त्र के सभी अध्यापकों की अर्थशास्त्रीय समझ एक है ? एक हो सकती है ? क्या सभी अर्थशास्त्री एक ही कोटि के हैं ? मनमोहन सिंह के अर्थशास्त्र और अमर्त्यसेन के अर्थशास्त्र में भिन्नता है या नहीं ? दिल्ली की ही बात लें तो अमित भादुडी, प्रभात पटनायक और अरुण कुमार का जो अर्थशास्त्रीय चिन्तन है, क्या वही हमारे प्रधानमंत्री मनमोहन सिंह का भी है। भूमंडलीकरण, उदारीकरण और निजीकरण के पक्ष में क्या सभी अर्थशास्त्री हैं ? क्या जुआरी पूँजी का भूमंडलीकरण, निजीकरण और उदारीकरण से कोई सम्बन्ध नहीं है ? रामविलास शर्मा भूमंडलीकरण के पक्ष में नहीं हैं। जिसे हम भूमंडीलीकरण कहते हैं, वह वास्तव में भूमंडीकरण है। उन्होंने साफ शब्दों में यह कहा है कि भूमंडलीकरण का वास्तविक अर्थ विश्व बैंक और अन्तरराष्ट्रीय मुद्रा कोष के जरिए भारत को अमरीका का गुलाम बनाना है। स्वतंत्र भारत में रामविलास शर्मा से बढ़कर अमरीकी साम्राज्यवाद का बड़ा मुखर आलोचक और कोई नहीं है। हिन्दी में ही नहीं, सम्भवतः अन्य किसी भारतीय भाषा में भी। भूमंडलीकरण के समर्थक सभी क्षेत्रों-अनुशासनों में हैं, जिनकी चिन्ता में भारत का सामान्य जन नहीं, विशिष्ट जन और अभिजन है। रामविलास शर्मा की चिन्ता में भारत का सामान्य जन है। उनके अर्थशास्त्रीय चिन्तन में भी हम इसे देख सकते हैं। अपने समय के ज्वलन्त मुद्दों से दूसरों को भटकाने-भरमाने वाले विद्वान अकसर रामविलास जी की भक्त-मंडली का उल्लेख करते हैं। वे उन प्रश्नों पर अधिक ध्यान नहीं देते, जो हमारे समक्ष तनकर खड़े हैं।

विगत तीन दशकों के भारत और विश्व को समझने के लिए वित्तीय या आवारा पूँजी को केन्द्र में रखकर विचार करना आवश्यक प्रतीत होता है। बेहतर तो यह होगा कि हम द्वितीय विश्वयुद्ध के बाद के समय को भी ध्यान में रखें। रामविलास जी ने लिखा है : "दूसरे महायुद्ध के बाद पूँजी का बहुत बड़े पैमाने पर केन्द्रीकरण हुआ। अमरीका बहुत शक्तिशाली राष्ट्र के रूप में सामने आया।" द्वितीय विश्वयुद्ध अगस्त 1945 में समाप्त हुआ था। इसके एक वर्ष पहले अमरीका के न्यू हैम्पशायर के ब्रेटनवुड्स में एक अन्तरराष्ट्रीय सम्मेलन हुआ, जिसमें द्वितीय विश्वयुद्ध की समाप्ति के पश्चात् अन्तरराष्ट्रीय वित्तीय प्रणाली के परिचालन पर विचार किया गया था।

अप्रैल 1948 में अमरीका द्वारा मार्शल प्लान के अभिग्रहण के बाद विश्वबैंक ने अपनी प्राथमिकताएँ बदलीं और लम्बी अवधि के लिए सदस्य देशों को 'सहयोग' देना आरम्भ किया। सत्तर के दशक में अमरीका की आर्थिक स्थिति अच्छी नहीं थी।

अप्रैल 1975 में वियतनाम युद्ध समाप्त हुआ था। 1979-80 में इंग्लैंड और अमरीका में मार्गरेट थैचर और रोनाल्ड रीगन के आगमन के बाद स्थितियाँ बदलीं। इन दोनों के सत्ता में आने के बाद ही विश्व अर्थव्यवस्था में परिवर्तन हुआ।

अस्सी के दशक में भारतीय औद्योगिक पूँजीपति का चरित्र बदल रहा था। विदेशी पूँजीपतियों के साथ अब उसका व्यवहार मित्रतापूर्ण हो रहा था। विदेशी पूँजी के साथ उसका सहयोग बढ़ने लगा था। 1980 के पहले भारत पर विदेशी कर्ज कम था। यह बाद में बढ़ता गया है। विश्व बैंक और अन्तरराष्ट्रीय मुद्राकोष ने भारत पर अपनी शर्तें थोपना शुरू किया। राजीव गांधी के सलाहकार दून स्कूल के उनके मित्र थे, जो इक्कीसवीं सदी में भारत को ले जाने को तत्पर थे। यह तकनीकी और कम्प्यूटर क्रान्ति के बिना असम्भव था।

'स्पेकुलेटिव कैपिटल' पर जिम डेविस ने शिकागो में तीन दिनों के कान्फ्रेंस (9 मई से 11 मई, 2002)—'Globalization & social justice conference' में एक गम्भीर पत्र प्रस्तुत किया था। इसके पहले नसीर साबेर (Naseer Saber) की पुस्तक 'स्पेकुलेटिव कैपिटल' (1999), सुसैन स्ट्रैंज की पुस्तक—'केसिनो कैपिटलिज्म' (1986) और ब्रेनर की पुस्तक—'गैम्बलिंग एण्ड स्पेकुलेशन, ए थ्योरी, ए हिस्ट्री ऑव सम ह्यूमैन डायमेंसंस' (1990) प्रकाशित हो चुकी थी। जिम डेविस के अनुसार, इस इलेक्ट्रानिक्स ने कम्प्यूटर, इंटरनेट, सूचना-प्रौद्योगिकी आदि के जरिए सब कुछ बदल दिया। अवसर के नए द्वार खुले। भूमंडलीकरण के दौर में पूरा विश्व एक गाँव (ग्लोबल विलेज) बना या बनाया गया। विश्व पूँजी और विश्व बाजार प्रमुख हुआ। इस नई विश्व पूँजी के साथ एक नई विश्व-संस्कृति विकसित हुई। लन्दन से प्रकाशित 'रेस एंड क्लास' के 40वें वॉल्यूम संख्या 2/3 में प्रकाशित लेख 'रीथिंकिंग ग्लोबलाइजेशन' में भूमंडलीकरण को 'इलेक्ट्रानिक्स के युग का पूँजीवाद' कहा गया है। यह भूमंडलीकरण पूँजीवाद की एक विशेष अवस्था से जुड़ा है जिसका एक विशेष तकनीकी आधार है। अर्थव्यवस्था में फैलने पर यह नई तकनीक पूँजी के लिए दबाव उत्पन्न करती है और अवसरों को प्रस्तावित करती है।

रामविलास शर्मा भी कम्प्यूटर और इलेक्ट्रॉनिक्स की बात करते हैं। उन्होंने लिखा है कि बीसवीं सदी के उत्तरार्द्ध में कम्प्यूटरों से नपा-तुला हिसाब रखने में भारी प्रगति हुई। अमरीका जिस प्रकार बैंक पूँजी का सबसे बड़ा केन्द्र है, उसी प्रकार कम्प्यूटर विज्ञान का भी वह सबसे बड़ा केन्द्र है। जिस प्रकार जापान बैंक पूँजी का दूसरा बड़ा केन्द्र है, उसी प्रकार वह कम्प्यूटर विज्ञान का भी सबसे बड़ा केन्द्र है। अमरीका और जापान के उदाहरण से उन्होंने बैंक पूँजी के साथ कम्प्यूटर विज्ञान को जोड़ा। उन्होंने अक्टूबर, 1987 में न्यूयॉर्क के सट्टा बाजार में हुए धमाके की चर्चा की है, जिसमें लन्दन और हांगकांग का ही नहीं, टोकियो का भी सट्टा

बाजार हिल उठा था। 2 नवम्बर, 1987 के टाइम्स ऑव इंडिया में प्रकाशित सुबीर राय के लेख 'सट्टेबाजों के हाथ में कम्प्यूटर' (Computers in the hands of speculators) की चर्चा करते हुए उन्होंने यह लिखा है कि अमरीका अपने तमाम कम्प्यूटरों के बावजूद सट्टेबाजी के अनिश्चय से अपनी रक्षा नहीं कर सका। जुआरी पूँजी, अनुत्पादक और हेराफेरी वाली पूँजी का उत्पादन से कोई सम्बन्ध नहीं है। हमारे देश के बजट का एक बड़ा हिस्सा अनुत्पादक कार्यों पर खर्च होता है। हेराफेरी वाला पूँजीवाद बहुत जल्दी साम्राज्यवाद से समझौता करता है। भारत अमरीका के साथ हर कदम पर लगभग खड़ा है। पहले की पूँजी और इस समय की पूँजी में अन्तर है। हेराफेरी वाले पूँजीवाद के सम्बन्ध में रामविलास जी का यह कथन है कि यह पूँजीवाद स्वेच्छा से साम्राज्यवाद की चाकरी में प्रवृत्त होता है यानी उनके कारिन्दे की तरह कार्य करता है। हमने ब्रिटिश साम्राज्यवाद से जो संघर्ष किया था, जो शानदार लड़ाई लड़ी थी, अब वह इतिहास की बात हो चुकी है। इस जुआरी पूँजी के समय हम अमरीका की गोद में बैठकर गद्गद हो रहे हैं। केन्द्र में सरकार संयुक्त प्रगतिशील गठबन्धन (सम्प्रग) की हो या राष्ट्रीय जनतांत्रिक गठबन्धन (राजग) की, अमरीका से सम्बन्ध में, विदेश नीति में कोई फर्क नहीं पड़ता। इस पूँजी के दौर का विश्व की एकध्रुवीयता से सम्बन्ध है। अब कांग्रेस और भाजपा में कोई मूल अन्तर नहीं है।

एक समय था, जब रामविलास शर्मा औद्योगिक पूँजीवाद से जुड़ी पार्टियों को अधिक प्रगतिशील मानते थे और कांग्रेस को औद्योगिक पूँजीपतियों की प्रतिनिधि कहते थे। अब वह बात भूमंडलीकरण और नवउदारवाद के बाद नहीं रही। केन्द्र में किसी भी दल और गठबन्धन की सरकार क्यों न हो, कोई भी प्रधानमंत्री और वित्तमंत्री क्यों न हो, आर्थिक नीति एक है। हेराफेरी वाली पूँजी से सभी जुड़े हैं। हर्षद मेहता से नीरा राडिया तक इसके उदाहरण हैं। जुआरी पूँजी, हेराफेरी वाली पूँजी और अनुत्पादक पूँजी के हिमायती कभी साम्राज्यवाद की चर्चा तक नहीं करते। उनकी चिन्ता के केन्द्र में सर्वप्रथम और सर्वप्रमुख सम्प्रदायवाद रहता है। अर्थात् हमारा दुश्मन अमरीका नहीं है। सच्चाई यह है कि साम्राज्यवाद सम्प्रदायवाद को अपने फायदे के लिए ताकतवर बनाता है, मुस्लिम और हिन्दू फंडामेंटलिज्म को बढ़ावा देता है। सोवियत संघ के विघटन के बाद ही भारत में जाति-बिरादरीवाद और सम्प्रदायवाद अधिक बढ़ा है। रामविलास जी सम्प्रदायवाद को राष्ट्रीयता का और बिरादरीवाद को किसानों-मजदूरों की एकता का शत्रु कहते हैं।

'फाइनेंस कैपिटल' और 'मार्केट कैपिटल' को जुआरी और हेराफेरा वाली पूँजी से अलग कर नहीं देखा जा सकता। इजारेदार और हेराफेरी वाली पूँजी का नव उपनिवेशवाद से सम्बन्ध है। यह किसी एक देश, महादेश में नहीं है। यह सर्वत्र उपस्थित है। यह दृश्य से अधिक अदृश्य है, जिसने धर्म, कर्म, मर्म—सबको प्रभावित

कर रखा है। यही मूल संचालिका शक्ति है। राजनीति-संस्कृति सब इसके अधीन हैं। प्रत्येक क्षेत्र में इसके प्रभाव के सम्बन्ध में आज अधिक विचार होना चाहिए। यह सामाजिक-पारिवारिक ढाँचा भी बदलने में लगी हुई है। इस हिंस्र और उन्मादी पूँजी का हिंसा और उन्माद से सीधा सम्बन्ध है। इस पूँजी के अपने नायक-महानायक हैं। 'कौन बनेगा करोड़पति' के अमिताभ बच्चन और सचिन तेंदुलकर-धौनी इनके नायक हैं। यह हमारे मानस को प्रभावित-संचालित करने में लगी है। आज जिस बाजार की इतनी धूम है, वह इसी पूँजी की बदौलत। विज्ञापन इसके हथियार हैं। इसकी अपनी संस्कृति है। अमरीका से केवल पूँजी का ही निर्यात नहीं होता, अमरीकी संस्कृति का भी निर्यात होता है। रामविलास शर्मा ने इलेक्ट्रॉनिक मीडिया के जरिए 'भारत में फैलाए जानेवाले बहुत से कचरे' की बात कही है और इसे 'प्लेग से भी अधिक खतरनाक' माना है। स्पेकुलेटिव पूँजी का, जुआरी और हेराफेरी वाली पूँजी का एक राजनीतिक और सांस्कृतिक एजेंडा भी होता है। आर्थिक इजारेदारी के साथ राजनीतिक इजारेदारी और सांस्कृतिक वर्चस्व भी महत्त्वपूर्ण है। अब बहुत कुछ सट्टेबाजों और जुआरियों के हाथों में है। पूँजी का विकास अब शेयर और जुआघरों का उप उत्पाद बन गया है। अब वित्तीय पूँजी सटोरिया पूँजी में बदल चुकी है। जुआरी पूँजी के साथ याराना पूँजीवाद (क्रोनी कैपिटलिज्म) भी बढ़ा है। 1980 में विभिन्न देशों के बीच शेयरों का व्यापार 120 अरब डॉलर था, जो दस वर्ष में दस गुना से अधिक बढ़कर 1400 अरब डॉलर सालाना हो गया 1990 में। अब पेंशन फंड और भविष्य निधि-राशि भी शेयर में लगाई जा रही है। जनता की सेहत, शिक्षा और दूसरी जरूरी सेवाओं के खर्च में लगातार कटौती की जा रही है। सुप्रीम कोर्ट देश लूटनेवालों की बात कर रहा है। अनाज गोदामों में सड़ रहा है और सरकार उसे गरीबों में नहीं बाँट रही है।

1989 से 1991 के मध्य तक भारत की अस्थिर राजनीति और विदेशी मुद्रा संकट के समय विश्व बैंक और अन्तरराष्ट्रीय मुद्राकोष का जो दबाव था, वह निरन्तर बढ़ता गया है। उस समय भारत की अर्थव्यवस्था बिगड़ी हुई थी, जिससे मुद्राकोष ने ऋण देने के लिए भारत पर अपनी शर्तें थोपीं। ढाँचागत समायोजन नीतियों (स्ट्रक्चरल एडजस्टमेंट प्रोग्राम) को नई अर्थनीति, जैसा नाम दिया गया। 21 जून, 1991 को नरसिम्हा राव प्रधानमंत्री बने थे। मनमोहन सिंह वित्तमंत्री बने। 22 जुलाई, 1991 को नई औद्योगिक नीति लागू हुई और 17 अगस्त, 1991 को योजना आयोग का पूर्णरूपेण पुनर्गठन किया गया। विश्व बैंक और मुद्राकोष ने भारत को 1991 में 1 बिलियन डॉलर देने का निश्चय किया। इसके दो-ढाई महीने बाद ही भारतीय मुद्रा का अवमूल्यन हुआ। इन दोनों संस्थाओं ने रुपए के अवमूल्यन के निर्देश दिए थे। भारत की दसवीं लोकसभा में नई सरकार ने बाहरी निर्देशों पर नई आर्थिक नीति प्रस्तुत की थी। इस अर्थनीति के लबादे में ढाँचागत समायोजन कार्यक्रम लागू हुए हैं। माइकेल चोसदोवक्सी के अनुसार राष्ट्रीय मुद्राओं को अस्थिर

करने तथा विकासशील देशों की अर्थव्यवस्था को बर्बाद करने में इसकी बड़ी भूमिका रही है।

हिंसा का विवेक से कोई सम्बन्ध नहीं होता। जुआरी पूँजी विवेक और तर्क को शिथिल करती है। यह चित्त की अस्थिरता और तात्कालिकता को बढ़ावा देती है। रामविलास शर्मा ने 'भारतीय संस्कृति और हिन्दी प्रदेश' में इस सब पर प्रकाश डाला है। अमरीका पूँजी निर्यातक और जुआरी पूँजी का सबसे बड़ा देश है। सबसे बड़ा शेयर बाजार वहीं है। सट्टेबाज भी अधिक वहीं हैं। नॉम चॉम्स्की के अनुसार अमरीकी पूँजीवाद का विकास हिंसा के सहारे ही हुआ है। अमरीका का सारा इतिहास हिंसा द्वारा परिचालित है। हथियारों की बिक्री उसकी आय का एक बड़ा स्रोत है। जुआरी पूँजी से बहुत थोड़े लोग लाभान्वित होते हैं। ये थोड़े लोग ही अर्थतंत्र का संचालन और सामाजिक नीतियों का निर्धारण करते हैं। जिसे हम कॉरपोरेट पूँजी कहते हैं, वह भी जुआरी पूँजी से जुड़ी हुई है। धोखाधड़ी, घूस, भ्रष्टाचार—सब जुआरी और हेराफेरी वाली पूँजी से जुड़े हैं। इस पूँजी को, जो उच्छृंखल है, नियंत्रित किए बिना भ्रष्टाचार को नहीं मिटाया जा सकता। कॉरपोरेट पूँजी एक प्रकार से कॉरपोरेट स्टेट बनाने की दिशा में सक्रिय है। रामविलास जी ने जापानी प्रधानमंत्री द्वारा अमरीका लीलैंड कम्पनी का सौदा पटाने के लिए ली गई घूस का जिक्र किया है। उन्होंने यह भी लिखा है कि मार्गरेट थैचर को जब अपने चुनाव में बीबीसी के एक प्रोग्राम के द्वारा जुए का हिसाब-किताब रखनेवाले एक बुकी से अपने चढ़े भाव का पता चलता था, तो उन्होंने इस शुभ समाचार पर सार्वजनिक रूप से हर्ष प्रकट किया था। आज चुनाव में जो करोड़ों रुपए प्रत्येक उम्मीदवार खर्च करता है, वह कहाँ से आता है? काले धन की मात्रा जुआरी पूँजी के दौर में अधिक बढ़ी है।

यह वर्ष हिन्दी के दो जनकवियों का शताब्दी वर्ष है। केदारनाथ अग्रवाल और नागार्जुन का जन्मशती वर्ष। केदार ने 1948 के अन्त में एक कविता लिखी थी—'यदि आएगा डॉलर'। इस कविता में उन्होंने यह बताया है कि भारत में डालर क्या-क्या गुल खिलाएगा? 'नेहरू और पटेल आदि की मति हर लेगा'। उस समय नेहरू प्रधानमंत्री और पटेल गृहमंत्री थे। आज प्रधानमंत्री मनमोहन सिंह और गृहमंत्री चिदम्बरम हैं और थॉमस को नियुक्त करने में इन दोनों की भूमिका रही है। नेहरू और पटेल के समय जुआरी और हेराफेरी वाली पूँजी शक्तिशाली नहीं थी। मनमोहन सिंह और चिदम्बरम के समय में यह सर्वाधिक प्रभावशाली है। 1948 में ही 'लाल भवानी' कविता में नागार्जुन ने अंग्रेजी, अमरीकी और देशी जोंकों (पूँजीपतियों) के एक होने की बात कही थी। उस समय के भारतीय पूँजीपतियों का सम्बन्ध औद्योगिक पूँजी से था। आज हमारे देश के पूँजीपति हेराफेरी वाली पूँजी को बढ़ावा दे रहे हैं। सभी कम्पनियों के शेयर हैं। सबका उत्पादन से अधिक सम्बन्ध नहीं है। जुआरी

पूँजी के प्रभाव-क्षेत्र में कमोबेश धर्म, संस्कृति, भाषा, संस्थाएँ सब हैं। सुप्रीम कोर्ट ने थॉमस वाले केस में स्पष्ट शब्दों में यह कहा है कि महत्त्वपूर्ण व्यक्ति नहीं, संस्था है। इस पूँजी की दिलचस्पी संस्थाओं में नहीं, व्यक्तियों में है। आज संस्थाओं का जो बुरा हाल है, वह इसी पूँजी के कारण भी है क्योंकि संस्थाओं के अपने मूल्य और उद्देश्य होते हैं, लक्ष्य होते हैं। वे एक समय विशेष में बनती हैं। जुआरी पूँजी की टक्कर ऐसी संस्थाओं से भी है। वह संस्थाओं को कमजोर करती है, उसे खोखला करती है, उसकी जड़ें कमजोर करती है और अपने लाभ के लिए नई संस्थाओं का गठन भी करती है। वह भ्रम उत्पन्न करती है। आज जिस 'आभासी यथार्थ' की चर्चा होती है, वह इसी दौर में आरम्भ हुई है।

करोड़पति सांसदों की संख्या बढ़ रही है। चौदहवें लोकसभा चुनाव में साठ-पैंसठ हजार करोड़ का बेहिसाबी धन लगा था, जिसमें चालीस हजार करोड़ काला धन था। उस समय बारह हजार करोड़ का सट्टा लगा था। विदेश विनिमय बाज़ार में मात्र पाँच प्रतिशत ही सौदा है, शेष 95 प्रतिशत सट्टेबाजी है। एशियाड में जितना भ्रष्टाचार नहीं हुआ, उससे कई गुना अधिक भ्रष्टाचार कॉमन वेल्थ गेम्स में हुआ। 1980-82 में भारत में हेराफेरी वाली पूँजी कहाँ थी? कितनी थी? 2010-11 में वह अधिक शक्तिशाली हुई। अस्सी के दशक के आरम्भ में देश समस्याओं से कम जूझ रहा था। कश्मीर की समस्या हो या उल्फा-खालिस्तान की—यह सब अस्सी के दबाव में पनपी-बढ़ी। बाबरी मस्जिद ध्वंस, गुजरात नरसंहार—सब इसी पूँजी के दौर में ही हुआ है। उदारीकरण की नीतियों के कारण केवल आर्थिक क्षेत्र में बदलाव नहीं आया। रामविलास शर्मा ने उदारीकरण की नीति को देश के भीतर होनेवाले बम विस्फोटों से जोड़कर देखा है। उदारीकरण की नीति से केवल विदेशी धन ही नहीं आता, विदेशी संस्कृति भी आती है। यह नीति आतंकवादियों के लिए विदेशी हथियारों का आयात करने की सुविधा भी देती है। आवारा पूँजी उपभोग को बढ़ावा देती है। हमारे मानस को बदलने में सक्रिय रहती है। यह सब स्वत: घटित होता है। चूँकि यह पूँजी अस्थिर है, टिकाऊ नहीं है और मिनटों में देश ही नहीं, महादेश भी लाँघ जाती है, इसलिए यह पूँजी मानस को भी एक विशेष दिशा में सक्रिय करती है। यह सर्वत्र हस्तक्षेप करती है, हमें अपने पक्ष में अनुकूलित करती है। जीवन में मुद्रा सब कुछ हो जाता है। समाज में पैसेवालों की पूछ होती है। शिक्षा, स्वास्थ्य सब पर इसका प्रभाव पड़ता है। यह पूँजी एक भिन्न सभ्यता का विकास करती है। धोखा, छल, सन्देह, अविश्वास, लूट, भ्रष्टाचार, व्यभिचार, इस नयी सभ्यता भी विशेषताएँ हैं।

रामविलास शर्मा भारत के आर्थिक और औद्योगिक विकास को लेकर चिन्तित थे। यह विकास किस नीति के तहत होगा? किस पूँजी से होगा? वे विदेशी पूँजी-प्रवाह के विरुद्ध थे। स्वदेशी पूँजी के समर्थक थे। उनके जीवन के अन्तिम दशक में

स्थितियाँ पूरी तरह बदल चुकी थीं। वे इन बदली स्थितियों से चिन्तित थे। भारत में राजकीय पूँजीवाद (स्टेट कैपिटलिज्म) समाप्त हो चुका था। यह सब भूमंडलीकरण के कारण हुआ। आज का पूँजीवाद, भारतीय नहीं है। उस पर राज्य का नियंत्रण नहीं है। कहा जा सकता है कि राज्य ही उसके नियंत्रण में है। ऐसी पूँजी लोकतंत्र को, लोकतांत्रिक संस्थाओं को भी कमजोर करती है। अमरीकी जनतंत्र को रामविलास जी ने 'इजारेदारों का जनतंत्र' कहा है। भारत की जनतांत्रिक प्रणाली जुआरी या इजारेदार पूँजी से विकसित—सुदृढ़ नहीं हो सकती। विश्व बैंक और मुद्रा कोष की नीतियों से यह पूँजी बढ़ी है। रामविलास जी ने जी.जे. रामाराव की पुस्तक 'इंडिया एंड द टू पाइथंस' से यह कथन उद्धृत किया है कि विश्व बैंक और अन्तरराष्ट्रीय मुद्राकोष के उद्देश्य वही हैं, जो साम्राज्यवाद और उसके अन्य दल अमरीकी प्रशासन के हैं। विश्व बैंक, महाजनी पूँजी सबसे वित्तीय और बाजार पूँजी के तार जुड़े हैं। यह वित्तीय और बाजार पूँजी ही जुआरी पूँजी है—पूँजी का वह रूप, जो आज पूँजी के अन्य पूर्व रूपों की तुलना में कहीं अधिक शक्तिशाली है। शेयर और सेंसेक्स से यह जुड़ी है। जब तक राष्ट्रीय-राजकीय पूँजी थी, यह कहीं कोने में पड़ी हुई थी। अब घरेलू नीति और विदेशी नीति—दोनों आपस में सम्बद्ध हैं। विदेशी पूँजी में भारत में सबसे अधिक पूँजी अमरीका की है। रामविलास जी ने एक जगह दिसम्बर, 1987 के रीगन-कथन को उद्धृत किया है। अमरीकी राष्ट्रपति रोनाल्ड रीगन ने अपनी यह 'दृढ़ इच्छा' जाहिर की थी कि जितने अधिक क्षेत्रों में हो सके, अमरीका भारत के साथ काम करता रहे। व्यापार, पूँजी निवेश, कृषि-सम्बन्धी सहयोग, वैज्ञानिक अनुसन्धान, रक्षा-सम्बन्धी उत्पादन—सभी क्षेत्रों में। देश में फैले बेहिसाब काले धन को जब्त कर भारत अपने भरोसे अपना विकास करने में सक्षम था। पूँजी निवेश के जरिए उसने निजीकरण को बढ़ावा दिया और इस निजीकरण, उदारीकरण और भूमंडलीकरण ने (दुष्टत्रयी) मिलकर हेराफेरी वाली पूँजी को बढ़ावा दिया, जो दो नम्बर के अर्थतंत्र को सुदृढ़ करती है। अस्थिरता, चंचलता और अविश्वसनीयता इस पूँजी की खासियत है। यह केवल अर्थतंत्र को ही प्रभावित नहीं करती, सबको प्रभावित करती है। चित्त और मानस के अस्थिर हो जाने के बाद फिर बच क्या जाता है!

किसी भी देश की अर्थव्यवस्था को मिनटों में यह पूँजी ध्वस्त कर सकती है। यह इसकी शक्ति है। रामविलास शर्मा ऐसी पूँजी के विरुद्ध थे जिसका उत्पादन से सम्बन्ध नहीं है। वे देशी पूँजी के नहीं, विदेशी और इजारेदार पूँजी के विरुद्ध थे। वे गैर-इजारेदार पूँजीपतियों के पक्ष में थे। इजारेदार पूँजीवादी को वे हिंसक-आक्रामक कहते हैं, जो हमारी स्रोत-सामग्री लूटेगा, अपनी पुरानी टेक्नोलॉजी हमें बेचेगा और हमारे आर्थिक विकास को नियंत्रित करेगा। रामविलास शर्मा की चिन्ताएँ बड़ी हैं। ये केवल अर्थनीति और अर्थव्यवस्था से नहीं; देश की राजनीति, संस्कृति और

समाज से जुड़ी हुई चिन्ताएँ हैं। उनके यहाँ कोई प्रश्न एकाकी नहीं है, इसलिए रामविलास शर्मा का एकांगी और अधूरा पाठ गलत है। वे विदेशी पूँजी को 'खतरे की घंटी' कहते थे। उनके अनुसार भारत की सभी समस्याएँ कहीं न कहीं विदेशी पूँजी के प्रभाव से जुड़ी हैं। विदेशी पूँजी के चंगुल से देश को मुक्त कराना वे पहला जरूरी काम समझते थे। जब तक देशी पूँजी थी, इजारेदार पूँजी गौण थी। उसका कोई अस्तित्व नहीं था। विदेशी पूँजी के साथ इस पूँजी का रिश्ता है। इस पूँजी का जिस किसी से सम्बन्ध हो—रामविलास जी उसके विरुद्ध हैं। वे गर्भ पर सर्वाधिक प्रहार करते हैं। 1983 में ही एक बातचीत में उन्होंने ब्रिटिश और अमरीकी पूँजी के बदले स्वदेशी पूँजी से काम लेने, विदेश से कर्ज लेना बन्द करने और काले धन को अपने हाथ में लेने की बात कही थी।

क्या देश के सकल घरेलू उत्पाद (जीडीपी) को शेयर बाजार के सूचकांक से सही अर्थों में मापा-समझा जा सकता है? जीडीपी के पैमाने को शेयर बाजार का सूचक बनाना इस पूँजी के महत्त्व और प्रभाव का प्रमाण है।

(2011)

साम्राज्यवाद-विरोधी आलोचक

"मैं चाहूँगा कि मुझे बिलकुल याद न किया जाए। इसके बजाय मैं जिन समस्याओं को हल करने में लगा रहा या जिन प्रश्नों पर सोचता-विचारता रहा, उन्हें याद किया जाए। व्यक्ति का क्या है, व्यक्ति तो आते-जाते रहते हैं। याद करना ही है, तो मैं चाहूँगा, मुझे नहीं मेरे काम को याद किया जाए, और जो काम मैंने किया है, उसे कोई आगे बढ़ाए।" ('आज के सवाल और मार्क्सवाद', 2001, पृ. 69)

"मैं आग्रहहीन इतिहासकार नहीं हूँ। इतिहासकार तो मैं हूँ ही नहीं; इतिहास-विवेचक नहीं हूँ। तो आग्रह तो मेरा है और वह साम्राज्यवाद विरोधी, सामन्तवाद विरोधी आग्रह है। मैं समाज को विकासमान मानता हूँ! जो प्रवृत्तियाँ सामन्तवाद को खत्म करनेवाली हैं, साम्राज्यवाद को खत्म करनेवाली हैं, देश को आगे बढ़ानेवाली हैं, उनका मैं समर्थन करता हूँ। उनको उभारकर दूसरों को दिखाना चाहता हूँ।" (वही, पृ. 370)

"1857 में एक चीज बहुत साफ दिखाई देती है—भारत के दूर-दूर के प्रदेशों में अंग्रेजों के प्रति उत्कट घृणा। मान लीजिए, यह घृणा अन्धविश्वासों से प्रेरित थी। क्या आज राजनीतिक समझदारी से प्रेरित उसी तरह की साम्राज्यवाद के प्रति घृणा, भारत में दिखाई देती है? साम्राज्यवाद? कौन-सा साम्राज्यवाद? ब्रिटिश साम्राज्यवाद? वह है कहाँ? अमरीकी साम्राज्यवाद? नहीं; भारत और अमरीका संसार के दो महान जनतंत्र हैं।" (सन् सत्तावन की राज्यक्रान्ति और मार्क्सवाद, 1990, पृ. 13)

"इजारेदार पूँजीवाद का दूसरा नाम है साम्राज्यवाद। कच्चे माल के स्रोतों के लिए, तैयार माल बेचने को बाजारों के लिए युद्ध करना उसकी खासियत है।...इजारेदार पूँजीवाद महाजनी पूँजीवाद है। बड़ी-बड़ी रकमें उधार देना और उन पर सूद खाना उसका धर्म है। साम्राज्यवाद की आय का सबसे बड़ा स्रोत है उधार दी हुई पूँजी। पूँजी का निर्यात किए बिना वह जिन्दा नहीं रह सकता। उसे मारने का सबसे अहिंसक उपाय है, उससे उधार लेना बन्द किया जाए, जो कर्ज लिया गया है, उसे चुकाया न जाए, उस पर सूद देना बन्द किया जाए, उसकी साझेदारी में उद्योग-धन्धे चलाना बन्द किया जाए।...अमरीका में डालरों की फसल नहीं उगती, हथियारों पर खर्च करने के लिए उसे करोड़ों-डालर सूद के रूप में संसार की बहुसंख्यक जनता से प्राप्त होते हैं।" ('सदियों के सोये जाग उठे' (1988) की 'भूमिका' पृ. 26)

"हिन्दी साहित्य की महत्त्वपूर्ण विरासत है—स्वाधीनता, प्रेम, संसार की साम्राज्य-विरोधी जनता से भाईचारा, गरीब जनता की तरफदारी और दुरंगी राजनीति का भंडाफोड़।"

('विरामचिह्न' (2002 ई.) में संकलित निबन्ध 'आधुनिक हिन्दी साहित्य की राजनीतिक विरासत' (1955), पृ. 190)

"अमरीकी साम्राज्यवाद के प्रति आम जनता की घृणा हर देश में तेजी से बढ़ रही है।...तीसरी दुनिया कर्जदार देशों की दुनिया है। समाजवादी देशों के शामिल होने से इसका क्षेत्रफल बहुत बढ़ गया है। प्रश्न यह नहीं है कि किसके पास कितने ऐटम बम हैं, प्रश्न यह है कि किस पर कितना कर्ज का बोझ है। सब चिड़ियाँ एक ही बहुत बड़े जाल में फँसी हैं। मिलकर जोर लगाएँ तो जाल समेत उड़कर आसमान में पहुँच सकती हैं। अमरीकी बहेलिया देखता ही रह जाएगा।' ('भारतीय इतिहास और ऐतिहासिक भौतिकवाद' 1992, पृ. 337)

साम्राज्यवाद के कई रूप और चरण हैं। पूँजीवाद के पूर्व सामन्ती युग के साम्राज्यवाद का, जिसे मध्यकालीन साम्राज्यवाद कहा जाता है, एक भिन्न रूप है। इस साम्राज्यवाद में एक राजा दूसरे राज्य पर आक्रमण कर उसे अपने राज्य में शामिल कर लेता था। साम्राज्य का यह विस्तार सैन्यबल पर आधारित था, जिसका पूँजी से कोई सम्बन्ध नहीं था। रोमन साम्राज्यवाद मध्यकालीन साम्राज्यवाद का उदाहरण है और ब्रिटिश साम्राज्यवाद आधुनिक साम्राज्यवाद का। साम्राज्यवाद की प्रायः सभी अवस्थाओं पर रामविलास शर्मा ने विचार किया है, पर ब्रिटिश साम्राज्यवाद पर उनका प्रचुर लेखन है। उनका लेखन इसी दौर में आरम्भ हुआ। इसके बाद अमरीकी साम्राज्यवाद पर 1980 के समय से वे प्रमुख रूप से विचार करते हैं। भारत ब्रिटिश साम्राज्यवाद के अधीन था और अब वह अमरीकी साम्राज्यवाद के साथ है। ब्रिटिश साम्राज्यवाद के विरुद्ध भारत का राष्ट्रीय स्वाधीनता-आन्दोलन विश्व इतिहास का एक उदाहरण है।

अनेक इतिहासकारों में, जिनमें यूरोपीय इतिहासकारों के साथ भारतीय और एशियाई इतिहासकार भी हैं, अमरीका, अफ्रीका और एशिया के निवासियों को, उनकी सभ्यताओं को पिछड़ा घोषित कर अपनी साम्राज्यवादी इतिहास-दृष्टि प्रस्तुत की है। डॉ. शर्मा ने तथ्यों, उदाहरणों और प्रमाणों के आधार पर यह साबित किया है कि यूरोपीय व्यापारियों और सौदागरों ने इनका सर्वनाश किया, इनकी सभ्यता नष्ट की। मूल अमरीकियों को जंगली माननेवाले इतिहासकार आज भी हैं। डॉ. शर्मा ने इन्हें विकास की विविध मंजिलों में देखा, अमरीकी सभ्यता की तुलना में वहाँ के आदिवासियों को विकसित रूप में देखा, दक्षिण अमरीका की 'इन्का' लोगों की सभ्यता पर विचार किया और माया सभ्यता की खूबियाँ बताईं। भारत में यूरोपीय साम्राज्यवादियों के शासन पर, उनकी विध्वंसकारी भूमिका पर विचार के लिए यह आवश्यक था कि दूसरे देशों/महादेशों में यूरोपीय लुटेरे जो कर रहे थे, उससे हमें वे परिचित कराएँ। विश्व इतिहास के परिप्रेक्ष्य में उन्होंने भारत में यूरोपीय साम्राज्यवादियों की भूमिका पर विस्तारपूर्वक विचार किया है।

ब्रिटिश ईस्ट इंडिया कम्पनी के जन्म (1600 ई.) के सौ वर्ष पहले भारत में यूरोप के पूँजीपतियों का प्रवेश हुआ। 1500 ई. में पुर्तगालियों ने अपनी फैक्टरी

कालीकट में स्थापित की थी। इसके मात्र छह वर्ष बाद 1506 ई. में उन्होंने गोवा को जीता। ब्रिटिश इंडिया कम्पनी बनने के दो वर्ष बाद 1602 ई. में डच ईस्ट इंडिया कम्पनी और 1664 ई. में फ्रांसीसी कम्पनी 'कम्पान्यी दे ऐंद' बनीं। ये सारी कम्पनियाँ हिन्दुस्तान से व्यापार करने के लिए बनी थीं। सौ-डेढ़ सौ वर्ष बाद अंग्रेजों ने यहाँ राज करना आरम्भ किया। ईस्ट इंडिया कम्पनी का युग 1600 ई. से 1858 तक था। 1757 में प्लासी की लड़ाई के बाद अंग्रेजी राज आरम्भ हुआ। इसी के बाद अंग्रेजों ने विश्व-साम्राज्य स्थापित किया। इंग्लैंड के उद्योगपति 1813 के बाद हिन्दुस्तान में प्रभावी बने। 1813 ई. के पहले हिन्दुस्तान में ईस्ट इंडिया कम्पनी को एकाधिकार प्राप्त था। कम्पनी ने यहाँ से इंग्लैंड जो सम्पत्ति भेजी थी, उसका बड़ा हिस्सा लूट-खसोट और जोर-जबर्दस्ती से छीना हुआ था। प्लासी की लड़ाई (1757 ई.) के बाद औद्योगिक क्रान्ति का आरम्भ हुआ। सभी नए आविष्कार 1757 ई. के बाद ही हुए।

'भारत में अंग्रेजी राज और मार्क्सवाद, खंड-1 (1982) के छठे अध्याय 'क्रान्ति का उभार और अंग्रेजों का जवाबी हमला' के चार उपखंडों (2, 4, 5, 6) —साम्राज्यवाद का अभूतपूर्व संकट, जातीय और राष्ट्रीय एकता तथा साम्राज्यवाद, साम्राज्यवाद का मुख्य अस्त्र-मुस्लिम सम्प्रदायवाद और पूर्ण स्वाधीनता और साम्राज्यवादी हितों की सुरक्षा, 'स्वाधीनता-संग्राम : बदलते परिप्रेक्ष्य' (1992) के आठवें अध्याय 'साम्राज्यवादी कूटनीति और भारत का विभाजन' और ग्यारहवें अध्याय 'नवजागरण की परम्पराएँ और क्रान्तिकारी आन्दोलन-3' में 'राजस्थान की साम्राज्यविरोधी काव्य-परम्परा', 'भाषा और समाज' (1961) के तेरहवें अध्याय 'साम्राज्यवादी भेद-नीति और हिन्दी-उर्दू की एकता', 'मार्क्स और पिछड़े हुए समाज' (1986) का आठवाँ अध्याय 'विश्व साम्राज्यवाद विरोधी क्रान्ति और एशिया' 'भारतीय साहित्य की भूमिका' (1996) का नौवाँ अध्याय 'जातीय संस्कृति और साम्राज्यवाद', 'भारतीय संस्कृति और हिन्दी प्रदेश' के दूसरे खंड (1999) के सातवें अध्याय का पहला उपखंड 'साम्राज्यवाद का समर्थन और किसान-विद्रोह', दसवें अध्याय 'सुब्रह्मण्य भारती के साहित्य में जातीय चेतना' का तीसरा उपखंड 'सांस्कृतिक विरासत की अस्त्र-सज्जा से साम्राज्यवाद का विरोध' और परिशिष्ट 'अमरीका समाज और हिंसा पर चॉम्स्की के विचार' के अन्तर्गत अमरीकी साम्राज्यवाद पर विचार, 'गांधी, अम्बेडकर, लोहिया और भारतीय इतिहास की समस्याएँ' (2000) में गांधीवाले खंड के 5वें उपखंड 'दक्षिण अफ्रीका में साम्राज्य विरोधी आन्दोलन', आठवें उपखंड 'युद्ध और साम्राज्य में भागीदारी', नौवें उपखंड 'साम्राज्यवाद की आलोचना', दसवें उपखंड 'साम्राज्यवादविरोधी संघर्ष और मजदूर' तथा ग्यारहवें उपखंड 'साम्राज्यविरोधी संघर्ष और किसान' में साम्राज्यवाद से जुड़े विविध पक्षों, उसकी भूमिका और उसके विरुद्ध हुए संघर्षों का विस्तारपूर्वक वर्णन है।

डॉ. शर्मा हिन्दी में ही नहीं सभी भारतीय भाषाओं में और सम्भवत: विश्व में भी अकेले ऐसे आलोचक-विचारक हैं, जिन्होंने अनथक रूप से साठ वर्षों तक (1939-1999) साम्राज्यवाद के विरुद्ध लेखन किया है, उसके इतिहास पर विचार करते हुए, वर्तमान में उसकी भूमिका समझाते हुए और भविष्य में उससे उत्पन्न होनेवाले खतरों के प्रति हमें सावधान और जागरूक भी किया है। साम्राज्यवाद की आर्थिक-राजनीतिक ही नहीं, भाषायी और सांस्कृतिक भूमिका भी है। वे इन सभी भूमिकाओं पर विचार करते हैं। उनका यह लेखन विपुल है। 1939 के एक लेख 'राजनीतिक नेता और हिन्दी' में उन्होंने लिखा। "आज भी भारतीय राजनीति समझौते पर निर्भर है।...हमने हिन्दी साहित्य में समझौता करना नहीं सीखा।...जो प्रान्तीयता और साम्प्रदायिकता को लेकर आगे बढ़ता है, वह राष्ट्रीयता का द्रोही है, उससे एक राष्ट्रप्रेमी समझौता कैसे कर सकता है।...हमारे साहित्य का उद्‌भव ही एक विदेशी साम्राज्यवाद के प्रतिरोध से हुआ था और सदियों तक देश की भाषा और संस्कृति की रक्षा के लिए हमारे साहित्यिकों ने इस विदेशी साम्राज्यवाद से मोर्चा लिया है। यह मोर्चा नए ब्रिटिश साम्राज्यवाद के विरुद्ध भी जारी रहा है।" ('भारत की भाषा-समस्या', 1978, पृ. 24) उनकी साहित्यिक आलोचना साम्राज्यवाद और सामन्तवाद विरोधी है। साहित्यिक आलोचना-सम्बन्धी उन्होंने जो दृष्टि विकसित की, वह हिन्दी के और अन्य आलोचकों की मार्क्सवादी आलोचना-दृष्टि से इस अर्थ में भिन्न है कि वे साम्राज्यविरोध को कभी नहीं भूलते। हिन्दी नवजागरण सम्बन्धी उनकी अवधारणा मूलत: साम्राज्यवाद विरोधी है। साम्राज्यवाद के विरुद्ध यह स्वर और अभियान पूरे भारतीय साहित्य में अकेला है। अपनी व्यावहारिक आलोचना में भी उन्होंने इसे सदैव ध्यान में रखा। भारतेन्दु और उनका युग, प्रेमचन्द और उनका युग, महावीर प्रसाद द्विवेदी, रामचन्द्र शुक्ल और निराला पर उनकी जो आलोचनात्मक पुस्तकें हैं; उनमें और केदारनाथ अग्रवाल, शमशेर, नागार्जुन, त्रिलोचन, मुक्तिबोध, नई कविता पर लिखे गए उनके लेखों में उनका साम्राज्यवाद विरोधी यह पक्ष स्पष्ट दिखाई देता है। अभी तक उनके साम्राज्यवाद विरोधी लेखन पर व्यापक और सुसंगत दृष्टि से विचार नहीं किया गया है।

रामविलास शर्मा का जीवन झाँसी, लखनऊ, आगरा और दिल्ली में बीता। छह-सात वर्ष की अवस्था में वे गाँव से झाँसी आ गए थे। यह 1918-19 ई. का समय था। झाँसी में जिस सरस्वती पाठशाला के वे छात्र थे, वह सामान्य पाठशाला नहीं थी। इस पाठशाला का मुख्य उद्‌देश्य 'स्वतंत्रता-आन्दोलन के विचारों का प्रचार-प्रसार' था। चन्द्रशेखर आजाद के मित्र मास्टर रुद्रनारायण यहाँ शिक्षक थे, जिन्होंने रामविलास जी को मूर्तियाँ और चित्र बनाने के साथ-साथ कलाई पंजा लड़ाना भी सिखाया था। झाँसी में लक्ष्मीबाई का किला था। "झाँसी के नौजवान राजनीतिक रूप से सचेत थे, क्रान्तिकारियों का वहाँ काफी असर था। एक गीत हम लोगों में अकसर गाया जाता था—'माँ हमें विदा दो, जाते हैं हम विजय केतु फहराने

आज।'' (अपनी धरती अपने लोग, खंड-1, 1996 पृ. 6) झाँसी में पढ़ाई इन्टरमीडिएट तक हुई। 1918-19 से 1930 तक के बारह-तेरह वर्ष यहीं बीते। अठारह वर्ष के होने के बाद अगली पढ़ाई के लिए लखनऊ गए। झाँसी की सरस्वती पाठशाला के बाद वहाँ के मैकडनल हाई स्कूल में दाखिला हुआ। 'कोर्स की किताबें पढ़ने के अलावा हम इस समय बहुत-सी राजनीतिक पुस्तकें भी पढ़ते थे। इतिहास, भारत का इतिहास, दूसरे देशों का इतिहास, खासतौर से राज्यक्रान्तियों का इतिहास। ××× इंटर में वैशम्पायन मेरे सहपाठी थे। उन्होंने मुझे गदर पर सावरकर की पुस्तक लाकर दी थी। उसे भी मैंने पढ़ा था''। (वही) तीन साल तक सरस्वती स्कूल में पढ़ाई हुई और छठी से दसवीं कक्षा की पढ़ाई मैकडनल हाई स्कूल में हुई। वहाँ इतिहास के अध्यापक दो दृष्टियों वाले थे। कुछ अध्यापक अंग्रेजी राज की प्रगतिशील भूमिका में यकीन करते थे और प्रफुल्ल कुमार चटर्जी, जिन्हें डॉ. शर्मा ने सदैव मान-सम्मान दिया, का मत भिन्न था। वे 'अंग्रेजी राज के खरे आलोचक' थे। ''वामनदास बसु के ग्रन्थ के आधार पर एन. कस्तूरी बी.ए. ने एक संक्षिप्त इतिहास लिखा था वह इतिहास उन्होंने मुझे पढ़ने को दिया था। उसके आधार पर हम अंग्रेजी राज के समर्थक अध्यापक से बहस करते थे और इस बहस में मेरे सहपाठी रुस्तम सैटिन मेरा साथ देते थे।'' (वही) किले के नीचे शहर का पुस्तकालय था, जहाँ राजनीतिक पुस्तकों के साथ जब्तशुदा पुस्तकें भी थीं।''लाइब्रेरियन जानते थे, कौन-सी पुस्तक देनी चाहिए। आयरलैंड का स्वाधीनता-संग्राम, फ्रांस की राज्यक्रान्ति, रूस की राज्य-क्रान्ति ऐसी बहुत सी किताबें वह हमें देते थे।'' (वही, पृ. 36)

1920-21 से देश में आज़ादी की फिजाँ बदलने लगी थी, हवा में बिजलियाँ चमकने लगी थीं। झाँसी शहर का इससे अछूता और अलग-थलग रहना असम्भव था। रामविलास जी के बड़े भैया साथ थे। वे कोर्स से बाहर की अनेक किताबें लाते थे। अंग्रेजों की जीत और हिन्दुस्तानियों की जीत-हार का विश्लेषण करने के साथ यह भी कहते थे—''हम होते तो इस तरह लड़ते और अंग्रेजों को हरा देते''। (वही, पृ. 37) मेरठ षड्यंत्र केस 1929 में चला था, जिसमें झाँसी के भी लोग थे। इस समय क्रान्तिकारियों के विचार बदल रहे थे। वे अब बम बनाने और सशस्त्र क्रान्ति में विश्वास के बदले जन-संगठनों, मजदूर संगठनों की अहमियत समझ रहे थे। 1929-30 में 'पुराने क्रान्तिवाद' के स्थान पर एक नया क्रान्तिवाद आरम्भ होने लगा था।''साम्यवाद की हवा सन् 1929-30 में चलने लगी थी।'' (वही, पृ. 56) लखनऊ आने के बाद रामविलास जी ने समाजवाद की कई पुस्तकें पढ़ीं। राधाकुमुद मुखर्जी ने उन्हें बी.ए. में इतिहास विषय लेने को कहा था। उन्होंने हिन्दी-अंग्रेजी के साथ राजनीति विषय लिया। तीस के दशक से-1934 ई. से उनका लेखन आरम्भ हुआ। चालीस के दशक में वे कम्युनिस्ट पार्टी के मेम्बर बने और प्रगतिशील लेखक संघ के महासचिव हुए। उनकी मार्क्सवादी चेतना और दृष्टि का सम्यक् विकास चालीस

के दशक में हुआ। साम्राज्यवाद से वे तीस के दशक में ही परिचित हो चुके थे और अन्त समय तक उन्होंने अपने लेखन के माध्यम से साम्राज्यवाद के विरुद्ध निरन्तर संघर्ष किया।

साम्राज्यवाद के जन्म, विकास, इतिहास, रूप-स्वरूपादि के सम्बन्ध में बीसवीं शताब्दी से जो लेखन आरम्भ हुआ, वह आज भी जारी है। साम्राज्यवाद के सम्बन्ध में मार्क्सवादियों और गैर-मार्क्सवादियों के विचार भिन्न हैं। गैर मार्क्सवादी उन्नीसवीं सदी के अन्त और बीसवीं सदी के बीच इसका सामान्य रूप से पूँजीवाद के साथ विशेष सम्बन्ध नहीं देखते थे। वे साम्राज्यवाद को आर्थिकी से, पूँजी के एक विशेष रूप से जोड़कर नहीं देखते, वे आर्थिक व्याख्याओं को खारिज कर मनोवैज्ञानिक, वैचारिक, सांस्कृतिक और राजनीतिक व्याख्याओं पर विशेष बल देते हैं। एरिक हॉब्सबाम ने साम्राज्यवाद के युग को 'द एज ऑफ एम्पायर' कहा है। लेनिन ने अपनी एक पुस्तिका में आरम्भ में इसे 'पूँजीवाद का अन्तिम चरण' कहा था, पर बाद में इसे उन्होंने 'पूँजीवाद का नवीनतम चरण' कहा। उनकी मृत्यु के बाद इसे 'पूँजीवाद की उच्चतम अवस्था' के रूप में देखा गया।

साम्राज्यवाद एक देश या समूह के लोगों द्वारा दूसरों पर प्रभुत्व, शासन या नियंत्रण है। यह इतिहास का एक नया युग है जो राजनीतिक-आर्थिक रूप से 1870 के दशक से आरम्भ होता है—उस मन्दी से, जिसने उन्नीसवीं सदी के मध्य के उदारतावाद को समाप्त किया। 1840 से 1870 ई. तक औद्योगिक पूँजीवाद एक प्रामाणिक विश्व-अर्थव्यवस्था बना और पृथ्वी भौगोलिक रूप से एक स्थिर सांग्रामिक वास्तविकता में रूपान्तरित हुई। उन्नीसवीं सदी के अन्त में 1875 ई. से विश्व साम्राज्यवाद के युग में आ गया। आर्थिक संरचनाओं में बदलाव आया, जिसे 'इजारेदार पूँजीवाद' कहा जाता है। यह 'नया साम्राज्यवाद' था, जब आर्थिक संवृद्धि और संघर्ष ने कमजोर से शक्तिशाली को अलग किया। इस नए साम्राज्यवाद में यूरोपीय देशों ने औपनिवेशिक शासन आरोपित किया—विशेषत: अफ्रीका के लिए किए संघर्ष और छीना-झपटी से। फ्रेडरिक जेमसन ने अपने एक लेख 'मॉडर्निज्म एंड इम्पीरियलिज्म' (1990, दि मॉडर्निस्ट पेपर्स, में संकलित) में 1884 ई. को एक प्रतीकात्मक तिथि माना है। यह वर्ष बर्लिन कॉन्फ्रेंस का वर्ष है, जिसने अफ्रीका को विकसित शक्तियों के हवाले किया। वे इसी समय से बनी एक साम्राज्यवादी विश्वव्यवस्था का उल्लेख करते हैं और साम्राज्यवाद के दो तथ्यों/घटनाओं पर विचार करते हैं, जिनमें पहली राजनीतिक और दूसरी आर्थिक है। राजनीतिक के अन्तर्गत हिंसा, नियंत्रण, प्रभुत्व और राज्यशक्ति है तथा आर्थिक के अन्तर्गत बाजार, निवेश, शोषण, स्वार्थ-साधन आदि हैं। अन्थोनी ब्रेवर ने साम्राज्यवाद के मार्क्सवादी सिद्धान्तों का आलोचनात्मक सर्वेक्षण किया है अपनी पुस्तक 'मार्क्सिस्ट थ्योरीज ऑफ इम्पीरियलिज्म : ए क्रिटिकल सर्वे' (1980)में। साम्राज्यवाद के प्राचीन

मार्क्सवादी सिद्धान्तकारों में मार्क्स, लेनिन, हिल्फरडिंग, बुखारिन, रोजा लुक्जेमबर्ग आदि हैं। मार्क्स ने 'पूँजी' में हिन्दुस्तान का जिक्र अनेक बार किया है। रजनी पामदत्त के अनुसार 'लगभग पचास बार' और 'एंगेल्स के साथ उन्होंने जो पत्र-व्यवहार किया है, उसमें इससे भी ज्यादा बार हिन्दुस्तान का जिक्र आया है।' ('आज का भारत, 2000 ई. पृ. 97) मार्क्स के जीवनकाल में ही सूद देने वाली पूँजी आरम्भ हो चुकी थी।

रामविलास जी तीन प्रकार की पूँजी, सूदखोर, व्यापारिक और औद्योगिक के अनुरूप तीन प्रकार के पूँजीवाद—व्यापारिक औद्योगिक और सूदखोर पर विचार करते हैं। सूदखोर पूँजीवाद महाजनी या इजारेदार पूँजीवाद है। औद्योगिक पूँजीवाद का समय अधिक लम्बा नहीं रहा। बैंक-व्यवस्था के बाद द्रव्य-पूँजी उद्योग पर हावी हो जाती है। महाजनी पूँजी शक्तिशाली होते ही उद्योग-धंधों को अपने अधीन करती है। अब उद्योगपति नहीं, बैंकपति की प्रमुख भूमिका होती है। डॉ. शर्मा ने पूँजीवाद की तीनों अवस्थाओं—व्यापारिक, औद्योगिक और महाजनी पर विस्तारपूर्वक विचार किया है। भारत के सन्दर्भ में मार्क्सवाद के विवेचन-क्रम में पहले उन्होंने जो कई पुस्तिकाएँ प्रकाशित कीं, उनमें पूँजीवाद की इन तीनों अवस्थाओं पर पुस्तिकाएँ थीं। बाद में 'भारतीय इतिहास और ऐतिहासिक भौतिकवाद' (1992) में ये शामिल की गई।

भारत की लूट से इंग्लैंड में औद्योगिक क्रान्ति सम्भव हुई। अठारहवीं सदी के उत्तरार्द्ध में सम्पन्न हुई इस औद्योगिक क्रान्ति के बाद दुनिया पहली बार दो भागों—बढ़े हुए और पिछड़े हुए देशों में विभाजित हुई। साम्राज्यवाद का सम्बन्ध पिछड़े हुए देशों की जनता से है। पूँजी के केन्द्रीकरण के साथ पूँजीवादी व्यवस्था अन्तरराष्ट्रीय स्वरूप ग्रहण करती है। औद्योगिक पूँजीवाद में पूँजी उत्पादन से जुड़ी होती है और महाजनी पूँजीवाद में यह उत्पादन से विलग हो जाती है। औद्योगिक पूँजीवाद गैर-इजारेदार पूँजीवाद है, जो 1870 के दशक में समाप्त होता है और उन्नीसवीं सदी के अन्त में महाजनी पूँजीवाद की ओर इसका संक्रमण होता है। डॉ. शर्मा के आलोचक पक्ष पर जितना अधिक ध्यान दिया गया है, उतना ही कम ध्यान अर्थशास्त्र-सम्बन्धी और पूँजी-सम्बन्धी उनके विचारों पर दिया गया है। वे साम्राज्यवाद का सम्बन्ध महाजनी पूँजीवाद और इजारेदार पूँजीवाद से जोड़ते हैं। यह हिन्दी साहित्य में भारतेन्दु-युग है। अभी तक हिन्दी के मार्क्सवादी आलोचकों ने इसे कम लक्षित किया है कि 'अन्धेर नगरी' में जब भारतेन्दु 'टके' की महिमा बता रहे थे, तब वह एक प्रकार से महाजनी पूँजी के दौर में द्रव्य की भूमिका की आलोचना कर रहे थे। यह प्रेमचन्द के सुप्रसिद्ध लेख 'महाजनी सभ्यता' (1936 ई.) के लगभग पचास वर्ष से पहले की बात थी।

साम्राज्यवाद पर विचार करते समय डॉ. शर्मा कहीं-कहीं उन अर्थशास्त्रियों से भिन्न दृष्टि रखते हैं, जिनके अनुसार उन्नीसवीं सदी के उत्तरार्द्ध से साम्राज्यवाद ने

अपना रूप-स्वरूप ग्रहण किया। डॉ. शर्मा यद्यपि 1870-75 से महाजनी पूँजीवाद का जन्म मानते हैं, पर 1857 का राष्ट्रीय स्वाधीनता-संग्राम उनके अनुसार साम्राज्यवाद-विरोधी संग्राम था। "कुछ समझदार लोग यहाँ जरूर कहेंगे—साम्राज्यवाद तो महाजनी पूँजीवाद हैं, वह पूँजीवाद की आखिरी मंजिल है, यह मंजिल 1857 में कहाँ थी? ठीक है, यह मंजिल 1857 में नहीं थी। लेकिन इस मंजिल में ब्रिटिश पूँजीवाद को भारत मिला किससे? वह मिला इसके पहले वाली मंजिल से, औद्योगिक पूँजीवाद से। और वँह उसे मिला था व्यापारिक पूँजीवाद से। ब्रिटिश पूँजीवाद की ऐसी कौन-सी मंजिल है, जब वह युद्धों में उलझा न रहा हो।' ('सन् सत्तावन की राज्यक्रान्ति और मार्क्सवाद' 1990, पृ. 43) ब्रिटिश इतिहासकार ही नहीं, भारतीय इतिहासकार भी इस संघर्ष को साम्राज्यवाद विरोधी कहने से हिचकते रहे हैं। प्रोफेसर मुहम्मद हबीब ने भारतीयों की जीत का मतलब 'सत्यानाश' माना था और सुरेन्द्रनाथ सेन ने इस लड़ाई के नेताओं द्वारा 'इतिहास के रथ को पीछे मोड़ देने' की बात कही थी। रामविलास जी उन इतिहासकारों से भिन्न हैं, जिन्होंने इस संघर्ष को 'प्रतिक्रियाएँ' कहा था। अनेक तथ्यों के आधार पर उन्होंने यह प्रमाणित किया है कि "1857 की राज्यक्रान्ति संसार की पहली क्रान्ति है, जो साम्राज्यविरोधी होने के साथ सामन्त विरोधी भी है।" (वही, पृ. 531) इस क्रान्ति के सम्बन्ध में सामान्य लोगों और इतिहासकारों के दृष्टिकोण भिन्न हैं। पुस्तक के बाईसवें अध्याय 'जनता का दृष्टिकोण' और तेईसवें अध्याय 'इतिहासकारों का दृष्टिकोण' में विचारों की यह भिन्नता उन्होंने दिखाई है।

प्लासी की लड़ाई के सौ वर्ष बाद 1857 में नए सिरे से संघर्ष अचानक और अकारण आरम्भ नहीं हुआ। इस समय प्लासी की लड़ाई की स्मृति भी थी। 1857 'प्लासी का शताब्दी-महोत्सव' भी था। 1957 में 1857 पर भारत में जो तीन प्रमुख पुस्तकें—रमेशचन्द्र मजुमदार की 'दि सीपॉई म्यूटिनी एंड रिवोल्ट ऑफ 1857', सुरेन्द्रनाथ सेन की 'एटीन फिफ्टी सेवेन' और पूरनचन्द्र जोशी की 'रिबेलियन' प्रकाशित हुईं, उनमें मजुमदार ने उस समय राष्ट्रीयता की भावना का अभाव देखा था। डॉ. शर्मा के अनुसार यह कहना और समझना गलत है कि 'औद्योगिक क्रान्ति हुए बिना किसी भी देश अथवा प्रदेश के लोगों में राष्ट्रीयता अथवा जातीयता की भावना उत्पन्न नहीं हो सकती।" (वही, पृ. 378) मार्क्स और एंगेल्स ने इस क्रान्ति को 'एशिया के व्यापक साम्राज्य विरोधी संग्राम का अंग' कहा था। डॉ. शर्मा ने इसे 'साम्राज्यविरोधी क्रान्तियों की पहली महत्त्वपूर्ण कड़ी' माना।

साम्राज्यवादी भारत को राष्ट्र नहीं मानते थे। इस तबके में केवल सर जॉन स्ट्रैची ('हिन्दुस्तान : उसका शासन और उन्नति, 1888) और सर जॉन सीले ('इंग्लैंड का प्रसार', 1883 ई.) ही नहीं थे। उनके अनुयायी और समर्थक बाहर ही नहीं, भारत में भी थे। इस समय (1857 के समय) विश्व जनमत दो खेमों में था। एक ओर

अंग्रेजों से सहानुभूति रखनेवाले थे और दूसरी ओर स्वाधीनता की लड़ाई लड़नेवाले थे। एक ही देश फ्रांस में ये दोनों विचार सुनाई पड़ रहे थे। भारत को राष्ट्र नहीं माननेवाले साम्राज्यवादियों ने बाद में यह दलील दी कि अंग्रेजी राज ने भारत में राष्ट्रवाद को जन्म दिया। रजनी पामदत्त ने लिखा है—"आधुनिक साम्राज्यवाद उदारता का ढोंग रचकर राष्ट्रीयता को सन्तान की तरह गोद ले लेता है।" ('आज का भारत' 2000 ई., पृ. 282) बुद्धिजीवियों ने 1857 में अंग्रेजों की प्रगतिशील भूमिका देखी और जनता की दृष्टि इससे भिन्न थी। भारतीय जनता और बुद्धिजीवी के बीच की यह भिन्नता विविध क्षेत्रों और रूपों में आज भी देखी जा सकती है। डॉ. शर्मा जनता के साथ रहे और सदैव उसी के सम्बन्ध में सोचते रहे। उनके लिए सदैव जनदृष्टि प्रमुख रही। उन्होंने उदाहरणों से यह बताया कि बूँदी के कवि सूरजमल ने 1857 को 'विषधर नाग' कहा था और राजस्थान के सामन्तों को ललकारा था। अनेक लोकगीतों में 1857 के वीरों की प्रशंसा है! "सावरकर और लाला हरदयाल से लेकर चन्द्रशेखर आजाद और भगतसिंह तक भारत में जिन लोगों ने सशस्त्र क्रान्ति का प्रयास किया, उन सबने गदर से प्रेरणा ली।" ('भारत में अंग्रेजी राज और मार्क्सवाद', खंड-1, 1982, पृ. 7)

महाजनी पूँजीवाद में बैंक पूँजी के साथ सट्टेबाजी बढ़ती है, पर इसका यह अर्थ नहीं है कि सट्टेबाजी की प्रवृत्ति इसके पहले नहीं थी। सट्टेबाजी की प्रवृत्ति और प्रथा में अन्तर है। प्रवृत्ति पहले उत्पन्न होती है और प्रथा बाद में विकसित होती है। व्यापारिक पूँजीवाद में इजारेदारी की प्रवृत्ति के साथ सट्टेबाजी की प्रवृत्ति का उल्लेख डॉ. शर्मा ने किया है। ('भारतीय इतिहास और ऐतिहासिक भौतिकवाद', वही पृ. 146) इसके बाद 'औद्योगिक पूँजीवाद के दौर में उधार व्यवस्था के विकास के साथ सट्टेबाजी बढ़ती है'। (वही) मार्क्स ने 1855 में ही 'अति-उत्पादन और अति-सट्टेबाजी' से संकट का सम्बन्ध जोड़ा है। 'पूँजी' के तीसरे खंड में उन्होंने 'वित्तीय अभिजात वर्ग' के साथ 'परजीवियों की नई किस्म में सट्टेबाजों को भी गिना है।' (वही) एंगेल्स ने अमरीका में 'राजनीतिक सट्टेबाजों के दो बड़े गिरोह' को 'राजनीतिज्ञों के दो बड़े कार्टेल' कहा है। (वही)

रामविलास शर्मा की हिन्दी नवजागरण-सम्बन्धी अवधारणा साम्राज्यवाद और सामन्तवाद विरोध से जुड़ी हुई है। उनका साम्राज्यवाद-विरोध साहित्य तक ही सीमित नहीं है। साम्राज्यवाद विरोध का यह फलक व्यापक है और आवश्यकता इस बात की है कि इसे आर्थिकी, राजनीति, भाषा, साहित्य, संस्कृति सबसे जोड़कर (संयुक्त कर) देखा जाए। अभी तक ऐसी कोई पहल नहीं की गई है और सुव्यवस्थित ढंग से इस पर प्रकाश नहीं डाला गया है। यह एक बड़ा सवाल है कि आज भारत साम्राज्यवाद के साथ किस स्थिति में है? क्या यह मानकर चला जाए कि साम्राज्यवाद बीते युग की दास्तान है? वस्तुतः साम्राज्यवाद के साथ भारत का सम्बन्ध आरम्भ

से आज तक तीन प्रकार का रहा है—साम्राज्यवाद से संघर्ष, उससे सहयोग और उसकी अधीनता। अगर यह माना जाए कि आज भारत अमरीकी साम्राज्यवाद के अधीन नहीं है, और फिर उससे सहयोग ही मान लें, तो सच्चाई यह है कि जो दुष्टत्रयी है—विश्व बैंक, अन्तरराष्ट्रीय मुद्रा कोष और विश्व व्यापार संगठन, क्या उनके निर्देशों का पालन नहीं किया जा रहा है? हम जिसके अधीन होते हैं, उनके बनाए रास्ते पर चलते हैं, उनके निर्देशों का पालन करते हैं। रामविलास शर्मा की विशेषता यह है कि उन्होंने आरम्भ से अन्त समय तक सदैव साम्राज्यविरोधी संघर्ष को महत्त्व दिया, उसकी आवश्यकता पर बल दिया। यह साहित्य के लिए ही नहीं, अर्थ व्यवस्था और राजनीति के लिए भी जरूरी है। यह प्रश्न किया जाना चाहिए कि आज भारत का क्या कोई वामपन्थी दल साम्राज्यवाद विरोध और संघर्ष के साथ आगे बढ़ रहा है?

प्लासी की लड़ाई से 1857 तक की लड़ाई को डॉ. शर्मा 'जनजागरण का दूसरा दौर' (पहले के 'सामन्तविरोधी जागरण' से भिन्न) कहते हैं। विदेशी शत्रु से लड़ाई होने के कारण उन्होंने इसे 'साम्राज्यविरोधी जागरण' कहा है और भारतेन्दु-युग को साम्राज्यविरोधी जागरण से जोड़ा है। वे भारतेन्दु और उस युग के लेखकों को 1857 से जोड़नेवाली दो चीजों का उल्लेख करते हैं—राष्ट्रीय स्वाधीनता का उद्‌देश्य और अंग्रेजी राज के स्वरूप की पहचान। डॉ. शर्मा की सबसे बड़ी विशेषता यह है कि वे इतिहास को क्रमबद्ध करके उससे 'शृंखला-सम्बन्ध' स्थापित करते हैं। इस कारण साम्राज्यवादी सम्बन्धी उनका विवेचन एक काल-विशेष तक ही सीमित नहीं रहता। भारतेन्दु द्वारा लेखन के लिए प्रस्तुत की गई विषय-सूची से वे इस नतीजे पर पहुँचते हैं कि "भारतेन्दु देश के राजनीतिक आन्दोलन की बहुत-सी बातें पहले ही सोच चुके थे।" ('भारतेन्दु-युग और हिन्दी भाषा की विकास-परम्परा', 1975, पृ. 13) भारतेन्दु अपने समय में समाज-सुधार के साथ-साथ स्वदेशी आन्दोलन के महत्त्व पर प्रकाश डाल रहे थे। क्या आज के हिन्दी लेखकों के समक्ष कोई सामाजिक-राजनीतिक समस्या नहीं है? इन समस्याओं से विमुख होकर किनका कल्याण किया जा रहा है? भारतेन्दु और उनके सहयोगियों ने अपने लेखन से देश की जन-चेतना को जगाने में बड़ी भूमिका अदा की। आज जनता की चेतना को जगाने, उनकी समस्याओं को अपनी समस्या समझकर रचनात्मक कार्य करनेवाले कितने हैं? कहाँ हैं?

डॉ. शर्मा ने भारतेन्दु युग को हिन्दी नवजागरण का दूसरा दौर कहा है। भारतेन्दु और उनके युग को वे कभी नहीं भूलते। उनसे प्रेरणा ग्रहण करने की उन्होंने सलाह दी है। 'भारतेन्दु युग' (1943) के बाद 'भारतेन्दु हरिश्चन्द्र' (1953) पुस्तक प्रकाशित हुई। 'भारतेन्दु युग' के नए संस्करण में उन्होंने 'हिन्दी भाषा की विकास-परम्परा' पर विस्तारपूर्वक विचार किया। 'भारतेन्दु हरिश्चन्द्र' पुस्तक के साथ बाद

में उन्होंने 'हिन्दी नवजागरण की समस्याएँ' (1985) जोड़ा। बाद में भी अपने कई लेखों और पुस्तकों में भारतेन्दु और उनके युग का स्मरण किया। रामविलास जी साम्राज्यवाद की काट स्वदेशी-आन्दोलन में देखते हैं। भारतेन्दु का महत्त्व यह है कि उन्होंने स्वदेशी आन्दोलन और बंग-भंग आन्दोलन के पहले स्वदेशी आन्दोलन का सूत्रपात किया। स्वदेशी आन्दोलन साम्राज्यवाद विरोधी आन्दोलन है। ब्रिटिश साम्राज्य के विस्तार में वैज्ञानिक उन्नति का योगदान है। भारतेन्दु ने भारतीय उद्योग-धन्धों के विकास की आवश्यकता बताई-समझाई, जिसके बिना "हिन्दुस्तान न स्वाधीन हो सकता है, न उन्नति कर सकता है।" (वही, पृ. 111) डॉ. शर्मा ने भारतेन्दु और उनके सहयोगियों के लेखन को "उस जमाने की दिन-पर-दिन उग्र होती हुई जनता की साम्राज्य विरोधी चेतना का दर्पण" (वही, पृ. 129) कहा है। "यह चेतना उच्च वर्गों की नहीं थी, जो साम्राज्य के आसरे उन्नति का सपना देखते थे, यह चेतना समाज के साधारण लोगों, खासकर किसानों में उभर रही थी, जिन पर साम्राज्यवादी जुआ सबसे ज्यादा भार डाले था। इसका सबूत भारतेन्दु-युग की साहित्यिक रचनाओं की विषयवस्तु ही नहीं है, बल्कि साहित्य के रूप भी हैं, जो आम जनता में लोकप्रिय थे और ग्राम-संस्कृति के आधार पर रचे गए थे।" (वही)

भारत के साम्राज्यवाद विरोधी संघर्ष में किसानों की मुख्य भूमिका थी। केदारनाथ अग्रवाल की कविताओं को रामविलास जी द्वारा महत्त्व देने का एक प्रमुख कारण उनकी किसान-चेतना भी थी। न केवल उनकी कविताओं के मूल्यांकन में, अपितु अपने पत्रों में भी, जो 'मित्र संवाद' में संकलित हैं, उन्होंने अपने मित्र को किसान-जीवन को देखने, समझने और उसे कविताओं में अभिव्यक्त करने को लिखा। साम्राज्य-विरोधी चेतना के साथ, उसके अनुसार साहित्य के नए रूपों के गढ़ने की ओर ध्यान दिलाया, भारतेन्दु और उनके युग पर लिखी अपनी दोनों पुस्तकों में बार-बार उन्होंने इस साम्राज्यवाद विरोधी चेतना को रेखांकित किया और हमें उनका महत्त्व समझाया—"आज के लेखक जनवादी साहित्य का नया रास्ता बना नहीं सकते, अगर वे भारतेन्दु-युग की साम्राज्य-विरोधी परम्परा से अपरिचित रहें।" (वही, पृ. 129) जिस समय इस युग की 'साम्राज्य-विरोधी साहित्यिक चेतना' को देखने में हिन्दी के आलोचक असमर्थ और उदासीन थे, उस समय डॉ. शर्मा द्वारा इसे दिखाया जाना और बाद में हिन्दी नवजागरण के चार चरणों को साम्राज्यवाद विरोध से जोड़कर दिखाना न केवल ऐतिहासिक कार्य था, अपितु यह एक जरूरी कार्य भी था, क्योंकि भारत ने साम्राज्यवाद से अपना सम्बन्ध सदैव के लिए समाप्त नहीं किया था। हिन्दी में प्रगतिशील और मार्क्सवादी आलोचक अनेक हैं, वे भारतीय भाषाओं में भी हैं, पर हिन्दी में ही नहीं, भारतीय भाषाओं में भी रामविलास शर्मा अकेले साम्राज्यवाद विरोधी आलोचक हैं और अब यह कहने का सही समय है कि जिन आलोचकों ने साम्राज्यवाद के विरोध को अपनी आलोचना में कुन्द किया,

उन्होंने प्रत्यक्ष-अप्रत्यक्ष रूप से साम्राज्यवाद का समर्थन किया है, उससे सहयोग स्थापित किया है।

भारत में साम्राज्यवादी और सामन्तवादी व्यवस्था ने किसानों को जकड़ रखा था। हिन्दी के महत्त्वपूर्ण लेखकों ने इसे ध्यान में रखकर अपना लेखन किया था। भारतेन्दु तटस्थ साहित्यकार नहीं थे। साम्राज्यवाद के आर्थिक शोषण पर उनका ध्यान था। जिस समय दादाभाई नौरोजी भारतीय धन के स्वदेश से बाहर जाने के आँकड़े प्रस्तुत कर रहे थे, अपना क्षोभ प्रकट कर रहे थे, लगभग उसी समय भारतेन्दु—'पै-धन विदेस चलि जात इहैं अति ख्वारी', लिख रहे थे। साम्राज्यवाद के भारतीय शिष्य उनकी निगाहों में थे। भारतेन्दु के निबन्ध 'एक अद्‌भुत अपूर्व स्वप्न' में पंडित शीलदावानल के 'नीति-दर्पण' की प्रशंसा के द्वारा डॉ. शर्मा ने ऐसे शिष्यों को ध्यान में रखा। उन्होंने भारतेन्दु-युग की नई चेतना को एक साथ 'साम्राज्य-विरोधी' और 'सामन्त-विरोधी' कहा है। (वही, पृ. 132) भारतेन्दु के कई नाटकों में ''हिन्दी साहित्य की साम्राज्य-विरोधी, सामन्त-विरोधी चेतना व्यंग्य का फन उठाकर बार-बार अंग्रेजी राज और उसके आधार सामन्तशाही पर वार करती है।'' (वही, पृ. 131)

'कवि वचन सुधा' का प्रकाशन 1868 ई. में हुआ था। उस समय से भारतेन्दु ने अंग्रेजी राज की बार-बार आलोचना की है। 1858 ई. में कम्पनी-राज की समाप्ति और महारानी विक्टोरिया की घोषणा के बाद भी कुछ बदला नहीं था। कानून कम्पनी के समय के थे। सेठ अमीचन्द के परिवार के भारतेन्दु अंग्रेजी साम्राज्य के विरोधी थे, जबकि अंग्रेजों ने सबसे पहले अमीचन्द पर ही विश्वास किया था। अमीचन्द और उनके बेटे फतेहचन्द ने अंग्रेजों की सहायता की थी। फतेहचन्द के बेटे हर्षचन्द भी अंग्रेजों के विश्वासपात्र थे। उनके बेटे गोपालचन्द 1857 के स्वाधीनता-संग्राम में अंग्रेजों के साथ थे। हरिश्चन्द्र ने इस पारिवारिक विरासत को लात मारी। वे दूसरे मार्ग पर चल पड़े। वे परिवार के नहीं, देश के हुए, 'भारतेन्दु' हुए। अंग्रेजी राज को 'निर्मूल करने का मंत्र' उनके लिए स्वदेशी था। कांग्रेस के जन्म के लगभग ग्यारह वर्ष पहले 23 मार्च, 1874 की 'कवि वचन सुधा' में स्वदेशी के व्यवहार के लिए एक प्रतिज्ञा-पत्र प्रकाशित हुआ था, जिस पर कई लोगों के हस्ताक्षर थे। चौबीस वर्ष की अवस्था में की जानेवाली स्वदेशी के व्यवहार की प्रतिज्ञा डॉ. शर्मा के अनुसार, ''हिन्दुस्तान के स्वाधीनता-संग्राम में स्वर्णाक्षरों में लिखे जाने योग्य है।'' ('भारतेन्दु हरिश्चन्द्र और हिन्दी नवजागरण की समस्याएँ', 1999, पृ. 74) गांधी ने अपने आन्दोलन में स्वदेशी पर अधिक बल दिया था और डॉ. शर्मा साम्राज्यवाद से लड़ने के लिए उसे सदैव एक हथियार के रूप में देखते हैं। इस 'स्वदेशी' का अर्थ ''सिर्फ विदेशी वस्त्रों का बहिष्कार न था, बल्कि देश के उद्योगीकरण के लिए संघर्ष भी था।'' (वही, पृ. 78) वे मानते हैं कि इस प्रतिज्ञा-

पत्र के प्रकाशन के साथ ही "हरिश्चन्द्र की कलम से भारतीय जनता ने अंग्रेजी राज्य के नाश का वारंट लिख दिया था।" (वही, पृ. 74)

भारतेन्दु की चिन्ता में भारतवर्ष की उन्नति थी। यह किसी एक क्षेत्र की न होकर सभी क्षेत्रों की थी। 'भारत वर्षोन्नति कैसे हो सकती है' लेख में उन्होंने परदेसी वस्तु और परदेसी भाषा का भरोसा न करने को कहा था। उन्होंने भारतेन्दु और उनके युग के साम्राज्यवाद-विरोध की न केवल पहचान की, उसे हिन्दी नवजागरण से जोड़ा, उससे प्रेरणा ग्रहण करने को कहा और अपनी साम्राज्यवाद-विरोधी आलोचना-दृष्टि विकसित की। 'भारत में अंग्रेजी राज और मार्क्सवाद 2 (1982)' में दादाभाई नौरोजी पर लिखते हुए उन्होंने 'महाजनी पूँजी के दौर में भारत' का एक चित्र प्रस्तुत किया है। इंग्लैंड का महाजनी पूँजी के युग में प्रवेश 1875 ई. के आस-पास होता है। यह समय भारतेन्दु--युग का है। इस युग के साहित्य में 'दो मिली-जुली धाराएँ' थीं। पहली धारा में जहाँ अंग्रेजों की प्रशस्ति और उनसे सहयोग की आकांक्षा थी, वहाँ दूसरी धारा में 'समाज-सुधार' के साथ 'स्वदेशी' और स्वाधीनता की चेतना' के प्रचार-प्रसार पर ध्यान था। डॉ. शर्मा ने राजा शिवप्रसाद 'सितारे हिन्द' को पहली धारा के अन्तर्गत और भारतेन्दु हरिश्चन्द्र को दूसरी धारा के अन्तर्गत रखा। अब अमरीकी साम्राज्यवाद के दौर में भारतेन्दु और उनके युग पर विचार करनेवाले देशी-विदेशी विद्वान भारतेन्दु युग की साम्राज्यविरोधी चेतना पर अधिक ध्यान नहीं देते और राजा शिवप्रसाद 'सितारे हिन्द' की एक उज्ज्वल छवि रखते हैं।

भारतेन्दु-युग उन्नीसवीं सदी का उत्तरार्द्ध है। उन्नीसवीं सदी के पूर्वार्द्ध और उत्तरार्द्ध में अन्तर है। उत्तरार्द्ध महाजनी पूँजी का समय है, जिसका साम्राज्यवाद से सम्बन्ध है। रजनी पामदत्त ने इस सदी के पूर्वार्द्ध में सात बार और उत्तरार्द्ध में चौबीस बार अकाल पड़ने का उल्लेख किया है। पूर्वार्द्ध में जहाँ पन्द्रह लाख आदमी मरे थे, वहाँ उत्तरार्द्ध में दो करोड़ पचासी लाख आदमी मरे। "उन्नीसवीं सदी के पिछले पचीस वर्षों में ऐसी परिस्थितियाँ उत्पन्न हो गई थीं, जो इसके पहले के पचहत्तर वर्षों में नहीं थीं।" ('आज का भारत' 2000, पृ. 289) दादाभाई नौरोजी और भारतेन्दु हरिश्चन्द्र दोनों ने जातीय एकता पर बल दिया था। डॉ. शर्मा ने हिन्दी जाति की अवधारणा प्रस्तुत कर साम्राज्यवाद से लड़ने के लिए हिन्दी जातीयता पर विचार किया, उसकी भूमिका और अहमियत समझाई।

लेनिन ने 'साम्राज्यवाद' को 'पूँजीवादी विकास की सबसे ऊँची अवस्था' कहा है। बीसवीं सदी के आरम्भ से साम्राज्यवाद पर व्यापक रूप से विचार किया जाने लगा। ब्रिटिश अर्थशास्त्री जॉन हॉब्सन (1858-1940) की 1902 ई. में 'इम्पीरियलिज्म : ए स्टडी' पुस्तक प्रकाशित हुई। रोजा लक्जमबर्ग (5.3.1871-15.1.1919) की पुस्तक 'दि एक्युमुलेशन ऑफ कैपीटल' (1913) भी साम्राज्यवाद

पर है। साम्राज्यवाद पर लिखी गई अनेक पुस्तकों में से आज भी सर्वाधिक चर्चा लेनिन की पुस्तक की की जाती है। बीसवीं सदी की महत्त्वपूर्ण पुस्तकों में से इसे एक कहा गया है। लेनिन इसे साम्राज्यवादी सूदखोरी से जोड़ते हैं। फ्रांसीसी साम्राज्यवाद को 'सूदखोर साम्राज्यवाद' कहकर उन्होंने यह बताया कि कोई भी देश बिना किसी उपनिवेश के भी साम्राज्यवादी देश हो सकता है। बेनेडिक्ट स्टेचरी (2011) ने एक साथ 'उपनिवेशवाद और साम्राज्यवाद' (कोलोनियलिज्म एंड इम्पीरियलिज्म 1450–1950) पर विचार किया है। ब्रिटेन के पास अन्य यूरोपीय देशों की तुलना में उपनिवेशों की संख्या अधिक थी और वही बड़े और टिकाऊ साम्राज्यवादी देश के रूप में कायम रहा—प्रथम विश्वयुद्ध को साम्राज्यवादी युद्ध भी कहा गया है जिसका लक्ष्य उपनिवेशों का आपस में विभाजन था।

मार्क्सवादी राजनीतिक अर्थशास्त्र में साम्राज्यवाद को जोड़कर लेनिन ने एक सैद्धान्तिक आधार प्रस्तुत किया। लेनिन के समय से आज तक साम्राज्यवाद के लक्षण, उसके रूप-स्वरूप, चरित्र, वैशिष्ट्य और तौर-तरीकों को लेकर लगातार विचार किया जाता रहा है। डॉ. शर्मा ने साम्राज्यवाद पर विचार में लेनिन को अपना मुख्य आधार बनाया है। वे साम्राज्यवाद को लेकर हुई बहसों की अधिक चर्चा नहीं करते। उनका मकसद भी भिन्न है। वे साम्राज्यवाद की सैद्धान्तिकी के अन्तर्गत मुख्यत: महाजनी, इजारेदारी और हेराफेरी वाली पूँजी पर अपना ध्यान केन्द्रित करते हैं। सोवियत रूस के विघटन के बाद साम्राज्यवाद पर गम्भीर बहसें और संवाद अर्थशास्त्रियों, इतिहासकारों, राजनीति विज्ञानियों, संस्कृतिकर्मियों तथा अन्य क्षेत्रों से जुड़े लोगों के बीच जारी रहे हैं। डॉ. शर्मा इसके सिद्धान्तकारों के सिद्धान्तों पर विचार करने से कहीं अधिक विविध क्षेत्रों में इसकी घुसपैठ आदि पर ध्यान केन्द्रित कर एक प्रकार से हमें आगाह करते हैं और इससे संघर्ष के लिए उत्प्रेरित करते हैं। उन्होंने केन्द्र में 'महाजनी पूँजीवाद' को रखकर 'स्वदेशी और असहयोग की उपयोगिता' पर विचार किया है। 'साम्राज्यवाद की आर्थिक नाकेबन्दी' पर उनका अधिक ध्यान है क्योंकि इससे ही युद्ध रुक सकता है और राष्ट्रीय स्वाधीनता सुदृढ़ रह सकती है। स्वतंत्र भारत में साम्राज्यवाद पर इस गम्भीर और व्यापक विचार का एक मकसद है। भारत साम्राज्यवाद-संघर्ष से विमुख हुआ, पर वह साम्राज्यवाद से मुक्त नहीं हुआ। भगतसिंह के दो नारों में 'साम्राज्यवाद का नाश हो' एक प्रमुख नारा था। बीसवीं सदी में तीस के दशक से कांग्रेस ने समझौते की जो नीति अपनाई, उसी का परिणाम 'सत्ता का हस्तान्तरण' था। रजनी पामदत्त ने 1947 के माउंटबेटन समझौते को "दरअसल साम्राज्यवाद और राष्ट्रीय कांग्रेस और मुस्लिम लीग के ऊपरी नेताओं के बीच हुई सुलह का समझौता" कहा है। (वही, पृ. 6)

उन्नीसवीं सदी के अन्त में पूँजीपति वर्ग का पुराना रूप बदल गया। मार्क्स ने 'पूँजी' के तीसरे खंड में यह लिखा कि अब पूँजीपति उद्योग-धंधों का मालिक न

होकर प्रबन्धक है। उद्योग-धंधों के मालिक और पूँजी के मालिक में अन्तर आया। अब महाजन असली पूँजीपति की भूमिका में उपस्थित हुआ और पूँजीपति अथवा उद्योगपति प्रशासक बन गया। यह एक बड़ा बदलाव था। एक ओर उद्योगपतियों के संघ बने और दूसरी ओर महाजनों के। एंगेल्स के जीवन काल में महाजनों के संघ बनने लगे थे। मार्क्स ने पूँजी के स्वयं को दुगुना-तिगुना कर लेने की बात कही थी, इस पर एंगेल्स ने अपनी टिप्पणी में लिखा था—"पूँजी के पुराने और तिगुने होने की यह क्रिया पिछले वर्षों में काफी विकसित हुई है, उदाहरण के लिए वित्तीय संघों द्वारा, जिन्हें लन्दन के स्टॉक एक्सचेंज के विवरण में अलग ही शीर्षक मिला है।" ('भारतीय इतिहास और ऐतिहासिक भौतिकवाद', वही, पृष्ठ 140-141 पर उद्धृत) बीसवीं सदी आने में कुछ ही वर्ष बचे थे। इस सदी में भारत में आज़ादी की लड़ाई का पहला मुख्य चरण 1905 से 1910 का है। रामविलास जी ने 'हिन्दी नवजागरण का तीसरा चरण महावीर प्रसाद द्विवेदी और उनके सहयोगियों का रचनाकाल (महावीर प्रसाद द्विवेदी और हिन्दी नवजागरण', 1977, भूमिका, पृ. 15) माना है। इस सदी के आरम्भ में 'सरस्वती' पत्रिका का प्रकाशन (1900 ई.) शुरू हुआ और दो दशकों तक द्विवेदी जी ने इसका सम्पादन किया। 'सरस्वती' पत्रिका की एक साम्राज्य विरोधी भूमिका भी है। इस पत्रिका में जितने भी लेख प्रकाशित हुए, उनमें 'साम्राज्यवाद' शब्द का प्रयोग भले कम हुआ या न हुआ हो, पर यह नहीं कहा जा सकता कि इस युग के लेखक कहीं से भी ब्रिटिश राज के समर्थक या प्रशंसक थे। इस समय कट्टर राष्ट्रवादी नेता, जिन्हें गरमदली नेता कहा जाता है, यह चाहते थे कि "साम्राज्यवाद से समझौते की नीति खत्म की जाए और उसके खिलाफ बिना मेल-मुलाहजे के लड़ाई शुरू की जाए।" (आज का भारत, वही, पृ. 301)

अंग्रेजों ने भारतीय जनता को धर्म के आधार पर विभाजित करने के लिए 'मुस्लिम लीग' के जन्म में मदद की। 1857 की हिन्दू-मुस्लिम एकता से वे उसी समय से परेशान थे। रजनी पामदत्त ने 'आज का भारत' पुस्तक में बम्बई के गवर्नर लॉर्ड एलफिंस्टन का 1859 का यह कथन उद्धृत किया है, "रोमन शासक कहा करते थे कि प्रजा में फूट डालो और उस पर राज करो। हमारी भी यही टेक होनी चाहिए।" (वही, पृ. 388)

रामविलास शर्मा से पहले द्विवेदी-युग का महत्त्व 'भाषा-परिष्कार' को लेकर था। उन्होंने यह बताया कि इस युग के लेखकों ने सामाजिक रूढ़िवाद को चुनौती दी। पहली बार द्विवेदी जी की पुस्तक 'सम्पत्ति शास्त्र' से सबको परिचित कराया। "यह ग्रन्थ अर्थशास्त्र की नई-पुरानी पाठ्य-पुस्तकों से भिन्न है। इसका उद्देश्य है समकालीन भारत के अर्थतंत्र का अध्ययन करना।" ('महावीर प्रसाद द्विवेदी और हिन्दी नवजागरण', वही, पृ. 16) भारत और साम्राज्यवाद के सम्बन्ध में द्विवेदी जी

और 'सरस्वती' के लेखकों के विचारों का डॉ. शर्मा ने पहली बार विश्लेषण किया। "द्विवेदी युग के व्यापक नव-जागरण वाले काम को हम इतना भूल गए हैं कि उद्धरणों के बिना किसी से कहा जाए कि द्विवेदी जी ने साम्राज्यवाद का विश्लेषण किया है या मजदूरों के संगठन बनाने पर जोर दिया है तो उसे विश्वास न होगा।" (वही, पृ. 18) भारतेन्दु और महावीर प्रसाद द्विवेदी ने देश में आधुनिक उद्योग-धंधों के विकास की जरूरत समझी थी। वे गांधी की तरह चरखे और करघे को महत्त्व नहीं देते थे। साम्राज्यवाद के विरोध का अर्थ उद्योग-धंधे का विरोध नहीं था। उनकी विचारधारा अतीतोन्मुखी न होकर भविष्योन्मुखी थी। बिना वैज्ञानिक शिक्षा के उद्योगीकरण सम्भव नहीं था। "हिन्दी नवजागरण के सूत्रधारों में महावीर प्रसाद द्विवेदी वैचारिक दृष्टि, वैज्ञानिक प्रशिक्षण की आवश्यकता के प्रति सबसे अधिक सचेत हैं।" (वही, पृ. 179)

आदिवासियों के प्रति साम्राज्यवादियों का दृष्टिकोण हिंसक था। अंग्रेजों के खिलाफ जितने भी विद्रोह और संघर्ष हुए, उनमें आदिवासी-विद्रोहों की संख्या सर्वाधिक है। पी. राघवैय्या ने 'पीजेंट स्ट्रगल्स इन इंडिया' (सम्पादक ए.आर. देसाई, 1979) लेख में आदिवासी विद्रोह का जो तैथिक अनुक्रम पेश किया है, उसमें 1778 ई. के बिहार के पहाड़िया सरदार के विद्रोह से लेकर 1932 ई. के असम के गैर-ईसाई रानी गिडालों के नगा विद्रोह तक कुल इकहत्तर विद्रोहों का जिक्र है, जिनमें बीसवीं सदी के अन्त तक हुए विद्रोहों की संख्या अड़सठ है। महावीर प्रसाद द्विवेदी ने 'सरस्वती' में आदिवासियों से सम्बन्धित कई लेख प्रकाशित किए। उनका दृष्टिकोण "आदिवासियों के प्रति साम्राज्यवादियों के हिंसक दृष्टिकोण से—साहूकारों के निर्दय-शोषक दृष्टिकोण से ठीक उल्टा था।" (महावीर प्रसाद द्विवेदी और हिन्दी नवजागरण', वही, पृ. 175)

भाषा, जाति, धर्म, सम्प्रदाय सबको अंग्रेजों ने अपना हथियार बनाया था। डॉ. शर्मा ने यह बताया कि हिन्दी नवजागरण के अग्रदूतों ने इन हथियारों को कुन्द किया। साम्राज्यवाद विरोधी लड़ाई का यह अनिवार्य पक्ष था। हिन्दी नवजागरण साम्राज्यवाद विरोधी था। अन्य प्रदेशों के नवजागरण के साथ यह बात नहीं थी। ब्रिटिश साम्राज्यवाद को शक्तिशाली बनाने में भारत के नए सामन्त वर्ग और जमींदारों की भूमिका थी। अंग्रेजी राज में कई कौंसिलें बनाई गई थीं। किसानों से किसी प्रकार का सम्बन्ध न रखनेवाले किसानों के प्रतिनिधि बनकर इन कौंसिलों में शामिल होते थे। डॉ. शर्मा ने जुलाई 1914 की 'सरस्वती' में प्रकाशित द्विवेदी जी की टिप्पणी 'देश की बात' में उनके द्वारा कौंसिलों की कड़ी आलोचना का जिक्र किया है। (वही, पृ. 87) हिन्दी नवजागरण के जिन चार चरणों पर डॉ. शर्मा ने विचार किया, उनमें उनका दृष्टिकोण सदैव साम्राज्यवाद विरोधी रहा है। निराला के बाद साहित्य में उन्होंने यह साम्राज्यवाद-विरोध नहीं देखा और अलग से उन्होंने इस ओर हमारा

ध्यान आकर्षित किया। हिन्दी लेखकों पर लिखते समय वर्तमान उनकी आँखों से कभी ओझल नहीं हुआ। उन्होंने अतीत को वर्तमान से जोड़ा और भविष्य का मार्ग सुझाया। द्विवेदी जी के समय भारत में 'साम्राज्यवाद का प्रत्यक्ष शासन' था, पर द्विवेदी जी 'शासक वर्ग से ठीक विपरीत दिशा में' विचार कर रहे थे। वे यह बता रहे थे कि 'अंग्रेजों को यहाँ की भाषा सीखनी चाहिए। हम उनकी भाषा क्यों सीखें?'

डॉ. शर्मा ने साम्राज्यवाद का कोई अकादमिक इतिहास प्रस्तुत नहीं किया है। उस पर सर्वांगीण विचार करते हुए वे अपने समय की साम्राज्य-विरोधी शक्तियों को न केवल प्रोत्साहित करते हैं, अपितु यह समझाते भी हैं कि—साम्राज्यवाद से सम्बन्ध तोड़े बिना भारत वास्तविक रूप में अपना विकास नहीं कर सकता। वे इतिहास राजनीति, आर्थिकी, शिक्षा, भाषा, साहित्य, संस्कृति—सबके जरिए इसे स्पष्ट करते हैं। ''अगर यहाँ के प्रदेश—हिन्दी और अहिन्दी ही नहीं, बंगाल और असम, गुजरात और महाराष्ट्र आपस में लड़ते हैं तो इससे साम्राज्यवाद को लाभ पहुँचता है। यदि ये अंग्रेजी के सहारे आपस में शान्ति कायम रखते हैं, अपनी भाषाओं के ऊपर अंग्रेजी को जगह देते हैं, तो इस तरह भी शिक्षा-संस्कृति आदि के माध्यम से, अपना प्रभाव विस्तार करने में साम्राज्यवाद को सुविधा होती है।'' (वही, पृ. 200)

साम्राज्यवाद अपने संकट के दौर में अपनी शिक्षा नीति को और अधिक प्रतिक्रियावादी बनाता है। सम्प्रदायवादियों को साथ लेकर वह अपने हितों—ब्रिटिश हितों की रक्षा करता था। धर्म को उसने भाषा का आधार बनाया। भाषा के जातीय आधार को साम्राज्यवादी और उसके सहयोगी सम्प्रदायवादी दोनों खारिज करते हैं। ये भारतीय मुसलमानों की एक भाषा और एक संस्कृति के हिमायती हैं। डॉ. शर्मा ने इसका सदैव विरोध कर साम्राज्यवादी भाषाई साजिश और खेल पर सदैव प्रहार किया। उसकी असलियत हमें बताई। उनकी सर्वाधिक लड़ाई मार्क्सवादियों से रही—उस तबके से जो उदारपन्थी पूँजीवादियों के साथ थे। उनके यहाँ ऐसी प्रगतिशीलता का अधिक अर्थ नहीं है, जो साम्राज्यवाद विरोधी नहीं हो। हमारे देश में साम्राज्यवाद विरोधी मार्क्सवादियों की संख्या निरन्तर घटती गई है। राहुल सांकृत्यायन, बनारसी दास चतुर्वेदी और शिवदान सिंह चौहान की डॉ. शर्मा ने उनकी भाषा-सम्बन्धी दृष्टि और नीति को लेकर आलोचना की। आज आठवीं अनुसूची में भोजपुरी को शामिल करने की जो प्रबल माँग है, वह पहले के 'विघटन-आन्दोलन' से जुड़ी है। लिखना हिन्दी में होता है और मातृभाषा को आठवीं अनुसूची में शामिल करने की बातें होती हैं। यह भाषा-प्रेम—मातृभाषा प्रेम (?) किसी से छुपा नहीं है। ग्रियर्सन को द्विवेदी जी ने 'भेदभाव का भक्त' कहा था जिसे डॉ. शर्मा ने सही माना। उन्होंने ग्रियर्सन के भाषाशास्त्र को 'ब्रिटिश कूटनीति के प्रसार' के रूप में देखा।

अंग्रेजों ने हिन्दी-उर्दू में भेद करने के कम प्रयत्न नहीं किए थे। जातीय चेतना, जातीय भाषा, जातीय एकता से उन्हें भय था। 'भाषा के क्षेत्र में सही साम्राज्यविरोधी वैज्ञानिक नीति' इस जातीय दृष्टि और चेतना से जुड़ी हुई थी। हिन्दी प्रदेश के जनपद भारतीय सामन्तवाद के केन्द्र थे। जातीय चेतना के स्थान पर जनपदीय चेतना को बढ़ाने और तीव्र करने से सामन्तवाद को लाभ पहुँचता था। इससे साम्राज्यवादी ताकतें और मजबूत होती थीं। "साम्राज्यवादी नीति थी कि भारतीय भाषाओं में सहयोग के बदले उनके बीच ईर्ष्या और द्वेष के भाव पैदा किए जाएँ, विभिन्न जातियों के बीच राष्ट्रीय एकता का सम्बन्ध मजबूत करने के बदले किसी को योद्धा जाति, किसी को कायरों की जाति, किसी को कुछ सभ्य, किसी को कुछ अधिक असभ्य कहकर साम्राज्यवादी कूटनीति उन्हें एक-दूसरे से घृणा करना सिखाती थी। इसके विरोध में द्विवेदी जी की दृष्टि समग्र भारतीय साहित्य पर रहती है"। (वही, पृ. 341) आज के भारत में एक-दूसरे के प्रति जो लगातार नफरत और अमरीका की ओर जो ललचाई दृष्टि बढ़ रही है, उससे अमरीकी साम्राज्यवाद को लाभ मिल रहा है।

बीसवीं सदी में साम्राज्यवाद-विरोध से जुड़ी नई राष्ट्रीय चेतना विकसित हुई। रूसी क्रान्ति (1917) के बाद भारत का स्वाधीनता-आन्दोलन जनान्दोलन बना। कांग्रेस के सोच-विचार में इसी समय बदलाव आया, इसके पहले सदी के आरम्भ में एशिया और अफ्रीका के देशों में साम्राज्य-विरोधी लहर पैदा हो चुकी थी। लेनिन ने साम्राज्यवाद को युद्ध और हिंसा से जोड़ा था। विश्वव्यापी पूँजीवाद का साम्राज्यवादी युग 1898-1900 से पहले आरम्भ नहीं हुआ था। इसे देखने के लिए मार्क्स और एंगेल्स दोनों में से कोई नहीं थे। 1900 से अब तक का साम्राज्यवादी युग एक प्रकार का नहीं रहा है। डॉ. शर्मा ने इसके बदलते रूपों पर भी विचार किया है। प्रथम विश्व युद्ध के दौर में साम्राज्यवाद की नींव कमजोर हुई। रूसी क्रान्ति और प्रथम विश्व युद्ध के बाद साम्राज्यवाद पहले की तरह न रहा। अब दुनिया के सभी हिस्सों से आज़ादी की माँग उठने लगी। इसी समय से कांग्रेस की माँगें बदलीं। "पहले कांग्रेस का उद्देश्य साम्राज्य के भीतर रहकर दूसरे उपनिवेशों की तरह खुद-मुख्तार हुकूमत पाना था। अब यह उद्देश्य बदल कर 'शान्तिपूर्ण और उचित तरीकों से स्वराज्य प्राप्त करना' हो गया।" (रजनी पामदत्त, वही, पृ. 313-14) यह आज़ादी की लड़ाई की एक भिन्न मंजिल थी।

1920 ई. में गांधी और कांग्रेस ने जो साम्राज्यविरोधी आन्दोलन आरम्भ किया था, उसके पहले डॉ. शर्मा ने 'हिन्दी प्रदेश में समाजवादी चेतना का प्रसार' ('भारत में अंग्रेजी राज और मार्क्सवाद', खंड-1, 1982, अध्याय-4) पर विचार किया है। स्पष्ट है कि राजनीति से पहले, राजनीतिक नेताओं और कांग्रेस से पहले हिन्दी के लेखक और पत्रकार 'समाजवादी चेतना का प्रसार' कर रहे थे, जो 'भारत में

साम्राज्य-विरोधी चेतना के प्रसार की अगली कड़ी' है। उन्होंने 'सम्पत्ति शास्त्र' के साथ ही राधामोहन गोकुल जी की पुस्तक 'देश का धन' की चर्चा की, 'मर्यादा' पत्रिका की राजनीतिक टिप्पणियों से 'समाजवादोन्मुख विचारधारा' का 'साम्राज्यविरोधी चेतना' से घनिष्ठ सम्बन्ध जोड़ा, 'विक्रम' और 'प्रताप' पत्रों की भूमिका के साथ गणेश शंकर विद्यार्थी के लेखों का हवाला दिया और युद्ध की आलोचना को 'साम्राज्यवादी व्यवस्था की आलोचना' कहा। स्वाधीनता-आन्दोलन में जो अवसरवादी प्रवृत्तियाँ विकसित हो रही थीं और कभी-कभार ही सही जो साम्प्रदायिक शक्तियों को बढ़ावा भी देती थीं, इस सन्दर्भ में गणेश शंकर विद्यार्थी की आलोचना की ओर ध्यान दिलाया। गणेश शंकर विद्यार्थी ने लिखा था—"देश की स्वाधीनता के लिए जो उद्योग किया जा रहा था, उसका वह दिन निस्सन्देह अत्यन्त बुरा था, जिस दिन स्वाधीनता के क्षेत्र में खिलाफत, मुल्ला, मौलवियों और धर्माचार्यों को स्थान दिया जाना आवश्यक समझा गया। एक प्रकार से उस दिन हमने स्वाधीनता के क्षेत्र में एक कदम पीछे हटकर रखा था।" (वही, पृ. 276 पर उद्धृत) राधामोहन गोकुल जी का महत्त्व यह था कि उन्होंने सबसे पहले भूमि का मालिक खेतिहर को मानकर सामन्तविरोधी क्रान्ति का महत्त्व बताया। डॉ. शर्मा सामन्तविरोधी कार्यक्रम को 'साम्राज्यवाद की जड़ काटनेवाला' इसलिए मानते हैं कि "साम्राज्यवाद का सामाजिक आधार थे जमींदार, राजा, सामन्ती अवशेष।" (वही, पृ. 330) वे साम्राज्यवाद के आर्थिक और सामाजिक दोनों आधारों में से सामाजिक आधारों पर प्रहार करनेवाले हिन्दी लेखकों और पत्रकारों को शीर्ष पर रखते हैं।

रामविलास शर्मा की पहली आलोचना-कृति 'प्रेमचन्द' (1941) है। इसका लेखन-वर्ष 1939-40 है। 'भूमिका' में उन्होंने उस समय 'क्या राजनीति में, क्या साहित्य में' प्रेमचन्द के व्यक्तित्व को 'सबसे अधिक क्रान्तिकारी' कहा है। गांधी, सुभाष, नेहरू, जयप्रकाश और अन्य नेताओं की तुलना में प्रेमचन्द का व्यक्तित्व क्रान्तिकारी था। भगतसिंह ने 1929-30 में ही यह स्पष्ट कर दिया था कि कांग्रेस समझौते के मार्ग पर चल पड़ी है। तीस के दशक की हलचलों—सामाजिक, आर्थिक, राजनीतिक और सांस्कृतिक के साथ वैश्विक स्तर पर भी जो कुछ घट रहा था, आकार ग्रहण कर रहा था, उस पर समग्र रूप में विचार करने की अधिक आवश्यकता है। साम्राज्यवाद से भारत का संघर्ष कांग्रेस के एजेंडे पर नहीं रहा। उसने समझौते की नीति अपनाई। यह आज़ादी की लड़ाई की तीसरी और अगली मंजिल थी, जब जनता साम्राज्यवाद के साथ ही शोषक वर्ग के विरुद्ध भी उठ खड़ी हुई थी।

पूर्ण स्वाधीनता का प्रस्ताव (1929) कांग्रेस ने अचानक पास नहीं किया था। 1928-29 से साम्राज्यवाद के विरुद्ध नौजवान भारत सभा के प्रतिनिधि आगे थे। वे अंग्रेजों से किसी भी प्रकार के समझौते के विरुद्ध थे। भारतीय नौजवान और मजदूर अंग्रेजों से समझौते किए जाने के विरुद्ध थे, पर गांधी समझौते के पक्ष में थे। आज

की कांग्रेस को जब प्रभात पटनायक मार्च 1931 के कांग्रेस के कराची अधिवेशन में ली गई प्रतिज्ञा का स्मरण दिलाते हैं (प्रोमिसेज टू कीप, दि टेलीग्राफ, 5 सितम्बर, 2012), तब वे एक प्रकार से सोनिया गांधी और मनमोहन सिंह को गांधी और नेहरू से कुछ सीख लेने की उम्मीद रखते हैं, जब कि अस्सी वर्ष के बाद कांग्रेस अपनी पुरानी पटरी से बहुत हद तक उतर चुकी है। 1927 के अन्त में रजनी पामदत्त उस समय के साम्राज्य विरोधी आन्दोलन में जनता की सक्रिय हिस्सेदारी के कतिपय चिह्न देखते हैं और उसके पूरे प्रचंड रूप को 1930-34 में सामने पाते हैं। ('आज का भारत', वही, पृ. 325) 1932 ई. के मध्य तक गांधी ने इस आन्दोलन से अपने को अलग कर लिया था और 1934 में उन्होंने कांग्रेस से इस्तीफा भी दे दिया था। कांग्रेसियों में उस समय आपसी मतभेद कम नहीं था। डॉ. शर्मा ने 1929 ई. में तीन प्रकार की धाराओं की बात कही है। "मेरठ षड्यंत्र एक तरह की धारा, असेम्बली बम-कांड और यतीन्द्र नाथ दास की शहादत—दूसरी तरह की धारा, कराची अधिवेशन की अध्यक्षता के लिए नेहरू का चुनाव और पूर्ण स्वाधीनता के लक्ष्य की स्वीकृति—तीसरी तरह की धारा।" ('रूपतरंग और प्रगतिशील कविता की वैचारिक पृष्ठभूमि', 1990 ई., पृ. 165) साम्राज्यवाद ने सदैव जन-उभार को रोकने के लिए साम्प्रदायिक दंगों का 'अपना अचूक अस्त्र' चलाया। 23 मार्च 1931 की रात को भगतसिंह, राजगुरु और सुखदेव को फाँसी दी गई। इसी समय कराची में कांग्रेस का अधिवेशन हो रहा था और दो दिन बाद 25 मार्च, 1931 को कानपुर में हुए हिन्दू-मुस्लिम दंगे में गणेश शंकर विद्यार्थी शहीद हुए।

तीस के दशक के आरम्भ में रामविलास जी ने 'हिन्दी में नया यथार्थवाद' की पहचान की, जो पहले के यथार्थवाद से भिन्न था। "राजनीतिक रूप से हिन्दी का नया यथार्थवाद साम्राज्यविरोधी है, सामन्तविरोधी है, कांग्रेस नेतृत्व का भरोसा न करके वह नए नेतृत्व की तलाश में है।" (वही, पृ. 172) इस नए यथार्थवाद के अन्तर्गत उन्होंने निराला की रचनाओं—'देवी' और 'चतुरी चमार' को रखा और इसके पहले 1933 में प्रकाशित बलभद्र दीक्षित पढ़ीस के कविता-संग्रह 'चकल्लस' का उल्लेख किया है। तीस के दशक में ही भारतीय उद्योगपति और व्यापारी ब्रिटिश पूँजी से भारतीय पूँजीवाद का सम्बन्ध स्थापित करने के लिए चिन्तित और प्रयत्नशील थे। उनकी चिन्ता में भारतीय जनता नहीं थी। इस समय के पूँजीपतियों और व्यापारियों के वर्ग को डॉ. शर्मा ने 'पीड़ित वर्ग' कहा है। "उसे पीड़ा देनेवाली शक्ति साम्राज्यवाद की है। किन्तु उसके हित श्रमिक जनता के हितों से टकराते हैं, इसलिए वह क्रान्तिकारी भूमिका नहीं निबाह सकता। साथ ही वह क्रान्ति-विरोध के शिखर में नहीं है।" ('भारत में अंग्रेजी राज और मार्क्सवाद', खंड-1, पृ. 345) इस समय रायवादी (एम.एन. राय) पूँजीपति वर्ग को प्रतिक्रियावादी घोषित कर रहे थे और उसे मुख्य शत्रु बताकर साम्राज्यविरोधी-संघर्ष की दिशा बदलना चाहते थे जिससे "मुख्य शत्रु

साम्राज्यवाद न रहे, वरन भारत का पूँजीपति वर्ग हो जाए।'' (वही) डॉ. शर्मा ने इस कार्यनीति को सही नहीं माना है। स्वाधीनता-आन्दोलन के समय के हिन्दी के प्रमुख लेखकों और पत्रकारों ने हमेशा एक साथ साम्राज्यवाद और सामन्तवाद का विरोध किया।

इस दौर के प्रमुख लेखक पत्रकार भी थे। प्रेमचन्द का महत्त्व सर्वविदित है। भारतेन्दु और प्रेमचन्द पर ही नहीं, इन दोनों के युगों पर भी डॉ. शर्मा ने पुस्तकें लिखीं। ये दोनों युग हिन्दी साहित्य में विशेष महत्त्वपूर्ण हैं। प्रेमचन्द को उन्होंने भारत का सबसे बड़ा साम्राज्यविरोधी, सामन्तविरोधी लेखक कहा है। डॉ. शर्मा अपनी पुस्तकों के नए संस्करणों में अपने समय की बात भी कहते रहे हैं। भारत में रूढ़िवादियों के संरक्षक सामन्त और पुरोहित थे। ब्रिटिश साम्राज्यवाद 'इस जर्जर सामाजिक व्यवस्था का पोषक था'। ''इस साम्राज्यवाद और उसके द्वारा पाली-पोसी जानेवाली समाज-व्यवस्था पर सबसे शक्तिशाली प्रहार किया था प्रेमचन्द ने।'' ('प्रेमचन्द और उनका युग', 1995, पृ. 267) प्रेमचन्द पर लिखी दोनों पुस्तकों में बार-बार प्रेमचन्द के साम्राज्यवाद और सामन्तवाद विरोधी लेखन के उदाहरण दिए गए हैं। 'प्रेमाश्रम' में किसान जहाँ 'सीधे साम्राज्यवादी शासनतंत्र' का सामना करते हैं वहीं 'गोदान' में 'महाजनी शोषण की पृष्ठभूमि में बैंकपतियों का पूँजीवाद मौजूद है।' (वही, चौथे संस्करण की भूमिका)

प्रेमचन्द की 'महाजनी सभ्यता' को डॉ. शर्मा ने केवल 'सामान्य पूँजीवादी सभ्यता' न कहकर 'अन्तरराष्ट्रीय बैंकपतियों की सभ्यता' भी कहा है। गोदान में खन्ना मिल का मालिक और बैंक मैनेजर भी है। वह राय साहब को शेयर खरीदने की सलाह देता है और 'स्पेकुलेशन' का महत्त्व समझाता है। प्रेमचन्द अकेले भारतीय लेखक हैं, जो उस समय स्पेकुलेटिव पूँजी के बारे में हमें बताते हैं। साम्राज्यवाद का सम्बन्ध इजारेदार पूँजी से है और भारत लगातार संकट में घिरता गया है। 'प्रेमचन्द और उनका युग' के चौथे संस्करण की भूमिका में डॉ. शर्मा ने लिखा है—''भारत पर इजारेदार पूँजी का दबाव बना हुआ है। स्वाधीनता के बावजूद यह दबाव बढ़ा है। देश के राजनीतिक, आर्थिक, सांस्कृतिक जीवन का कोई पहलू नहीं है, जो इस पूँजी की घुसपैठ से मुक्त हो। प्रेमचन्द ने महाजनी पूँजीवाद की जो आलोचना की है, वह आज के भारत के लिए अत्यन्त प्रासंगिक है।'' यह भूमिका उन्होंने 1987 में लिखी। सात वर्ष बाद 'प्रेमचन्द' पुस्तक का दूसरा संस्करण (1994 ई.) प्रकाशित हुआ। इस पुस्तक की भूमिका में सत्तर के दशक में ब्रिटिश पूँजीवाद को 'धकियाने' वाले अमरीकी पूँजीवाद की उन्होंने चर्चा की और विदेशी पूँजीवाद से भारत सरकार द्वारा किए गए समझौतों की बात कही। ''इसके साथ ही भारत में सम्प्रदायवाद के नए-नए रूप प्रकट हुए और देश का राजनीतिक संकट गहरा होता गया। एक समझौता सन् 1937 का, दूसरा सन् 1947 का, तीसरा

सन् 1970 के दशक का और चौथा सन् 1991 का। हर बार समझौते के बाद सम्प्रदायवाद और अलगाववाद की ताकतें बढ़ीं। इसमें किसी को सन्देह न होना चाहिए कि नई आर्थिक नीति के रूप में कांग्रेसी सरकार ने साम्राज्यवाद से जो नया समझौता किया है, उसके बाद सम्प्रदायवाद और अलगाववाद की ताकतें पहले से ज्यादा उपद्रव नहीं करेंगी।'' ('प्रेमचन्द', 1994, पृ. 33-34) 'प्रेमचन्द' पुस्तक के नए संस्करण की 'भूमिका' लिखते समय डॉ. शर्मा क्यों नई आर्थिक नीति पर विचार कर रहे थे? क्यों 'आज की दुनिया और सूदखोर पूँजीवाद' तथा 'जाति-बिरादरी' और 'वर्ग' के सम्बन्ध में प्रेमचन्द के दृष्टिकोण को व्यक्त कर रहे थे?

जिस प्रकार प्रेमचन्द ने पूँजीवाद, इजारेदार पूँजीवाद, साम्राज्यवाद, सामन्तवाद, जाति-बिरादरी और अवसरवाद का विरोध किया क्या वैसा विरोध स्वतंत्र भारत के लेखकों ने किया? राजनीतिक दलों ने किया? अगर नहीं, तो महत्त्व किसका है? प्रेरक कौन है? साहित्यकारों का मार्ग कौन-सा है और इन दुर्गुणों-अभिशापों से मुक्ति आवश्यक है या नहीं? यह कैसे होगा? साम्राज्यवाद की चाकरी कर अथवा उससे संघर्ष कर? डॉ. शर्मा इस प्रकार प्रेमचन्द, निराला और रामचन्द्र शुक्ल के जरिए एक नजीर पेश करते हैं। गोर्की और प्रेमचन्द के सम्बन्ध में उन्होंने यह लिखा कि गोर्की जहाँ अपने युग से पिछड़ रहे थे, वहाँ प्रेमचन्द अपने युग के साथ थे। डॉ. शर्मा सदैव अपने युग के साथ रहे और अपने समय के प्रश्नों को कभी उन्होंने ओझल नहीं किया। 'प्रेमचन्द' के दूसरे संस्करण की भूमिका में उन्होंने सूदखोर और इजारेदार पूँजीवाद की बात की, साम्राज्यवाद के नए रूप के बारे में बताकर अपने पाठकों को न केवल शिक्षित किया, अपितु मार्क्सवादी आलोचना का सही मार्ग भी दिखाया। यह सब विषयान्तर नहीं है। वे जब कांग्रेस की समझौतावादी नीति की आलोचना करते हैं और कम्युनिस्ट पार्टी द्वारा उस समझौते को मंजूर करने की बात कहते हैं, तो उनका आशय यह भी है कि अब कम्युनिस्ट पार्टी अपने को इस प्रकार के समझौतों से मुक्त करे। कम्युनिस्ट पार्टी सहित कांग्रेस तथा अन्य राजनीतिक दलों की आलोचना के पीछे उनके दर्द को समझने की जरूरत है। प्रेमचन्द उनके लिए इसलिए सर्वाधिक महत्त्वपूर्ण हैं कि उन्होंने साम्राज्यवाद और सामन्तवाद से कभी समझौता नहीं किया। ''प्रेमचन्द सामाजिक स्थिरता के पक्षधर नहीं हैं, अतीत की ओर लौट चलने के पक्षधर वह और भी नहीं हैं। प्रेमचन्द के साहित्य से हम उनके युग को पहचानते हैं, उस युग की तुलना में हम कितना पीछे जा चुके हैं, यह भी हम उस साहित्य से जान सकते हैं।'' ('प्रेमचन्द और उनका युग', वही, नए संस्करण की भूमिका)

ब्रिटिश साम्राज्यवादियों ने जो भ्रम पैदा किए थे, प्रेमचन्द ने उन्हें एक-एक कर 'छिन्न-भिन्न' कर दिया। डॉ. शर्मा ने अपनी आलोचना से इसे उजागर किया और प्रेमचन्द की एक सही पहचान रखी। यह प्रेमचन्द की ही नहीं, डॉ. शर्मा की भी सही

पहचान है। ब्रिटिश साम्राज्यवाद हो या अमरीकी साम्राज्यवाद—दोनों की उन्होंने चीर-फाड़ की है। उसके वास्तविक चेहरे की पहचान कराई और हमें सावधान किया। उनकी साहित्यिक आलोचना पर विचार करते समय हम यह भूल जाते हैं कि उसमें उस समय का सामाजिक-राजनीतिक और आर्थिक पहलू भी है। उन्होंने आलोचना को व्यापक बनाकर समृद्ध किया। उनकी आलोचना में जो एकसूत्रता और अन्तस्सम्बन्धता है, उसे समझे बगैर उनके महान योगदान को समझा नहीं जा सकता। उन्होंने प्रेमचन्द के सम्बन्ध में यह लिखा, "वह अमरीकी जनतंत्र की असलियत से बेखबर नहीं थे और साम्राज्यवाद और सोवियत रूस के बीच में तटस्थ नहीं थे। ब्रिटिश साम्राज्यवाद के खिलाफ जनता को एकत्र करनेवाले वह एक कर्मठ साहित्यकार थे।" (वही, पृ. 126) प्रेमचन्द ने केवल कहानीकार और उपन्यासकार के रूप में—एक लेखक के रूप में ही नहीं, 'सम्पादक, विचारक और समालोचक' के रूप में भी साम्राज्यवाद और सामन्तवाद पर लगातार प्रहार किया। उनकी कलम कभी नहीं रुकी। प्रेमचन्द की तरह डॉ. शर्मा ने अपनी पुस्तकों में, लेखों में, इंटरव्यू में, पुस्तकों की भूमिकाओं में सदैव इन दोनों—साम्राज्यवाद और सामन्तवाद (सम्प्रदायवाद और जाति-बिरादरीवाद) पर प्रहार किया और उनकी कलम कभी नहीं रुकी। अंग्रेजी भाषा के प्रभुत्व को प्रेमचन्द ने 'साम्राज्यवादी प्रभुत्व का ही अटूट हिस्सा' बताया था। उनका यह कथन है—"अंग्रेजी राजनीति का, व्यापार का, साम्राज्यवाद का, हमारे ऊपर जैसा आतंक है, उससे कहीं ज्यादा अंग्रेजी भाषा का है। अंग्रेजी राजनीति से, व्यापार से, साम्राज्यवाद से तो आप बगावत करते हैं; लेकिन अंग्रेजी भाषा को आप गुलामी के तौक की तरह गर्दन में डाले हुए हैं।" (वही, पृ. 145) राजनीति जहाँ चूक रही थी, वहाँ प्रेमचन्द ने साहित्य के जरिए एक जरूरी मार्ग बनाया। राजनीति से बड़ी भूमिका साहित्य की हुई। प्रेमचन्द ने साहित्य को राजनीति के पीछे चलनेवाली चीज 'न कहकर' उसके आगे चलनेवाला 'एडवांसगार्ड' कहा। प्रेमचन्द ने कम स्थलों पर साम्राज्यवाद, पूँजीवाद, सामन्तवाद, सम्प्रदायवाद आदि शब्दों का प्रयोग किया है, पर उन्होंने बार-बार 'मुख्य शत्रु ब्रिटिश साम्राज्यवाद और उसके देशी सहायकों पर' वार किया।

डॉ. शर्मा ने 'प्रेमाश्रम' और 'गोदान' के बीच के समय में 'साम्राज्यवादी शोषण के घनत्व' के बढ़ने की बात कही है (वही, पृ. 228) 'प्रेमाश्रम' का प्रकाशन 1922 ई. में हुआ था और 'गोदान' का 1936 में। दोनों के रचना-काल में चौदह-पन्द्रह वर्ष का अन्तर है। प्रथम विश्व युद्ध के बाद ब्रिटिश साम्राज्यवाद पहले की तरह नहीं रहा। पहले वह पूँजी का सबसे बड़ा निर्यातक था। रजनी पामदत्त ने इस युद्ध के बाद उसके 'अंजर-पंजर ढीले' होने की बात कही है, ('आज का भारत' वही, पृ. 307) पर वह कमजोर नहीं हुआ था। 1935 के कानून से बने नए विधान को रजनी पामदत्त ने 'तीसरा साम्राज्यवादी विधान' कहा है—"मार्लेमिंटो सुधारों को हम पहला विधान

मानें तो यह तीसरा साम्राज्यवादी विधान कहा जाएगा।'' (वही, पृ. 443) इस अवधि में ब्रिटिश साम्राज्यवाद ने सम्प्रदायवाद को एक नए सिरे से मजबूत किया। 1935 के कानून से कोई बड़ा बदलाव नहीं आया। ''प्रान्तीय सरकारों में स्वास्थ्य, शिक्षा आदि विषय जो रचनात्मक थे और जिनके लिए पैसा नहीं था, हिन्दुस्तानी मंत्रियों को सौंप दिए गए। ये मंत्री प्रान्तीय धारा-सभा के प्रति जिम्मेदार थे।' (वही, पृ. 437) जहाँ तक अंग्रेजों की सूदखोरी के प्रश्न हैं, वह कहीं अधिक 'व्यापक और क्रूर' बना। 'गोदान' में झिंगुरी सिंह बड़े महाजन हैं, शहर के एक बड़े महाजन के एजेंट। गाँव में अन्य कई महाजन थे। गाँव से शहर तक महाजन-ही-महाजन थे। साम्राज्यवाद ने आर्थिक रूप से गाँवों को सीधे अपने जाल में लपेट लिया था। 1918-20 की तुलना में 1935-36 में इजारेदार पूँजीवाद का रूप भिन्न ही नहीं, विकसित भी था। डॉ. शर्मा ने यह बताया है कि अन्य किसान विलायती माल खरीदने से तबाह न होकर ''इसलिए तबाह होता है कि उसका श्रमफल महाजनों के माध्यम से वित्त में रूपान्तरित होकर इजारेदार पूँजीपतियों के पास पहुँच जाता है।'' ('प्रेमचन्द और उनका युग', वही, पृ. 231)

निराला ने साहित्य-साधना प्रतिकूल परिस्थितियों में की थी। 'निराला की साहित्य-साधना' (1962-1972, 1976) के वर्षों पहले डॉ. शर्मा ने 'निराला' पुस्तक (1946) की भूमिका में निराला के जीवन को 'प्रत्येक सहृदय व्यक्ति के लिए एक चुनौती माना 'कि वह इस सड़ी-गली व्यवस्था का अन्त करके एक नए समाज का निर्माण करे।'' 'नए समाज का निर्माण' साम्राज्यवाद और उसके सहयोगियों का अन्त किए बिना सम्भव नहीं था। छायावाद की पतनोन्मुख प्रवृत्तियों के साथ उसके प्रगतिशील पक्ष को सामने रखने का डॉ. शर्मा ने एक बड़ा कार्य किया। मार्क्सवादी और प्रगतिशील आलोचक छायावाद के इस प्रगतिशील पक्ष को कम देख रहे थे। स्वतंत्र भारत में इस पुस्तक का दूसरा संस्करण प्रकाशित हुआ। भारत को 'अर्ध-उपनिवेश' और यहाँ के 'जर्जर सामन्ती ढाँचे' से उन्होंने निराला-साहित्य का घनिष्ठ सम्बन्ध जोड़ा। निराला पर जब आक्रमण हो रहे थे, डॉ. शर्मा ने उसका जवाब देकर अपना आलोचना-कर्म आरम्भ किया। उस समय से लेकर बाद तक निराला साहित्य को वे कभी नहीं भूले। निराला के साथ उनका घनिष्ठ सम्बन्ध था। उन्होंने निराला के जीवन-संघर्ष को 'भारतीय जनता के संघर्ष' से जोड़कर देखा। साम्राज्यवाद ने रूढ़िवाद को बढ़ावा दिया था। निराला ने उससे मोर्चा लिया। 1932-33 से निराला-साहित्य में आए परिवर्तन को रेखांकित कर उसे साम्राज्यवाद विरोध से जोड़ने का कार्य केवल डॉ. शर्मा ने ही किया है। उन्होंने निराला को 'पराधीन भारत का अभिशप्त कवि' कहा है। ब्रिटिश साम्राज्यवाद ने जिस भारतीय जनता का शोषण किया और उस पर अत्याचार किए, उससे निराला की गहरी सहानुभूति थी। साम्राज्यवादियों और उनका साथ देनेवाले जमींदारों, सामन्तों, महाजनों ने उनका

अन्न छीनकर भुखमरी की हालत में ला दिया था। उन विपन्न आँखों को निराला देख नहीं सकते थे—"क्षीण का न छीना कभी अन्न/मैं लख न सका वे दृग विपन्न'।

'क्रान्तिकारी कवि निराला' बच्चन सिंह की पुस्तक थी, पर निराला की क्रान्ति का लक्ष्य ब्रिटिश साम्राज्यवाद से मुक्ति था। डॉ. शर्मा ने बताया—"निराला क्रान्तिकारी कवि थे। उनकी क्रान्ति का लक्ष्य था ब्रिटिश साम्राज्यवाद से मुक्ति; जाति, वर्ण, धर्म आदि की सीमाएँ तोड़कर मानव-समानता के आधार पर रचा हुआ समाज।" ('निराला', 1991, पृ. 176) 'निराला की साहित्य-साधना' के दूसरे खंड (1972) में उनकी राजनीतिक 'विचारधारा से हमें परिचित कराया गया है। भूमिका में उन्होंने लिखा—"निराला साम्राज्यवाद के आर्थिक रूप का विश्लेषण करते हैं, उसके राजनीतिक दाँव-पेंच की छानबीन करते हैं, साम्राज्यवाद से भारतीय सामन्तों के गठबन्धन को जाँचते हैं, इस चौखटे में जाति-प्रथा, हिन्दू-मुस्लिम एकता, राष्ट्रीय एकता और राष्ट्र भाषा आदि समस्याओं पर विचार करते हैं।" (निराला की साहित्य-साधना, खंड-2, 1981, पृ. 5)

अब एक नए निराला हम सबके सामने उपस्थित होते हैं। 'सुधा' की टिप्पणियों में निराला ने साम्राज्यवाद पर विचार किया था। अक्तूबर 1932 की 'सुधा' में उन्होंने साम्राज्यवाद को 'इंग्लैंड की राजनीति का मूल' कहा, साम्राज्यवाद के इतिहास को 'इंग्लैंड के साथ गुँथा हुआ' कहा। वे पूँजी, पूँजीपति और साम्राज्यवाद का आपसी सम्बन्ध समझा रहे थे। डॉ. शर्मा ने निराला के साम्राज्यवाद विरोधी विचार को प्रस्तुत कर उनका एक नया रूप दिखाया, स्वतंत्रता-आन्दोलन में हिन्दी लेखकों की साम्राज्यवाद-विरोधी दृष्टि और रचना-कर्म के जरिए उस दौर के इतिहास में उन्हें प्रतिष्ठित किया और साम्राज्य-विरोधी आलोचना-दृष्टि को विकसित किया। निराला साम्राज्यवाद की राजनीति और आर्थिकी ही नहीं, उसकी सांस्कृतिक नीति भी समझ चुके थे। "भारतवर्ष अंग्रेजी की साम्राज्य-लालसा का सर्वप्रथम ध्येय रहा है। ××× अंग्रेजों की नीति हुई—भारत के इतिहास को विकृत कर दो और हो सके तो उसकी भाषा को मिटा दो। चेष्टाएँ की जाने लगीं। भारतीय सभ्यता और संस्कृति तुलना में नीची दिखाई जाने लगीं। हमारी भाषाएँ गँवारू, असाहित्यिक और अविकसित बताई जाने लगीं। हमारा प्राचीन इतिहास अन्धकार में डाल दिया गया। बाकायदा अंग्रेजी की पढ़ाई होने लगी। इस देश का शताब्दियों से अन्धकार में पड़ा हुआ जन-समाज समझने लगा कि जो कुछ है, अंग्रेजी सभ्यता है, अंग्रेजी साहित्य है और अंग्रेज है।" यह जून 1930 की 'सुधा' में निराला की टिप्पणी है (वही, पृ. 19)

साम्राज्यवाद को समग्रता में, उसकी सभी नीतियों को एक-दूसरे से जोड़कर समझनेवालों की संख्या स्वाधीनता-आन्दोलन के दौर में अधिक नहीं थी। कांग्रेस उसकी राजनीति को अधिक महत्त्व दे रही थी। राष्ट्रीय स्वाधीनता आन्दोलन को आज भी राजनीतिक आन्दोलन के रूप में ही देखा जाता है। साम्राज्यवाद की

आर्थिक नीति के साथ उसकी भाषाई नीति और सांस्कृतिक नीति का भी विरोध आवश्यक है। हिन्दी नवजागरण के अग्रदूतों ने साम्राज्यवाद के सभी पक्षों और रूपों पर ध्यान दिया। डॉ. शर्मा ने बाद में भी इसे ध्यान में रखा। यह कार्य राजनेताओं ने कम किया था। नतीजा यह हुआ कि अंग्रेज गए, पर भारत में साम्राज्यवाद अपनी कई नीतियों के साथ जड़ जमाए रहा। निराला जब गांधी और नेहरू से मिलकर अपनी भाषा का गुणगान कर रहे थे, तब वे अपने साम्राज्यविरोध को ही व्यक्त कर रहे थे। नेताओं ने साम्राज्यवाद से सहयोग किया। निराला के साथ ऐसा नहीं था। डॉ. शर्मा ने उनकी 'साम्राज्य-विरोधी चेतना' को 'अपने कृतित्व की समर्थ प्रेरणा' भी कहा है। (वही, पृ. 20)

कांग्रेस ने किसानों को महत्त्व नहीं दिया था। निराला किसानों के साथ थे। साम्राज्यवादी भारतीय किसानों से घबराते थे। उनकी संख्या अधिक थी और उनका विश्वास संघर्ष में था। 'बादल राग' (1929) में निराला ने लिखा था—"जीर्ण बाहू, है शीर्ण शरीर/तुझे बुलाता कृषक अधीर/ऐ विप्लव के वीर।"

साम्राज्यवाद की समाप्ति के सम्बन्ध में डॉ. शर्मा की दृष्टि साफ है। वे उस आधार पर प्रहार करते हैं, जिस पर साम्राज्यवाद भारत में टिका रहा है। कवियों और लेखकों ने यह काम किया था, पर किसी आलोचक ने नहीं। डॉ. शर्मा ने इसे प्रेमचन्द और निराला से अधिक ग्रहण किया। "ब्रिटिश साम्राज्यवाद का मूल सामाजिक आधार भारत के राजा और जमींदार हैं, इस सामन्ती आधार को खत्म किए बिना साम्राज्यवाद के आर्थिक राजनीतिक और सांस्कृतिक प्रभुत्व (अथवा प्रभाव) को खत्म नहीं किया जा सकता, सामन्ती अवशेष खत्म किए बिना न तो भारत का पूँजीवादी विकास सम्भव है, न समाजवादी—इस मूल प्रश्न पर क्रान्तिकारी दस्तावेजों में बहुत कम लिखा गया, जितना लिखा गया है, उस पर आचरण और भी कम किया गया है। क्रान्तिकारी नेताओं से कौन कहे कि प्रेमचन्द और निराला भी कुछ ऐसा लिख गए हैं, जिससे वे राजनीति में कुछ सीख सकते हैं।" (वही, पृ. 37) डॉ. शर्मा की साम्राज्यवाद विरोधी दृष्टि की अनदेखी कुछ सोच-समझ कर ही की गई है। इससे संघर्ष घटता है और वर्तमान राजनीति से सम्बन्ध स्थापित होता है। उनकी आलोचना का एक राजनीतिक पक्ष भी है। निराला राजनीतिज्ञों से आगे थे। राजनीतिज्ञ जहाँ आँखें मूँदे हुए थे वहीं निराला युगद्रष्टा थे। वे यह बता रहे थे कि "सामन्त-विरोधी क्रान्ति के बिना भारत का साम्राज्य-विरोधी आन्दोलन कभी पूरी तरह सफल नहीं हो सकता।" (वही, पृ. 31) निराला का साहित्य साम्राज्य-विरोधी साहित्य है। डॉ. शर्मा ने इसकी पहचान की और इसके महत्त्व से हमें अवगत कराया।

निराला, प्रेमचन्द और रामचन्द्र शुक्ल ने राष्ट्रीय स्वाधीनता-आन्दोलन में अपने लेखन से बड़ी भूमिका अदा की। स्वतंत्र भारत में रामचन्द्र शुक्ल की जमकर आलोचना की गई। डॉ. शर्मा ने सबको उत्तर दिए। "1952 से 1984 तक जितने

विद्वानों ने शुक्ल जी को अस्वीकार किया है, वे न्यूनाधिक मात्रा में राष्ट्रीय विचारधारा को, और उसके साथ मार्क्सवादी विचारधारा को भी अस्वीकार करते रहे हैं।'' ('लोकजागरण और हिन्दी साहित्य', 1985, पृ. 59) डॉ. शर्मा ने राष्ट्रीय विचारधारा और मार्क्सवादी विचारधारा को कभी अस्वीकार नहीं किया। उन्होंने साहित्य को राजनीति से बाहर नहीं रखा। 'आचार्य रामचन्द्र शुक्ल और हिन्दी आलोचना' (1973) के पहले अध्याय 'साहित्य और लोक-जीवन' में उन्होंने लिखा—''शुक्ल जी सामन्ती संस्कृति के ही विरुद्ध नहीं हैं, वे यूरोप की बर्बर साम्राज्यवादी संस्कृति का भी विरोध करते हैं।'' (वही, पृ. 41) यह देखना जरूरी है कि डॉ. शर्मा ने जिस किसी का विरोध किया, क्या वे सब साम्राज्यवाद, सामन्तवाद और सम्प्रदायवाद के सही विरोधी थे ? द्वितीय विश्वयुद्ध के बाद ब्रिटिश साम्राज्यवाद पूरी तरह, कमजोर हो गया। अफ्रीका, एशिया और अन्य कई देशों में स्वतंत्र होने के लिए आन्दोलन होने लगे। भारत में बड़े पैमाने पर 1946 में जन-उभार दिखाई पड़ा।

1946-47 का यह जन-विद्रोह ब्रिटिश साम्राज्यवाद के विरुद्ध था। ब्रिटिश साम्राज्यवाद और भारतीय नेता दोनों ने एक-दूसरे से समझौता किया। इस समय हिन्दू और मुसलमान दोनों एक होकर अंग्रेजों के खिलाफ प्रदर्शन कर रहे थे। ब्रिटिश साम्राज्यवाद का 'पाया' हिल चुका था और जर्मनी, इटली और जापान जैसे देश बर्बाद हो चुके थे। भारत ब्रिटिश साम्राज्यवाद और विश्व साम्राज्यवाद का मूलाधार था। 1946-47 के क्रान्तिकारियों का साथ कांग्रेस और मुस्लिम लीग में से किसी ने भी नहीं दिया था। उन्होंने इस लहर का विरोध कर साम्राज्यवाद के साथ हाथ मिलाया। जनता संघर्ष कर रही थी और राष्ट्रीय नेता अंग्रेजों से समझौते कर रहे थे। आज़ादी की लड़ाई समझौते में बदल गई। स्वतंत्रता की जो कल्पना और अवधारणा भगतसिंह, प्रेमचन्द, गणेश शंकर विद्यार्थी, अशफाक उल्ला खाँ ने प्रस्तुत की थी, वह समाप्त हो गई। गांधी, पटेल, नेहरू, जिन्ना और लियाकत अली से ब्रिटिश साम्राज्यवाद ने बातें कीं। गांधी का मोहभंग हो चुका था। उन्होंने 'मैदान छोड़ने' की बात कही, पर हकीकत कुछ और थी। उन्हें मैदान छोड़ना पड़ा। अब राष्ट्रीय पूँजीपति वर्ग प्रमुख था। उसे अपने से मतलब था, न कि देश से। आज़ादी मिली, पर ब्रिटिश साम्राज्यवाद की शासन-पद्धति कायम रही। रजनी पामदत्त ने लिखा है—''शुरू से ही पुराने साम्राज्यवादी शासन के सिलसिले को काफी हद तक बरकरार रखा गया। साम्राज्यवाद के समूचे प्रशासकीय तंत्र को बरकरार रखा गया : पुराने साम्राज्यवादी दलालों और चापलूसों की वही पुरानी नौकरशाही, न्यायपालिका और पुलिस दमन के वही पुराने तरीके, निहत्थे लोगों पर गोलीबारी, लाठी चार्ज, सभा करने की पाबन्दी, अखबारों पर पाबन्दी या बिना किसी आरोप के अथवा बिना कोई मुकदमा चलाए लोगों को हिरासत में रखना।'' ('आज का भारत, वही, 1970 के संस्करण की भूमिका, पृ. 10)

डॉ. शर्मा ने 1952 ई. में मार्क्सवादी लेखकों के आपसी संघर्षों की चर्चा की है। वे 'हिन्दी-साहित्य के इतिहास-चिन्तन' में 1952 को 'स्मरणीय वर्ष' कहते हैं। इस वर्ष हिन्दी के कई विद्वान हिन्दी की समस्याओं पर विचार कर रहे थे। इसी वर्ष रांगेय राघव, शिवदान सिंह चौहान और नामवर सिंह के लेख 'आलोचना' में प्रकाशित हुए थे। आचार्य शुक्ल पर प्रहार आरम्भ हो चुका था। "सन् 1953 के बाद प्रगति विरोधी साहित्यिक आन्दोलन की रूपरेखा स्पष्ट होती गई।" ('लोकजागरण और हिन्दी साहित्य, वही, पृ. 62) वर्षों बाद जब नामवर सिंह ने 'कविता के नए प्रतिमान' में वेरिंगटन मूर को उद्धृत किया, डॉ. शर्मा ने यह बताया कि मूर ने अपनी पुस्तक 'सोशल ओरिजिन्स ऑफ डिक्टेटरशिप एंड डेमोक्रेसी' में 1857 को 'नितान्त प्रतिक्रियावादी उथल-पुथल' कहा है। (वही, पृ. 72) डॉ. शर्मा इतिहास के विवेचन को केवल अतीत से जोड़कर नहीं देखते। "उसका सम्बन्ध वर्तमान से भी है और उसका स्पष्ट राजनीतिक उद्देश्य है।" (वही) शुक्ल जी को 'सुसंगत रूप से भौतिकवादी' न मानने के बाद भी वे साम्राज्यवादी उत्पीड़न से व्यथित शुक्ल जी के हृदय को रेखांकित करते हैं। शुक्ल जी 'यूरोप के अर्थोन्मादियों' के विरुद्ध थे। गांधी ने तॉल्सतॉय से 'निष्क्रिय प्रतिरोध' का सिद्धान्त ग्रहण किया था, जिसे डॉ. शर्मा ने 'भारतीय पूँजीवाद की मूल सांस्कृतिक स्थापना' कहा है। यह स्थापना साम्राज्यवाद के पक्ष में है। शुक्ल जी ने इसका खंडन किया था। डॉ. शर्मा ने लिखा है—'यह स्थापना जनता के क्रान्तिकारी विरोध को रोकने में और साम्राज्यवाद से समझौता करने के काम आती है, इसलिए पूँजीवादी नेता और लेखक उसके विदेशी होने की बात नहीं करते!' ('आचार्य रामचन्द्र शुक्ल और हिन्दी आलोचना' 1973, पृ. 42-43) कई उदाहरणों से उन्होंने यह प्रमाणित किया है कि शुक्ल जी का दृष्टिकोण साम्राज्यविरोधी है। शुक्ल जी का ध्यान साहित्य से अलग राजनीति पर भी था। देश-विदेश में होनेवाले परिवर्तनों की उन्हें जानकारी थी। डॉ. शर्मा ने उनका यह कथन उद्धृत किया है—"अब संसार के प्रायः सारे सभ्य भाग एक-दूसरे के लिए खुले हुए हैं। इससे एक भूखंड में उठी हवाएँ दूसरे भूखंड में शिक्षित वर्गों तक तो अवश्य ही पहुँच जाती हैं। इस नियम के अनुसार शोषक साम्राज्यवाद के विरुद्ध राजनीतिक आन्दोलन के अतिरिक्त यहाँ भी किसान-आन्दोलन, मजदूर-आन्दोलन, अछूत-आन्दोलन इत्यादि कई आन्दोलन एक विराट परिवर्तनवाद के नाना व्यावहारिक अंगों के रूप में चले।" (वही, पृ. 169) शुक्ल जी ने पूँजीवादी सभ्यता की, साम्राज्य-वाद और सामन्तवाद की जो आलोचना की, उससे व्यवस्थित रूप में पहली बार डॉ. शर्मा ने ही परिचित कराया।

रामविलास शर्मा का साम्राज्य विरोध अन्यत्र कई स्थलों पर लेखों, साक्षात्कारों में भी व्यक्त है। इतिहास, भाषा, संस्कृति, राजनीति और आर्थिकी—सभी क्षेत्रों में साम्राज्यवाद के सम्बन्ध में उन्होंने व्यापक रूप से विचार किया है। भारत में अंग्रेजी

राज की प्रशंसा करनेवाले इतिहासकारों की उन्होंने जमकर आलोचना की और यह बताया कि मार्क्स ने सिंधिया को 'अंग्रेजों का वफादार कुत्ता', देशी सामन्तों को 'मूर्ख', 'गधा' और 'बक्काल', ईस्ट इंडिया कम्पनी के संचालकों में से एक हेनरी डंडास को 'पाजी' और 'नालायक' तथा अंग्रेजों को 'डाकू' यों ही नहीं कहा है। ('भारत में अंग्रेजी राज की स्थापना पर मार्क्स के विचार' लेख (1956), विराम-चिह्न', 2002 में संकलित, पृ. 1991-92) अपने कई लेखों में डॉ. शर्मा ने भारतीय पूँजीवाद, साम्राज्यवाद, सामन्तवाद आदि पर विचार किया है। भाषाई साम्राज्यवाद को वे कभी नहीं भूले। भारत में भाषा के प्रश्न पर साम्राज्यवादियों ने '222 अलग भाषाओं' की चर्चा की थी, जिसे रजनी पामदत्त ने 'मिथक' कहा है। अंग्रेजी शासकों ने एक ओर भारतीय शिक्षा-संस्थाओं का नाश किया, तो दूसरी ओर भारतीय भाषाओं के स्थान पर अंग्रेजी भाषा को वरीयता दी। मैकाले की इसमें बड़ी भूमिका रही और बाद में उसी के बताए मार्ग का अनुसरण किया गया। हिन्दी ब्रिटिश साम्राज्यवाद से संघर्ष करने का एक हथियार थी। गांधी गुजराती थे, पर उन्होंने भारतीय जनता से हिन्दी में संवाद स्थापित किया। राष्ट्रीय स्वाधीनता आन्दोलन में हिन्दीतर भाषियों ने हिन्दी की राष्ट्रीय भूमिका समझी और इस भाषा को राष्ट्रभाषा का दर्जा दिया। यह एक माध्यम और सम्पर्क भाषा थी। 1857 के स्वाधीनता-आन्दोलन में हिन्दी प्रदेश की व्यापक भूमिका देखते हुए ब्रिटिश शासकों ने इस प्रदेश को कमजोर और विखंडित करने में अपनी पूरी शक्ति लगाई। जातीय संस्कृति और राष्ट्रीय भावना को कमजोर करना उनके लिए आवश्यक था। ''गिलक्राइस्ट ने हिन्दुओं और मुसलमानों की अलग भाषाओं के सिद्धान्त की रचना की। रिजले ने धर्म के आधार पर दो कौमें गढ़ीं और ग्रियर्सन ने भाषा और संस्कृति के क्षेत्र में फूट के उसूल को धार्मिक रूप दिया। सर सैयद ने लश्करों में भी नई भाषा बनने की तजवीज पेश की। इकबाल ने मुस्लिम कौम और मुस्लिम संस्कृति का नारा लगाया। ये सब साम्राज्यवादी विष वृक्ष के फल थे।'' ('जातीय भाषा के रूप में हिन्दी का प्रसार', लेख, 1953, 'भारत की भाषा-समस्या' (1978) में संकलित, पृ. 88) भाषा की समस्या को डॉ. शर्मा 'जातीय समस्या का ही एक अंग' के रूप में देखते थे। अंग्रेजों को जातीय एकता से भय था। हिन्दीभाषी जनता की एकता उनके लिए अधिक घातक थी। भाषा के स्तर पर वे हिन्दीभाषी जनता को हिन्दी-उर्दू तथा हिन्दी और उसकी बोलियों-उपबोलियों में मतभेद और संघर्ष करा कर अपना हित साध सकते थे।

केन्याई लेखक न्गुगी वाथ्योंगे ने भाषा के साम्राज्यवाद पर विचार किया है। एडवर्ड सईद की 'संस्कृति और साम्राज्यवाद' पुस्तक प्रसिद्ध है। अंग्रेज भाषा और संस्कृति को छोड़ नहीं सकते थे और यह कार्य उन्होंने साम्राज्यवाद के एजेंडे के रूप में किया। राष्ट्रीय एकता को कमजोर करने के लिए यह जरूरी था। साम्राज्यवाद सदैव एकता को खंडित करता है और विभाजन को प्रोत्साहित करता है। इसी में

उसका हित है। 1939 के लेख 'भाषा और राष्ट्रीयता' में डॉ. शर्मा ने सुनीति कुमार चटर्जी के विदेशी शिक्षा, भाषा और सभ्यता के प्रति प्रेम की आलोचना की। भाषा पर विचार करते समय डॉ. शर्मा साम्राज्यवादी चाल को नहीं भूलते। 'उर्दू-साहित्य की सांस्कृतिक परम्परा' लेख (1949) में उन्होंने अंग्रेजी साम्राज्यवाद के खिलाफ उर्दू में लिखी गई अनेक कविताओं की चर्चा की। 'भाषा और समाज' (1961) पुस्तक के पहले इसी शीर्षक से लिखे अपने लेख में उन्होंने यह विचार व्यक्त किया—"यूरोप के साम्राज्यवादियों ने अपनी-अपनी भाषाओं की श्रेष्ठता घोषित करते हुए उपनिवेशों की भाषाओं को यथासम्भव दबाकर रखने की कोशिश की। उन्होंने अपने अधीन देशों की भाषाओं और संस्कृतियों का अंग्रेजीकरण, फ्रांसीसीकरण आदि किया।...अंग्रेजों ने हिन्दुस्तान और दूसरे उपनिवेशों में अंग्रेजी को लादा और वहाँ की भाषाओं को उन्नत होने से रोका।" ('विराम चिह्न', वही, पृ. 180)

अंग्रेजी भारत में विदेशी और साम्राज्यवादी भाषा रही है। यहाँ यह उल्लेख आवश्यक है कि डॉ. शर्मा लखनऊ विश्वविद्यालय में अंग्रेजी के पहले पी-एच.डी. थे। लखनऊ विश्वविद्यालय और राजा बलवन्त राव राजपूत कॉलेज में वे अंग्रेजी के प्राध्यापक रहे, पर उनकी लगभग सौ पुस्तकों में से मात्र चार-पाँच किताबें अंग्रेजी में हैं। 'एस्सेज ऑन शेक्सपीरियन ट्रैजेडी' के नए संस्करण (1998) की चालीस पृष्ठों की 'भूमिका' उन्होंने हिन्दी में लिखी है। उन्होंने अंग्रेजी में मुश्किल से एक-दो व्याख्यान दिए। भाषा-प्रेम राष्ट्र-प्रेम का एक हिस्सा है। भाषा और संस्कृति का प्रश्न उनके लिए प्रमुख था। उन्होंने सामाजिक, राजनीतिक और आर्थिक स्तर पर फैली विकृतियों का प्रमुख कारण संस्कृति के सवाल को महत्त्व न देना माना। 'सांस्कृतिक संकट मूलतः राजनीतिक संकट है' ('आज के सवाल और मार्क्सवाद', 2001)

केन्याई लेखक-विचारक न्गुगी वाथ्योंगो ने भाषा को 'व्यापक जनसमुदाय की सामूहिक स्मृति का कोष' कहा है। इस सामूहिक स्मृति को नष्ट या विकृत करने के लिए विदेशी भाषा एक हथियार की तरह है। "उत्पीड़क राष्ट्र अपनी भाषा का इस्तेमाल उत्पीड़ित राष्ट्र में अपनी घेराबन्दी और मजबूत करने के लिए करता है। भाषा के हथियार को बाइबिल और तलवार के साथ शामिल कर लिया गया—उस लक्ष्य को हासिल करने के लिए जिसे 19वीं शताब्दी के साम्राज्यवाद के सन्दर्भ में डेविड लीविंग स्टोन ने 'ईसाइयत के साथ पाँच प्रतिशत और कहा था।' ('भाषा का साम्राज्यवाद : 'समकालीन तीसरी दुनिया' जुलाई 2012) साम्राज्यवादी भाषा अंग्रेजी ने भारतीय संस्कृति, भारतीय मूल्य और भारतीय भाषा-भाषियों के दिमाग पर कब्जा करने के कम प्रयत्न नहीं किए। शिक्षा, संस्कृति, शासन-प्रशासन सभी क्षेत्रों में अपना राज स्थापित करने के बाद यह स्वाभाविक था कि अंग्रेजी के स्थान पर भारतीय अपनी भाषाओं को कम महत्त्व दें। अंग्रेजी सत्ता की भाषा रही और हिन्दी सामान्य जनों की। सत्ता पर कब्जा जिन लोगों का रहा, वे सामान्य जन नहीं थे,

अंग्रेजी दाँ थे, इसलिए सत्ता और जनता के बीच दूरी बढ़ी, अलगाव कायम हुआ। साम्राज्यवादियों ने अपनी भाषा के महत्त्व को सदैव बढ़ा-चढ़ाकर दिखाया। विजेता और विजित की भाषा भिन्न हुई। अंग्रेजी भाषा अपनाने के कारण भारतीय अपनी भाषा के साथ अपनी संस्कृति से भी विलग होते गए। भाषाई स्तर पर यह विलगाव साम्राज्यवाद के लिए लाभकारी था। एक नई भाषा अपनाने के बाद अपनी भाषाओं से अलगाव एक स्वाभाविक प्रक्रिया है, जिस पर न्गुगी ने 'डीकोलोनाइजिंग दि माइंड' पुस्तक में विचार किया है।

चालीस के दशक के अन्त में भाषा के प्रश्न पर कम्युनिस्ट पार्टी के भीतर भी बहसें हुई थीं। डॉ. शर्मा पार्टी के सदस्य थे। बम्बई में इस्मत चुगताई के घर पर होनेवाली बैठकों में विचार और बहस का एक प्रमुख विषय 'भाषा की समस्या' भी होता था। हिन्दी-उर्दू तथा भाषा-सम्बन्धी अन्य प्रश्नों पर उन्होंने इस समय जो एक लेख तैयार किया था, वह 1949 में कम्युनिस्ट पार्टी के मुखपत्र 'कम्युनिस्ट' में प्रकाशित हुआ था। "मेरी नीति उस समय यह थी : राजभाषा जबरदस्ती लागू न की जानी चाहिए; कहना यह चाहिए कि अंग्रेजी के जाने के बाद भारत की सभी भाषाएँ उसका स्थान लेंगी। हिन्दी-उर्दू बुनियादी तौर से एक ही हिन्दुस्तानी जाति की भाषा है। जनपदों के आधार पर उसे विभाजित करना गलत है।" (अपनी धरती अपने लोग, 1996, खंड-1, पृ. 130) डॉ. शर्मा के लिए 'जाति' महत्त्वपूर्ण रही। जो लोग जनपदीय चेतना के थे, उन्होंने जातीय चेतना पर कम ध्यान दिया। जातीय चेतना के विकास से अंग्रेजों को नुकसान था। भाषा का आधार न तो जाति है, न धर्म। अनेक तर्कों-साक्ष्यों से डॉ. शर्मा ने इसे बार-बार प्रमाणित किया है। भाषा का सीधा सम्बन्ध उन्होंने जाति से और उस जाति के सामाजिक-सांस्कृतिक विकास से जोड़ा, जाति और धर्म को एक नहीं माना। 1798 में गिलक्राइस्ट ने धर्म के आधार पर भाषा का विभाजन किया था—"हिन्दवी को मैंने शुद्ध हिन्दुओं की चीज माना है।...मैंने लगातार उसका प्रयोग भारत की प्राचीन भाषा के लिए किया है, जो मुसलमान आक्रमण के पहले यहाँ प्रचलित थी।" ('भाषा और समाज', 1977, पृ. 316-17) जातीय विकास के लिए हिन्दी-उर्दू का अलगाव घातक था। हिन्दी प्रदेश को विभाजित रखने में हिन्दी-उर्दू दो भाषाओं और देवनागरी-फारसी दो लिपियों के स्थान पर एक भाषा और एक लिपि का सिद्धान्त पेश किया गया। उनके अनुसार अंग्रेजी "अंग्रेज आततायियों द्वारा लादी हुई भाषा थी। संसार में अंग्रेजी का बोलबाला मिल्टन और शेली के कारण नहीं हुआ, उसका प्रसार करनेवाले क्लाइव और डलहौजी की बिरादरी के थे।" (अंग्रेजी प्रेमी भारतवासी; 1958 'भारत की भाषा-समस्या' में संकलित, पृ. 116)

आज़ादी के बाद भी हिन्दी का वास्तविक अर्थों में राजभाषा न बनने का कारण हमारा औपनिवेशिक मानस है। भाषा और संस्कृति के माध्यम से प्रत्यक्ष शासन न

सही, अप्रत्यक्ष शासन किया जा सकता है। डॉ. शर्मा केवल हिन्दी के नहीं, सभी भारतीय भाषाओं के पक्षधर थे। उनका विकास चाहते थे। 'शिक्षा और संस्कृति के क्षेत्र में ब्रिटिश साम्राज्यवाद की विरासत' के वे विरुद्ध थे। भारतीय भाषाओं का पूर्ण विकास भारतीय जनता का पूर्ण विकास है। भारतेन्दु ने अपने समय में अपनी भाषा की उन्नति को सभी उन्नतियों का 'मूल' कहा था। उनके यशस्वी आलोचक डॉ. शर्मा का भी सदैव यही मत रहा। साम्राज्यवादी, शिक्षा, भाषा, ऐतिहासिक भाषा-विज्ञान, संस्कृति—जिन-जिन क्षेत्रों में गए और अपने हित में जो कार्य किए, डॉ. शर्मा ने वहाँ जाकर उन्हें चुनौती दी। उनसे वैचारिक-सैद्धान्तिक संघर्ष किया और उनकी मान्यताओं-सिद्धान्तों पर प्रश्न खड़े किए। एक साथ विभिन्न मोर्चों पर लड़ी गई यह लड़ाई अद्‌भुत और आश्चर्यजनक है।

'भाषा और समाज' पुस्तक का प्रकाशन एक क्रान्तिकारी घटना है। ऐसा अध्ययन दूसरी भाषाओं में भी पहले नहीं हुआ था। सामाजिक विकास के सन्दर्भ में भाषा के विकास के इस अध्ययन का ऐतिहासिक महत्त्व है। डॉ. शर्मा ने भाषा-विकास के सम्बन्ध में जो नई और वैज्ञानिक दृष्टि दी, वह साम्राज्यवादियों के भाषा-चिन्तन से अलग थी। उसकी काट थी। उन्होंने ऐतिहासिक भाषा-विज्ञान के इस निष्कर्ष को खारिज किया कि "सभी भारतीय भाषा-परिवारों के स्रोत भारत से बाहर के हैं, और भारत की अपनी कोई भी प्राचीन भाषा-सम्पदा नहीं है।" ('भाषा और समाज', 1977, द्वितीय संस्करण की भूमिका, पृ. 22) साम्राज्यवादियों ने सुनिश्चित रूप से यह बार-बार प्रचारित किया था कि भारत के पास अपनी कोई अतीत-सम्पदा और बौद्धिक सम्पदा नहीं है। इससे यह अर्थ निकलता था कि उन्हें सभ्य, शिक्षित और सुसंस्कृत करने का कार्य अंग्रेजों ने किया। उसका वर्तमान और भविष्य ब्रिटिश राज पर निर्भर है। 1949 ई. से भाषा और भारत की भाषा-समस्या पर जिस गम्भीर और आवश्यक कार्य का आरम्भ डॉ. शर्मा ने किया, वह 'भारत के प्राचीन भाषा-परिवार और हिन्दी' के तीन खंडों (1979, 1980, 1981) में जाकर पूर्ण हुआ। इसके बाद भी वे भाषा के प्रश्न पर विचार करते रहे।

ऐतिहासिक भाषा-विज्ञान के क्षेत्र में किया गया उनका यह कार्य साम्राज्यवाद विरोधी है। वे प्रचलित और मान्य अर्थों में भाषा वैज्ञानिक नहीं थे। उन्होंने किसी एक जननी भाषा के सिद्धान्त का खंडन किया और यह बताया कि 'इंडोयूरोपियन आदि भाषा जैसी कोई आदि भाषा नहीं थी।' उन्होंने इसके स्थान पर अनेक स्रोत-भाषाओं का सिद्धान्त प्रस्तुत किया। ग्रियर्सन, सुनीति कुमार चटर्जी, धीरेन्द्र वर्मा, उदय नारायण तिवारी, भोलानाथ तिवारी आदि के यहाँ और यूरोपीय भाषा वैज्ञानिकों के यहाँ ऐतिहासिक भाषा-विज्ञान की जो धारणा थी, उसे उलट देने का कार्य सामान्य नहीं था। डॉ. शर्मा ने यह बताया कि ऐतिहासिक भाषा-वैज्ञानिकों के चिन्तन में विभिन्न भाषा-तत्त्व के विकास पर ध्यान नहीं है, जो प्राचीन गण-समाज से जुड़ा

है। आर्य और द्रविड़ भाषा–परिवारों को लेकर जो भेद कायम किए गए थे, भाषा के आधार पर उत्तर और दक्षिण भारत के बीच जो कटुता फैलाई गई थी, उसे उन्होंने समाप्त किया। 'भाषा-वैज्ञानिक कार्य' उनके लिए एक राजनीतिक कर्तव्य था। "भारत के वर्तमान सामाजिक सन्दर्भ में भाषा–वैज्ञानिक कार्य एक राजनीतिक कर्तव्य की पूर्ति भी है।" (वही, पृ. 59)

अंग्रेजी का वर्चस्व उन सभी देशों में है, जहाँ अंग्रेजों ने शासन किया। अंग्रेजों के जाने के बाद भी अफ्रीकी, एशियाई देशों में अंग्रेजी कायम है। मानसिक-सांस्कृतिक गुलामी मौजूद है। अफ्रीका और भारत की लड़ाई डॉ. शर्मा के लिए इस अर्थ में एक है कि वह साम्राज्यवाद के सांस्कृतिक, आर्थिक, राजनीतिक उत्पीड़न के खिलाफ है। भाषा और संस्कृति की रक्षा का प्रश्न किसी भी देश के लिए सर्वाधिक महत्त्वपूर्ण है। आर्थिक विकास का ढोल पीटकर और भाषा–संस्कृति से मुख मोड़कर या उसमें फैलाई जा रही विकृतियों की उपेक्षा कर कोई राष्ट्र अपनी उन्नति नहीं कर सकता। "साम्राज्यवादी आक्रमण से राष्ट्रीय अस्मिता की रक्षा का प्रश्न भाषा और संस्कृति की रक्षा के प्रश्न से जुड़ा हुआ है" और "भाषा के बिना संस्कृति का, संस्कृति के बिना राष्ट्रीय अस्मिता का बोध नहीं होता।" (अपनी धरती अपने लोग, वही, खंड–2, पृ. 186)

रामविलास शर्मा ने ब्रिटिश साम्राज्यवाद के बाद अमरीकी साम्राज्यवाद का 1980 से लगातार विरोध किया। ब्रिटिश साम्राज्यवाद के विरुद्ध राष्ट्रीय स्वाधीनता–आन्दोलन था। अमरीकी साम्राज्यवाद के विरुद्ध कहीं कोई आन्दोलन नहीं है। कांग्रेस की आरम्भ में साम्राज्यवाद विरोधी भूमिका थी, जो उसके अवसरवाद और उसमें सामन्तों, जमींदारों और पूँजीपतियों की बहुलता के कारण नष्ट हो गई। किसान और मजदूर को छोड़कर किसी प्रकार का साम्राज्यवाद विरोध सम्भव नहीं है। 1857 के बाद डॉ. शर्मा 1946 को सर्वाधिक महत्त्व देते हैं। 1857 में कांग्रेस का जन्म नहीं हुआ था। 1946 में कांग्रेस ही सबकुछ थी। नाविक–विद्रोह का उसने और लीग के किसी नेता ने सहयोग नहीं किया। इस समय भारत में क्रान्तिकारी परिस्थितियाँ तैयार हो रही थीं और कांग्रेस इन परिस्थितियों के साथ नहीं थी। साम्राज्यवादी पूँजी से सहयोग कर साम्राज्यवाद से लड़ाई नहीं लड़ी जा सकती थी। 'बम्बई प्लान' की अब कम चर्चा होती है। जनवरी 1944 में बम्बई प्लान प्रस्तुत किया गया था। इसके बाद बाईस दिनों तक चलनेवाला ब्रेटनवुड्स सम्मेलन 1 जुलाई, 1944 को आरम्भ हुआ था, जिसकी सन्तानें विश्व बैंक और अन्तरराष्ट्रीय मुद्रा कोष हैं। बम्बई प्लान के कई लेखकों में से एक सर आर्देशिर दलाल टाटा ऑयरन एंड स्टील के प्रबन्धक निदेशक थे, जो वायसराय की कार्यकारी परिषद् में एक सदस्य के रूप में नियुक्त थे। इन्हें भारत सरकार की नई योजना एवं विकास विभाग का 'चार्ज सौंपा' गया था। पन्द्रह वर्षीय योजना के अन्य लेखक सर पुरुषोत्तम दास ठाकुरदास, सर जे. आर.डी. टाटा,

जी.डी. बिड़ला, सर श्रीराम, कस्तूरभाई लाल भाई, ए.डी. श्रोफ और जॉन मथाई थे। यह उल्लेख इसलिए आवश्यक है कि बड़े पूँजीपतियों की साम्राज्यवादी पूँजी और राज्य की बैसाखियों के द्वारा उसकी चाल और गति समझी जाए। इसने साम्राज्यवादी देशों से पूँजी, कर्ज और टेक्नोलोजी की आवश्यकता पर बल दिया और 'मिश्रित अर्थव्यवस्था' ग्रहण की। नेहरू की जिस 'मिश्रित अर्थव्यवस्था' की बात कही जाती रही है, उससे फायदा किसे पहुँचा? प्रो. पी.ए. वाडिया और के. टी. मर्चेन्ट ने इस योजना की आलोचना की। 'बम्बई प्लान' 'साम्राज्यिक चतुराई' ('इम्पीरियल स्ट्रेटजी') में पूर्णतः फिट हुई। इस योजना को देशी पूँजीपतियों और विदेशी पूँजीपतियों के बीच लाभ-प्राप्ति के आधार पर की गई एक पवित्र 'मैत्री' कहा गया है। नेहरू ने जेल में रहते हुए इसकी प्रशंसा की थी और प्रोफेसर के.टी. शाह द्वारा इसकी की गई आलोचना पर नाराजगी प्रकट की थी। राज्य सचिव एल. अमेरी और श्युस्टर, जो ब्रिटिश संसद के सदस्य थे, ने नेहरू की तरह बम्बई प्लान का गर्मजोशी से स्वागत किया था। 25 जनवरी, 1945 को वायसराय वावेल को लिखे अपने पत्र में राज्य सचिव अमेरी ने इसमें ब्रिटेन का व्यापारिक लाभ देखा था और भारत में ब्रिटेन और भारत के 'संयुक्त उद्यम' के स्थापित होने की बात लिखी थी। (डेवलपमेंट प्लानिंग इन इंडिया, लुम्पेन डेवलपमेंट एंड इम्पीरियलिज्म : सुनीति कुमार घोष, रिसर्च यूनिट फॉर पॉलिटिकल इकॉनामी, 2002)

यह सब 'भारत छोड़ो' आन्दोलन के बाद घटित हुआ। कांग्रेस साम्राज्यविरोध से हट गई थी। उसने समझौते और सहयोग का रास्ता चुना। जहाँ तक भारतीय कम्युनिस्ट पार्टी का प्रश्न है, 1945 से 1956 तक उसका साम्राज्यवाद विरोध कायम रहा। इसी अवधि में कुछ वर्षों तक डॉ. शर्मा प्रगतिशील लेखक संघ के महासचिव रहे। ''बी.टी. रणदिवे जिस समय पार्टी के महासचिव थे उस समय मुझे अखिल भारतीय लेखक संघ का महासचिव चुना गया था।'' ('अपनी धरती अपने लोग', वही, खंड-1, पृ. 136) द्वितीय विश्वयुद्ध के बाद इंग्लैंड की स्थिति कमजोर हुई और अमरीका की मजबूत हुई। युद्ध से सबसे अधिक लाभ अमरीका को प्राप्त हुआ। प्रथम विश्वयुद्ध के बाद भी उसकी स्थिति ठीक थी, लेकिन द्वितीय विश्वयुद्ध के बाद उसकी आर्थिक और व्यापारिक-वाणिज्यिक स्थिति अधिक मजबूत हुई।

'प्रिजन नोटबुक्स' में ग्राम्शी ने 'अमेरिकनिज़्म एंड फोर्डिज्म' पर विचार किया है। उन्होंने 14 अप्रैल, 1929 को कोरैडो अल्वारो को दिए गए एक साक्षात्कार की चर्चा की है कि अमेरिकीवाद हमें दलदल में डाल रहा है कि वहाँ सभ्यता का एक नया द्वीप-स्तम्भ दिखाई दे रहा है और पूरे विश्व में अमरीकी मुद्रा दौड़ रही है और उसके पीछे एक जीवन-शैली और संस्कृति भी दौड़ रही है। ये बातें लुइगी पिरान्देलो ने कही थीं। प्रथम विश्वयुद्ध के बाद यूरोप पर अमरीकी और अमरीकी उत्पादन-पद्धति के प्रभाव को अमेरिकनिज्म और फोर्डिज्म का प्रस्थान-बिन्दु कहा गया है।

उस समय ब्रिटिश साम्राज्यवाद अमरीका के मुकाबले अधिक शक्तिशाली और प्रभावशाली था। लेनिन ने 'अमरीकी साम्राज्यवादियों' को 'दरिन्दा' कहा था। अक्तूबर क्रान्ति के बाद 22 नवम्बर, 1919 को उन्होंने एक भाषण में कहा था— "अमरीका इतना धृष्ट हो गया है कि उसने 'महान स्वतंत्र विजेता' फ्रांस को दास बनाना शुरू कर दिया है, जो पहले सूदखोरों का देश था, परन्तु अब गले-गले तक कर्ज में दबा हुआ देश है।" (आज की दुनिया और लेनिन, 1992, पृ. 27) लेनिन ने अपने समय में अमरीकी साम्राज्यवाद की 'दरिंदगी' पहचान ली थी, जो दो दुष्ट-त्रयियों—'विश्व बैंक, अन्तरराष्ट्रीय मुद्रा कोष और विश्व व्यापार संगठन' तथा 'निजीकरण, उदारीकरण और भूमंडलीकरण' के बाद अब सर्वत्र दिखाई दे रही है।

रामविलास शर्मा ने 'सुसंगत साम्राज्यविरोध' की बात की। सोवियत रूस के विघटन के बाद उन्होंने जिस प्रकार अमरीकी साम्राज्यवाद का विरोध किया है, उसे समझ कर ही इस दिशा में आगे बढ़ा जा सकता है। अमरीकी साम्राज्यवाद का विरोध वे 1948-49 से ही करते रहे हैं पर 1980 के बाद उन्होंने इस पर अधिक ध्यान दिया। पहले जहाँ वे हिन्दी नवजागरण के महान लेखकों की कृतियों में ब्रिटिश साम्राज्यवाद और उसकी सहयोगी भारतीय शक्तियों की पहचान करते-कराते रहे, वहाँ अब उन्होंने आर्थिकी और राजनीति पर विशेष ध्यान दिया। अक्सर यह कहा जाता है कि डॉ. शर्मा ने समकालीन साहित्य पर विचार नहीं किया, पर इस तथ्य की अवहेलना की जाती है कि समकालीन हिन्दी साहित्य में क्या हमें साम्राज्य विरोध का वह प्रखर स्वर सुनाई पड़ता है जो स्वतंत्रता के पूर्व हिन्दी साहित्य में विद्यमान था ? निश्चित रूप से हिन्दी का समकालीन साहित्य महत्त्वपूर्ण है, पर यह भी सच है कि वहाँ साम्राज्यवाद और सामन्तवाद विरोधी सशक्त स्वर का अभाव है। क्या यह मानकर चला जाए कि 'सत्ता के हस्तान्तरण' के बाद साम्राज्यवाद और सामन्तवाद से भारत मुक्त हो गया ? क्या यह मानकर चला जाए कि भारत में जो पूँजी-प्रवाह है, उसका अमरीकी साम्राज्यवाद से कोई रिश्ता नहीं है ? क्या यह मानकर चला जाए कि कवियों, लेखकों और साहित्यकारों तथा बौद्धिकों का अपने समाज और अपने समय की राजनीति और अर्थव्यवस्था से कोई मतलब नहीं है और उनका जीवन एकदम अलग-थलग है ?

रामविलास शर्मा साम्राज्यवाद की सभी चालाकियों, धूर्तताओं और कारगुजारियों को न केवल समझते हैं, वरन् उसके रेशे-रेशे उघाड़कर हमारे सामने रखते भी हैं। ब्रिटिश साम्राज्यवाद ने पुरातत्त्व के क्षेत्र में कम दखलंदाजी नहीं की थी, 'पश्चिमी एशिया और ऋग्वेद' पुस्तक में उन्होंने इस दखलंदाजी के प्रमाण दिए। साम्राज्यवादी देशों के अपने बुद्धिजीवी और विद्वान भी होते हैं, जो दुनिया के कोने-कोने में मौजूद रहते हैं। ये विद्वान समय-समय पर अपनी मान्यताएँ बदलते हैं। "जैसे-जैसे ब्रिटिश साम्राज्य का संकट बढ़ता गया, वैसे-वैसे पुरातत्त्व में साम्राज्य प्रेमी विद्वान अपनी

मान्यताएँ भी बदलते गए।'' ('मेरी धरती मेरे लोग', वही खंड-2, पृ. 143) आजाद भारत के आरम्भिक दस वर्षों में अमरीकी साम्राज्यवाद की जो पहचान की जा रही थी और उससे जिस प्रकार लोगों को अवगत कराया जा रहा था, वह बाद में कमजोर हुआ। 'हंस' और 'विप्लव' जैसी पत्रिका ने मार्शल योजना और अमरीकी साम्राज्यवाद का जमकर पर्दाफाश किया था। आज भारत जिस स्थिति में है, अमरीका से जिस प्रकार का सहयोग स्थापित किया गया है, उसके सम्बन्ध में 1949 में ही डॉ. शर्मा ने लिखा था—''अमरीकी साम्राज्यवाद और हिन्दुस्तान के सम्बन्ध की समस्या हमारी जनता के जीवन-मरण की समस्या है।'' ('हिन्दी लेखक और साम्राज्यवाद', 1949, 'विराम चिह्न' में संकलित, पृ. 155) इस लेख में उन्होंने मार्शल योजना, चीन और यूनान में अमरीकी साम्राज्यवाद द्वारा रचे जानेवाले हत्याकांडों, डालरशाही के जाल में भारत के फँसने की बात कही है। इसी समय केदारनाथ अग्रवाल अमरीकी साम्राज्यवाद के 'घोर नशे' की बात कह रहे थे। साम्राज्यवाद विरोध और अमरीकी साम्राज्यवाद विरोध को भी रामविलास-केदार मैत्री में देखा जाना चाहिए। उस समय अमरीकी साम्राज्यवादी कम्युनिस्टों पर यह आरोप लगा रहे थे कि कम्युनिस्ट संसार का नाश करना चाहते हैं। लेनिन के साम्राज्यवाद विरोधी भाषणों, वक्तव्यों और लेखन को आरम्भ से ही डॉ. शर्मा उद्धृत करते रहे। श्याम बिहारी राय ने यह बताया है कि ''काफी पहले (लगभग 1947 में) उन्होंने लेनिन के पाँच सैद्धान्तिक लेखों का अनुवाद किया था जिसे 'मार्क्सवाद के सिद्धान्त' नाम से कम्युनिस्ट पार्टी ने प्रकाशित किया था।'' ('आज का भारत' वही, पृ. VIII) डॉ. शर्मा ने केवल अर्थव्यवस्था पर ही नहीं संस्कृति पर भी साम्राज्यवाद के दबाव की बात कही और 'साठोत्तरी पीढ़ी, भूखी पीढ़ी, श्मशानी पीढ़ी आदि के द्वारा साहित्य में योग विकृतियों के चित्रण' को उससे जोड़ा। लेनिन ने साम्राज्यवाद को सूदखोरी के बल पर जीनेवाला पूँजीवाद कहा था। डॉ. शर्मा ने पिछड़े देशों से प्राप्त इस पैसे से साम्राज्यवादियों के युद्ध का सम्बन्ध स्थापित किया। उन्होंने अमरीका को 'इजारेदार पूँजीवाद का अगुवा' कहा है और यह बताया है कि यह पूँजीवाद तीसरी दुनिया के देशों से सबसे ज्यादा सूद वसूल करता है और सूदखोरी के बल पर जीता है। 1980 के बाद भारत अपने राष्ट्रीय बजट (वार्षिक) में सूद की राशि बढ़ाता गया है, जिसका प्रतिशत अधिक है।

अमरीका के समर्थक यह तर्क देते हैं कि अमरीका का भारत में निवेश 10-12 बिलियन डालर है, जबकि अमरीका में भारतीय कम्पनियों का निवेश इसका दो गुना है। यह सच है कि अमरीका दुनिया का सबसे बड़ा कर्जदार देश है, फिर भी उसके दहाड़ने का राज क्या है? विश्व बैंक, अन्तरराष्ट्रीय मुद्रा कोष और विश्व व्यापार संगठन उसके हित में कार्य करते हैं। विश्व बैंक में भागीदार देश कम नहीं हैं। विश्व बैंक में कार्य कर चुके अर्थशास्त्री, अधिकारी भारत में बड़े-बड़े पदों पर हैं। जो आर्थिक सलाहकार हैं, वे भी विश्व बैंक से जुड़े रहे हैं। इन पर अमरीकी वर्चस्व

अधिक हैं। 'जिसे भी इस बैंक से या सहयोगी अन्तरराष्ट्रीय मुद्रा कोष से कर्ज लेना होता है, वह अमरीका की खुशामद करता है। जिससे अमरीका नाराज हो जाए, उसे विश्व बैंक से एक डालर उधार नहीं मिल सकता। अमरीकी विदेशनीति के लक्ष्य सिद्ध करने के लिए विश्व बैंक महत्त्वपूर्ण साधन बना।' ('आज के सवाल और मार्क्सवाद', 2001, पृ. 479)

ब्रिटिश साम्राज्यवाद और अमरीकी साम्राज्यवाद का अन्तर स्पष्ट है। ब्रिटिश साम्राज्यवाद जहाँ सैन्य-शासन से जुड़ा था, वहीं अमरीकी साम्राज्यवाद 'वित्तीय शासन' अथवा प्रभाव से जुड़ा है। अमरीका कर्ज लेता है, वह अपने यहाँ विदेशी पूँजी का निवेश भी होने देता है, फिर भी वह दुनिया का 'सबसे बड़ा सूदखोर इजारेदार पूँजीवादी देश है।' विश्व बैंक और अन्तरराष्ट्रीय मुद्रा कोष ढाँचागत परिवर्तन (स्ट्रक्चरल चेंज) किए बिना भारत या किसी भी देश को कर्ज नहीं देते हैं। 1991 में भारत की नई अर्थनीति लागू होने से पहले चन्द्रशेखर के प्रधानमंत्री बनने के मात्र बीस दिन बाद 30 नवम्बर, 1990 को विश्व बैंक ने भारत सरकार को 'एंडर्सन मेमोरेन्डम' पेश किया था, जिसमें वित्तीय सहयोग पाने के पहले जो राजनीतिक और आर्थिक शर्तें अनुबद्ध थीं, उनका पालन जरूरी था। इसके लगभग दस वर्ष पहले 1981 में भारत ने अन्तरराष्ट्रीय मुद्रा कोष से जो पचास अरब का कर्ज लिया था, वह इस समय तक किसी भी देश को दिया गया सबसे अधिक कर्ज था। अस्सी के दशक के आरम्भ से भारत विश्व बैंक और अन्तरराष्ट्रीय मुद्रा कोष के जाल में फँसता गया है। इस कर्ज के बाद भारत की आत्मनिर्भरता समाप्त हुई। संसद की जानकारी के बिना यह कर्ज-राशि ली गई थी। भारतीय लोकतंत्र इसी समय से कमजोर होने लगा था और 'राज्य' की भूमिका बदलने लगी थी।

रामविलास शर्मा अमरीकी साम्राज्यवाद से हिंसा का सम्बन्ध जोड़ते हैं। उन्होंने 'भारतीय संस्कृति और हिन्दी प्रदेश' (1999) के दूसरे खंड के परिशिष्ट 2 में 'अमरीकी समाज और हिंसा' पर चॉम्स्की के विचार पेश किए हैं। अमरीकी साम्राज्यवाद पूँजी के निर्यात से जुड़ा है। लेनिन ने 'पूँजी' के नाशवान रूप की चर्चा की है। रामविलास शर्मा ने इस ओर हमारा ध्यान दिलाया है कि भारत में जिस विदेशी पूँजी का प्रवेश हो रहा है, उससे विघटनकारी तत्त्व बढ़ रहे हैं। विदेशी पूँजी के साथ विकास का सम्बन्ध आज सर्वत्र जो स्थापित किया जा रहा है, वहाँ यह देखने का किसी को अवसर नहीं है कि इसके घातक और दुष्परिणाम क्या-क्या हैं या हो सकते हैं? "पूँजीवाद अपने एकाधिकारवादी चरण में पहुँचकर अपनी रचनात्मक क्षमता समाप्त कर लेता है। इस दौर में वह तमाम प्रतिक्रियावादी शक्तियों से सम्बन्ध स्थापित करता है और उसे मजबूत करता है।" 1980 के पहले भाजपा कहाँ थी? विश्व हिन्दू परिषद् की क्या स्थिति थी? 1991 के बाद ही बाबरी मस्जिद ध्वंस हुआ और गुजरात नरसंहार भी। भिंडरावाला, उल्फा आदि 1980 के पूर्व कहाँ थे? किस हालत में थे?

कॉत्स्की ने लेनिन के समय साम्राज्यवाद के युग में युद्ध की अपरिहार्यता को नकारा था। वे पूँजीवाद को एक पॉलिसी का नाम देते थे। कॉत्स्की ने साम्राज्यवाद के आर्थिक आधार से न लड़ने की बात कही थी। लेनिन ने इसे 'साम्राज्यवाद से समझौता करने की अधिक चतुराई से की गई हिमायत' कहा था। डॉ. शर्मा 'नवस्वाधीन देशों में साम्राज्यवाद के सुरक्षित आर्थिक हितों के बारे में चुप रहना साम्राज्यवाद की खुली हिमायत करने से ज्यादा खतरनाक' समझते हैं। (भारतीय इतिहास और ऐतिहासिक भौतिकवाद' 1992 पृ. 166) जिस विदेशी पूँजी को कांग्रेस सहित सभी राजनीतिक दलों ने आवश्यक मान लिया है, डॉ. शर्मा ने उससे हमें सदैव सावधान किया। सत्तर के दशक के बाद साम्राज्यवाद का चेहरा बदल चुका है। जिस वित्तीय पूँजी से इसका सम्बन्ध है, वह वित्तीय पूँजी भी कल की वित्तीय पूँजी से भिन्न है। प्रभात पटनायक ने राष्ट्राधारित और आज की वित्तीय पूँजी का अन्तर इन शब्दों में किया है—"लेनिन ने राष्ट्राधारित और इसीलिए राष्ट्र-राज्य समर्थित वित्तीय पूँजी की बात की थी। आज वित्तीय पूँजी की जड़ें किन्हीं खास देशों में जरूर हैं, पर वह न तो किसी राष्ट्र-राज्य के नियंत्रण और अनुशासन के अधीन है, न ही किसी सुस्पष्ट 'राष्ट्रीय हित' को साधने में लगी है।" ('लेनिन का साम्राज्यवाद और समकालीन साम्राज्यवाद' लेनिन की पुस्तक' 'साम्राज्यवाद पूँजीवाद की उच्चतम अवस्था की भूमिका, 2001, पृ. 31) प्रभात पटनायक ने लेनिनकालीन वित्तीय पूँजी और समकालीन वित्तीय पूँजी का अन्तर बता कर समकालीन वित्तीयपूँजी की कई विशेषताएँ बताई हैं। आज हम जिसे विश्व पूँजीवाद कहते हैं, वह कल के पूँजीवाद से भिन्न है। निजीकरण, उदारीकरण और भूमंडलीकरण—ये तीनों नई विश्व पूँजी के गुण हैं। अन्तरराष्ट्रीय वित्तीय पूँजी में 'उद्यम' का नहीं, 'सट्टेबाजी' का महत्त्व है। 'भारतीय इतिहास और ऐतिहासिक भौतिकवाद' पुस्तक के अन्तिम अध्याय 'पूर्वी यूरोप तथा सोवियत संघ में समाजवाद का विघटन और तीसरी दुनिया' में इजारेदार पूँजीवाद के आज के युग पर डॉ. शर्मा ने विस्तारपूर्वक विचार किया है। उन्होंने बताया है कि "पूर्वी यूरोप के समाजवादी देश स्वाधीन पूँजीवादी देश नहीं बने, वे बड़े महाजनी देशों के उपनिवेश बने। ××× किसी भी देश के स्वतंत्र पूँजीवादी विकास में वह (साम्राज्यवाद) मदद कर ही नहीं सकता। मदद करने का मतलब होगा—विश्व बाजार में अपने लिए नया प्रतिद्वन्द्वी खड़ा करना।' ('भारतीय इतिहास और ऐतिहासिक भौतिकवाद', वही, पृ. 267-68) वे पुराने और नए साम्राज्यवाद में अन्तर करते हैं। स्पष्टतः यह नया साम्राज्यवाद अमरीकी साम्राज्यवाद है। वे 'नव-साम्राज्यवाद' का प्रयोग उचित नहीं कहते। उनके अनुसार ऐसा कहनेवाले 'लोगों में उलझन पैदा करते हैं।' 1990 के बाद साम्राज्यवाद पर नए सिरे से काफी विचार किया गया है। उसके नए लक्षणों की पहचान की गई है और पूँजी के बदलते स्वरूप और मिजाज तथा उसके साथ कई वित्तीय संस्थाओं की वैश्विक भूमिका बताई गई है।

अन्तरराष्ट्रीय वित्तीय पूँजी के अभ्युदय से एक नए युग का जन्म हुआ है। "यह युग कई महत्त्वपूर्ण मायनों में उस युग से भी भिन्न है, जिसके बारे में लेनिन ने लिखा था और युद्ध के ठीक बाद की पूँजीवादी महातेजी और कल्याणवाद के युग से भी।' (प्रभात पटनायक, वही, पृ. 34)

'आज की दुनिया और लेनिन' (1992) की भूमिका में डॉ. शर्मा ने 'निजीकरण' को 'महाजनी पूँजी की गुलामी और राष्ट्र की एकता का नाश' (पृ. 42) कहा है। यह भी लिखा है कि "भारत में अलगाववाद ने उसी समय जोर पकड़ा है जब वह नेहरूवाद से हटकर विदेशी पूँजी पर अधिकाधिक निर्भर होता गया है।" (वही) भारत का आर्थिक संकट उनके अनुसार 'कर्ज का संकट' है जो "अचानक जुलाई 1991 में पैदा नहीं हो गया। उसके लिए कोई एक पार्टी जिम्मेदार नहीं है। इसके लिए पूँजीपति वर्ग के वे हिस्से जिम्मेदार हैं, जो इस कर्ज से लाभ उठाते रहे हैं। जब तक इनके लाभ उठाने की प्रक्रिया बन्द न होगी, तब तक भारत कभी आर्थिक संकट से न उबरेगा।" (वही, पृ. 43)

प्रभात पटनायक ने भूमंडलीकरण की प्रक्रिया से उत्पन्न होनेवाले पाँच नतीजों की बात कही है। भूमंडलीकरण तीसरी दुनिया के देशों की 'आर्थिक और राजनीतिक सम्प्रभुता का हनन' करता है। अब साम्राज्यवाद स्वयं हस्तक्षेप नहीं करता। वह अपने मातहत वित्तीय-व्यापार संगठनों को इस कार्य में लगाता है। "साम्राज्यवादी देशों और उनके द्वारा नियंत्रित अन्तरराष्ट्रीय संस्थाओं, मसलन, अन्तरराष्ट्रीय मुद्रा कोष द्वारा तीसरी दुनिया के राष्ट्र-राज्यों की स्वायत्तता को तहस-नहस किया जाता है। इसका जाना-पहचाना तरीका है इन देशों को अंमुको (अन्तरराष्ट्रीय मुद्रा कोष) की दासता के अधीन रखना। पर इसके अलावा भी अन्य कई उपाय किए जाते हैं। 'पूँजी निवेशकों के भरोसे' को बनाए रखने के नाम पर प्रमुख सरकारी पदों को साम्राज्यवाद के हितैषी राजनेताओं और नौकरशाहों को दिलवाया जाता है (वही, पृ. 37-38) और अंमुको—विबैं (अन्तरराष्ट्रीय मुद्रा कोष—विश्व बैंक) के अधिकारी आर्थिक मंत्रालयों में तैनात करवाए जाते हैं। इन मंत्रालयों को 'राजनेताओं की सनक' के आगे पंगु होने से बचाने के नाम पर ज्यादा से ज्यादा स्वायत्तता दी जाती है। इन सारे उपायों से यह सुनिश्चित कर लिया जाता है कि देश की राजकीय व्यवस्था आर्थिक फैसले लेने का काम स्वायत्त रूप से न कर सके और आर्थिक मंत्रालयों में तैनात कोष और बैंक के नौकरशाहों के जरिए साम्राज्यवादी देश अन्तरराष्ट्रीय पूँजी के हितों की हिफाजत कर सकें।" (वही, पृ. 38)

इस लम्बे उद्धरण के बाद यह कहने की आवश्यकता नहीं है कि भारत आज कहाँ खड़ा है और किसके साथ है? वह साम्राज्यवाद के अधीन है या नहीं? प्रभात पटनायक प्रसिद्ध अर्थशास्त्री हैं और डॉ. शर्मा अर्थशास्त्री नहीं हैं, पर उनका विवेचन-विश्लेषण पूर्णतः सही है। प्रभात पटनायक ने अन्तरराष्ट्रीय वित्तीय प्रवाह में फँसने के बाद

'अनिवार्यतया जातीय झगड़ों, अलगाववादी आन्दोलनों, साम्प्रदायिक फसादों और कट्टरवादी गतिविधियों में उलझ' जाने की बात कही है। पिछले दो दशक में ऐसा हुआ है या नहीं ? रामविलास शर्मा ने भी इस ओर हमारा ध्यान दिलाया। उनकी चिन्ता में 'आज का भारत' और 'आज की दुनिया' थी। उन्होंने बड़े साम्राज्यवादी देशों द्वारा अपना रूप छुपाए जाने की बात कही और यह बताया कि वे अपना साम्राज्यवादी रूप छिपाकर अपने को लोकतंत्र कहते हैं। अमरीका अपने को लोकतांत्रिक देश कहता है और दूसरे भी उसे ऐसा ही समझते हैं, पर सच्चाई इसके विपरीत है। उसकी विदेश नीति साम्राज्यवाद से जुड़ी है। भारत गुटनिरपेक्ष देशों में भले अपनी सक्रिय उपस्थिति कराए पर सच्चाई यह है कि हमारा शासक-वर्ग अमरीका के साथ है। साम्राज्यवादियों ने सोवियत रूस के विघटन के बाद मार्क्सवाद को अप्रासंगिक ठहराया। वास्तविकता यह है कि साम्राज्यवाद के साथ मार्क्सवाद ही संघर्ष कर सकता है।

सम्प्रदायवाद को डॉ. शर्मा ने 'साम्राज्यवाद की शक्ति' कहा है। अस्सी के दशक से नया साम्प्रदायिक उभार आया। भाजपा की सरकारों को वे 'फासिस्ट' कहते थे। नामवर सिंह ने अगस्त 1999 में उस समय के राजनीतिक दलों और गठजोड़ों की बात करते हुए उनसे पूछा था कि 'ऐसी स्थिति में अखिल भारतीय पैमाने पर जो साम्राज्यवाद विरोधी और फासिस्ट विरोधी मोर्चा बनेगा, उसके घटक कौन-कौन से हो सकते हैं, राजनीतिक पार्टियों के रूप में ?' ('आज के सवाल और मार्क्सवाद', 2001, पृ. 147) उत्तर में उन्होंने 1948 में हुई कम्युनिस्ट पार्टी के दूसरे सम्मेलन का हवाला दिया था, जिसमें बी.टी. रणदिवे ने साम्राज्य विरोधी मोर्चा में कम्युनिस्ट पार्टी को पहल करने की बात कही थी—"दूसरी पार्टियों से कहना चाहिए—ये हमारा कार्यक्रम है, ये हमारी नीतियाँ हैं, उनमें जो भी हमारे साथ आना चाहते हैं, वे आएँ, नहीं तो हम अकेले चलेंगे।" (वही, पृ. 147-48) कम्युनिस्ट पार्टी 'तीसरे मोर्चे' और 'संयुक्त मोर्चे' का साथ देती रही है, पर उसने 'साम्राज्य विरोधी मोर्चा' नहीं बनाया और न अकेले चली। पूर्वोत्तर का प्रश्न हो या अन्य अलगाववादी शक्तियों में निरन्तर हो रही वृद्धि हो, भावी प्रधानमंत्री के रूप में नरेन्द्र मोदी का नाम हो अथवा राज ठाकरे की राजनीति, संसद का ठप होना हो या प्रधानमंत्री की खामोशी, जाति-बिरादरीवाद हो या सम्प्रदायवाद—यह सब साम्राज्यवाद के पक्ष में हैं। एकता उसके लिए खतरे की घंटी है और तोड़-फोड़, अलगाव, हिंसा आदि उसके पक्ष में है। साहित्य में अस्तित्ववाद साम्राज्यवाद का एक अस्त्र था। आज बाजारवाद उसका आकर्षक और चमकीला हथियार है। पहले के साम्राज्यवादी थल और जल-मार्ग से आते थे। अब आकाश-मार्ग प्रमुख है। डॉ. शर्मा ने इलेक्ट्रॉनिक्स से विश्व पूँजी के रिश्ते को जोड़ा है।

पूँजी के केन्द्रीयकरण के साथ प्रचार साधनों का भी केन्द्रीयकरण हुआ। अमरीकी दृष्टिकोण और विश्व पूँजी के पक्ष में संचार साधन भी हैं। डॉ. शर्मा

वैज्ञानिक विकास और प्रौद्योगिकी के विकास में अन्तर करते हैं। प्रौद्योगिकी जितनी बढ़ रही है वैज्ञानिक चिन्तन उतना ही घट रहा है। "वैज्ञानिक चिन्तन का प्रसार आज के पूँजीपतियों का लक्ष्य नहीं है। वे प्रौद्योगिकी का प्रसार करते हैं और कहते हैं कि यही तुम्हारी माता है और यही पिता है, इसी की पूजा करो, इसको तो मैं पूँजीवाद का पतन मानता हूँ।" (वही, पृ. 330)

अमरीका आज सबसे बड़ा साम्राज्यवादी देश है। उसकी पैठ सभी क्षेत्रों में है। इजारेदार पूँजीवादी देश जापान और जर्मनी भी है, पर विश्व की प्रमुख संस्थाओं (वित्त सहित अन्य) पर अमरीका का प्रभाव है। दुनिया के अनेक देशों में उसके सैनिक हैं। वह पूँजी और हथियार दोनों का निर्यातक है। पूँजी उसके लिए हथियार है और हथियार भी एक प्रकार की पूँजी है। दूसरे इजारेदार देशों के साथ उसका अन्तर्विरोध प्रमुख नहीं है। डॉ. शर्मा अमरीकी साम्राज्यवाद और दुनिया की सारी जनता के बीच मुख्य अन्तर्विरोध देखते हैं। वे चार प्रकार के अन्तर्विरोधों की चर्चा करते हैं। साम्राज्यवादियों का अन्तर्विरोध और साम्राज्यवादी देशों के भीतर इजारेदार गुट और जनता का अन्तर्विरोध तथा चौथे स्तर पर 'एक ओर विश्व पूँजीवाद, दूसरी ओर समस्त मानवजाति और प्रकृति का अन्तर्विरोध' (वही, पृ. 331) की बात उन्होंने कही है। रामविलास शर्मा के अर्थशास्त्रीय चिन्तन के साथ उनके साम्राज्यवाद विरोध को समझा जा सकता है।

भारत ने साम्राज्यवाद से सहयोग कर स्वतंत्रता प्राप्त की। स्वतंत्र भारत में साम्राज्यवाद से संघर्ष का मुद्दा गौण हो गया। वर्तमान व्यवस्था साम्राज्यवाद की सहयोगी है, सहायक है। "वर्तमान व्यवस्था को पूर्णतः बदले बिना यह देश प्रगति नहीं कर सकता। और उसके लिए पहला कदम जो उठाना चाहिए, वह है साम्राज्यवाद से आर्थिक और राजनीतिक सम्बन्ध-विच्छेद।" (वही, पृ. 235) यह कथन 1985 का है। इसके बाद से साम्राज्यवाद से आर्थिक-राजनीतिक सम्बन्ध और सुदृढ़ हुआ है। अपसंस्कृति चारों ओर फैल चुकी है। हिंसा, उन्माद, अपराध, बलात्कार—सब बढ़ा है। असुरक्षा बढ़ी है। भय और आतंक बढ़ा है।

सबसे बड़ा प्रश्न यह है कि हमारा साम्राज्यवाद से सम्बन्ध कैसा होना चाहिए, विश्व पूँजीवाद से कैसा रिश्ता होना चाहिए? भारत का भविष्य साम्राज्यवाद से संघर्ष में सुरक्षित है या सहयोग में? अप्रैल 1992 में रामविलास शर्मा ने कनाडा के समाज वैज्ञानिक प्रो. रॉबर्ट लैक्सर को कहा था—"आई फोरसी दि डेथ ऑफ अमेरिकन इंपीरियलिज्म। 'मैं अमरीकी साम्राज्यवाद का अन्त देख रहा हूँ।" फिर उन्होंने बायरन की कविता का उल्लेख किया, जिसमें वह कहता है, 'आई विल नॉट लिव टु सी इट, बट आई फोरसी इट।' (वही, पृ. 366)

(2012)

परिशिष्ट

रस्साकशी—इक्कीसवीं सदी में हिन्दी नवजागरण पर बहस

भारत में सत्ता-हस्तान्तरण (1947) के तीस वर्ष बाद 1977 में रामविलास शर्मा ने हिन्दी नवजागरण की अवधारणा प्रस्तुत की। 'महावीर प्रसाद द्विवेदी और हिन्दी नवजागरण' (1977) की 'भूमिका' की प्रथम पंक्ति है—''हिन्दी प्रदेश में नवजागरण 1857 ई. के स्वाधीनता-संग्राम से शुरू होता है।'' 1857 की शतवार्षिकी के अवसर पर 1957 में 'सन सत्तावन की राज्यक्रान्ति' का प्रकाशन हुआ था, पर उसमें नवजागरण की कहीं कोई चर्चा नहीं थी।

उन्नीसवीं शताब्दी के अन्त से लेकर बाद तक औपनिवेशिक संरचना को समझने की जो पद्धति विकसित हुई थी, उसे स्वतंत्र भारत में छोड़ दिया गया और यह मानकर चला गया कि अब उपनिवेशवाद समाप्त हो चुका है और उस पर किसी प्रकार के विचार की कोई आवश्यकता नहीं है। 'उपनिवेशवाद के सार को उपनिवेशवाद राज्य की नीति' मानने का ही यह फल था कि 15 अगस्त, 1947 के बाद उपनिवेशवाद को समाप्त मान लिया गया। बिपिनचन्द्र ने 'भारत में उपनिवेशवाद और राष्ट्रवाद' पुस्तक में 'उपनिवेशवाद के उदारवादी विवेचन' पर विचार किया है। उपनिवेशवाद के उदारवादी विवेचक और विचारक उपनिवेशवाद को मात्र 'राजनीतिक नियंत्रण और औपनिवेशिक नीति' से जोड़कर देखते थे। हिन्दी के महत्त्वपूर्ण कवि और लेखक की दृष्टि इससे भिन्न थी। उनके अनुसार 1947 के बाद भी भारत में उपनिवेशवाद पूर्णत: समाप्त नहीं हुआ।

विदेशी शासकों से स्वदेशी शासकों ने राजनीतिक और शासकीय सत्ता प्राप्त करने के बाद 'अर्थव्यवस्था के औपनिवेशिक स्वरूप' को नष्ट करने की बात तो दूर, कभी उस पर प्रहार तक नहीं किया। भारतीय जनता में यह बात फैलायी गई कि स्वतंत्रता-प्राप्ति के बाद औपनिवेशिक प्रश्न समाप्त हो चुके हैं और अब साम्राज्यवाद विरोधी विचारधारा की कोई जरूरत नहीं रह गई है। 'राज्य द्वारा प्रायोजित विकास' को केन्द्र में रखकर भारतवासियों का ध्यान मोड़ दिया गया। स्वतंत्र भारत के आरम्भिक वर्षों में इस देश के समाजशास्त्रियों, अर्थशास्त्रियों और इतिहासकारों ने यहाँ औपनिवेशिक तंत्र और अर्थव्यवस्था के बने और जमे रहने पर गम्भीरतापूर्वक कम विचार किया। उपनिवेशवाद और साम्राज्यवाद को विश्व-पूँजीवाद से जोड़कर

न देखने का स्वतंत्र भारत के आरम्भिक दो दशकों में यह परिणाम हुआ कि हमारी साम्राज्यवाद विरोधी चेतना स्वाधीनता आन्दोलन के दौर की तरह प्रबल और प्रखर नहीं रही। स्वतंत्रता का अर्थ निश्चिन्तता हो गया।

प्रथम पंचवर्षीय योजना (1952) के आलेख के प्रथम (सैद्धान्तिक) अध्याय के सम्बन्ध में बिपिनचन्द्र ने लिखा है कि "उपनिवेशवादी ढाँचे को सक्रिय रूप से बदलने अथवा उसको विनष्ट करने अथवा ब्रिटेन से भारतीय अर्थव्यवस्था का सम्बन्ध-विच्छेद करने की बात योजना के आलेख में कहीं नहीं कही गई है।" (भारत में उपनिवेशवाद और राष्ट्रवाद, 1998, पृ. 21) औपनिवेशिक अर्थव्यवस्था का विदेशी पूँजी से सीधा सम्बन्ध है और सत्तर के दशक के पूर्व तक विदेशी पूँजी का भारतीय अर्थव्यवस्था पर असर बहुत कम दिखाई पड़ता था। 1947 के बाद भारत को औपनिवेशिक व्यवस्था का त्याग कर जिस नई सामाजिक-आर्थिक व्यवस्था को अपनाने की जरूरत थी वह उसने नहीं किया क्योंकि शासन कांग्रेसियों के हाथ में था और उसे भारतीय समाज में कोई क्रान्तिकारी परिवर्तन नहीं करना था। झूठे आश्वासनों, दिलासाओं और योजनाओं की कलई सत्तर के दशक में खुलने लगी थी।

साठ के दशक में अंग्रेजी और अमरीकी साम्राज्यवादियों ने भारत में अपनी स्थिति सुदृढ़ की। इसी दशक में अन्ध राष्ट्रवाद भी जोर पकड़ने लगा था। विदेशी पूँजी अथवा सहायता की ओर विशेष ध्यान दिया जाने लगा। रजनी पामदत्त ने 'आज का भारत' के 1970 के संस्करण की भूमिका में 8 अप्रैल, 1967 के 'इकानामिस्ट' की इस सम्भावना को उद्धृत किया है—"अगले पन्द्रह सालों की अवधि में हिन्दुस्तान को अठारह अरब डालर की विदेशी सहायता की जरूरत होगी। इसी अवधि में सूद और मूल की किस्तों को चुकाने की राशि चौदह अरब डालर हो जाएगी। 1975 के बाद मूल की किस्तों को चुकाने की सम्भावित राशि पूँजी के प्रवाह की राशि को पीछे छोड़ देगी।" (आज का भारत : अनुवादक—रामविलास शर्मा, ग्रन्थ शिल्पी, 2000, पृ. 17)

स्वतंत्र भारत में ब्रिटेन की कम्पनियों का मुनाफा पहले की तुलना में और अधिक बढ़ता गया। 1963 के आरम्भ में तत्कालीन प्रधानमंत्री जवाहरलाल नेहरू ने 'सैटरडे इवनिंग पोस्ट' के साथ बातचीत में यह कहा था कि ब्रिटेन की कम्पनियाँ अंग्रेजी राज की तुलना में अधिक लाभ प्राप्त कर रही हैं और विंस्टन चर्चिल इससे काफी सन्तुष्ट हैं। (वही, पृ. 13-14)

साठ के दशक में समाजार्थिक और राजनीतिक स्थितियाँ बदल रही थीं। लोकसभा के चौथे चुनाव (1967) में कांग्रेस को मात्र बीस सीटों का बहुमत प्राप्त हुआ था जबकि तीसरे चुनाव (1962) में उसे इससे कहीं अधिक सीटों का बहुमत हासिल था। चौथे चुनाव में कांग्रेस के बाद सबसे अधिक सीटें स्वतंत्र पार्टी को प्राप्त हुई थीं और जनसंघ का स्थान तीसरा था। स्वतंत्र पार्टी दक्षिणपन्थी थी और जनसंघ

प्रतिक्रियावादी था। इन दोनों दलों के सांसदों की संख्या पहले की तुलना में दुगुनी से अधिक हो गई। इसके ठीक एक दशक बाद रामविलास शर्मा ने हिन्दी नवजागरण की संकल्पना प्रस्तुत की। साम्राज्यवादी शक्तियों ने हिन्दू साम्प्रदायिकता की प्रवृत्ति को इस समय तक उकसाना और बढ़ाना आरम्भ कर दिया था। सत्तर के दशक में ही नए सिरे से इतिहास-लेखन जोर पकड़ता गया। नक्सलबाड़ी आन्दोलन का जन्म हो चुका था। भारत की वर्तमान स्थिति ने इतिहास को नए सिरे से देखने को लाचार किया। 1943 में रामविलास शर्मा की पुस्तक 'भारतेन्दु-युग' का प्रकाशन हो चुका था और 1966 में उनकी पुस्तक 'भारतेन्दु हरिश्चन्द्र' प्रकाशित हुई। 'भारतेन्दु-युग' का दूसरा संस्करण 1951 में प्रकाशित हुआ और तीसरा संस्करण 1973 में। इन संस्करणों में और सन् सत्तावन की राज्य-क्रान्ति' में नवजागरण की कोई चर्चा नहीं थी। सत्तर के दशक के अन्त (1979) में 'भारत के प्राचीन भाषा-परिवार और हिन्दी' खंड की भूमिका में रामविलासजी ने 'भारत के भाषाई विकास पर नए आलोचनात्मक दृष्टिकोण से विचार की गुंजाइश और उसकी आवश्यकता' पर विचार करते हुए यह लिखा कि 'जो लोग भारत की वर्तमान स्थिति से असन्तुष्ट हैं, उस स्थिति में मौलिक परिवर्तन करना चाहते हैं, उनके लिए अनिवार्य है कि वे इस स्थिति को अच्छी तरह पहचानें।'' (वही, पृ. 23)

हिन्दी नवजागरण की अवधारणा के पूर्व भारतीय नवजागरण पर स्वतंत्र भारत में अकादमिक चर्चाएँ होती थीं। पहली बार सत्तर के दशक के बाद हिन्दी नवजागरण के साथ-साथ भारतीय नवजागरण पर भी व्यापक स्तर पर चर्चाएँ आरम्भ हुईं। भारत की वर्तमान स्थितियों ने उन्नीसवीं सदी का गम्भीर अध्ययन करने को प्रेरित किया। अस्सी के दशक में जब अमरीकी साम्राज्यवाद का चेहरा साफ-साफ दिखाई पड़ने लगा और उसके प्रति जब बहुत कम लोगों में घृणा का भाव था, रामविलास जी ने 'सन सत्तावन की राज्यक्रान्ति और मार्क्सवाद' (1990) के दूसरे संस्करण की भूमिका (1986) में लिखा—''1857 में एक चीज बहुत साफ दिखाई देती है—भारत के दूर-दूर के प्रदेशों में अंग्रेजों के प्रति उत्कट घृणा। क्या आज राजनीतिक समझदारी से प्रेरित उसी तरह की साम्राज्यवाद के प्रति घृणा भारत में दिखाई देती है?'' (पृ. 13)

हिन्दी नवजागरण की प्रमुख प्रवृत्तियाँ साम्राज्य-विरोधी और सामन्त-विरोधी हैं। रामविलास शर्मा ने हिन्दी नवजागरण की चार मंजिलें मानी हैं—सन् 57 का स्वाधीनता-संग्राम, भारतेन्दु-युग, द्विवेदी-युग और निराला का साहित्य। उनके अनुसार, ''हिन्दी नवजागरण की अपनी विशेषताएँ हैं; वह बंगाल या गुजरात के नवजागरण से भिन्न है।'' (महावीर प्रसाद द्विवेदी और उनका युग, पृ. 18) हिन्दी नवजागरण के चारों चरणों के एक साथ अध्ययन से ही उसकी अच्छाइयों और खामियों का पता चल सकता है। यह समय राष्ट्रीय स्वाधीनता आन्दोलन का समय है, जिसमें

साम्राज्यवाद विरोध प्रमुख है। इस नवजागरण को एक साथ रखे और समझे बगैर उस पर किया गया कोई भी अध्ययन एकांगी और अधूरा है। 1857 से 1945-46 तक के चार चरणों वाले इस हिन्दी नवजागरण का अध्ययन अलग-अलग करने से प्राप्त होनेवाले निष्कर्ष बहुत संगत नहीं होंगे। 'नवजागरण की पेचीदा प्रक्रिया' को समझने के लिए इन चारों चरणों का एक साथ अध्ययन आवश्यक है और अभी तक रामविलास शर्मा को छोड़कर ऐसा प्रयत्न किसी ने नहीं किया है।

हिन्दी नवजागरण की चारों मंजिलों में साम्राज्यवाद विरोध है और रामविलास जी का यह मत है कि इस समय संसार में मुख्य अन्तर्विरोध साम्राज्यवाद और विश्व की जनता के बीच है। भारतेन्दु की साम्राज्य-विरोधी चेतना के अनेक उदाहरण उन्होंने अपनी पुस्तकों में दिए हैं। हिन्दी नवजागरण के आलोचक साम्राज्यवाद विरोधी स्वरों की उपेक्षा करते हैं या उसकी कम चर्चा करते हैं। वीर भारत तलवार ने 'रस्साकशी' (सारांश प्रकाशन, 2002) में 'उन्नीसवीं सदी के नवजागरण और पश्चिमोत्तर प्रान्त' का जो अध्ययन प्रस्तुत किया है, उसमें साम्राज्यवाद विरोध का जिक्र तक नहीं है। पूरी तैयारी और मिहनत से लिखी गई इस पुस्तक में अनेक नए तथ्य प्रस्तुत किए गए हैं, पर यहाँ साम्राज्यवाद और सामन्त-विरोध के स्वरों की उपेक्षा अकारण नहीं है। सत्तर के दशक के बाद से अब तक की स्थितियों में जो बदलाव आया है, उसे अगर हम आवारा पूँजी और अमरीकी साम्राज्यवाद के हस्तक्षेप के बिना समझना चाहें, तो वह समझ सही नहीं होगी। हिन्दी नवजागरण की अवधारणा पर अब तक के पचीस वर्षों में कई प्रश्नचिह्न लगे हैं, पर इस अवधारणा को नकारने वाले और इस पर प्रश्न खड़े करनेवाले साम्राज्य विरोध के इसके प्रमुख और प्रबल स्वर की उपेक्षा करते हैं। हिन्दी नवजागरण की अपनी समस्याएँ भी हैं, पर हिन्दी नवजागरण के आलोचक उन समस्याओं का अधिक जिक्र नहीं करते। रामविलास शर्मा ने हिन्दी नवजागरण की समस्याओं पर भी विचार किया है। उनकी पुस्तक 'भारतेन्दु हरिश्चन्द्र और हिन्दी नवजागरण की समस्याएँ' का प्रकाशन 1984 में हुआ और 'भारतीय संस्कृति और हिन्दी प्रदेश' दूसरे खंड का प्रकाशन-वर्ष 1999 है, जिसके आठवें अध्याय का शीर्षक है 'भारतेन्दु हरिश्चन्द्र और हिन्दी प्रदेश', पर वीर भारत तलवार के ग्रन्थ रस्साकशी' में इन पुस्तकों का जिक्र तक नहीं है। वहाँ केवल 'भारतेन्दु युग और हिन्दी भाषा की विकास-परम्परा' (1975) से कुछ उद्धरण हैं।

हिन्दी नवजागरण के पक्ष-विपक्ष में दिए गए तथ्य और तर्क हिन्दी नवजागरण पर एक सार्थक और आवश्यक बहस खड़ी नहीं करते, जिससे हम आज के समय में धर्म और जाति में फँसाये जा रहे हिन्दी समाज को मुक्त करने की दिशा में कोई पहल कर सकें। हमारी चिन्ता में आज न तो हिन्दी नवजागरण है और न भारतीय नवजागरण। इक्कीसवीं सदी का भारत नवजागरण के प्रश्नों को हल किए बगैर

अपना वास्तविक और समुचित विकास नहीं कर सकता। समाज-विज्ञान के विविध क्षेत्रों में होनेवाले कार्य हिन्दी समाज के तीखे और ज्वलंत प्रश्नों से कम टकराते हैं। भारत में आज अर्द्ध उपनिवेशवाद, नव उपनिवेशवाद, उत्तर उपनिवेशवाद, आन्तरिक उपनिवेशवाद और सांस्कृतिक उपनिवेशवाद पर कम चर्चाएँ होती हैं और राजनीति ने जिस प्रकार धर्म और जाति को केन्द्र में रखकर अन्य सारे बड़े प्रश्नों को गौण बना दिया है, उन पर ध्यान न देने से संकट और गहरा हो रहा है।

वीर भारत तलवार ने 'रस्साकशी' में भूमिका से लेकर बीच-बीच में कई जगहों पर 'मुस्लिम नवजागरण' की बात कही है। नवजागरण को धार्मिक जागरण में 'रिड्यूस' करना किसी भी दृष्टि से उचित नहीं है। हिन्दी नवजागरण में हिन्दू जागरण के स्वरों को सुनकर उसे 'हिन्दू जागरण' भी कहना गलत है। सत्तर के दशक से नवजागरण और स्वाधीनता आन्दोलन को लेकर समाज-विज्ञान के क्षेत्र में जितने भी महत्त्वपूर्ण कार्य हुए हैं, उनमें साम्राज्यवाद-विरोध को प्रमुख स्थान प्राप्त नहीं है। ऐसे ग्रन्थों को मानक मानकर और उससे प्रभावित होकर साहित्य-अनुसन्धान और आलोचना के क्षेत्र में किए गए कार्य मात्र 'अकादमिक' बन कर रह जाएँगे। भारत जिस दुश्चक्र में फँसा हुआ है, उसे समझने के लिए ही नहीं, उससे उसे निकालने के लिए भी केवल कुछ कार्यों पर निर्भर नहीं हुआ जा सकता। सभी एकेडमिक चिन्ताएँ सामाजिक-सांस्कृतिक चिन्ताएँ नहीं होती हैं। युग-विशेष के मूल और केन्द्रीय स्वर पर ऐसे अध्ययन से कम विचार होता है और यह अध्ययन मात्र ऐतिहासिक अध्ययन बन कर रह जाता है।

वीर भारत तलवार को सुधीर चन्द्र की पुस्तक 'दि ऑप्रेसिव प्रेजेंट' (ओ.यू.पी. 1992), 'रिप्रेजेंटिंग हिन्दूइज्म' में शामिल निबन्ध 'हूज लॉज? नोट्स ऑन ए नाइन्टींथ सेंचुरी, हिन्दू केस ऑफ कंजुगल राइट्स', पॉल आर. ब्रास की पुस्तक 'लैंग्वेज रिलिजन एंड पॉलिटिक्स इन नॉर्थ इंडिया' (कैंब्रिज यूनिवर्सिटी) चार्ल्स एच. हिमसेथ की पुस्तक—इंडियन नैशनलिज्म एंड हिन्दू सोशल रिफॉर्म' (प्रिंस्टन यूनिवर्सिटी प्रेस, 1964), केनेथ डब्ल्यू जोंस की पुस्तक—'आर्य धर्म : हिन्दू कांशसनेस इन नाइन्टींथ सेंचुरी पंजाब' (मनोहर, दिल्ली, 1989), जे.टी.एफ. जोर्डन की पुस्तक 'दयानन्द सरस्वती : हिज लाइफ एंड आइडियाज', (ओ.यू.पी. 1978) और ए.एल. बलराम द्वारा सम्पादित 'ए कल्चरल हिस्ट्री ऑफ इंडिया' में शामिल लेख 'हिन्दू रिलीजियस एंड सोशल रिफॉर्म इन ब्रिटिश इंडिया' और लूसी कैरोल के 1973, 1974 और 1975 में 'दी इंडियन इकॉनॉमिक एंड सोशल हिस्ट्री रिव्यू' में क्रमशः प्रकाशित 'कायस्थ समाचार : फ्रॉम ए कास्ट टू ए नेशन न्यूज पेपर', 'ओरिजिंस ऑफ दी कायस्थ टेम्परेंस मूवमेंट' तथा 'स्वामी शिवज्ञान चाँद, कायस्थ कॉन्फ्रेंस ऑर्गेनाइजर, लेख से 'रस्साकशी' के लेखन में 'काफी मदद मिली' है। उन्हें क्रिस्टोफर आर. किंग की पुस्तक 'वन लैंग्वेज, टू स्क्रिप्ट्स : दि

हिन्दी मूवमेंट नाइन्टींथ सेंचुरी नार्थ इंडिया' (ओ.यू.पी., बम्बई, 1994) तथा वसुधा डालमिया की पुस्तक 'दि नैशनलाइजेशन ऑफ हिन्दू ट्रैडीशन्स भारतेन्दु हरिश्चन्द्र एंड नाइन्टींथ सेंचुरी बनारस' (ऑक्सफोर्ड यूनिवर्सिटी, 1997, दिल्ली) उपयोगी लगी। तलवार ने लिखा है—"इन लेखकों ने अपने अध्ययन-क्षेत्र से सम्बन्धित काफी सामग्री जमा की थी। पर मैंने पाया कि अभी बहुत-सी महत्त्वपूर्ण सामग्री छूटी हुई है। इस नई मिली सामग्री से मुझे इतिहास के और तफसील में जाने का मौका मिला। यह सामग्री 'भारत जीवन', 'हिन्दी प्रदीप' और 'ब्राह्मण' की फाइलों में, 'कवि वचनसुधा', 'हरिश्चन्द्र मैग्जीन' तथा 'हरिश्चन्द्र चंद्रिका' के कुछ अंकों में और उस जमाने की बहुत-सी उन छोटी-छोटी किताबों में मिली जो अभी तक अनुपलब्ध थी या जिनका उपयोग नहीं हुआ अथवा बहुत कम हुआ।" (रस्साकशी : 'इस किताब के बारे में')

नए तथ्यों और नई सामग्रियों की खोज इतिहास को समझने में बेशक महत्त्वपूर्ण है, पर नए और पुराने तथ्यों को एक साथ रखकर ही समग्रता में अध्ययन किया जा सकता है। इतिहास का समग्रता में किया गया अध्ययन पक्षपातपूर्ण नहीं होता। ऐसे अध्ययन से हम युग-विशेष की विविध प्रवृत्तियों (प्रमुख और गौण) से परिचित होते हैं और युग तथा उस युग के लेखकों के अन्तर्विरोधों की पहचान करते हैं। अन्तर्विरोधों की पहचान किए बगैर इतिहास का किया गया अध्ययन वर्तमान और भविष्य के लिए उपयोगी नहीं बनता।

'रस्साकशी' में पश्चिमोत्तर प्रान्त, जिसे बाद में संयुक्त या युक्त प्रान्त और 1947 के बाद उत्तर प्रदेश कहा गया, में पूरी उन्नीसवीं सदी के नवजागरण का अध्ययन न होकर भारतेन्दु-युग का अध्ययन है। 1857 के पहले के लोक साहित्य और मौखिक साहित्य का अब तक कोई अधिक अध्ययन नहीं हुआ है, पर उर्दू और हिन्दी की जनपदीय भाषाओं के साहित्य के अध्ययन से वैसे स्वरों की तलाश की जा सकती है जो हिन्दी नवजागरण को समझने में सहायक हों।

अंग्रेजों ने उन्नीसवीं सदी में भारत का विनाश किया। 1813 के बाद ईस्ट इंडिया कम्पनी को प्राप्त एकाधिकार समाप्त हुआ और इंग्लैंड के उद्योगपति भारत में अपना जाल बिछाने लगे। भारत में अंग्रेज उद्योगपतियों के हमले ने यहाँ की आर्थिक व्यवस्था चौपट कर दी। मार्क्स ने 'पूँजी' के प्रथम खंड में 1834-35 में भारत के गवर्नर-जनरल की रिपोर्ट उद्धृत की है—"इस तरह की गरीबी व्यापार के इतिहास में पहले कभी नहीं देखी गई। हिन्दुस्तान के मैदानों में जुलाहों की हड्डियाँ बिछी हुई हैं।" मार्क्स ने ब्रिटिश अर्थनीति के जिस 'सुअरपन' का जिक्र एंगेल्स को 14 जून, 1853 के अपने पत्र में किया था, उस समय भारत में कम्पनी युग था। हिन्दी नवजागरण का दूसरा चरण उन्नीसवीं सदी का उत्तरार्द्ध था। उन्नीसवीं सदी के साठ के दशक के अन्त से इसके आरम्भ की बात कही गई है।

वीर भारत तलवार ने अपने अध्ययन में भारतेन्दु युगीन पत्रिकाओं—'कवि वचन सुधा', 'हिन्दी प्रदीप', 'भारत जीवन', 'ब्राह्मण', 'हरिश्चन्द्र मैग्जीन' और 'हरिश्चन्द्र चंद्रिका' की उन सामग्रियों का उपयोग किया है, जिन पर अभी तक कम ध्यान दिया गया था। उन्होंने 'कवि वचन सुधा' के 21 जून, 1872, 13 जुलाई, 1874, 1 अगस्त, 1874 और 10 अगस्त, 1875, 'हिन्दी प्रदीप' के जनवरी 1880, फरवरी 1880, अगस्त 1880, दिसम्बर 1880, अगस्त 1881, जनवरी 1882, मार्च 1882, मई 1882, जून 1882, अगस्त 1882, सितम्बर 1882, नवम्बर 1882, जून 1883, दिसम्बर 1883, 17 सितम्बर, 1888, जुलाई-अगस्त 1895, 'भारत जीवन' के 4 सितम्बर, 1884, 29 नवम्बर, 1884, 30 जून, 1884, 24 मार्च, 1884, 5 जनवरी, 1884, 21 जुलाई 1885, 3 अगस्त, 1885, 30 जून, 1884, 28 अप्रैल, 1884, 'बाह्मण' के 15 अप्रैल, 1883, 15 जून, 1883, 15 सितम्बर, 1888, 19 जुलाई, 1890 तथा 'बालाबोधिनी' के नवम्बर 1875 के अंकों में प्रकाशित सामग्रियों के अतिरिक्त उस समय प्रकाशित कई छोटी-छोटी पुस्तकों से तथ्य इकट्ठे किए हैं। शिवनाथ शर्मा के अनेक प्रहसन, विशेषतः 'नागरी निरादर', भारतेन्दु हरिश्चन्द्र की 'गोमहिमा' और 'भ्रूण हत्या' अम्बिकादत्त व्यास का 'गोसंकट', नाटक, हिन्दी-उर्दू विवाद से सम्बन्धित कुछ नाटकों के अतिरिक्त राजा शिवप्रसाद सितारे-हिन्द की कई पुस्तकें और दयानन्द सरस्वती से हुआ उनका पत्राचार और थियोसॉफी पर दिए गए उनके व्याख्यान से तलवार को विशेष मदद मिली है। उन्हें उस समय शिक्षा से सम्बन्धित कई ऐसी सामग्री प्राप्त हुई "जिन पर कई बड़े-बड़े शिक्षाविदों की नजर भी अभी तक नहीं पड़ी है।" (वही)

वीर भारत तलवार ने भारतेन्दु-युग से सम्बन्धित नई सामग्री इकट्ठी की है। "इस सारी सामग्री से मुझे उस युग के समूचे परिवेश और विभिन्न ऐतिहासिक सन्दर्भों को समझने में बड़ी मदद मिली। इसके बिना मैं अपने सामने मौजूद सवालों का अध्ययन नहीं कर सकता था।" (वही) रामविलास शर्मा और वीर भारत तलवार के सामने के सवाल एक नहीं हैं। रामविलास शर्मा के समक्ष प्रमुख प्रश्न वर्तमान समाजार्थिक व्यवस्था को बदलने का था और इसके लिए साम्राज्यवाद विरोध और सामन्त विरोध उनके लिए अधिक प्रमुख था। वे राज बदलना चाहते थे और इसके लिए उनका ध्यान हिन्दी के उन लेखकों की ओर गया, जिन्होंने अपने लेखन में साम्राज्यवाद विरोध और सामन्त विरोध को प्रमुख स्थान दिया था। हिन्दी नवजागरण पर कोई चर्चा इसके बगैर नहीं की जा सकती।

रजनी पामदत्त ने उन्नीसवीं सदी के मध्य से 'विलायत में स्टर्लिंग कर्ज के अनुपात' के बढ़ने का जिक्र किया है —"1856 तक यह कर्ज 40 लाख पौंड ही था। लेकिन 1860 में यह रकम अचानक बढ़कर 3 करोड़ पौंड हो गई, 1880 में 7 करोड़ 10 लाख पौंड और 1900 में 13 करोड़ 30 लाख पौंड।" (आज का भारत, ग्रन्थ

शिल्पी, 2000 पृ. 140) हिन्दी नवजागरण में भारतीय धन का बाहर जाने और महँगाई, अकाल और टैक्स के कारण देश की दुर्दशा का कम वर्णन नहीं है। दादाभाई नौरोजी, महादेव गोविन्द रानाडे और बाद में रमेश चन्द्र दत्त ने भारत की आर्थिक दुरवस्था पर विस्तारपूर्वक विचार किया। भारत में आज भी आर्थिक दुरवस्था कम नहीं है। गर्भस्थ शिशु पर हजारों रुपये का कर्ज है। स्विस बैंकों और विदेशी बैंकों में भारतीय लुटेरों ने भारत का धन अपने नाम जमा कर रखा है, काले धन के कालेपन से देश की आर्थिक स्थिति संकटग्रस्त है और प्रत्येक वर्ष के राष्ट्रीय बजट में सर्वाधिक राशि ब्याज देने में खर्च होती है। भारत की वर्तमान आर्थिक स्थिति पर हिन्दी के लेखकों, कवियों और आलोचकों—शोधार्थियों की कम दृष्टि जाती है। 'भारत दुर्दशा' (1875) में भारतेन्दु ने अंग्रेजी राज को 'भारत दुर्दैव' कहा और धन के विदेश चले जाने को खराब माना, ''पै धन विदेश चलि जात इहै अति ख्वारी।'' इसके एक वर्ष पूर्व 'कवि वचन सुधा' (9 फरवरी, 1874) में उन्होंने यहाँ की जनता की निर्धनता का मुख्य कारण भारतीय उद्योग-धंधों का नाश माना था। भारतेन्दु को आज से सवा सौ वर्ष पहले भारत की दुर्दशा की जितनी चिन्ता और तड़प थी, आज भारत की दुर्दशा को लेकर हिन्दी के कितने लेखक, पत्रकार और बुद्धिजीवी बेचैन हैं?

वीर भारत तलवार शिवप्रसाद सितारे हिन्द द्वारा युक्त प्रान्त की सरकार को 1868 में दिए जानेवाले मेमोरेंडम 'मेमोरेंडम : कोर्ट कैरेक्टर इन दी अपर प्रोविंसेज ऑफ इंडिया' से हिन्दी नवजागरण की 'शुरुआत' मानते हैं। इस मेमोरेंडम में पहली बार अदालतों में फारसी की जगह नागरी लिपि लागू करने की माँग की गई। इस मेमोरेंडम की कई प्रतियाँ—'प्राइवेट सर्कुलेशन' के नाम पर उन्होंने (शिव प्रसाद सितारे हिन्द) छपवाई और पूरे प्रान्त में बँटवाई।'' (रस्साकशी, पृ. 68) तलवार के अनुसार हिन्दी नवजागरण हिन्दी आन्दोलन है, वह सामाजिक-सांस्कृतिक आन्दोलन न होकर भाषा मात्र का आन्दोलन है। हिन्दी नवजागरण को इस प्रकार तलवार सीमित अर्थ प्रदान करते हैं। ''जिसे हिन्दी नवजागरण कहा जाता है, उसका सही नाम हिन्दी आन्दोलन होना चाहिए क्योंकि हिन्दी भाषा और लिपि का सवाल ही उसका सबसे केन्द्रीय मुद्‌दा था, धार्मिक या सामाजिक सुधार नहीं।'' (वही, पृ. 157)

हिन्दी भाषा और लिपि का प्रश्न हिन्दी नवजागरण का केन्द्रीय मुद्‌दा नहीं था। राजा शिवप्रसाद हिन्द ने 1868 में युक्त प्रान्त की सरकार को मेमोरेंडम दिया था और इसी वर्ष 'कवि वचन सुधा' का प्रकाशन शुरू हुआ। 'कवि वचन सुधा' से हिन्दी पत्रकारिता का दूसरा काल प्रारम्भ हुआ, जिसे 'हिन्दी पत्रों का उत्थान काल' कहा गया है। 'उदन्त मार्तंड' (1826) तथा कवि वचन सुधा' (1868) के बीच के बयालीस वर्षों में ''लगभग 28 दैनिक, साप्ताहिक, पाक्षिक और मासिक पत्र निकले

जो कुछ दिनों तक निकलकर बन्द होते गए।'' (पं. बालकृष्ण भट्ट : व्यक्तित्व और कृतित्व, मधुकर भट्ट, बालकृष्ण प्रकाशन, वाराणसी पृ. 117) यह हिन्दी पत्रकारिता का प्रयोग-काल था। 'कवि वचन सुधा' का प्रकाशन हिन्दी आन्दोलन के लिए नहीं हुआ था। इसके पूर्व बनारस से 'बनारस अखबार' और 'सुधाकर' का प्रकाशन हुआ था, पर 'कवि वचन सुधा' अपने समय का 'सर्वाधिक लोकप्रिय साहित्यिक पत्र' था। 'कवि वचन सुधा' के मुखपृष्ठ पर इस पत्र का उद्देश्य और आदर्श प्रकाशित होता था—

''खल गगन सों सज्जन दुखी मति होहि हरिपदमति रहैं।
अपधर्म छूटै स्वत्व निज भारत गहे कर दुःख बहैं।
बुध तजहिं मत्सर नारि नर सम होहिं जग आनन्द लहैं।
तजि ग्राम कविता सुकवि जन की अमृत बानी सम कहैं।''

कहाँ 1868 में शिवप्रसाद सितारे हिन्द द्वारा सरकार को फारसी की जगह नागरी लिपि के पक्ष में दिया गया मेमोरेंडम और कहाँ 'कवि वचन सुधा' (1868) के 'सिद्धान्त वाक्य' में 'स्वत्व निज भारत गहै'! सामान्य व्यक्ति भी यह समझ सकता है कि एक ही वर्ष में एक ओर लिपि का आन्दोलन चलाया गया और दूसरी ओर 'नारि नर सम होहिं' कहा जा रहा था जो सामाजिक विकास के लिए आवश्यक था। राधाकृष्ण दास ने 'भारतेन्दु बाबू हरिश्चन्द्र का जीवन चरित्र' में लिखा है कि आरम्भ में 'कवि वचन सुधा' का उद्देश्य प्राचीन कवियों की कविताओं का प्रकाशन था, पर शीघ्र ही उन्होंने गद्य को महत्त्व देना आरम्भ कर दिया। नवजागरण का गद्य से और साहित्य रूपों में 'निबन्ध' से गहरा सम्बन्ध है। 'निबन्ध' विधा रेनेसाँ की देन है। हिन्दी नवजागरण के विरोधी इस पर कम विचार करते हैं कि भारतेन्दु-युग में केवल हिन्दी गद्य का ही विकास नहीं हुआ, अपितु साहित्य की अनेक गद्य-विधाओं का जन्म भी इस युग में हुआ, जिसमें 'निबन्ध' का विशेष महत्त्व है।

भारतेन्दु हरिश्चन्द्र के लिए गद्य-रचना का अधिक महत्त्व था। उस समय देश परतंत्र था और हिन्दी प्रदेश अधिक पिछड़ा हुआ था। 'उदन्त मार्तंड' का प्रकाशन 'हिन्दुस्तानियों के हित के हेत' हुआ था। 'उदन्त मार्तंड' के 17 अक्टूबर, 1826 के अंक में 'लूट की छूट' का प्रकाशन हुआ था। यह 'कवि वचन सुधा' के प्रकाशन के बयालीस वर्ष पूर्व की बात थी। 1868 में प्रकाशित होनेवाला पत्र 'कवि वचन सुधा' सामान्य पत्र नहीं था। राधाकृष्ण दास के अनुसार, ''जैसा ही अंग्रेज हाकिमों को 'स्वत्व निज भारत गहै, कर (टैक्स) दुख बहै, कहना कर्णकटु था, उससे अधिक नारि नर सम होहिं, कहना हिन्दुस्तानी भद्र समाज को मुँह चिढ़ाता था।'' (वही, पृ. 53)

इसी 'कवि वचन सुधा' के 31 अगस्त, 1874 के अंक में एक लेख प्रकाशित हुआ था 'सच मत बोल'। इस लेख में अंग्रेजों की तुलना में मुस्लिम शासन को अच्छा माना गया था क्योंकि, ''वे लोग इस देश के निवासी थे इससे उनका अर्थ-

समुदाय इसी देश में व्यय होता था और उनके अपव्यय से इस देशवासियों का उपकार ही होता था।'' वीर भारत तलवार ने इस लेख के एक बहु-प्रचलित उद्धरण पर हिन्दी भाषा के स्वरूप को लेकर विचार किया है। इस लेख में यह लिखा गया था कि ''जिस प्रकार अमेरिका उपनिवेषित होकर स्वाधीन हुआ वैसे ही भारतवर्ष भी स्वाधीनता लाभ कर सकता है परन्तु भारतवर्ष उपनिवेषित होने से इसके विपक्ष भी बहुत आपत्ति है।'' एक ही कथन को देखने की भिन्न दृष्टियाँ हो सकती हैं, पर देखना यह चाहिए कि वह दृष्टि कथन के वास्तविक अर्थ से कितनी जुड़ी हुई है! रामविलास शर्मा ने इन पंक्तियों को उद्धृत कर यह लिखा है कि ''देश-विदेश के इतिहास के प्रति अपने युग में भारतेन्दु हरिश्चन्द्र जितना सचेत थे, उतना अन्य लेखक नहीं। मेरा अनुमान है कि अमरीकी स्वाधीनता-संग्राम से प्रेरणा ग्रहण करके स्वाधीन भारत का सपना देखना उन्हीं का काम था। विक्टोरिया के राज में भारत अंग्रेजों का उपनिवेश था—यह स्थापना भी उन्हीं की थी। मुसलमानों के शासन से अंग्रेजी राज की तुलना करते हुए उसे देश के लिए घातक बताना उन्हीं का काम था। उपर्युक्त लेख भारतेन्दु का ही है या 'अ '—नाम सज्जन कोई और है—यह प्रश्न गौण है। मुख्य बात यह है कि आधुनिक हिन्दी साहित्य का जन्म स्वदेशी और स्वाधीनता की घोषणा के साथ हुआ। भारतेन्दु हरिश्चन्द्र जहाँ अंग्रेजी शासन से मुक्ति चाहते थे, वहाँ भारतीय समाज में भी आन्तरिक परिवर्तन चाहते थे। उनकी दृष्टि में ये सारे परिवर्तन संघर्ष और जन-आन्दोलन द्वारा ही सम्पन्न किए जा सकते थे।'' (भारतेन्दु युग और हिन्दी भाषा की विकास-परम्परा, 1975, पृ. 344-45) तलवार ने इस लेख को भारतेन्दु की वाक्य-रचना के सन्दर्भ में उद्धृत किया है और लिखा है,. ''शब्दों की ही तरह कई जगह, भारतेन्दु के वाक्य अटपटे लगते हैं।'' यह दृष्टियों का फर्क है और दृष्टियों का यही फर्क हिन्दी नवजागरण के सम्बन्ध में भी है।

'रस्साकशी' में भारतेन्दु की छवि धूमिल करने का पूरा प्रयत्न है। चार अध्यायों में लिखी गई इस पुस्तक का एक स्पष्ट लक्ष्य है और वह लक्ष्य है, नई प्राप्त सामग्रियों के आधार पर हिन्दी नवजागरण की अवधारणा को हिन्दू नवजागरण सिद्ध और प्रमाणित करना और भारतेन्दु हरिश्चन्द्र तथा उनके सहयोगियों को नए युग के उन्नायक के रूप में न देखकर उनकी हिन्दू छवि प्रस्तुत करना। ''हिन्दी नवजागरण एक भ्रामक नाम है। कुछ हिन्दी लेखकों द्वारा चलाए गए इस शब्द का उनकी चर्चाओं से बाहर, कहीं कोई अस्तित्व नहीं। जिसे हिन्दी नवजागरण कहा जाता है, वह दरअसल ब्रह्म समाज और खासकर आर्य समाज के धार्मिक सुधारों के खिलाफ उनकी प्रतिक्रिया में हुआ, सनातनी बुद्धिजीवियों का आन्दोलन था जिसमें उस समय के सभी बड़े हिन्दी लेखकों और सम्पादकों ने आगे बढ़कर हिस्सा लिया—हालाँकि इन लेखकों की चेतना पर भी उस सुधार आन्दोलन का कुछ प्रभाव पड़ा जिसके

नतीजे में उन्होंने भी कुछ सुधारों का सीमित रूप में समर्थन किया। उनके आन्दोलन को नवजागरण कहना धार्मिक-सामाजिक सुधारों वाली, भारतीय नवजागरण की धारा से उन्हें गड्ड-मड्ड कर देना होगा। भारतीय नवजागरण मुख्यत: धर्म और समाज के सुधार का आन्दोलन था, जबकि हिन्दी नवजागरण का मुख्य लक्ष्य यह कभी नहीं रहा।" (रस्साकशी, पृ. 397) इस कथन में आरम्भ से अन्त तक लेखक का स्वर एक समान नहीं है। यहाँ 'हालाँकि' भी है और भारतीय नवजागरण से हिन्दी नवजागरण के भिन्न होने का बोध भी है। केवल यह नहीं बताया गया कि हिन्दी नवजागरण का 'मुख्य लक्ष्य' क्या था? वीर भारत तलवार धर्म और समाज-सुधार के आन्दोलन को ही नवजागरण मानते हैं।

यूरोप में पाँचवीं सदी के उत्तरार्द्ध से पन्द्रहवीं सदी के पूर्वार्द्ध तक का काल मध्यकाल है। इसके बाद पुनर्जागरण काल है, जहाँ से आधुनिक काल का आरम्भ होता है। विल ड्यूराँ ने 'दि रिनैसेंस' में लिखा है कि सोलहवीं शताब्दी में इटली में नए पुत्र को 'ला रिनास्विता' (पुनर्जन्म) कहा गया। अंग्रेजी में 'रिनैसाँ' शब्द फ्रेंच के 'रॅनैसान्स' से आया। फ्रांस में 'रॅनैसान्स' का प्रयोग अठारहवीं सदी में हुआ। सर्वप्रथम जैकब बर्कहार्ट ने 'दि सिविलाइजेशन ऑफ रैनिसाँस इन इटली' (1860) में रैनेसाँ के इतिहास पर प्रकाश डाला। यूरोप में 'अन्धकार युग' के बाद रैनेसाँ आया, पर भारत में उन्नीसवीं सदी के नवजागरण के पूर्व कोई अन्धकार काल नहीं था। यूरोप में रैनेसाँ ने प्राचीन रोम और यूनान से अपनी वैचारिक प्रेरणा प्राप्त की थी। भारत के नवजागरण और यूरोप के नवजागरण में अन्तर है। यहाँ नवजागरण तब आया, जब भारत पराधीन हो चुका था। यूरोप में ऐसी स्थिति नहीं थी। यूरोप में चर्च जितना शक्तिशाली था, भारत में धर्म और मन्दिर उतना महत्त्वपूर्ण नहीं था। उन्नीसवीं सदी के भारतीय नवजागरण में राष्ट्रीय भावना प्रमुख थी। यूरोपीय पुनर्जागरण और भारतीय पुनर्जागरण की पृष्ठभूमि में अन्तर है। अंग्रेजों के आने के बाद ही भारतीय अर्थव्यवस्था का नाश हुआ। अंग्रेजों के आगमन के पूर्व भारत पिछड़ा हुआ नहीं था। अंग्रेजों ने उन्नीसवीं सदी के आरम्भ में 'फूट डालो और राज करो' की जो नीति अपनाई, वह स्वतंत्र भारत में और बीभत्स रूप में जारी है। अंग्रेजों ने जिस सामाजिक और राजनीतिक-सांस्कृतिक विषमताओं को बढ़ाया, उसका उसे 'श्रेय' न देकर हिन्दी लेखकों को 'श्रेय' देना गलत है।

भारतीय नवजागरण भारतीय परिस्थितियों की देन है। सामाजिक परिस्थिति की तुलना में यहाँ आर्थिक और राजनीतिक परिस्थिति कम महत्त्वपूर्ण नहीं थी। भारतीय नवजागरण बंगाल, महाराष्ट्र, गुजरात, हिन्दी प्रदेश आदि स्थानों पर एक प्रकार का नहीं था। उसके स्वरूप में भिन्नताएँ थीं। मुगलकालीन समृद्धि और संस्कृति का क्षेत्र हिन्दी प्रदेश था। मुगलों की राजधानी इसी प्रदेश में थी। कलकत्ता, बम्बई और मद्रास बन्दरगाह क्षेत्र थे और यहीं 'प्रेजिडेंसी' बनी। इन तीनों बन्दरगाह क्षेत्रों में

बंगाल का महत्त्व सर्वोपरि रहा। कम्पनी ने बंगाल को ही प्रमुख केन्द्र बनाया। 1757 में प्लासी के युद्ध में बंगाल के शासक सिराजुद्दौला की हार हुई और इसके बाद ईस्ट इंडिया कम्पनी का शासन पूरे भारत में फैला। मुगलों के समय जो महत्त्व दिल्ली का था, कम्पनी के शासन-काल में वही महत्त्व कलकत्ता का रहा। दिल्ली का राजधानी बनना बीसवीं सदी की घटना है। क्षेत्रीय स्तर पर विद्रोहों का सिलसिला 1757 के बाद प्रारम्भ हो गया था। प्रदीप सक्सेना ने 'अठारह सौ सत्तावन और नवजागरण' (1996) में 1757 से 1857 के बीच के विद्रोहों की एक सूची प्रस्तुत की है। ये विद्रोह संख्या में अस्सी हैं। (पृ. 413-14) भारत के प्रायः सभी हिस्सों में ये विद्रोह हुए थे, पर ये विद्रोह स्थानीय स्तर के थे। 1857 के पहले के इन विद्रोहों की अनदेखी नहीं की जा सकती, पर 1857 का आन्दोलन राष्ट्रीय आन्दोलन था। 1857 से पहले के विद्रोह स्थानीय होने के साथ ही साथ असंगठित और एक-दूसरे से असम्बद्ध थे। ये मिलकर एक बड़े संघर्ष का रूप नहीं ले सके। वह पहली बार 1857 के महान राष्ट्रीय संघर्ष, आन्दोलन में सम्भव हुआ। 1857 के पहले बंगाल और महाराष्ट्र में नवजागरण की लहर आ चुकी थी।

राजा राममोहन राय (1772-1833) बंगाल के ही नहीं, भारतीय नवजागरण के भी जनक थे। सती प्रथा की समाप्ति के लिए उन्होंने 4 दिसम्बर, 1829 को कानून पास कराया। ब्रह्म समाज (1828) की स्थापना उनका सबसे बड़ा योगदान था। हिन्दी प्रदेश में 'ब्रह्म समाज' या फिर 'आर्य समाज' जैसा कोई संगठन नहीं बना। बंगाल में देवेन्द्र नाथ ठाकुर, ईश्वरचन्द्र विद्यासागर, केशवचन्द्र सेन जैसे समाज सुधारक हुए। बंगाल की तरह महाराष्ट्र में भी समाज-सुधार प्रमुख रहा। बंगाल और महाराष्ट्र की तुलना में हिन्दी प्रदेश में अंग्रेजी शिक्षा बाद में आई। कलकत्ता, मद्रास और बम्बई में जहाँ 1857 में विश्वविद्यालय खुले, वहाँ हिन्दी प्रदेश का पहला विश्वविद्यालय—इलाहाबाद विश्वविद्यालय भारतेन्दु हरिश्चन्द्र के निधन के दो वर्ष बाद—1887 में खुला। 1857 के तीस वर्ष बाद। 1857 के स्वाधीनता-संग्राम के बाद अंग्रेजों को सबसे अधिक बैर हिन्दी क्षेत्र से ही था। स्वतंत्र भारत में भी यह बैर बना रहा है। साम्राज्यवाद विरोधी जनान्दोलन सबसे अधिक यहीं हुआ। बीसवीं सदी के 'भारत छोड़ो आन्दोलन' तथा स्वतंत्र भारत में जयप्रकाश की सम्पूर्ण क्रान्ति का भी मुख्य क्षेत्र यही रहा। शिक्षा का प्रश्न हिन्दी प्रदेश के लिए बड़ा प्रश्न था। यह सभी को पता है कि पचास के दशक तक प्रायः सभी नौकरियों में बंगालियों की संख्या अधिक थी। इसका एकमात्र कारण यह था कि उन्होंने सबसे पहले शिक्षा प्राप्त की, जिससे उन्हें नौकरियाँ प्राप्त हुईं।

वीर भारत तलवार की पुस्तक रस्साकशी' का पहला अध्याय है—'शिक्षा पर औपनिवेशिक राज्य का नियंत्रण और स्त्री-शिक्षा।' वे शिक्षा और स्त्री-शिक्षा के प्रश्न को नवजागरण का प्रमुख आधार मानते हैं। भारतेन्दु ने हंटर कमीशन के

सामने जो बयान दिया था, उसका प्राप्त होना तलवार के लिए बड़ी बात है। "हंटर कमीशन को दिया भारतेन्दु का बयान मुझे क्या मिला, अन्धे के हाथ बटेर लग गई।" (वही) पुस्तक का आरम्भ भारतेन्दु और सैयद अहमद के हंटर आयोग के सामने दिए बयानों से होता है। भारतेन्दु और सैयद अहमद की शिक्षा सम्बन्धी दृष्टि को सामने रखकर लेखक ने भारतेन्दु की आलोचना की है—"19वीं सदी में नवजागरण की चेतना फैलाने में शिक्षा की भूमिका सबसे बुनियादी थी। उस शिक्षा पर पूरी तरह से औपनिवेशिक राज्य के नियंत्रण की भारतेन्दु की वकालत हैरत में डालती है। हिन्दी के कुछ आलोचकों ने हिन्दीभाषी समाज के नवजागरण के नेता के रूप में भारतेन्दु की जो भव्य छवि बना रखी है, उससे भारतेन्दु के इन विचारों का मेल नहीं बैठता।" (वही, पृ. 21) सैयद अहमद ने हंटर कमीशन के सामने भारतीय लोगों के द्वारा 'बच्चों की शिक्षा के प्रबन्ध' की बात कही थी। अपने नियंत्रण में उसे रखने और 'शिक्षा संस्थाओं को स्वैच्छिक योगदान से' चलाने की बात कही थी। भारतेन्दु हरिश्चन्द्र का मत इससे भिन्न था।

हंटर आयोग का गठन सन् 1882 ई. में हुआ था। आयोग ने युक्त प्रान्त की बड़ी हस्तियों' से सत्तर सवाल पूछे थे। इन बड़ी हस्तियों में भारतेन्दु, सर सैयद अहमद, राजा शिवप्रसाद आदि प्रमुख थे। हंटर आयोग के सामने दिए गए भारतेन्दु हरिश्चन्द्र के बयान से लेखक ने यह निष्कर्ष निकाला है कि "भारतेन्दु ने शिक्षा के सवाल को भारतीय सभ्यता-संस्कृति के व्यापक परिप्रेक्ष्य में देखा ही नहीं।" (पृ. 24), 'वे भारतीय नवजागरण की सामान्य धारा से कटे हुए थे' (पृ. 32), वे सह-शिक्षा के पक्ष में नहीं थे, उनकी दृष्टि नैतिकतावादी थी, स्त्री-शिक्षा-सम्बन्धी उनके विचार अन्तर्विरोधों से भरे पड़े हैं, परम्परागत स्कूलों के प्रति उनमें कोई सहानुभूति नहीं थी और 'बाला बोधिनी' पत्रिका में शृंगार रस की कोई रचना प्रकाशित नहीं हुई। लेखक ने पहले से यह निश्चय कर लिया है कि भारतेन्दु की निर्मित छवि उसे ध्वस्त करनी है और इसके लिए पूरी पुस्तक में अपने पक्ष में उसने तथ्य प्रस्तुत किए हैं। महज कुछ तथ्यों की प्रस्तुति से भारतेन्दु की छवि ध्वस्त नहीं की जा सकती। 'रस्साकशी', हिन्दी नवजागरण और भारतेन्दु के विरोध में लिखी गई पुस्तक है।

भारतेन्दु ने हंटर कमीशन को कहा था कि "स्कूलों का प्रबन्धन और निरीक्षण पूरी तरह से सरकार के हाथ में रहना चाहिए। सरकारी अफसर जो कुछ करें, देशी लोग सिर्फ उस पर निगाह रखें, उसकी समीक्षा और आलोचना करें और सुधार के उपाय सुझाएँ।" (वही, पृ. 11) हमारे समय के समीक्षक और आलोचक 'समीक्षा और आलोचना' को कम महत्त्व क्यों देते हैं? भारतेन्दु ने प्रबन्धन और निरीक्षण का कार्य अंग्रेजों के जिम्मे सौंपा था। इसके पीछे आर्थिक पक्ष प्रमुख था। भारतेन्दु ने निगाह रखने, समीक्षा और आलोचना करने तथा सुधार के उपाय सुझाने के लिए देशी लोगों को सामने रखा। उन्होंने हंटर आयोग के सामने "सरकार के

एजुकेशन बोर्ड की काफी आलोचना की।'' भारतेन्दु ने बोर्ड के सदस्यों के बारे में, जो भद्र वर्ग से आते थे, यह भी कहा था कि उन्हें ''आम तौर पर शिक्षा-सम्बन्धी मामलों का कोई अनुभव नहीं है और न ही उनके पास इस काम के लिए वक्त है।'' (पृ. 12)

1882 में साम्राज्यवादी शासक पहले की तुलना में अधिक चौकन्ना था। हंटर आयोग ने जो प्रश्नावली तैयार की थी, वह 'शिक्षा की योजना में सरकार जिस तरह का बदलाव लाना चाहती थी, उसके बारे में टोह लेने के लिए' थी। सरकार जब टोह लेना चाहती थी, तो भारतेन्दु को कैसे उत्तर देने चाहिए थे। यहाँ यह उल्लेख आवश्यक है कि 1863 में जब सत्येन्द्र नाथ ठाकुर ने इंग्लैंड जाकर इंडियन सिविल सर्विसेज की परीक्षा पास कर ली थी, तो तीन वर्ष बाद 1866 में सरकार ने इस परीक्षा के लिए 22 वर्ष से उम्र घटाकर कर 21 वर्ष कर दी और जब 1869 में सुरेन्द्र नाथ बैनर्जी तथा अन्य तीन भारतीयों ने यह परीक्षा पास की तब 1877 में 21 से उम्र घटाकर 19 वर्ष कर दी गई।

औपनिवेशिक राज्य में और वह भी 1880-82 के आसपास शिक्षा का प्रश्न शासन के लिए सामान्य नहीं था। स्कूल की शिक्षा से कॉलेज और विश्वविद्यालय की शिक्षा जुड़ी होती है। भारतेन्दु के समय सात प्रकार के देशी स्कूलों की चर्चा तलवार ने की है, ''चटसाल, संस्कृत स्कूल, धार्मिक स्कूल, बही-खाते रखने और महाजनी सिखाने का स्कूल, मकतब, अरबी स्कूल और कुरआन स्कूल'' (रस्साकशी, पृ. 15-16) तलवार को दुख है कि ''भारतेन्दु ने इन परम्परागत स्कूलों के प्रति जरा भी सहानुभूति नहीं दिखाई।''

1880-82 के पहले अंग्रेजी शिक्षा प्राप्त भारतीय युवक ब्रिटिश शासकों के पक्ष में नहीं थे। वे असन्तोष फैलाने लग गए थे। शिक्षित भारतीय युवकों को ब्रिटिश शासक अपना प्रतिद्वन्द्वी समझते थे। ये शिक्षित भारतीय युवक उनके लिए बाद में कठिनाई पैदा कर सकते थे, इसलिए स्कूलों-कॉलेजों में सरकारी सहायता बन्द करने की बात शुरू हुई। उच्च शिक्षा की जगह जनशिक्षा की बात अंग्रेज शासकों ने बहुत सोच-समझकर की थी। औपनिवेशिक शिक्षा से मुक्ति का प्रश्न बाद में उठा। 1882 तक पूरे उत्तर भारत में एक भी विश्वविद्यालय नहीं था, कॉलेजों की संख्या भी बहुत कम थी। उस समय औपनिवेशिक राज्य द्वारा शिक्षा के नियंत्रण और संचालन की बात करना बहुत गलत नहीं था। सात प्रकार के देशी स्कूलों में जो शिक्षा दी जाती थी, उससे आधुनिक सोच-विचार का कोई सम्बन्ध नहीं था। वित्तीय साधनों की कमी के कारण सरकार शिक्षण संस्थाओं पर अपना नियंत्रण कम नहीं करना चाहती थी। तलवार ने वित्तीय साधनों की कमी के विवरण के लिए फ्रांसिस रोबिंसन की पुस्तक—'सेपरेटिज्म एमंग इंडियन मुस्लिम' देखने की सलाह दी है। तलवार एक ओर हंटर आयोग द्वारा 'टोह लेने' की बात करते हैं और दूसरी ओर

सरकार के 'वित्तीय संसाधनों की कमी' का जिक्र करते हैं। इसके पीछे अन्य कारण भी हो सकते हैं, जिसकी वे चर्चा तक नहीं करते।

भारतेन्दु ने सरकारी नौकरियों में बहाली के तरीकों की आलोचना ही नहीं, 'निन्दा' की थी क्योंकि' दफ्तरों में पहले से लगे लोगों के भाई-भतीजों और बेटों-दामादों को—चाहे वे कितने ही नालायक क्यों न हों, नौकरी पर रख लिया जाता था। इसका विरोध करते हुए भारतेन्दु ने सरकारी शिक्षा-संस्थानों से पढ़कर निकले लड़कों को सरकारी नौकरियाँ देने की माँग की।'' (पृ. 12-14) भाई-भतीजों और बेटों-दामादों—चाहे वे कितने ही नालायक क्यों न हों, नौकरी पर रखने की बात की आलोचना करना उस समय बड़ा काम था, पर तलवार ने अपनी ओर से कोष्ठक में मुसलमान और हिन्दू की चर्चा कर भारतेन्दु की हिन्दू छवि बनाने की गलत कोशिश की है। सरकारी शिक्षा संस्थाओं से पढ़कर निकले लड़कों के बाद कोष्ठक में 'जो ज्यादातर हिन्दू थे ' लिखने की कोई आवश्यकता नहीं थी, पर तलवार के लिए सब कुछ को हिन्दू-मुस्लिम के रूप में देखना जरूरी है। इसी प्रकार वे 'भाई-भतीजों और बेटों-दामादों को नालायक होने पर भी नौकरी में रखे लिखे जाने के बाद कोष्ठक में यह लिखना नहीं भूलते कि 'इस प्रथा का सबसे ज्यादा फायदा उस वक्त यू.पी. के भद्र वर्गीय मुसलमान उठा रहे थे'। (पृ. 13-19) यह लिखना क्या जरूरी था? पुस्तक के आरम्भ से ही तलवार हिन्दू-मुस्लिम की बात करना नहीं भूलते। यही क्रम आगे बढ़कर उनके निष्कर्ष में सहयोग देते हैं। हंटर आयोग के सामने भारतेन्दु ने जो भी बयान दिए थे, वे यहाँ सम्पूर्ण रूप में नहीं हैं, अपने उद्देश्य के अनुसार उसका चयन कर लिया गया है। क्या हंटर आयोग के सामने दिए गए बयान से ही भारतेन्दु की शिक्षा-सम्बन्धी दृष्टि का पता चलता है? क्या उनकी रचनाओं में शिक्षा-सम्बन्धी उनके विचार हमें प्राप्त नहीं होते?

भारतेन्दु के लिए अंग्रेजी शिक्षा महत्त्वपूर्ण थी। 1877 ई. में (हंटर आयोग के पाँच वर्ष पूर्व) उन्होंने 'हिन्दी उन्नति पर व्याख्यान' के अड़तीसवें-उनचालीसवें दोहों में अंग्रेजों के ज्ञान-विज्ञान को सीखकर, हिन्दी में लाने की बात कही, जिससे देश का उपकार हो—''विविध कला शिक्षा अमित ज्ञान अनेक प्रकार/सब देसन से लै करहु भाषा मोहि प्रचार।'' तथा ''जहाँ जौन को गुन लह्यो लिया जहाँ सो तौन/ताहीं सों अंग्रेज अब सब विद्या के भौन।'' ('भारतेन्दु समग्र, 1987, पृ. 228) देशी स्कूलों में अंग्रेजी का अध्ययन नहीं था और अंग्रेजी पढ़े बिना विज्ञान के विकास से परिचित नहीं हुआ जा सकता है। भारतेन्दु ने कई दोहों में—अंग्रेजी के माध्यम से बहुत सारी चीजों के सीखने की बात कही है। अपनी भाषा में सीमित रहकर ही नवजागरण नहीं लाया जा सकता।

तलवार ने भारतेन्दु को भद्र वर्ग के पक्ष में रखा है क्योंकि उन्होंने उनके बच्चों के स्कूल को नगर पालिका के अधीन करने से मना किया। (पृ. 17) और गरीब

बच्चों के स्कूल को नगर पालिकाओं के जिम्मे रखकर 'यथास्थिति कायम रखने को कहा।' (वही) आज भी वही स्थिति है। भारतेन्दु अपने समय की वास्तविक स्थिति से परिचित थे। ब्रिटिश शासन की अनुदारता का वर्णन उन्होंने कई स्थलों पर किया है। उस समय भद्र वर्ग और विपन्न वर्ग के बच्चों के एक स्कूल की बात नहीं सोची जा सकती थी। ऐसा आज भी नहीं है। भारतेन्दु को यह पता था कि क्या सम्भव है और क्या असम्भव। दिल्ली में रहकर स्वतंत्र भारत की सरकार को क्या यह कहा जा सकता है कि झुग्गी-झोपड़ी में रहनेवाले बच्चों का स्कूल और दक्षिण दिल्ली में रहनेवाले बच्चों का स्कूल एक ही हो! नवजागरण की चेतना फैलाने में शिक्षा की अहम भूमिका होती है। ब्रिटिश सरकार पश्चिमोत्तर प्रान्त में और वह भी उन्नीसवीं सदी के अन्त में शिक्षा का व्यापक प्रसार नहीं कर सकती थी। इस सम्बन्ध में भारतेन्दु और दयानन्द सरस्वती की तुलना बहुत संगत नहीं है। दयानन्द सरस्वती और भारतेन्दु के कार्य-क्षेत्र अलग-अलग थे और हिन्दी नवजागरण में दोनों महत्त्वपूर्ण थे।

शिक्षा के क्षेत्र में किए गए कार्यों को लेकर दयानन्द सरस्वती, ईश्वरचन्द्र विद्यासागर और सर सैयद अहमद से भारतेन्दु की तुलना का कोई तुक नहीं है। इस प्रकार की तुलना पक्ष-विपक्ष को ध्यान में रखकर की जाती है। यह दोष-पूर्ण आकलन है। भारतेन्दु हरिश्चन्द्र, दयानन्द सरस्वती और विद्यासागर नहीं थे। दयानन्द सरस्वती और विद्यासागर भी भारतेन्दु नहीं थे। इससे न तो किसी का महत्त्व बढ़ता है, न घटता है। बंगाल में ईश्वरचन्द्र विद्यासागर के पहले राजा राममोहन राय थे। भारतेन्दु के पहले कौन थे? तलवार उन्नीसवीं सदी के पश्चिमोत्तर राज्य में सैयद अहमद को शिक्षा-आन्दोलन का सबसे बड़ा सूत्रधार मानते हैं। इससे क्या कोई फर्क पड़ता है कि भारतेन्दु उतने बड़े उस क्षेत्र के सूत्रधार नहीं थे? हिन्दी नवजागरण पर विचार के क्रम में ऐसी तुलनाएँ सही नहीं हैं।

क्या भारतेन्दु की दृष्टि संकीर्ण थी? यह संकीर्णता किसी एक क्षेत्र में थी या सभी क्षेत्रों में? हिन्दी नवजागरण के अग्रदूतों के सकारात्मक और नकारात्मक पक्षों पर एक साथ ध्यान देने से यह पता चलेगा कि उनका सोच-विचार कहाँ प्रगतिशील था और कहाँ पिछड़ा था। वह संक्रान्ति-काल था और औपनिवेशिक समाज था। औपनिवेशिक समाज के नवजागरण में यूरोप के 'रैनेसाँ' से भिन्नता का होना स्वाभाविक था। हिन्दी नवजागरण ही नहीं, पूरे भारतीय नवजागरण के समक्ष औपनिवेशिकता से मुक्ति का प्रश्न बड़ा था। उन्नीसवीं सदी में राष्ट्रीय एकता का बड़ा प्रश्न औपनिवेशिकता से मुक्ति से जुड़ा हुआ था। साम्राज्यवाद विरोध इसी कारण नवजागरण का प्रमुख प्रश्न बना। सामाजिक, सांस्कृतिक और धार्मिक प्रश्न की जगह राजनीतिक प्रश्न इसी कारण प्रमुख हुआ। यूरोप के 'रैनेसाँ' ने रोम और यूनान से वैचारिक प्रेरणा प्राप्त की थी। भारतीय नवजागरण में यह बात नहीं थी। उस

समय कई भारतीय विचारकों ने वेद की ओर लौटने पर बल दिया था, पर यह नवजागरण कहीं से पुनरुत्थानवाद नहीं था। भारतीय नवजागरण के समग्र अध्ययन से ही उसके अधूरे रह जाने का पता लगेगा और आज के समय में उसे नए सिरे से शुरू करने की दिशाएँ तय हो सकेंगी। आज की समस्याओं के लिए हिन्दी लेखकों को उत्तरदायी ठहराना और औपनिवेशिक शासन को आलोचना से परे रखना हिन्दी नवजागरण का निष्पक्ष अध्ययन नहीं है।

'रस्साकशी' में शिवप्रसाद सितारे हिन्द और भारतेन्दु हरिश्चन्द्र की जगह-जगह तुलना कर सारा दोष भारतेन्दु के सिर पर मढ़ दिया गया है। इस पुस्तक में राजा शिवप्रसाद सितारे हिन्द के 'खलनायक' वाली छवि को पहली बार तोड़ने का प्रयत्न है। 1868 के जिस मेमोरेंडम की बात कही गई है, उसकी 'युगांतरकारी भूमिका' की चर्चा है—"इसी माँग में भविष्य की उथल-पुथल के बीज छुपे हुए थे। आगे होनेवाले हिन्दी आन्दोलन की विचारधारा पहली बार इसी मेमोरेंडम में दिखाई देती है।" (पृ. 69) इस मेमोरेंडम में 'हिन्दू जाति' की चेतना स्पष्ट' थी। हिन्दू जाति से हिन्दी का सम्बन्ध इस प्रकार सर्वप्रथम राजा शिवप्रसाद सितारे हिन्द ने जोड़ा पर राजा शिवप्रसाद के प्रति लेखक की दृष्टि उदार है—"राजा शिवप्रसाद ने भी हिन्दी भाषा और लिपि का सम्बन्ध हिन्दू जातीयता की भावना से जोड़ा।" (पृ. 71) यहाँ 'भी' से यह पता चलता है कि इसके पहले यह कार्य किसी और ने किया था, जबकि वास्तविकता इसके विपरीत है। पक्षपातपूर्ण ढंग से हिन्दी नवजागरण पर विचार नहीं हो सकता। इसके पक्ष और विपक्ष में खड़े होने से समस्याएँ नहीं सुलझेंगी। आवश्यकता इसके सम्यक् विवेचन और मूल्यांकन की ही नहीं है, अपितु इसके नकारात्मक पक्षों का त्याग कर इसके सकारात्मक पक्षों को ग्रहण कर इसे नए सिरे से गति देने की भी है।

ब्रिटिश शासक 1857 के बाद किसी भी कीमत पर हिन्दू-मुस्लिम एकता के विरोधी थे। इसके लिए भाषा और धर्म उनके प्रमुख आधार थे। भाषा और धर्म के स्तर पर विभाजित करने का लाभ साम्राज्यवाद को था। मेमोरेंडम से आरम्भ "हिन्दी (नागरी) आन्दोलन ने साँझे उर्दूभाषी भद्र वर्ग के बीच जो दरार पैदा की, वह दिन-ब-दिन गहरी और चौड़ी होती चली गई। 32 साल के बाद 1900 ई. में सरकार ने जब प्रान्तीय राजभाषा के लिए नागरी को भी मंजूरी दे दी तो इस भद्र वर्ग का बँटवारा पूरी तरह हो गया। इस बँटवारे में एक तरह से 1947 में होनेवाले बँटवारे के बीज छुपे हुए थे। पर उसका गुमान उस दौर में किसी को भी नहीं हुआ।" (पृ. 72) क्या 1947 का विभाजन भाषा के आधार पर हुआ था? अगर ऐसा था, तो इसके सबसे बड़े दोषी राजा शिवप्रसाद थे। 1947 के विभाजन की सच्चाई यह नहीं थी। अपने विचार को कुछ साक्ष्यों के आधार पर फैलाने और बढ़ाने से जो निष्कर्ष प्राप्त होते हैं, वे इसी प्रकार के होते हैं।

1946 के जन-विद्रोह में हिन्दू और मुस्लिम एक साथ थे। जनसाधारण की इस क्रान्ति को रोकने का काम साम्राज्यवाद और राष्ट्रीय बुर्जुआ वर्ग ने मिलकर किया था। भारत पाक विभाजन को मात्र भाषा और धर्म के आधार पर देखना और उसके पीछे की साम्राज्यवादी चालों की अनदेखी करना साम्राज्यवाद का पक्षधर बनना है। इक्कीसवीं सदी के आरम्भ में आधुनिक भारत के इतिहास और भारतीय नवजागरण पर कोई भी विचार साम्राज्यवाद को केन्द्र में रखे बगैर नहीं किया जाना चाहिए। स्वतंत्र भारत में साम्राज्यवाद की चालों और उनके कारनामों पर ध्यान न देना क्या उचित है? भारत आज अमरीकी साम्राज्यवाद और दलाल पूँजीपति के दुश्चक्र में जिस तरह घिर और फँस गया है, उसमें भाषा और धर्म को मुख्य मुद्दा बनाने से समस्याएँ सुलझने वाली नहीं हैं। भारत-पाक विभाजन के बाद भारत और पाकिस्तान दोनों ही देशों में साम्राज्यवाद की उपस्थिति कायम रही। आज भारत और पाकिस्तान दोनों देशों में अमरीकी साम्राज्यवाद ने अपनी तगड़ी पैठ बना रखी है।

दुर्गादास ने 'इंडिया फ्रॉम कर्जन टू नेहरू एंड आफ्टर' (1969) में हिन्दुस्तान के बँटवारे में ब्रिटिश प्रधानमंत्री चर्चिल की भूमिका की चर्चा की है। द्वितीय विश्वयुद्ध के समय ही चर्चिल ने यह समझ लिया था कि अब हिन्दुस्तान ब्रिटिश हुकूमत के अधीन नहीं रह सकता। उसे विभाजित करने में ही साम्राज्यवाद को लाभ था। भारत में आज जितनी समस्याएँ उफन कर सामने आ गई हैं, उसके कारणों की तलाश करते हुए यह भी देखना चाहिए कि ये समस्याएँ अपने विकराल रूप में पिछले दो दशकों में उपस्थित हुई हैं। इससे अमरीकी साम्राज्यवाद और इजारेदार पूँजीवाद को सर्वाधिक लाभ है।

हिन्दी नवजागरण को 'एक तरह से' नहीं, कई तरह से देखने की जरूरत है। ''जिसे हम हिन्दी नवजागरण के नाम से पुकारते हैं वह एक तरह से पुराने साझे वर्ग के टूटकर दो धार्मिक समुदाय बनने की कहानी है, औपनिवेशिक सत्ता में हिस्सा लेने और अपनी सांस्कृतिक श्रेष्ठता कायम करने की होड़ की कहानी है।'' (पृ. 72) उन्नीसवीं सदी में 'पुराना साँझा वर्ग' धर्म के कारण ही नहीं टूटा था। आज भी इस साँझे वर्ग को तोड़ने की जितनी राजनीतिक कोशिशें होती हैं, वे किसी से छुपी नहीं हैं। हिन्दी, हिन्दुत्व, धर्म, समाज सुधार, स्त्री-शिक्षा, गो-रक्षा आदि को हिन्दी नवजागरण से जोड़कर देखना 'एक तरह से' ही सही माना जा सकता है और सच्चाई यह है कि हिन्दी नवजागरण के अग्रदूतों में इन सबका सदैव एक ही रूप नहीं है। हिन्दी नवजागरण के अग्रदूत अन्तर्विरोधों से मुक्त नहीं हैं। ये अन्तर्विरोध भारतेन्दु हरिश्चन्द्र में भी हैं। ''यह सोचना कि वह (भारतेन्दु) हिन्दू पुनरुत्थानवादी थे और अंग्रेजों की खुशामद करते थे, सही न होगा। जो लोग ऐसा सोचते हैं, उनसे मेरा कहना है कि मुसलमानों के विरुद्ध, भारतेन्दु हरिश्चन्द्र ने जो कुछ लिखा है, उसे आप उद्धृत कीजिए लेकिन उसके साथ-साथ इस्लाम, मुहम्मद साहब और अच्छे

मुसलमान बादशाहों के बारे में जो कुछ लिखा है, उसे भी आप उद्धृत कीजिए। इसी तरह अंग्रेजी राज की प्रशंसा में उन्होंने जो कुछ लिखा है, उसे आप उद्धृत कीजिए, लेकिन उसके साथ जो उन्होंने अंग्रेजी राज की आलोचना की है, उसे छोड़ मत दीजिए। अधिक से अधिक आप यह कह सकते हैं कि भारतेन्दु हरिश्चन्द्र के चिन्तन में अन्तर्विरोध है। कभी वह अंग्रेजी राज की आलोचना करते हैं और कभी उसकी तारीफ करते हैं। लेकिन हमेशा वह उसकी तारीफ करते हैं, यह कहना तो सही न होगा। मेरा यह आग्रह नहीं है कि उन्हें अंग्रेजी राज के सुसंगत आलोचक के रूप में देखा जाए, वह उसकी प्रशंसा भी करते हैं, लेकिन अंग्रेजी राज की जैसी आलोचना उन्होंने की है, वर्तमान व्यवस्था की वैसी आलोचना बहुत से मार्क्सवादी लेखकों में भी देखने को नहीं मिलती।'' (रामविलास शर्मा, 'भारतीय संस्कृति और हिन्दी प्रदेश' खंड-2, 1999, पृ. 383)

'रस्साकशी' का प्रकाशन-वर्ष 2002 है। तलवार ने पश्चिमोत्तर प्रान्त में उन्नीसवीं सदी के नवजागरण का एकांगी और पक्षपातपूर्ण ढंग से अध्ययन प्रस्तुत किया है। उन्होंने अपने मत के पुष्टिकरण के लिए कि हिन्दी नवजागरण हिन्दू नवजागरण था, उसी से सम्बन्धित तथ्य प्रस्तुत किए हैं। इससे हिन्दी नवजागरण का समग्रता में अध्ययन सम्भव नहीं हो सका है। यह पूरी पुस्तक हिन्दी नवजागरण की अवधारणा को नष्ट करने के उद्देश्य से लिखी गई है। इक्कीसवीं सदी में भारतीय नवजागरण का अध्ययन हम किस उद्देश्य से करेंगे?

तलवार एक ओर भारतेन्दु की इसलिए आलोचना करते हैं कि वे औपनिवेशिक शिक्षा-तंत्र के हिमायती थे और दूसरी ओर इसके बाहर 'शिक्षा के किसी भी वैकल्पिक प्रबन्ध और उसमें निजी प्रयत्नों की किसी भी भूमिका को न देख पाने' की सीमा को भारतेन्दु की सिर्फ 'अपनी सीमा' नहीं मानते। उनका आरोप है कि ''भारतेन्दु ने अंग्रेजी शिक्षा के राजनीतिक लक्ष्य पर कभी विचार नहीं किया।'' भारतीय नवजागरण से जुड़े हुए अधिसंख्य व्यक्ति—चाहे वे बंगाल के हों या महाराष्ट्र के, पंजाब के हों या पश्चिमोत्तर प्रान्त के—अंग्रेजी शिक्षा से जुड़े हुए थे। भारतेन्दु हरिश्चन्द्र न तो पुराने ढंग की शिक्षा के पक्ष में थे और न अंग्रेजी भाषा की शिक्षा को पर्याप्त मानते थे। उन्होंने 30 दिसम्बर, 1872 की 'कवि वचन सुधा' में 'कला-कौशल की शिक्षा' पर ध्यान दिलाया था और बारह वर्ष बाद 1884 में बलिया में दिए भाषण 'भारतवर्ष की उन्नति कैसे हो सकती है?' में मुसलमानों से कहा था—''पुरानी बातें दूर करो। मीर हसन की मसनबी और इन्दरसभा पढ़ाकर छोटेपन ही से लड़कों का सत्यानाश मत करो। होश सँभाला नहीं कि पट्टी पार ली, चुस्त कपड़ा पहना और गजल गुनगुनाए। भला सोचो कि इस हालत में बड़े होने पर ये लड़के क्यों न बिगड़ेंगे। अपने लड़कों को ऐसी किताबें छूने भी मत दो। अच्छी से अच्छी उनको तालीम दो। लड़कों को रोजगार सिखाओ। विलायत भेजो।'' (भारतेन्दु समग्र, पृ. 1013)

तलवार भारतेन्दु के शहर और प्रान्त में कॉलेज खोलने के लिए जनता द्वारा धन देना 'नामुमकिन' मानते हैं और 8 नवम्बर, 1883 में लाहौर की एक सार्वजनिक सभा में ऐंग्लो-वैदिक स्कूल-कॉलेजों के खोलने के सम्बन्ध में लिए गए प्रस्ताव का उल्लेख कर यह लिखते हैं कि "जिस पब्लिक के अस्तित्व से भारतेन्दु को इनकार था उसी पब्लिक ने कॉलेज खोलने के लिए उस सभा में उत्साह के साथ 6000 रुपए दिए।" (रस्साकशी, पृ. 23) पश्चिमोत्तर प्रान्त के बनारस की 'पब्लिक' और लाहौर की 'पब्लिक' में अन्तर था। भारतेन्दु अपने यहाँ की पब्लिक के बारे में बोल रहे थे, न कि लाहौर और पूरे देश की पब्लिक के बारे में। भारतेन्दु ने जो किया उसे देखा जाना चाहिए। पश्चिमोत्तर राज्य पर विचार के क्रम में आर्य समाज तथा बंगाल-महाराष्ट्र की बातें करना उन स्थानों की स्थिति-भिन्नता से आँखें मूँदना है। भारत के अनेक हिस्सों में भारतीय नवजागरण के स्वरूप में कुछ भिन्नताएँ भी थीं। हिन्दी प्रदेश में यह भिन्नता अधिक थी। तलवार का यह कथन सही है कि महाराष्ट्र और पंजाब के भद्र वर्ग के चरित्र से हिन्दीभाषी भद्र वर्ग का चरित्र भिन्न था। भारतेन्दु ने अलग से भद्र वर्ग की मनोवृत्ति की आलोचना भी की है। यह कहना गलत है कि "भारतेन्दु इस मनोवृत्ति को एक तथ्य मानकर, इसके साथ मेल बैठाते हुए चलते दिखाई देते हैं।" (वही, पृ. 34) कमिटी में जानेवाले लोग भद्र वर्ग के ही थे। 'कवि वचन सुधा' के अंक (श्रावण कृष्ण-30, संवत्-1928) में उन्होंने अंग्रेजों की हाँ में हाँ मिलानेवाले धनी व्यक्तियों की आलोचना की—"हा! पश्चिमोत्तर देश निवासी! धिक् है तुम्हारे जन्म को, यदि ऐसा ही है तो हम जानते हैं कि सबके सब साड़ी और चूड़ी पहिन-पहिन कर घर में बैठो क्योंकि और तुम लोगों से क्या हो सकता है। तुम लोग ऐसे कायर हो गए कि जब कोई कार्य तुम्हारे सिर पर आ पड़े तो झट दुम दबाकर भागो। यदि ये किसी कमिटी में जाएँ, जहाँ कि कुछ राय देना होय तो केवल इसके और कुछ न कहेंगे कि 'जो जनाब साहिब फरमाते हैं उससे मैं भी इत्तिफाक करता हूँ।"

स्त्री-शिक्षा के सम्बन्ध में भारतेन्दु के विचार भले अन्तर्विरोधों से भरे हों, पर वे स्त्री-प्रश्न को लेकर चिन्तित थे। 'नीलदेवी' (1881) की भूमिका में उन्होंने लिखा था, "जिस भाँति अंग्रेजी स्त्रियाँ सावधान होती हैं, पढ़ी-लिखी होती हैं, घर का काम-काज सँभालती हैं, अपने सन्तान-गण को शिक्षा देती हैं, अपना सत्व पहचानती हैं, अपनी जाति और अपने देश की सम्पत्ति-विपत्ति को समझती हैं, उसमें सहायता देती हैं और इतने समुन्नत मनुष्य जीवन को व्यर्थ गृह-दास्य और कलह ही में नहीं खोतीं, उसी भाँति हमारी गृह देवता भी वर्तमान हीनावस्था को उल्लंघन करके कुछ उन्नति प्राप्त करें, यही लालसा है।" (भारतेन्दु समग्र, पृ. 479) स्त्रियों के मामले में भारतेन्दु की दृष्टि सुधारवादी थी। पश्चिमोत्तर प्रान्त के पूर्वी जिलों में विधवा-विवाह को लेकर भले कोई आन्दोलन नहीं हुआ हो, पर भारतेन्दु बाल-

विवाह के विरोधी और विधवा-विवाह के समर्थक थे। राधाकृष्ण दास ने विधवा-विवाह की समस्या पर 'दुखिनी बाला' नामक नाटक की रचना की, भारतेन्दु हरिश्चन्द्र ने 'वैदिकी हिंसा हिंसा न भवति' (1873) में पुनर्विवाह के न होने से होनेवाले नुकसान की बात की और यह लिखा कि "विधवागन का विवाह कर देना उनको नरक से निकाल लेना है और शास्त्र की भी आज्ञा है।" (भारतेन्दु समग्र, पृ. 311) स्वामी दयानन्द सरस्वती विधवा स्त्री पुनर्विवाह के पक्ष में थे, श्रद्धाराम फिल्लौरी भी बाल-विवाह के विरोधी और विधवा-विवाह के समर्थक थे। 1877 में प्रकाशित उपन्यास 'भाग्यवती' में भाग्यवती के पिता उमादत्त अपनी पत्नी से कहते हैं कि छोटी अवस्था में पुत्र का विवाह करना ठीक नहीं है। उमादत्त बाल-विवाह के विरोध के साथ विधवा-विवाह का समर्थन भी करते हैं।

'भाग्यवती' उपन्यास में विधवा-विवाह को उचित ठहराया गया है। 15 मई, 1879 की 'कवि वचन सुधा' में 'जातीय संगीत' शीर्षक से प्रकाशित विज्ञापन में ग्राम गीतों के विषयों में से एक विषय बाल-विवाह से हानि भी था। 'प्रेमधन' ने समाज-सुधार-सम्बन्धी लोकगीतों की रचना की थी। उनके गीत बाल-विवाह, अनमेल विवाह और बालवृद्ध विवाह को लेकर लिखे गए थे। स्त्री-शिक्षा पर उस युग के सभी लेखकों का ध्यान था। भारतेन्दु युग के लेखक बंगाल के लेखकों के सम्पर्क में थे। हिन्दी नवजागरण पर बंगाल नवजागरण का भी प्रभाव था। ईश्वरचन्द्र विद्यासागर, डॉ. राजेन्द्र लाल मित्र, कृष्टोदास पाल, शम्भु चरण मुखर्जी, बंकिमचन्द्र चटर्जी और केशवचन्द्र सेन से भारतेन्दु की मैत्री थी। ईश्वरचन्द्र विद्यासागर ने प्रताप नारायण मिश्र से कानपुर आकर भेंट की थी। बालमुकुन्द गुप्त का कार्यक्षेत्र कलकत्ता था और बालकृष्ण भट्ट ने बंगाल नवजागरण से जुड़े लोगों का स्मरण किया है।

तलवार के अनुसार, "भारतेन्दु ज्ञान का विकास लड़कियों में होने देना नहीं चाहते थे।" (रस्साकशी, पृ. 41) शिवप्रसाद सितारे हिन्द की दो पुस्तकें—'विधांकुर' और 'इतिहास तिमिर नाशक' को भारतेन्दु ने लड़कियों के पाठ्यक्रम से हटा देने को कहा था। तलवार ने 'इतिहास तिमिर नाशक' को 'इतिहास पर आधुनिक ढंग से लिखी गई किताब' माना है। (पृ. 42)

राजा शिव प्रसाद सितारे हिन्द की पुस्तक 'इतिहास तिमिर नाशक' की 1874 के आरम्भ में 'हरिश्चन्द्र मैग्जीन' में समीक्षा अंग्रेजी में प्रकाशित हुई थी। समीक्षक ने हिन्दू-मुस्लिम एकता की आवश्यकता बताई थी और इस पुस्तक में मुसलमानों पर लिखे अध्याय को 'संदिग्ध' ठहराया था। समीक्षक ने इतिहासकार का यह कर्तव्य बताया था कि उसे किसी मुद्दे के दोनों पक्षों को प्रस्तुत करना चाहिए।

भारतेन्दु ने स्त्रियों के लिए 'बालाबोधिनी' पत्रिका प्रकाशित की थी। वीर भारत तलवार ने लिखा है, "चार साल तक छपे उसके किसी भी अंक में शृंगार रस की दूर-दूर तक कोई गंध नहीं मिलती" (वही, पृ. 40) जबकि भारतेन्दु की तीनों पत्रिकाओं—

'कवि वचन सुधा', 'हरिश्चन्द्र मैग्जीन' और 'हरिश्चन्द्र चंद्रिका' में शृंगारिक रचनाएँ प्रकाशित होती रही थीं। भारतेन्दु हरिश्चन्द्र ने 'बालाबोधिनी पत्रिका' में शृंगारिक रचनाएँ न छाप कर जहाँ अन्याय किया, वहीं वे सुधार की बातें करते रहने पर भी कभी जाति-बहिष्कृत नहीं हुए—"हिन्दीभाषी समाज में न तो भारतेन्दु को अपने किसी सुधार के लिए जाति से बहिष्कृत होना पड़ा, न उनके अनुयायियों को। जब हिन्दी नवजागरण के नेता इस विषय पर भाषण दे रहे थे (बलियावाला भाषण), ये घटनाएँ वास्तविक रूप में दूसरे प्रदेशों में घट रही थीं और पहले भी घट चुकी थीं। क्योंकि हिन्दीभाषी समाज में कोई विद्यासागर या ज्योतिबा फुले नहीं मिलता?" (वही, पृ. 54)

हिन्दीभाषी समाज बांग्लाभाषी और मराठी समाज की तुलना में अधिक रूढ़िवादी था। हिन्दी नवजागरण में समाज सुधारकों की मुख्य भूमिका नहीं रही। यह नवजागरण लेखकों ने चलाया। गैर-हिन्दी प्रदेशों में समाज-सुधारक महत्त्वपूर्ण रहे। हिन्दी नवजागरण तात्विक रूप से बांग्ला और मराठी नवजागरण से भिन्न है, पर है वह भारतीय नवजागरण का ही एक अंग। हिन्दी नवजागरण में उपनिवेशवाद, साम्राज्यवाद और सामन्त विरोध के स्वर प्रमुख हैं। वहाँ समाज-सुधार के स्वर भी कम नहीं हैं। 'भारत दुर्दशा' (1875) में सत्यानाश फौजदार के इस कथन को रामविलास शर्मा ने 'समाज-सुधार का पूरा कार्यक्रम' कहा है—"जाति अनेकन करी नीच अरु ऊँच बनायो/खान-पान सम्बन्ध सबन सों बरजि छुड़ायो/जन्म पत्र बिधि मिले ब्याह नहिं होन देत अब/बालकपन में ब्याहि प्रीतिबल नास कियो सब/करि कुलान के बहुत ब्याह बल बीरज मार्‌यो/विधवा ब्याह नहिं होन देत अब/बालकपन में ब्याहि प्रीतिबल नास कियो सब/कुरि कुलान के बहुत ब्याह बल बीरज मारयो/विधवा ब्याह/निषेध कियो बिभिचार प्रचार्‌यो/रोकि विलाय गमन कूप मंडूक बनायो/औरन को संसर्ग छुड़ाई प्रचार घटायो।" (भारतेन्दु समग्र, पृ. 462) हिन्दी नवजागरण पर अभी तक विस्तारपूर्वक विचार नहीं हुआ है। उन्नीसवीं सदी में हिन्दी में सौ से अधिक पत्रिकाएँ प्रकाशित हुई थीं, दूसरी भाषाओं की कृतियों के हिन्दी में अनुवाद हुए थे, नाटक और निबन्ध जैसी विधाओं में सर्वाधिक रचनाएँ लिखी गई थीं, सभी लेखकों की व्यापक दृष्टि थी, धार्मिक-सामाजिक सुधार की तुलना में आर्थिक-राजनीतिक समस्याएँ विशेष महत्त्वपूर्ण थीं, अनेक लेखक कई भाषाओं के जानकार थे और अपने समाज से लेकर बाहर की घटनाओं पर उनका ध्यान था। बड़ी बात यह थी कि इस युग के लेखक अपने समय और समाज को बदलना चाहते थे। उनमें मुक्ति और स्वतंत्रता की आकांक्षा थी। मुक्ति और स्वतंत्रता की यह आकांक्षा भिन्न स्तरों और रूपों में भारतीय नवजागरण में विद्यमान थी।

'रस्साकशी' हिन्दी नवजागरण को हिन्दू नवजागरण सिद्ध करने के लिए लिखी गई पुस्तक है। वीर भारत तलवार के अनुसार, "हिन्दी नवजागरण एक भ्रामक नाम है क्योंकि वह अपनी ऐतिहासिक अन्तर्वस्तु को प्रकट नहीं करता।" (पृ. 154)

''उन्नीसवीं सदी में इसका ऐतिहासिक सन्दर्भ साम्राज्यवाद विरोध उतना नहीं था, जितना ब्राह्मणों और आर्य समाज के सुधारों का विरोध था।'' (पृ. 156) यह भाषा, लिपि और धर्म के आधार पर विभिन्न हिन्दू बिरादरियों को एक जातीय समुदाय में बदलने का राजीतिक-सांस्कृतिक आन्दोलन था, (पृ. 157) उन्नीसवीं सदी के हिन्दी लेखक नवजागरण के तात्कालिक विरोध में बनी संस्थाओं में सक्रिय थे, (पृ. 157) ''जिसे हिन्दी नवजागरण कहा जाता है, उसका सही नाम हिन्दी आन्दोलन होना चाहिए क्योंकि हिन्दी भाषा और लिपि का सवाल ही उसका सबसे केन्द्रीय मुद्दा था, धार्मिक या सामाजिक सुधार नहीं।'' (वही) ''पश्चिमोत्तर प्रान्त में आर्य समाज ही वह भूत था जिससे लड़ने के लिए हिन्दी नवजागरण का जन्म हुआ।'' (पृ. 165)'' 19वीं सदी के हिन्दी नवजागरण में जातीयता की जिस किस्म की अवधारणा उभर रही थी, मार्क्सवाद में जातीयता की वही अवधारणा नहीं है (पृ. 20)'' भारतीय नवजागरण मुख्यतः धर्म और समाज के सुधार का आन्दोलन था, जबकि हिन्दी नवजागरण का मुख्य लक्ष्य यह कभी नहीं रहा।'' (पृ. 397)

'रस्साकशी' में 1868 से 1900 के बीच के तैंतीस वर्षों का पश्चिमोत्तर प्रान्त का अध्ययन प्रस्तुत किया गया है और यह अध्ययन भी पूरे पश्चिमोत्तर प्रान्त का नहीं है। पूर्वी उत्तर प्रदेश और उसमें भी विशेषतः बनारस और इलाहाबाद केन्द्र में है। यह उन्नीसवीं सदी के नवजागरण का अध्ययन न होकर तैंतीस वर्षों का अध्ययन है। हिन्दी साहित्य के आधुनिक काल में जिसे 'भारतेन्दु युग' कहते हैं, यह अध्ययन उसी दौर का है, पर इसमें उस युग के सभी प्रमुख लेखकों, उनकी पुस्तकों, उस युग के सभी पत्र-पत्रिकाओं का अध्ययन नहीं है। लेखक को पहली बार अनेक नई जानकारियाँ प्राप्त हुई हैं और उनके आधार पर उन्होंने अपना मत प्रकट किया है। राजा शिवप्रसाद को पहली बार नए ढंग से प्रस्तुत किया गया है और उनके विचारों तथा योगदान पर पुनर्विचार करने की जरूरत समझी गई है। उनके ''सरकारी पिट्ठू होने की वजह से इस पुनर्विचार में रुकावट नहीं पड़नी चाहिए।'' (पृ. 130)

वीर भारत तलवार उन्नीसवीं सदी के भारत में कई प्रकार की राष्ट्रीयताओं के उभार को चार्ल्स हिमसेथ की दृष्टि से देखते हैं। भूमिका में उन्होंने उन्नीसवीं सदी के नवजागरण के 'विभिन्न पक्षों पर' जिन कुछ लेखकों का 'लेखन काफी महत्त्वपूर्ण' माना है, उनमें चार्ल्स एच. हिमसेथ भी हैं। 1964 में इनकी पुस्तक 'इंडियन नैशनलिज्म एंड हिन्दू सोशल रिफॉर्म' प्रिंस्टन यूनिवर्सिटी प्रेस से प्रकाशित हुई थी। चार्ल्स हिमसेथ उन्नीसवीं सदी के भारत में कई किस्म की राष्ट्रीयताओं को उभरते देखते हैं। राष्ट्रीयताओं के इस उभार के आधार जातिगत, प्रान्तीय धर्म तथा अखिल भारतीय राजनीतिक हैं। (पृ. 320) वीर भारत तलवार हिमसेथ के बनाए आधारों को स्वीकारते हैं—''इस दृष्टि से देखें तो साफ दिखाई देता है कि पश्चिमोत्तर प्रान्त में हिन्दी नवजागरण के नेता हिन्दी को प्रतीक बनाकर हिन्दू धर्म के आधार पर जाति

(राष्ट्रीयता) के गठन की कोशिश कर रहे थे। वे इसमें सफल नहीं हुए।" (पृ. 320) सांद्रिया फ्राइटैग ने 'कलेक्टिव एक्शन एंड कम्युनिटी में 'जिसे शत्रु के खिलाफ (मुस्लिम के) 'एक व्यापक जातीय समुदाय की चेतना के उभरने की बात' कही थी, उसके बारे में तलवार ने लिखा है कि "उसे हम हिन्दू जाति की चेतना भी कह सकते हैं जो 1860 के बाद से राजा शिव प्रसाद और फिर भारतेन्दु मंडली के लेखकों-सम्पादकों में इतने तीखेपन के साथ दिखाई देती है और आर्य समाज ने भी उसको अपने ढंग से उभारा।" (पृ. 355) वीर भारत तलवार के विचार चार्ल्स एच. हिमसेथ और सांद्रिया फ्राइटैग के विचार के साथ हैं। तलवार अंग्रेजों की बात नहीं करते, जिन्होंने हिन्दू और मुसलमान के बीच दूरियाँ पैदा कीं। इसमें उनके अपने स्वार्थ थे। यह भी जानना चाहिए कि आज हिन्दू-मुसलमान के बीच की तनातनी से किन शक्तियों का हित सधता है। इस ओर ध्यान न देकर वे आज की प्रतिक्रियावादी साम्प्रदायिक शक्तियों से सम्बन्ध विभिन्न तरीकों से नवजागरणकालीन संस्थाओं से जुड़ा हुआ देखते हैं। "अगर विभिन्न जगहों पर आर.एस.एस. के कई कार्यकर्ता आर्यसमाजी संगठनों से आए हैं तो कपूरथला के श्री सनातन धर्म सभा के भवन में बजरंग दल को अपना कार्यालय खोलने की सुविधा मिली हुई है। हमारे सामने खड़ी कई विकराल समस्याएँ 19वीं सदी में शुरू हुई प्रवृत्तियों का विकसित और परिणत रूप हैं, जिनकी जड़ों तक पहुँचने के लिए हर बार नवजागरण के चरित्र को जाँचना-परखना होगा।" (पृ. 404)

आज की साम्प्रदायिक और प्रतिक्रियावादी शक्तियाँ कहाँ से खाद-पानी प्राप्त कर रही हैं? अस्सी के दशक से ये इतनी शक्तिशाली क्यों हो रही हैं? बाबरी-मस्जिद-ध्वंस 1992 में हुआ और इसके एक दशक बाद गुजरात में नरसंहार हुआ है। विहिप और बजरंग दल हाल में शक्तिशाली बने हैं। आडवाणी, मोदी, तोगड़िया, सिंघल, कटियार में से कोई हिन्दी प्रदेश का नहीं है। उन्नीसवीं सदी के हिन्दू नवजागरण से आज की विकराल समस्याएँ किस तरह जुड़ी हुई हैं, इसका तलवार ने खुलासा नहीं किया है। आज हिन्दी भाषा और गोरक्षा का प्रश्न मुख्य नहीं है। आज की विकराल समस्याओं से अमरीकी साम्राज्यवाद और दलाल पूँजीवाद का सम्बन्ध नहीं जोड़ने के पीछे के कारण क्या हैं? कपूरथला पंजाब में है और तलवार अच्छी तरह जानते हैं कि पंजाब में हिन्दू साम्प्रदायिकता नहीं है। जहाँ तक आर्यसमाजी संगठनों से विभिन्न जगहों पर आर.एस.एस. के कार्यकर्ताओं के आने की बात है, तलवार ने उसकी सूचनाएँ नहीं दी हैं। देखना यह भी होगा कि विहिप और बजरंग दल के कार्यकर्ताओं का कहाँ से सम्बन्ध है? क्या वे भी आर्यसमाजी संगठनों से आए हैं? पहले आर्यसमाजी संगठनों से ठीक-ठाक लोग भी निकलते थे, आज अचानक ऐसा क्या हुआ है कि वहाँ से प्रतिक्रियावादी और साम्प्रदायिक शक्तियाँ बाहर आ रही हैं। आज 'पश्चिमोत्तर राज्य' में कहाँ और कितने आर्यसमाजी संगठन सक्रिय हैं?

नवजागरण के चरित्र को हर बार अवश्य जाँचना-परखना चाहिए और इसके उद्‌देश्य सुस्पष्ट होने चाहिए। 'जो समस्याएँ आज इतनी विकराल बनकर हमें आतंकित कर रही हैं—हिन्दू राष्ट्रवाद या सांस्कृतिक राष्ट्रवाद, साम्प्रदायिक, धार्मिक फंडामेंटलिज्म मुस्लिम अलगाववाद और हिन्दी-उर्दू-विवाद—इन सबका जन्म 19वीं सदी में नवजागरण के दौर में हुआ था। खुद नवजागरण और उसके विरोधियों, दोनों के आन्दोलन ने इन प्रवृत्तियों को जन्म दिया या उन्हें पाला-पोसा था।'' (पृ. 404) सब के दोषी हिन्दी नवजागरण के अग्रदूत हैं। तलवार इनमें भारतेन्दु को सर्वप्रमुख मानते हैं। ''हिन्दुत्व और हिन्दी के मिले-जुले आन्दोलन में भारतेन्दु जैसे देशहितैषी'' थे। (पृ. 77)

उन्नीसवीं सदी के अन्त में 'हिन्दुत्व' का आन्दोलन नहीं था। हिन्दुत्व की विचारधारा साम्प्रदायिक है। सावरकर ने सर्वप्रथम 1923 में इस शब्द का प्रयोग किया था। उनकी पुस्तक है 'हिन्दुत्व : हू इज अ हिन्दू'। हिन्दुत्व में एक राष्ट्र, एक राष्ट्रीयता और एक संस्कृति के तत्त्व प्रमुख हैं। सावरकर ने ही सर्वप्रथम हिन्दुत्व का प्रयोग एक अवधारणा के रूप में किया। शोधार्थी उनके पहले 'हिन्दुत्व' शब्द का प्रयोग खोज लेंगे, पर वहाँ हिन्दुत्व का प्रयोग एक अवधारणा के रूप में नहीं है। उन्नीसवीं सदी के हिन्दी नवजागरण में हिन्दू धर्म की चर्चा है, पर वहाँ इक्के-दुक्के उदाहरणों को छोड़कर इस्लाम से कहीं कोई विरोध नहीं है। भारतेन्दु हरिश्चन्द्र के यहाँ अंग्रेजी के प्रभुत्व का विरोध है। उनके यहाँ हिन्दी का प्रश्न 'स्वदेशी' से जुड़ा हुआ है। बलिया वाले भाषण में भारतेन्दु ने हिन्दू और मुसलमान के एक होने की बात कही है। वे एक साथ हिन्दुओं और मुसलमानों से अपने में सुधार लाने के लिए कहते हैं। ''घर में आग लगै तब जिठानी धौरानी को आपस का डाह छोड़कर एक साथ वह आग बुझानी चाहिए। जो बात हिन्दुओं को नहीं मयस्सर है वह धर्म के प्रभाव से मुसलमानों को सहज प्राप्त है। उनमें जाति नहीं, खाने-पीने में चौका-चूल्हा नहीं, विलायत जाने में रोक-टोक नहीं। फिर भी बड़े सोच की बात है, मुसलमानों ने अभी तक अपनी दशा नहीं सुधारी। अभी तक बहुतों को यही ज्ञान है कि दिल्ली लखनऊ की बादशाहत कायम है। यारो! वे दिन गए। अब आलस, हठधर्मी यह सब छोड़ो। चलो हिन्दुओं के साथ तुम भी दौड़ो, एक-एक दो होंगे। पुरानी बातें दूर करो।'' (भारतेन्दु समग्र, पृ. 1013)

'हिन्दुत्व' का सम्बन्ध साम्प्रदायिकता से है और हिन्दू का सम्बन्ध धार्मिकता से! साठ के दशक के पहले तक हिन्दुत्व की चर्चा कम होती थी और अब केवल 'हिन्दुत्व' ही चर्चा में है। 'हिन्दू' और 'हिन्दुत्व' को एक साथ जोड़कर नहीं देखा जा सकता। वीर भारत तलवार यही करते हैं, ''हिन्दुत्व की जिस राजनीतिक धारणा का विकास आगे हिन्दू-राष्ट्रवाद के रूप में हुआ, उसकी शुरुआत एक खास राजनीतिक ऐतिहासिक सन्दर्भ में 19वीं सदी के शिक्षित भद्रवर्गीय सुधारकों ने की थी।''

(पृ. 188) यह अतीत और वर्तमान को सही सन्दर्भ में न देखने के कारण है। नवजागरण ने अपने प्रारम्भिक दौर में सामाजिक स्तर पर धर्म का सहारा लिया था। आज सत्ता-प्राप्ति के लिए जो धर्मान्धता का सहारा ले रहे हैं, वे भिन्न हैं। हरवंश मुखिया भारतीय राजनीति में हिन्दुत्व के विकास को देखने के लिए उन्नीसवीं सदी के नवजागरण में नहीं जाते। उनके अनुसार जाति और धर्म के आधार पर निर्वाचन क्षेत्रों के बँटवारे के कारण "भारतीय राजनीति में हिन्दुत्व के विकास की जमीन तैयार हुई। इसी से समाज के अन्दर विखंडन की प्रक्रिया आरम्भ हुई।" (राष्ट्रीय सहारा, 18 जनवरी, 2003)

हिन्दी नवजागरण में हिन्दू-मुस्लिम एकता की प्रबल भावना है। हिन्दी नवजागरण को हिन्दू नवजागरण कहना हिन्दी नवजागरण की छवि को सोच-समझकर विकृत करना है। भारतेन्दु ने 'पंच पवित्रात्मा' पुस्तक लिखी थी, जो 1884 में प्रकाशित हुई। इस 'पंच पवित्रात्मा' में 'मुसलमानी मत के मूलाचार्य महात्मा मुहम्मद, आदरणीय अली, बीबी फातिमा, इमाम हसन और इमाम हुसैन की संक्षिप्त जीवनी' है। 6 मई, 1884 को भारतेन्दु ने अपने किसी मित्र को लिखे पत्र में इस पुस्तक के बारे में यह लिखा—"हिन्दी जबान में यह पहली किताब तसनीफ और शाया है जिसमें कि बुजुर्गान अहले इसलाम का तजकिरा है और जो पढ़नेवालों के दिल पर उन लोगों की सच्ची बुजुर्गी का असर पैदा करनेवाली है।" (भारतेन्दु समग्र', पृ. 790) भारतेन्दु हरिश्चन्द्र ने 1875 में ही 'कुरान शरीफ' का हिन्दी में अनुवाद किया था। उन्होंने हिन्दुओं के ज॰ने और जागने की बात कही, पर वह मुसलमानों के विरोध में नहीं कही थी। 'इन मुसलमान हरिजनन पै/कोटिन हिन्दू वारिये' भारतेन्दु ने ही लिखा था। वे हिन्दू और मुसलमान दोनों के दुःख से दुखी थे। प्रताप नारायण मिश्र हिन्दू और मुसलमान को भारत माता के दो हाथ कहते थे। भारतेन्दु की चिन्ता देश की उन्नति की थी, न कि हिन्दू-मुसलमान को लड़ाने की। मोदी, तोगड़िया, आडवाणी, सिंघल और कटियार के पूर्वज नहीं थे हिन्दी नवजागरण के नेता।

भारतेन्दु हरिश्चन्द्र के धर्म-सम्बन्धी विचार साम्प्रदायिक नहीं थे। वसुधा डालमिया, "भारतेन्दु की राष्ट्रीय आर्य धर्म की कल्पना में मौजूद मुस्लिम विरोधी साम्प्रदायिकता का जिक्र दबी जुबान से ही करती हैं।" (रस्साकशी, पृ. 71) पर तलवार 'दबी जुबान से' नहीं, खुली जुबान से अपनी बात कहते है। उन्होंने विस्तार से भारतेन्दु के धर्म-सम्बन्धी चिन्तन और विचार पर विचार नहीं किया है। भारतेन्दु ने धामिक क़िताबें लिखीं। तलवार इन किताबों की एक सूची प्रस्तुत करते हैं—"उन्होंने कार्तिक नैमित्तिक कृत्य ग्रन्थ, मार्गशीर्ष महिमा ग्रन्थ, माघ स्नान विधि, पुरुषोत्तम मास विधान, भक्ति सूत्र वैजयन्ती, तदीय सर्वस्व, वैष्णव सर्वस्व, श्री वल्लभीय सर्वस्व, श्री युगल सर्वस्व और उत्सवावली जैसी किताबें लिखीं।" (वही, पृ. 172) पर भारतेन्दु की कृतियों में इसका कोई महत्त्व नहीं है। भारतेन्दु ने

बाद में ऐसी रचनाएँ नहीं लिखीं। भारतेन्दु ने पौराणिक वाङ्मय को नहीं अस्वीकारा और न वे केवल उससे लिपटे रहे। सनातनी होते हुए भी उन्होंने धार्मिक ढकोसलों का विरोध किया। 'देखी तुमरी कासी' में धार्मिक रूढ़ियों और आडम्बरों पर प्रहार है।

धार्मिक दृष्टि से भारतेन्दु युग के लेखक उदार थे। वे किसी भी अर्थ में साम्प्रदायिक नहीं थे। वे हिन्दू और मुसलमानों की एकता के पक्षधर थे, न कि उनमें बैर और लड़ाई कराने को तत्पर। बालकृष्ण भट्ट ने 'हिन्दी प्रदीप' में समय-समय पर सनातन धर्म की आलोचना की थी। हिन्दी नवजागरण में हिन्दू धर्म की उन्नति से कहीं अधिक चिन्ता समाज तथा देश की उन्नति से थी। उनके लिए वह समय आपसी झगड़ों का नहीं था। वीर भारत तलवार ने भारतेन्दु के लेख 'वैष्णवता और भारतवर्ष' (1884) की चर्चा की है और यह लिखा है कि वैष्णव धर्म को भारतेन्दु 'भारत का प्रकृत और स्वाभाविक धर्म' मानते थे, पर उसी वर्ष (1884) बलिया में दिए गए भारतेन्दु के भाषण की ये पंक्तियाँ उद्धृत नहीं की हैं—"वैष्णव शक्ति इत्यादि नाना प्रकार के मत के लोग आपस का बैर छोड़ दें। यह समय इन झगड़ों का नहीं। हिन्दू, जैन, मुसलमान सब आपस में मिलिए। जाति में कोई चाहे ऊँच हो चाहे नीचा हो, सबका आदर कीजिए, जो जिस योग्य हो उसको वैसा मानिए। छोटी जाति के लोगों को तिरस्कार करके उनका जी मत तोड़िए। सब लोग आपस में मिलिए।" (भारतेन्दु समग्र, पृ. 1013) भारतेन्दु मेल-मिलाप की बात कर रहे थे, जिसे तलवार नहीं देखते।

हिन्दी नवजागरण में हिन्दू धर्म से बड़ा था राष्ट्रधर्म। उस समय जिस 'हिन्दू धर्म' की बात कही जा रही थी, वह आज का हिन्दुत्व नहीं था। बालकृष्ण भट्ट ने सनातन धर्म की अच्छी बातों की प्रशंसा की और उसकी संकीर्णता की आलोचना की। हिन्दी नवजागरण में विवेकशीलता और आदर्शवाद का लोप नहीं था। बालकृष्ण भट्ट ने अपने समय में प्रचलित सनातन धर्म की आलोचना की—"वह हिन्दू धर्म शुद्ध सनातन हिन्दू धर्म नहीं है, वह जैन धर्म की शाखा है। वह स्वार्थी, धर्मशास्त्र बहिर्मुख, यजमान सर्वस्व ब्राह्मणों का रुपए कमाने का इन्स्ट्रूमेन्ट है। वह हिन्दुस्तान का अध:पात करने के लिए व्यग्र है। वह प्राचीन ऋषियों का नाम डुबोनेवाला षड्यंत्र है। हम ऐसे धर्म को नमस्कार करते हैं। हमारा सनातन धर्म वह नहीं जिसकी व्यवस्था पंडित गण पहले दक्षिणा लेकर करते हैं। हमारा सनातन धर्म वह है जिसका आराधन त्रिभुवन में, त्रिकाल में सर्वजाति के लोग कर सकते हैं। वह नहीं है जिसे तीन वर्ण मात्र भारतवर्ष-भर में ही कूप मंडूक बनाकर गँदला करे।" (पं. बालकृष्ण भट्ट : व्यक्तित्व और कृतित्व [डॉ. मधुकर भट्ट] में उद्धृत, पृ. 63-64) बालकृष्ण भट्ट विदेश यात्रा के समर्थक थे, तीर्थयात्रा तथा पाखंड और अन्धविश्वास के विरोधी थे, वे दहेज-प्रथा, जातिभेद, बहु-विवाह, बेमेल विवाह, रूढ़िवाद तथा पर्दा-प्रथा के विरोधी और स्त्री-शिक्षा के समर्थक थे। जिस वर्ष (1877) हिन्दी प्रदीप' का प्रकाशन शुरू हुआ था, उसी वर्ष

लार्ड लिटन का 'वर्नाक्यूलर प्रेस एक्ट' पास हुआ था। यह पत्र 'गवर्नमेंट के खिलाफ लेख लिखने में बदनाम था।''

'हिन्दी प्रदीप' में गवर्नमेंट के खिलाफ लेख लिखे गए या मुसलमानों के खिलाफ लिखे गए? उन्नीसवीं सदी में तलवार ने हिन्दी नवजागरण का ऐतिहासिक सन्दर्भ साम्राज्यवाद विरोध का कम और 'ब्राह्म तथा आर्य समाज के सुधारों का विरोध अधिक' माना है। 'हिन्दी प्रदीप' में तथा अन्यत्र ब्रह्म समाज और आर्य समाज के सुधारों का जितना विरोध हुआ, उससे कहीं अधिक साम्राज्यवाद का विरोध हुआ। इतना ही नहीं, स्वयं तलवार ने लिखा है, ''आर्य समाज के सुधार आन्दोलन का विरोध करते हुए ये लेखक कई तरह से उससे प्रभावित भी हो रहे थे।'' ('रस्साकशी' पृ. 170) एक ही साथ विरोध करने और प्रभावित होने के कारण थे। जब रस्साकशी चल रही हो, तब यह कैसे कहा जा सकता है कि हिन्दी नवजागरण हिन्दू नवजागरण था। हिन्दी नवजागरण का एकपक्षीय मूल्यांकन खतरनाक है। एकपक्षीय मूल्यांकन से ही यह निष्कर्ष निकलता है कि वह हिन्दू नवजागरण था और आज की स्थितियों के लिए वही जिम्मेदार है। प्रताप नारायण मिश्र ने 'जपो निरन्तर एक जबान/ हिन्दी, हिन्दू, हिन्दुस्तान' कहा था, पर ऐसे स्वर अधिक नहीं थे।

हिन्दी भाषा का आन्दोलन राष्ट्रीय आन्दोलन का एक हिस्सा भी था। हिन्दी नवजागरण के पहले हिन्दीतर लेखकों ने हिन्दी के महत्त्व की पहचान कर ली थी। भारतीय नवजागरण से जुड़े सभी महत्त्वपूर्ण व्यक्तियों ने हिन्दी के राष्ट्रीय महत्त्व को पहचाना था। राजा राममोहन राय ने हिन्दी में कई पुस्तकें प्रकाशित की थीं। राष्ट्रीय एकता के लिए केशवचन्द्र सेन, भूदेव मुखर्जी, नवीन चन्द्र राय आदि ने भी हिन्दी को आवश्यक माना था। केशवचन्द्र सेन भारतीय एकता के लिए भारत में किसी एक भाषा का व्यवहार आवश्यक समझते थे और यह भाषा हिन्दी थी। दयानन्द सरस्वती गुजराती भाषी थे और केशवचन्द्र सेन ने ही उन्हें हिन्दी भाषा का व्यवहार करने को कहा था। केशवचन्द्र सेन ने कहा था—''अभी कितनी ही भाषाएँ भारत में प्रचलित हैं। इसी हिन्दी को भारतवर्ष की एकमात्र भाषा स्वीकार कर लिया जाय तो सहज ही में एकता सम्पन्न हो सकती है किन्तु राज्य की सहायता के बिना यह कभी भी सम्भव नहीं है। अभी अंग्रेज हमारे राजा हैं, वे इस प्रस्ताव से सहमत होंगे, ऐसा विश्वास नहीं होता। भारतवासियों के बीच फिर फूट नहीं रहेगी, वे परस्पर एक हृदय हो जाएँगे आदि सोचकर शायद अंग्रेजों के मन में भय होगा। उनका ख्याल है कि भारतीयों में फूट न होने पर ब्रिटिश साम्राज्य भी स्थिर न रह सकेगा।'' (हिन्दी आन्दोलन : सम्पादक लक्ष्मीकांत वर्मा, पृ. 21 पर उद्धृत) 1968 में जहाँ एक ओर शिवप्रसाद सितारे-हिन्द ने संयुक्त प्रान्त की सरकार को दिए मेमोरेंडम में फारसी की जगह नागरी लिपि लागू करने की माँग की थी, वहाँ इसी वर्ष गुजराती नवजागरण

के प्रवक्ता नर्मदा शंकर ने 'डांडियो' नामक पत्रिका में 'हिन्दी प्रचारणी आवश्यकता' शीर्षक लेख लिखकर 'देवनागरी अक्षरों में लिखी जानेवाली हिन्दी को देश की राष्ट्रभाषा के रूप में स्वीकार करने का आग्रह किया।'' (भगवतीशरण शर्मा : नवजागरण और प्रतापनारायण मिश्र, पृ. 28)

उन्नीसवीं सदी के हिन्दी नवजागरण में नागरी के प्रचार और प्रसार पर बल दिया गया तथा उसे अदालती भाषा बनाने के पक्ष में कई आन्दोलन भी हुए, पर इससे हिन्दू और मुसलमान के बीच दरारें नहीं आईं। हंटर शिक्षा आयोग की रिपोर्ट में अंग्रेजी के साथ उर्दू को सरकारी कामकाज की भाषा घोषित किया गया। उस समय अंग्रेज हिन्दी का विरोध और उर्दू का समर्थन कर रहे थे। 'नागरी की महिमा' का बखान प्रताप नारायण मिश्र ने किया, पर उस समय के हिन्दी–उर्दू–विवाद में न तो साम्प्रदायिकता थी और न हिन्दूवाद। भारतेन्दु हरिश्चन्द्र 'रसा' उपनाम से उर्दू में कविताएँ लिखते थे और प्रतापनारायण मिश्र 'वरमन उपनाम' से उर्दू में लिखा करते थे। उर्दू थोपने के विरुद्ध थे प्रताप नारायण मिश्र। बनारस और इलाहाबाद को केन्द्र बनाकर नागरी लिपि, हिन्दी भाषा और गोरक्षा के जो आन्दोलन चले, उनमें साम्प्रदायिक तत्त्व नहीं थे। हिन्दी नवजागरण को एक इकाई के रूप में रखकर देखने से ही उसकी खूबियों का पता चलेगा। हिन्दी नवजागरण में खूबियाँ और खराबियाँ दोनों थीं। उसके अपने अन्तर्विरोध थे। ये अन्तर्विरोध भारतेन्दु में भी थे। हिन्दी नवजागरण के अन्तर्विरोधों और उनके कारणों पर विचार जरूरी है। आज भी हिन्दी समाज के अपने अन्तर्विरोध हैं। प्रश्न इन अन्तर्विरोधों को दूर करने का है। यह सच है कि हिन्दी नवजागरण ने धार्मिक या सामाजिक सुधार का कार्य नहीं किया। क्या उसने अन्य कोई भी महत्त्वपूर्ण कार्य नहीं किया? तमाम कमजोरियों के बाद भी उसके साम्राज्यवाद विरोध की आज अनदेखी नहीं की जा सकती। हिन्दी नवजागरण से जुड़े किसी भी लेखक ने आँख मूँदकर न हिन्दुओं की प्रशंसा की और न बेवजह मुसलमानों की आलोचना की। वे अंग्रेजों की प्रशंसा भी करते थे और उनकी आलोचना भी। हिन्दी नवजागरण में हिन्दू–मुसलमान के बीच एकता के सूत्र और चिह्नों का एकदम अभाव नहीं था। अंग्रेजों की भूमिका को नजरअन्दाज करना भी ठीक नहीं है। उन्नीसवीं सदी में हिन्दी लेखकों ने नए दृष्टिकोण से साहित्य–रचना की। किसी भी लेखक का साहित्य साम्प्रदायिक नहीं है।

केवल नागरी लिपि, हिन्दी और गोवध पर ध्यान केन्द्रित करने से हिन्दी नवजागरण का एक पक्ष प्रकट होता है, जबकि हिन्दी नवजागरण में एक साथ कई विरोधी प्रवृत्तियाँ भी दिखाई देती हैं। कर्मेन्दु शिशिर ने 'राधामोहन गोकुलजी और हिन्दी नवजागरण' (प्रकाश्य पुस्तक) की भूमिका 'अपनी बात' में नवजागरण की भिन्न प्रवृत्तियों के सम्बन्ध में यह ठीक लिखा है कि ''नवजागरण काल में प्रगतिशील और प्रतिगामी, आधुनिक और पिछड़ी, संकीर्ण और उदारवादी, सुधारवादी और

क्रान्तिकारी—परस्पर भिन्न प्रवृत्तियाँ थीं। अब प्रश्न यह है कि उनमें से नवजागरण की कारक प्रवृत्तियाँ कौन हैं? इसकी पहचान कर उसे सामने लाना चाहिए। अगर हम उसी काल की उन प्रवृत्तियों को जिससे नवजागरण की कारक शक्तियाँ लड़ रही थीं—सामने लाये तो कोई बात नहीं—लेकिन उसी काल की होने के कारण उन्हें ही नवजागरण की मूल प्रवृत्तियाँ सिद्ध कर, नवजागरण को ही संदिग्ध या खारिज करने लगें, तो यह वाकई ढीठपन है।''

हिन्दी नवजागरण में कोई सुधारवादी आन्दोलन के न चलने से समस्याएँ और विकट हुईं। अगर केवल नागरी, हिन्दी, गोरक्षा, धर्म आदि की दृष्टि से हिन्दी नवजागरण का मूल्यांकन करें, तो उसमें हमें बहुत महत्त्वपूर्ण कुछ भी दिखाई नहीं दे सकता है। सवाल यह भी है कि इसे हम आज की दृष्टि से देखते हैं या उस समय-सन्दर्भ में उस पर विचार करते हैं। इसी प्रकार भारतेन्दु के यहाँ अगर हम अंग्रेजों की प्रशंसा ही देखें और सुनें तो वहाँ हमारे लिए कुछ भी सार्थक और उपयोगी नहीं होगा। इसी को ध्यान में रखकर रामविलास शर्मा ने यह लिखा है—''19वीं सदी का शायद ही कोई ऐसा लेखक हो जिसने अंग्रेजों की प्रशंसा न की हो, लेकिन इस प्रशंसा के साथ वे इसकी तीखी आलोचना भी करते हैं। यदि अंग्रेजी राज की प्रशंसा के आधार पर ही इस सारे साहित्य का मूल्यांकन किया जाए तो उसे उठाकर फेंक देना पड़ेगा। इसके साथ उस साहित्य में जो ब्रिटिश साम्राज्यवाद की विस्तृत आलोचना है, वह भी फेंक दी जाएगी। इसी तरह जो लोग भारतेन्दु पर अंग्रेजी राज के समर्थक होने का दोष लगाते हैं, वे वास्तव में, उनकी और हिन्दी साहित्य की साम्राज्य-विरोधी विरासत को अस्वीकार करते हैं।'' (भारतीय संस्कृति और हिन्दी प्रदेश, खंड-2, पृ. 383)

इक्कीसवीं सदी में हिन्दी नवजागरण पर बहस की कोई जरूरत है या नहीं? क्या हिन्दी नवजागरण को उसी रूप में स्वीकारा जा सकता है, जैसा रामविलास शर्मा और अब इधर वीर भारत तलवार ने स्वीकारा है? या इन दोनों के तर्कों और निष्कर्षों को देखते हुए उस पर समग्रता और सर्वांगीणता में विचार करने की आवश्यकता है? हिन्दी नवजागरण के स्वरूप और प्रक्रिया पर गम्भीरता से विचार करना आज इसलिए भी जरूरी है कि इक्कीसवीं सदी का भारत अमरीकी साम्राज्यवाद की चपेट में आ चुका है। हिन्दी समाज या क्षेत्र की स्थिति और भयावह है। जाति और धर्म की घिनौनी राजनीति ने जीवन और समाज के सभी बड़े प्रश्नों को पीछे फेंक रखा है। पहले की तरह अभी इस क्षेत्र में न तो कोई समाजवादी आन्दोलन है, न कम्युनिस्ट आन्दोलन। वर्ग की जगह जाति, सिद्धान्त की जगह अवसर और विचार की जगह व्यवसाय की प्रधानता है। देश में विनिवेश मंत्रालय खुला हुआ है और सब कुछ बिकता जा रहा है। इक्कीसवीं सदी का भारत स्वतंत्रता आन्दोलन के दिनों को और उसके महानायकों को देख भी नहीं रहा है। चारों ओर कीर्तन-

मंडलियाँ हैं और लफंगों की आरती उतारी जा रही है। लुटेरे गद्दी पर आसीन हैं और मनुष्यता सर पीट रही है। राष्ट्रद्रोही राष्ट्रभक्त बने हुए हैं और देश गुलामी की जंजीरों में धीरे-धीरे कसता जा रहा है। सामान्य जनता की चिन्ता करनेवाले बहुत कम हैं और स्थानीय तथा क्षेत्रीय आन्दोलन व्यापक आन्दोलन और राष्ट्रीय आन्दोलन में परिवर्तित नहीं हो रहे हैं। आज के लेखक, साहित्यकार और सम्पादक समझदार अधिक हैं। सांस्कृतिक संगठन बिखरे पड़े हैं और सेमिनारों में बड़े-बड़े विचार प्रकट करनेवाले जमीन पर कम उतर रहे हैं। ऐसी स्थिति में हिन्दी नवजागरण, भारतीय नवजागरण और राष्ट्रीय स्वाधीनता आन्दोलन पर बार-बार विचार करने की जरूरत है।

नव-उपनिवेशवाद, अर्द्ध-उपनिवेशवाद, आन्तरिक उपनिवेशवाद और सांस्कृतिक उपनिवेशवाद के इस दौर में इतिहास-निर्माण के लिए ही इतिहास-यात्रा करनी होगी। जहाँ से हमें संघर्ष करने, लड़ने और डटे रहने की प्रेरणा मिलती है वहाँ हमें बार-बार जाना होगा। हिन्दी नवजागरण पर बहस जरूरी है, पर यह बहस मात्र एकांगी और बौद्धिक नहीं होनी चाहिए। परिवर्तन के लिए, आन्दोलन के लिए, मुक्ति-संघर्ष के लिए होनेवाली बहसों का सदैव महत्त्व बना रहेगा।

(2003)

एक 'अर्थशास्त्री' के आरोप

हिन्दी में अभी हवाबाजी और पतंगबाजी कुछ अधिक है। बड़े मुद्दों पर कम ध्यान देकर सब कुछ को मुद्दा बना देने का कमाल बहुतों को हासिल है। हमारे देश की वर्तमान राजनीति के साथ-साथ किया जानेवाला यह कदमताल है। गम्भीर पत्र-पत्रिकाओं का एक दायित्व भी है। अनियतकालीन हिन्दी पत्रिका 'साखी' के ताजा अंक (अप्रैल, 2010) के सम्पादकीय में 'संवाद के लिए' यह लिखा गया है कि—"पत्रिकाएँ अपने इर्द-गिर्द एक पाठक वर्ग तैयार करती हैं और उसकी चेतना को आगे बढ़ाती हैं।"

डॉ. पी.एन. सिंह का लेख 'टकराव आलोचना के शिखर पर—नामवर का मैनेजरी पाठ' 'दैनिक जागरण' के 2006 के अगस्त के पहले सप्ताह के 'कसौटी' परिशिष्ट में प्रकाशित हुआ था। गिरीश मिश्र ने पी.एन. सिंह का वह लेख पढ़कर अंग्रेजी में उन्हें एक पत्र लिखा। इस पत्र का अनुवाद युवा आलोचक और बी.एच.यू. में हिन्दी के रीडर कृष्णमोहन ने किया। 'साखी' (अप्रैल 2010) में प्रकाशित इस पत्र में कोई तिथि नहीं है। इस तिथिविहीन पत्र में सम्पादक के अनुसार गिरीश मिश्र ने "हिन्दी आलोचना के परिदृश्य पर चिन्ता प्रकट करते हुए कुछ महत्त्वपूर्ण और विवादास्पद सवाल उठाए हैं।" स्वतंत्र भारत के आर्थिक विकास-इतिहास की चिन्ता हिन्दी लेखकों को भले न हो, पर आर्थिक इतिहासकार को अगर हिन्दी आलोचना की चिन्ता है, तो यह अच्छी बात है। हिन्दी आलोचकों को यह ध्यान देना चाहिए कि दूसरे अनुशासन के लोग उन पर 'ध्यान' दे रहे हैं। गिरीश मिश्र ने न तो अपने पत्र में 'हिन्दी आलोचना के परिदृश्य पर' कोई 'चिन्ता प्रकट' की है और न उन्होंने कोई 'सवाल' ही उठाया है—'महत्त्वपूर्ण और विवादास्पद सवाल' तो दूर रहा! यह पत्र सम्पादक ने 'बहस' के लिए प्रकाशित किया। गिरीश मिश्र के पत्र के तीन प्रमुख हिस्से हैं। पहले हिस्से में नामवर सिंह की चर्चा है, दूसरे में मैनेजर पांडेय और रामविलास शर्मा की और तीसरा हिस्सा 'वर्तमान समय के हिन्दी साहित्य के बारे में' पत्र—लेखक की राय से सम्बन्धित है। मैंने केवल दूसरे हिस्से पर विचार किया है।

गिरीश मिश्र दिल्ली विश्वविद्यालय के किरोड़ीमल कॉलेज में अर्थशास्त्र के अध्यापक थे। तपनराय चौधुरी के अधीन उन्होंने अपना शोध-कार्य आरम्भ किया

था। उनके विदेश चले जाने के बाद पी.सी. जोशी 'गाइड' हुए, जिनके निर्देशन में उन्होंने अपना-शोध कार्य पूरा किया। 'साहित्य में समाज' (2008) पुस्तक उन्होंने 'वरिष्ठ अर्थशास्त्री-समाजशास्त्री एवं मित्र प्रो. पूरनचन्द जोशी को सादर समर्पित' की है। वे बिहार के हैं और अब दिल्लीवासी हैं। पैंतीस वर्ष से अधिक से वे निरन्तर लेखनरत हैं। अर्थव्यवस्था और आर्थिक इतिहास उनका अपना क्षेत्र है। वे अपने को 'आर्थिक इतिहासकार' ही कहते हैं। अर्थव्यवस्था और आर्थिक इतिहास से सम्बन्धित उनकी अनेक पुस्तकें अंग्रेजी और हिन्दी में प्रकाशित हैं। बाल्जॉक और राममनोहर लोहिया पर उनकी पुस्तक है। उन्होंने कई पुस्तकों के अनुवाद किए हैं। फ्रांस, जर्मनी, बुल्गारिया, रूस आदि देशों में आयोजित सेमिनारों में उन्होंने भाग लिया है। 'टाइम्स ऑफ इंडिया', 'हिन्दू', 'इंडियन एक्सप्रेस', 'जनसत्ता', 'दैनिक जागरण' जैसे समाचार-पत्रों में उनके लेख प्रकाशित होते रहे हैं। हिन्दी की पत्र-पत्रिकाओं में उनके लेख प्रकाशित हो रहे हैं। हिन्दी में गिरीश मिश्र का ही अर्थशास्त्र-सम्बन्धी लेखन अधिक दिखाई पड़ता है। वे हिन्दी में 'लोकप्रिय' हो रहे हैं। सम्भव है, उन पर दिल्ली विश्वविद्यालय या अन्य किसी भारतीय विश्वविद्यालय में शोध-कार्य भी हुआ हो, जिसकी मुझे जानकारी नहीं है।

पी.एन. सिंह को लिखा गिरीश मिश्र का निजी पत्र प्रकाशित होने के बाद निजी नहीं रहा। सार्वजनिक हो जाने के बाद उस पर ध्यान देना आवश्यक था। मैंने 'प्रभात खबर' के अपने स्तम्भ 'चतुर्दिक' में आलेख का शीर्षक रखा था—'एक अर्थशास्त्री की विवेकहीन टिप्पणी'। अखबार में दूसरे शीर्षक से यह आलेख प्रकाशित हुआ। अखबार से यह आलेख ब्लॉग पर आया। 'हाशिया' ब्लॉग पर 20 जून, 2010 को गिरीश मिश्र की प्रतिक्रिया आई। 'प्रभात खबर' के प्रधान सम्पादक हरिवंश को मेरे आलेख के सम्बन्ध में उन्होंने अलग से पत्र लिखा। यह कहा कि डॉ. शर्मा की किताबें भद्दी भूलों से भरी पड़ी हैं और मार्क्स के 'कैपिटल' के दूसरे खंड का उनका अनुवाद कूड़ा है। वे यह प्रमाणित करने को तैयार हैं कि रामविलास शर्मा का आर्य के भारतवासी होने का दावा उनका पूर्ण अज्ञान है। डॉ. शर्मा के जीवन-काल में उन्होंने 'आलोचना' में 'भारत में अंग्रेजी राज और मार्क्सवाद' की समीक्षा की थी और डॉ. शर्मा ने उन्हें एक मैत्रीपूर्ण पत्र भी लिखा था। 14 जून, 2010 को अंग्रेजी में लिखे गिरीश मिश्र के इस पत्र का हिन्दी अनुवाद 29 जून, 2010 के 'प्रभात खबर' में 'हिन्दी का वर्तमान साहित्यिक संसार अज्ञानियों से भरा है' शीर्षक से प्रकाशित होने के बाद मुझे टिप्पणी करना आवश्यक लग रहा है। गिरीश मिश्र ने टिप्पणी करने को कहा भी है।

गिरीश मिश्र ने पी.एन. सिंह और 'प्रभात खबर' के प्रधान सम्पादक हरिवंश को अंग्रेजी में पत्र लिखा है। इन दोनों पत्रों के हिन्दी अनुवाद प्रकाशित किए गए। हिन्दी में पत्र लिखने से अनुवादकों का श्रम और समय बच सकता था। हमारे देश में श्रम

और समय की वैसे भी कद्र नहीं है। पत्र–लेखक ने रामविलास शर्मा और मैनेजर पांडेय के साथ विश्वनाथ त्रिपाठी, पी.सी. जोशी, रामशरण शर्मा 'मुंशी' और 'प्रभात खबर' के सम्पादक की चर्चा की है। इसके अलावा उन्होंने 'हिन्दी के वर्तमान साहित्यिक संसार' का उल्लेख किया है, जो 'अज्ञानियों से भरा' है।

पहले 'अज्ञानियों से भरे हिन्दी के वर्तमान साहित्यिक संसार' के बारे में! यह सच है कि 'प्रोफेसर नामवर सिंह और प्रोफेसर चन्द्रबली सिंह जैसे लोग बहुत दुर्लभ हैं'। हिन्दी के वर्तमान साहित्यिक संसार में क्या केवल हिन्दी के दो आलोचक ही हैं? कवि, कहानीकार, उपन्यासकार, निबन्धकार, नाटककार, पत्रकार, अध्यापक, सम्पादक आदि साहित्यिक संसार में हैं या नहीं? दिल्ली सहित हिन्दी के दस प्रदेश हैं। हिन्दी का 'वर्तमान साहित्यिक संसार' विशाल है। यह संसार हजारों का है। अभी तक ऐसी पहचान किसी ने नहीं की थी। अशोक वाजपेयी हिन्दी वालों को 'मीडियाकर' कहते रहे हैं। नामवर सिंह ने हिन्दी अध्यापकों को 'कुपढ़' कहा था। माहौल सचमुच 'भयावह' है। क्या हिन्दी के अच्छे प्रकाशक भी अज्ञानियों की पुस्तकें प्रकाशित करते हैं? हिन्दी की जिन पत्र–पत्रिकाओं में गिरीश मिश्र के लेख प्रकाशित होते हैं, उनमें क्या उनके साथ अज्ञानियों के लेखों का भी प्रकाशन होता है? क्या नामवर सिंह सेमिनारों में अज्ञानियों के साथ उपस्थित होते हैं? क्या वे अज्ञानियों की पुस्तकों का विमोचन और उनकी समीक्षाएँ करते हैं? दिल्ली में ही सौ से अधिक हिन्दी के लेखक हैं। उनमें ज्ञानियों और अज्ञानियों की संख्या का अनुपात कितना है? 'ज्ञान के साहित्य' का ज्ञानेतर साहित्य से क्या सम्बन्ध है? साहित्य का संवेदना, अनुभव और विचार से अधिक सम्बन्ध है या ज्ञान से? क्या सभी नेट प्रेमी ज्ञानी हैं? हिन्दी के साहित्य–संसार को अज्ञानियों से भर देने में प्रकाशकों और सम्पादकों की कितनी भूमिका है? कुछ व्यक्तियों के अज्ञानी होने की पहचान की जा सकती है, पर पूरे 'साहित्यिक संसार' की पहचान गिरीश मिश्र ने ही की है। उन्होंने उदाहरण नहीं दिया है। लिखा है, "मैं ऐसे कई उदाहरण दे सकता हूँ।" दिल्ली साहित्य–संस्कृति का भी केन्द्र है। केन्द्र में अज्ञानी नहीं रहने चाहिए।

गिरीश मिश्र की एक बड़ी विशेषता यह है कि उनके लिए जो 'पूरी तरह से अजनबी' है, वह 'अपना मित्र' भी है। नव उदारवादी अर्थव्यवस्था के दौर का यह 'उदारवाद' प्रशंसनीय है। पी.एन. सिंह को पत्र में उन्होंने लिखा था, "आपके लिए पूरी तरह अजनबी होने के बावजूद मैं आपको पत्र लिखने की हिमाकत कर रहा हूँ।" पी.एन. सिंह हिन्दी के आलोचक हैं, एक पत्रिका 'समकालीन सोच' के सम्पादक हैं। पत्रिका के सम्पादक और दैनिक पत्र के प्रधान सम्पादक में अन्तर है। हरिवंश को लिखे पत्र में गिरीश मिश्र ने पी.एन. सिंह को 'अपने मित्र' कहा है।

गिरीश मिश्र ने पी.एन. सिंह को अपने पत्र के अन्त में लिखा था, "आम तौर पर हिन्दी लेखक मेरे विचारों से नाराज हो जाते हैं और पत्र–पत्रिकाओं को इन्हें प्रकाशित

न करने का सुझाव देते हैं।'' हिन्दी लेखकों को इतना संकीर्ण दृष्टिकोण नहीं रखना चाहिए और सम्पादकों को ऐसे सुझाव नहीं मानने चाहिए। यह सम्बन्धवाद अच्छा नहीं है। गिरीश मिश्र को ऐसे हिन्दी लेखकों और पत्र-पत्रिकाओं के नाम भी बताने चाहिए क्योंकि यह हमारे समय के एक आर्थिक इतिहासकार के विचारों को फैलने देने से रोकना है। एक लोकतांत्रिक देश में यह अलोकतांत्रिक कर्म है। 'प्रभात खबर' के सम्पादक ने उनके पत्र से 'कुछ अशालीन शब्द और वाक्य' हटा दिए हैं, जरूरी नहीं है कि उनके लेख में भी ऐसे शब्द और वाक्य हों!

गिरीश मिश्र विचार के साथ 'सम्बन्ध' की भी बात करते हैं। डॉ. शर्मा और उनके छोटे भाई रामशरण शर्मा 'मुंशी' से उन्होंने अपने 'मधुर सम्बन्ध' की बात लिखी है। उन्हें यह लगा है कि मैंने 'प्रभात खबर' के सम्पादक के साथ 'सम्बन्धों का दुरुपयोग कर' 'लम्बा आलेख' लिखा है। 'लम्बा आलेख' हो या 'लघु आलेख', क्या उसे लिखने में सम्बन्धों की भूमिका होती है? पी.एन. सिंह को लिखा उनका मूल पत्र, अखबार के 'पाठकों की पहुँच में नहीं' है, इसलिए 'मूल पत्र' में व्यक्त विचारों पर क्या चर्चा नहीं होनी चाहिए? उनके अनुसार 'प्रभात खबर' के सम्पादक को 'एक ईमानदार सम्पादक के रूप में इसकी अनुमति (मेरे आलेख के प्रकाशन की) नहीं देनी चाहिए थी।' क्या यह विचारों को रोकना नहीं है? क्या मेरे आलेख के प्रकाशित होने के बाद 'प्रभात खबर' के सम्पादक 'ईमानदार' नहीं रहे? किसके 'विचारों' से कौन नाराज हो रहा है और आलेख को प्रकाशित न करने का सुझाव कौन दे रहा है? मेरे आलेख में आपत्तिजनक क्या है? ब्लॉग पर भी वह उपलब्ध है। यह आलेख मैंने तुरत लिखा, न कि 'जल्दबाजी' में। क्या गिरीश मिश्र उदाहरण देकर बताएँगे कि मैंने उनके 'तथ्यों को तोड़-मरोड़ कर प्रस्तुत किया है?' मैनेजर पांडेय और रामविलास शर्मा पर टिप्पणी करते हुए उन्होंने क्या कोई 'तथ्य' सचमुच दिया भी है? उन्हें 'यही लगता है' कि मुझे 'ऐसा लिखने के लिए किसी ने उकसाया है या गलत तरीके से प्रेरित किया है।' उन्हें पी.एन. सिंह का लेख पढ़कर पत्र लिखने का 'उकसावा' मिला। जहाँ तक मेरी बात है, मैंने एक आर्थिक इतिहासकार की टिप्पणी पढ़कर अपने विचार व्यक्त किए। मुझे 'उकसाने' और 'प्रेरित' करने का काम उन्होंने ही किया। सम्बन्धों को अधिक और बेवजह महत्त्व देने का यह भी दुष्परिणाम है कि हम सर्वत्र उसे ढूँढ़ने का प्रयत्न करते हैं। आलोचना को व्यक्तिगत प्रशंसा और निन्दा, पक्ष और विपक्ष में देखने का यही फल है। गिरीश मिश्र के लिए अनुमान महत्त्वपूर्ण है। उन्हें ऐसा 'लगता है' कि मुझे या तो किसी ने 'उकसाया' है या फिर 'प्रेरित' किया है।

मैनेजर पांडेय की 'आलोचना की सामाजिकता' एक महत्त्वपूर्ण पुस्तक है। इस पुस्तक के चार खंडों के छब्बीस निबन्धों में से गिरीश मिश्र किसी एक निबन्ध की चर्चा तक नहीं करते। फ्लैप पढ़कर अपने 'विचार' देते हैं। मैनेजर पांडेय का इस

पुस्तक में एक लेख है—'आलोचना : सार्थक और निरर्थक'। उन्होंने दस वर्ष पहले लिखा था—"हिन्दी में आलोचना के नाम पर जो लफंगई बढ़ी है, उसकी भी चिन्ता जरूरी है। इसी प्रवृत्ति का एक रूप उस आलोचना में दिखाई देता है, जो व्यक्तिगत सम्बन्ध के बनने-बिगड़ने के अनुसार रचनाओं और रचनाकारों की कभी अतिरंजित प्रशंसा और कभी रक्तरंजित निन्दा करती है।" हिन्दी में वैचारिक सम्बन्ध घट रहा है और 'व्यक्तिगत सम्बन्ध' बढ़ रहा है। आलोचना में 'व्यक्तिगत सम्बन्ध' को बढ़ाने से तात्कालिक लाभ प्राप्त होता है, जो आलोचक को अवसरवादी, अविश्वसनीय बनाता है। प्रायः सभी क्षेत्रों में अवसरवादियों की जमात बढ़ी है।

गिरीश मिश्र 'आलोचना की सामाजिकता' पुस्तक में व्याकरण सम्बन्धी अशुद्धियों की 'खोज' करते हैं। हम जो खोजना चाहेंगे, खोज ही लेंगे। एक आर्थिक इतिहासकार का भाषा की शुद्धता के प्रति यह लगाव हमें समझना चाहिए। यह बड़ी बात इसलिए भी है कि उन्होंने 'औपचारिक तौर पर हिन्दी भाषा और साहित्य का ज्ञान नहीं प्राप्त किया' है। उन्होंने अभी तक पुस्तक से पचास-सौ उदाहरण पेश नहीं किए हैं। उनकी पुस्तक 'साहित्य में समाज' (2008) के 'दो शब्द' का एक वाक्य है, "यद्यपि लेख अलग-अलग विषाएँ और देशकाल से सम्बद्ध है, फिर भी एक, सामान्य धागा या दृष्टिकोण उनको बाँधा है। वह है : साहित्य सामाजिक-आर्थिक विषयों के अध्ययन का एक विश्वसनीय आधार।" 'दो शब्द' के दूसरे पृष्ठ में यह भी लिखा गया है, "इसी तरह के कई सवाल संग्रहित लेखों में उठाए गए हैं। अगर उन पर चर्चा हो सकते तो मैं अपने प्रयास को सार्थक समझूँगा।" इस पुस्तक में भी छब्बीस लेख हैं। खोजने पर किसी-न-किसी लेख में भी 'व्याकरण-सम्बन्धी अशुद्धियाँ' भी किसी को मिल सकती हैं, पर मेरे लिए उनके लेखों में विचार अधिक महत्त्वपूर्ण हैं।

अगर "सालों पहले मैनेजर पांडेय ने दावा किया था कि महावीर प्रसाद द्विवेदी की पुस्तक 'सम्पत्ति शास्त्र' आज भी अर्थशास्त्र के छात्रों के लिए उपयोगी है", तो इसमें गलती कहाँ है ? अर्थशास्त्र के छात्र सभी जगह एक समान नहीं हैं। अर्थशास्त्र का अध्ययन समाज को समझने और बदलने के लिए भी किया जाता है। अर्थशास्त्र के सभी छात्र और अध्यापक अगर समाज को समझने और बदलने को तैयार होते, तो आज देश में इस प्रकार का कोहराम न मचता। रामविलास शर्मा ने 'महावीर प्रसाद द्विवेदी और हिन्दी नवजागरण' (1977) की 'भूमिका' में 'सम्पत्ति शास्त्र' के सम्बन्ध में यह लिखा था, "यह ग्रन्थ अर्थशास्त्र की नई-पुरानी पाठ्य-पुस्तकों से भिन्न है। इसका उद्‌देश्य है समकालीन भारत के अर्थतंत्र का अध्ययन करना।" क्या इस पुस्तक (1908) के अध्ययन से समकालीन भारतीय अर्थतंत्र का अध्ययन नहीं किया जा सकता ?

जो दूसरे नहीं कहते हैं, उसे भी गिरीश मिश्र उनका कहा समझते हैं। मैनेजर पांडेय का फकीर मोहन सेनापति पर कोई स्वतंत्र लेख नहीं है। उनकी पुस्तक 'साहित्य के

समाजशास्त्र की भूमिका' (1989) के चौथे खंड 'साहित्य रूपों का समाजशास्त्र और उपन्यास' के सातवें अनुभाग में 'भारतीय उपन्यास की भारतीयता' पर विचार किया गया है। 'आलोचना की सामाजिकता' (2005) पुस्तक के चौथे और अन्तिम खंड 'उपन्यास का लोकतंत्र' में यह लेख पूर्व रूप में ही प्रकाशित है। इस लेख में कहीं भी 'स्थायी बन्दोबस्ती के विभिन्न पहलुओं' का उल्लेख नहीं है। गिरीश मिश्र ने लिखा है कि वे 'तथ्यों और तर्कों के साथ अपनी बात कहने में विश्वास' रखते हैं, पर उन्होंने कहीं भी यह नहीं लिखा है कि मैनेजर पांडेय ने कहाँ फकीर मोहन सेनापति को 'पहला साहित्यकार' कहा, जिसने 'स्थायी बंदोबस्ती के विभिन्न पहलुओं' के बारे में लिखा था। अंग्रेजी में गिरीश मिश्र की एक पुस्तक 1978 में प्रकाशित हुई थी—'एग्रेरिअन प्राबलेम्स ऑफ परमानेंट सेट्लमेंट : ए केस स्टडी ऑफ चम्पारण'। सम्भव है, कृषक-जीवन से जुड़े उपन्यासों में वे स्थायी बन्दोबस्त' देखें। उनके पास सूचनाओं का अम्बार है। इतनी विपुल सूचनाएँ सब को नहीं हैं। जो नेट-प्रवीण नहीं हैं, उनके पास सूचनाएँ कम होंगी। गिरीश मिश्र के अनुसार, ''मैनेजर पांडेय इस बात से पूरी तरह 'अनभिज्ञ' हैं कि रेवरेंड लाल बिहारी डे का चर्चित उपन्यास 'बंगाल पीजेंट लाइफ' वर्ष 1870 के पूर्वार्द्ध में छपा था।'' सम्भव है, मैनेजर पांडेय से उनका संवाद भी हो और वे जानते हों कि मैनेजर पांडेय रेवरेंड लाल बिहारी डे और उनके उपन्यास से 'अनभिज्ञ' हैं।

कौन है रेवरेंड लाल बिहारी डे? रेवरेंड लाल बिहारी डे का जन्म एक निर्धन महाजन जाति के परिवार में 18 दिसम्बर, 1824 को बर्द्धमान के समीप सोनाप्लासी में हुआ था। निधन कलकत्ता में 28 अक्टूबर, 1892 को हुआ। गाँव के स्कूल में आरम्भिक शिक्षा प्राप्त करने के बाद वे अपने पिता के साथ कलकत्ता आए और रेवरेंड अलेक्जेंडर डफ की जेनरल असेम्बली संस्था (अब स्कॉटिश चर्च कॉलेज) में प्रवेश किया। यहाँ उन्होंने दस वर्ष (1834-1844) तक अध्ययन किया। वे प्रतिभाशाली छात्र थे और उन्होंने स्वर्ण पदक प्राप्त किया था। रेवरेंड डफ के संरक्षण में 2 जुलाई, 1843 को उन्होंने औपचारिक रूप से ईसाई धर्म अंगीकार किया। लाल बिहारी डे ने ईसाई धर्म स्वीकार करने के एक वर्ष पूर्व 1842 में 'हिन्दू धर्म की असत्यता' पर एक पुस्तिका प्रकाशित की थी, जिसे एक स्थानीय ईसाई समाज ने सर्वोत्तम लेख के रूप में पुरस्कृत किया। 1855 से 1867 तक डे स्कॉटलैंड के फ्री चर्च के धर्म प्रचारक और मिनिस्टर थे। 1867 से 1889 तक वे सरकार द्वारा संचालित बरहमपुर और हुगली के कॉलेजों में अंग्रेजी के प्रोफेसर थे। आरम्भ में वे बरहमपुर कॉलेजिएट स्कूल में 1867 में प्राचार्य रहे। बाद में वे हुगली मोहसिन कॉलेज में अंग्रेजी और मेंटल ऐंड मोरल फिलॉसफी के प्रोफेसर रहे। अंग्रेजी में उनकी दो पुस्तकें हैं—'गोविन्द सामन्त' (1874) और 'फोक टेल्स ऑफ बंगाल (1883)।''

यह गलत सूचना है कि 'रेवरेंड लाल बिहारी डे का चर्चित उपन्यास 'बंगाल पीजेंट लाइफ', वर्ष 1870 के पूर्वार्द्ध में छपा था'। साहित्यिक पत्र–पत्रिकाओं के पाठक–वर्ग की संख्या हजारों में होती है और दैनिक समाचार–पत्रों के पाठक वर्ग की संख्या लाखों में। लाखों तक गलत सूचनाएँ जाना कहीं अधिक गलत है। 1874 में लन्दन से अंग्रेजी में लाल बिहारी डे का जो उपन्यास प्रकाशित हुआ था, उसका शीर्षक था 'गोविन्द सामन्त' या 'द हिस्ट्री ऑफ ए बंगाल रैयत'। एम.के. नाईक ने 'ए हिस्ट्री ऑफ इंडियन इंग्लिश लिटरेचर (साहित्य अकादेमी, 1982, पृ. 107) में लिखा है कि इस उपन्यास का संशोधित–परिवर्द्धित रूपान्तर 1908 में लन्दन से 'बंगाल पीजेंट लाइफ' शीर्षक से प्रकाशित हुआ। नाईक ने उन्नीसवीं सदी के साठ के दशक से अन्त तक बंगाल और मद्रास प्रेजिडेंसी के लेखकों द्वारा लिखित अधिकांश सामाजिक–ऐतिहासिक उपन्यास का प्रतिमान अठारहवीं और उन्नीसवीं शताब्दी का ब्रिटेन कथा–साहित्य माना है—विशेषतः डीफो, फील्डिंग और स्कॉट को।

फकीर मोहन सेनापति और रेवरेंड लाल बिहारी डे में कोई अन्तर था या नहीं? क्या फकीर मोहन सेनापति का उपन्यास 'छह माण आठ गुंठ' और लाल बिहारी डे का उपन्यास—'गोविन्द सामन्त' एक समान हैं? क्या इन दोनों उपन्यासों में कृषक–जीवन एक समान वर्णित–चित्रित है? गिरीश मिश्र इससे अवश्य अवगत होंगे कि नामवर सिंह ने 'अंग्रेजी ढंग का नावेल' और 'भारतीय उपन्यास' में अन्तर किया है। फकीर मोहन सेनापति (1843–1918) और रेवरेंड लाल बिहारी डे (1824–1892) का उपन्यास 'छह माण आठ गुंठ' (1897) और 'गोविन्द सामन्त' (1874) एक प्रकार के उपन्यास नहीं हैं। मैनेजर पांडेय ने 'भारतीय उपन्यास की भारतीयता' लेख में आरम्भिक भारतीय उपन्यास में मीनाक्षी मुखर्जी द्वारा उल्लिखित तीन रचनात्मक प्रवृत्तियों (समाज–सुधार और उपदेश, इतिहास और फैंटेसी के माध्यम नैतिक चेतना के विकास का प्रयास और समकालीन भारतीय समाज की वास्तविकताओं का यथार्थपरक चित्रण) का उल्लेख किया है। उन्होंने उड़िया के फकीर मोहन सेनापति को 'भारतीय उपन्यास के इतिहास में तीसरी प्रवृत्ति का पहला महत्त्वपूर्ण उपन्यासकार' कहा है। क्या लाल बिहारी डे का अंग्रेजी उपन्यास 'गोविन्द सामन्त' भी इस तीसरी प्रवृत्ति का 'महत्त्वपूर्ण' उपन्यास है? मैनेजर पांडेय ने उड़िया के समालोचक मायाधर मानसिंह को उद्धृत किया है—''फकीर मोहन से पहले किस भारतीय लेखक ने गाँव के फटेहाल और मूर्ख लोगों को अपनी रचनाओं का नायक बनाया है? उनकी रचनाओं के सबसे जीवन्त पात्र नाई, जुलाहे, खेतिहर मजदूर और अछूत हैं। उन्होंने साहित्य की दुनिया में आम आदमी और औरत को महत्त्व प्रदान किया है।'' (फकीर मोहन सेनापति, पृ. 69) मैनेजर पांडेय ने इस उपन्यास के साथ 'उड़िया में उपन्यास का उदय' माना है और लिखा है, ''भारतीय उपन्यास में किसान–जीवन के यथार्थवादी उपन्यास की परम्परा का सूत्रपात भी हुआ।''

कुछ किताबों के नामोल्लेख मात्र से चीजें स्पष्ट नहीं होतीं। 'ज्ञान' सूचना मात्र नहीं है। महत्त्वपूर्ण कृतियों से 'अनभिज्ञ' नहीं रहा जा सकता, पर सभी कृतियों की मात्र सूचना प्राप्त करना बुद्धिमान बनना नहीं है। मैनेजर पांडेय ने 'भारतीय उपन्यास की भारतीयता' लेख में फकीर मोहन सेनापति पर विचार किया है। सम्भव है, उनसे किसी का सम्बन्ध 'मधुर' न हो, पर क्या नामवर सिंह से भी 'मधुर सम्बन्ध' रखने न रखनेवाले उनके लेख 'अंग्रेजी ढंग का नावेल' और 'भारतीय उपन्यास' में व्यक्त उनके विचारों से असहमत होंगे? यहाँ यह उल्लेख जरूरी है कि 'भारतीय उपन्यास' की चर्चा पहले से होती रही है। 'भारतीय उपन्यास' के अन्तर्गत अगर हम भारतीय अंग्रेजी उपन्यास को भी शामिल कर लें, तो क्या सभी उपन्यासों को एक समान कहेंगे? नामवर सिंह 'अंग्रेजी ढंग का नावेल' लिखने की 'विफलता में ही भारतीय उपन्यास की सार्थकता निहित' मानते हैं। वे भारतीय उपन्यास का मूलाधार उन्नीसवीं शताब्दी के रोमांस' को मानते हैं, न कि तथाकथित अंग्रेजी ढंग के उपन्यास को।

क्या 'भारतीय उपन्यास की भारतीयता' पर विचार करते हुए मैनेजर पांडेय को लाल बिहारी डे के उपन्यास का उल्लेख करना चाहिए था? गिरीश मिश्र उन्हें 'अनभिज्ञ' कहते हुए एक वाक्य में लाल बिहारी डे के उपन्यास की गलत जानकारी देते हैं। इतना ही नहीं, वे डार्विन को भी उद्धृत करते हैं—"इसकी प्रशंसा किसी और ने नहीं बल्कि चार्ल्स डार्विन जैसे प्रसिद्ध वैज्ञानिक ने की थी।" वे यह नहीं बताते कि यह प्रशंसा कहाँ-कैसे की गई थी! 18 अप्रैल, 1881 को चार्ल्स डार्विन ने 'गोविन्द सामन्त' उपन्यास के प्रकाशक को एक पत्र लिखा था, जिसमें उन्होंने 'बंगाल मैगजीन' के सम्पादक रेवरेंड लाल बिहारी डे (डे ने बांग्ला पत्रिका के अलावा तीन अंग्रेजी पत्रिकाओं—इंडियन रिफॉर्मर' (1861), फ्राइडे रिव्यू (1866) और बंगाल मैगजीन (1872) का सम्पादन किया था) को बधाई देने का आग्रह किया था, क्योंकि कुछ वर्ष पहले उनके उपन्यास 'गोविन्द सामन्त' को पढ़कर उन्हें सूचना और आनन्द प्राप्त हुआ था। बंगाल के प्रबुद्ध जमींदारों में से एक उत्तरपाड़ा के बाबू जयकिशन मुखर्जी ने डे के उपन्यास 'गोविन्द सामन्त' को पाँच सौ रुपए का पुरस्कार 1874 में प्रदान किया था। बांग्ला और अंग्रेजी उपन्यासों में लिखे गए इस उपन्यास को 'सर्वोत्तम' कहा गया था क्योंकि इसमें बंगाल की ग्रामीण आबादी और उसके श्रमिक वर्ग के सामाजिक-पारिवारिक जीवन का निदर्शन था। महत्त्वपूर्ण यह नहीं है कि यह उपन्यास पुरस्कृत हुआ था या चार्ल्स डार्विन ने उसकी प्रशंसा की थी। गिरीश मिश्र अपने समर्थन में डार्विन का नाम लेते हैं। वे उपन्यास का विवेचन नहीं करते।

नामवर सिंह ने बंकिमचन्द्र के तीनों उपन्यास—'दुर्गेश नन्दिनी' (1865), 'कपालकुंडला' (1866) और 'मृणालिनी' (1869) (डे के उपन्यास से पहले) में से एक को भी 'अंग्रेजी ढंग का नावेल' नहीं कहा है। गिरीश मिश्र ने नामवर सिंह का

यह लेख अवश्य पढ़ा होगा, जिसमें उन्होंने अंग्रेजी ढंग के नावेल के तिरस्कार को 'वस्तुतः उपनिवेशवाद का तिरस्कार' कहा है। नामवर सिंह ने फकीर मोहन सेनापति के उपन्यास में एक साथ 'यथार्थ और फैंटेसी' देखी है। उन्होंने अपने लेख में केवल तीन भारतीय उपन्यासकारों—बंकिमचन्द्र, फकीर मोहन सेनापति और हजारी प्रसाद द्विवेदी की चर्चा की है। उनके अनुसार 'छह माण आठ गुंठ' पूरा भारत है।

गिरीश मिश्र के निशाने पर एक लम्बे अरसे से रामविलास शर्मा क्यों हैं? क्या यह डॉ. शर्मा के साम्राज्यवाद विरोध से पाठकों का ध्यान हटाने या उसे धुँधला करने के लिए है? आज भारत के बौद्धिकों और 'ज्ञानियों' में अमरीकी साम्राज्यवाद का वास्तविक और ईमानदार विरोध कितना है? रामविलास शर्मा ने सदैव ब्रिटिश और अमरीकी साम्राज्यवाद का विरोध किया है। वे आजीवन मार्क्सवादी रहे। सरकारी और शासकीय 'मार्क्सवादी' नहीं। उन्होंने कभी अपना 'बॉयोडाटा' नहीं बनाया। जिस कॉलेज में अध्यापक रहे, उसका प्रिंसिपल होना कभी नहीं चाहा। वे रीडर, प्रोफेसर, कुलपति होना नहीं चाहते थे। किसी प्रतिष्ठित संस्थान में 'फेलो' होने की भी उनकी इच्छा नहीं रही। विदेशों में आयोजित सेमिनारों में उन्होंने कभी भाग नहीं लिया। देश के भीतर भी उन्होंने बाहर आना-जाना बाद में बन्द कर दिया। वे साधक थे और 'साधना' में उनका विश्वास था। हमारे समय में कई ऐसे 'ज्ञानी' और 'बौद्धिक' हैं, जो पहले सर्वोदयी थे, फिर कम्युनिस्ट बने और अन्त में कांग्रेसी। इस रास्ते पर चलने मं लाभ है। सुविधा प्राप्त होती है और प्रचार-प्रसार भी होता है। रामविलास शर्मा धीरोदात्त थे। हमारे समय में धीरोद्धतों की कमी नहीं है। उन्होंने कभी दूसरे को 'अज्ञानी' और अपने को 'महाज्ञानी' नहीं कहा। उनमें दम्भ और अहंकार नहीं था। अभी उदय प्रकाश ने 'वह एक मशाल-सा कोई' (वाणी प्रकाशन समाचार, जून 2010) शीर्षक से उनका स्मरण किया है—"राजनीति और पूँजी, दोनों सत्ताओं को उस अनासक्त शब्दयोगी ने अपने सामने विनम्र बनाया।"

क्या सचमुच रामविलास शर्मा का 'साहित्येतर लेखन आधारहीन' है? गिरीश मिश्र का यह उच्च कथन 'हमेशा से ही' है। वे डॉ. शर्मा के 'साहित्यिक लेखन के बारे में' नहीं जानते। पी.एन. सिंह को लिखे पत्र में यह स्वीकारते हुए वे बताते हैं, "न तो मैंने उसे पढ़ा है, न अब मेरे पास इसका समय है।" हरिवंश को उन्होंने लिखा—"मैं इस बात पर दृढ़ हूँ कि वे (डॉ. शर्मा) एक महान साहित्यकार होंगे।" साहित्यिक लेखन से परिचित हुए बिना और डॉ. शर्मा की साहित्यिक पुस्तकों को पढ़े बिना गिरीश मिश्र कैसे 'इस बात पर दृढ़' हुए कि "वे एक महान साहित्यकार होंगे।" क्या वे तथ्यों और तर्कों के साथ अपनी बात कहने में विश्वास रखते हैं? डॉ. शर्मा के सामने भी 'कई बार' गिरीश मिश्र ने उनके 'साहित्येतर लेखन' को 'आधारहीन' कहा था। डॉ. शर्मा की प्रतिक्रिया की मुझे कोई जानकारी नहीं है। उनकी अनेक साहित्येतर पुस्तकें हैं, जिसके विशद अध्ययन से गिरीश मिश्र अपने निष्कर्ष

तक पहुँचे होंगे। पी.एन. सिंह को अपने पत्र में उन्होंने लिखा, ''मैंने 'डॉ. शर्मा की कुछ साहित्येतर किताबें पढ़ी हैं। वे निहायत लद्धड़ हैं!'' गिरीश मिश्र के दो पत्रों (पी.एन. सिंह और 'प्रभात खबर' के प्रधान सम्पादक हरिवंश को लिखे) में समय का अन्तर है। पी.एन. सिंह को लिखा पत्र यद्यपि तिथिहीन है, फिर भी यह अनुमान किया जा सकता है कि वह 2006 में लिखा गया होगा। दूसरा पत्र 14 जून, 2010 का है। पहले पत्र में 'डॉ. शर्मा की कुछ साहित्येतर किताबें' पढ़ने का उल्लेख है। दूसरे पत्र से 'कुछ' गायब है। दोनों पत्रों में उन्होंने भारत में 'अंग्रेजी राज', 'गांधी, अम्बेडकर और लोहिया' और मार्क्स की 'पूँजी' के दूसरे खंड का अनुवाद' के बारे में अपना बहुमूल्य मत प्रकट किया है। इसके अतिरिक्त डॉ. शर्मा के आर्य सम्बन्धी विचार, उनके द्वारा महिषादल को 'नेटिव स्टेट' मानने, 'सामान्य तौर पर क्लैसिकल अर्थशास्त्र का और विशेष तौर पर मार्क्स के रवैये का अज्ञान', 'मार्क्स की शब्दावली की अर्थच्छायाओं के प्रति अस्पष्टता', 'शोध की आधुनिक पद्धति के प्रति सहज नहीं होने' और 'उद्धरणों के सही-सही स्रोत का पता नहीं' चलने की बात कही है। 'तथ्यों और तर्कों के साथ अपनी बात कहने में विश्वास रखनेवाले' गिरीश मिश्र ने ये बातें तथ्यों-तर्कों के साथ नहीं कही हैं। वे अक्सर 'भारत में अंग्रेजी राज' की आलोचना लिखने की चर्चा करते हैं। उन्होंने इसकी 'समीक्षा' की थी।

दो खंडों में राजकमल प्रकाशन से प्रकाशित (1982) 1140 पृष्ठों की (प्रकाशक के अनुसार (1150) पुस्तक 'भारत में अंग्रेजी राज और मार्क्सवाद' की समीक्षा गिरीश मिश्र ने 'आलोचना' पत्रिका (सम्पादक नामवर सिंह) के वर्ष 33, अंक 70 (जुलाई-सितम्बर 1984) में की थी। उस अंक में यह समीक्षा पृ. 118 से पृ. 123 तक प्रकाशित है। साढ़े पाँच पृष्ठों में प्रकाशित इस 'समीक्षा' में कई स्थानों पर (तार्किक ढंग से नहीं) डॉ. शर्मा का खंडन है और उनकी प्रशंसा भी है। समीक्षक ने लिखा है, 'डॉ. शर्मा का हमारे देश के मार्क्सवादी विचारकों में अग्रणी स्थान है', 'हिन्दी भाषा में इस प्रकार की कोई मौलिक पुस्तक नहीं थीं', 'पुस्तक का कैनवास बड़ा ही विस्तृत है।... जिसमें अनेक प्रश्नों, समस्याओं, मतभेदों एवं सैद्धान्तिक तथा व्यावहारिक मुद्दों पर विचार किया गया है' (पृ. 118) और ''पुस्तक तमाम कमजोरियों के बाद भी पठनीय है। उन्होंने जो मुद्दे उठाये हैं, उन पर सार्थक बहस होनी चाहिए, जिससे डॉ. शर्मा का परिश्रम भी सफल हो और देश के जनतांत्रिक आन्दोलन का भला भी हो।''(पृ. 123) अब 2006 में गिरीश मिश्र पी.एन. सिंह को लिखते हैं, ''भारत में अंगेजी राज का दो खंडों में किया गया अध्ययन उनकी अयोग्यता का प्रतीक है।'' (साखी, अप्रैल 2010, पृ. 153) 1984 और 2006 में व्यक्त विचारों में यह अन्तर क्यों है? बाईस वर्ष में बहुत कुछ बदल चुका है। पहले जो लोग 'देश के जनतांत्रिक आन्दोलन का भला' चाहते थे, क्या वे आज भी वैसा ही चाहते हैं? यह पिछड़ापन होगा। आज बहुत सारे भारतीय अमरीकोन्मुख हैं।

हमारी सन्तानें अमरीका जाकर नौकरी करें या वहाँ बस जाएँ, उसमें हमारा कोई वश नहीं है, पर हम वर्ष में कई बार अमरीका की यात्रा क्यों करें? हम बार-बार वहाँ क्यों जाएँ? विश्व-भर का मस्तिष्क अमरीका में मौजूद जो है। हम अमरीका जाकर लाभान्वित हो सकते हैं। देश भी अमरीका के रास्ते पर चलकर क्या कम विकसित हो रहा है! जनसंख्या की दृष्टि से भारत विश्व का सबसे बड़ा जनतांत्रिक देश है, पर हमारे देश में अमरीका से जनतंत्र का पाठ पढ़नेवाले और दूसरों को पढ़ानेवाले कम नहीं हैं। अमरीका पूरे विश्व में जनतंत्र का सबसे बड़ा हिमायती देश है। इराक और अफगानिस्तान में वह जनतंत्र ला रहा है। रामविलास शर्मा और मैनेजर पांडेय के विरोधी विचारों से क्या होगा? गिरीश मिश्र 'वाम का भविष्य' (समायान्तर, जुलाई, 2010) को लेकर सचमुच चिन्तित हैं।

'भारत में अंगेजी राज और मार्क्सवाद' की समीक्षा में गिरीश मिश्र की कई चिन्ताएँ विषय से सम्बन्धित नहीं हैं। उनकी कई शिकायतें हैं—डॉ. शर्मा कहीं 'कैपिटल' लिखते हैं, कहीं 'पूँजी', वे मार्क्स, एंगेल्स, लेनिन, नेहरू आदि लेखकों की रचनाओं के हिन्दी अनुवादों का उल्लेख नहीं करते, कहीं पुस्तकों के शीर्षकों का अनुवाद देते हैं, कहीं लापरवाही के कारण समरूपता का ध्यान नहीं रखते, एक ही पुस्तक में कुछ पुस्तकों के नामों का 'केवल लिप्यन्तरण' है और कुछ का लिप्यन्तरण न कर हिन्दी अनुवाद है और कहीं-कहीं दोनों है, लेखों और दस्तावेजों का कई स्थलों पर पूर्ण विवरण नहीं है और जहाँ उल्लेख है, वहाँ एकरूपता नहीं है, पुस्तक में विषय-नाम-अनुक्रमणिका नहीं है और न ही 'सन्दर्भ-सामग्री की सूची' है, जल्दबाजी में किसी खास मुद्दे पर डॉ. शर्मा के विचार और विश्लेषण जानना पाठक के लिए—'बिल्कुल असम्भव' है। स्वाभाविक है—'शोधार्थियों' के लिए पुस्तक का महत्त्व घटे।

डॉ. शर्मा की यह पुस्तक, उन शोधार्थियों के लिए कम महत्त्वपूर्ण हो सकती है, जो विश्वविद्यालय से डिग्रियाँ लेकर केवल नौकरी करना चाहते हैं। 'जल्दबाजी' में पुस्तक पढ़ने से वे गलत नतीजे निकालेंगे। डॉ. शर्मा की 'साहित्येतर' पुस्तकों को ध्यानपूर्वक पढ़ने की जरूरत है। उनकी चिन्ताएँ इतिहास और अर्थशास्त्र के अध्यापकों की चिन्ताओं से भिन्न थीं। लेखन का प्रयोजन भी भिन्न था। 'भारत में अंग्रेजी राज और मार्क्सवाद' के दूसरे खंड की भूमिका के अन्त में उन्होंने लिखा है—"हमारी सांस्कृतिक स्थिति के एक छोर पर करोड़ों आदमियों की निरक्षरता है, दूसरे छोर पर हजारों बुद्धिजीवियों पर अमरीकी संस्कृति का प्रभाव है। क्या संगीत और फिल्में, क्या अर्थशास्त्र और भाषा-विज्ञान मनुष्य को नैतिक पतन और प्रगति विरोधी मार्ग की ओर ले जानेवाले प्रवृत्तियाँ सब तरफ दिखायी देती हैं।" (पृ. 24) रामविलास शर्मा ने शोधार्थियों के लिए ही नहीं, परिवर्तनकामियों के लिए भी लिखा है। शोध-प्रविधि और शोध के आधुनिक-अत्याधुनिक मापदंडों पर उनका 'साहित्येतर लेखन'

खरा नहीं उतरे, पर क्या वह विचार, विवेचन और विश्लेषण की दृष्टि से खरा नहीं है? अपनी एक साहित्येतर पुस्तक 'मार्क्स और पिछड़े हुए समाज' (1986) की भूमिका के अन्त में उन्होंने लिखा है, "जिन पुस्तकों के कुछ अंश उद्धृत किए गए हैं, उनके नाम कहीं अंग्रेजी में हैं, कहीं हिन्दी रूपान्तर में हैं, कहीं अंग्रेजी नाम रोमन में है, कहीं देवनागरी में। इससे आपके सौन्दर्य-बोध को ठेस लगेगी पर विचारधारा को समझने में कोई कठिनाई नहीं होगी।" (पृ. 16)

समीक्षक को इस पुस्तक में व्यक्त डॉ. शर्मा के कुछ विचारों से भी एतराज है। रामविलास शर्मा द्वारा व्यक्त एक महत्त्वपूर्ण धारणा पर 'आर्थिक इतिहासकार' गिरीश मिश्र का यह कथन ध्यानपूर्वक पढ़ना चाहिए। "लेखक (डॉ. शर्मा) ने पहले से धारणा बना रखी है कि एशियाई उत्पादन-पद्धति भारत में नहीं थी और न ही उसे एक अलग 'पद्धति' का दरजा दिया जा सकता है। इसकी पुष्टि के लिए उन्होंने उन्हीं पुस्तकों और उनके उन्हीं स्थलों का हवाला दिया है, जिनसे उनकी धारणा को समर्थन मिलता है। उन्होंने सोवियत संघ, फ्रांस, चीन, अमरीका आदि में इस विषय पर जो बहसें चली हैं, और अब भी चल रही हैं, अपने विचार-विमर्श में उन्होंने उनको बिल्कुल ही नहीं लिया है। सोवियत संघ में, एशियाई उत्पादन-पद्धति के बारे में 1930 के दशक में जो बहस चली थी, जिसे बाद में स्टालिन ने दबा दिया, वह सब अब अंग्रेजी में उपलब्ध है। इन सब सामग्रियों को दरकिनार करने का एक कारण यही हो सकता है कि इससे डॉ. शर्मा की स्टालिनवादी धारणा बरकरार रहे। स्थानाभाव के कारण समीक्षक के लिए विस्तार में जाना सम्भव नहीं है।" (आलोचना, वही, पृ. 120)

डॉ. शर्मा ने मार्क्स के विचारों को यथावत् ग्रहण नहीं किया था। उन्होंने मार्क्स को 'आलोचनात्मक नजरिये' से देखा था। उनके पहले डी.डी. कोसाम्बी ने भारत-सम्बन्धी मार्क्स के विचारों को हू-ब-हू नहीं मान लिया था। कोसाम्बी और रामविलास शर्मा 'सरकारी' और 'किताबी' मार्क्सवादी नहीं थे। 'आलोचनात्मक नजरिये' का यह सिलसिला रुक-रुक कर चलता रहा है। 'समयान्तर' के नए अंक (जुलाई 2010) में गिरीश मिश्र के लेख 'वाम का भविष्य' के साथ सुजित के. दास का विशेष लेख, "भारत के बारे में मार्क्स : एक संशोधनवादी एजेंडा' प्रकाशित है। पहले यह लेख 'फ्रंटियर' के वार्षिकांक (सितम्बर 2009) में प्रकाशित हुआ था। इस लेख के कुछ अंशों पर विचार करने से पूर्व मार्क्स की एशियाई अवधारणा को देखें। मार्क्स ने 'ए कंट्रीब्यूशन टू दि क्रिटीक ऑफ पॉलिटिकल इकॉनमी' (1859) में उत्पादन की चार पद्धतियों—एशियाई, प्राचीन, सामन्ती और पूँजीवादी की चर्चा की थी।

गण समाज में सभी एक साथ मिल कर काम करते थे। श्रमफल, सम्पत्ति और उत्पादन के साधन पर गण समाज के सदस्यों का सामूहिक स्वामित्व था। एशियाई उत्पादन पद्धति से मार्क्स का आशय गण समाजों की सामूहिक उत्पादन-पद्धति से था। 'भारत में अंग्रेजी राज और मार्क्सवाद' के दूसरे खंड के दूसरे अध्याय के

आरम्भ में डॉ. शर्मा ने 'गणव्यवस्था और सामन्तवाद' के अन्तर्गत 'उत्पादन की एशियाई पद्धति और सामूहिक सम्पत्ति' पर विचार किया है। उन्होंने साफ शब्दों में यह बताया है कि ''मार्क्स ने उत्पादन की एशियाई पद्धति के बारे में जो लिखा, उसे पुस्तक के भीतर एशियाई पद्धति और सामूहिक सम्पत्ति के सन्दर्भ से अलग हटा कर न देखना चाहिए।'' (भारत में अंगेजी राज, खंड-2, पृ. 77) डॉ. शर्मा ने इसके बाद यह भी बताया, ''एशियाई पद्धति का अर्थ हुआ उस समाज की पद्धति, जिसमें सामूहिक सम्पत्ति का चलन था।'' (वही पृ. 77-78) समीक्षक ने इस पुस्तक की 'समीक्षा' में जिन 'दो चीजों के जिक्र' से डॉ. शर्मा की इतिहास-लेखन-पद्धति को 'गैर-मार्क्सवादी' और 'अवैज्ञानिक' कहा है, उसमें एक एशियाई उत्पादन पद्धति से सम्बन्धित है। 'कम्युनिस्ट घोषणापत्र' में मार्क्स और एंगेल्स की यह धारणा थी कि एशियाई समाज हजारों साल से स्थिर है। मार्क्स की 'एशियाई पद्धति' का 'भारतीय ग्राम समाज' से रिश्ता नहीं था। भारत से आयरलैंड तक फैले हुए ग्राम-समाज को एंगेल्स ने 'कम्युनिस्ट घोषणापत्र' के अंग्रेजी संस्करण (1888) की एक टिप्पणी में 'आदिम साम्यवादी समाज' कहा था। इसके बाद भी उत्पादन की एशियाई पद्धति की बात की जाती रही। 'मार्क्स और पिछड़े हुए समाज' में डॉ. शर्मा ने लिखा है— ''एशियाई पद्धति की यह धारणा त्रोत्स्कीवादियों का खास अस्त्र है। उसका उपयोग वे भारत पर साम्राज्यवादी प्रभुत्व को जायज ठहराने के लिए करते हैं।'' (पृ. 467)

एशियाई उत्पादन-पद्धति की धारणा के साथ भारत के आर्थिक-विकास की सोच-दृष्टि भी जुड़ती है। 'भारत में अंग्रेजी राज' पुस्तक की समीक्षा के पहले गिरीश मिश्र की कई पुस्तकें प्रकाशित हो चुकी थीं। हिन्दी में 'सोवियत संविधान का आर्थिक पक्ष' (1980) और आर्थिक प्रणालियाँ' (1981)। अंग्रेजी में चम्पारण की केस स्टडी (1978) के पहले 'पब्लिक सेक्टर इन इंडियन इकॉनॉमी' (1975), 'सम इकॉनॉमिक आस्पेक्ट्स ऑफ न्यू सोवियत कंस्टीट्यूशन' (1980) और 'रेलेवेंस ऑफ इंडो-सोवियत इकॉनॉमिक रिलेशंस' (1983)। अंग्रेजी में कई पेपर्स भी प्रकाशित हो चुके थे। आर्थिक इतिहासकार की हैसियत से वे अर्थशास्त्र और अर्थव्यवस्था पर गम्भीर कार्य कर रहे थे। रामविलास शर्मा ने अपनी पुस्तक के दूसरे खंड की भूमिका में लिखा था—''राज्यसत्ता के उद्‌भव वाली पुस्तक में एंगेल्स ने एशियाई पद्धति की शब्दावली छोड़ दी थी। किन्तु पिछले दस-पन्द्रह साल में एशियाई पद्धति की चर्चा काफी जोर-शोर से उठायी गई है।... मार्क्स और एंगेल्स ने इस मत के विरोध में जो बातें कही हैं, या तो ये लोग उनकी उपेक्षा करते हैं या फिर कहते हैं कि वे गलत हैं।'' (पृ. 11) आगे डॉ. शर्मा ने ऐसे 'पंडितों' और 'ज्ञानियों' के सम्बन्ध में लिखा—''ये लोग आम तौर से सामन्तवाद की मार्क्सीय व्याख्या का हवाला नहीं देते।'' डॉ. शर्मा के अनुसार 'पूँजी खंड' 1 और 'एंटी ड्यूहरिंग' के अध्ययन से सामन्तवाद के सामान्य लक्षणों और भिन्न देशों में उसकी पृथक् विशेषताओं का ज्ञान होगा। इस ज्ञान से एशियाई

पद्धति वाले प्रचार का खंडन होगा, भारत के आर्थिक विकास को समझने में सहायता मिलेगी।'' (वही, पृ. 12) भारत का आर्थिक विकास समझने-समझाने वाले कुछ आर्थिक इतिहासकार और अर्थशास्त्रियों पर क्या सचमुच गम्भीर शोध-कार्य किए जाने की आवश्यकता नहीं है?

रामविलास शर्मा ने 'एशियाई उत्पादन पद्धति' (ए.एम.पी.) पर अपनी पुस्तक में जो विचार 1982 में व्यक्त किए थे, वे कहाँ से गलत थे? सुजित के. दास का लेख 'भारत में अंग्रेजी राज' के प्रकाशन के सत्ताईस वर्ष बाद का है। सुजित ने बी. हिंडेस एंड पी. हिर्स्ट की पुस्तक 'प्री कैपिटलिस्ट मोड्स ऑफ प्रोडक्शन' (1975) के हवाले यह बताया है कि मार्क्स द्वारा प्रयुक्त 'ओरिएंटल डेस्पोटिज्म' (पूर्वी तानाशाही) और 'एशियायी उत्पादन प्रणाली' (ए.एम.पी.) एक अर्थ में 'एक-दूसरे का पर्याय' है। उन्होंने भारतीय विद्वान एस. नकवी को उद्धृत किया है। नकवी के अनुसार एशियाई और गैर-एशियाई समाजों में ''जमीन के सामूहिक स्वामित्व की मार्क्स द्वारा गढ़ी हुई कहानी ब्रिटिश संसद की एक चयनित कमेटी की रिपोर्ट से ली गई थी, जिसे पाँचवीं कमेटी के नाम से जाना जाता है'' ('समयान्तर', पृ. 31-32) नकवी के अनुसार पाँचवीं रिपोर्ट में मार्क्स के विवरणों के विपरीत कई अन्य सन्दर्भ भी हैं। प्रश्न जमीन पर निजी स्वामित्व और भारतीय अर्थव्यवस्था का है। आज भी भारत में ऐसे 'आर्थिक इतिहासकार' होंगे, जो एशियाई उत्पादन प्रणाली से ग्रस्त 'भारत की अरुद्ध और अनुत्पादक अर्थव्यवस्था' की धारणा के समर्थक होंगे। ऐसे अर्थशास्त्रियों के अनुसार प्राक-ब्रिटिश भारत की अर्थव्यवस्था अनुत्पादक थी। अंग्रेजों ने इसका नाश कर भारत का आर्थिक विकास किया। आज भारत का आर्थिक विकास अमरीका के अधीन या उसके साथ रहकर ही सम्भव है। यह दृष्टि ब्रिटिश और अमरीकी साम्राज्यवाद के पक्ष में है।

सुजित के. दास ने इरफान हबीब और वी.आई. पावलोव का उल्लेख करते हुए यह लिखा है—''बाद में भारतीय और रूसी दोनों ही मार्क्सवादी इतिहासकारों ने इस तथ्य की पुष्टि कर दी कि अंग्रेजों के आने से पहले भारत में जमीन का निजी स्वामित्व, सरकारी स्वामित्व, मौद्रिक अर्थव्यवस्था, जमींदारी प्रथा और साथ ही मुक्त वर्ग-संघर्ष सभी मौजूद थे। जमीन का सामूहिक स्वामित्व उतना लाक्षणिक नहीं था।'' (वही, पृ. 32-33) यहाँ यह रेखांकित किया जाना चाहिए कि सुजित ने इरफान हबीब के जिस लेख—'पोटेंशियलिज्म एंड कैपिटलिस्ट डेवलेपमेंट इन द इकॉनॉमी ऑफ मुगल इंडिया' का हवाला दिया है, वह विंटर 1971 के 'इंक्वायरी' में प्रकाशित हुआ था। गिरीश मिश्र ने रामविलास शर्मा की पुस्तक 'भारत में अंग्रेजी राज और मार्क्सवाद' की 'आलोचना' में समीक्षा करते हुए यह नहीं देखा कि इस पुस्तक के दूसरे खंड के चौथे अध्याय 'भारत का आर्थिक विकास' के अन्तर्गत बर्नियर और मोरलैंड के बाद इरफान हबीब पर 304 पृष्ठ से 339 पृष्ठों तक

(कुल 35 पृ.) विचार किया गया है और इस लेख को उद्धृत किया गया है (पृ. 335)। सुजित ने लिखा है, ''मार्क्स की ए.एम.पी. या 'ओरिएंटल डेस्पोटिज्म' की अवधारणा ही पर्याप्त गैर-मार्क्सवादी थी, जब वह दावा करते हैं कि यह उत्पादन की प्राचीन प्रणाली है, जो अब भी एशिया, अफ्रीका और योरोप के कई देशों में जारी है।'' (पृ. 33) डॉ. शर्मा ने मार्क्स की एशियाई उत्पादन-पद्धति की धारणा का 1982 में ही खंडन किया था, जबकि गिरीश मिश्र ने डॉ. शर्मा का विरोध किया था। यह दूसरी बात है कि 'स्थानाभाव के कारण' विस्तार से उन्होंने अपने बहुमूल्य विचार 'तथ्य-तर्क' सहित प्रस्तुत नहीं किए।

गिरीश मिश्र ने 'दो चीजों के जिक्र' से डॉ. शर्मा की इतिहास-लेखन-पद्धति को 'गैर-मार्क्सवादी और 'अवैज्ञानिक' कहा है। दूसरी 'चीज' ''1920 के दशक से लेकर भारत में क्रान्तिकारी परिस्थितियों के जोर पकड़ने की है।'' वे इस धारणा से सहमत नहीं हैं। इस सम्बन्ध में विस्तार से अभी विचार नहीं किया जा सकता। इस दौर का इतिहास सबके समक्ष है। समीक्षक की शिकायत यह है कि ''डॉ. शर्मा ने अपना विश्लेषण करते समय भारतीय सामाजिक-आर्थिक-राजनीतिक इतिहास पर हुए शोध कार्यों पर कोई ध्यान नहीं दिया है।'' बिना स्रोत-सामग्री के ही डॉ. शर्मा ने दो खंडों में भारी-भरकम पुस्तक लिख दी। समीक्षक को लगता है कि बनारसी दास चतुर्वेदी के ''चरित्र से विषय-वस्तु का, दूर का भी कोई सम्बन्ध नहीं है'' और भगतसिंह के साथी शिव वर्मा और उनके साथी अजय घोष के सम्बन्ध में डॉ. शर्मा का लिखित अंश 'विषय-वस्तु' से अलग है। सभी अंश विषय-वस्तु से सम्बन्धित हैं। पुस्तक 'भारत में अंग्रेजी राज और मार्क्सवाद' है। भगतसिंह, शिव वर्मा, बनारसी दास चतुर्वेदी और अजय घोष पर विचार कहाँ से अनुचित है?

भगतसिंह के बलिदान-दिवस की अर्द्धशती पर क्रान्तिकारियों की स्मृति में जो 'स्मारिका' प्रकाशित हुई थी, उसमें मशहूर लेख 'बम का दर्शन' प्रकाशित था और बनारसी दास चतुर्वेदी का सन्देश भी। डॉ. शर्मा ने लिखा—''चतुर्वेदी जी ने क्रान्तिकारियों की कीर्ति-रक्षा के लिए सराहनीय कार्य किया है किन्तु स्मारिका में प्रकाशित सन्देश में दो-एक बातें सही नहीं हैं। यहाँ उनकी चर्चा कर देना उचित है।'' (पृ. 106) सही बातों की चर्चा करना समीक्षक को अनुचित लगा। वे सही बातें क्या हैं? चतुर्वेदी जी ने 'प्रवासी भारतवासी' पुस्तक कुमारी बेलि अम्मा (अफ्रीका की शहीद) के 'स्मरणार्थ' लिखी थी, पर समर्पित की ''सुप्रसिद्ध भारत हितैषी स्वर्गीय सर हैनरी काटन के.सी.ऐस.आई. की पवित्र आत्मा की सेवा में।'' इतना ही नहीं, लार्ड हार्डिंग पर बम फेंकनेवाले को चतुर्वेदी ने 'राजद्रोही दुष्ट पापी' लिखा था। डॉ. शर्मा ने लिखा—''अंग्रेज वाइसराय भारत हितैषी था, उस पर बम फेंकनेवाला युवक दुष्ट और पापी था।'' उन्होंने इसी पृष्ठ पर गणेश शंकर विद्यार्थी के सम्पादन में प्रकाशित पत्रिका 'प्रभा' के अक्टूबर के आवरण-पृष्ठ की चर्चा की

है, जिस पर "लार्ड हार्डिंग पर बम फेंकनेवाले की तस्वीर छपी है और उसके नीचे लिखा है—वीर श्रेष्ठ श्रीयुत रास बिहारी बोस।" गणेश शंकर विद्यार्थी और बनारसी दास चतुर्वेदी एक ही तरह के पत्रकार नहीं थे। डॉ. शर्मा ने यह सही लिखा—"1947 से पहले, विशेष रूप से 'प्रवासी भारतवासी' पुस्तक के लेखनकाल में, चतुर्वेदी जी लिबरल नेताओं के साथ थे, शहीदों की श्राद्ध का काम उन्होंने भारत के स्वतंत्र हो जाने के बाद किया।" (पृ. 106)

शिव वर्मा क्रान्तिकारी दल से जुड़े थे। वे भगतसिंह के साथी थे। डॉ. शर्मा ने उनके सम्बन्ध में अधिक नहीं लिखा है। समीक्षक को लगता है 'शिव वर्मा अभिनन्दन ग्रन्थ' लिखा जा रहा है। क्या यह बताना जरूरी है कि 'अभिनन्दन-ग्रन्थ' पन्द्रह-बीस पंक्तियों का नहीं होता। यह लिखना कहाँ से गलत है कि अजय घोष शिव वर्मा के सहयोगी थे और वे उनसे 'तीन साल छोटे' थे। गम्भीर विषयों के अध्ययन में पाठकों की अभिरुचि सभी 'साहित्येतर लेखक' पैदा नहीं कर सकते। कांग्रेस के साथ कम्युनिस्टों के संयुक्त मोर्चा बनानेवालों में अजय घोष प्रमुख थे। डॉ. शर्मा के अनुसार इसका कारण कांग्रेसियों द्वारा संचालित कानपुर के एक विद्यालय में अजय घोष का अध्यापन-कार्य था। डॉ. शर्मा 'जीवन की परिस्थितियों' को महत्त्वपूर्ण मानते हैं। "कम्युनिस्ट नेताओं के संकीर्णतावादी रुझान के बावजूद जीवन की परिस्थितियाँ उन्हें कांग्रेस जनों के साथ मिलकर काम करने को विवश कर रही थीं। इसका एक उदाहरण अजय घोष के जीवन से मिलता है।" समीक्षक ने 'जीवन की परिस्थितियों' को नहीं, 'लेनिन और ज्यार्जी दिमत्रोव की शिक्षाओं' को महत्त्व दिया। वे डॉ. शर्मा के 'तर्कों का अनुसरण' करने पर संयुक्त मोर्चा के सबसे बड़े समर्थक 'पी.सी. जोशी और पंडित गोविन्द वल्लभ पंत के पारिवारिक रिश्तों पर शोध करने' की सलाह देते हैं। बात को भटकाने में माहिर समीक्षक की नजर में 'जीवन की परिस्थितियाँ' और 'पारिवारिक रिश्ते' दोनों एक हैं।

डॉ. शर्मा द्वारा किया गया मार्क्स के पूँजी (भाग-2) का अनुवाद गिरीश मिश्र को 'भयावह' लगता है। उन्हें अनुवादक रामविलास शर्मा पर किताब न सही, एक बड़ा लेख लिखना चाहिए। उन्होंने भी कई पुस्तकों के अनुवाद किए हैं। अनुवाद के सम्बन्ध में उनके अपने कुछ मत अवश्य होंगे। फिलहाल डॉ. शर्मा के अनुवाद-सम्बन्धी विचार देखें। रामविलास शर्मा पर केन्द्रित 'वसुधा' के 51वें अंक (जुलाई-सितम्बर 2001) का सम्पादन प्रमुख हिन्दी आलोचक विश्वनाथ त्रिपाठी ने कथाकार अरुण प्रकाश के साथ किया था। विश्वनाथ त्रिपाठी को गिरीश मिश्र ने डॉ. शर्मा का 'दूसरा महान प्रशंसक' कहा है। पहले, तीसरे, चौथे और पाँचवें प्रशंसकों (महान न सही!) का कहीं नामोल्लेख नहीं हैं। 'वसुधा' पत्रिका के 'संवाद' खंड में 'अनुवाद कर्म की जटिलताएँ' शीर्षक से डॉ. शर्मा के पूर्व प्रकाशित साक्षात्कार ('अनुवाद' पत्रिका में) को राजकुमार सैनी ने प्रस्तुत किया है।

यह साक्षात्कार अनुवाद-केन्द्रित था। ज्ञान-विज्ञान वाले साहित्य के अनुवाद को 'अपेक्षाकृत सरल' मानते हुए भी डॉ. शर्मा 'इसमें दूसरे तरह की कठिनाई' देखते थे। "कहीं पारिभाषिक शब्दों की कमी महसूस होती है, कहीं किसी एक विचार को उसी नपे-तुले ढंग से व्यक्त करने में कठिनाई होती है। जिन लोगों ने जर्मन भाषा से अंग्रेजी में अनुवाद किया है वे अक्सर अनुरूप शब्द न पाकर जर्मन शब्द लिख देते थे और व्याख्या करते थे। कई बार अपने लेखों में मूल जर्मन से मार्क्स और एंगेल्स के उद्धरण देते थे और बहुत जगह रूसी पर्याय के साथ-साथ मूल जर्मन शब्द देना आवश्यक समझते थे।" (पृ. 361)

'पूँजी' का दूसरा खंड—'पूँजी के परिचालन की प्रक्रिया' है। प्रगति प्रकाशन मास्को से इसका अनुवाद 1979 में प्रकाशित हुआ। सम्पादक नरेश वेदी थे और अनुवादक डॉ. रामविलास शर्मा। समयाभाव के कारण डॉ. शर्मा ने न तो इसकी कापी बनाई, न नकल की। मूल कापी उन्होंने दिल्ली भेज दी थी। उन्हें यह पता नहीं था कि रूस में मूल कापी भेजी गई या उसकी टाइप प्रति। उनसे 'पूँजी' के दूसरे खंड के अनुवाद के बारे में प्रश्न किए गए थे। यह सम्भवत: 1985-86 का समय था। रामविलास शर्मा द्वारा दिया गया उत्तर है—"जिस रूप में अनुवाद छपा, वह मेरा अनुवाद नहीं रह गया। यह बात लिखित रूप में आनी चाहिए। पीपुल्स पब्लिशिंग हाउस से मेरे बहुत से अनुवाद छपे हैं और शुरू में मैंने इन्हीं के लिए अनुवाद करना शुरू किया था। बाद में पता चला कि अनुवाद मास्को से छपेगा तो मैंने मना नहीं किया। लेकिन मुझे किसी ने यह नहीं बताया कि वे लोग मेरी भाषा को बदल देंगे। उन्होंने भाषा का सुधार करके इसमें पारिभाषिक शब्दावली रख दी। उस अनुवाद को मैं खुद ही नहीं समझता तो दूसरा क्या समझेगा। उस अनुवाद को मेरा अनुवाद न मानें और यह बात अच्छी तरह नोट कर लें।" (पृ. 372-73) गिरीश मिश्र ने 'यह बात अच्छी तरह नोट' नहीं की और लिखते रहे 'भयावह'! 'भयावह'! अब 'इस आशय को लेकर' विश्वनाथ त्रिपाठी से 'बहस' करने का क्या लाभ। विश्वनाथ त्रिपाठी ने तो ठीक ही कहा था, "पूँजी का वह अनुवाद डॉ. शर्मा का है ही नहीं।" 'छटपटाते हुए' कहा था या नहीं, पूछने पर डॉ. त्रिपाठी जो कहते हैं, उसे क्या लिखा जाना चाहिए? गिरीश मिश्र को पता है, "जहाँ तक क्लासिकल इकॉनॉमिक्स, इसके पहलुओं, मान्यताओं और इसकी शब्दावली की बात है, तो वे (डॉ. शर्मा) इस बारे में कुछ नहीं जानते।" जो कुछ नहीं जानता है, वह अज्ञानी होता है। रामविलास शर्मा के 'भक्त' और प्रशंसक उनका जयगान करते रहें, भारत के एक आर्थिक इतिहासकार ने उनके सम्बन्ध में जो कहा है, वही सच है। अर्थशास्त्र के अध्यापक का 'ज्ञान' बड़ा होता है।

क्या रामविलास शर्मा ऐडम स्मिथ (1723-90), रिकार्डो (1792-1823) और थॉमस रोबर्ट माल्थस (1766-1834) से अपरिचित थे? क्या अठारहवीं सदी

के अन्त और उन्नीसवीं सदी के आरम्भ में जिन प्रमुख सिद्धान्तकारों—ऐडम स्मिथ, रिकार्डो और माल्थस के कारण 'क्लासिकल अर्थशास्त्र' उत्पन्न—विकसित हुआ, उसके सभी 'पहलुओं, मान्यताओं और शब्दावली' पर विचार करना डॉ. शर्मा के लिए आवश्यक था? क्या उनके लिए ऐडम स्मिथ की पुस्तक 'द थ्योरी ऑफ मॉरल सेंटीमेन्ट्स (1759) पर भी विचार आवश्यक था, जो ग्लासगो यूनिवर्सिटी में मॉरल फिलॉसफी' के प्रोफेसर रहते हुए उनके लेक्चर का फल था। स्मिथ 1752 से 1764 तक ग्लासगो यूनिवर्सिटी में थे। वे 'क्लासिकल अर्थशास्त्र' के प्रवर्तक थे। 'भारत में अंग्रेजी राज और मार्क्सवाद' के पहले खंड के पहले अध्याय 'विश्वबाजार और भारत' का छठा उपभाग 'इजारेदार व्यापारी, अंग्रेजी राज और ऐडम स्मिथ' है। डॉ. शर्मा 'क्लासिकल अर्थशास्त्र' पर स्वतंत्र पुस्तक नहीं लिख रहे थे। वे उसके 'पहलुओं, मान्यताओं और शब्दावली' पर क्यों विचार करते? बात को भटकाने और विपरीत दिशा में मोड़ने की कला सबको नहीं आती। ऐडम स्मिथ ने ब्रिटेन की पूरी व्यापारिक व्यवस्था देखी-समझी थी. डॉ. शर्मा ने भारत में अंग्रेजी राज को समझने-समझाने के लिए 'द वेल्थ ऑफ नेशंस' (1776) के कुछ हिस्सों का हवाला दिया। उनके लिए माल्थस की पुस्तक 'एस्से ऑन द प्रिंसिपुल ऑफ पॉपुलेशन' (1798) और रिकार्डो की पुस्तक 'प्रिंसिपुल्स ऑफ पॉलिटिकल इकोनॉमी' (1817) से भी उद्धरण देना क्या जरूरी था? गिरीश मिश्र की अभी तक कोई पुस्तक 'क्लासिकल अर्थशास्त्र' और 'नव क्लासिकल अर्थशास्त्र' पर शायद प्रकाशित नहीं है। सालाना बजट में हमारे देश के वित्त मंत्री कभी-कभार ही सही कौटिल्य का उल्लेख करते हैं। कौटिल्य को अब सभी 'अर्थशास्त्री' याद नहीं करते। क्यों नहीं करते? रामविलास शर्मा ने 'मार्क्स और पिछड़े समाज' में कौटिल्य पर विस्तार से क्यों लिखा?

जब रामविलास शर्मा 'क्लासिकल अर्थशास्त्र' के बारे में कुछ नहीं जानते थे, तो दूसरे लोग ज्ञान के अन्य क्षेत्रों के बारे में क्या जानेंगे!

गिरीश मिश्र ने लिखा है—हरिवंश ('प्रभात खबर' के प्रधान सम्पादक) 'शायद नयनचन्दा के नाम से परिचित हों'। वे नयनचन्दा का अधूरा परिचय देते हैं। लिखते हैं, ''दो वर्ष पहले चन्दा की पुस्तक 'बाउंड टुगेदर' छप कर आई है।'' यह सूचना, प्रभात खबर' के सम्पादक को वे जून 2010 में दे रहे हैं। 'दो' नहीं, तीन वर्ष पहले चन्दा की पुस्तक 2007 में छप कर आई। कुछ पुस्तकें सम्भव है, बिना छप कर भी आ जाती हों। हरिवंश नयनचन्दा के नाम से ही नहीं, काम से भी परिचित हैं। सम्भव है, गिरीश मिश्र ने नयनचन्दा और उनकी पुस्तक पर भी कुछ लिखा हो। 'प्रभात खबर' में हरिवंश नई-नई पुस्तकों पर एक नियमित स्तम्भ 'शब्द-संसार' लिखते थे। नयनचन्दा की पुस्तक 'बाउंड टुगेदर' के प्रकाशन के कुछ समय बाद ही उन्होंने अपने स्तम्भ में इस पुस्तक पर विचार किया। नयनचन्दा की पुस्तक के प्रकाशन के

सात वर्ष पहले रामविलास शर्मा दिवंगत हो गए। जीवित रहते और दिल्ली में उन्हें किसी ने बताया होता, तो जानते ''इस पुस्तक में वैज्ञानिक तथ्यों के साथ बताया गया है कि मानव का जन्म अफ्रीका में हुआ और यहीं से वह दुनिया-भर में फैले।'' डॉ. शर्मा के दावे को, कि 'आर्य हमारी मातृभूमि के ही हैं' गलत सिद्ध करने के लिए मिश्र जी को बहुत दूर नयनचन्दा के पास जाना पड़ा। हरिवंश को उन्होंने जानकारी दी है कि नयनचन्दा ने 'वर्षों तक फॉर इस्टर्न इकॉनॉमिक रिव्यू' का सम्पादन किया। वर्तमान में वे येल यूनिवर्सिटी से जुड़े हुए हैं।' पत्र में अधिक बताया भी नहीं जा सकता था। पत्र-प्रकाशन के बाद पाठक नहीं जान पाता कि नयनचन्दा 'वर्तमान में' किस रूप में येल यूनिवर्सिटी से जुड़े हुए हैं।

नयनचन्दा (1946) ने कलकत्ता के प्रेजिडेंसी कॉलेज से इतिहास में बी.ए. और जादवपुर विश्वविद्यालय से इसी विषय में एम.ए. किया। 1971 से 1974 के बीच अन्तरराष्ट्रीय सम्बन्धों पर उन्होंने सोरबौन में अध्ययन किया। 1980 तक उन्होंने हांगकांग आधारित 'फॉर इस्टर्न इकॉनॉमिक रिव्यू' के इंडो-चीन संवाददाता के रूप में रिपोर्टिंग की। 1980 में वे राजनयिक संवाददाता के रूप में नियुक्त हुए। 1984 से 1989 तक वे इस पत्रिका के वाशिंगटन संवाददाता थे। 1990 के दशक में वे पहले साप्ताहिक जर्नल 'एशियन वाल स्ट्रीट' के सम्पादक बने। बाद में 'फॉर इस्टर्न इकॉनॉमिक रिव्यू' के सम्पादक हुए। 'वर्तमान में' वे 'येल सेंटर फॉर द स्टडी ऑफ ग्लोबलाइजेशन' के प्रकाशन-निदेशक और 'येल ग्लोबल ऑन लाइन' के सम्पादक हैं।

'बाउंड टुगेदर' का प्रकाशन येल यूनिवर्सिटी प्रेस से 2007 में हुआ। यह पुस्तक भूमंडलीकरण पर है। 'बिजनेस वर्ल्ड' और 'सिंगापुर स्ट्रेट्स टाइम्स' में नयनचन्दा पाक्षिक स्तम्भ 'बाउंड टुगेदर' लिखते हैं। वे 'ग्लोबल एशिया' और 'न्यू ग्लोबल स्टडीज जर्नल के सम्पादक-मंडल में हैं। 'बाउंड टुगेदर' पुस्तक-शीर्षक के बाद लिखा है—'हाउ ट्रेडर्स, प्रीचर्स, एडवेंचरर्स एंड वारियर्स शेप्ड ग्लोबलाइजेशन'। भूमंडलीकरण के इतिहास पर यह एक अनोखी पुस्तक है। नयनचन्दा भूमंडलीकरण की प्रक्रिया को पचास हजार वर्ष पूर्व तक ले जाते हैं। यह पुस्तक भूमंडलीकरण की उनकी निजी खोज का परिणाम है। छह वर्षों में तैयार की गई यह पुस्तक दस अध्यायों में विभाजित है। तैंतीस पृष्ठ के पहले अध्याय 'दि अफ्रीका बिगनिंग' में यह बताया गया है कि भूमंडलीकरण का आरम्भ अफ्रीका से हुआ। पुस्तक में कहीं भी 'आर्य' का उल्लेख नहीं है। गिरीश मिश्र को नई जानकारियाँ अधिक रहती हैं। 'हिन्दी का साहित्यिक संसार अज्ञानियों से भरा' पड़ा है। आर्य भारतवासी नहीं थे, इसे प्रमाणित करने के लिए वे उस पुस्तक का उल्लेख करते हैं, जिसमें 'आर्य' का कहीं उल्लेख नहीं है। नयनचन्दा स्वीकारते हैं कि मात्र दो दशक पहले पुरातत्त्वज्ञों, भाषाविदों, जलवायु वैज्ञानिकों, आनुवंशिक वैज्ञानिकों आदि ने मानव-इतिहास को पुनर्निर्मित किया। आर्यों पर विचार मुख्यतः भाषा और पुरातत्त्व की दृष्टि से किया

जाता रहा है। डी.एन.ए. की संरचना की खोज 1953 में भले हुई हो, पर एम.टी.डी.एन.ए. और वाई क्रोमोसोम की खोज बाद की है। अभी इतिहासकारों और भाषाविदों ने इस दृष्टि से आर्यों की उत्पत्ति पर अधिक विचार नहीं किया है। नयनचन्दा ने स्पष्ट शब्दों में लिखा है कि पुरातात्त्विक साक्ष्य के अभाव में निश्चयपूर्वक हम यह उत्तर नहीं दे सकते कि हमारे पूर्वजों ने अफ्रीका क्यों छोड़ा?

जहाँ तक 'अनभिज्ञता' का प्रश्न है, रामविलास शर्मा और मैनेजर पांडेय दोनों कई मामलों में 'अनभिज्ञ' हैं। रामविलास शर्मा की 'अनभिज्ञता' यह है कि वे नहीं जानते कि 'मानव का जन्म अफ्रीका' में हुआ। ''यह अनभिज्ञता या असावधानी निराला पर लिखी गई एक सर्वाधिक महत्त्वपूर्ण रचना में साफ दिखाई देती है, जिसमें उन्होंने महिषादल को 'नेटिव स्टेट' बताया है, जबकि वह एक 'जमींदारी एस्टेट' था।''

रामविलास शर्मा के 'साहित्यिक लेखन के बारे में नहीं जाननेवाले' गिरीश मिश्र ने यह कैसे जाना कि निराला पर डॉ. शर्मा ने 'एक सर्वाधिक महत्त्वपूर्ण रचना' लिखी है? 'निराला की साहित्य साधना' भाग-1 का प्रकाशन 1969 ई. में हुआ था। निराला पर अपनी पहली पुस्तक 'निराला' (1947) के आरम्भ में डॉ. शर्मा ने 'महिषादल' को 'बंगाल की एक रियासत' लिखा था। 'रियासत' का एक अर्थ राज, शासन, हुकूमत के साथ रईस की हुकूमत में रहनेवाला इलाका भी है। 'निराला की साहित्य-साधना भाग-1' में उन्होंने लिखा, ''बंगाल के मिदनापुर जिले में महिषादल नाम का देशी राज्य था।'' मिश्र जी ने केवल इसी पर नजरें टिकाई : जिन कारणों से यह पुस्तक 'एक सर्वाधिक महत्त्वपूर्ण रचना' बनी, उन कारणों से उन्हें मतलब नहीं है। गौण को प्रमुख और प्रमुख को गौण बनाने की कला में सब प्रवीण नहीं होते। यह सूचना सही है कि महिषादल 'जमींदारी एस्टेट' था। डॉ. शर्मा निराला पर लिख रहे थे, न कि महिषादल पर। ऐसी स्थिति में कुछ सूचनाओं का गलत होना स्वाभाविक है। बड़े से बड़े लेखकों की ऐसी गलतियाँ उनके महत्त्व को कम नहीं करती हैं। गिरीश मिश्र गलतियाँ ढूँढ़ने में अधिक श्रम करते हैं।

महिषादल की कथा-यात्रा बाबर के समय से आरम्भ होती है। बाबर की सेना में एक बहादुर सिपाही जनार्दन उपाध्याय थे, जिन्हें महिषादल का प्रमुख बनाया गया। महिषादल के वे पहले राजा बने और उन्होंने अपना राज्य आरम्भ किया। बाद में महिषादल मुगल साम्राज्य से ब्रिटिश साम्राज्य के सुपुर्द हुआ। कल्याण राय चौधुरी वीर नारायण चौधुरी के वंशज थे। वीर नारायण चौधुरी ताम्रलिप्त राज परिवार के पहले व्यक्ति थे, जिन्होंने बन्दोबस्ती फैलाई थी। कल्याण राय चौधुरी 'राजा' कहलानेवाले पहले व्यक्ति थे। राजस्व की अदायगी के बाकीदार होने के कारण उनकी जमींदारी जनार्दन उपाध्याय को ट्रांसफर कर दी गई। उन्हें 'राजा' की उपाधि दी गई। उनके बेटे राजा दुर्योधन उपाध्याय थे और पौत्र राजा रामशरण उपाध्याय, जो

अच्छे प्रशासक थे। इन्होंने तीन गाँव—रामपुर, पूरब श्री रामपुर और रामबाग बसाये। इनके बेटे राजा राजाराम उपाध्याय ने पूर्व जमींदार कल्याण राय चौधुरी के पोते उदयचन्द्र राय से महिषादल की जमींदारी प्राप्त की और कई गाँव बसाये। राजा राजाराम उपाध्याय के बेटे राजा शुकलाल उपाध्याय के समय बंगाल का शासक मुर्शीद कुली खान था। शुकलाल उपाध्याय के बेटे आनन्दलाल उपाध्याय की लड़ाई जमींदार दुर्गा प्रसाद चौधुरी से हुई थी। उन्होंने दुर्गाप्रसाद चौधुरी की जमींदारी के कई हिस्से महिषादल में शामिल किए। उनकी विधवा पत्नी रानी जानकी ने 1770 ई. में जमींदारी सँभाली, अपनी सेना गठित की और कई मन्दिरों का निर्माण किया। उनके दौहित्र गुरुप्रसाद गर्ग को जमींदारी मिली और जमींदारी उपाध्याय परिवार से गर्ग परिवार को प्राप्त हुई। गुरुप्रसाद गर्ग के पुत्र राजा जगन्नाथ गर्ग थे। रामनाथ गर्ग राजा जगन्नाथ गर्ग के पुत्र थे। डॉ. शर्मा ने राजा रामनाथ की चर्चा की है, जिनके निधन के बाद रानी पति का शव लेकर चिता पर चढ़ गई। राजा लक्ष्मण प्रसाद गर्ग राजा रामनाथ गर्ग के दत्तक पुत्र थे। इनके बड़े पुत्र थे राजा ईश्वर प्रसाद गर्ग, जिनके समय में निराला के पिता रामसहाय तेवारी महिषादल आए।

रामविलास शर्मा की सभी 'साहित्येतर पुस्तकें' गिरीश मिश्र ने नहीं पढ़ी हैं। क्या उन्होंने 'गांधी, लोहिया, अम्बेडकर' पुस्तक भी ध्यानपूर्वक पढ़ी है? लोहिया पर अंग्रेजी में गिरीश मिश्र की एक किताब 1992 में प्रकाशित हुई थी—'राम मनोहर लोहिया—द मैन एंड हिज इज्म'। उनके और डॉ. शर्मा के लोहिया-सम्बन्धी विचार क्या एक समान हैं? क्या सचमुच डॉ. शर्मा की 'गांधी-लोहिया-अम्बेडकर' पुस्तक में 'गहरे अध्ययन और मौलिक शोध' का अभाव है? यह पुस्तक 'लद्धड़', कहाँ से है? इस पुस्तक के सम्बन्ध में मैंने पी.सी. जोशी और पी.एन. सिंह के विचार रखे थे। गिरीश मिश्र ने 'प्रभात खबर' के सम्पादक को लिखा—"मेरे प्रिय मित्र डॉ. पी.सी. जोशी ने डॉ. शर्मा के बारे में जो कहा है, वह अलग है।" अलग नहीं, साथ है। पी.सी. जोशी और पी.एन. सिंह ने डॉ. शर्मा की 'गांधी, लोहिया', वाली पुस्तक की क्यों प्रशंसा की है? पत्र-लेखक के मित्र पी.एन. सिंह रामविलास शर्मा को 'भारतीय लूकाच' क्यों कहते हैं? वे मित्र-सम्बन्ध का निर्वाह नहीं करते। प्रश्न 'वर्तमान राजनीतिक विमर्श में एक गम्भीर हस्तक्षेप' का है, जिसे पी.एन. सिंह डॉ. शर्मा की पुस्तक में देखते हैं। क्या पत्र-लेखक 'वर्तमान राजनीतिक-सामाजिक विमर्श में गम्भीर हस्तक्षेप' के पक्ष में नहीं हैं?

गिरीश मिश्र यह नहीं जानते कि हिन्दी का 'वर्तमान साहित्यिक संसार' पी.सी. जोशी का कितना गहरा सम्मान करता है! पी.सी. जोशी का कथन है कि डॉ. शर्मा ने "गांधी वाङ्मय का गहरा व्यापक अध्ययन किया है।" गिरीश मिश्र कहते हैं कि पुस्तक में 'गहरे अध्ययन' का अभाव है। किसके कथन को पाठक 'गहरे' ढंग से ले? सबने डॉ. शर्मा की पुस्तक पढ़ी भी नहीं होगी! 'वसुधा' के 51वें अंक में

पूरनचन्द जोशी का लेख 'गांधी, रामविलास शर्मा और हम' बीस पृष्ठों का है। गिरीश मिश्र एक वाक्य में फतवा देते हैं। जोशी जी रामविलास शर्मा के 'मार्क्सवाद, स्वाधीनता आन्दोलन और प्राचीन भारत' पर किए गए काम को आवश्यक और महत्त्वपूर्ण मानते हैं, पर डॉ. शर्मा के 'साहित्येतर कार्य' की गिरीश मिश्र खिल्ली उड़ाते हैं। पूरनचन्द जोशी के लिए डॉ. शर्मा का ऋग्वेद पर किया गया काम महत्त्वपूर्ण है। "उन्होंने ऋग्वेद की तस्वीर ही बदल दी।" वे इसे 'अपने इतिहास की अतीत की वैज्ञानिक और ऐतिहासिक व्याख्या' कहते हैं। उनके अनुसार डॉ. शर्मा का दोष यह है कि "उन्होंने ऐसी गम्भीर और महत्त्वपूर्ण पुस्तकें हिन्दी में लिखीं।" गिरीश मिश्र एक-एक पंक्ति लिखकर डॉ. शर्मा की पुस्तकों को अगम्भीर और गौण कहते (सिद्ध करते नहीं!) हैं। जोशी जी लिखते हैं, "डॉ. शर्मा से प्रेरणा लेकर हमें काम करने की जरूरत है।" पता नहीं, गिरीश मिश्र किसकी प्रेरणा से डॉ. शर्मा पर टिप्पणियाँ कर रहे हैं? जोशी जी गांधी पर किए गए डॉ. शर्मा के कार्य को 'बृहत् बौद्धिक परियोजना का हिस्सा' कहते हैं। उन्हें "इस दृष्टि से आज बौद्धिक परिदृश्य में उनकी टक्कर का कोई भी बुद्धिजीवी हिन्दी क्षेत्र में ही नहीं, बल्कि किसी भी भारतीय भाषा में नजर नहीं आता।" गिरीश मिश्र भी सम्भव है, किसी बड़ी बौद्धिक परियोजना के हिस्सा हों! जोशी जी ने राहुल सांकृत्यायन और रामविलास शर्मा को 'एक-दूसरे का सहयोग और पूरक' ही नहीं, 'एक-दूसरे की अपूर्णताओं के संशोधन भी' कहा है। जोशी जी ने लिखा है कि रामविलास शर्मा 'बहुआयामी प्रतिभा, क्षमता, सर्जनात्मकता और कृतित्व के साहित्यकार, आलोचक और विचारक थे, जिन्होंने साहित्य-समालोचना, सौन्दर्यशास्त्र, पुरातत्त्व, इतिहास, धार्मिक और धर्मनिरपेक्ष दर्शन, पारम्परिक और आधुनिक सामाजिक चिन्तन, भाषाशास्त्र सभ्यता और संस्कृति के गहन अन्वेषण, अध्ययन, मनन आदि अनेक क्षेत्रों को अपनी मौलिक और रचनात्मक समीक्षा से समृद्ध किया।" (वसुधा 51, पृ. 22) इस धारणा के सम्बन्ध में गिरीश मिश्र के क्या विचार हैं! वे पी.सी. जोशी के विचारों से सहमत हैं या असहमत?

(2010)